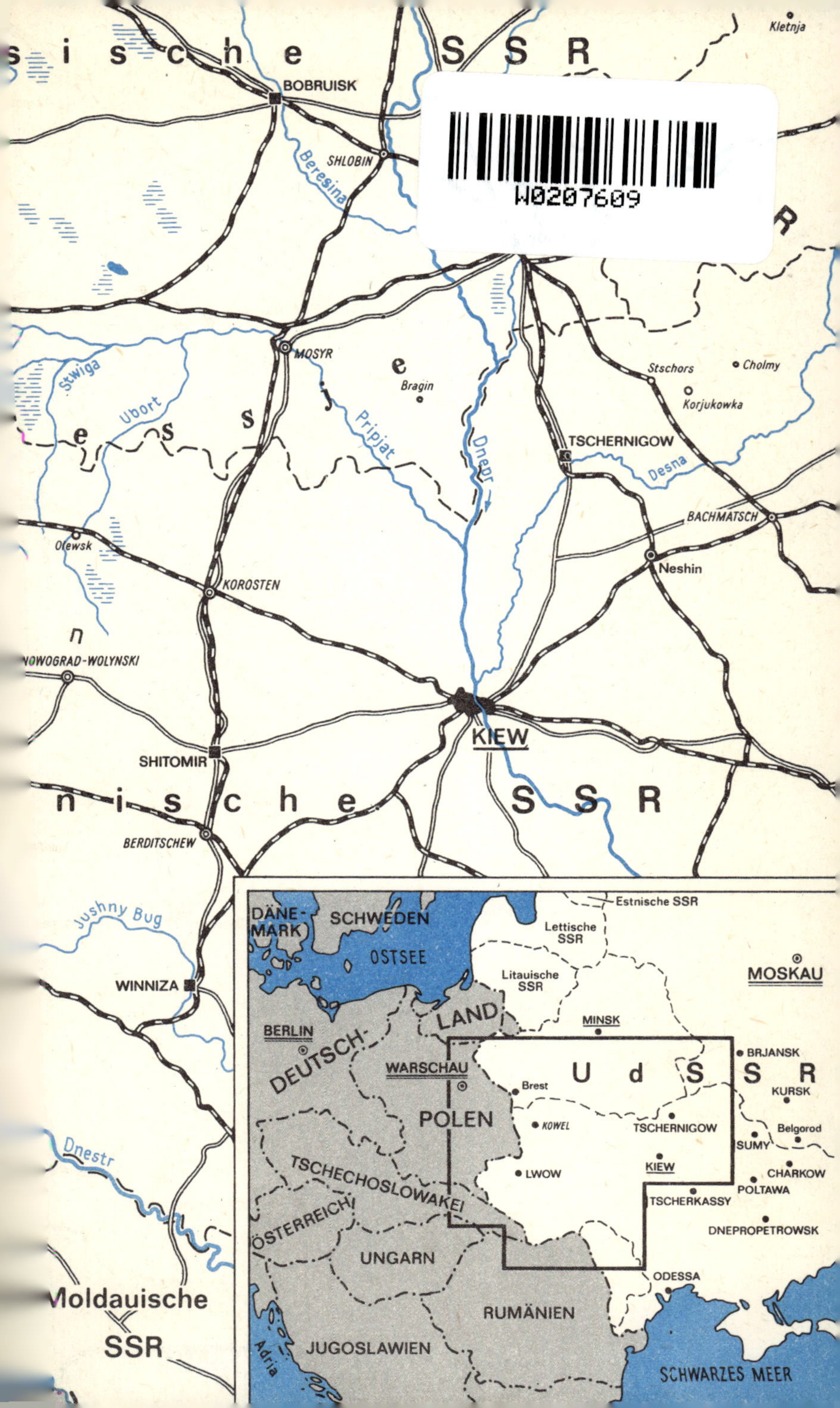
s i s c h e S S R
Kletnja
BOBRUISK
SHLOBIN
Beresina
R
MOSYR
Stwiga
Ubort
e s s j e
Bragin
Pripjat
Dnepr
Stschors
Cholmy
Korjukowka
TSCHERNIGOW
Desna
BACHMATSCH
Neshin
Olewsk
KOROSTEN
n
NOWOGRAD-WOLYNSKI
KIEW
SHITOMIR
n i s c h e S S R
BERDITSCHEW
Jushny Bug
WINNIZA
Dnestr
Moldauische
SSR
DÄNE-
MARK
SCHWEDEN
OSTSEE
Estnische SSR
Lettische
SSR
Litauische
SSR
MOSKAU
MINSK
LAND
BERLIN
DEUTSCH-
WARSCHAU
BRJANSK
U d S S R
Brest
KURSK
POLEN
KOWEL
TSCHERNIGOW
Belgorod
SUMY
LWOW
KIEW
CHARKOW
POLTAWA
TSCHECHOSLOWAKEI
TSCHERKASSY
ÖSTERREICH
DNEPROPETROWSK
UNGARN
ODESSA
RUMÄNIEN
JUGOSLAWIEN
Adria
SCHWARZES MEER

Alexej Fjodorow

# Der letzte Winter

Alexej Fjodorow

# Der letzte Winter

Erinnerungen

Dietz Verlag Berlin
1986

Originaltitel: Последняя зима

Literarisch bearbeitet von E. Schatrowa

Aus dem Russischen übersetzt von Horst Wendt

Federov, Aleksej Fedorovič: Der letzte Winter : Erinnerungen / Alexej Fjodorow. [Aus d. Russ. übers. von Horst Wendt]. – Berlin : Dietz Verl., 1986. – 471 S. : 37 Abb., 1 Kt.
EST: Poslednjaja zima ⟨dt.⟩

ISBN 3-320-00582-0

Mit 37 Abbildungen und 1 Karte
Dietz Verlag Berlin
Lizenznummer 1 · LSV 7203
Lektor: Dietmar Rehschuh
Typographie: Horst Kinkel
Einband und Schutzumschlag: Eckhard Steiner
(Fotos: Militärhistorisches Institut des Ministeriums für Verteidigung der UdSSR, Moskau; privat)
Printed in the German Democratic Republic
Gesamtherstellung: Karl-Marx-Werk Pößneck V15/30
»Betrieb der ausgezeichneten Qualitätsarbeit«
Best.-Nr. 738 051 4

01280

# Geleitwort zur deutschen Ausgabe

Im Mai 1985 beging die gesamte fortschrittliche Menschheit den 40. Jahrestag des historischen Sieges der Antihitlerkoalition über den deutschen Faschismus. Die unwiderlegbaren Fakten zeugen davon, daß die Sowjetunion den entscheidenden Beitrag zur Zerschlagung der Hitlerwehrmacht geleistet hat. Unser Land hinderte den Faschismus daran, den Weg zur Weltherrschaft zu beschreiten. Indem das sowjetische Volk den Großen Vaterländischen Krieg siegreich beendete, verteidigte es nicht nur die sozialistische Ordnung, die Freiheit und Unabhängigkeit seiner Heimat, sondern es rettete auch die Weltzivilisation vor der faschistischen Pest und führte die Länder Europas, darunter auch das deutsche Volk, aus der faschistischen Sklaverei.

In der ruhmreichen Geschichte des Großen Vaterländischen Krieges spielt die Partisanenbewegung auf dem von den faschistischen Horden zeitweilig besetzten Territorium eine hervorragende Rolle. Die faschistischen Eroberer brachten in ihrem Gefolge für diese Gebiete Tod und Zerstörung. Sie errichteten ein Regime des blutigen Terrors und der Ausplünderung, der grausamsten Ausbeutung, Rechtlosigkeit und Willkür. Allein im Gebiet von Wolynien in der Ukrainischen SSR, wo sich die in diesem Buch beschriebenen Ereignisse abgespielt haben, töteten die faschistischen Verbrecher während ihrer Herrschaft 165000 Zivilisten. Sie zerstörten alle Städte, steckten 25000 Bauernhöfe in Brand und raubten den Bauern Hunderttausende Stück Vieh.

Die sowjetischen Menschen im Hinterland des Feindes fanden sich mit der von den Faschisten errichteten »neuen Ordnung« nicht ab. Den Faschisten gelang es nicht, ihren Widerstandswillen zu brechen. Auf Ausplünderung und Massenerschießungen antworteten sie mit dem Kampf des gesamten Volkes gegen die Okkupanten. Die Partisanenbewegung nahm große Ausmaße an. In den okkupierten Gebieten der Ukraine kämpften gegen die Eroberer 46 große Partisanenverbände, 1993 Abteilungen und Diversionsgruppen, die in ihren Reihen mehr als 500000 Volksrächer zählten. In vielen Städten und Dörfern handelten illegale Organisationen, die mehr als 100000 Patrioten vereinten. Ungefähr anderthalb Millionen Menschen aus Städten und Dörfern nahmen aktiv an anderen Formen des Kampfes gegen die Eroberer teil.

Die Führung des Widerstandes des gesamten Volkes lag in den Händen der Kommunistischen Partei. Im Hinterland des Feindes wirkten das illegale Zentralkomitee der Kommunistischen Partei der Ukraine, 23 Gebietskomitees, 223 Stadt- und Rayonkomitees, 3046 illegale Partei- und andere patriotische Organisationen und Gruppen sowie 12 illegale Gebietskomitees, 46 Stadt- beziehungsweise Rayonkomitees des Komsomol und mehr als 500 Komsomolorganisationen.

Die Partisanen und Illegalen versetzten dem Gegner empfindliche Schläge. Von der Kraft und der Effektivität der Kampfhandlungen der Volksrächer der Ukraine zeugt die Tatsache, daß sie 465000 faschistische Soldaten und Offiziere außer Gefecht setzten, 467000 feindliche Garnisonen, Kommandanturen und Stäbe zerschlugen, 5019 Züge mit Truppen und technischen Kampfmitteln des Gegners zum Entgleisen brachten, 1566 Panzer und Schützenpanzerwagen vernichteten, 211 Flugzeuge abschossen, 461 Rüstungsbetriebe, 915 Lager mit Kriegsgerät, 248 Nachrichtenzentralen, 44 Eisenbahnknotenpunkte und 607 Eisenbahnbrücken in Brand steckten oder sprengten.

In den Jahren der zeitweiligen Okkupation der Ukraine leitete ich zuerst das Tschernigower, später das Wolynische Gebietskomitee der Partei und befehligte den Partisanenverband von Tschernigow-Wolynien. In dem Buch »Das illegale Gebietskomitee arbeitet«, das den Lesern der DDR bekannt ist, habe ich den Kampfweg des Verbandes bis September 1943 geschildert. Bereits in den Sommermonaten hatte der Verband nach dem Streifzug aus dem Tschernigower Gebiet in das Territorium Wolyniens auf Weisung der sowjetischen Führung den »Schienenkrieg« gegen die Okkupanten verstärkt. In dieser Zeit und im Winter 1943/44 wurden von uns 615 Züge des Gegners mit Truppen und technischen Kampfmitteln zum Entgleisen gebracht sowie Dutzende von Eisenbahnbrücken und 8 Panzerzüge gesprengt. Dadurch war der Verkehr auf den Eisenbahnstrecken des Koweler Knotenpunktes vollständig lahmgelegt. Auf dem Höhepunkt der Kämpfe im Kursker Bogen, der Gefechte am Dnepr und der nachfolgenden Schlachten am rechten Ufer in der Ukraine wurde das faschistische Kommando der Möglichkeit beraubt, auf dem kürzesten Weg Menschen und Material an die Front zu bringen. Darüber hinaus zwangen wir die faschistische Führung, zur Sicherung der Schienenstränge zusätzliche militärische Formationen von den Fronten abzuziehen. Das alles war eine große Hilfe seitens der Partisanen für die angreifenden Truppenteile der Sowjetarmee.

Der Wiederaufnahme der Kampfhandlungen unseres Verbandes in Wolynien in der Herbst-Winter-Periode 1943/44 ist das zweite Buch meiner Erinnerungen mit dem Titel »Der letzte Winter« gewidmet. Die darin geschilderten Ereignisse sind eine weitere Bestätigung der Tatsache, daß die Partisanenbewegung auf dem zeitweilig von den Faschisten okkupierten sowjetischen Territorium eine bedeutende militärisch-politische Kraft war, die eine wesentliche Rolle bei der Zerschlagung des faschistischen Reiches gespielt hat.

In meinem Arbeitszimmer – ich bin als Vorsitzender der Kommission für die Angelegenheiten ehemaliger Partisanen beim Präsidium des Obersten Sowjets der Ukrainischen SSR tätig – hängt an der Wand eine Karte der Partisanen- und illegalen Bewegung in der Ukraine. Sie ist das Ergebnis mehrjähriger Arbeit von Veteranen und Historikern. Blicke ich auf die Karte, so erinnere ich mich an den Weg des Verbandes von Tschernigow-Wolynien. Da ist eine durchgestrichene kleine Lokomotive – ein Zeichen dafür, daß die Partisanen den Eisenbahnknotenpunkt bei Kowel »besetzt« hatten, womit sie ihren bescheidenen Beitrag zum Sieg der regulären Truppenteile der Sowjetarmee im Kursker Bogen leisteten.

Weiter sieht man verschiedene andere Zeichen, auch Zahlen – gesprengt ..., vernichtet ..., zum Entgleisen gebracht ...

Und noch zwei interessante Darstellungen auf dieser Karte: Allein in unserem Partisanenverband kämpften Vertreter von 45 Nationalitäten und Völkerschaften der UdSSR gegen den Feind. Eine einheitliche, brüderliche Familie von Waffengefährten! Und in der Ukraine nahmen mehr als 16000 Angehörige westeuropäischer Staaten am Partisanenkampf gegen die faschistischen Eroberer teil. Damals wurde unser Land zur Heimat all jener, die den Faschismus haßten und sich seine Zerschlagung zum Ziel gesetzt hatten.

In unseren Reihen kämpfte ein Franzose. Er sprach kein Wort Russisch und wiederholte lediglich: »Bitj faschism« (Faschismus schlagen). Für immer bleibt mir das leuchtende Beispiel der bulgarischen Kommunistin Lilja Kara-Stojanowa im Gedächtnis. Sie gab ihr Leben für den Sieg über den gemeinsamen Feind. Tapfer kämpfte der Deutsche Karl Schweidlich, unser Dolmetscher. In Erinnerung geblieben ist mir auch ein junger Italiener, der zu uns in den Verband gekommen war. Er hatte nichts weiter bei sich als eine vernickelte Kaffeemaschine, worüber die Partisanen nicht wenig lachten. Oder kann man etwa Jakow Susserman vergessen, einen an Typhus erkrankten Juden, den eine ukrainische Frau gesund pflegte? Sie hatte sich nicht in acht genommen und sich selbst angesteckt. In der Stunde des Abschieds sagte sie: »Ich habe alles getan, was ich konnte. Werde uns nicht wieder krank. Wenn du auf die Faschisten zielst, dann schieße auch für mich. Wenigstens einmal.«

Wir sind uneingeschränkt für den Frieden. Das bekräftigten und bekräftigen wir mit all unseren Taten und Handlungen, mit unserem ganzen Leben, das mehr als genug schwere Tage aufzuweisen hatte.

Im Partisanenkrieg war es nicht leichter als an der Front. Hier wurde man »von fünf Seiten« eingekreist – Bomben deckten uns von oben ein. Doch die Schwierigkeiten bestanden nicht nur darin, daß im Partisanengebiet jeder Schritt die vordere Linie bedeutet, daß die Prise Machorka bis aufs letzte aufgeraucht wird, daß man sein Leben Polizeikugeln aussetzt, wenn man an eine Tür geklopft hat, und daß das Hinterland für dich der Rücken eines Genossen ist. Sicher war das alles noch nicht das schwerste. Es galt, sich in den Menschen zurechtzufinden und die Frontlinie zwischen den wahren Patrioten und jenen zu ziehen, die nicht standgehalten hatten und »zerbrochen« waren. In der Armee sind Freunde an deiner Seite, und du drängst zum Sturmangriff, angespornt durch ihr Beispiel. Im Hinterland des Gegners bleibst du häufig allein mit deinem Gewissen und mußt allein einen Entschluß fassen: Bist du in der Lage, den verborgenen Instinkt der Selbsterhaltung zu besiegen, der dich zwingt, dich einzugraben, dich zu verstecken, abwartend sitzen zu bleiben? Oder wird deine Liebe zu den Menschen, zur Erde, auf der du aufgewachsen bist, höher stehen als das eigene Ich?

Antwort auf diese Fragen muß die Literatur geben. Nicht umsonst nennt man sie Menschenführung. Später, nach Ablauf vieler Jahre, sah ich mich veranlaßt, in einem meiner Bücher den Gedanken hervorzuheben: »Die Überwindung der Angst – darüber schreibt man wenig ...«

Zehn Partisanengenerale gab es in der Ukraine. Jetzt bin ich der einzige, der noch am Leben ist. Gelichtet haben sich die Reihen der Partisanen und der Illegalen. Das darf uns keine Ruhe lassen: Wir müssen es schaffen, den Menschen, den Kindern, Enkeln und Urenkeln über den Krieg im Hinterland des Gegners, über die Größe des Heldentums und über die Tiefe der Schmach zu berichten. Und unbedingt die volle Wahrheit, nichts als die Wahrheit, sonst würde man uns nicht glauben. Eile tut not.

Dieser Gedanke reifte erst in späterer Zeit. Vor 35 Jahren stand mir nicht der Sinn nach Memoiren. Es galt, die durch den Krieg zerstörte Volkswirtschaft wiederaufzubauen. Doch es fand sich ein Mensch, ein bedeutender, hervorragender Funktionär unserer Partei und unseres Staates, Dmitri Sacharowitsch Manuilski, der mir riet, ein Buch zu schreiben – nicht für mich, sondern für die anderen. Über die Vergangenheit, über den Kampf. Und ich folgte dem guten Ratschlag.

Dann war das erste Buch der Trilogie »Das illegale Gebietskomitee arbeitet« fertig. Im Vorwort heißt es: »Es kann sein, daß ich nicht sehr fließend, nicht sehr schön erzähle, ich will mich aber bemühen, wahrheitsgetreu und echt zu schildern, wie die Illegalen und die Partisanen von Tschernigow und Wolynien für die Freiheit und Unabhängigkeit unserer Heimat gekämpft haben.«

Unlängst weilte ich in Korjukowka, jenem Tschernigower Korjukowka, das die faschistischen »Zivilisatoren« vom Antlitz der Erde hinweggefegt hatten. Unter den Ruinen wurden mehr als siebentausend Greise, Frauen und Kinder begraben.

In Korjukowka wird ein Mahnmal errichtet, ein eindrucksvolles Mahnmal zum Gedenken an alle verbrannten Dörfer der Ukraine. Für die kommenden friedlichen Generationen, die an die Stelle der heutigen treten werden, errichten wir Obeliske, eröffnen wir Museen, die dem Gedenken gewidmet sind.

Bücher über den Krieg sind in ihrer Art gleichfalls Denkmäler, sind Mahnung und Warnung. Sie berichten vom Streben und von der Entschlossenheit der sowjetischen Menschen, den Frieden auf der Erde zu behaupten, zu verteidigen und sicher zu machen. Sie sind ein weiterer überzeugender Beweis für die aufrichtigen Bestrebungen eines Landes, für das die Sorge um die Sicherheit der gesamten Menschheit das höchste Prinzip seiner humanistischen Außenpolitik ist.

Wir arbeiten in der Kommission für die Angelegenheiten ehemaliger Partisanen, um die Heldentaten der Partisanen und der Illegalen in den Jahren des Großen Vaterländischen Krieges für unsere und die kommenden Generationen zu bewahren. Dokumente und künstlerische Zeugnisse sollen die Wahrheit über das Durchlebte, über den vergangenen Krieg vermitteln – damit die schreckliche Vergangenheit nicht erneut auf uns zukommt, damit die Tragödien sich nicht wiederholen, damit der vergangene Weltkrieg der letzte auf der Erde bleibt. Darin sehe ich meine heilige Pflicht – die Pflicht eines Soldaten, eines Sowjetmenschen, eines Kommunisten.

*Alexej Fjodorow*

# Vorwort des Autors zur sowjetischen Ausgabe

Mein Buch »Das illegale Gebietskomitee arbeitet« schließt mit den Ereignissen vom September 1943 ab. Zu jener Zeit zog unser Partisanenverband, der im Gebiet von Tschernigow formiert worden war und dort anderthalb Jahre gekämpft hatte, eine erste Bilanz seiner Kampftätigkeit in Wolynien, wo er spezielle Aufgaben erfüllen sollte. Danach existierte der Partisanenverband von Tschernigow-Wolynien noch ein halbes Jahr. Er wurde erst im Frühjahr 1944 aufgelöst, als sich die Partisanenkompanien und -bataillone an der Westgrenze der Sowjetunion mit den angreifenden Truppen der Roten Armee trafen.

Unser letzter Partisanenwinter war mit den zwei vorausgegangenen in vielerlei Hinsicht nicht zu vergleichen. Die Bedingungen, unter denen wir kämpften, hatten sich geändert. Die Waffen, die wir zum Einsatz brachten, waren wirkungsvoller, und der Ausbildungsstand der Kämpfer und Kommandeure hatte sich erhöht. Mein neues Buch »Der letzte Winter« macht den Leser mit den interessantesten Ereignissen des Partisanenkampfes in Wolynien im Winter 1943/44 und mit den Helden dieses Kampfes bekannt. Der Leser wird übrigens unter ihnen auch ihm bereits bekannte Menschen finden.

Nicht nur Jahre, sondern nunmehr Jahrzehnte trennen uns von einem der größten Ereignisse in der Geschichte – dem Sieg des sowjetischen Volkes über das faschistische Deutschland –, doch das Interesse des Lesers an dem Zeitabschnitt des Großen Vaterländischen Krieges läßt keinesfalls nach. Das ist durchaus natürlich. Gerade im Verlaufe jener Schlachten haben wir die sowjetische Gesellschaftsordnung und den

Sozialismus verteidigt, so daß unser Volk zum Aufbau der kommunistischen Gesellschaft übergehen konnte.

Doch die Jahre vergehen, und mit ihnen scheiden Teilnehmer und Zeugen der verflossenen Kämpfe aus dem Leben. Viele von uns haben durchaus noch etwas zu berichten und Erinnerungen weiterzugeben. Das ist meines Erachtens unsere Pflicht. Deshalb habe ich mich auch entschlossen, meine vor vielen Jahren begonnenen Erinnerungen an das Partisanenleben fortzusetzen und abzuschließen.

Im vorliegenden Buch halte ich mich nicht daran, das Material aus der strengen Sicht der Memoirenliteratur darzulegen. Das dokumentarische Tatsachenmaterial wird hier in Form einzelner Episoden und Skizzen wiedergegeben, die eng miteinander verbunden sind und einander ergänzen. Da sie nicht erfunden worden sind, kann man sagen, daß das Buch einen Zyklus wahrer Begebenheiten aus dem Partisanenleben bildet.

In dem Wunsch, nicht nur das zu schildern, was in meinem Blickfeld als Verbandskommandeur und Sekretär des Wolynischen illegalen Gebietskomitees der Partei lag, habe ich die Erinnerungen einiger meiner Kameraden aus dem Partisanenleben verwendet (von F. Lyssenko, S. Gasinski, W. Pawlow, V. Kremenizki, D. Resuto, W. Klokow, I. Samartschenko, T. Gnedasch und anderen). Für ihre Hilfe danke ich herzlich.

Erstmals erschien dieses Buch im Jahre 1965. In der vorliegenden Ausgabe (1981) wurden einige Ergänzungen und Präzisierungen vorgenommen.

# An den Mauern von Lessograd

Städte baut man für Jahrhunderte. Unsere Partisanenstadt im Wald hatten wir auch auf lange Sicht gebaut, zumindest für einen ganzen Winter. Sie war jenen Bauwerken – Laubhütten und kleinen, eilig ausgehobenen Erdhütten –, in denen wir Partisanen vor zwei Jahren hausen mußten, ganz und gar nicht ähnlich. Es hatte sich aber auch vieles, sehr vieles in dieser Zeit verändert!

Damals, im ersten Kriegsherbst, war die Front vor Moskau. Sie näherte sich dann der Wolga und verlief nun bei Kiew, am Dnepr. Zu jener Zeit waren Mut, Liebe zur Heimat und die Bereitschaft, sich gegenüber einer überraschend eingefallenen feindlichen Kraft zu behaupten, die Hauptwaffe des Volkes. Nunmehr verfügten die sowjetischen Menschen neben Mut, Patriotismus und Siegeswillen auch über wirkungsvolle technische Kampfmittel und reiche militärische Erfahrungen. In den zwei Jahren schlug im Hinterland der faschistischen Armeen aus einzelnen, sogleich auflodernden Herden die das gesamte Volk erfassende helle Flamme des Partisanenkampfes. Und auch unsere Abteilung wuchs – wie so viele andere – zu einem starken Verband an.

Auf Grund eines Befehls legten wir im Frühjahr 1943 kämpfend etwa tausend Kilometer vom Tschernigower Gebiet bis Wolynien zurück und verhielten an der Westgrenze der Sowjetunion. Mit den Partisanenbataillonen traf auch das illegale Gebietskomitee Wolynien der Partei ein, als dessen Sekretär ich bestätigt worden war.

Unserem Verband mit der Feldpostnummer 0015 war die Aufgabe gestellt worden, durch systematische Diversionshandlungen die Eisenbahnlinie des Koweler Knotenpunktes lahmzulegen. Diese Aufgabe wurde erfüllt. Allein im August sprengten wir zweihundertneun feindliche Eisenbahntransporte. Noch niemals und nirgends hatten Partisanenpioniere eine solche »Produktivität« aufzuweisen. Die wichtigsten Verkehrsadern des Gegners, die sich unter unserer »Obhut« befanden, waren faktisch außer Betrieb gesetzt. Züge fuhren hier selten, und wenn, dann nur im Schneckentempo. Die Faschisten waren gezwungen, ihre Verstärkungen nicht auf direktem Wege über Kowel–Kiew in den Raum des Kursker Bogens, sondern auf Umwegen in Marsch zu setzen, wodurch sich der Weg um Hunderte von Kilometern verlängerte.

Es wurde Herbst. Wir mußten den im Sommer erreichten Erfolg ausbauen und durften dem Gegner keine Möglichkeit lassen, weiterhin die sechs Linien des Koweler Eisenbahnknotenpunktes zu benutzen. Es galt, in Wolynien noch andere, dem Verband und dem illegalen Gebietskomitee gestellte Aufgaben zu erfüllen. Deshalb hatten wir uns auch entschlossen, den Winter unweit von Kowel, in den Wäldern zwischen den Flüssen Stochod und Styr, zu verbringen. Viel Mühe hatte uns der Bau des zentralen Lagers gekostet.

Dieses Lager erinnerte tatsächlich an eine Stadt.

Auf einer kleinen Lichtung befand sich unser Stab. Wie sollte man diesen Bau nennen, in dem die Mitarbeiter des Stabes arbeiteten und wohnten? Es war keine Erdhütte, aber auch kein Haus, eher ein Mittelding zwischen beiden. Wir hatten eine Baugrube ausgehoben. Dort hinein versenkten wir zu drei Vierteln das Holzgerüst einer Kate, die bei irgendeinem Speichellecker der Faschisten requiriert und ins Lager geschafft worden war. Die Fensterhöhlen wurden verlängert, um die verglasten Rahmen höher einsetzen zu können. Ein Dach war unangebracht. Die Decke wurde mit Erde beschüttet und mit Rasen abgedeckt. Zur Tarnung wurden junge Tannenbäume hineingesteckt. Und was kam letztlich dabei heraus? Für meine Begriffe ein Gebilde zwischen Hütte und Haus, halb aus der Erde herausragend. Bei uns in Lessograd gab es auch Erdhütten, die Baracken ähnelten. Von innen waren sie mit Brettern oder gut behauenen Balken ausgeschalt.

Fast unmittelbar neben dem Stab befanden sich zwei Hütten, wovon eine mir und die andere dem Kommissar des Verbandes, Wladimir Nikolajewitsch Drushinin, gehörte. Ebenfalls in der Nähe waren die Kommandantenkompanie und die Diversionskompanie, die Propagandaabteilung des Stabes, die Redaktion und die Druckerei, der Speiseraum, das Bad und der Friseur untergebracht. Sogar ein Filmstudio gab es, wie die Partisanen die Erdhütte des Kameramannes Michail Glider nannten. Etwas weiter stand eine Kavallerieschwadron.

Hoch über den Fichtenwald ragten die Antennen der Nachrichtenzentrale. Von dorther drang ständig das Piepen der Funkgeräte und das Klopfen der Morsetasten. Ging ich dort vorbei, so erinnerte ich mich oftmals, wieviel Anstrengungen es uns gekostet hatte, Anfang Januar 1942 meinen ersten Funkspruch an das Zentralkomitee der Kommunistischen Partei der Ukraine abzusetzen, der lediglich aus neunzehn Wörtern bestand.

Ein Funkgerät hatten wir damals schon, uns fehlte aber der Strom. Die Partisanen sammelten Dutzende von Batterien aus zerstörten deutschen Fahrzeugen und luden sie drei Tage lang mit Hilfe des Antriebs einer von einem Pferdegöpel betriebenen Dreschmaschine auf. Jetzt verfügten wir über mehrere Funkstrecken, die den Stab mit dem »Großen Land« und mit unseren an den Eisenbahnlinien handelnden Abteilungen verbanden. Das gesamte Lager war mit Funkmitteln ausgestattet. Die Partisanen hörten die neuesten Nachrichten, Konzerte aus Moskau und unsere örtlichen Sendungen. Unsere fahrbare Elektrostation der Funkzentrale belieferte nicht nur die Funkgeräte mit Strom, sondern sorgte auch für Licht in den umliegenden Erdhütten.

Ungefähr fünfzig Meter vom Stabsgebäude entfernt verlief eine breite Schneise, aber auch dahinter lag noch Lessograd. Jenseits der Schneise waren die Aufklärungskompanie, das Artillerie- und Granatwerferbataillon sowie das Munitionslager untergebracht. Weiter befanden sich inmitten der Fichtenschonung die Erdbaracken des medizinischen Punktes.

Ende 1941 nahm bei uns mangels eines Arztes der Starschina des Sanitätszuges, Georgi Iwanowitsch Gorobez, den ersten ernsthaften chirurgischen Eingriff vor. Er war von Beruf Schiffsmechaniker und in Friedenszeiten zuletzt Direktor der Schiffsreparaturwerkstätten von Tschernigow. Dem verwundeten Partisanen drohte der Tod durch Wundbrand. Der abgestorbene Arm mußte unbedingt operiert werden. Unser junger Feldscher konnte sich nicht dazu entschließen, zumal ihm dafür die notwendigen Instrumente fehlten. Da schärfte Georgi Iwanowitsch ein gewöhnliches Schlossermesser, desinfizierte es und führte damit die Operation aus. Bleibt nur noch hinzuzufügen, daß der Kämpfer am Leben geblieben ist, gesundete und seit jener Zeit Gorobez als seinen Lebensretter bezeichnete.

Jetzt hatten wir in unserem Lazarett erfahrene Chirurgen. Wir besaßen einen geräumigen Operationssaal, dessen Decke und Wände mit Fallschirmseide verkleidet waren. Es gab ein chirurgisches Zelt, eine Infektionsabteilung und sogar ein stomatologisches Kabinett. Als wir nach Wolynien kamen, bat uns in einer kleinen belorussischen Ortschaft die Zahnärztin Olga Alexandrowna Sytschewskaja, sie in die medizinische Abteilung als Krankenschwester aufzunehmen. Warum als Krankenschwester? Hatten Partisanen etwa niemals Zahnschmerzen? Wir übernahmen Olga in die medizinische Abteilung mitsamt ihrem wachstuchüberzogenen Zahnarztstuhl, dem Bohrer und den schrecklichen Nickelspritzen, die selbst die hartgesottensten Aufklärer und Minenleger zum Zittern brachten.

Unweit vom medizinischen Punkt baute die Wirtschaftskompanie ihr Reich auf. Hier befanden sich die Lager und eine Vielzahl von Werken. Bei uns arbeiteten eine Brotfabrik, eine Wurstfabrik, eine Schneiderei, eine Weißnäherei, eine Schusterwerkstatt und eine Hutmacherei sowie eine Stellmacherei und eine Werkstatt für Kerzenherstellung. Sogar Skier wurden produziert. Nunmehr fand man bei den Wirtschaftsleuten immer einen Vorrat an Lebensmitteln, und sie hatten sogar eine eigene Rinderherde. Wie oft mußten wir uns doch in der Vergangenheit von ungepökeltem Pferdefleisch und gefrorenen Futterrüben ernähren. Es gab auch Tage, an denen wir außer einem Glas Birkensaft nichts zwischen die Zähne bekamen.

Wie jede Stadt hatte auch Lessograd seine entfernter liegenden und nahen Stadtviertel. In diesen Stadtvierteln, ebenfalls gut ausgebaute Lager, war ein Teil unserer Abteilungen untergebracht. Am weitesten vom Stab entfernt, nämlich sieben Kilometer, befand sich das sogenannte zivile Lager, wo wir die vor den Verfolgungen der Faschisten geflüchteten Bürger, vor allem Greise, Frauen und Kinder, untergebracht hatten. Sie standen völlig unter unserer Obhut. Wir gaben ihnen Sicherheit und versorgten sie mit Lebensmitteln.

Am frühen Morgen des 20. Oktober 1943 warf ich, aus meiner Hütte tretend, einen Blick in die Umgebung. Es war noch nicht ganz hell, doch man konnte erkennen, daß die Stämme der nahen Kiefern und das Laub unter den Füßen mit Rauhreif bedeckt waren ... Ja, bald würde Winter sein! Und wir sollten wirklich unser Lessograd verlassen? Gewissermaßen als Antwort krachten irgendwo in Richtung Ljubeschow hintereinander zwei Detonationen. Bataillonsgranatwerfer! registrierte automatisch das Gehirn.

Im Halbdunkel tauchte die Silhouette Drushinins auf. Ich tauschte einen Händedruck mit dem Kommissar. Nach kurzem Schweigen sagte er:

»Die donnern ganz schön los! Fangen vor Tau und Tag an. Was wird der heraufziehende Tag für uns bereithalten?«

»Das werden wir gleich erfahren.«

Wir betraten den Stabsbunker und baten den Stabschef, Dmitri Iwanowitsch Rwanow, die Lage zu melden. Die Neuigkeiten waren nicht gerade beruhigend.

»Der Gegner greift nach wie vor von Süden und Westen her an, und im Osten zieht er Kräfte zusammen«, sagte Hauptmann Rwanow. »Im Westen halten wir Tschaptschi. Am Waldrand bei Shelesniza und Beresitschi beziehen wir Verteidigungsstellungen. Wir haben Verluste, wenn auch geringe. Nach Angaben der Aufklärung sind gestern abend noch zehn Fahrzeuge mit Infanterie in Ljubeschow eingetroffen. Im Süden halten wir Lobna und Serchow, jedoch wurden nachts zwei deutsche Bataillone mit Schützenpanzern und Panzern aus Kowel nach Manewitschi verlegt. Die machen heute sicher Dampf auf! Warten wir's ab.«

»Was gibt es Neues bei Balizki?« fragte ich.

»Gestern hat er im Dorf Berestjana gegen ukrainische Nationalisten gekämpft. Der Gegner hat an die hundert Tote, siebzig Mann gaben sich gefangen, erbeutet wurden sechs leichte Maschinengewehre und ein Fahrzeug mit Verpflegung. Trotzdem mußte sich Balizki ins Waldesinnere zurückziehen, denn sein Bataillon hat nicht mehr den vollen Bestand, eine Kompanie ist hier ...«

»Und wieviel Bandera-Leute haben sich dort angesammelt?« fragte Drushinin interessiert.

»Rechnen Sie mit drei ›Kosakenunterkünften‹, also siebenhundertfünfzig Bajonetten. Hundertsiebzig Mann haben sie verloren. Einen Teil der Übriggebliebenen zieht Balizki auf sich, die restlichen sind nach seiner Information in Richtung Manewitschi abgezogen.«

»Wieder hierher!« sagte ich und blickte dabei auf die Karte. »Das heißt also, sie sind drauf und dran, den Hauptschlag von Süden zu führen?«

»Möglicherweise von Süden und von Westen zugleich, und im Osten wollen sie uns daran hindern, über den Styr zu kommen. Ihr Endziel ist es, die Partisanen nach Norden, in die belorussischen Wälder, abzudrängen.«

»Daraus wird nichts! Aber die Lage ist schwer. Wir dürfen nicht länger warten. Und wie denkst du darüber, Wladimir Nikolajewitsch?«

»Auf keinen Fall. Wir müssen hier weg«, antwortete Drushinin, gewohnheitsmäßig den Kopf leicht nach links geneigt.

»Ihre Meinung?« Ich wandte mich an Rwanow.

»Ein Stellungskrieg ist keine Sache der Partisanen. Es ist Zeit, zu verschwinden!«

»Also, dann auf, lieber heute als morgen«, entschied ich. »Korrekturen am Plan des Marsches sind nicht erforderlich. Um neun Uhr nehmen Sie die Kommandeure und Politarbeiter zusammen. Und jetzt wollen wir den Befehl unterschreiben!«

Rwanow nahm den vorbereiteten Befehl, und alle drei unterschrieben wir ihn.

Danach würde also heute um 16 Uhr der Verband mit dem Ziel aufbrechen, in der Nacht den Styr zu forcieren. Sollten die Faschisten ruhig in den von uns verlassenen Wald eindringen, tief ins Dickicht, und dort herumsuchen, wo wir schon nicht mehr waren. Natürlich würden sie sich später auf unsere

Spur werfen. Na und? Gemeinsam würden wir jenseits des Styr durch die Wälder ziehen. Dort war es geräumiger, und wir würden eben ein bißchen manövrieren! Die Taktik des Manövrierens und kurze, den Gegner ermüdende Feuergefechte kamen den Partisanen immer weitaus gelegener. Schließlich würden wir doch in unser Lessograd zurückkehren. Aber wann? Und in welchem Zustand würden wir unsere »Stadt« vorfinden?

Von der gegen uns geplanten »Strafexpedition« erhielten wir frühzeitig, noch in den ersten Oktobertagen, Kenntnis. Nicht völlig klar waren ihr Ausmaß und die Ziele. Anfangs schien es, als ob es dem Gegner darauf ankäme, die Partisanen lediglich aus den Dörfern zu vertreiben, wo wir unsere Stützpunkte eingerichtet hatten, und unseren Verband im Gebiet zwischen den beiden Flüssen zu blockieren, nachdem er ihm die Zugänge zur Eisenbahnlinie abgeschnitten hatte. Aber selbst, als wir kämpfend einige Ortschaften aufgegeben hatten, griff der Gegner weiter an, überquerte im Westen den Stochod und drang in den Wald ein, wobei er weiterhin ziemlich starke Kräfte heranzog. Seine Absicht begann sich klar abzuzeichnen: Die Faschisten wollten die Partisanen nach Norden abdrängen, um ein regelmäßigeres Funktionieren des Koweler Eisenbahnknotens zu ermöglichen.

Ich überlegte: Wir werden nicht nach Norden ausweichen! Und den Deutschen wird es nicht gelingen, die für sie so wichtige Verkehrsader zum Pulsieren zu bringen. Das Marschmanöver wird nicht unser ganzer Verband ausführen, sondern nur ein Teil unter Führung des Stabes. Vier Abteilungen werden an den Straßen Kowel–Brest, Kowel–Chełm und Kowel–Luzk bleiben, um dort die Diversionstätigkeit fortzusetzen.

Im Verlaufe der Kämpfe hatte es sich herausgestellt, daß die Okkupanten zusammen mit den ukrainischen Nationalisten nach einem einheitlichen, offensichtlich abgestimmten Plan angriffen. Das bestätigte auch der heutige Vortrag des Stabschefs.

»Ich begreife einfach nicht, wie die Bandera-Leute bis heute behaupten können, daß sie gegen die Deutschen kämpften«, sagte Wladimir Nikolajewitsch zu mir, als wir uns zum Frühstück niederließen.

»Sie werden es behaupten, solange hier auch nur ein Faschist steht. Das ist nicht verwunderlich! Sie wissen genau, daß das Volk die Okkupanten haßt und daß für das Volk der faschistische Soldat der schlimmste Feind ist. Deshalb schreien diese Bandera-Leute, daß auch sie gegen die Deutschen seien.«

»Warum sie schreien, ist klar. Davon ist nicht die Rede. Aber jede Agitation muß sich doch zumindest auf ein Minimum an Tatsachen stützen. Wir sind hier einige Monate, aber es gab noch keinen einzigen Fall, wo die Nationalisten eine deutsche Garnison oder wenigstens ein elendes Polizeirevier vernichtet, einen Zug zum Entgleisen oder auch nur einen Faschisten getötet hätten.«

»Sie sagen, die Stunde sei noch nicht gekommen, sie sammelten Kräfte. Du kennst das doch. Und dann können sie die Sache immer noch so drehen, daß es gerade an diesem Abschnitt und zu diesem Zeitpunkt aus taktischen Überlegungen nicht möglich gewesen sei, die Okkupanten anzugreifen, was sie an einer anderen Stelle angeblich getan hätten. Die reinste Demagogie! Offenkundige Aufschneiderei! Aber was erwartest du denn von denen?!«

»Moment mal, ich versuche, einer Wahrheit auf den Grund zu kommen. In Ordnung, den Bandera-Leuten gelingt es mitunter, vor der Bevölkerung zu verbergen, daß sie uns Partisanen daran hindern, die deutschen Faschisten zu schlagen. Das Verminen unserer Zugänge zu den Eisenbahnlinien, Hinterhalte – all das läßt sich irgendwie vertuschen. Aber jetzt reicht bei ihnen die Sache doch bis zu großangelegten gemeinsamen Operationen mit den Okkupanten gegen uns. Also, da sind die Deutschen mit Panzern nach Manewitschi gekommen, und schon tauchen Bandera-Leute hier auf. Bei Shelesniza und Beresitschi sind sie, und sogleich kommt deutsche Infanterie angerollt, um ihnen zu helfen.«

»Und trotzdem, Bandera-Leute und Deutsche gehen nicht in einer Schützenkette vor! Ein Außenstehender könnte zu der Auffassung gelangen, daß beide völlig selbständig gegen die Partisanen kämpften. Die Koordinierung erfolgt irgendwo höher, durch ihre Anführer.«

»Genau darauf will ich hinaus«, sagte Drushinin. »Ich habe

den Eindruck, daß in der Zeit, da Bandera Opposition gegen die Faschisten spielt und hochtrabende Worte vom Stapel läßt, der hiesige Führer der ukrainischen Nationalisten, Stepan Borowez, bereits mit den Okkupanten über den gemeinsamen Kampf gegen die Partisanen übereingekommen ist. Der hat bestimmt so ein Separatabkommen abgeschlossen.«

»Durchaus möglich«, stimmte ich zu. »Aber alles Geheime tritt mit der Zeit zutage. Die Verbindung zu den deutschen Okkupanten wird Borowez schwerlich vor der eigenen Clique geheimhalten können. Und das kommt uns gerade recht! Man kann den Leuten überzeugender beweisen, wem die bürgerlichen Nationalisten dienen und wohin sie ihre Anhänger treiben. Zur Demoralisierung und Neutralisierung der einfachen Bandera-Leute haben wir schon einiges getan. Haben sich gestern nicht auf einen Schlag siebzig Nationalisten Grischa Balizki gefangengegeben? Und an anderen Orten laufen sie auch über.«

»Daß die Bandera-Leute zu neutralisieren sind, sagte man uns bereits in Moskau, im Zentralkomitee. Leider gelingt uns das nicht immer. Übrigens ist es nicht verkehrt, die Aufklärer und Mitarbeiter der Besonderen Abteilung daran zu erinnern, damit uns die dokumentarischen Angaben über die Verbindungen von Borowez zu den Okkupanten nicht durch die Finger rutschen. Das gibt ein ausgezeichnetes Material für die Propagandisten!«

»Wir werden darüber auf der Versammlung sprechen.«

Stepan Borowez, von dem hier die Rede war, war Anführer der ukrainischen Nationalisten. Noch vor kurzem Eigentümer eines Steinbruchs und einer Steinmetzwerkstatt für Grabsteine, begann er nach dem Einfall der Faschisten in die Sowjetunion aktiv mit ihnen zu kollaborieren und zimmerte aus jeglichem Abschaum so etwas wie eine Truppe zusammen, die er in Anlehnung an die Selbstverwaltungsorganisation der Kosaken vom 16. bis zum 18. Jahrhundert »Setsch der Polessje« nannte. Sich selbst ernannte er zum Setsch-Ataman, wobei er sich der Wichtigkeit halber das Pseudonym »Taras Bulba« gab. Daher nannten die Partisanen und auch viele ortsansässige Bauern die unter seinem Kommando stehenden Banditen verächtlich Bulbaschas.

Bald darauf zerstritt sich Borowez zum Schein mit den Faschisten und löste die »Setsch« auf, deren Reste in die sogenannte Ukrainische Aufständischenarmee eingingen, die von den Nationalisten formiert worden war. Durch Betrug und Zwang zogen sie auch viele ehrliche, aber unwissende, politisch völlig ungebildete Menschen in die Ukrainische Aufständischenarmee. Es gehörte zu den Obliegenheiten der Partisanen und des illegalen Gebietskomitees Wolynien, diesen Leuten die Augen zu öffnen und ihnen zu helfen, sich vom Einfluß ihrer Atamane frei zu machen.

Schon seit langer Zeit trieben die bürgerlichen ukrainischen Nationalisten Schindluder mit den Interessen des Volkes. Bekanntlich traten sie bereits in den Jahren des ersten Weltkrieges für die Abtrennung der Ukraine von Rußland ein. Sie predigten die Bildung eines selbständigen ukrainischen Staates. Aber das war nur formal. In der Tat gierten sie danach, die Ukraine in eine Kolonie des deutschen Imperialismus und der österreichisch-ungarischen Monarchie umzuwandeln. Die Jahre vergingen, die Aushängeschilder der im Ausland dahinvegetierenden ukrainischen nationalistischen Parteien änderten sich, die Führer der »Selbständigkeit« wechselten, und ihr Programm wurde immer reaktionärer. Die in den Jahren des Großen Vaterländischen Krieges wirkende Organisation der ukrainischen Nationalisten mit ihrem neuen Führer Stepan Bandera war bereits eine Partei offen faschistischen Charakters.

In dem Bestreben, die Ukraine von der Sowjetunion abzutrennen, scheuten die Bandera-Leute nicht davor zurück, mit Hitler zusammenzuarbeiten, ja, sie waren bereit, ein deutsches Protektorat über der nach außen hin »selbständigen« Macht anzuerkennen. In der Wahl ihrer Mittel waren die Nationalisten nicht zimperlich. Terror, Verrat, Überfall und Entfesselung nationalen Haders waren durchaus genehme Mittel. Bandera selbst war als bezahlter Agent der Abwehr, der militärischen Aufklärung der Wehrmacht, in den Listen ihrer Geheimagenten unter dem Decknamen »Der Graue« zu finden.

Natürlich dachten die Faschisten nicht daran, ernsthaft mit Bandera zu rechnen und seine Ansprüche zu befriedigen. Sich jedoch der Bandera-Leute und jeglichen nationalistischen Gesindels zum Kampf gegen die sowjetischen Partisanen zu bedienen – das konnte man, und die Okkupanten taten es denn auch mit Vorliebe. Die Atamane der ukrainischen Nationalisten lagen sich seit eh und je in den Haaren, aber in einem waren sie sich ausnahmslos einig: in ihrem wilden Haß auf die Sowjetunion. Deshalb konnten die Okkupanten jede beliebige militärische Formation für ihre Zwecke einsetzen.

Auch jetzt standen die Bandera-Leute, unterstützt von den technischen Kampfmitteln der Faschisten, an der Spitze der gegen uns angetretenen »Strafexpeditionen«. Eine beredte, wenn auch nicht völlig offizielle Zusammenarbeit! Die Zeit war nicht mehr fern, und man würde die Bandera-Leute sehr treffend als ukrainisch-deutsche Nationalisten bezeichnen. Das waren sie bereits jetzt. Was soll's – wir kämpften sowohl gegen die ukrainisch-deutschen als auch direkt gegen die deutschen Faschisten! Wir waren nicht die ersten. Heute begann ein neuer Marsch. Zunächst mußten wir uns mit den zum Stab gerufenen Kommandeuren und Politarbeitern unterhalten.

Die Beratung war bald zu Ende. Marschordnung, die Plätze der Einheiten in der Kolonne, ihre Aufgaben, die Arten der Nachrichtenverbindung, der Signalgebung und die Parolen – alles war in dem Befehl vorgesehen. Mir blieb mit Wladimir Nikolajewitsch nur übrig, Binsenweisheiten ins Gedächtnis zu rufen, die die Disziplin, die Wachsamkeit und den sorgfältigen Umgang mit der Waffe betrafen. Es schadete nichts, das ein übriges Mal zu erwähnen. Wir erinnerten auch an die Notwendigkeit, sich mit der Klärung der formalen Seite der gegenwärtigen Beziehungen zwischen der Ukrainischen Aufständischenarmee und den Faschisten zu befassen. Danach beantworteten wir Fragen der Beratungsteilnehmer. Schließlich erfolgte, wie das so üblich ist, der Uhrenvergleich.

Nachdem wir alle entlassen hatten, baten wir den Kommissar der kürzlich aufgestellten polnischen Brigade, Viktor Kremenizki, für ein paar Minuten zu bleiben. Er war hochgewachsen, ernst und immer irgendwie besorgt.

»Für Ihre Leute wird es schwerer als für die anderen, Viktor«, sagte ich. »Ich weiß, Ihre Männer hatten noch keine Feuertaufe, fast alles Neulinge. Deshalb werden an die zu Ihnen in die Brigade entsandten alten Partisanen doppelte Anforderungen gestellt.«

»Klar, Alexej Fjodorowitsch! Die Veteranen werden ein Beispiel geben«, versicherte Kremenizki.

»Beispiel hin, Beispiel her, aber sie sollen auch den Polen helfen. Ein alter Hase kann einem Neuling auf dem Marsch und im Gefecht in vielen Dingen helfen! Das kann ein Ratschlag sein, aber auch Unterstützung und Heraushelfen aus der Patsche. Lassen Sie bei Beschuß keine Panik zu. Dort, wo es am schwierigsten ist und wo die Schwachstellen sind, werfen Sie die Kommunisten und Komsomolzen nach vorn!«

»Jawohl! Machen wir!«

»So, nun können Sie gehen. Unterwegs werde ich mal bei Ihnen vorbeischauen.«

Bald kam das ganze Lager in Bewegung. Ich weiß nicht, vielleicht ging es in der polnischen Brigade »Wanda Wasilewska« nicht ohne Nervosität und Gehetze ab, was für Neulinge durchaus verzeihlich war, doch in allen anderen Einheiten machten sich die Partisanen ruhig, sachlich und aufeinander eingespielt marschfertig. Man sah den Leuten die auf vielen Märschen gesammelten Erfahrungen an. Wenn sie zum Beispiel ein Fuhrwerk beluden, dann zurrten sie das Ladegut so fest, daß selbst in der steilsten Kurve nichts herunterfiel. Reinigten sie eine Waffe, so wurde sie spiegelblank poliert, und weder ein Gewehr noch eine Maschinenpistole oder ein Maschinengewehr versagten im Gefecht. Wechselte einer sein Schuhwerk, dann wickelte er mit einer solchen Sorgfalt den Fußlappen ohne eine einzige Falte um den Fuß, daß man in den Stiefeln warme Füße hatte und bequem laufen konnte. Packte ein erfahrener Partisan seinen Rucksack, so kam das Paar Wäsche zuunterst, dann erst der Zwieback, und das Stück Speck legte er obenauf, wobei er es noch einschnitt.

Doch nicht alle bereiteten sich in Lessograd und seiner Umgebung auf den Marsch vor. Die Bewohner des Zivillagers konnten wir nicht mitnehmen. Sie mußten daher in die Tiefe des Waldes evakuiert werden. Wir halfen ihnen, dort provisorische Erdhütten und Unterkünfte aus Ästen und Laub zu bauen, tarnten alle Zugänge und brachten noch einen Lebensmittelvorrat für zwei Tage hin.

Auch das 5. Bataillon oder die Kirow-Abteilung, wie wir es noch nannten, kam nicht mit uns, obwohl es sich ebenfalls aus seiner »Vorstadt« auf den Weg gemacht hatte. Ihm stand eine komplizierte und verantwortungsvolle Aufgabe bevor. Zum einen sollte es durch kleine Deckungseinheiten jene Züge und Kompanien der zum Marsch aufbrechenden Bataillone ablösen, die sich zur Zeit an den Waldrändern und Straßen verteidigten. Zum anderen hatte es nach unserem Rückzug zum Styr diese Deckungseinheiten zurückzuziehen, die Faschisten in den Wald zu lassen und ihnen hier tüchtig das Fell zu gerben, wobei man sie kreuz und quer locken mußte, sie aber nicht an das provisorische Zivillager heranlassen durfte. Schließlich sollten die Kirower kleine »Moskitogruppen« – wie wir sie nannten – von Minenlegern an die Eisenbahnlinie Kowel–Sarny entsenden, um den Zugverkehr zu unterbinden. Außerdem war dem Bataillon befohlen worden, mit dem Stab des Verbandes Funkverbindung aufrechtzuerhalten und alles mitzuteilen, was sich im Raum zwischen den beiden Flüssen abspielte.

Das waren keine leichten Dinge, die das Bataillon zu bewältigen hatte! Aber das 5. Bataillon war eines der besten. Dort waren viele kampferprobte Veteranen aus Tschernigow. Der Bataillonskommandeur, Nikolai Nikolenko, war ein kampferfahrener Offizier, Iwan Karawajew, der Kommissar, ein ausgezeichneter Politarbeiter. Ich hegte keinen Zweifel, daß die Kirower ihre Aufgabe erfüllen würden.

Anfänglich wollten wir das Bataillon von der Aufgabe des Minenlegens befreien und hatten zur Eisenbahnlinie Kowel–Sarny Leute aus irgendeiner anderen Einheit geschickt, doch die Kirower protestierten.

»Wir sollen durch den Wald kriechen, und irgend jemand wird an unserem Abschnitt die Transporte für sich buchen. Wo bleibt da die Gerechtigkeit?!« sagte Karawajew. »Nach der Anzahl der gesprengten Züge sind wir sowieso ins Hintertreffen geraten! Das 1. Bataillon hat fast die Hundert erreicht. Nein, kommt gar nicht in Frage, wir werden unsere Sache sowohl an der Strecke als auch im Wald erledigen. Transporte sind dazu da, um gezählt zu werden!«

Wir mußten nachgeben.

Gegen Mittag fuhr Drushinin los, um nachzusehen, wie sich die Polen auf den Marsch vorbereiteten, während ich mich ins Lazarett zu den Verwundeten begab. Die Mediziner hatten das Verladen ihrer Ausrüstung abgeschlossen, aber die Verwundeten waren noch in den Zelten. Ich ging vor allem zu den Helden der jüngsten Verteidigungsgefechte.

Auf der hintersten Pritsche lag der Komsomolze Mischa Stracholet. Er war noch sehr jung und hatte ein schmales, naives, fast kindliches Gesicht. Als die Bandera-Leute auf das Dorf Serchow vorrückten, hatte er wahren Mut bewiesen.

Dort war von uns nur ein Zug mit einer ihm zugeteilten MG-Gruppe. Die Bulbaschas griffen in Stärke einer »Kosakenunterkunft«, also eines Bataillons, an. Auf jeden unserer Kämpfer kam fast ein Dutzend Banditen. Doch ihnen das Dorf zu überlassen hieße, den Weg freizugeben, der zum zentralen Lager führte. Die Partisanen bezogen Verteidigungsstellungen.

Mischa mit seinem leichten Maschinengewehr grub sich auf einer kleinen Anhöhe nahe der Schule ein. Kaltblütig schoß er auf die Schützenketten der zum Dorf vordringenden Nationalisten. Beim Wechseln des Scheibenmagazins richtete sich der MG-Schütze etwas auf, und in der gleichen Sekunde erhielt er einen Brustdurchschuß. Man sagte mir, daß Mischa zuerst angstvoll auf das fließende Blut geblickt habe. Doch nachdem er verbunden worden war, faßte er sogleich wieder Mut, packte erneut sein Maschinengewehr und bekämpfte die Banditen weiter.

Verbunden hatte ihn zunächst die Krankenschwester Anja Gaponowa, die später an beiden Beinen verwundet wurde. Als Anja wieder zu sich gekommen war, nahm sie sogleich den Karabiner auf und schoß ebenfalls weiter auf die Angreifer. Mit solch aufopferungsvoller Hingabe kämpften in Serchow alle Partisanen aus dem Zug von Wassili Asarenko, bis ihnen eine Kavallerieschwadron zu Hilfe kam.

Die Komsomolzin Anja Gaponowa lag nicht weit von Stracholet und dämmerte vor sich hin. Dieses hübsche, bescheidene und kühne Mädchen war noch nicht einmal achtzehn Jahre und bereits das zweite Jahr bei den Partisanen. In den Klimowoer Wäldern war sie mit ihrer Freundin zu uns gekommen, die ebenfalls eine gute Krankenschwester wurde. Anjas Vater, während des Bürgerkrieges Partisan in den Abteilungen von Nikolai Stschors, kämpfte gegen die Petljura-Leute, die Vorgänger der heutigen Anhänger von Bandera.

Anja lag im Dämmerzustand, während Mischa, den Augenblick meiner Ankunft nutzend, sich beeilte, ein Klagelied auf die Ärzte anzustimmen.

»Genosse General Alexej Fjodorowitsch! Sie wollen mich zu den Rückwärtigen Diensten abschieben. Was habe ich dort im ›Großen Land‹ verloren? Oder haben wir hier etwa kein Lazarett? Nach dem Krieg werde ich ins ›Große Land‹ gehen.«

»Nach dem Krieg, Mischa, wird es weder ein ›Großes Land‹ noch ein ›Kleines Land‹ geben. Die ganze sowjetische Erde wird eins sein – und ohne Faschisten! Und was deine Abverfügung ins Hinterland angeht, so wollen wir folgendermaßen entscheiden: Flugzeuge gibt es zur Zeit nicht, das Wetter läßt sie nicht zu uns durch. Doch du bemühst dich, bis zur ersten Landung eines Flugzeuges gesund zu werden! Dann wird es auch keinen Streit mit den Ärzten geben. Einverstanden?«

Mischa war einverstanden. Ich ging zu den einzelnen Verwundeten und sprach mit ihnen. Dann fragte ich den Chefchirurgen, Timofej Konstantinowitsch Gnedasch, ob der Sanitätstrupp von der Wirtschaftskompanie zwei Milchkühe erhalten habe.

»Ja! Und man hat gute ausgesucht«, antwortete Gnedasch. »Jede gibt an die fünfzehn Liter. Das ist natürlich für alle Verwundeten recht wenig.«

»Da läßt sich nichts machen, Doktor. Mehr können wir nicht mit uns nehmen. Sind wir erst über den Styr, dann treiben wir noch welche auf. Außerdem wird auch die Bevölkerung Milch bringen. Sie werden es sehen!«

Nach dem Besuch des Lazaretts weilte ich bei den Artilleristen und den Aufklärern. Es war alles in Ordnung. Die Leute beendeten gerade das Mittagessen. Ich kehrte zurück, um auch etwas Warmes zu essen. Sicherlich würden wir uns in den nächsten Tagen nur von trockener Kost ernähren.

Als ich mich endlich auf den Weg machen wollte und die Hütte verließ, waren neben dem Stab und in den angrenzenden Erdhütten die Minenleger am Werk. Ich stieß auf den hochgewachsenen, krausköpfigen und immer lächelnden Wolodja Pawlow, einen Moskauer. Vor dem Krieg Student, war er jetzt einer unserer berühmtesten Sprengmeister.

»Bei Ihrem Häuschen, Alexej Fjodorowitsch, möchte ich es doch solider machen und eine doppelte Ladung anbringen. Die Unterkunft des Kommandeurs ist uns teurer als alles andere«, sagte Pawlow.

»Ich brauche keine doppelte Ladung! Die kracht so, daß von der Unterkunft nichts mehr übrigbleibt. Und Trotyl einzusparen hast du wohl vergessen, wie? Mach irgend etwas Leichteres.«

»Läßt sich machen. Ich habe eine große Auswahl«, erwiderte Wolodja lachend.

Dieser Bursche hatte bereits so viele Züge gesprengt, so viele Lokomotiven und Waggons zum Entgleisen gebracht, daß man ihn, wie ich scherzhaft sagte, nach dem Krieg kaum wieder im Institut für Eisenbahningenieure aufnehmen werde, wo er vorher studiert hatte.

Bei den beladenen Fuhrwerken stand der Starschina des Stabes, Semjon Michailowitsch Tichonowski, mit einem leeren Sack in den Händen und lockte die kleine Ziege Soika zu sich. An einer Straße nach Wolynien, als wir am Fluß Ubort standen, hatten die Partisanen im Wald zwei neugeborene wilde Ziegen gefangen, einen Bock und ein Zicklein. Sie begannen, sie zu füttern und an die Menschen zu gewöhnen. Der kleine Bock lief trotzdem fort, doch das Zicklein, das den Namen Soika erhielt, wurde schnell heimisch, gewöhnte sich an uns und wurde zum Liebling der Kommandantenkompanie.

Soika steckte gewöhnlich ihren Kopf durch das speziell dafür im Sack gelassene Loch, und von der Höhe des Fuhrwerkes von Tichonowski blickte sie mutig nach allen Seiten.

Soika war verladen, die Minenleger arbeiteten, das hieß also Ende des Sammelns und Aufbruch zum Marsch.

Aus westlicher Richtung dröhnten nach wie vor von Zeit zu Zeit dumpfe Detonationen herüber.

Punkt 16 Uhr setzte sich die Kolonne auf einer schmalen Waldstraße in Marsch. Vor uns ging das 7. Bataillon von Fjodor Iljitsch Lyssenko. Das gleiche Bataillon hatte auch die Spitzeneinheit ausgesandt. Die Aufklärung war noch früher aufgebrochen.

Der Kommandeur des 7. Bataillons war vor dem Krieg Pädagoge, Fachgebiet Geschichte. Doch jeder, der das nicht wußte, dachte, nachdem er die energische, straffe Haltung Lyssenkos in seiner gut angepaßten Uniform gesehen und gehört hatte, wie präzis und knapp er Befehle erteilte, unbedingt: Das ist ein alter Haudegen, ein Berufssoldat! Der Krieg änderte die Menschen schnell. Lyssenko hatte ein kampferprobtes, gestähltes Bataillon, das zu denen gehörte, die bereits im Tschernigower Gebiet aufgestellt worden waren. Fjodor Iljitsch war Mitglied unseres illegalen Gebietskomitees.

Ein eintöniger, dünner Herbstregen setzte ein. Das hatte seine guten, aber auch seine schlechten Seiten. Schlecht war, daß man fröstelte, auch das Marschieren fiel schwerer, doch dafür zeigten sich am Himmel keine Flugzeuge. Unsere Kolonne zog sich auf drei Kilometer auseinander, aber bald sollte zu ihr noch eine Einheit einer benachbarten Partisanenabteilung stoßen.

Nachbarn hatten wir in dieser Partisanenregion nicht wenige. Östlich und südlich von uns handelten die Abteilungen des Verbandes unter Generalmajor Begma, Sekretär des Rownoer illegalen Gebietskomitees der Partei. Dort befanden sich auch die Spezialabteilungen von Oberst Medwedjew, Oberstleutnant Prokopjuk, Oberstleutnant Karassew und Oberstleutnant Brinski. Eine der Einheiten von Brinski, die sich auf dieser Seite des Styr befand, sollte sich uns anschließen.

Aus irgendwelchen besonderen, mir aber absolut unverständlichen konspirativen Gründen hatten alle Kommandeure bei Brinski ziemlich komische Pseudonyme. Anton Petrowitsch selbst nannte sich »Onkel Petja«. Seinen Stabschef Perewyschko titulierten sie »Onkel Sascha«. Dort gab es auch einen »Onkel Wanja«, einen »Onkel Mischa«, einen »Onkel Lewa«, kurzum, alles Onkel. Mich machten diese Spitznamen immer nervös: Gut, legt euch Pseudonyme zu, wenn es euch gefällt, obwohl die Zeiten dafür vorbei sind, aber doch nicht solche, denen ein Hauch von Familiarität anhängt und die absolut nicht kriegsmäßig sind. Im übrigen sei gesagt, daß die Partisanen des in unmittelbarer Nähe kommandierenden »Onkels« sich nicht gerade durch besondere Disziplin hervortaten. Davon mußte ich mich heute wieder einmal überzeugen.

Plötzlich meldete man mir, daß in der Kolonne irgendwelche Fuhrwerke mit Zivilisten eingekeilt seien, wodurch der Marsch ins Stocken geraten war. Ich wandte meinen Hengst Adam und ritt in gestrecktem Galopp zum Ort des Geschehens. Bald zeigte sich mir folgendes Bild:

Aus einer Seitenschneise kam eine lange Reihe von Fuhrwerken und versuchte, sich in unsere Kolonne einzufädeln. Die Fuhrwerke waren mit Hausrat beladen. Oben, auf Bündeln, saßen Großmütter und Kleinkinder. An viele Fuhrwerke hatte man Kühe gebunden, irgendwo blökte ein Kälbchen, und Hühner gackerten. Wer war das? Wo kamen die her? Aber da sah ich bewaffnetes Begleitpersonal mit roten Bändern an den Mützen, sah einen hoch zu Roß sitzenden »Onkel« und begann zu begreifen, was da vor sich gegangen war.

Es stellte sich heraus, daß sich die Nachbarn mit allen Zivilisten, die sich um ihre Lager gruppiert hatten, auf den Marsch gemacht hatten. Zu allem übrigen wollten sie in der Kolonne durchaus nicht den Platz einnehmen, der ihnen zugewiesen worden war.

»Warum stören Sie die Ordnung? Weshalb haben Sie Zivilisten mitgenommen?« fragte ich den Kommandeur.

»Und wo soll ich mit ihnen hin?!«

»Bereits vor drei Tagen haben wir darüber gesprochen! Sie sind im Wald zu verbergen, ihnen sind Lebensmittel zu geben, und eine Bewachung ist auszustellen.«

»So hat sich die Lage eben geändert!«

»Was heißt hier ›Lage‹? Wir sind auf dem Marsch und nicht auf Pilzsuche. Jede Minute kann es zu einem Begegnungsgefecht kommen. Die Zivilisten sind unverzüglich in den Wald zu bringen, und für sie ist alles entsprechend dem Befehl zu tun. Ausführung!«

Der Nachbar gehorchte. Doch bevor alles das erledigt war,

was bereits früher hätte getan werden müssen, vergingen mehr als zwei Stunden.

Schließlich brachen wir auf, jedoch bald darauf kam es wieder zu einer unvorhergesehenen Verzögerung. Uns erreichte ein Troßwagen aus dem fernen 9. Bataillon, das an der Straße Kowel–Brest zurückgeblieben war. Im Fuhrwerk lag ein schwerkranker Partisan. Eine aufgedunsene Phlegmone am Hals drohte ihn zu ersticken. Eine sofortige Operation war notwendig.

»Wieviel Zeit ist dafür notwendig?« wollte ich von Gnedasch wissen.

»Vierzig Minuten.«

Das war nicht wenig, besonders nachdem wir bereits mehr als zwei Stunden verloren hatten. Auf keinen Fall und unter keinen Umständen durften wir jedoch den Tod eines Menschen wegen eines Eitergeschwürs zulassen. Wir machten erneut halt.

Erst gegen Mitternacht erreichten wir bei dem Dorf Mlynok den Fluß. Der Wald war zu Ende, und die letzten zwei bis drei Kilometer legten wir im offenen Gelände zurück. Wir rechneten damit, durch eine Furt über den Styr zu kommen. Die Aufklärung hatte gemeldet, daß das Wasser hier flach sei. Als erste begann die Spitzeneinheit den Fluß zu überqueren.

Plötzlich wurde die Stille durch mehrere Einschläge zerrissen. Vom gegenüberliegenden Ufer beschossen Granatwerfer die Übersetzstelle. Fast gleichzeitig fiel auch ein Maschinengewehr ein. Ein Hinterhalt! Würde unsere Kompanie ihn zerschlagen können? Und wieder das rasende Tacken der Maschinengewehre und nahe Detonationen. Fontänen hochreißend, explodierten die Wurfgranaten im Wasser. Dann donnerte eine Kanone, es hörte sich an wie eine Sechsundsiebziger. Der günstigste Platz zum Übersetzen erwies sich als gut eingeschossen von den Bandera-Leuten.

Es gelang der Spitzenkompanie nicht, über den Styr zu kommen. Das gegenüberliegende Ufer war schroff und steil und deshalb die gegnerische Stellung sehr günstig gelegen. Eines der Bataillone mußte wahrscheinlich einen großen Umweg machen und von hinten einen Schlag gegen die Nationalisten führen. Vorerst jedoch mußte man die Kolonne in den Wald zurückziehen, denn das Feuer konnte ja auch auf sie verlegt werden. Es war gar nicht so einfach, ungefähr fünfhundert Fuhrwerke in der Dunkelheit und bei der Wegelosigkeit im Herbst zum Umkehren zu bringen. Gegen Sonnenaufgang waren wir trotzdem alle im Wald untergekommen und hatten begonnen, den Stab am Waldrand zu dezentralisieren, als erneut Schüsse krachten. Jetzt ratterten schon Feuerstöße aus Maschinenpistolen, und das Mündungsfeuer von Gewehren flammte ganz in der Nähe auf.

Die Bandera-Leute folgten unserer Spur, oder sie machten sich von der Seite her an uns heran. Natürlich verfügten wir über genügend Kräfte, doch ein Gefecht paßte jetzt nicht in unsere Pläne. Trotzdem zwang man es uns auf. Das heißt, wir mußten uns nicht nur verteidigen, sondern die Bandera-Leute auch weiter wegdrängen und sie nach allen Regeln der Kunst aufreiben.

Jedes Gefecht im Wald war schwer. Aber besonders schwer war es im Morgengrauen bei schlechter Sicht und dazu noch mit den Nationalisten, die in ihrer Uniform nicht sofort von den Unsrigen zu unterscheiden waren. Die Bandera-Leute waren – wie auch die Partisanen – entsprechend ihren Möglichkeiten gekleidet, und nicht alle trugen an den Mützen die dreizackigen Kokarden wie zu Petljuras Zeiten. Wer schaute auch von weitem auf die Kokarden! Deshalb näherten sich die Seiten nicht selten bis auf geringe Entfernung, so daß es dann zu einem erbitterten Handgemenge kam. So war es auch heute. Der Melder aus dem 7. Bataillon, das den Hauptschlag der Bulbaschas auszuhalten hatte, berichtete, daß man sich dort bereits mit Kolben und Dolchen schlug. Wir sandten Lyssenko zwei Reiterzüge zu Hilfe.

Mein Gefechtsstand befand sich bei irgendeinem Pferdewagen. Drushinin, Rwanow, der Stellvertreter für Aufklärung, Soloid, und noch zwei, drei Kommandeure standen daneben. Wir berieten unser weiteres Vorgehen. Bei der sich entwikkelnden Lage war es ungünstig, im Wald zu bleiben. Die Bandera-Leute würden wahrscheinlich Reserven heranziehen und erneut die Belagerung aufnehmen, wir aber könnten weder Artillerie noch Maschinengewehre einsetzen. Zurückgehen zum Dorf Mlynok, das unmittelbar an der Übersetzstelle lag, hieße, sich dem Artillerie- und Granatwerferfeuer vom anderen Ufer auszusetzen.

Wir sahen auf die Karte und erwogen verschiedene Varianten. Wir entschlossen uns, das Dorf Multschizy zu besetzen, das etwa sechs Kilometer stromabwärts des Styr lag. Es war ein großes Dorf, wo wir alle unterkommen konnten. Die Zugänge nach Multschizy waren offen, was eine Verteidigung begünstigte. Nach der Besetzung des Dorfes mußten wir sofort eine Übersetzstelle suchen und den Fluß dort überqueren, wo uns der Gegner nicht erwartete.

Während wir berieten, klang das Gefecht im Abschnitt des 7. Bataillons ab. Es war gelungen, die Bulbaschas in die Tiefe des Waldes abzudrängen und dabei viele außer Gefecht zu setzen. Zahlreiche Partisanen bewiesen in diesem Gefecht Standhaftigkeit, Findigkeit und Tapferkeit. Einer der Helden war der ehemalige Matrose Stepan Snamenstschik.

An die fünfzig Nationalisten umzingelten den Bataillonskommandeur Lyssenko, Kommissar Krinizki, Kompaniechef Bowtun und zwei einfache Partisanen. Krinizki war irgendwo zur Seite gekrochen. Der an der Hand leicht verwundete Fjodor Lyssenko blieb allein. Die Bandera-Leute verengten den Ring, um den Bataillonskommandeur lebend zu fangen.

Das hatte Snamenstschik gesehen. Er warf nacheinander vier Handgranaten und schlug eine Bresche in den Ring. Dann rief er Fjodor Iljitsch zu, aus der Umzingelung auszubrechen. Ohne die Bulbaschas zur Besinnung kommen zu lassen, feuerte Stepan mit der MPi auf sie. Lyssenko wurde gerettet. Eine Zählung ergab, daß der heldenhafte Seemann achtundzwanzig Nationalisten vernichtet hatte.

Schade um Bowtun! Er war ein guter Kommandeur, bescheiden und freundlich. Noch unlängst hatten wir ihn in die Partei aufgenommen. Auch von anderen für uns schweren Verlusten erhielten wir Kenntnis. Noch in der Nacht wurde unmittelbar am Fluß Wassja Smagin aus Alma-Ata gefährlich verwundet.

Wir hatten zwei Wassja Smagin. Auf verschiedenen Wegen, doch fast zur gleichen Zeit, nämlich im Winter 1942, waren sie in die Abteilung gekommen. Um die Namensvettern nicht zu verwechseln, unterschied man sie nach den Städten, aus denen sie stammten. Einer war Wassja-Smagin-Alma-Ata, der andere Wassja-Smagin-Kirow.

Der Kirower starb diesen Sommer den Heldentod. Wassja aus Alma-Ata schien gegen Kugeln gefeit zu sein. Er war immer vorn, steckte voller Lebensfreude und ließ sich nicht unterkriegen. Er schrieb auch Gedichte. Viele kannten seine »Botschaft an Hitler«, die so begann: »Adolf, Adolf! Die Völker verwünschen dich, mit den Krallen des Idols ritzt du die Herzen ...« Natürlich war nicht bekannt, wieso ein Idol plötzlich Krallen hatte und was das Wort »ritzen« bedeutete, aber den Partisanen gefielen die Verse, und als sie erfahren hatten, wer der Autor war, begannen sie ihn noch mehr zu verehren. Und jetzt war dieser Wassja Smagin aus Alma-Ata schwer verwundet und würde kaum überleben ... Das war der Krieg!

Das Dorf Multschizy nahmen wir am Mittag ein und bezogen dort Verteidigungsstellungen. Sofort führten wir eine Pionieraufklärung durch. In der Nähe des Dorfes waren die Übersetzstellen denkbar ungünstig. Nicht nur das östliche, sondern auch das westliche Ufer waren steil, und der Fluß war hier tiefer als bei Mlynok. Eine Furt zum Durchqueren gab es nicht. Das war aber auch den Bandera-Leuten gut bekannt. Es war sehr wahrscheinlich, daß sie annahmen, die Partisanen würden nachts nach Mlynok zurückkehren, um erneut zu versuchen, den Styr dort zu forcieren. Das hieß also, daß wir unbedingt hier hinüber mußten, bei Multschizy, und dafür eine Brücke zum Übersetzen brauchten.

Als sich nach der schweren, schlaflosen Nacht alle bemühten, wenigstens etwas auszuruhen und sich in Ordnung zu bringen, machten sich die Pioniere an die Arbeit. Man mußte vorher Stützpfeiler einbringen und die Geländerstreben zurechthauen, um die Brücke mit Einbruch der Dunkelheit lediglich zum Fluß zu ziehen.

Eine selbständige Baueinheit hatten wir nicht. Dafür waren aber alle unsere Sprengmeister gute Zimmerleute. Eine solche Brücke ohne einen einzigen Nagel zu bauen – da macht sich bei weitem nicht jeder 'ran. Doch wir bauten alles ohne Nägel. Für die Partisanen war der gewöhnlichste Nagel eine große Rarität. Woher nehmen? Man konnte doch nicht bitten, sie uns vom »Großen Land« zu schicken! Von dort erhielt man eher ein entbehrliches Pud Sprengstoff oder Patronen. Anfänglich haben wir alte, herausgezogene und geradegeklopfte Nägel an die zehn Mal benutzt, doch stets reichten sie nicht aus. Wir versuchten, sie aus dickem Draht selbst anzufertigen, doch ohne Kopf erfüllten sie nicht so richtig ihren Zweck. Schließlich verzichteten die Partisanen auf Nägel, und alles, angefangen von den Bohlenbelägen bis zu den Brücken, setzten sie aus Holzpfeilern und Keilen zusammen.

Die Erbauer der Übersetzstelle wurden von Alexej Sadilenko befehligt, einem Mann mit unverwüstlicher Gesundheit und nie versiegender Energie. Es schien, als ob Sadilenko mehrere Personen verkörperte. Gerade erst war er bei Rwanow und forderte als Hilfe für die Pioniere einen Zug zum Einnehmen der Zugänge zum Fluß an. Ging man auf der Straße nur ein Stückchen weiter, sah man wieder Aljoscha, der dem Starosta befahl, alle Schaufeln im Dorf einzusammeln. Blickte man in irgendeinen Hof, so war Sadilenko bereits dort und schwang aus Leibeskräften die Axt, gleichmäßig und geschickt Balken behauend.

Von Zeit zu Zeit schossen die Nationalisten aus dem Wald, konnten sich jedoch nicht entschließen, auf Multschizy über offenes Gelände vorzugehen. Natürlich ließen wir niemanden von den Einwohnern aus dem Dorf hinaus, damit die Bulbaschas nicht von der Vorbereitung der Partisanen zum Übersetzen Wind bekamen. Die Bevölkerung hier war für die Sowjetmacht eingestellt, aber gab es nicht auch in einer guten Herde ein schwarzes Schaf?!

Es war an der Zeit, wenigstens irgend etwas zu essen. An der Feldküche saß die Köchin Jekaterina Rudaja und gab unserem jüngsten Partisanen Petka die Brust. Katjas Mann, der MG-Schütze Smirnow, war bereits vor der Geburt des Sohnes gefallen. Den Kleinen ins »Große Land« zu schicken, konnte sich die Mutter nicht entschließen. Sie fürchtete die ganze Zeit, daß man ihn dort »durcheinanderbringen« könnte. So ertrug Petka eben gemeinsam mit ihr alle Schwierigkeiten eines unsteten militärischen Lebens.

»Nun, wie sieht's aus? Hat Petro heute nicht geweint, als die Bulbaschas angriffen?« fragte ich die Köchin.

»Aber Alexej Fjodorowitsch! Denken Sie etwa, er versteht die Situation nicht?« erwiderte stolz Jekaterina.

Verstehen oder nicht, doch Tatsache bleibt Tatsache – Petka weinte weder während der Kämpfe, noch plärrte er sonst; er lag eingewickelt schweigend unter dem Pferdewagen, und man sagte, daß er bei den ersten Schüssen einschlafe. Sicher hatte Katja den Kleinen früher während der Schießereien dermaßen gewiegt, daß sich bei ihm ein gewisser bedingter Reflex herausgebildet hatte. Wie sollte man sich sonst die Diszipliniertheit und Ausdauer dieses einjährigen Partisanen erklären?

Gegen 3 Uhr nachts war der Bau der Übersetzstelle abgeschlossen. Sadilenko und seine bis zu den Schultern naß gewordenen Männer standen in einer Kette längs der gesamten Brücke und waren bereit, erneut in das kühle Naß zu springen, um eine Beschädigung auszubessern oder mit den Händen den Brückenbelag zu stützen. Aber das Übersetzen verlief ohne Zwischenfälle.

Und wieder war der Verband auf dem Marsch. Anfangs gingen wir über irgendwelches Ödland und dann auf einem unbekannten Waldweg. Nach fünf Kilometern legten wir eine Ruhepause ein. Aus Richtung Multschizy drang fernes Donnern herüber. Wahrscheinlich feuerten die Bandera-Leute auf unsere Übersetzstelle. Sie schlugen ins Leere.

Niedrig kreiste über dem Wald eine »Junkers« mit schwarzen Kreuzen an den Tragflächen. Doch wir hatten keine Lagerfeuer entzündet, die Fuhrwerke standen unter Bäumen, die Zelte waren getarnt, und das faschistische Flugzeug, das keine Partisanen ausgemacht hatte, strebte dem nächsten Dorf zu, um es mit Bomben zu belegen.

Nach einer halben Stunde flogen die »Junkers« wieder dröhnend über unsere Köpfe hinweg. Da sie nichts entdecken konnten, warfen sie ihre Bomben blindlings auf wehrlose Siedlungen. Das ging so einen Tag um den anderen, kaum daß sich der Himmel aufklärte. Nachdem die Bandera-Leute unseren Abgang über den Styr nicht hatten verhindern können, wurde die faschistische Luftwaffe gegen die Partisanen eingesetzt. Es bestätigte sich wieder einmal, daß die deutschen und die ukrainischen Faschisten in voller Einmütigkeit handelten.

Bereits eine Woche waren wir auf der anderen Seite des Styr. Wenn sich keine Flugzeuge am Himmel zeigten, schlugen wir weite Bogen und bemühten uns, in jeder Hinsicht unsere Spuren zu verwischen, um dem Gegner unsere Absichten nicht preiszugeben. Mitunter stießen wir auf kleine Banden von Nationalisten, die wir je nach Notwendigkeit zerschlugen. Meist zogen es die Bulbaschas jedoch vor, einem Gefecht auszuweichen. In diesem Gebiet kämpften sie wie überall hauptsächlich gegen die friedliche Bevölkerung. In den Dörfern, durch die wir kamen, verfluchten die Bauern die Nationalisten. Sie hatten hier unter den Überfällen und Raubzügen der Banditen viel zu leiden.

Kam man in ein Haus, so war es völlig leer, wenn man die von der Zeit dunkelgewordenen Ikonen in einer Ecke außer Betracht ließ. Selbst die geschnitzten Handtuchhalter waren von den Hausherren abgenommen und versteckt worden. Alles wurde ins Freie und in den Wald gebracht, eingegraben und zugedeckt – Möbel, Gerät, Kleidung und Lebensmittel. Auch das Vieh hielten die Bauern im Wald. Die Bandera-Leute hatten es ihnen beigebracht!

Doch uns empfingen die Einwohner freundlich. Sie bewirteten uns mit heißen Kartoffeln, Milch, Spiegeleiern und baten uns, länger zu verweilen. Natürlich waren alle an den Neuigkeiten aus dem »Großen Land« interessiert. Erst durch uns erfuhren sie, daß die Rote Armee bis dicht an den Dnepr vorgerückt war und ihn jeden Augenblick forcieren konnte. In den Bataillonen befanden sich unter den neuen Partisanen bereits auch Ortsansässige.

Nur für kurze Zeit blieben wir an einem Fleck. Ständig waren wir auf dem Marsch, manövrierten. Doch während der Rasten erfolgte die alltägliche politische Arbeit. Wir hatten den 25. Jahrestag des Komsomol begangen. Wir führten Gespräche aus Anlaß dieses Jubiläums und gaben spezielle Wandzeitungen und Kampfblätter heraus. Wir hatten viele Jugendliche, an die fünfhundert Komsomolzen, und von den meisten läßt sich nur Gutes berichten.

Die Herausgabe eines Kampfblattes in einer unserer alten

Kompanien war eine gewöhnliche Sache; dafür gab es Autoren und Redakteure, und Material war mehr als genug vorhanden. Aber in der Wanda-Wasilewska-Brigade wurden solche Flugblätter zum ersten Mal herausgegeben, was für die Polen ein richtiges Ereignis war. Dies um so mehr, als in einem dieser Blätter den Kämpfern Stanisław Sokolowski und Marian Falkiewicz tüchtig der Kopf dafür gewaschen wurde, daß sie sich während des letzten Marsches undiszipliniert verhalten hatten, indem sie sich von der Kolonne entfernten.

Drushinin und ich interessierten uns ständig dafür, wie die Dinge in der Brigade standen. Insgesamt wurden die polnischen Genossen mit den Schwierigkeiten des für sie ersten und schweren Marsches nicht schlecht fertig. Selbstverständlich gab es auch solche, die stöhnten und jammerten. Manch einer hatte während des Überfalls der Bandera-Leute fürchterliche Angst, doch man durfte von Neulingen nicht zuviel fordern. Macht nichts, sagte ich mir, sie erhalten die Feuertaufe, laufen sich die Hühneraugen ab, gewöhnen sich daran, lernen dazu und werden ausgezeichnete Partisanen!

Zur Zeit unterhielten wir Funkverbindung zu dem im Raum von Lessograd zurückgebliebenen 5. Bataillon. Die ersten Meldungen von Nikolenko waren nicht gerade beruhigend: »gegner im wald – dringt nach norden vor – bin besorgt wegen seiner hinterhalte ...«, »gegner durchkämmt den wald – lenke ihn in verschiedenen richtungen ab – kompanie zur diversion geschickt ...«, »gegner hat altes lager entdeckt – alles zerstört – in brand gesteckt ...«

Nikolenko bezeichnete als altes Lager den Ort, wo sich in der letzten Zeit die Zivilbevölkerung befunden hatte. Anfang des Sommers hatten wir es für uns, das heißt für den Stab, gebaut, doch später fanden wir sieben Kilometer nördlich einen günstigeren Platz, wo wir Lessograd gründeten.

Nachdem wir den letzten Funkspruch von Nikolenko empfangen hatten, begannen wir herumzurätseln, ob der Gegner weiterziehen und unser neues Lager ausfindig machen würde.

»Unbedingt zieht er weiter, wenn er schon bis zur Mitte des Waldes vorgedrungen ist«, behauptete der Kommandeur unserer Truppenaufklärung, Anton Sidortschenko. »Die werden alles durchkämmen und überall nachsehen, davon könnt ihr überzeugt sein!«

»Ich bin nicht überzeugt, auf keinen Fall bin ich sicher!« hielt ihm Dmitri Rwanow entgegen. »Weshalb sollten sie weitergehen und ihre Köpfe den Kugeln der Jungs aus dem 5. Bataillon aussetzen, wenn sie ein Lager gefunden und es zerstört haben? Woher sollten die Bandera-Leute wissen, daß es irgendwo ein zweites gibt?«

»Um Gewißheit zu erhalten, werden sie weiter alles durchkämmen«, beharrte Sidortschenko auf seinem Standpunkt. »Das 5. Bataillon ist für sie kein Hindernis.«

»Ja, sie haben keine Vorstellung über die Anzahl der Bataillone dort. Nikolenko setzt ihnen von allen Seiten zu. Bei der Bevölkerung Erkundigungen über den genauen Standort einziehen? Wir wissen doch, wie man in den Dörfern den Bulbaschas antwortet: Kommt ein Partisan vorbei, sagen sie, daß es tausend waren, kommen aber tausend vorbei, dann sagen sie, daß es einer war. Nein, ihr werdet schon sehen, die Oktoberfeiertage und auch meinen Geburtstag werden wir zu Hause begehen!«

Dmitri Iwanowitsch war der Jüngste unter den leitenden Angehörigen des Verbandes. Er wurde am 8. November 1917 geboren, und wir nannten ihn häufig einen Altersgenossen des Oktober.

Der nächste Funkspruch von Nikolenko zeigte, daß der Altersgenosse irgendwie recht hatte: »gegner zieht sich auf serchow zurück – gruppiert sich dort.« Serchow – das waren nicht mehr sieben, sondern zwanzig Kilometer von Lessograd. Doch war es schon an der Zeit, sich auf den Rückweg zu machen? Leider war es noch nicht soweit. Noch wußten wir nicht, was die Faschisten und die Bandera-Leute in Serchow machen würden und ob sie sich dort lange aufhielten. Die Lage würde in den nächsten ein bis zwei Tagen klarer werden, und es wurde beschlossen, so lange einige Wirtschaftsoperationen durchzuführen.

Partisanen sorgen sich selbst um das tägliche Brot. Zum Brot gehört aber eine Zukost. Also muß auch noch Zukost her! Im Verband waren täglich mehr als dreitausend Menschen zu verpflegen. Außerdem oblag uns die Versorgung von dreihundert Personen aus dem Zivillager. Niemals verließen uns die Sorgen um die Verpflegung.

Teilweise ernährten wir uns durch Beutegut. So teilte zum Beispiel vor unserem Abmarsch der Kommandeur des 1. Bataillons mit, daß sie im Kampf gegen die Bandera-Leute nicht nur Maschinengewehre erbeutet und Gefangene gemacht hatten, sondern daß ihnen auch ein Fuhrwerk mit Lebensmitteln in die Hände gefallen war. Dadurch würde das 1. Bataillon eine Weile mit Lebensmitteln sichergestellt sein, und etwas würde auch in den allgemeinen Kessel des Verbandes gelangen.

Jedoch mußte auch der Umstand in Betracht gezogen werden, daß wir nicht ständig Gefechte mit den Bandera-Leuten und den Okkupanten führten. Unsere Hauptaufgabe bestand in der Diversionstätigkeit an den Eisenbahnlinien. Natürlich haben wir uns auch manches Mal mit Lebensmitteln aus den von den Minen zum Stehen gebrachten Zügen versorgt, aber wir durften auf keinen Fall nur mit dem zufälligen Beutegut rechnen. Wir mußten auch sogenannte Wirtschaftsoperationen durchführen.

Davon gab es zwei Arten. Wenn wir zum Beispiel erfahren hatten, wo ein großes Lebensmittellager des Gegners war, überfielen wir dieses Lager, um unsere Vorräte zu ergänzen. Häufig aber wandten wir uns einfach an die ortsansässigen Bauern um Hilfe, wobei wir zu friedlichen Aufkaufexpeditionen in die Dörfer fuhren.

In diesem Gebiet besaßen die Bauern Lebensmittel. Sie lehnten es jedoch ab, den Okkupanten Naturalsteuern zu zahlen, und alles mit Gewalt zusammenraffen konnten die Deutschen nicht. Es war versteckt oder vergraben, da konnten sie lange suchen! Wir jedoch hatten nicht vor, auch nur irgend etwas mit Gewalt zu nehmen. Einem Bauern ein Stück Brot wegzunehmen galt bei uns als das schwerste Verbrechen. In den fünf Monaten unserer Handlungen in Wolynien gab es lediglich zwei solcher Fälle. Beide Plünderer wurden vor versammelter Mannschaft erschossen. Einer von ihnen war übrigens ein ehemaliger Polizist.

Die Wirtschaftsoperationen, genauer gesagt -expeditionen, führten wir in vier Dörfern durch. Alle verliefen sie auf gleiche Weise. Unsere Leute kamen in ein Dorf, man rief sie auf einen Sprung ins Haus, sie informierten die Bauern über die Lage an der Front, berichteten vom Partisanenkampf und davon, daß wir die Unterstützung des Volkes brauchten. Schließlich baten wir sie, uns Lebensmittel zu geben, soviel jeder konnte und wollte. Die Männer kratzten sich am Nacken, verständigten sich mit Blicken, dann stand einer auf und schlug sich seitwärts in den Garten oder den Wald, um schon bald darauf mit einem Sack auf den Schultern zurückzukommen. Und gerade hier war es wichtig, wer den Anfang machte.

Der erfahrene Politleiter und gewandte Agitator Sergej Wochmjakow, der zu Aufkäufen in das Dorf Priwituwka gefahren war, erstand dort 20 Stück Rindvieh, 26 Schafe, 20 Pud Mehl, 40 Pud Getreide, 6 Pud Hafer, 7 Pud Erbsen und 11 Gänse. Ungefähr genausoviel wurde auch aus anderen Dörfern gebracht. Mein Stellvertreter für Wirtschaftsfragen, Mitrofan Stepanowitsch Maljawko, rieb sich erfreut die Hände und beeilte sich, alles zu registrieren. Letzteres war nicht sosehr nach dem Geschmack der Teilnehmer an der Wirtschaftsexpedition. Da gibt man Maljawko so viele gute Dinge, und was erhält man von ihm? Die Norm!

In der ganzen Zeit, da wir unsere Vorräte ergänzten, trafen von Nikolenko keinerlei Nachrichten ein. Mehrere Male hatten wir ihn im Äther gesucht, doch er antwortete nicht. Wir wurden nervös und waren in Sorge. Schließlich kam am Morgen des 4. November ein Funkspruch vom Bataillon. Und was für einer! Der Text lautete: »lager befreit – faschisten in zwei staffeln nach osten gezogen – beide züge von mir gesprengt – ein teil der bulbaschas zurückgegangen – lager völlig intakt – könnt zurückkommen – nikolenko.«

Am bemerkenswertesten war die Tatsache, daß beide Züge mit technischen Kampfmitteln und Truppen auf unsere Minen aufgefahren waren und die Front nicht erreicht hatten. Das gesetzmäßige Finale eines der vielen Versuche der Okkupanten, sich der Partisanen zu entledigen! Wir freuten uns darüber unbändig und sandten Nikolenko folgenden Funkspruch: »prachtkerl – mach weiter so.«

Auf dem Rückweg führten wir kurze Zusammenkünfte durch. Nach Hause! Nach Hause! Damals wie auch später fragte ich mich: Warum freuten sich die Partisanen so auf die Rückkehr nach Lessograd? Natürlich war es ein gutes und bequemes Lager, aber ging es einzig und allein darum? Mochten die Lagerbaracken, die Erdhütten und der übrige »Wohnungsfonds« auch zerstört sein, alles ließ sich wieder herrichten oder neu bauen. Und das nicht nur am alten Platz, man konnte auch einen anderen wählen.

Nein, die Partisanen waren nicht deshalb begeistert, weil sie keine zusätzliche Arbeit zu verrichten brauchten. Jeder begriff, daß die Feinde wieder eine Niederlage erlitten hatten, und freute sich, daß die Faschisten gezwungen worden waren, vor den unsichtbaren Mauern von Lessograd zurückzuweichen. Auch hatte der Gegner nicht nur eine moralische Niederlage erlitten. In diesen zwei Wochen verloren wir ein paar Mann, die Faschisten dagegen einige hundert.

Meiner Ansicht nach vermischte sich bei unseren Leuten mit dem erhebenden Gefühl des Sieges noch etwas anderes. Viele standen bereits das dritte Jahr im Kampf. Doch dafür war der Mensch nicht geschaffen. Immer stärker zog es die Partisanen nach Hause, zum häuslichen Herd und zu den eigenen Wänden. Das richtige Haus aber war weit, und man kam zu ihm nur auf den Straßen des Krieges. Deshalb war es angenehm, jetzt zu dem zeitweiligen, aber immerhin doch bekannten Zuhause zurückzukommen.

Am gleichen Tag überschritten wir in einer Furt den Styr und gingen weiter in Richtung Westen. Herzlich und wie alte Freunde empfingen uns die Bauern in Jeserzy, Kuchotskaja Wolja und den anderen nahe am Lager liegenden Dörfern. Am 5. November erreichten wir Lessograd, und die Minenleger gingen daran, die vor unserem Abzug zurückgelassenen »Überraschungen« zu beseitigen.

So saßen Drushinin, Rwanow, Soloid, Jegorow, ich und noch ein paar Kommandeure wieder in der Stabsunterkunft, und der seit langem nicht mehr rasierte, abgemagerte, doch fröhliche Nikolai Michailowitsch Nikolenko erzählte: »Die dorthin, ich hierher, die hierher, ich dorthin! Durch den ganzen Wald habe ich sie gescheucht. Die Deutschen blieben auf den Schneisen und Wegen, während die Bulbaschas die Seiten absuchten. Kaum hatten sie das alte Lager zerstört, zogen sie sich sofort auf Serchow zurück. Dort saßen sie ganze vierundzwanzig Stunden. Wahrscheinlich haben sie auf Anweisungen aus Kowel gewartet. Dann ging's nach Manewitschi zum Verladen. Aber unsere Kompanie lag am Bahnhof schon lange in Bereitschaft. Mit Sprengstoff haben die Jungs nicht gespart. Alle Waggons flogen in die Luft. Na, und Feuer zum Anrauchen haben wir ihnen natürlich auch gegeben!«

Bis zu den Oktoberfeierlichkeiten blieb gerade noch ein Tag. Diese Zeit reichte aus, um uns erneut in den alten Quartieren einzurichten, uns zu waschen, die Sachen zu reinigen und uns ein wenig auszuruhen.

Gegen Abend fiel Schnee, der sogleich wegtaute. Aber trotzdem war der Winter im Anzug, unser dritter Partisanenwinter! Schwer und hart würde er werden, aber auch freudige Ereignisse bringen. Vom ersten, wirklich großen und freudigen Ereignis in diesem anbrechenden Winter berichtete ich den Partisanen auf unserer Parade am 7. November. Begleitet von einem donnernden »Hurra«, flogen die Mützen in die Luft. Ohne auf die Antreteordnung zu achten, umarmten und küßten sich die Männer. Soviel Gutes und Bewegendes lag in den zwei lang ersehnten Worten:

»Kiew befreit!«

# Ein schweres Schicksal

Die starken Augenbrauen zusammenziehend, meldete der Bataillonskommandeur Nikolenko zum zweiten Mal, daß mich Pjotr Skirda unverzüglich sprechen möchte. Skirda war mit einer Gruppe von Nationalisten zu uns übergelaufen, als sich der Hauptteil des Verbandes jenseits des Styr befand und im Raum Lessograd lediglich das 5. Bataillon zurückgeblieben war.

Der Übergang auf unsere Seite war etwas ungewöhnlich. In der Regel liefen die Bandera-Leute im Verlaufe unserer erfolgreichen Operationen zu den Partisanen über. Der von den Partisanen geführte Schlag war für die betrogenen, in Schrekken versetzten Leute ein weiterer psychologischer Anstoß, der ihnen half, sich klarzuwerden, auf wessen Seite Gerechtigkeit und Stärke lagen. In diesem Falle jedoch hatte sich die Lage nicht zu unseren Gunsten gestaltet. Die Faschisten führten gemeinsam mit den Bulbaschas einen Angriff großen Ausmaßes. Und gerade in dem für uns ungünstigen Augenblick, als die Faschisten in den Wald eingedrungen waren, legten dreißig Bandera-Soldaten unter Pjotr Skirda freiwillig die Waffen vor den fünf Aufklärern von Nikolenko nieder! Nun wollte Pjotr Skirda unbedingt irgend etwas mit dem Kommandeur des Verbandes besprechen.

Natürlich mußte man ihn empfangen. Die Unmenge der unaufschiebbaren Sorgen, die mit der Rückkehr des Stabes nach Lessograd verbunden waren, hinderte mich daran, das sofort zu erledigen. Doch jetzt mußte unbedingt Zeit dafür gefunden werden.

»Soll er morgen früh kommen!« sagte ich zu Nikolai Michailowitsch.

An der Tür drehte sich der Bataillonskommandeur um, zog wieder die Brauen zusammen und bemerkte: »Nur seien Sie vorsichtig mit ihm, Genosse General! Lassen Sie kein Auge von ihm. Er ist zu allem fähig.«

»Woraus ziehen Sie solche Schlüsse?«

»Schon der Anblick dieser Banditenvisage ist einem zuwider. Sie werden es selbst sehen, ein typischer Bulbasch!«

Sicher, das Äußere des Überläufers, der am nächsten Morgen zu mir kam, entsprach dieser wenig schmeichelhaften Charakteristik. Pjotr Skirda erwies sich als ein schwarzhaariger, mürrischer Mann von mittlerem Wuchs. Kinn und Wangen bedeckten Bartstoppeln; er hatte sich tagelang nicht rasiert. Lange, abstehende Schnurrbarthaare verdeckten den Mund. Seine Kleidung war schmutzig und zerfetzt. Er war ungefähr vierzig Jahre alt.

Er meldete knapp seine Ankunft und bat, mich sprechen zu dürfen.

»Dazu werden Sie Gelegenheit haben«, sagte ich. »Vorerst nehmen Sie Platz, und erzählen Sie von sich. Wer sind Sie? Welches Schicksal hat Sie zu uns verschlagen?«

Er setzte sich und begann zu erzählen, wobei er von Zeit zu Zeit eigenartig die Lippen kräuselte.

Er wurde im Gebiet Kirowograd geboren, seine Eltern waren Kolchosbauern. Seine Bildung entsprach den Minimalforderungen. Er arbeitete als Dreher in einer MTS. Zu Kriegsbeginn wurde er einberufen, kam aber fast nicht zum Einsatz. Dann geriet er in eine Einkreisung und erlitt Prellungen durch eine in unmittelbarer Nähe explodierende Mine. In bewußtlosem Zustand geriet er in Gefangenschaft. Nach einer Flucht aus dem Lager fiel er wieder in die Hände der Okkupanten. Unlängst war er erneut mit vier anderen gefangenen Rotarmisten geflohen. Auf ihrem Marsch nach Osten setzten sie über den Bug. In einem Wald stießen sie auf Bandera-Leute, die sie anfänglich für Partisanen hielten.

Ich hörte Skirda zu und stellte ihm zwischendurch einige Fragen. Auf jede Frage folgten ruhige und gründliche Antworten. Falls er eine sogenannte Legende erzählte, so war sie doch nicht schlecht zusammengestellt.

Trotzdem spürte ich bald, daß ich wirklich eine Legende

zu hören bekam. Sie wies einen ernsthaften Fehler auf. Pjotr Skirda bezeichnete sich als Kolchosbauer mit niedriger Schulbildung. Er sprach aber wie ein gebildeter, intelligenter Mann, der es gewohnt war, seine Gedanken präzis zu formulieren.

Das Äußere eines Menschen zu verändern ist nicht gerade schwierig. Weitaus schwerer ist es, die Sprache zu verändern sowie die Art, sich auszudrücken. Ich bat Skirda, zu erzählen, was ihn in der Abteilung der Bandera-Leute am meisten beeindruckt habe. Und er antwortete eilfertig und erregt: »Vieles, sehr vieles! Alles bei ihnen ist abstoßend, überall Lüge und Betrug. Am meisten jedoch hat mich ein hinterhältiger und niederträchtiger Trick dieser Banditen erschüttert. Die Bandera-Leute sagen, daß sie niemanden zwängen, bei ihnen zu bleiben: Willst du nicht, so gehe in alle vier Himmelsrichtungen, wir werden dir sogar noch einen Laib Brot und ein Stück Speck mit auf den Weg geben. Und sie haben es tatsächlich getan, ich habe es selbst gesehen. Eines Tages trug mir der Koch auf, einem freigelassenen Mann Brot und Speck nach Hause zu bringen. Ich brachte es hin und bemerkte plötzlich, daß der Laib unten völlig blutverschmiert war. Und knochenhart war er außerdem! Damals begriff ich, daß das Brot und auch der Speck wahrscheinlich schon durch Dutzende von Händen gewandert waren. Sie ließen einen ein Stück vom Lager weg und dann – ein Messer in den Rücken. Was sind das für Schurken!«

Ich wußte bereits von dieser heimtückischen Art der Bandera-Leute. Aber wäre ein Kolchosbauer in der Lage, so etwas mit diesen Worten zu schildern? Beim Zuhören mußte ich innerlich unwillkürlich lächeln, und ich dachte: Wer ist dieser Mann nun wirklich? Wahrscheinlich hatte mein Gegenüber die mich beschäftigende Frage an meinem Gesichtsausdruck bemerkt. Er geriet plötzlich ins Stottern, verstummte und kräuselte die Lippen unter dem Schnurrbart. Dann sagte er, ein wenig zögernd:

»Schluß mit dem Versteckspiel! Ich bin nicht der Rotarmist Pjotr Skirda. Ich kam zu Ihnen, um zu melden, daß ich der sowjetische Generalmajor Pawel Wassiljewitsch Syssojew, ehemaliger Kommandeur des 36. Schützenkorps, bin.«

Er wollte offensichtlich sein unerwartetes Eingeständnis fortsetzen, doch da senkte er den Kopf und schluchzte tief auf. Mit Mühe gelang es mir, ihn zu beruhigen.

Als er das Glas Wasser zur Seite gestellt hatte, nahm der Mann, den man jetzt nicht mehr Skirda, sondern Syssojew nennen mußte, seinen Bericht wieder auf:

»Ja, ich bin ein sowjetischer General, und Sie können das natürlich überprüfen. Vor dem Krieg war ich am Lehrstuhl für Taktik an der Militärakademie ›M. W. Frunse‹ tätig. Bald nach Kriegsbeginn erhielt ich den Befehl über ein Korps. Im Herbst wurde mein Korps in den Kämpfen um Schepetowka zerschlagen. Wir mußten uns in kleinen Gruppen zurückziehen. Der Gruppe, der ich mich angeschlossen hatte, gelang es nicht, sich zu den Unseren durchzuschlagen. Sie wurde abgeschnitten und mit Granatwerferfeuer überschüttet. Ich erinnere mich der Detonation und des gleißenden Lichtes direkt neben mir. Dann der Sturz ins Dunkle ...«

Syssojew nahm das Glas und trank es in einem Zug leer. Tief Luft holend, fuhr er fort:

»Erst in der Gefangenschaft kam ich wieder zu mir. Ich lag zwischen Verwundeten in irgendeiner Scheune. Ich selbst war nicht verwundet worden, sondern hatte nur eine Gehirnerschütterung. Ich sah an mir 'runter und bemerkte, daß ich Feldbluse und Hosen eines Rotarmisten anhatte. Als ich das Bewußtsein verlor, hatten mich die Soldaten für den Fall meiner Gefangennahme umgezogen. So kam also die Fürsorge der Soldaten dem General zugute. In der Gefangenschaft konnte ich mich als Soldat Pjotr Pawlowitsch Skirda ausgeben. Nun, das übrige habe ich bereits erzählt. Zweimal die Flucht ergriffen, erst die zweite gelang. Aber auch sie war nicht ganz erfolgreich. Ich gelangte schließlich anfangs zu den Nationalisten.«

»Und haben Sie bald herausbekommen, daß es sich um Nationalisten handelt?«

»Fast sofort! Das war nun wahrlich nicht so schwer. Unweit vom Bug waren wir auf Bandera-Leute gestoßen. Zuerst hatten wir uns gefreut, denn sie gaben sich als ukrainische Partisanen aus. Doch auf dem Weg zu ihrem Stab fragte ich einen der Begleiter, gegen wen sie am meisten zu kämpfen hätten, gegen die Deutschen oder gegen die Polizei. Er antwortete: ›Mit allen kämpfen wir ein bißchen – mit den Deutschen, den Polizisten und den Fallschirmspringern aus Moskau.‹ Noch von den Polen her wußte ich, daß die Bandera-Leute mit Fallschirmspringern die Partisanen bezeichneten. Na, und da wurde mir alles klar. Es stellte sich heraus, daß wir vom Regen in die Traufe geraten waren.«

»Berichten Sie, Pawel Wassiljewitsch, wie ist es Ihnen dann trotzdem gelungen, auf unsere Seite zu kommen?«

Mein Gesprächspartner bedeckte plötzlich die Augen mit der Hand, es schüttelte ihn, und er holte tief Luft. Ich verstand nicht, was in ihm vorging.

»Ach, wissen Sie, eine Kleinigkeit. Mehr als zwei Jahre habe ich weder meinen Vor- noch meinen Vatersnamen gehört. Sie fragen, wie es gelang, überzulaufen? Das ist eine ganze Geschichte! Und eine schwierige dazu.«

Die Bandera-Leute hatten die aus faschistischer Gefangenschaft zu ihnen geratenen Überläufer getrennt und alle fünf auf verschiedene Züge und Kompanien aufgeteilt. Das hinderte jedoch Syssojew und die Rotarmisten nicht, sich von Zeit zu Zeit zu treffen. Sie berieten unverzüglich, wie sie der »Kosakenunterkunft« entkommen und zu den sowjetischen Partisanen gelangen könnten. Äußerste Vorsicht war geboten, geriet man nämlich erneut in die Fänge der Bandera-Leute, so konnte man sich abschreiben!

Den Gesprächen der Nationalisten nach zu urteilen, waren keine Partisanen in der Nähe. Aufs Geratewohl, ohne Kenntnis des Geländes, wegzulaufen, war mehr als riskant. Sie beschlossen deshalb, einen günstigeren Moment abzupassen, und dieser Augenblick schien offensichtlich gekommen zu sein. Die Bandera-Leute bereiteten sich auf irgendeine Angriffsoperation vor. Gegen wen sie anzutreten gedachten, war nicht schwer zu erraten. Also mußte man beim ersten Zusammenstoß zu den Partisanen überlaufen.

»Doch wir hatten beschlossen, daß nicht nur wir fünf, die wir Freundschaft geschlossen hatten, überlaufen«, erzählte Pawel Wassiljewitsch. »Wir stellten fest, daß um uns viele Leute waren, die, betrogen von den Nationalisten, unfreiwillig in eine solche ›Kosakenunterkunft‹ geraten waren. Unter ihnen würden sich bestimmt welche finden, die sich uns anzuschließen wünschten.«

Syssojew mußte äußerst sorgfältig handeln. Man konnte an einen Zuträger, einen Verräter oder gar einen Agenten der blutrünstigen Gegenaufklärung der Bandera-Leute geraten. Trotzdem kamen nach und nach noch zehn Mann zusammen, die bereit waren, beim ersten Gefecht zu den Partisanen überzulaufen. Sechs von ihnen waren Donkosaken, die übrigen Ukrainer und Ortsansässige.

Die Bandera-Leute setzten Pawel Wassiljewitsch als zweiten sMG-Schützen ein. SMG-Schütze eins war ein baumstarker und finsterer Bursche mit dem Decknamen Chmara aus der Umgegend. Anfangs hatte er auf Syssojew den Eindruck eines Erznationalisten gemacht. Aber bald stellte sich heraus, daß Chmara von den Bandera-Leuten mobilgemacht worden war und er es schon lange satt hatte, zu kämpfen. Syssojew machte sich daran, allmählich auch Chmara »zu bearbeiten«. Der holte nur tief Luft und schnarchte als Antwort leise weiter, sich so irgendwelcher bestimmter Erklärungen enthaltend.

Ungefähr Mitte September erhielten die Bandera-Leute den Befehl, nach Osten zu marschieren und den Fluß Stochod zu forcieren. An den Ufern des Stochod kam es zu einem Gefecht mit einem der Bataillone unseres Verbandes. Syssojew streute beim Nachladen des schweren Maschinengewehres Sand auf den Patronengurt, das »Maxim« hatte Ladehemmung. Chmara beugte sich verwirrt über das Magazin, begann, es durchzupusten, aber das MG war nicht zum Schießen zu bewegen. Er rannte los, um den Vorgesetzten Meldung zu erstatten. Seit dieser Zeit hatte Syssojew Chmara nicht mehr gesehen. Der Bursche desertierte von den Bandera-Leuten und begab sich »nach Hause«. Die Agitation hatte auch auf ihn gewirkt.

Syssojews Gruppe war es in diesem Gefecht nicht gelungen, von den Bandera-Leuten wegzulaufen. Das Wasserhindernis trennte sie von den Partisanen. Die Banditen konnten nicht ans andere Ufer gelangen.

»Jedoch sind zwei Mann, die mit mir den Deutschen entkommen waren, irgendwohin verschwunden«, fuhr Pawel Wassiljewitsch fort. »Die Bulbaschas behaupteten, daß diese

Leute im Gefecht getötet worden seien, doch ihre Leichen habe ich nicht gesehen.«

»Wer war das, und wie hießen sie?«

»Einer war der Veterinärfeldscher Fjodor Lebedjew, der zweite der Rotarmist Sachar. An seinen Zunamen erinnere ich mich nicht.«

»Sie sind beide gesund und munter bei uns«, teilte ich Syssojew mit.

»So sieht das also aus! Sie haben es folglich geschafft. Und wie haben sie das angestellt?«

»Anscheinend sind sie in der Nacht schwimmend herübergekommen. Aber was geschah weiter mit Ihnen?«

Es stellte sich heraus, daß nach dem mißglückten Versuch, den Stochod zu forcieren, die Bandera-Leute ihre »Kosakenunterkunft« auf irgendwelchen Umwegen in den Raum des Dorfes Kolki verlegten. Hier befanden sich auch andere Einheiten der Nationalisten. Die Gespräche, daß bald ein Angriff auf die Partisanen beginnen werde, verstummten nicht. Wo aber waren die Partisanen? In welche Richtung erfolgte der Angriff? Das wußte Syssojew nicht. Doch einmal erblickte er zufällig eine Karte, die der Kompaniechef entfaltet hatte, mit der eingetragenen Lage. Für ein erfahrenes Auge genügten wenige Sekunden, um vieles herauszulesen: Die Partisanen befanden sich ungefähr dreißig Kilometer nordwestlich von Kolki.

Darauf beschlossen Syssojew und seine Gruppe, das Gefecht nicht abzuwarten. In der nächsten Nacht versammelten sich dreißig Mann an einem vereinbarten Ort und traten in voller Bewaffnung den Marsch nach Nordwesten an. Sie gelangten zu uns in den Wald gerade in jenen Tagen, als dort die Faschisten gemeinsam mit den Bulbaschas ihr Unwesen trieben. Dank der Organisiertheit, der Disziplin und der militärischen Gewohnheiten entging die Gruppe unerwünschten Begegnungen und suchte unsere Leute.

»Auf diese Weise bin ich also zu Ihnen gelangt«, beendete Pawel Wassiljewitsch seinen Bericht. »Ich glaube, alles gesagt zu haben.«

»Fast alles! Ich habe lediglich noch eine Frage: Warum haben Sie sich zuerst trotzdem Skirda genannt und nicht Ihren richtigen Namen angegeben?«

»Nun, wie soll ich Ihnen das sagen, General?« Er zuckte kaum merklich mit den Schultern. »Seien Sie bitte nicht beleidigt, ich mußte Sie schließlich doch auch etwas prüfen. Natürlich konnte ich in den Tagen, in denen ich hier bin, vieles erfahren und hören. Aber trotzdem war es nicht verkehrt, Sie genauer anzusehen, ehe ich mich entschloß Skirda, zu bleiben oder nicht.«

»Das heißt also, daß die Überprüfung für mich günstig ausgefallen ist?« fragte ich lächelnd.

»Auf jeden Fall habe ich begriffen, daß man zu Ihnen völlig offen sein kann.«

»Ich antworte Ihnen mit der gleichen Offenheit! Persönlich glaube ich jedem Ihrer Worte, für mich sind Sie General Pawel Wassiljewitsch Syssojew, doch ich bin verpflichtet ...«

»Nachfrage in Moskau zu halten? Eine Bestätigung aller Angaben über mich zu erhalten? Natürlich, das ist klar, anders geht es nicht. Ich würde mich darüber nur freuen. Aber um eines bitte ich Sie vorher. Wenn sich alles bestätigt, schikken Sie mich nicht hinter die Frontlinie, behalten Sie mich hier. Begreifen Sie, ich muß die Schande der Gefangennahme abwaschen.«

»Sie sind ohne Bewußtsein in die Gefangenschaft geraten, und dann sind Sie zwei, nein, drei Tage lang gelaufen, um der Gefangenschaft zu entkommen! Aber genug davon. Jetzt müssen Sie sich erst einmal in Ordnung bringen, sich wohnlich einrichten und erholen. Ich denke, daß man mit einem Bad und dem Friseur anfangen sollte.«

Ich sandte einen chiffrierten Funkspruch über Syssojew an den Generalstab. Gegen Abend kamen wir erneut zusammen, nun aber bei einem Glas Tee. Frisch rasiert und mit geschnittenen Haaren, in sauberer Uniform und in einer über die Schulter geworfenen Pelzjacke sah Pawel Wassiljewitsch jetzt völlig anders aus und erinnerte in nichts mehr an den »typischen Bulbasch«, wie sich Nikolenko gestern ausgedrückt hatte. Nach dem Rasieren traten auch die Falten in seinem Gesicht stärker hervor, und das nervöse Zucken um den Mund wurde noch deutlicher. Ja, dieser Mann hatte nicht wenig durchmachen müssen – ein schweres Schicksal.

Bis zur Ankunft des Fernschreibens aus Moskau war die Situation des Generals ziemlich unbestimmt. Er bewohnte zusammen mit unseren Kommandeuren die Stabshütte, war aber absolut untätig, und das bedrückte ihn natürlich. Aus Feingefühl fragte Syssojew nicht, aber bei passender Gelegenheit sagte ich ihm selbst, daß die Antwort jeden Augenblick eintreffen werde.

Abends kam Pawel Wassiljewitsch nicht selten zu mir, und wir unterhielten uns über verschiedene Themen. Syssojew war durch und durch heimatverbunden. Geboren und aufgewachsen in der Gegend von Moskau, hatte er dort in seiner Jugend als Dreher in einem Betrieb gearbeitet. Er liebte auch sehr die Ukraine, wo er viele Jahre seines militärischen Dienstes verbracht hatte und woher auch seine Frau stammte. Häufig ging unser Gespräch auf das bei den Bulbaschas Gesehene und Erlebte über.

Es bestätigte sich immer wieder, daß die bürgerlichen Nationalisten letztlich keinerlei Unterstützung im Volk hatten und die sogenannte Ukrainische Aufständischenarmee überhaupt keine Armee im modernen Sinne war, sondern ein zusammengewürfelter, undisziplinierter, schlecht ausgebildeter und noch schlechter bewaffneter Haufen. Mehr als die Hälfte der Leute in dieser Truppe waren nicht einmal ukrainischer Nationalität. Die Bandera-Leute zwangen sowohl Russen als auch Belorussen und Vertreter vieler östlicher Völkerschaften, bei ihnen zu dienen.

Groß war der Haß auf die Bandera-Leute bei vielen unfreiwilligen Soldaten der Ukrainischen Aufständischenarmee. Hier sei nur eine der ungewöhnlich deutlichen Tatsachen erwähnt, die Syssojew schilderte.

Vor dem Versuch, den Stochod zu forcieren, veranstalteten die Nationalisten im Dorf Bolschoi Obsyr so etwas wie einen Kräfteappell. In allen Einheiten wurde die Einsatzbereitschaft der Waffen überprüft. Pawel Wassiljewitsch war es zu jener Zeit bereits gelungen, recht gut mit dem Kommandeur einer Granatwerferbedienung bekannt zu werden. Sie nannten diesen Granatwerferschützen Michail, er war gebürtiger Kaukasier und ebenfalls aus deutscher Gefangenschaft entkommen, doch zu den Bandera-Leuten geraten. Man spürte, daß Michail gern zu den Partisanen übergelaufen wäre. Kurz vor der

Überprüfung der Granatwerfer machte er gegenüber Syssojew folgende Bemerkung:

»Angreifen wollen die? Das ist gut! Ich werde ihnen schon zeigen, wie man angreift!«

Nunmehr kam die Reihe an den Bataillonsgranatwerfer von Michail. Ringsum sammelten sich die »Überprüfenden«. Der Zugführer befahl, einen Probeschuß abzugeben. Der Kaukasier nahm eine Wurfgranate, ließ sie in das Rohr, und sofort erfolgte die Explosion. Den Granatwerfer riß es in Stücke, dem Zugführer wurde ein Arm abgerissen, acht Bandera-Leute wurden mit einem Schlag getötet, und auch Michail kostete es das Leben.

»Die Nationalisten hielten die Angelegenheit für einen Unglücksfall«, berichtete Syssojew, »doch hier gab es überhaupt keinen unglücklichen Zufall. Mir fiel sofort die Drohung des Granatwerferschützen ein: ›Ich werde ihnen schon zeigen ...‹ Natürlich hatte er absichtlich den Zeitzünder auf Null gestellt, um augenblicklich die Explosion herbeizuführen. In dem Bestreben, dem Gegner einen Schlag zu versetzen, hatte der Mann sein Leben nicht geschont. Und der Schlag hatte gesessen!«

Ja, unsere sowjetischen Menschen sind von einem außerordentlichen Mut beseelt. Immer und überall haben sie ihn bewiesen, dachte ich, als ich von der Heldentat erfahren hatte.

Die Antwort aus dem Generalstab auf meine Anfrage bezüglich Syssojews traf nach einigen Tagen ein. Darin wurden alle Angaben bestätigt, die Pawel Wassiljewitsch von sich gemacht hatte. Er galt als verschollen. Dann folgte die Zeile: »Syssojew ist unverzüglich nach Moskau in Marsch zu setzen.«

Ich lud den General zu mir ein und reichte ihm schweigend das Blatt Papier. Er las es durch und holte tief Luft.

»Anders konnte es auch nicht sein! Ich habe es mir gedacht. Aber ich bitte Sie, Alexej Fjodorowitsch, als Mensch und Kommunist bitte ich Sie, geben Sie mir die Möglichkeit, zu kämpfen! Der Krieg geht schließlich zu Ende, und dann werde ich mich für alles verantworten, wenn ich mich irgendwie schuldig gemacht habe.«

»Ich verstehe, ich verstehe alles! Aber ich habe einen Befehl erhalten. Hier müssen wir überlegen, Pawel Wassiljewitsch. Wir sehen uns morgen früh.«

Tagsüber und auch die ganze Nacht hindurch dachte ich darüber nach. Ich hatte ein schweres, quälend schweres Problem zu lösen.

Sicher, alle aus der Gefangenschaft Zurückgekehrten mußten auf das genaueste überprüft werden. Jede Verletzung des Fahneneides verdiente zweifelsohne strenge Bestrafung. Jedoch durfte man nicht in jedem, der in Gefangenschaft war, einen Spion oder Verräter sehen.

Wer, wenn nicht ich, kannte die vielen, sehr vielen ehemaligen Kriegsgefangenen und Eingekreisten! Hunderte von ihnen waren bereits im Tschernigower Gebiet zu unseren Partisanenabteilungen gestoßen, Hunderte nahm unser Verband während seines Marsches durch Wolynien auf. Dutzende füllten auch jetzt unsere Partisanenreihen auf. Ja, unter ihnen gab es auch feindliche Zuträger. Wir vermochten die Taugenichtse zu entlarven und ließen ihnen gegenüber keine Gnade walten. Und die anderen? Gewöhnlich kämpften jene Männer, die die Greuel faschistischer Willkür am eigenen Leib verspürt hatten, mit besonderer Härte. Wie viele von ihnen fanden als wahre Helden den Tod! Wie viele Lebende wurden mit Orden und Medaillen ausgezeichnet!

»Lassen Sie mich kämpfen«, bat Syssojew. Eine gesetzmäßige Frage. Man darf ihn nicht ins »Große Land« schicken. Auf keinen Fall! Man weiß nicht, womit diese Reise für Pawel Wassiljewitsch enden kann.

Mich im Bett wälzend und eine Selbstgedrehte nach der anderen rauchend, erinnerte ich mich der Geschichte des Politarbeiters Semjon Lusin.

Zu uns gehörte ein Bataillon, das sich aus einem nur elf Bajonette zählenden Partisanentrupp entwickelt hatte. Dieser Trupp entstand in der Gegend von Orlow, doch im Februar 1942 wechselte er in das benachbarte Tschernigower Gebiet über, wo er dann von unserem Verband übernommen wurde. Er begann schnell zu wachsen, wurde stärker und verwandelte sich nach zwei bis drei Monaten in eine zuverlässige Kampfeinheit. In vielen Operationen zeigte sich auch der Politleiter Lusin aus Orlow von der besten Seite.

Da kam eines Tages im Sommer ein Flugzeug vom »Großen Land« zu uns. Es brachte Sprengstoff, Waffen, Post, alles notwendige Dinge, und zu allem noch einen Kurier, der uns mitteilte, daß jener Lusin in Abwesenheit zu einer harten Strafe verurteilt worden sei, die er nach dem Krieg abzubüßen habe. Doch wofür? Und warum so plötzlich?

Es stellte sich heraus, daß Lusin zur Last gelegt wurde, den Gestapo-Leuten Versorgungsstützpunkte der Partisanen verraten zu haben, die in den Wäldern angelegt worden waren. Ich konnte nicht glauben, daß dieser Mann, den ich bereits seit einem halben Jahr als einen guten, tatkräftigen Politleiter kannte, zu so etwas fähig sein sollte. Das Gebietskomitee hatte beschlossen, selbst zusätzliche Untersuchungen anzustellen.

Was ergab sich? Einmal, noch in der Gegend von Orlow, wurde Lusin, wo er als Kurier unterwegs war, von den Gestapo-Leuten ergriffen und grausam gefoltert. Er spürte, daß er diese Torturen nicht länger aushalten würde. Die Rettung lag nur in der Flucht aus den Klauen des Feindes. Doch wie weglaufen? Lusin beschloß, die Faschisten zu überlisten. Er führte die Gestapo-Leute tatsächlich in den Wald, und er zeigte ihnen auch, wo zwei Fässer mit Benzin vergraben waren. Dann führte er sie weiter durch dichtes Gesträuch. Auf der angeblichen Suche nach dem Hauptlager mit den Waffen hetzte Lusin die Gestapo kreuz und quer durch den Wald, bis er endlich einen günstigen Augenblick abpaßte, um in die Büsche zu springen und sich zu verbergen.

Die Umstände der Flucht waren den Orlower Partisanen wohlbekannt. Lusin hatte nichts verborgen. Trotzdem wurde diese Art von Kriegslist im Kampf gegen den Feind unerwartet als schreckliche Anschuldigung der Zusammenarbeit mit dem Feind gegen ihn erhoben.

Man mußte eine Aufhebung des ungerechtfertigten Urteils erwirken, das eindeutig voreilig, ohne ausreichend gewichtige Gründe, verkündet worden war, sonst würde es noch weiter über unseren Partisanen schweben. Doch laut Gesetz war es unmöglich, ein rechtskräftiges Urteil aufzuheben. Es blieb als einziger Weg die Einreichung eines Gnadengesuches beim Obersten Sowjet der UdSSR. Als ich wieder einmal in Moskau zu tun hatte – das war bereits im November 1942 –, hatte ich alle erforderlichen Schriftstücke bei mir. Der Vorsitzende des Ministerrates der UdSSR, Michail Iwanowitsch Kalinin, empfing mich und hörte mir aufmerksam zu.

»Ich sehe, daß Sie auch bei den Partisanen Ihre Abgeordnetenpflichten nicht vergessen«, sagte Kalinin.

»Bei mir haben sich die Grenzen der Pflichten verwischt, Michail Iwanowitsch«, erwiderte ich. »Wie soll man hier die Pflichten eines Abgeordneten von denen eines Kommandeurs und Parteimitgliedes trennen? Sie werden doch von ein und demselben Menschen erfüllt!«

Das Präsidium des Obersten Sowjets befaßte sich recht schnell mit der Sache Semjon Lusins. Er wurde begnadigt, später auch vollständig rehabilitiert. Lusin schlug sich hervorragend und wurde mit dem Leninorden ausgezeichnet. Das Schicksal dieses Mannes hätte sich auch anders gestalten können! Und wie würde es Syssojew ergehen, wenn wir ihn aus dem Verband in Marsch setzten?

Ich zerbrach mir den Kopf und wälzte mich von einer Seite auf die andere. Nein, wir durften ihn nicht gehen lassen! Wieder kam ich zu diesem Schluß. Aber hatte ich das Recht, allein zu entscheiden? Man mußte sich mit Drushinin beraten, und zwar nicht nur in seiner Eigenschaft als Kommissar, sondern auch als Mitglied des illegalen Gebietskomitees.

Die Uhr zeigte die fünfte Morgenstunde an. Sicher würde Wladimir Nikolajewitsch bald aufstehen. Ich ging an die frische Luft.

Still war es im Lager. Dunkel zeichneten sich die Silhouetten der Wachposten ab. Leise rauschten die Wipfel der Kiefern. Unser Zicklein Soika kam zu mir gelaufen und stupste mich mit seiner feuchten Nase in die Hand. Im Fenster der Erdhütte des Kommissars war noch kein Lichtschimmer zu sehen. Doch als ich noch einen Schritt getan hatte, erblickte ich im Halbdunkel Drushinin.

»Warum bist du so früh auf den Beinen, Wladimir?«

»Eigentlich habe ich überhaupt nicht geschlafen und mir immerzu den Kopf zerbrochen.«

»Worüber hast du nachgedacht?«

»Einzig und allein über Syssojew. Ach, man darf ihn nicht gehen lassen.«

Ich umfaßte seine Schulter, und wir gingen zu mir.

Wir frühstückten zu dritt, Drushinin, Pawel Wassiljewitsch und ich. Unsere Entscheidung, ihn solange wie möglich bei uns zu halten, begrüßte Syssojew mit großer Freude. Sogleich sagte er:

»Gebt mir einen Zug!«

»Und wozu das noch?« wollte Drushinin wissen.

»Wozu? Ich will kämpfen. Werde ich etwa nicht mit einem Zug zurechtkommen?«

»Mit einem Zug werden bei uns nicht nur Leutnants, sondern auch Starschinas und Sergeanten fertig«, bemerkte ich. »Ja, einem Pjotr Skirda hätte ich einen Zug gegeben, aber für Sie, Pawel Wassiljewitsch, haben wir etwas anderes gefunden.«

Syssojew wurde dritter Gehilfe des Stabschefs des Verbandes. Unsere Bataillone wurden ständig aufgefüllt, nahmen also zahlenmäßig zu, was neue Kommandeure von Bedienungen, Gruppenführer und Zugführer erforderte. Auch war es notwendig, bei manchem die Kenntnisse aufzufrischen. Die Lehrgänge verliefen nicht schlecht, doch sie raubten dem Stabschef Rwanow, der ohnehin mehr als genug zu tun hatte, viel Zeit.

Nunmehr erhielt Dmitri Iwanowitsch einen speziellen Gehilfen, der sich mit den Kursen befaßte. Der Stabschef war Hauptmann, sein neuer Gehilfe Generalmajor, wenn auch ohne Schulterstücke. Was passiert nicht alles im Krieg und um so mehr im feindlichen Hinterland! Pawel Wassiljewitsch machte sich mit Feuereifer an die ihm übertragene Aufgabe. Er sichtete und erweiterte das Lehrgangsprogramm, führte neue Lehrfächer ein, kontrollierte die unbedingte Erfüllung des Lehrplanes und hielt selbst Taktikvorlesungen.

Letzteres erfüllte mich mit besonderem Stolz. Bei mir leitete die Taktikausbildung der Fachmann eines Lehrstuhls der Militärakademie! Jeder Kommandeur wünschte, daß bei ihm alles zum besten stand.

Und wie stand es um den Befehl, Pawel Wassiljewitsch betreffend? Das Fernschreiben hatten wir scheinbar vergessen. Jedoch nach einiger Zeit wurden wir daran erinnert. Ich antwortete, daß eine Abverfügung jetzt nicht möglich sei: Es kämen keine Flugzeuge. Sie kamen damals tatsächlich nicht zu uns. Selbstverständlich konnte man einen Mann auch zu Fuß durch die Frontlinie schicken. Aber man konnte es auch bleibenlassen.

Noch einmal wurden wir nachdrücklich daran erinnert, und ich redete mich wieder irgendwie heraus. Schließlich hörte man auf, mich zu erinnern. Offensichtlich hatte man auch im Generalstab eingesehen, daß keine besondere Notwendigkeit bestand, Syssojew nach Moskau zu beordern.

Pawel Wassiljewitsch wurde zusehends munterer, und er faßte neuen Mut. Bald darauf begannen wir, ihn bei der Ausarbeitung taktischer Pläne für einige wichtige Operationen hinzuzuziehen. Syssojew freute sich darüber, drängte jedoch nach wie vor, in den Kampf ziehen zu dürfen.

»Sie kommen noch früh genug dran«, sagte ich ihm.

Im Frühjahr 1944 schließlich übertrugen wir dem dritten Gehilfen des Stabschefs die Führung einer Kampfoperation. Sie war von Erfolg gekrönt.

Erst nach unserem Zusammentreffen mit angreifenden Truppenteilen der Roten Armee verabschiedeten wir uns von Pawel Wassiljewitsch. In Moskau halfen die Syssojew von unserem Stab übergebenen Dokumente über die Umstände seines Überlaufens zu den Partisanen sowie eine hervorragende Kampfbeurteilung einem Mann mit sehr schwerem Schicksal, seinen guten Ruf wiederherzustellen. Man gab Pawel Wassiljewitsch sowohl das Parteidokument als auch die Generalsschulterstücke wieder.

# Der Einsatz der Minenleger

Ohne schöpferische Streitgespräche, ohne ständiges Suchen und ohne Erfahrungen kommt man im Sprengwesen nicht aus. Diese schwierige und gefährliche Sache duldet keine Standards.

Es kam vor, daß man abends die große, längliche Erdhütte unserer Diversantenkompanie betrat, ohne bemerkt zu werden. Alles drängte sich um einen Tisch und verfolgte, wie irgend jemand den Eigenbau eines Minenmechanismus vorführte oder ein neues Schaltbild zeichnete, das den Funken zum Detonator führte. Alle schauten wie gebannt zu, und jeder wollte seine Meinung äußern. Was hörte man hier nicht alles für Axiome und Hypothesen, die mit der Mechanik, der Elektrotechnik, der Chemie und der Mathematik zusammenhingen. Unter unseren Sprengmeistern waren Ingenieure, ehemalige Studenten technischer Hochschulen, Arbeiter mit technischen Berufen, aber auch Berufspioniere der Armee.

Übrigens gab es unter unseren Sprengmeistern nicht wenige, deren Vorkriegsberufe nichts mit ihrer jetzigen Tätigkeit gemein hatten. Da war ein Plakatgestalter, ein Agronom, ein Buchhalter, ein Viehzüchter aus dem Kolchos, ein Schauspieler, ein Kraftfahrer, ein Lehrer ... Die Reihe ließe sich beliebig fortsetzen. In den zwei Kriegsjahren wurden sie zu Sprengmeistern mit einer solchen praktischen Erfahrung und Fingerfertigkeit, daß sie sich durchaus in eine Diskussion mit Fachleuten einlassen und ihre eigenen Vorschläge machen konnten.

In der Erdhütte der Sprengmeister lebten Männer mit den unterschiedlichsten Biographien und Charakteren. Doch sie zeichnete ein gemeinsames Merkmal aus: die unerschöpfliche

Liebe zu ihrer Arbeit, eine Liebe, die in gewissem Sinne selbstlos und stolz war. Die Minenleger hielten ihre Waffe, die zuerst schweigend unter den Schienen verborgen wurde und dann plötzlich mit Rauch und Donner Tonnen von Metall in die Luft jagte, für die stärkste und unerläßlichste im Krieg.

Wenn ein Artillerist, ein Maschinengewehrschütze oder ein Reiter bei den Pionieren vorbeischaute, dann wurde er durch feine Umgehungsmanöver schnell in ein Gespräch über die Vorzüge der verschiedenen Arten technischer Kampfmittel verwickelt. Ließ zum Beispiel der Kommandeur einer Geschützbedienung auch kein Wort darüber verlauten, daß die Artillerie der »Gott des Krieges« sei, so würde er sich doch positiv über die Handlungen der Luftstreitkräfte äußern. Das rief bei den Sprengmeistern unverzüglich ein ironisches Lächeln oder Schulterzucken hervor.

»Ja, natürlich, zum Transport von Sprengstoff für die Partisanen können die Luftstreitkräfte einiges tun«, bemerkte Wolodja Pawlow oder Mitja Resutow oder irgendein anderer. »Doch sind Bombenwürfe aus der Luft nichts wert. Ein Transport von Sprengstoff dagegen ...«

»Was, wie das? Warum?« protestierte der Gast.

»Überleg doch selbst! Um eine Eisenbahnlinie unbefahrbar zu machen, müssen die Luftstreitkräfte Dutzende von Bomben werfen und tonnenweise Treibstoff verbrauchen. Einen fahrenden Zug zu treffen ist noch schwieriger. Der Sprengmeister dagegen packt ein halbes Pud Sprengstoff unter die Eisenbahnschwelle, und schon hat Hitler einen Zug weniger.«

»Ziel der Luftstreitkräfte sind nicht nur die Verbindungswege!«

»Gut. Sie fliegen ins Hinterland, nun, sagen wir, um Lager zu bombardieren. Aber auch hier richtet man mit einer Mine mehr aus als mit zehn Bomben.«

»Halt mal die Luft an! Die Luftstreitkräfte handeln doch auch an der Front und nehmen sich die vordere Linie des Gegners vor!«

Der Minenleger lächelte wieder etwas herablassend und erwiderte:

»Rechne lieber mal nach, wieviel Anflüge erforderlich sind,

um ein in Stellung gegangenes deutsches Bataillon zu vernichten. Aber wir können mit einer Mine verhindern, daß dieses Bataillon überhaupt bis an die Front kommt. Ach, was ist dort schon ein Bataillon! Balizki zum Beispiel hat einen Zug gesprengt, in dem achthundert faschistische Offiziere aus dem Urlaub an die Front zurückkehrten. Achthundert! Und nur Offiziere! Nicht ein einziger gelangte an seinen Bestimmungsort. Wieviel Artillerie, Flugzeuge und Scharfschützen – egal, welche Waffengattung man nimmt – wären erforderlich gewesen, um alle diese Offiziere außer Gefecht zu setzen!«

Selbstverständlich gab es in dieser Elitekompanie weder Einfaltspinsel noch naive Männer. Die Partisanen begriffen ausgezeichnet, wie notwendig das Zusammenwirken der unterschiedlichen technischen Kampfmittel in einem Krieg ist. In ihren Übertreibungen und in ihren mitunter unfreiwilligen »Fälschungen« klangen erneut die Liebe zum Sprengwesen und der Stolz auf die Zugehörigkeit zur Familie der Minenleger durch. Gewiß konnten unter bestimmten Bedingungen Minen tatsächlich sehr viel ausrichten. Und das, was unsere Sprengmeister in Wolynien bereits geleistet hatten, wäre ganzen Staffeln der Bombenfliegerkräfte nicht gelungen.

Im Jahre 1943 bereiteten die Partisanen den Faschisten im Raum von Kowel eine äußerst unangenehme Überraschung. Auf allen Eisenbahnstrecken, die diesen großen Knotenpunkt kreuzen, kam es auf einmal zu Zugunglücken, die durch irgendwelche für die Okkupanten rätselhaften Minen hervorgerufen wurden. Einige Züge fuhren unversehrt über diese oder jene Strecke, und plötzlich krachte unter einer Lokomotive des folgenden Zuges eine Detonation. Die Faschisten zerbrachen sich den Kopf: Warum wurde nur der letzte Zug gesprengt? Oder war es den Partisanen gelungen, den Abschnitt nach dem Befahren durch die ersten Züge zu verminen? Doch die Bewachung schwor Stein und Bein, daß sich dem Bahnkörper niemand genähert hatte. Die Okkupanten waren von den Aussagen der Bewacher nicht sonderlich überzeugt und erschossen einige von ihnen. Ich selbst kann jedoch bezeugen, daß niemand von unseren Sprengmeistern vor dem Zugunglück an den Gleisen gewesen war.

Auch eine andere Besonderheit der Partisanenaktionen

brachte die Faschisten zum Verzweifeln. Nachdem ein deutscher Zug einen Streckenabschnitt ohne Havarie passiert hatte, flog er auf dem nächsten in die Luft, und wenn es gelang, auch diesen Abschnitt noch zu durchfahren, dann wurde er unbedingt auf dem folgenden gesprengt. Dabei erfolgten die Explosionen wiederum an solchen Stellen, von denen die verstärkte Bewachung kein Auge ließ. Doch wenn es den Partisanen trotz alledem geglückt sein sollte, zum Gleiskörper vorzudringen, warum hinterließ ihre Tätigkeit dann nicht die geringste Spur? Das konnten die Deutschen überhaupt nicht verstehen.

Das Geheimnis bestand darin, daß unser Verband an den Eisenbahnlinien eine neue Technik einzusetzen begann. Es handelte sich um Minen mit verzögerter Wirkung – MSD-5. Wie auch die meisten anderen sprach die Mine auf das Gewicht der über sie hinwegrollenden Lokomotive an. Der Mechanismus dieser Mine jedoch wurde erst gefechtsbereit und reagierte auf Druck nach einer bestimmten, genau vorgegebenen Zeit, und zwar von einigen Stunden bis zu anderthalb Monaten.

Die »unbegreiflichen« Explosionen, die den Okkupanten soviel Kopfzerbrechen bereiteten, waren von uns vorbereitet worden, bevor die Faschisten die Bewachung an den Eisenbahnstrecken verstärkten. In den richtigen Zeitintervallen sprach eine Mine nach der anderen an, wobei sie mal hier, mal dort Züge zum Entgleisen brachten, so daß schließlich nur wenige feindliche Transporte ihre Bestimmungsbahnhöfe erreichten. In der Zwischenzeit konnten aber die Partisanen nicht zu den bereits verminten Abschnitten vorgehen.

Bald mußten wieder neue Minen eingesetzt werden. Die Züge mußten auch weiterhin pausenlos zum Entgleisen gebracht werden, denn zu unserer Aufgabe gehörte es nicht nur, mehr feindliche Züge zu vernichten, sondern den Koweler Eisenbahnknotenpunkt praktisch »zu schließen«.

Es existiert eine mathematisch präzise Formel, die aus der Praxis des Partisanenkrieges abgeleitet wurde: Bewachung und Verteidigung von Eisenbahnlinien sind direkt proportional der Schlagkraft gegen diese. In Wolynien überzeugten wir uns wiederum von der Genauigkeit dieser Formel.

Schließlich hatten die Faschisten begriffen, daß die Partisanen einen neuen, effektiveren Typ von Minen anwandten, die von Meistern ihres Faches verlegt wurden. Als Antwort ließen sie es nicht bei der zahlenmäßigen Verstärkung der Bewachung bewenden. Ständig vervollkommneten sie auch die Methoden zur Überwachung des Gleiskörpers selbst. Wir fanden jedoch auf jegliche List und auf die verschiedenen Maßnahmen des Gegners eine Antwort. Um die Mine mit verzögerter Wirkung entfaltete sich ein eigenartiger »Krieg des Geistes«. So verwandelte sich damals die Erdhütte unserer Minenleger in ein Laboratorium schöpferischen Denkens, in ein Zentrum von Diskussionen, Vorschlägen und Erfahrungen.

Die deutschen Patrouillen begannen, die Gleise alle zwei Stunden zu kontrollieren. Daraufhin begannen unsere Jungen, den Gleiskörper in der Zeit zwischen dem Auftauchen der Patrouillen zu verminen.

Die Faschisten legten Hinterhalte an den verschiedensten Streckenabschnitten. Partisanenspähtrupps, die den ganzen Tag auf hohen Bäumen Dienst taten, hielten fest, wo sich diese Hinterhalte befanden.

Die Faschisten setzten auf jedem Kilometer »Klopfzeichen« ein, Leute, die durch Steinschläge an die Schienen im Übernahmesystem signalisierten, wenn sich Sprengmeister dem Gleiskörper näherten. Aber die »Klopfer« rekrutierten sich aus der örtlichen Bevölkerung. Entweder sie bemerkten die Partisanen vorsätzlich nicht, oder die Partisanen mußten sie zeitweilig von den Schienen entfernen.

Um eine sorgfältig getarnte verminte Stelle zu erkennen, jagte der Feind eine Draisine mit hinten befestigten Ketten, die eine Spur hinterließen, über die Gleise. Wo beim Hellwerden die Spur unterbrochen schien, dort mußte man auch die Mine suchen. Die Partisanen lernten aber nicht nur, die Rillen nachzuziehen, an manchen Stellen unterbrachen sie selbst vorsätzlich die Spur; doch dort erwarteten den Gegner dann Infanterieminen.

Bei den Okkupanten tauchten auch Hunde auf, die in der Lage waren, Minen nach dem Sprengstoffgeruch aufzuspüren. Daraufhin verstreuten die Partisanen längs des Gleiskörpers kleine Brocken von Sprengstoff. Die Hunde zerrten in alle

Richtungen, und völlig von der Spur gebracht, konnten sie überhaupt nichts finden.

Die Faschisten bauten vorn an der Lokomotive ein langes Gitter auf Laufrollen an, um die Mine darunter zur Detonation zu bringen. Den Gleiskörper setzen wir schnell instand, Hauptsache die Lokomotive und die Waggons bleiben verschont – so rechneten die Okkupanten. Auch das meisterten die Partisanen; sie stellten den Zünder so ein, daß er lediglich auf ein bestimmtes Gewicht reagierte.

Dann lief vor der Lokomotive nicht mehr ein leichtes Gitter, sondern ein mit Eisenschrott beladener Flachwagen. Doch die Mine explodierte nach wie vor nur, wenn es erforderlich war. Unsere Spezialisten hatten den Zünder jetzt so eingestellt, daß er nicht mehr allein auf Druck reagierte. Auf ihn mußten Stöße einer bestimmten Art und Richtung wirken, wie sie nur die Bewegung einer Lokomotive hervorrief.

In Ausnahmefällen, die äußerst selten waren, gelang es den Faschisten trotzdem, unsere Mine mit verzögerter Wirkung ausfindig zu machen. Aber sie zu finden hieß noch lange nicht, sie auch herauszuholen und unschädlich zu machen! Den Okkupanten wäre es teuer zu stehen gekommen, einen Blick in den Mechanismus hineinzuwerfen, um das Geheimnis der Mine zu enträtseln. Das gelang niemals. Die Partisanen vervollkommneten die Mine, indem sie den Lademechanismus mit sogenannten Sperrknöpfen versahen. So nahmen sie den feindlichen Pionieren die Lust, sich des Geheimnisses zu bemächtigen. Mehrere Faschisten wurden nach solchen Versuchen in Stücke gerissen.

Die Lehre zeigte Wirkung. Die Faschisten ließen es bleiben, unsere Minen herauszunehmen. Wenn sie auf Partisanenminen stießen, waren sie gezwungen, sie aus achtunggebietender Entfernung zu sprengen. Doch dabei mußten die Okkupanten selbst den Gleiskörper zerstören.

Der Sommerangriff der Partisanensprengpioniere auf die wichtigsten Verkehrslinien des Gegners endete mit einem eindrucksvollen Sieg. Der Koweler Eisenbahnknotenpunkt war faktisch lahmgelegt. Aus diesem Anlaß beglückwünschte uns Ende August das Zentralkomitee der Kommunistischen Partei der Ukraine.

Im September und Oktober sprengten unsere Minenleger noch hundertdrei Züge. Nach wie vor gelang es lediglich einzelnen Zügen mit Truppen, technischen Kampfmitteln und Munition, die für die faschistische Ostfront bestimmt waren, durch den Koweler Knotenpunkt zu schlüpfen.

Nun näherte sich der Winter ... Die Faschisten hatten schon immer den russischen Winter gefürchtet. Doch für jene, die die Zugänge zu den Eisenbahnlinien bewachten, wurde der Winter zu einem willkommenen Bundesgenossen.

Es schneite. Ein weißer, weicher Teppich bedeckte die Erde, er legte sich auf die Böschungen des Gleiskörpers und leuchtete auf den hundert Meter breiten, offenen Streifen zwischen den Gleisen und dem Wald. Ein Hase sprang auf, ein Vogel hüpfte vorbei – und auf dem Schnee waren die Spuren gut zu sehen. Doch wie sollten die Minenleger zu den Schienen gelangen, ohne eine Spur zu hinterlassen?

Darüber dachte man bereits seit langem in der Erdhütte der Sprengkompanie nach. Man kam zu keinem Ergebnis. Mitunter wurden völlig unerwartete Vorschläge geboren, die erfolgversprechend zu sein schienen, aber leider nur auf den ersten Blick.

»Stelzen! Vom Wald zum Gleiskörper muß man sich auf Stelzen bewegen. Das Schrittmaß wird größer, und die Spuren sind unbedeutend. Die Bewachung wird nicht darauf achten«, schlug jemand vor.

Gut, nahmen wir an, es stimmte. Nahmen wir weiter an, die Partisanen gelangten auf Stelzen zu den Gleisen. Und wie weiter? Mit Stelzen ließen sich wohl kaum Minen verlegen. Doch ein Sprung auf die Erde – und schon gab es Spuren. Der Vorschlag mußte verworfen werden.

Mein Stellvertreter für Diversionstätigkeit, Alexej Semjonowitsch Jegorow, empfand die einsetzenden Schneefälle als ziemlich unangenehm. Dieser junge Offizier mit dem Dienstgrad eines Oberleutnants war ein ausgezeichneter Kenner der Sprengtätigkeit mit Minen. Man hatte Alexej Semjonowitsch im Frühjahr zu uns geschickt. Schnell ging er mit Energie, Sachkenntnis und organisatorischen Fähigkeiten ans Werk.

Alexej Semjonowitsch war ein interessanter Mann. Seiner Ausbildung nach Finanzfachmann, absolvierte er eine Fakultät für Planökonomie und arbeitete vor dem Krieg in einem großen Industriebetrieb in Kasachstan. Da Jegorow Plattfüße hatte, wurde er mit Kriegsbeginn nicht zur Infanterie eingezogen, sondern man schickte ihn zum Studium der Finanzwissenschaften an eine der Militärakademien. Nach einem halben Jahr war aus einem zivilen Finanzfachmann ein militärischer geworden. In dieser Eigenschaft kam er zum Volkskommissariat für Verteidigung nach Moskau.

»Ich sitze und überrechne endlose Zahlenkolonnen«, erzählte Alexej Semjonowitsch, »wobei ich natürlich begreife, daß sich irgend jemand auch damit befassen muß. Aber ich bin doch noch nicht einmal dreißig, praktisch gesund, also habe ich nicht das Recht, abseits vom unmittelbaren Kampf gegen die Faschisten zu stehen. Mich verfolgte ein Gedanke: Was werde ich meinen Kindern sagen, die ich sehr gern habe, wenn sie nach dem Beitrag ihres Vaters während des Krieges fragen?«

Jegorow bemühte sich, zur handelnden Truppe zu kommen, aber das gelang ihm einfach nicht. Da begann Alexej Semjonowitsch, um irgendeine Arbeit im feindlichen Hinterland zu bitten. Einen ganzen Monat lang belegte er Kliment Woroschilow mit Gesuchen, ihn in eine Partisanenschule zum besonderen Einsatz zu schicken. Schließlich entsprach man der Bitte Jegorows und kommandierte ihn dorthin ab.

»Finanzfachmann? Sehr gut! Wir brauchen gerade einen Mann in der Finanzabteilung«, sagte der Schulleiter und setzte Jegorow wieder hinter Zahlen und Belege.

Es kostete erneut eine Menge Energie, um sich von der Finanzarbeit frei zu machen und die Möglichkeit zu erhalten, das Sprengwesen zu studieren.

Nach dem Abschluß der Schule war Alexej Semjonowitsch drei Monate als Leiter einer Pionierabteilung an der Kaukasusfront. Hier gab es nicht allzuviel zu tun. Die Vorbereitung kleinerer Sprengungen auf befestigten Straßen sowie die Zerstörung von Holzbrücken sagten Jegorow nicht besonders zu. Endlich kam der Tag, an den sich der Oberleutnant wie an einen Feiertag erinnerte. Alexej Semjonowitsch wurde zur Verfügung des Zentralen Partisanenstabes abberufen, um zu mir als einer meiner Stellvertreter zu kommen.

Jegorow traf bei uns ein, als der Verband auf dem Marsch war, um aus dem Tschernigower Gebiet nach Wolynien zu gelangen.

Er erwies sich mir als ein ausgezeichneter Gehilfe, den es bei uns nicht hinter dem Tisch hielt. Von Bataillon zu Bataillon wandernd, um gemeinsam mit den Minenlegern an die Erfüllung einer Aufgabe zu gehen, legte Alexej Semjonowitsch manchmal zwanzig bis dreißig Kilometer am Tag zu Fuß zurück. Was ihn das für physische Anstrengungen gekostet hatte, begriffen wir erst später, als wir erfuhren, daß der Oberleutnant Plattfüße hatte.

Zwischen einem Finanzfachmann und einem Sprengpionier besteht ein riesiger Unterschied. Aber es gibt etwas Gemeinsames, das sowohl der eine als auch der andere braucht. Das ist die Genauigkeit, die Achtung vor der Genauigkeit und die Gewöhnung an die Genauigkeit. Jegorows in Friedenszeiten erworbene Arbeitsgewohnheiten und -erfahrungen halfen ihm aufs beste, das Sprengwesen zu beherrschen, wo man auf keinen Fall nachlässig oder nur nach Augenmaß handeln darf.

Jegorow war sehr ehrgeizig, ja, sogar ehrgeizig bis zur Empfindlichkeit. Aber das war der besondere Ehrgeiz eines Menschen, der erst nach vielen anderen in den Krieg ziehen konnte und die alten Hasen einholen wollte. Daraus resultierte, daß er alles besser machen wollte. Er war stolz auf Worte des Dankes und auf Lob, auf seine ersten Auszeichnungen. Er war auch stolz darauf, daß der Glückwunschfunkspruch des Zentralkomitees nicht nur an mich, Drushinin und Rwanow, sondern auch an ihn gerichtet war.

Der Oberleutnant hatte allen Grund, stolz zu sein und sich zu freuen, daß die Arbeit der Sprengmeister bei uns ausgezeichnet organisiert worden war, als plötzlich der Schnee, gewöhnlicher weißer, flaumiger Schnee, alles zu verderben begann. Alexej ging düster, in sich gekehrt umher, er magerte sogar ab, wodurch seine hohe Gestalt noch größer wirkte.

Nach einer der nächsten Versammlungen in der Erdhütte der Minenleger erschien Jegorow bei mir.

»Nun, was haben Sie Neues ausgebrütet?« fragte ich.

»Man kann es drehen und wenden, wie man will, wir müssen entweder ›unter Wetter‹ oder aber ›bei Zuglärm‹ arbeiten.«

»Beides muß man in Einklang bringen.«

»Natürlich, in Einklang bringen. Unbedingt! In den Bataillonen von Markow und Lyssenko hat man es bereits probiert. Und es geht! Wenn wir nur entsprechendes Wetter hätten!«

»Na, aber für den Lärm sorgen doch die Deutschen!«

Die Begriffe »unter Wetter« und »bei Zuglärm« gehörten zur Taktik von Partisanenoperationen.

Das Verminen »unter Wetter« bedeutete, zur Eisenbahnlinie während des Schneefalls oder Schneesturms vorzurücken, wenn sich der Winter aus einem Gegner des Minenlegers in seinen Bundesgenossen verwandelte und versprach, alle Spuren zu tilgen. »Unter Wetter« wurden gewöhnlich Minen mit verzögerter Wirkung verlegt.

Aber Schneefälle und -stürme waren nun nicht gerade häufig, folglich durfte man sie nicht außer acht lassen. Die Sprengmeister durften nicht in den Bataillonslagern leben, sondern hielten sich den größten Teil der Zeit nahe den ihnen zugewiesenen Abschnitten auf, um in den seltenen günstigen Augenblicken unverzüglich zum Gleiskörper vorzudringen.

Die andere Art des Minenlegens – »bei Zuglärm« – erforderte außerordentlichen Mut und äußerste Kaltblütigkeit. Die Sprengmeister befanden sich irgendwo am Waldrand, in unmittelbarer Nähe der Eisenbahnstrecke. Einer von ihnen hielt eine kleine Mine mit sofortiger Wirkung bereit. Das Geräusch eines sich nähernden Zuges diente als Signal dafür, daß der Mutige nunmehr seine Genossen zu verlassen hatte. Er machte einen Sprung zum Gleiskörper, und hinter irgendeiner Erhebung oder lediglich mit einem Tarnumhang wartete er an der Böschung auf die Annäherung des Zuges. Hatte sich die Lokomotive dem Sprengmeister auf eine Entfernung genähert, die geringer war, als man sie zum Anhalten des Zuges brauchte, so befestigte er völlig offen die Mine an der Schiene. In den bis zur Detonation der Mine verbleibenden Sekunden mußte er nach unten springen und sein eigenes Leben retten.

Das Minenlegen »bei Zuglärm« wäre bedeutend einfacher und ungefährlicher gewesen, wenn die Züge nur nachts gefahren wären. Doch wir selbst hatten den Faschisten beigebracht, in der Dunkelheit keine Eisenbahnen mehr verkehren zu lassen.

Die Partisanen bezeichneten die Minen, die sie fast unter die Räder der Lokomotive schoben, als »unverschämte Minen«; sie nannten sie auch »Frechdachse«. Man müßte ihnen jedoch den Beinamen »heldenhaft« geben, da der Sprengmeister beim Anbringen einer solchen Mine riskierte, selbst Schäden durch die Mine zu erleiden, wenn nicht sogar getötet zu werden. Außerdem konnte er bei seiner Tätigkeit unter den Augen des Feindes eine Kugel des Zugbegleitpersonals abbekommen.

Jegorow und ich hatten das alles sehr wohl begriffen.

»Bis jetzt hatten wir unbedeutende Verluste«, sagte Alexej Semjonowitsch. »Durchschnittlich ungefähr drei Mann einschließlich der Verwundeten auf jeweils zehn Zugentgleisungen. Und auch das hätten wir gern vermieden.«

»Will ich das denn etwa?« brauste ich auf, ohne ihn ausreden zu lassen. »Aber wir haben keinen anderen Ausweg! Wir können nicht nur am Waldrand sitzen und auf gutes Wetter warten. Die Verluste können auch bei Handlungen mit den ›Frechdachsen‹ gering bleiben. An einer solchen Sache sollen nur die Sprengmeister teilnehmen, die am ruhigsten und ausgeglichensten sind, und nicht solche, die äußerst waghalsig vorgehen. Keinerlei Hektik! Genaues Augenmaß, richtige Zeitberechnung und Vertrautmachen mit dem Gelände – das alles trägt zum erfolgreichen Minenverlegen ›bei Zuglärm‹ bei. Sie wissen das selbst ausgezeichnet!«

»So werden wir auch die Leute orientieren. Interessenten finden sich mehr als genug!«

Interessenten? Das war nicht präzis genug. Es würden uns viele fähige Minenleger beschwören, anflehen und von uns fordern, daß man sie zu den schwierigsten und gefährlichsten Operationen schickte. Man sagt, ein Flieger kann nicht ohne Flüge leben, ständig zieht es ihn in den Himmel. Der in seinen Beruf verliebte Sprengmeister kann nicht ohne die Detonationen der von ihm vorbereiteten Sprengungen, ohne die Nervenanspannung leben, die für ihn bereits zu einer Gewohnheit geworden ist. Einen Minenleger zieht es ständig zu den Objekten neuer Aktionen. Ob gut oder schlecht, es ist nun einmal so.

Um den Bataillonen bei der Organisierung der Sprengarbeiten im Winter zu helfen, fuhren Drushinin, Jegorow, der Sekretär des Parteibüros, Kudinow, sowie zwei, drei erfahrene Spezialisten zur »Peripherie« hinaus. Nach der Rückkehr des Kommissars stand auch mir die Fahrt zu den Bataillonen bevor.

Der Winter trat in seine Rechte ein. Immer häufiger mußten die Partisanen die Kosakenmützen über die Ohren ziehen. Die weiße Schneedecke breitete sich im Wald, auf den Lichtungen und Schneisen aus und wollte hinter dem Wald kein Ende nehmen. Doch die Operationen gingen weiter. Nach wie vor trafen Meldungen über gesprengte Züge ein. Täglich waren es eine, zwei, mitunter sogar drei Sprengungen. Sie wurden einem wahrlich nicht leichtgemacht. Ich wußte, wie schwer das war!

Bereits unmittelbar vor der Abfahrt von Drushinin und Jegorow hatten wir beschlossen, im Winter in größerem Umfang »Magnitkas« einzusetzen. So wurden bei uns Magnetminen genannt, die bei Ausfahrt des Zuges aus dem Bahnhof am Waggon der gewöhnlich aus Eisenbahnern bestehenden sogenannten Partisanenagentur befestigt wurden. Die Mine detonierte infolge der Waggonstöße. Sie war sehr handlich. Es war nur schade, daß uns sehr wenig solcher fabrikgefertigter Minen zur Verfügung standen. Also mußten wir versuchen, die Produktion dieser Magnetminen mit eigenen Kräften in die Wege zu leiten.

Nach einigen Tagen kehrte Drushinin zurück. Wind und Wetter hatten ihm tüchtig zugesetzt, er war durchgefroren, aber in gehobener Stimmung. Als er den Halbpelz abgelegt hatte, fing er an zu erzählen:

»Ich war bei Markow. Und was soll ich dir sagen? Er ist ein Held! Tage und Nächte hocken sie im Schnee und warten auf ein Schneegestöber. Eine Hundekälte, und die Sprengmeister haben weiter nichts als Laubhütten. Ein Lagerfeuer dürfen sie nicht anzünden, denn bis zum Bahndamm sind es weniger als tausend Meter. Die Deutschen könnten es bemerken. Doch Not macht erfinderisch! Die Jungen nehmen einen Tonkrug und Kohlevorräte mit. Sie blasen die Glut im Krug an, und man erhält so etwas ähnliches wie einen Kanonenofen, an dem sie sich nacheinander wärmen. Man kriegt sie einfach nicht aus dem Wald ins Bataillon zurück. Das wäre für sie eine Beleidigung. Natürlich müssen die Gruppen trotzdem wechseln.«

»Kommen dort Züge aus Brest vorbei?«

»Selten. Die Faschisten haben einen Schreck bekommen. Sie lassen selten Züge fahren, und wenn welche kommen, werden sie sicher von Tarassenko und Krawtschenko abgefangen. Haben sie in dieser Zeit irgend etwas in die Luft gejagt?«

»Ungefähr ein Dutzend Züge haben sie erwischt.«

»Da siehst du's! Wahrscheinlich auch mit ›Frechdachsen‹. Bei Markow haben sie vier mit ›Frechdachsen‹ gesprengt; es war nicht gelungen, eine Mine mit verzögerter Wirkung anzubringen. Sie haben also weder auf Wind noch auf Schneefall gewartet. Die Burschen waren bereit, nur Minen mit Sofortwirkung einzusetzen.«

»Die erzielte Wirkung ist natürlich geringer. Ja, und außerdem muß man die Leute schützen. Hatte Markow Verluste?«

»Sie haben sich zu schützen gewußt. Das ist aber auch eine gefährliche Beschäftigung! Hier entscheiden Sekunden. Selbst beim Hinsehen wird einem angst und bange!«

»Das heißt, du bist wieder nach vorn gekrochen?«

»Wo denkst du hin! Vom Wald her habe ich zugesehen, mit dem Doppelglas.«

»Das müssen aber dort interessante Bäume sein, wenn man durch sie hindurchsehen kann! Oder hast du irgendein neues, besonderes Doppelglas?«

»Na ja, ich habe nicht aus dem Wald, sondern vom Waldrand her alles beobachtet.«

»Es ist nicht Sache des Kommissars, am Waldrand zu stehen und sich den Faschisten zu präsentieren. Wir hatten uns doch geeinigt, Wladimir!«

»Es war notwendig, Alexej, einfach notwendig.«

»Ich weiß nicht, wozu das notwendig war. Es gibt nur einen Kommissar im Verband.«

»Es hat allen gut getan, daß der Kommissar bei den Leuten war. Das gilt übrigens auch für dich!«

Es war schwer, sich mit Wladimir Nikolajewitsch zu streiten. Einmal im Sommer mußte ich ihn deshalb einfach ausschimpfen. Es war irgendwo in der Nähe des Bahnhofs von Polska Góra bei einer Gruppe von Minenlegern am Bahndamm gewesen. Damals hatte ich Drushinin letzten Endes bewiesen, daß sein Verhalten falsch war. Da er über keine entsprechenden Erfahrungen verfügte, setzte er sich in weitaus größerem Maße der Gefahr aus als irgendein Sprengmeister. Außerdem konnte die Anwesenheit eines in gewissem Sinne hohen Vorgesetzten die Jungen nervös machen und sich auf die Qualität ihrer Arbeit auswirken.

Drushinin hatte versprochen, Ausfälle solcher Art nicht mehr zu unternehmen. Doch jetzt stellte sich heraus, daß er vierundzwanzig Stunden mit den Minenlegern im Wald, neben der Eisenbahn, verbracht hatte. So war Drushinin eben – alles wollte er sehen und am eigenen Leibe spüren. Er sagte: »Es war notwendig.« Stimmte das wirklich? Ehrlichen Herzens gesagt, in diesem Fall war es tatsächlich notwendig. Offensichtlich hob sich die Stimmung bei den Sprengmeistern, und alle Schwierigkeiten wurden buchstäblich geringer, als der Kommissar des Verbandes gemeinsam mit ihnen im Schnee schlief, sich an den glimmenden Kohlen im Krug wärmte und mit ihnen das gefrorene Brot aß.

Nein, einen anderen Kommissar brauchten wir nicht!

Nach Drushinin kamen auch die anderen Genossen aus den Bataillonen zurück. Ihre Berichte waren recht optimistisch. Ungeachtet der Fallen, die so ein Winter stellte, handelten die Minenleger erfolgreich. Die Selbstlosigkeit, die Energie und der Erfindergeist unserer Sprengleute überwanden viele Hindernisse.

Nicht nur die Märsche zu den Bahnstrecken wurden im Winter komplizierter. Fröste beeinflußten die präzise Arbeit der Minen mit verzögerter Wirkung. Die Detonationen erfolgten immer häufiger mit Verspätung.

Die Verzögerungsmine MSD-5 sprach auf einen elektrischen Funken von einer kleinen Batterie an. Der Strom wurde in einen an zwei Stellen geöffneten Stromkreis eingespeist. An der einen Stelle wurde Kontakt hergestellt, wenn ein Zug über die Mine fuhr, während an der anderen Stelle das den Stromkreis schließende Glied mittels eines Weichmetallstabes gehalten wurde, der in einen Kolben mit Säure eingelassen war. Sobald die Säure den Stab zersetzt hatte, wurde die Mine scharf. Nach welcher Zeit das passierte, war von der Säurekonzentration abhängig. Die Sprengmeister besaßen ganze Sätze von Säureverzögerern für die unterschiedlichsten Zeiten. Doch nun hatte sich die Kälte in die ganze Sache eingeschaltet. Die niedrigen Temperaturen schwächten die Wirkung der Säure ab und beeinflußten auch die Funktion der Batterien.

Die Sprengmeister mußten sich mit dem Anwärmen der Minenmechanismen befassen. Was wurde da nicht alles verwendet! Die Verzögerungsteile und die kleinen Batterien wurden in getrocknetes Moos gepackt. Man wickelte sie in Schafwolle ein. Zum Aufwärmen probierte man auch Pferdedung. Man steckte die Mechanismen in Gummibehälter, die dann aufgeblasen wurden. Diese Methode bot den größten Effekt, doch woher sollte man die Schläuche nehmen?!

Bevor man jedoch zu dem Schluß kam, was gut und was schlecht war, was sich mehr oder weniger eignete, waren Dutzende von Experimenten notwendig. Neben der Erdhütte der Sprengkompanie war ein Versuchsfeld aufgebaut worden. Mitunter zerbarsten die eingegrabenen Zünder, die auf verschiedene Weise erwärmt worden waren. Ein an der Erdhütte stehender Posten stoppte die Zeit, wann welcher Zünder angesprochen hatte.

Gleichzeitig wurden auch Erfahrungen in anderer Richtung gesammelt: Welche Korrekturen mußten wegen der Kälte vorgenommen werden, wenn die Säureverzögerer nicht erwärmt wurden? Welche Ergebnisse zeitigte die Kombination verschiedener Detonatoren? Die Seele dieser aufwendigen, doch sehr notwendigen Arbeit war Alexej Semjonowitsch Jegorow. Er hatte keinen Mangel an begeisterten Gehilfen. Die Experimente wurden nicht nur in der Sprengkompanie, sondern auch in jedem Bataillon durchgeführt. Jegorow wählte die besten Ergebnisse aus, verallgemeinerte sie und forderte, sie überall zu nutzen.

Wir hatten es mit noch einer Schwierigkeit zu tun, die zwar nicht direkt mit dem Winter verbunden war, jedoch zeitlich mit ihm zusammenfiel. Unsere Trotylvorräte gingen zu Ende. Die Normen für den Sprengstoffverbrauch wurden auf ein Minimum herabgesetzt. Die Minenleger saßen tatsächlich auf dem trockenen.

Mitunter waren wir auch selbst schuld, daß wir in eine solch unangenehme Lage gerieten. Im Sommer kümmerten sich bei weitem nicht alle unsere Kommandeure um die Einsparung von Trotyl. Zum Sprengen eines Zuges war eine Ladung von zehn Kilogramm völlig ausreichend, aber es kam vor, daß mehr als das Doppelte verwendet wurde. Die Detonation einer doppelten Ladung war zwar stärker, doch blieb das Ergebnis im wesentlichen gleich. Jetzt mußten wir für die Vorliebe einiger Genossen für »Lärmeffekte« bezahlen.

Bereits seit langem hatten wir den Stab der Partisanenbewegung der Ukraine mit Bitten überschüttet, uns Trotyl zu schicken. Man antwortete uns mit Hinweisen auf das Winterwetter, häufiger jedoch mit diplomatischem Schweigen.

Für uns klang es nicht gerade überzeugend, sich auf das Wetter zu berufen. Das Wetter war immer unterschiedlich. Eine klare Nacht würde genügen, um Sprengstoff an Fallschirmen abzuwerfen. Doch hinter dem diplomatischen Schweigen ließ sich die Wahrheit erraten: Offensichtlich hatte der Stab der Ukraine keine Sprengstoffvorräte. Ich will hier gleich festhalten, daß sich dies in der Folgezeit bestätigte. Deshalb mußten gegen Jahresende nicht nur die Partisanen der Ukraine, sondern auch anderenorts großen »Sprengstoffhunger« leiden.

Der Zentrale Stab der Partisanenbewegung plante für das Jahr 1943 Schläge gegen die feindlichen Verkehrswege in zwei taktischen Varianten. Die ukrainischen Partisanen verwirklichten die erste Variante – Schläge unmittelbar gegen Militärtransporte. Die Partisanen Belorußlands und anderer Republiken dagegen richteten ihre Schläge in einem sogenannten Schienenkrieg hauptsächlich gegen Eisenbahnstrecken.

Die Erfahrungen zeigten, daß Schläge gegen feindliche Züge besonders gute Ergebnisse brachten, denn die Detonation einer einzigen Partisanenmine hatte für die Faschisten sofort mehrere unheilvolle Konsequenzen: Die Lokomotive war nicht mehr einsatzbereit, Waggons wurden zerstört und gerieten in Brand, Bewaffnung, Munition und Lebensmittel, die mit dem Zug transportiert worden waren, wurden vollständig beziehungsweise zum Teil unbrauchbar. Zwangsläufig traten bei der Sprengung eines Zuges auch personelle Verluste des Gegners auf. Doch auch das war noch nicht alles. Dort, wo ein Zug gesprengt wurde, waren auf alle Fälle die Gleise nicht mehr befahrbar, was zu einer Unterbrechung des Verkehrs auf dem gesamten Abschnitt führte.

Völlig klar war, daß der Schienenkrieg weniger Wirkung hatte. Eine Zerstörung der Gleise legte den Verkehr auf irgendeinem Streckenabschnitt lahm, das war alles. Trotzdem wurden in Belorußland zwei großangelegte Operationen zur Zerstörung von Schienenwegen und nicht zur Vernichtung von Zügen durchgeführt. Mehrere hundert Kilometer Schienen flogen in die Luft. Dadurch wurden natürlich schon nicht mehr einzelne Streckenabschnitte, sondern ganze Eisenbahnmagistralen für eine bestimmte Zeit unbefahrbar gemacht, aber eben nur für kurze Zeit. Die Faschisten setzten relativ schnell die Gleise wieder instand, und alles, was sich auf diesen Schienen bewegte, nämlich Lokomotiven, Waggons und Lasten, blieb unversehrt. Außerdem wurden zu Sprengungen solchen Ausmaßes gewaltige Mengen an Sprengstoff benötigt. Deshalb bekamen die ukrainischen und belorussischen Partisanen den Mangel an Sprengmaterialien empfindlich zu spüren.

Das alles wurde verständlicherweise erst viel später klar. Zu Beginn des Winters 1943/44 warteten Drushinin, Jegorow und ich weiterhin auf Sprengstoff, und uns wollte einfach nichts einfallen, wo wir wenigstens hundert Kilogramm Sprengstoff ergattern könnten. Bei den Nachbarn waren wir bis über die Ohren verschuldet, auch hatten sie selbst fast nichts mehr. Die inneren Reserven hatte man anscheinend alle mobilisiert. Aber diese inneren Reserven sind auch deshalb so gut, weil man sie bis ins Uferlose mobilisieren kann.

Unzählige Male hatten die Bataillone bereits das Gelände um ihre Lager in dem Bemühen abgesucht, weggeworfene oder nicht explodierte deutsche Granaten, Fliegerbomben, Minen oder Handgranaten zu finden. Irgend etwas fanden sie immer wieder. Der Sprengstoff wurde aus den Umhüllungen ausgeschmolzen und erstarrte zu schmutziggrauen oder schmutziggelben Stäben, die für uns gleich wertvoll waren.

Die Ladung einer Mine verringerten wir auf sechs bis acht Kilogramm, was zwanzig bis dreißig Prozent unter der Norm lag. Trotzdem erreichten wir eine ausreichend starke Sprengwirkung. Die Ladung wurde in Form eines auf der Spitze stehenden Kegels angebracht, wodurch sich die Detonationswelle in größerem Maße nach oben ausbreitete und der Schlag gegen die Lokomotive genauso stark wie vorher war.

Not macht erfinderisch. Um Sprengstoff einzusparen, begannen die Partisanen, vorrangig solche Stellen zum Verminen auszuwählen, wo das Streckenprofil den Detonationseffekt verstärken konnte. An Bahneinschnitten und Kurven war dieser Effekt bedeutend größer.

Bei den Sprengleuten gab es den Ausdruck »zum Entgleisen bringen«. Doch wir hatten uns davon überzeugt, daß es nicht immer vorteilhaft war, einen Zug vom Bahnkörper zu werfen. Indem die Sprengmeister die Lokomotive und die Waggons zum Entgleisen brachten, machten sie damit dem Gegner gewissermaßen den Weg frei, gaben ihm die Möglichkeit, die Durchfahrt anderer Züge an diesem Abschnitt schnell wieder zu gewährleisten. Detonierte die Mine jedoch an irgendeinem Bahneinschnitt, so verkeilten sich hier die Waggons derart, daß die Faschisten sie auch im Verlaufe von drei Tagen nicht entwirren konnten. Feuerte man dazu noch aus einem Hinterhalt mehrere panzerbrechende Geschosse auf den Kessel der Lokomotive und Brandgeschosse auf die Waggons ab, so würde auch bei minimalem Sprengstoffverbrauch die Wirkung durchaus zufriedenstellend sein.

Aber befanden sich denn Bahneinschnitte, Kurven und Steigungen immer gerade dort, wo die Minenleger am günstigsten zum Gleiskörper vordringen konnten? Nein, das war bei weitem nicht der Fall. Solche Stellen wurden strenger bewacht als die übrigen. Deshalb mußten unsere Sprengmeister zu Beginn des Winters häufig an Abschnitten handeln, die zwar die Ergebnisse einer Sprengung begünstigten, denen man sich aber nur unter größter Gefahr nähern konnte. So sah also eine weitere Schwierigkeit des Winters aus!

Und wie viele solcher Schwierigkeiten, Erschwernisse, Hindernisse und Störungen häuften sich an! Schwieriger wurden die Vorbereitung und das Anbringen der Minen. Gleiches traf für das Arbeiten bei minimalen Sprengstoffnormen zu. Komplizierter wurde das Vorrücken zu jedem Objekt, und noch schwerer war es, sich den Abschnitten zu nähern, die voll und ganz unseren Wünschen entsprachen. Doch am schwersten war es wohl, diese Tätigkeiten auszuführen, nachdem man in Erwartung des entsprechenden Wetters manchmal zwei Tage lang in der Kälte, ohne einen warmen Bissen und nur hundert Meter von den feindlichen Posten entfernt, gesessen hatte.

Aber nichts vermochte die Partisanen aufzuhalten, und der Einsatz der Minenleger ging weiter. Im November brachten wir auf den Schienen des Knotenpunktes Kowel fünfundsechzig Züge zum Entgleisen. Kowel blieb nach wie vor lahmgelegt.

Held dieser Einsätze war der einfache sowjetische Mensch, standhaft, unermüdlich, kühn und aufopferungsvoll, in einer zerschlissenen, pelzgefütterten Lederjacke, mit der MPi vor der Brust und einer kleinen Kiste in den Händen. Dieser Mann hatte dreihundert Vor- und Familiennamen. Er hieß Boris Kalatsch und Wsewolod Klokow, Pawel Medjanoj und Wladimir Kasnatschejew, Dmitri Resuto und Nikolai Denissow, Oleg Jarygin und Wladimir Pawlow, Nina Kusnitschenkowa und Maria Ababkowa, Iwan Gribkow und Michail Glasok ... Alle Namen lassen sich hier nicht aufzählen, doch die Nennung dieser Helden vereint sie unter dem hohen Titel eines Partisanensprengmeisters.

# Die Stellvertreter aus Slowatitschi

Drushinin nannte die Zahlen, wobei er mit dem Finger ein Verzeichnis entlangging, und ich addierte sie auf dem Rechenbrett. Die Zahlen waren nicht groß, meist einstellig, nur manchmal stießen wir auf größere, aber auch nur im Bereich der zwanzig.

»Drei«, sagte Wladimir Nikolajewitsch.

Ich schob drei gelbe Holzscheibchen auf die andere Seite und wartete auf eine neue Zahl, doch der Kommissar schwieg, wobei er nachdenklich ins flackernde Kerzenlicht blinzelte.

»Ach, ist das wenig, nur drei insgesamt!« meinte Drushinin schließlich und holte tief Luft.

»Und wo sind diese drei?«

»In Slowatitschi. Parole ›Esche‹, Kennwort ›Birke‹.«

»Na, für Slowatitschi sind auch drei gut, ja sogar sehr gut«, bemerkte ich.

»Natürlich sind drei Kommunisten für Slowatitschi schon eine solide Sache. Aber, Alexej, ist es nicht schlimm, daß wir zwei, drei Mann als eine Parteiorganisation bezeichnen?«

»Laut Statut können auch unter gewöhnlichen Umständen drei Genossen eine Parteigruppe bilden.«

»Ja, damals nannten wir sie Gruppe. Man hatte dabei im Auge, daß die Gruppe einen Teil des Netzes bildete, gewissermaßen sein Ausgangselement war. Offensichtlich kommt doch das Wort ›Gruppe‹ von ›Kern‹. Dann ist der Sinn noch genauer! Aus dem Kern entstanden ja auch kompliziertere Organismen, Organisationen ...«

»Was sollen jetzt diese philosophischen Überlegungen?! Es geht doch hier nicht um die Bezeichnung. Übrigens haben wir schon heute Organisationen, die man weder als Parteigruppe noch als Zelle bezeichnen kann. In Podgorny sind es fünfzehn, in Maschewo zwanzig Mann ...«

»Ja, das ist in einem Gebiet, das wir von den Bandera-Leuten fast befreit haben. Aber in diesem Slowatitschi sind es erst mal nur drei.«

»Es werden mehr. Los, zählen wir weiter zusammen, Kommissar!«

»Nicht einmal abschweifen darf man!« sagte Drushinin ein wenig gekränkt und zog die Liste zu sich heran.

Strenggenommen waren wir in diesem Augenblick weder Kommandeur noch Kommissar. Den Rechenschaftsbericht für das Zentralkomitee bereiteten der Sekretär des illegalen Gebietskomitees Wolynien und ein Mitglied dieses Gebietskomitees vor. Von uns erwartete man Angaben über die Entwicklung der illegalen Parteiarbeit in Wolynien.

Der Wind trieb trockenen Pulverschnee durch die Fenster. Die Filzstiefel des Wachhabenden knirschten in der frostkalten Luft. Es war spät, eine Stunde nach Mitternacht. Drushinin nannte wieder Zahlen, und ich fügte sie den bereits addierten hinzu. Als Ergebnis kam heraus, daß die von uns bis Ende 1943 gebildeten sechzig Parteiorganisationen mehr als dreihundert Genossen vereinten.

»Durchschnittlich fünf in jeder Organisation«, rief Wladimir aus. »Aber in Slowatitschi sind es weniger.«

»Hör auf mit deinem Slowatitschi! Es gibt Dörfer, wo jeweils nur ein Kommunist wirken muß.«

»Und trotzdem denke ich die ganze Zeit über an Slowatitschi. Welche Standhaftigkeit legen die drei an den Tag! Wie tief ist doch ihr Verständnis für die Pflicht gegenüber der Partei! Von der ersten Minute an nichts als Arbeit. Es war unwahrscheinlich schwer, dort eine Organisation ins Leben zu rufen. Und wieviel hat sie schon geleistet! Erinnere dich ruhig daran!«

»Ach, davon redest du! Wie sollte ich mich nicht erinnern, ich habe sehr wohl alles im Gedächtnis.«

Die Geschichte dieser kleinen illegalen kommunistischen Organisation in Slowatitschi hatte tatsächlich viele bemerkenswerte Seiten.

Irgendwann im Herbst kam zum Sekretär des Parteibüros des 1. Bataillons, Semjon Jefimowitsch Gasinski, der an einem entfernt gelegenen konspirativen Treffpunkt auf Melder gewartet hatte, ein etwa dreißigjähriger Mann in bäuerlicher Kleidung. Er nannte die Parole und teilte mit, daß er vom illegalen Rayonkomitee von Kiwerzy zur Aufnahme von Gesprächen geschickt worden sei.

»Worüber sollen wir sprechen? Wer sind Sie überhaupt?« fragte Gasinski.

»Ein Ortsansässiger, aus dem Dorf Slowatitschi. Vor dem Krieg habe ich im Dorf gearbeitet. Mein Name ist Ilja Ignatjewitsch Ostaptschuk. Nun, und reden wollen wir über folgendes ... Als Wolynien noch zu Polen gehörte, wurde ich Mitglied der Kommunistischen Partei der Westukraine. Mich in die Kommunistische Partei der Sowjetunion übernehmen zu lassen, wie so viele unserer Genossen, habe ich nicht mehr geschafft. Sie wissen selbst, die Sowjetorgane waren nicht lange in Wolynien, der Krieg begann. Aber im Herzen bin ich Bolschewik geblieben, und ich betrachte mich auch jetzt als einen solchen. Ich will für die Partei, für die Partisanen und den Sieg über den Faschismus arbeiten!«

Gasinski wußte, daß das Rayonkomitee ihm keinen Mann schickte, der nicht überprüft oder der unzuverlässig war. Auch machte Ilja Ostaptschuk selbst einen guten Eindruck. Der Sekretär des Parteibüros des Bataillons begann, ihm Fragen zu stellen, die die Lage in Slowatitschi betrafen.

»Angst und Schrecken haben sie den Menschen eingejagt! Die Bandera-Leute würgen das Volk, lassen ihm nicht einmal die Luft zum Atmen. Im Nachbardorf Lischa haben sie sich niedergelassen, aber sie kommen auch häufig bei uns vorbei und rauben das Letzte. Paßt ihnen irgend etwas nicht in den Kram, dann setzt es fürchterliche Prügel, und alles wird niedergebrannt. Mit einem Wort, sie machen uns das Leben zur Hölle. Diese Schufte verschonen weder Greise noch Kinder! Nicht weit von uns lag der polnische Chutor Wizentówka, alles haben sie dort in Brand gesteckt und kein Haus ausgelassen. Viele Menschen sind dabei umgekommen. Aber in Przebraże, das ist ein Dorf, dicht bei uns, erwiesen sich die Polen als klüger: Sie haben sich bewaffnet und verteidigen sich gegen die Bulbaschas.«

»Sollten sich etwa in Slowatitschi nicht auch kluge und entschlossene Leute finden?«

»Warum nicht? Die lassen sich finden, man muß sie nur suchen.«

»Unter den Menschen zu arbeiten und sie mitzureißen ist Aufgabe der Kommunisten, nicht wahr, Genosse Ostaptschuk? Man muß in Slowatitschi eine Parteiorganisation bilden, auch wenn sie noch so klein ist. Sie werden ihr Sekretär sein. Ich denke, das Gebietskomitee wird Ihre Kandidatur bestätigen. Wen werden Sie noch zur Arbeit heranziehen können?«

»Bei uns gibt es da einen Lehrer. Er ist ein guter Mann mit einer richtigen Einstellung zur Sowjetmacht. Sicher wird er einverstanden sein. Er scheint aber nicht in der Partei zu sein.«

»Dann nehmen wir ihn in die Partei auf. Jeder, der in der bolschewistischen Illegalität arbeitet, wirkt für die Partei und wird zu einem Kommunisten. Aber Sie müssen sich dieses Lehrers sicher sein. Machen Sie ihn am besten zu Ihrem Stellvertreter, und für die laufenden Dinge suchen Sie sich noch einen Mann aus.«

»Ich werde mir Mühe geben, alles bedenken und einen suchen.«

Ilja Ostaptschuk gab sich gelassen, er wunderte sich keineswegs über den Vorschlag von Gasinski, und er wich auch keiner Frage aus. Es war offensichtlich, daß er sich vor seinem Erscheinen auf vieles vorbereitet hatte und fest entschlossen war. Gasinski kam mit Ilja Ignatjewitsch überein, daß sie sich genau in einer Woche wieder treffen wollten, doch nicht an diesem Treffpunkt, der weit von Slowatitschi entfernt lag, sondern in den Büschen an der Straße beim Chutor Wizentówka. Ostaptschuk sollte sowohl den Lehrer als auch den anderen Genossen mitbringen, den er noch zu finden hoffte. Man vereinbarte das Treffen für 2 Uhr früh und legte die Parole fest. Sie verabschiedeten sich voneinander. Der neue Illegale nahm einige Flugblätter der Partisanen mit.

Die Mitteilung Gasinskis, daß sich in Slowatitschi aller

Wahrscheinlichkeit nach eine illegale Gruppe bilden würde, erfreute Bataillonskommandeur Grigori Wassiljewitsch Balizki. Das Gebietskomitee hatte ihm wiederholt vorgeworfen, nicht energisch genug unter der Bevölkerung zu arbeiten. Im Raum von Kiwerzy, wo das Bataillon stationiert war, reichte es nur dazu, im Dorf Susk die Arbeit der ortsansässigen Kommunisten anzukurbeln. Dort waren es bereits sechs Mann. In mehreren anderen Dörfern waren die Organisationen gerade erst ins Leben gerufen worden. Gut wäre es, wenn es gelingen würde, auch in Slowatitschi etwas zu unternehmen!

»Doch allein lasse ich dich nicht zum neuen Treff gehen«, sagte der Bataillonskommandeur zu Gasinski, »auf alle Fälle nimmst du einen Zug mit!«

»Es ist leichter, allein durchzukommen!«

»Schon möglich, aber wie wird es dort sein? Nehmen wir an, daß Ostaptschuk völlig unser Mann ist. Doch wie sieht es mit dem Lehrer aus? Und möglicherweise kommt noch ein dritter. Wenn der plötzlich einen Rattenschwanz nach sich zieht, was dann? Ziehen wir auch den anderen Fall in Betracht. Alle drei sind einwandfreie Menschen. Was macht denen, die zu vielem bereit sind und denen vieles bevorsteht, eine Begegnung mit unseren Partisanen aus?! Sollen sie sich ruhig mal ansehen, was wir für Burschen haben. Etwa solche, wie sie die Bandera-Leute beschreiben? Flugblätter und Instruktionen sind natürlich gut, aber den Partisanen die Hand zu schütteln und mit ihnen zu reden, bedeutet viel für einen Illegalen. Stimmt das vielleicht nicht? Auch ich selbst, Bruder, war in der Vergangenheit Parteiarbeiter.«

»Ich weiß, Grigori Wassiljewitsch! Sicher hast du recht, man sollte mit einem Zug aufbrechen, aber kann man ihn im Hinblick auf die Erfüllung der Kampfaufgaben herauslösen?«

»Die Illegalität ist ebenfalls eine Kampfaufgabe! Du nimmst den Zug von Botschkowski mit.«

Vom Standort des Bataillons bis zum Chutor Wizentówka waren es fünfzig Kilometer. Das heißt, der Aufbruch mußte in zwei Tagen erfolgen, doch bis dahin widmete sich Gasinski seinen täglichen Aufgaben.

In Friedenszeiten war er Sekretär eines Rayonkomitees der Partei im Gebiet von Kiew. Damals kümmerte er sich um die

Aussaat und die Ernte, um die Viehwirtschaft und das Bauwesen, heute gehörten die Sprengung von Eisenbahntransporten, die Aufklärung, die Erdhütten und die Munition zu seinem Aufgabenbereich. Aber die Tätigkeit und die Sorgen von Semjon Jefimowitsch waren vor allem mit Menschen verbunden, gleich, ob sie Getreide ernteten oder Minen legten, ob sie Schulen bauten oder zur Aufklärung ausrückten. Fast zu jeder Stunde konnte man Gasinski im dichtesten Getümmel der Partisanen sehen. Die Kämpfer und Kommandeure liebten diesen starken, ruhigen Mann, sie schätzten seinen Verstand und seine Energie sowie seine prinzipienfeste Haltung, und sie wußten, daß der Sekretär des Parteibüros nicht nur Forderungen an sie, sondern auch an sich selbst stellte.

Gasinski weilte in allen Kompanien und Einheiten. Er half den Sprengmeistern bei der Durchführung einer Parteiversammlung, an der alle teilnehmen konnten, trat auf einer Beratung der Mitglieder der Redaktionskollegien für Wandzeitungen und Kampfblätter auf und kanzelte den Komsomolsekretär der Granatwerferbatterie dafür ab, daß er in einem schmutzigen Hemd und unrasiert herumlief. In der zweiten Kompanie hielt er einen Vortrag zur internationalen Lage und gab für den MG-Schützen Gluschko eine Empfehlung zur Aufnahme in die Partei. Mit dem Kommissar besprach er den Plan zur Vorbereitung auf den 26. Jahrestag des Großen Oktober. Selbstverständlich traf er sich auch mit Nikolai Botschkowski, dessen Zug der Marsch nach Wizentówka bevorstand.

»Und was für eine Aufgabe habe ich zu erfüllen?« fragte Nikolai.

»Ein Sonderauftrag. Bevor wir nicht angekommen sind, sage ich kein Wort. Doch der Zug muß gründlich vorbereitet sein! Wir brechen am Donnerstag auf und werden uns bemühen, bis Dienstag zurück zu sein. Die Marschroute wird man im Stab an Hand der Karte festlegen.«

Am Donnerstag in der Morgendämmerung brachen sie auf. Die Abteilung bestand aus zwanzig Mann, Gasinski inbegriffen.

Sie bewegten sich auf stillen Waldpfaden, fernab von Straßen. An der Spitze ging ein Spähtrupp. In dem von den

Herbstfarben betupften Waldesdickicht war es ruhig und menschenleer. Es war das reinste Vergnügen, durch ein solches Gelände zu marschieren. Schwieriger wurde es jedoch, als sich der Wald lichtete, als sich Felder und dahinter Dörfer zeigten. Dann mußte man einen Umweg wählen, durch Schluchten vorgehen oder, gedeckt durch kleine Erdhügel, sogar kriechen.

Gegen Mittag hatten die Partisanen etwa fünfundzwanzig Kilometer zurückgelegt. Sie legten eine Rast ein und aßen zu Mittag. Danach befahl Botschkowski, sich schlafen zu legen, da der nächste Wegabschnitt bei Nacht zurückgelegt werden mußte. In der Dunkelheit würde es weitaus ungefährlicher sein, die große Verbindungsstraße Kiwerzy–Trostjanez zu überqueren. Sie war tagsüber in der Regel sehr belebt, da sie von Fahrzeugen, Fuhrwerken und Fußgängern benutzt wurde.

Nachdem die Wachposten aufgestellt worden waren, bereitete sich die kleine Abteilung im Gebüsch zur Ruhe vor. Gasinski legte sich neben Nikolai.

Nikolai Botschkowski, ein hübscher, blonder Bursche von etwas mehr als zwanzig Jahren, war der Zugführer. Im Herbst 1941 begann er seinen Weg als Partisan im Gebiet von Tschernigow. In der ersten Zeit war er Stabsadjutant, doch dann machte man diesen flinken und klugen Burschen zum Gruppenführer. Gleich in den ersten Kämpfen hielt sich seine Gruppe sehr gut. Sie kämpfte kühn und initiativreich und verlor in schwierigen Minuten nicht den Mut. Man kam schnell dahinter, daß Botschkowski auch einen Zug ausgezeichnet befehligen könnte. Tatsächlich wurde sein Zug zu einem der besten in Balizkis Bataillon. Nicht von ungefähr schickte Grigori Wassiljewitsch gerade diesen ehemaligen Komsomolzen und jetzigen Kandidaten der Partei mit seinen kampferprobten Leuten nach Wizentówka.

Selbstverständlich begriff Botschkowski sehr wohl die Notwendigkeit der Geheimhaltung in vielen militärischen Dingen. Doch jetzt, da er unter einem Gebüsch neben Gasinski lag, erfaßte ihn eine durchaus normale menschliche Neugier. Nachdem der Zugführer ins Blickfeld von Semjon Jefimowitsch gerückt war, fragte er leise:

»Schläfst du, Sekretär?«

»Ich ruhe mich aus«, brummte Gasinski.

»Dann mache das nur gründlich, nur sage mir vorher, wo gehen wir hin? Aufklärung oder so?«

»Es gibt keinen Grund, zu reden, morgen erfährst du alles.«

»Denkst du etwa, ich renne zu dem Hitler, um ein Geheimnis preiszugeben? Oder vielleicht zu Stepan Bandera?«

»Nun schlaf endlich, Nikolai!«

Eine Antwort auf die ihn quälende Frage erhielt Botschkowski erst am anderen Tag, als die Abteilung wohlbehalten über die Verbindungsstraße gekommen war und sich in dem verlassenen, halb niedergebrannten Chutor Germanowka, einige Kilometer vom Ziel ihres Marsches, niedergelassen hatte. Gegen Abend wurden zwei Mann ausgesandt, um Wizentówka und seine Umgebung aufzuklären. Die Aufklärer teilten mit, daß in Wizentówka keine Menschenseele sei. Lediglich dürre, halbverwilderte Katzen saßen auf den Mauerresten der abgebrannten Gebäude. Der Weg nach Slowatitschi wurde seit langem nicht befahren; an seinen Rändern zog sich Gebüsch hin.

Gegen 1 Uhr erreichten alle zwanzig Partisanen die Stelle, wo das Treffen mit Ostaptschuk und seinen Leuten vereinbart worden war. Ungefähr hundertfünfzig Meter vom Chutor entfernt legten sie an der Straße nach Slowatitschi einen Hinterhalt aus drei MPi-Schützen an. Ihnen war befohlen worden, sich gut zu tarnen und das Feuer nur im Falle irgendeiner offensichtlichen Provokation zu eröffnen. Die Hauptkräfte der Abteilung dagegen bezogen am Ortsrand von Wizentówka Stellung, in der Nähe einer verwüsteten Imkerei. Gasinski und Botschkowski postierten sich ungefähr in gleicher Entfernung von der Imkerei und vom Hinterhalt an der Straße. Das ist jetzt also unsere Parteiarbeit, dachte Semjon Jefimowitsch, nahm die Pistole aus der Pistolentasche und steckte sie hinter den Gürtel. Für alle Fälle bereitete er auch eine Handgranate vor.

Schließlich zeigten die Leuchtzeiger der Uhr die zweite Stunde an, dann wurde es fünf Minuten nach 2 Uhr, zehn Minuten ... Die Straße blieb leer.

»Wir haben Moskauer Zeit und er wahrscheinlich Berliner«, flüsterte Nikolai.

»Ach, natürlich! Das habe ich nicht bedacht«, antwortete Gasinski verdrießlich, wobei er wieder angestrengt in die Dunkelheit starrte.

Da schwankte vorn irgend etwas im Dunkeln: entweder ein Schatten oder eine menschliche Silhouette. Nein, natürlich kam dort einer gegangen! Noch eine Minute und noch eine, und er war fast neben uns.

»Kiwerzy!« nannte Gasinski leise die Parole.

»Kiew!« folgte das richtige Kennwort.

»Setzen Sie sich hierher!« sagte Gasinski und half dem Angekommenen in den Graben, doch als er genauer hingesehen hatte, stellte er fest, daß es nicht Ilja Ignatjewitsch war.

»Wer sind Sie?«

»Der Stellvertreter.«

»Wen vertreten Sie denn?«

»Ilja Ostaptschuk.«

»Und wo ist er?«

»Tot ... Vor zwei Tagen haben Bandera-Leute Ilja umgebracht.«

Erschüttert von der schrecklichen Nachricht, fragte Gasinski ganz mechanisch und irgendwie unangebracht:

»Was sind Sie von Beruf?«

Aus der Dunkelheit kam leise die Antwort:

»Lehrer.«

Nur schwer seine Erregung verbergend, berichtete der Lehrer von dem Vorgefallenen, mal wiederholte er sich, mal eilte er voraus: Ende vergangener Woche gab Ilja Ostaptschuk, ein ihm in seinen Anschauungen nahestehender Mann, zu verstehen, daß im Dorf eine illegale kommunistische Organisation ins Leben gerufen wird. Der Lehrer nahm diese Mitteilung freudig auf und brachte den Wunsch zum Ausdruck, den Illegalen behilflich zu sein. Daraufhin schlug ihm Ostaptschuk nach einem sehr eingehenden, ernsten Gespräch vor, Stellvertreter des Leiters dieser Organisation zu werden. Der Lehrer hatte keine Einwände. Ilja Ignatjewitsch setzte ihn von dem mit den Partisanen vereinbarten nächtlichen Treffen in Kenntnis und teilte ihm Zeit und Ort sowie die Parole mit.

Sie begannen, sich zu beraten, wen man noch zur Arbeit heranziehen könnte, und beschlossen, die Einstellung eines kürzlich im Dorf aufgetauchten Mannes zu sondieren. Dieser Mann behauptete, daß er ein der faschistischen Gefangenschaft entkommener Rotarmist sei. Die Illegalen urteilten so: Wenn er von den Deutschen davongelaufen ist, so heißt das, er gehört zu uns und steht zur Sowjetmacht. Es stellte sich jedoch heraus, daß er ein von den Bandera-Leuten ins Dorf entsandter Agent war. Wahrscheinlich hatte Ilja gleich beim ersten Gespräch mit ihm irgendeine Unachtsamkeit begangen. Auf jeden Fall erfolgte eine Meldung, daß Ostaptschuk »die Dörfler verwirrt«.

In Slowatitschi drang eine ganze Hundertschaft von Bandera-Leuten ein, die sich auch jetzt noch dort befand. Ostaptschuk wurde ergriffen. Die Nationalisten forderten von ihm, seine Mitstreiter preiszugeben und seine Verbindungen zu den Partisanen aufzudecken, wobei sie den Verhafteten mit Methoden folterten, die an die Inquisition erinnerten. Man legte Ostaptschuk eine Seilschlinge um den Hals, die mit Hilfe eines kurzen Knüppels immer enger gedreht wurde. Ging ihm die Luft aus, lockerte man die Schlinge und forderte erneut eine Antwort auf die ihm gestellten Fragen. Der Illegale schwieg. Die Henkersknechte mit dem Dreizack der Bandera-Leute an den Mützen mißhandelten ihn zwei Tage lang, ehe sie die Schlinge endgültig zuzogen.

»Ostaptschuk war ein wahrer Kommunist! Wir werden seiner ewig gedenken!« sagte Gasinski.

»Ewiges Gedenken«, sagte auch der Lehrer.

»Und Sie? Iljas qualvoller Tod hat Sie nicht abgehalten?«

»Wie Sie sehen, bin ich gekommen.«

»Jetzt ist es dunkel, wir dürfen kein Licht anmachen und können einander nicht einmal ansehen, wie es sich gehört. Aber ich glaube Ihnen, Genosse Stellvertreter, und ich möchte Ihnen die Hand drücken.«

Sie tauschten einen kräftigen Händedruck, dann fuhr Semjon Jefimowitsch fort:

»Anfangs werden Sie es schwerer haben als Ilja, er hatte ja mit Ihnen gerechnet, und Sie können sich vorerst nur auf sich selbst verlassen. Aber man muß kämpfen!«

»Ich weiß, ich habe alles durchdacht und meinen Entschluß gefaßt. Was ist zu tun, und was ist gegenwärtig das wichtigste?«

»In Ihrem Dorf ist es am wichtigsten, den Einfluß der Bandera-Leute und dadurch ihre Kräfte zu schwächen. Man muß das Volk zur aktiven Hilfe für die Partisanen veranlassen.«

»Das begreife ich. Doch muß nicht auch erreicht werden, daß Bandera-Leute selbst zu Ihnen überlaufen? Ilja hatte mir Flugblätter gezeigt, eins war direkt an die Bandera-Leute gerichtet.«

»Ja, auch unter den Bandera-Leuten, die mit Gewalt in deren Reihen gepreßt worden sind, muß gearbeitet werden.«

»Das ist es ja! Gerade jetzt sind bei uns im Dorf solche Leute. Sie gehören nicht ganz zu den Bandera-Leuten, natürlich … Es sind Georgier.«

»Was für Georgier? Woher?«

»Sie waren bei den Deutschen in Gefangenschaft und sind geflohen. Die Nationalisten haben sie irgendwo aufgegriffen und gezwungen, bei ihnen zu dienen. Sie verdrehen ihnen den Kopf und versprechen ihnen, daß sie nach dem Sieg der ›selbständigen Ukraine‹ ehrenvoll in den Kaukasus entlassen würden. Ich habe diese Georgier beobachtet. Die Leute haben Sehnsucht! Offensichtlich sind sie nicht aus innerstem Herzen bei den Banditen. Aber versuche mal einer, sich von den Bandera-Leuten loszureißen! Deshalb dachte ich auch, sollte man nicht einen Georgier mit Ihnen in Verbindung bringen?«

»Sie haben richtig gedacht. Man muß mit ihnen unverzüglich Verbindung aufnehmen. So schnell wie möglich! Wie wir das bewerkstelligen, darüber wollen wir gemeinsam nachdenken. Sagen Sie mir aber erst einmal, wie viele sind es eigentlich?«

»An die vierzig Mann oder ein paar mehr. So etwas wie eine selbständige Kompanie. Die Bandera-Leute halten die Georgier an der anderen Seite des Dorfes, mehr im Südosten; hier bleiben sie lieber selber, da sie ihnen nicht trauen.«

»Warum vertrauen sie ihnen gerade diese Seite nicht an?« fragte Gasinski, der das nicht begreifen konnte.

»Hinter Wizentówka, ein Stück weiter, liegt Przebraże, und dort ist eine polnische Abteilung der Selbstverteidigung. Deshalb befürchten sie, daß die Georgier den Polen nachgeben könnten.«

»Interessant, sehr interessant. Und was für eine Bewaffnung

haben die Bandera-Leute in Slowatitschi? Konnten Sie das feststellen?«

»Wie sollte ich das nicht feststellen können, wenn ich schon zu Ihnen komme! Ein schweres Maschinengewehr, fünf leichte Maschinengewehre, wenige Maschinenpistolen, die meisten haben Gewehre.«

Gasinski dachte kurz nach und sagte dann:

»Ich müßte mich mit irgend jemandem von den Georgiern treffen. Wir werden etwas probieren!« Er zog eine mehrmals gefaltete Zeitung aus der Tasche und reichte sie dem Lehrer. »Nehmen Sie! Es ist die Moskauer ›Prawda‹, relativ neu, vom vergangenen Monat. Lesen Sie sie selbst, und versuchen Sie dann, sie den Georgiern zuzustecken. Wie werden sie reagieren? Werden sie sie vor den Bandera-Leuten verstecken? Sie ist so eine Art Prüfstein! Dort sehen Sie schon selbst, inwieweit man offen mit ihnen reden kann! Auf alle Fälle bleiben Sie wachsam. Ein Tod reicht uns. Und bis jetzt haben Sie noch keinen Stellvertreter.«

»Ich werde vorsichtig sein. Wenn die Sache klappt und ich feststelle, daß sich die Georgier freuen, mit den Partisanen Verbindung aufzunehmen – was ist dann zu tun?«

»Bringen Sie wenigstens einen her, hierher, an diesen Ort! Handeln Sie am Sonntag und am Montag, und in der Nacht zum Dienstag, um zwei Uhr, sind Sie hier.«

»Und die Parole, das Kennwort?«

»Bleibt wie gehabt.«

»Ich werde alles tun, was ich kann!«

»Ich wünsche Ihnen Erfolg.«

Sie verabschiedeten sich, der Lehrer verschwand lautlos in der Dunkelheit, und erst jetzt fiel Gasinski ein, daß er nicht einmal seinen Namen erfahren hatte.

Schnell machte sich die Abteilung auf den Rückweg zum Chutor Germanowka. Sie beschlossen, bis zum Dienstag dort zu bleiben.

»Und was wird Major Balizki denken? Am Dienstag müssen wir schon im Bataillon sein«, erinnerte Nikolai.

»Die Lage hat sich geändert.« Gasinski zuckte mit den Schultern. »Man muß Melder zum Bataillon schicken und mitteilen, wie die Dinge hier liegen. Natürlich ist es schade,

Leute wegzuschicken, jeder Mann ist uns teuer. Aber wir wissen doch, wie das mit den Georgiern ablaufen wird. Die Bandera-Leute lassen sie ohne Blutvergießen nicht weg.«

»Das stimmt schon«, erklärte sich Botschkowski einverstanden, »trotzdem müssen Melder geschickt werden. Sonst reißt uns der Major den Kopf ab!«

Gasinski dachte noch an etwas anderes, wenn er seine Gedanken gegenüber dem Zugführer auch nicht äußerte: Was ist, wenn am Dienstag das Treffen nicht stattfindet? Der Stellvertreter bringt keine Georgier und kommt selbst auch nicht! Die Umstände können sich durchaus als stärker erweisen. Was ist dann zu tun? Dann muß man sich mit dem illegalen Rayonkomitee von Kiwerzy und seinem Sekretär in Verbindung setzen, und dazu muß man sich zum Dorf Susk durchschlagen, was noch einmal vierundzwanzig Stunden in Anspruch nehmen wird. Doch auf keinen Fall darf die Sache mit den Georgiern verworfen oder verschoben werden. Welch ein bedeutendes Ereignis hat der Zufall doch mit sich gebracht!

Im gleichen Atemzug begriff der Sekretär des Bataillonsparteibüros, daß das durchaus kein Zufall war. Alles geschah mit eiserner Gesetzmäßigkeit: Gäbe es in Slowatitschi keinen Stellvertreter, hätten sie nicht erfahren, daß es möglich war, eine große Gruppe von Georgiern der Halbgefangenschaft bei den Bandera-Leuten zu entreißen. Und der Stellvertreter kam deshalb, weil Ilja Ostaptschuk ... Und Ilja nahm seinen schwierigen Posten ein, weil ein illegales Rayonkomitee existierte. Und dieses Komitee entstand mit Hilfe der Kommunisten des 1. Bataillons. Das Gebietskomitee forderte von den Kommunisten unter den Partisanen, in den Dörfern die illegale Arbeit der Partei ins Leben zu rufen. Das Gebietskomitee wiederum führte den Willen des Zentralkomitees und somit den Willen der gesamten Partei aus, der sehr wohl bewußt war, wie wichtig die Unterstützung des Volkes auf dem vom Feind okkupierten sowjetischen Territorium für die Sache des Sieges ist. Und so sah die Unterstützung in diesem Falle aus: die Heldentat von Ostaptschuk, das kühne Vorgehen seines Stellvertreters.

Ja, beide wurden zu aufopferungsvollen Kämpfern der illegalen Partei. Ilja Ostaptschuk fand den Heldentod. War aber der Lehrer weniger standhaft gewesen, als er sofort seinen Platz einnahm? Die Zähne zusammenbeißend, schaute sich der Stellvertreter die im Dorf aufgetauchten Georgier an, erkundete das Verhältnis der Bandera-Leute zu ihnen und zählte die Waffen des Gegners. So sah die Arbeit eines Kommunisten in der Illegalität aus! Zumindest war es ein sehr wichtiger Teil seiner Tätigkeit. Und heute würde der Lehrer im Lager des Gegners eine Nummer der »Prawda« ablegen, wobei er sein Leben riskierte.

Der Schrei einer Eule in der Ferne unterbrach Gasinskis Gedankengänge.

»Halt! Der Aufklärungstrupp gibt ein Signal ... Irgend etwas stimmt nicht«, sagte Nikolai beunruhigt und glitt wie ein Schatten nach vorn.

Er kam mit einer unerwarteten Nachricht zurück. Der vor wenigen Stunden noch völlig leere Chutor war jetzt von irgendwelchen bewaffneten Männern besetzt. Nach geraumer Zeit gelang es, festzustellen, daß es sich um eigene Leute, um Partisanen handelte. Es war eine Spezialgruppe aus der Nachbarabteilung, geführt von Hauptmann Chomenko.

Die Begegnung mit den Partisanen aus der Nachbarschaft, fern von den eigenen Lagern, war nicht nur ein freudiges Ereignis, sondern für beide Seiten nützlich.

Gasinski und Botschkowski freuten sich über die Möglichkeit, das bei der Spezialgruppe vorhandene Funkgerät zu nutzen, um dem Bataillon die unfreiwillige Verzögerung im Raum von Slowatitschi mitzuteilen. Leider konnte mit Balizki keine unmittelbare Verbindung aufgenommen werden. Der Funker der Spezialgruppe kannte weder die Rufzeichen des Bataillons noch die Empfangswelle der Bataillonsfunkstation oder gar den Code, und er konnte sie auch nicht wissen. Auch Gasinski kannte sie nicht; solche Dinge waren streng geheim. Also mußten sie anders handeln. Der an Balizki gerichtete Funkspruch wurde an die Abteilung gesendet, aus der Chomenkos Spezialgruppe kam, mit der Bitte, ihn unverzüglich zu Fuß oder zu Pferde dem Nachbarn zuzuleiten.

»Mache sie darauf aufmerksam, daß wir in einer halben Stunde wieder rufen werden«, sagte Hauptmann Chomenko zum Funker, »wahrscheinlich werden wir eine interessante Mitteilung haben.« Und sogleich begann er, Gasinski und Botschkowski über die Hundertschaft der Bandera-Leute und über die Georgier auszufragen.

»Klar, die Georgier werden wir heraushauen können!« sagte Chomenko, nachdem er die für ihn erforderlichen Angaben notiert hatte. »Man muß nach der ›Agenturmethode‹ handeln. Wir werden einen Mann dorthin schicken.«

»Ich sagte bereits, dort ist schon ein Mann«, erinnerte Semjon Jefimowitsch. »Der wird etwas tun können.«

»Soll er ruhig!« Chomenko nickte. »Aber ich habe einen Kämpfer bei mir, den man direkt in die Höhle des Löwen zu diesen Georgiern schicken kann. Zokajew heißt er, der Nationalität nach ist er Lesgine, aber er spricht gut georgisch. Das ist der richtige Mann für Slowatitschi. Die Bandera-Leute werden wohl kaum jedes Gesicht in der Kaukasierkompanie kennen, und die Landsleute werden einen Landsmann schon nicht verraten.«

»Aber wenn es doch einen Zuträger gibt? Dann geht alles zum Teufel! Für Dienstag ist ein Treff vereinbart. Wir erwarten einen Vertreter der Georgier. Nein, sollen doch lieber die Landsleute ihren Sprecher entsenden!«

»Auch das ist logisch«, entgegnete Chomenko nach kurzem Überlegen. »Aber wenn das Treffen platzt?«

»Dann muß man mit vereinten Kräften auf die Bandera-Leute einschlagen, die Georgier im Kampf von ihnen trennen und sie wegführen. Unmittelbar vor der Operation werden wir den Lesginen nach Slowatitschi entsenden.«

»N-e-i-n!« Der Hauptmann schüttelte den Kopf. »Die Aufgabe unserer Spezialabteilung und unserer Gruppe besteht nicht in einer blindwütigen Schießerei. Du weißt selbst, unsere Sache sind die Aufklärung und ähnliche Dinge.«

»Meinst du, von den Georgiern etwa wenig Angaben zu erhalten? Und das sind Angaben, die die Bandera-Leute wie die Deutschen betreffen. Sie sind doch erst unlängst der Gefangenschaft entkommen.«

»Ebenfalls eine Logik! Hör mal, Politleiter, du hast doch sicher Hegel gut studiert?«

»Es blieb nicht aus.« Gasinski lachte. »Wir müssen uns auf

ein Gefecht vorbereiten, Hauptmann, das ist einfach notwendig!«

»Gut, nehmen wir an, daß es zu einem Gefecht kommen wird. Und wie sieht es mit den Kräften aus? Ihr seid zwanzig Mann, wir dreizehn, insgesamt dreiunddreißig. In Slowatitschi steht eine Hundertschaft von Bandera-Leuten, und bis jetzt kommen noch vierzig Georgier dazu. Im Endergebnis hat der Gegner also viermal mehr Kräfte als wir!«

»Und das Überraschungsmoment? Außerdem werden die Georgier sicher auf unserer Seite stehen.«

»Nicht so voreilig! Gehen wir alles noch einmal der Reihe nach durch.«

Der Kriegsrat dauerte an. Chomenko gab vernünftigerweise zu bedenken, daß man den Versuch unternehmen müßte, die bewaffneten Polen aus Przebraże mit heranzuziehen, obwohl er bezweifelte, daß sie einverstanden wären. Die polnischen Abteilungen der Selbstverteidigung, die an verschiedenen Stellen in Wolynien existierten, erinnerten an die sogenannten Bauernbataillone, die es in Polen selbst gab. Diese Abteilungen griffen nur zur Verteidigung ihrer Dörfer zur Waffe, ansonsten zogen sie es vor, Neutralität zu wahren. Trotzdem beschlossen alle, sich mit Przebraże in Verbindung zu setzen.

Die dorthin entsandten Boten brachten gegen Abend den Kommandeur mit; er war von hohem Wuchs, schmal und etwa vierzig Jahre alt. Über den Schultern hing eine Zeltbahn, die er mit einem verblichenen Gürtel zusammenhielt. Um den Hals hatte er einen bunten Schal gebunden. Der Ankömmling nannte sich Kazimierz.

Als er den Vorschlag der Partisanen gehört hatte, winkte er mit seinen langen, schmalen Händen ab.

»Das geht nicht, meine Herren Genossen, wirklich nicht! Wir rücken keinem auf den Pelz, und uns behelligt man auch nicht. Wenn die Bandera-Leute erfahren, daß wir mit den Partisanen gemeinsame Sache machen, wird man uns alle erschlagen, sowie Sie abrücken!«

»Es muß erreicht werden, daß die Bandera-Leute selbst abhauen. Und sie ziehen von dort ab, wo sie tüchtig eins auf den Rüssel bekommen«, sagte Gasinski.

»Und euch lassen sie nur einstweilen in Ruhe, das müssen Sie endlich begreifen!« fügte Chomenko hinzu.

Das Gespräch mit Kazimierz war langwierig und kompliziert. Schließlich gelang es, den Polen von der Notwendigkeit des gemeinsamen Vorgehens zu überzeugen. Doch bevor er sich zu einer Antwort entschließen konnte, wollte er sich mit seinen Landsleuten beraten. Gasinski machte sich mit ihm nach Przebraże auf den Weg. Hier kam man nach langen Streitereien zu einer endgültigen Übereinkunft: Wenn es sich als erforderlich erwies, würden die Polen an der Operation teilnehmen.

»Werden Sie uns auch nicht hintergehen? Sie handeln also mit uns?« fragte Semjon Jefimowitsch zum Abschied.

»Wir geben unsere feste Zusage. Jesus ist unser Zeuge!« antwortete Kazimierz, wobei er zum Himmel blickte und sich mit zwei Fingern feierlich bekreuzigte.

Er wird uns sicherlich nicht hinters Licht führen, dachte Gasinski. Jesus ist für ihn ein Symbol.

Am Morgen trafen sie sich erneut, um den Plan der Handlungen zu präzisieren. Er lief auf folgendes hinaus.

Variante eins: Wenn das Treffen stattfindet, wird der Lesgine Zokajew mit den Georgiern und dem Lehrer oder nur mit dem Lehrer in Slowatitschi eindringen, um schnell, im Verlaufe einer bestimmten Zeit, die Handlungen der Georgier mit den Partisanen vorzubereiten. Die Georgier beginnen den Kampf am Nordwestrand des Dorfes, während die Partisanen nach den ersten Schüssen von Südosten her, das heißt aus Richtung Wizentówka, angreifen werden. In der Nähe konzentrieren sich auch die Polen in Stärke von fünfzig Mann, doch sie bleiben vorerst in der Reserve.

Variante zwei: Wenn bis 2.30 Uhr niemand zum Treff kommt, wird der Schlag gegen die Bandera-Leute mit den Kräften der Partisanen und der polnischen Abteilung geführt. Dazu umgehen die Partisanen das Dorf und konzentrieren sich an seinem Nordwestrand, näher zu den Georgiern hin. Die Polen stoßen zum südöstlichen Teil von Slowatitschi vor, wo sie einen Hinterhalt anlegen. Nach Einnahme der Ausgangsstellungen entsenden die Partisanen Zokajew zu den Georgiern. Etwas später, 4.30 Uhr morgens, beginnen die Partisanen das Gefecht, wobei sie sich die Aufgabe stellen, die Bandera-Leute zum gegenüberliegenden Dorfrand abzudrängen, wo sie das Feuer der Abteilung von Kazimierz empfängt.

So sahen also die Varianten aus. Der Montag verging mit letzten Vorbereitungen. Am späten Abend konzentrierten sich die Partisanen in den Büschen bei Wizentówka. Die Polen warteten auf den Beginn der Ereignisse in den halbverbrannten Häusern des Chutors selbst.

Es ging auf Mitternacht zu, der neue Tag brach an. Langsam schlich die Zeit dahin. Bald würde es 2 Uhr sein. Neben Gasinski und Botschkowski lag ein hagerer, flinker und entschlossener Mann mit einer Hakennase. Geboren wurde er weit von hier, in den Bergen Dagestans. Angespannt blickten alle in Richtung Slowatitschi.

Nein, der Treff fand nicht statt. Niemand war gekommen. So trat die zweite Variante des operativen Planes in Kraft.

Die Partisanen begannen, das Dorf zu umgehen. Nach vierzig Minuten hatten die Polen aufzubrechen. Gasinski und Chomenko gingen nebeneinander, wobei sie sich ab und zu flüsternd unterhielten. Nikolai und die Kämpfer folgten ihnen lautlos. Bald war das Buschwerk zu Ende, und die Abteilung legte etwa fünf Kilometer über freies Feld zurück. Dank der Dunkelheit waren sie vom Dorf aus nicht zu sehen. Zum Glück erstreckte sich fast am Nordwestrand von Slowatitschi ein kleines Gehölz. Dorthin begaben sich die Partisanen, als die Morgendämmerung bereits anbrach.

»Zokajew!« rief der Hauptmann leise.

Vor ihm reckte sich die jugendlich straffe Gestalt des Lesginen auf.

»Handle, Zokajew!« sagte Chomenko.

Der Lesgine übergab dem neben ihm stehenden Genossen seine MPi, dann streckte er ihm noch einen selbstgefertigten Dolch und eine Handgranate hin.

»Vielleicht nimmst du eine Pistole mit? Soll ich sie dir geben?« fragte Chomenko.

»Auf keinen Fall!« Zokajew schüttelte den Kopf. »Ich gehe nicht zu den Georgiern, um zu kämpfen, sondern mit einem guten Wort ... Als Freund!«

»Dort wimmelt es von Bandera-Leuten«, erinnerte ihn Botschkowski.

»Ich gehe nicht zu den Bandera-Hunden, sondern zu Landsleuten. Das möchte ich schon mit offenen Händen tun!«

Der Lesgine hob die rechte Hand mit der Handfläche nach außen, als wollte er zeigen, daß er keine Waffe trug. Dann setzte er sich plötzlich hin, zog sich behende die Stiefel aus, so daß seine dicken Wollsocken zum Vorschein kamen, nahm die Kubanmütze vom Kopf, löste den Gürtelriemen und hakte den Kragen seiner Feldbluse auf. Alle verstanden Zokajew: So würde er sich nachts leichter zu den Georgiern durchschlagen und an den Bandera-Leuten vorbeischleichen können.

Zokajew nickte zum Abschied, lächelte und ging, ohne sich umzublicken, schnellen, leichten Schrittes in Richtung Slowatitschi.

Doch hatte er es auch bis dorthin geschafft?! Plötzlich tackte in der Ferne, am entgegengesetzten Ende des Dorfes, ein MG, und Karabinerschüsse knallten. Warum schossen die Polen zuerst? Wie sich später herausstellte, hatten sie nicht angefangen. Das Feuer war von einem Hinterhalt der Bandera-Leute aus eröffnet worden. Man hatte die Abteilung von Kazimierz ausgemacht, die sich dem Dorfrand näherte. Unaufhörlich krachten die Schüsse. Dort war ein Gefecht entbrannt, und es blieb keine Zeit zum Rätselraten, warum es begonnen hatte.

Die Partisanen stürmten vorwärts. Der Zug von Botschkowski hatte längs der Straße zu handeln, und die Männer von Chomenko sollten in zwei Gruppen die Bandera-Leute rechts und links in die Gärten abdrängen. Den Angreifern schlug ein Feuerstoß aus einem MG entgegen, doch das Visier war zu hoch eingestellt. Als Semjon Jefimowitsch und Nikolai die ersten Gebäude erreicht hatten, sahen sie einen auf der Erde liegenden Georgier beim Wechsel des Scheibenmagazins eines Maschinengewehrs.

»Kazo! Gegen wen kämpfst du da?!« schrie Gasinski, warf sich auf den MG-Schützen und zeigte ihm den Orden des Roten Sterns an seiner Feldbluse.

Der Georgier gab einen Jubelschrei von sich, als habe er lediglich auf diesen ihm bekannten Stern gewartet. Dann wandte er sich den Häusern zu und rief irgend etwas in seiner Muttersprache.

Aus den nahe gelegenen Häusern und Scheunen kamen die Georgier mit freudigen Rufen gelaufen. Lächelnd und erregt legten sie Gasinski die Waffen zu Füßen.

»Hört auf damit! Warum? Dreht die Karabiner um! He, Kazo, nimm dein MG auf! Wir sind Genossen – Partisanen. Laßt uns zusammen handeln!«

»Los, los! Übernimm das Kommando!« ertönte es von mehreren Seiten.

Es vergingen noch zwei Minuten, und die Partisanen strömten einträchtig mit den Georgiern zum Dorfzentrum. Dort siebte eine kleine, bereits nach vorn gegangene Gruppe unter Botschkowski Bandera-Leute durch.

Das Rattern von Maschinengewehren unterbrach das Knallen vereinzelter Schüsse. Irgendwo hinter den Häusern detonierte eine Granate. Der Kampf war nur von kurzer Dauer. Die Bandera-Leute gerieten ins Wanken. Sie begannen zurückzuweichen und verschwanden schließlich ganz aus dem Dorf. Der georgische MG-Schütze sandte ihnen das noch halbgefüllte Magazin nach und lachte grimmig, als einer fiel.

Gasinski und Chomenko nahmen in aller Eile die Auswertung der Operation vor: Es war gelungen, fast alle Georgier den Klauen der Bandera-Leute zu entreißen. Sechsundzwanzig von ihnen waren gesund und munter. Sie hatten alle Waffen bei sich und waren glücklich, Partisanen zu werden. Fünf Georgier waren verwundet. Der Zug von Botschkowski hatte vier Verwundete, unter ihnen Nikolai selbst. Drei seiner Kämpfer fanden den Heldentod.

Allein an Toten hatten die Bandera-Leute siebzehn Mann verloren. Im Gefecht wurden zwei Dutzend Gewehre, drei Maschinenpistolen, drei leichte Maschinengewehre und eine Lafette von einem schweren Maschinengewehr Typ »Maxim« erbeutet; den Lauf hatten die Bandera-Leute mitgenommen. Ein leichtes MG und einen Teil der Gewehre übergaben die Partisanen sogleich der Abteilung von Kazimierz.

Sie durften sich auf keinen Fall weiter in Slowatitschi aufhalten, da sich ganz in der Nähe, in Lischa, eine ziemlich große Garnison von Bandera-Leuten befand. Außerdem mußte die Straße Kiwerzy–Trostjanez am Tag überquert werden, und zwar recht zügig, ehe Deckungseinheiten des Gegners dorthin verlegt wurden. Die Partisanen richteten fünf Bauernfuhrwerke her, legten die Verwundeten und Gefallenen darauf, verabschiedeten sich von den Polen und machten sich auf den Weg, nachdem sie vorher eine Sicherung nach vorn gesandt hatten.

Chomenko schritt neben den Georgiern. Er fragte sie hartnäckig nach irgend etwas und machte dabei im Laufen Eintragungen in ein Heft. Der Hauptmann trieb zur Eile an. Nach einigen Kilometern hatte sich seine Gruppe von der Kolonne zu trennen und seitlich einzuschwenken. Zeitweilig die Pflichten eines Dolmetschers erfüllend, trieb sich der unversehrte, fröhliche Zokajew neben Chomenko herum. Seine Kosakenmütze und die Stiefel hatte er längst aufgestöbert.

Bald darauf hielt die Spitzensicherung drei entgegenkommende Frauen mit Körben und Säckchen an.

»Wer seid ihr? Wohin?«

»Wir sind von hier, aus Susk. Wir bringen euch herzlieben Partisanen Geschenke!«

Sie wickelten Brot, Speck, Äpfel, Töpfchen mit Honig aus. In einem der Säckchen befand sich auch eine Flasche mit Selbstgebranntem.

»Und wer hat euch gesagt, daß wir hier vorbeikommen werden?« fragte der Kommandeur der Sicherungseinheit.

»So sind die Menschen nun mal, sie wissen es eben!«

In Susk bestand eine illegale Parteiorganisation. Hatte sie vielleicht von den in der Nähe weilenden Partisanen erfahren? Waren es etwa Kommunisten gewesen, die den Bauern die wahrscheinliche Richtung des Rückmarsches des Partisanenzuges mitgeteilt hatten?

Nicht nur darüber dachte Gasinski nach. Am meisten beunruhigten ihn die Ursachen, die den nächtlichen Treff nicht hatten zustande kommen lassen! Was war mit dem Stellvertreter? Warum war er nicht gekommen? Hatte er überhaupt versucht, die Aufgabe zu erfüllen? Konnte man auf seine weitere Arbeit zählen?

Eine Antwort auf diese Fragen erhielt Semjon Jefimowitsch später, als sich die Partisanen, die ohne einen Schuß die Straße Kiwerzy–Trostjanez überquert hatten, von Hauptmann Chomenkos Gruppe trennten und gegen Abend auf einer Waldlichtung die erste größere Rast einlegten. Erst hier war es Gasinski möglich, sich näher mit den Georgiern bekannt zu machen. Mitten im Gespräch über das Leben und die Stimmung bei den Bandera-Leuten ließ sich plötzlich eine Stimme vernehmen:

»Am letzten Tag hat es sich gut gelebt, wir waren in ausgezeichneter Stimmung!«

»Am letzten Tag? Das heißt also gestern? Warum?« fragte Semjon Jefimowitsch, der nicht verstand.

»Wir haben die Partisanen erwartet, auf euch haben wir gewartet! Als Nodar Abaschidse an der Feldküche die ›Prawda‹ hochhielt, errieten alle sofort, daß Partisanen in der Nähe sind. Die Zeitung hat doch kein Postbote gebracht. He, Nodar, wo ist die Zeitung?«

Ein mittelgroßer Georgier schob sich durch die Menge, holte schweigend eine zusammengefaltete, an den Falträndern bereits unleserliche Zeitung aus der Brusttasche und streckte sie dem Sekretär des Parteibüros hin. Bewegt nahm Gasinski das Exemplar der »Prawda« wieder entgegen. Was hatten diese vier in Moskau gedruckten Zeitungsseiten bereits alles bewirkt! Die Partisanen hatten sie im Bataillon gelesen, von den Politleitern wurden sie zur Vorbereitung auf Gespräche genutzt, ein Illegaler hatte sie in den Händen gehabt, und sie waren ein Hoffnungsschimmer für die in Not geratenen Georgier. War es dieser Nummer der »Prawda« nicht vorausbestimmt, ihre Ruhmestaten fortzusetzen? Gasinski verbarg sie sorgfältig in der Kartentasche.

»Hört mal her, Jungs!« wandte sich Semjon Jefimowitsch erneut an die Georgier. »Hat vielleicht gestern oder vorgestern einer der Dorfbewohner mit euch über die Partisanen gesprochen?«

Sofort erhoben sich mehrere Stimmen. Sie antworteten auf russisch und georgisch, einander unterbrechend. Anfänglich war in diesem Stimmengewirr nichts zu verstehen, doch nach und nach klärte sich alles auf. Ja, irgendein Mann habe mit

Nodar Abaschidse, der die Zeitung hochgehalten hatte, und mit zwei Georgiern das Gespräch auf die Partisanen gebracht. Sie vereinbarten, daß nachts jemand von den Georgiern mit diesem Mann zu den Verbindungsleuten der Partisanen gehen sollte, und beschlossen, Irakli Merglanija zu schicken. Sie gingen auch los, stießen aber auf einen Hinterhalt, wobei sie beinahe den Bandera-Leuten in die Hände gefallen wären. Merglanija kehrte kurz vor Beginn des Partisanenangriffs zurück.

»Und warum habt ihr Merglanija geschickt?« fragte Gasinski. »Was ist das überhaupt für einer?«

»Irakli ist Mitglied der Partei«, erklärte einer.

»Wo ist dieser Merglanija?«

Ein stämmiger, breitschultriger Kaukasier mit einer verbundenen Hand trat vor.

»Ja, ich bin in der Partei«, sagte er, lächelte plötzlich, wobei er seine blendendweißen Zähne zeigte, und fügte hinzu: »Nur die Parteibeiträge habe ich seit langem nicht entrichtet. Mein Dokument ist bei Leutnant Kublaschwili geblieben.«

»Warum beim Leutnant? Was ist das für ein Leutnant?«

»Ich geriet während eines Aufklärungsauftrages in faschistische Gefangenschaft. Hat man einen solchen Auftrag, so nimmt der Leutnant die Dokumente und verschließt sie in einer eisernen Kassette.«

»Richtig! So schreibt es die Ordnung vor!« Gasinski nickte, ebenfalls lächelnd.

Nunmehr war alles klar. Ein Prachtkerl, dieser Lehrer! Und richtig hatte er auch gehandelt, daß er nicht auftauchte und mit den Partisanen sprach, als der Kampf in Slowatitschi bereits zu Ende war. Er war eben ein Illegaler! Erneute Verbindung mit ihm konnten sie über das Rayonkomitee von Kiwerzy aufnehmen. Die Gewißheit, daß beim Stellvertreter Iljas alles in Ordnung und er ein ausgezeichneter Stellvertreter war, erfüllte Semjon Gasinski mit Freude – Freude über einen errungenen Sieg.

Gegen Abend des folgenden Tages begaben sich die alten und die neuen Partisanen zum Lager des 1. Bataillons.

Nachdem er den Bericht angehört hatte, sagte Grigori Wassiljewitsch Balizki:

»Ruhe dich ordentlich aus, Sekretär! In ein bis zwei Tagen

wirst du wieder irgendwo in Sachen Illegalität unterwegs sein. Das Gebietskomitee macht ganz schön Druck wegen des illegalen Netzes! Es ist ja auch völlig richtig ...«

Ich erinnerte mich dieser Geschichte, die mir von vielen Teilnehmern erzählt worden war, erst, als wir den Rechenschaftsbericht abgeschlossen hatten und Drushinin gegangen war. Was soll man noch ergänzen? Der Lehrer hieß Alexej Filippowitsch Ostaptschuk, hatte den gleichen Namen wie der gefallene Ilja. Er bezog noch zwei Mann in die Arbeit ein, und sie alle wirkten aufopferungsvoll für den Sieg.

Klein waren unsere illegalen Organisationen, mitunter sehr klein. Doch in ihnen waren standhafte und ihrer Pflicht treu ergebene Kämpfer tätig wie die Stellvertreter aus Slowatitschi.

# Mitja, eine »junge Kuh« und die Brücke

In der Tasche eines Minenlegers befand sich neben allen möglichen notwendigen Dingen gewöhnlich auch ein Stück Autoreifen. Der Gummi mit dem erhabenen Profil mußte immer zur Hand sein, wenn es galt, weder am Gleiskörper noch auf einer Chaussee, sondern an einer ganz gewöhnlichen unbefestigten Verbindungsstraße tätig zu sein.

Die leichte, selbstgefertigte Mine, die an die Federtasche eines Schülers erinnerte, wurde in ein enges Loch eingelassen, das in einer Radspur ausgehoben worden war. Man streute Erde darüber, stumpfte mit Sand oder Schnee ab, und zur Tarnung mußte darauf unbedingt eine Autospur eingedrückt werden.

Scherereien gab es viele, doch im allgemeinen wurde damit nur ein Fahrzeug in die Luft gejagt. Die Faschisten zogen es auf die Seite, und der Verkehr wurde wiederaufgenommen. Bei den Operationen auf Straßen, die von Autos befahren wurden, zogen es unsere Sprengmeister daher vor, nicht die Straßen selbst, sondern Brücken zu verminen. Bereits die Zerstörung einer kleinen Brücke brachte weitaus wirksamere Resultate.

Der Stellvertreter des Kommandeurs des 6. Bataillons, Dmitri Resuto, verantwortlich für die Diversionstätigkeit, hatte häufig an der Straße Brest–Kowel zu tun. Hier hatte er sich schon seit längerer Zeit die Brücke in der Nähe des Marktfleckens Ratno angesehen. Das war tatsächlich ein anständiger Brocken! Ihre Länge betrug mindestens hundertfünfundzwanzig Meter. Ihre Enden ruhten auf soliden Eisenbetonstützen, das Mittelstück wurde von einem weiteren, wenn auch schmalen Stützpfeiler getragen. Die Brücke spannte sich über eine sumpfige Flußniederung, wobei das Flüßchen lediglich im Frühjahr viel Wasser führte. Von den leicht gefrorenen Erdhügeln im Sumpf bis zum Brückenbelag war es ziemlich hoch, da der Weg auf einem steilen Damm verlief.

Wenn wir diesen Brocken sprengen, überlegte Dmitri, dann können die Faschisten auch in einem Monat den Verkehr nicht wieder in Gang bringen. Der gesamte Transport muß umgeleitet werden, oder sie legen einen Weg durch den Sumpf beziehungsweise bauen eine neue Brücke, und das dauert noch länger. Ach, wenn man die sprengen könnte, das wäre eine Sache ...

Der erfahrene Sprengmeister begriff sehr wohl, daß es nicht so einfach war, diese verführerische Brücke zu sprengen: Beton mit Eisenbewehrung, mächtige Träger – das alles in die Luft zu jagen, war wahrlich keine Kleinigkeit. Und trotzdem zog ihn die Brücke bei Ratno magisch an.

Einmal, als Resuto von einer Operation an der Eisenbahn zurückgekehrt war, drängte es ihn wieder zu der Brücke, die ihm keine Ruhe ließ, und er verminte einen der Stützpfeiler mit gut zehn Kilogramm Sprengstoff. Er verwendete einen automatischen Detonator mit einem Verzögerungssatz. Als Dmitri das nächste Mal hierher kam, konnte er feststellen, daß die Mine zwar gezündet, doch den Stützpfeiler nur leicht beschädigt hatte. Die Deutschen hatten die Risse bereits mit frischem Zement verschmiert. Der Sprengmeister schalt sich selbst wegen des nutzlos verbrauchten Sprengstoffes.

Seit jener Zeit mied Resuto diese Brücke, damit sie ihm nicht ein Dorn im Auge war. Zu Beginn des Winters brachte sie sich jedoch wieder in Erinnerung.

Nach einem Nachteinsatz machten die Minenleger in einem kleinen Chutor, der etwa zwei Kilometer von der Autostraße entfernt lag, eine Pause. Dmitri sprach mit den Hausbewohnern, die sie aufgenommen hatten. Man kam auch auf die ersten Kriegstage zu sprechen.

»Ach, was haben sie uns in dieser Zeit bombardiert!« sagte der Hausherr. »Natürlich nicht auf uns, sondern auf die Brücke hatte es der Deutsche abgesehen. Jede Menge Bomben sind in den Sumpf geklatscht! Viele sind nicht detoniert, bis heute ragen die Heckteile heraus. Ein Riesending ist da, sieht aus wie eine junge Kuh!«

Ein Partisan zeigt immer Interesse für unversehrt gebliebene Fliegerbomben, da man den Sprengstoff ausschmelzen kann. Sie baten den Hausherrn, ihnen zu zeigen, wo sich die »junge Kuh« herumtrieb, und sie gingen zum Sumpf. Vor Angst reißt man immer die Augen auf, dachte Resuto. Sicher eine Hundertkilobombe, das heißt also nicht größer als ein Kalb.

Als Dmitri den riesigen Stabilisator aus dem Schnee herausragen sah, begriff er, daß der Bauer durchaus nicht übertrieben hatte. Die Bombe hatte ein Gewicht von einer halben Tonne.

War das etwa gut? Nein, das war schlecht. Aus so einer Masse ließ sich die »Füllung« nicht auf gewöhnliche Weise herausholen. Der Sprengstoff aus Bomben und Granaten wurde von den Partisanen nach einer ganz bestimmten, in langjähriger Erfahrung gewonnenen Technologie entnommen. Der Sprengstoff mußte zähflüssig gemacht, doch durften die Hüllen von Bomben oder Granaten auf keinen Fall am offenen Feuer erhitzt werden. Man steckte sie in einen Kessel mit Wasser, das allmählich zum Kochen gebracht wurde. Woher sollte man aber einen Kessel für eine »junge Kuh« nehmen, die eine halbe Tonne wog?! Andererseits durfte man aber auf keinen Fall den in der Fliegerbombe enthaltenen Sprengstoff im Sumpf lassen. Das wäre nach Resutos Meinung eine zum Himmel schreiende Verschwendung gewesen.

Was blieb also zu tun? Klar war eins: Die Bombe mußte herausgezogen und unter die Brücke von Ratno gebracht werden, um sie dort zu sprengen. Eine verlockende Idee! Doch auf dem Weg zu ihrer Verwirklichung türmte sich eine Vielzahl von Hindernissen auf, die außerdem für die Männer eine tödliche Gefahr darstellten.

Vor allen Dingen mußte festgestellt werden: Wünscht dieses »Vieh«, heil und unversehrt aus dem Sumpf zu kriechen, oder fliegt es vielleicht in tausend Stücke auseinander? Nachdem Dmitri die ihn begleitenden Partisanen ein Stück weggeschickt hatte, machte er sich daran, die Bombe vorsichtig auszugraben. Man mußte höllisch aufpassen, ob sie nicht zusätzliche Seitenzünder ähnlich der metallenen Hörner hatte, wie sie Treibminen besitzen.

Das Ungetüm hatte keine Hörner, das heißt, man konnte es an die Oberfläche ziehen, ohne befürchten zu müssen, daß dabei einer der Seitenzünder den Boden streifte. Unbekannt blieb jedoch noch, warum der Zünder im Kopfteil damals, vor anderthalb Jahren, nicht funktioniert hatte. Wahrscheinlich deshalb, weil er auf den weichen, sumpfigen Boden gestoßen war. Aber wenn das nicht die alleinige Ursache war? Es war nicht ausgeschlossen, daß der Zünder zwar angesprochen hatte, aber nicht vollständig, und jetzt reichte der kleinste Impuls aus, um weder von der Bombe noch vom Sprengmeister selbst auch nur das Geringste übrigzulassen.

Ziehen konnte man die Bombe also, doch das mußte mit größter Vorsicht geschehen.

»Folgendes, Jungs!« begann Resuto, wobei er sich den Partisanen näherte. »Ich brauche jetzt eine Verschnaufpause, und ihr werdet hinter dem Erdhügel einen etwas tieferen Graben ausheben. Grigori, du erhältst eine besondere Aufgabe: Du mußt den ganzen Chutor absuchen und ein festes Seil von hundert Meter Länge finden. Außerdem hat jeder einen Reservesatz an Trommelfellschutz bereitzuhalten.«

»Woher sollen wir denn hier Trommelfellschutz nehmen? Am besten, wir reißen den Mund auf, Dmitri Mironowitsch«, sagte Grischa, der ahnte, was bevorstand.

»Man kann sich auch damit behelfen, das geht.« Der Sprengmeister nickte. »Doch die Bombe muß nicht unbedingt gesprengt werden ... Ich rechne nicht damit.«

Nach einer gewissen Zeit hatten sie den Stabilisator der Bombe mit einem Seil, das zu dem ausgehobenen Graben führte, fest umschnürt.

»Zugleich! Nicht ruckweise! Langsamer!« kommandierte Resuto.

Die Bombe ließ sich leicht aus dem Loch herausziehen und lag nun am Rand. Die Partisanen stürzten hin; es war doch interessant, sie zu betrachten.

»Halt! Alles zurück in den Graben!« forderte Dmitri. »Hier gibt es nichts zu drängeln. Soll sie erst einmal ein bißchen liegenbleiben. Dummheiten wird sie wohl kaum machen.«

Der »jungen Kuh« kam nichts in den Sinn. Als erster näherte sich ihr erneut Resuto. Ja, es war eine deutsche Fünfhundertkilobombe, groß und dick, mit Rostflecken am ganzen Bombenkörper.

Das Unangenehmste stand noch bevor: Der Sprengkopf mußte aus der Bombe herausgeschraubt werden. Das war immer eine schreckliche Sache, gleich, mit welchem Gewicht es der Sprengmeister zu tun hatte. Um einen Menschen zu zerfetzen, reichte bereits ein Kilogramm Sprengstoff völlig aus. Aber hier kam noch eine Schwierigkeit hinzu. Der Kopf einer Fünfhundertkilobombe war so groß, daß man ihn mit den vorhandenen Werkzeugen kaum erfassen konnte. Man mußte sich also irgend etwas einfallen lassen. Und Resuto jagte wieder alle weiter weg von der Bombe, zurück zum Chutor.

Im zeitigen Frühjahr des Jahres 1942 kamen aus einem Wald unweit der Grenze zwischen dem Gebiet von Tschernigow und Brjansk drei zerlumpte, völlig erschöpfte und bärtige Männer mit Bauerntaschen in den Händen.

Die Unbekannten hielten über eine Lichtung gehende Mädchen an und begannen, sie auszufragen, ob es tiefer im Wald Leute gebe, und wenn ja, was das für welche seien. Die Mädchen antworteten bereitwillig, daß sie selbst auf dem Chutor wohnten, hier gleich in der Nähe, und daß im Wald keine Leute seien. Manchmal kämen allerdings irgendwelche bewaffnete Männer am Chutor vorbei, mal in deutschen, mal in ungarischen Uniformen. Aber man wisse nicht genau, was das für welche seien, es könne sich um Polizisten handeln. Übrigens seien auch die schon lange nicht mehr aufgetaucht.

Auf die Gegenfrage, woher sie kämen und wohin sie wollten, antwortete einer der bärtigen Männer, daß sie aus der Gegend von Korjukowka kämen und in die Brjansker Wälder wollten, um bestimmte Dinge gegen Lebensmittel zu tauschen.

»Und jetzt seid ihr sicher hungrig!« rief eines der Mädchen aus, das am lebhaftesten war. »Wartet, ich laufe schnell nach Hause und bringe Milch. Ihr braucht wirklich keine Angst zu haben! Ich werde niemanden hierherführen. Als ›Pfand‹ lasse ich auch meine Freundinnen hier.«

Als die Unbekannten die Milch fast ausgetrunken hatten, kamen mehrere Burschen mit Karabinern lautlos hinter den Büschen hervor und forderten die Bärtigen auf, die Hände hoch zu nehmen.

»Habt ihr Waffen?«

»Woher sollen wir die denn nehmen.«

Die Durchsuchung begann. Bei einem der Männer fand man zwischen dem Korbboden und dem angehefteten Futter eine TT-Pistole mit einem vollen Magazin, beim zweiten ebenfalls eine TT und beim dritten einen Nagan-Revolver.

Nach einer Stunde lagen die Pistolen und der Revolver vor mir. Man brachte die Unbekannten in unsere Stabshütte. Offensichtlich war ihnen schon klargeworden, wohin sie gelangt waren, und sie zeigten sich zuversichtlich. Gleich auf meine erste Frage erfolgte die Antwort, daß sie alle drei sowjetische Offiziere seien, die eingekreist waren und sich jetzt zur Front durchschlagen wollten, um sie zu überschreiten. Dann verhörten wir die Festgenommenen einzeln, und zwar so, daß sie die Antworten der anderen nicht hören konnten. Selbst in Details stimmten jedoch alle Antworten überein.

Es stellte sich heraus, daß die Offiziere aus Kiew kamen, wo sie sich anfänglich an verschiedenen Stellen verbargen, doch dann Verbindung zueinander herstellten. Bei Kiew, also noch am jenseitigen Ufer des Dnepr, wurden sie von der Polizei ergriffen und in die nächste Rayonstadt gebracht. Die Festgenommenen erschlugen die Begleitposten und fanden später einen Kahn zum Übersetzen. Doch am diesseitigen Ufer irrten sie länger als einen Monat in den Wäldern umher, da sie ohne Kompaß und Karte häufig vom Weg abkamen. Wenn es nicht möglich wäre, die Front zu überschreiten und zur Armee zu gelangen, wollten alle drei bei den Partisanen bleiben.

Als letzten verhörten wir einen dunkeläugigen, kräftig gewachsenen Burschen mit braunen Haaren, der eine leicht schnarrende Aussprache hatte. Er war im Gebiet von Poltawa in die Einkreisung geraten und schwer verwundet worden. Er beschloß, sich nach seiner Heimatstadt Kiew durchzuschlagen, um die Wunde auszuheilen. In einer Nacht durchschwamm er den Dnepr, wegen seiner Verletzung mit einer

Hand, nachdem er die Pistole hinter den Gürtel gesteckt hatte. In Kiew verbarg er sich im Haus seines Vaters, eines Eisenbahners. Mit seiner Hilfe nahm er Verbindung zu den anderen Eingeschlossenen auf. Im Zivilberuf war er Kraftfahrer, seinen aktiven Wehrdienst hatte er bei den Luftstreitkräften geleistet.

»Nun gut, bleibt bei uns«, sagte ich den dreien, »man wird euch heute noch auf die Kompanien aufteilen.«

»Und wie sieht's mit Waffen aus?« fragte der Brünette.

»Das ist doch bekannt ... Die muß man sich im Kampf holen«, sagte ein Mitarbeiter des Stabes.

»Aber wir haben doch Waffen, da liegen sie ja!« Der Dunkeläugige wies in Richtung Tisch.

»Pistolen stehen euch nicht zu«, erläuterte ich.

»Wir sind aber Offiziere!«

»Bei uns seid ihr vorerst einfache Kämpfer.«

Als die drei den Befehlston in meiner Stimme gehört hatten, zogen sie ab.

Der dunkeläugige Leutnant und Techniker hieß Dmitri Mironowitsch Resuto.

Die Sonne stand schon hoch über dem Sumpf, doch die Zeit bis zum Abend reichte, sie mußte reichen, wenn sich nur dieser verdammte Kopf der Bombe bewegen wollte. Dmitri steckte zwei Eisenstäbe in die Aussparungen und begann, vorsichtig zu rucken. Es rührte sich nichts! Und es konnte auch nicht sofort gehen. Oben saß der Rost, und das Fett am Gewinde war längst ausgetrocknet. Auf keinen Fall durfte man es mit einem jähen Ruck versuchen!

Dmitri setzte sich mal auf die Bombe, mal legte er sich neben sie, wobei er auf die Stäbe drückte. Er war schweißüberströmt, doch nicht aus Muskelschwäche, sondern wegen der nervlichen Anspannung. Es war wirklich furchtbar! Resuto bemühte sich, dieses Gefühl zu unterdrücken und sich einzureden, daß alles gut verlaufen würde.

Endlich bewegte sich der Kopf ein klein wenig nach links. Nun kam der gefährlichste Augenblick. Wenn der Sprengmechanismus nicht vollständig angesprochen hatte und der Schlagbolzen lediglich an einem Metallgrat oder -haar hing, so konnte er bei einer Drehung des Kopfes detonieren, und dann ... Dann würde von ihm, Dmitri Resuto, absolut nichts übrigbleiben. Der Sprengmeister war sich sehr wohl bewußt, welchem Risiko er sich aussetzte, doch er drehte den kaum nachgebenden Zünder vorsichtig weiter, Millimeter um Millimeter, von Pausen unterbrochen.

Woran dachte Resuto in diesen Minuten? Nach der rein literarischen Tradition hätte er an ein kleines Häuschen am Rande von Kiew denken müssen, an die gute alte Mutter und an den Vater, der mit der Werkzeugkiste zum Bahnhof geht. Und von sich hätte er etwas in Erinnerung rufen müssen, unbedingt die Episode, als er sich zum ersten Mal ans Lenkrad setzte. Es wäre auch nicht schlecht gewesen, an die Geliebte zu denken. Doch Dmitri stand der Sinn nicht nach Erinnerungen! Er dachte lediglich daran, wie er so gleichmäßig wie möglich, ohne den geringsten Ruck, den Zünder herausschrauben könnte.

Er wußte nicht, ob er für die erste Drehung zwanzig Minuten oder eine ganze Stunde gebraucht hatte. Dann folgten noch ein paar solcher Umdrehungen, die einem das Herz abschnürten. Doch schließlich lag der Kopf der Fliegerbombe schwer auf der Handfläche des Sprengmeisters. Sich strekkend, warf ihn Resuto weit zur Seite. Sofort kamen die Partisanen hinter den Erdhügeln und den Büschen hervor und rannten wie die Wiesel zu ihm.

In gemeinsamer Anstrengung stellten sie die Bombe aufrecht auf den Stabilisator. Sie reichte Dmitri auch jetzt bis zum Kinn.

»Pferde müssen her«, sagte Resuto müde. »Und dazu ein Leiterwagen oder ein Schlitten. Es wird bald dunkel.«

Doch die Bewohner vom Chutor versicherten, daß man wegen der Erdhügel und des Gebüschs in diesem Sumpfgelände weder auf Rädern noch mit einem Schlitten durchkomme. Es blieb nur eines – die »junge Kuh« mußte als Traglast transportiert werden. Und das waren gut dreißig Pud! Die Partisanen zerbrachen sich den Kopf, bis sie eine Lösung fanden.

Man erbat von den Bauern die zwei kräftigsten Pferde und stellte sie nebeneinander. Auf die Rücken kamen Pferdedekken sowie jede Menge weiche Lumpen, und obenauf legte man quer mehrere Eichenstangen. Auf diese Stangen packten sie dann unter größter Anstrengung die schwere Bombe.

Als es dunkelte, brachen sie auf.

Sie waren fünfzehn Partisanen. Resuto und vier Kämpfer begleiteten die Bombe. Drei Partisanen wurden zur Aufklärung eingeteilt, die übrigen sollten zu beiden Seiten der Brücke Stellung beziehen und hier den Wachdienst versehen, bis die Sprengmeister ihr Werk getan hatten.

Man brauchte keine besondere Befürchtung zu hegen, daß ihnen irgend jemand in die Quere kommen könnte. Nachts befuhren die Deutschen die Straße fast überhaupt nicht. Höchstens ein vereinzeltes Fahrzeug könnte mit Vollgas vorbeigebraust kommen, das war nicht weiter gefährlich. Und wenn plötzlich doch eine Kfz- oder Marschkolonne auftauchte? Für diesen Fall hatten sie die Aufklärer zur Straße geschickt, die bei Gefahr eine Leuchtkugel schießen würden.

Mühevoll schleppten sich die Pferde den sumpfigen Pfad entlang, wobei sie von Zeit zu Zeit unter der Schwere der ungewöhnlichen Last einsanken. Die Partisanen versuchten ihnen auf jede Weise zu helfen. Erst gegen Mitternacht kamen sie unter der Brücke an und luden die Bombe am mittleren Stützpfeiler ab. Danach ging Resuto zur Straße, um zu überprüfen, ob die Bombe von sich der Brücke nähernden Fahrzeugen aus zu sehen wäre. Es war alles in Ordnung: Der Platz, wo die Bombe stand, wurde von den Böschungen verdeckt.

Jetzt mußte der Zünder eingesetzt werden. Für Dmitri war das eine gewohnheitsmäßige, nicht gerade schwierige Sache. Schnell und geschickt ließ er in die Bombe ein 200-Gramm-Röhrchen Sprengstoff mit einem mechanischen Detonator und Verzögerungssatz gleiten. Man hatte nur einen Verzögerungssatz für einen Tag gefunden, gebraucht wurde eigentlich einer für weniger als eine Stunde. Doch die Operation an der Brücke war ja erst vorgesehen, wenn die Partisanen das Lager verlassen hatten.

»Man kann auch vierundzwanzig Stunden warten«, sagte Resuto. »Solange schlafen wir uns erst einmal auf dem Chutor aus. In der kommenden Nacht werden wir dann die ›junge Kuh‹ wecken!«

Die Bewachung wurde abgezogen, und sie machten sich auf den Rückweg, Dmitri hoch zu Roß.

Alle schliefen ausgezeichnet, sie standen erst gegen Abend auf. Es wäre übrigens besser gewesen, noch später aufzuwachen. Quälend langsam zog sich die Zeit hin, da die Sprengung erst um 2 Uhr nachts erfolgen sollte.

Doch um 2 Uhr erfolgte keine Detonation.

»Schließlich ist der Verzögerer keine Uhr«, bemerkte Resuto.

Auch um 3 Uhr blieb alles ruhig.

»So eine Verspätung kann vorkommen. Die Kälte wirkt auf die Säure ein«, ließ sich Resuto wieder vernehmen.

Aber weder um 5 Uhr noch um 6 Uhr passierte irgend etwas.

»Was kann das zu bedeuten haben?« fragte Dmitri. »Habe ich etwa einen Verzögerer erwischt, der noch später anspricht?«

»Nein, er war für einen Tag berechnet. Wir haben doch zusammen nachgesehen!« sagte der Gehilfe des Sprengmeisters.

Schon dämmerte der Morgen. Still war es auf dem Chutor. Die Partisanen waren niedergeschlagen. Resuto wußte, daß sie ihm insgeheim die Schuld gaben, schließlich hatte er den Zünder eingesetzt.

Aber was war geschehen? Niemand konnte es sagen. Und Vermutungen ließen sich anstellen, soviel man wollte: Der Verzögerer war nicht für einen Tag berechnet, vielleicht hatte man im Werk die Markierung verwechselt, oder die Säure taugte nichts, oder der Schlagbolzen klemmte. Und wenn die Faschisten die Bombe entdeckt hatten? Nein, von der Straße aus war sie nicht zu sehen, und unten durch den Sumpf ging niemand. Selbst wenn sie sie entdeckt hätten, so hätten sie sich kaum entschlossen, ihr nahe zu kommen. Nein, sicher hatte uns einfach der Verzögerer im Stich gelassen, bei der Kälte steckte er voller Überraschungen. Jeden Augenblick würde es krachen – und wie!

Stille ... Nach wie vor kein Laut. Und man durfte sich der Brücke am Tag nicht nähern, man mußte die Dunkelheit abwarten. Doch in der Nacht? Es ist leicht gesagt: sich der Bombe nähern, die jede Sekunde auseinanderfliegen kann.

Resuto dachte darüber nach und war sich klar, daß man so oder so gehen und irgend etwas unternehmen mußte.

Die Zeit kroch noch träger dahin als vorher. Gegen Abend faßte Dmitri einen Entschluß, wie man mit dieser »jungen Kuh« zu verfahren hatte. Man mußte an sie 'ran, den Zünder herausnehmen und ihn sofort wegwerfen, danach eine Zündschnur anbringen – das war alles! Gestern bereits hätte man eine Zündschnur anbringen müssen. Der Teufel hole die Gefahr! Heute würde es weitaus gefährlicher!

So hatte er auch seinen Weg als Partisan begonnen – als Kämpfer mit einer miesen Flinte, die er gleich im ersten Gefecht einem Ungarn abgenommen hatte. Offensichtlich schien es Mitja Resuto zu eintönig, als Infanterist den Kampf zu führen. Er erreichte schließlich seine Versetzung zu einer Kavallerieschwadron, doch auch zwischen den Berittenen fühlte sich der ehemalige Kraftfahrer und Angehörige der Luftstreitkräfte nicht in seinem Element. Resuto zog es zur Technik, und deshalb bat er auch, bei den Minenlegern aufgenommen zu werden.

Bei uns wurde man bei weitem nicht gleich Sprengmeister. Am Anfang brachte man Resuto bei, wie man ohne Minen Brücken sprengte, mit Hilfe von Sprengstoffkapseln Telegrafenmaste zerstörte und mit Dynamit Panzerschränke in eroberten Polizeirevieren knackte.

Erst danach fing Mitja an, bei Eisenbahnoperationen mitzuwirken. Schnell eignete er sich die Fähigkeiten zur Sprengung von Eisenbahntransporten an und verlegte mit der gleichen Sicherheit Minen verschiedener Stärke und Typen. Bald darauf ernannte man Resuto zum Zugführer des Sprengzuges.

Während des Streifzuges in Wolynien, als wir eine längere Rast am Fluß Ubort machten, studierte er zusammen mit den anderen Partisanen die MSD-5 – eine neue Mine mit verzögerter Wirkung. Resuto war auch unter denen, die zuerst diese neuen Minen an den Eisenbahnsträngen des Koweler Knotenpunktes verlegten.

Man erzählte sich, daß der gewöhnlich ruhige, ausgeglichene Resuto bei dieser Operation merklich aufgeregt war. Als er schon die Mine verlegt hatte und zur Unterstützungsgruppe zurückgekehrt war, kamen ihm plötzlich Zweifel, ob er den Detonator richtig angeschlossen hatte. Dmitri kroch wieder zum Bahnkörper, grub seine Mine aus, die damals noch ohne Sicherung gegen eine Wiederaufnahme war, und überzeugte sich davon, daß er alles absolut richtig gemacht hatte. Kaum war er das zweite Mal zurückgekommen, als ihm der Gedanke durch den Kopf fuhr: Ich glaube, ich habe nicht die ganze Erde beseitigt. Wieder zurück zum Damm! Es gab keine liegengebliebene Erde, alles war hervorragend getarnt. Und Mitjas erste Mine mit verzögerter Wirkung funktionierte einwandfrei.

Viele Minenleger waren der Auffassung, daß Resuto immer sehr viel Glück habe. Ich persönlich glaube nicht besonders an bloßes Glück, weil nach meiner Meinung einem Menschen der Erfolg vor allem durch seinen eigenen Willen beschieden ist. Doch es schien, daß das Schicksal Mitja tatsächlich häufig begünstigte.

Einmal verminte er einen bestimmten Streckenabschnitt. Hier wurde ein Zug mit deutschen Panzern dermaßen in die Luft gejagt, daß die Hälfte der Panzer in einen Sumpf flog und für immer darin versank. Natürlich hatte Resuto den richtigen Platz für das Anbringen der Mine ausgewählt, doch auf seine Mine fuhr eben kein Zug mit Kartoffeln oder Kälbern auf, wie das häufig der Fall war, sondern ein Zug mit Panzern.

Oder plötzlich erfuhren wir, daß ein Zug gesprengt worden war, in dem ein deutscher Richter von Kowel nach Manewitschi fuhr, um dort so etwas wie einen Schauprozeß gegen Ortsansässige durchzuführen, die wegen Hilfeleistung für Partisanen eingesperrt worden waren. Bei der Explosion wurden dem faschistischen Richter beide Beine weggerissen. Wir brachten in Erfahrung, wer die Mine gelegt hatte, und es stellte sich heraus, daß es Dmitri Resuto war.

Sehr schwer war es, gepanzerte Züge zu sprengen. Man mußte ihnen buchstäblich nachjagen. Doch wer sprengte einen Panzerzug am hellichten Tag und noch dazu mit nur zwei Kilogramm Sprengstoff? Mitja Resuto.

Nachdem er Stellvertreter des Kommandeurs des 6. Bataillons für Diversionstätigkeit geworden war, ging Resuto auch weiter als einfacher Minenleger zu den Schienensträngen. Auf sein persönliches Konto kamen mehr als zwei Dutzend gesprengte Züge. Er vermochte es, die »Norm« eines Helden der Sowjetunion überzuerfüllen, und war bereits für diese höchste militärische Auszeichnung vorgeschlagen worden.

Mitja hatte weiterhin seine »Glückssträhne«.

Doch wie würde sich das Schicksal diesmal zu Resuto verhalten, wenn er die Hand auf die unter der Brücke von Ratno stehende Fliegerbombe legte?

Wieder gingen die Partisanen durch das sumpfige, hüglige Gelände, erneut entsandten sie eine Aufklärung und eine Sicherungseinheit.

»Sobald die Detonation kracht, alles zurück zum Chutor«, erinnerte Resuto.

Bei ihm blieben nur zwei Mann: Grischa Worobjow, der junge MPi-Schütze und ehemalige Traktorist von der Wolga, und Wassil Krukowez, Mitjas Landsmann aus der Kiewer Gegend.

Schweigend machten sie sich auf den Weg. Unerwartet nahe tauchte die Brücke aus dem Halbdunkel auf, groß, unversehrt und verlockend wie eh und je.

»Drei Mann sind dort zuviel«, sagte Dmitri und blieb stehen. »Ihr geht hier weg, weiter bis zur Böschung. Sie bietet ein wenig Deckung. Hinlegen und den Kopf in beide Arme! Wenn ich euch brauche, pfeife ich. Komme ich nicht zurück, so meldet alles dem Kommandeur. Ausführung!«

Die Partisanen gehorchten dem Befehl.

Resuto verharrte eine Minute, fühlte, ob die Kartentasche an ihrem Platz war, dann ging er nach vorn. Er bewegte sich lautlos und trat weich auf, damit sein Schritt den stählernen Leib der 30-Pud-Bombe nicht erschütterte.

Da war sie! Fast schleichend ging Resuto an die Bombe heran. Und wieder kam ihm der Gedanke, der ihn den ganzen Tag über beunruhigt hatte: Was war mit dem Zünder? Niemand würde Dmitri antworten, doch gleich klärte sich alles auf. Hatte der Zünder versagt, so würde er ihn aus der Bombe herausschrauben. Wenn jedoch der Verzögerer angesprochen hatte und der Schlagbolzen an irgendeinem Draht oder Metallgrat hing, so würde durch die Berührung der Hand des Sprengmeisters der Stahlbolzen bis zum Anschlag nach unten gedrückt. Dann bliebe auf dieser Welt weder etwas von der Brücke noch von Resuto übrig.

Vielleicht geschah auch ein Drittes, doch würde das fast an ein Wunder grenzen. Man konnte den Zünder nämlich so leicht berühren und ihn so schnell herauswerfen, daß er, selbst wenn er bereits angesprochen hatte, die Zündfunken nicht mehr zum Sprengstoff jagen konnte, sondern sie in der Luft versprühte.

Also steht es zwei zu eins für mich, dachte der Sprengmeister, korrigierte sich aber gleich: Was heißt hier zwei! Wunder geschehen selten ... anderthalb zu anderthalb!

Und in einem für ihn selbst unerwarteten Anfall von kalter, nüchterner und klarer Entschlossenheit fuhr Resuto mit der Hand in die Aussparung der Bombe, erfaßte mit den Fingern vorsichtig und fest die Zünderabdeckung und warf den Zünder, ohne auch nur einen Augenblick zu zaudern, mit einem gleichmäßigen und kräftigen Schwung weg. Unmittelbar darauf knallte der Zünder wie ein Zündhütchen und versprühte ein feuriges Bündel. In diesem Augenblick verspürte Dmitri mit besonderer Deutlichkeit Angst, obwohl die Bombe nicht mehr detonieren konnte. Es war die Angst vor dem, was hätte passieren können.

Resuto setzte sich auf die Erde, wobei er sich mit dem Rükken an die Bombe lehnte, und verharrte so an die zwei Minuten. Dann erhob er sich, tat einige Schritte die Böschung entlang und pfiff leise nach Wassil und Grischa.

»Im allgemeinen ist alles in Ordnung«, sagte Dmitri zu den herbeieilenden Partisanen. »Ich gehe jetzt, um die Zündschnur anzubringen. Ich brauche euch wohl wegen der Entfernung und so weiter nichts mehr zu erklären? Na, dann ist es gut. Macht euch auf die Socken!«

Resuto begab sich wieder unter die Brücke. Er wickelte aus der Tasche fünf Meter von einem Zündschnurknäuel. Ein Ende der Zündschnur steckte er in ein kleines 100-Gramm-Röhrchen mit Sprengstoff und versenkte es in die Bombe. Er überprüfte die Lage der Zündschnur, ob sie nicht geknickt war, dann drückte er an das freie Ende ein Streichholz und strich damit über die Reibfläche der Schachtel. Funkensprühend knisterte die Schnur und sog die Flamme in sich auf. Dmitri legte die Schnur auf die Erde und rannte weg.

Bei einer Zündschnur verbrennt etwa ein Zentimeter in der Sekunde. Resuto hatte ungefähr acht Minuten Zeit. In dieser Zeit mußte eine ungefährliche Stelle erreicht werden, nur war nicht bekannt, wo es ungefährlich war, wenn in der Nähe eine Bombe von fünfhundert Kilogramm detonierte!

Resuto rannte mit Riesenschritten den Abhang entlang. Die Erdhügel störten, an manchen Stellen war der Boden zähflüssig. Als er sah, wie sich Wassil und Grischa halb erhoben hatten, schrie der Sprengmeister ihnen zu:

»Los, weiter weg! Weiter! Mir nach!«

Sie rannten zu dritt. Resuto blickte sich um, und zugleich spürte er den ungeheuren Druck der Detonationswelle. Noch beim Hinfallen riß er die Männer mit den Händen mit, und in diesem Augenblick sah er eine gelbe Stichflamme und schwarzen Rauch. Das betäubende Krachen der Detonation drang herüber. Die über den Sumpf fliegenden Splitter kreischten und pfiffen in allen Tonarten. Alles ging Schlag auf Schlag: Druckwelle – Stichflamme – Krachen – fliegende Splitter.

»Ja-a-a!« sagte Wassil anerkennend, doch es war unklar, wem das galt.

»Das müssen wir uns ansehen!« meinte Resuto.

Zur Brücke brauchte man schon nicht mehr zu blicken, sie gab es nicht mehr. Die Detonation hatte sie zerfetzt und den gesamten Brückenbelag durch die Gegend geschleudert. Auch der zentrale Stützpfeiler war verschwunden. Die Seitenpfeiler waren herausgerissen und eingeknickt, Betonstücke hingen an der verbogenen Eisenbewehrung.

Auf dem Chutor war keine Fensterscheibe ganz geblieben. Die Partisanen versprachen, sie gelegentlich wieder einzusetzen. Die kleine Abteilung hielt sich hier nicht länger auf. Jetzt hieß es, so schnell wie möglich in den Wald und ins Lager! Dort machte man sich sicher schon Sorgen.

Der Bataillonskommandeur des 6. Bataillons, Fjodor Krawtschenko, las Resuto nach der Meldung gehörig die Leviten wegen des überflüssigen Risikos. Doch Dmitri wußte, daß die Abreibung nur der Form halber erfolgte; Krawtschenko hätte genauso gehandelt.

Resuto, der sich vor einer Spiegelscherbe rasierte, bemerkte dabei erstmals graue Haare an den Schläfen.

»Na, es ist auch an der Zeit«, brummte er.

Er war noch nicht einmal dreißig Jahre alt, doch es kam vor, daß Sprengmeister frühzeitig grau wurden.

# Auf der anderen Seite des Bug

Um den 20. November herum, als bereits der erste Schnee gefallen war und der Frost zu zwicken begann, kam vom Bataillon, das die Straße Kowel–Brest mit Diversionshandlungen »versorgte«, folgender Funkspruch: »in unserem bereich gruppe von vierzehn mann – kam zur verbindungsaufnahme von polnischen partisanen – bittet, nach oben umgesetzt zu werden – warte auf anweisungen – tarassenko.«

»Sie sollen unverzüglich zwei Begleiter stellen«, sagte ich zum Stabschef Rwanow. »Und hier bereiten Sie alles zum Empfang vor, ein Bad, Erdhütte ...«

Die Lage in Polen interessierte uns sehr. Neben dem Gebiet, in dem wir operierten, lag hinter dem breiten, wasserreichen Westlichen Bug das Land eines Brudervolkes, das von den Stiefeln des gleichen Aggressors zertreten wurde, der auch in die Sowjetunion eingefallen war. Die Sorgen und Nöte sowie die Stimmung der Polen konnten uns nicht gleichgültig sein. Doch es nahte bereits die Zeit, da die Rote Armee den Bug und die Weichsel überschreiten würde, um die Faschisten jenseits der sowjetischen Grenze zu zerschlagen. Deshalb nahm auch das strategische Interesse an einem Territorium zu, auf dem sich bald neue Angriffsoperationen entfalteten. Diejenigen, die sie planten, brauchten genaue und umfassende Angaben über die Lage in Polen.

Bereits im September hatte eine speziell von uns zusammengestellte Aufklärungsgruppe auf Weisung aus Moskau Erkundigungen eingezogen, ob die Faschisten jenseits des Bug Festungen bauten. Vieles hatten wir von polnischen Flüchtlingen erfahren. Äußerst erschöpft und vom Leid gezeichnet, schlugen sie sich familienweise bis in unsere Wälder durch. Es gelang auch, erforderliche Informationen von kleinen Partisanenabteilungen zu erhalten, die sowjetische Soldaten, die der faschistischen Gefangenschaft entkommen waren, in Polen gebildet hatten.

Eigentlich betrachteten wir solche Abteilungen nicht als Partisanenabteilungen im eigentlichen Sinn. Die ehemaligen Kriegsgefangenen hatten sich vor allem deshalb zusammengeschlossen, um schneller in die Heimat zu gelangen. Sie kämpften sozusagen nebenbei, bei sich bietenden Gelegenheiten. Auch mit der Disziplin stand es in solchen Abteilungen nicht immer zum besten. Zu tatsächlichen, gefechtsbereiten Partisanenabteilungen wurden sie erst bei uns, nach der Eingliederung, der Auffüllung und unermüdlicher Arbeit unter den Kämpfern.

Die Angaben zur Lage in Polen, die über zufällige Kanäle zu uns gelangten, waren trotz eines gewissen Wertes unterschiedlich und bruchstückhaft. Sie bedurften der Überprüfung und Präzisierung. Deshalb hatten wir vor, unsere Fernaufklärung nach Polen, in die uns am nächsten gelegene Wojewodschaft Lublin, zu entsenden. Gleichzeitig sollten sich unsere Männer mit polnischen Partisanen in Verbindung setzen. Es war vorgesehen, die Aufklärung in etwa einem Monat in Marsch zu setzen, sowie der Winter seinen Einzug gehalten hatte. Wie jedoch aus dem Funkspruch von Tarassenko hervorging, konnten wir bereits jetzt den Kontakt mit den Freunden von der anderen Seite des Bug herstellen. Ungeduldig erwartete ich die Ankunft der Gesandten aus Polen im Lager.

Sie trafen nach zwei Tagen ein. Die Gruppe nahm neben dem Stab Aufstellung, ich ging zu ihr und besah mir die Gäste. Vor mir stand eine Reihe kräftiger, gutaussehender und nicht schlecht bewaffneter Männer, die aus irgendeinem Grund typisch russische und ukrainische Gesichtszüge aufwiesen. Von der rechten Flanke löste sich ein hagerer Mann mit einer hellen Kosakenmütze und kam mit militärisch exakten Schritten auf mich zu. In der laut Dienstvorschrift festgelegten Entfernung blieb er stehen, erwies die Ehrenbezeigung und meldete sichtlich erregt:

»Genosse Generalmajor und Held der Sowjetunion! Eine Partisanengruppe im Bestand von vierzehn Mann aus der russischen Abteilung des zweiten Militärbezirkes der Gwardia Ludowa meldet sich zur Verbindungsaufnahme im Bereich Ihres Stabes. Unterwegs keine Verluste. Es meldet Abteilungskommandeur Kowaljow.«

Da sieh mal einer an! Also gehören russische Abteilungen jetzt auch zur Gwardia Ludowa (Volksgarde), ging es mir durch den Kopf, und ich hieß die Gäste willkommen. Fröhlich und einhellig erschallte der Antwortgruß.

Fjodor Kowaljow war ein Leutnant der Roten Armee, der aus faschistischer Gefangenschaft geflohen war. Gemeinsam mit anderen ehemaligen Kriegsgefangenen organisierte er eine wirkliche Partisaneneinheit, die aktiv gegen die Okkupanten kämpfte. Auf sein Gefechtskonto kamen mehrere gesprengte deutsche Transporte, er hatte Polizeireviere zerschlagen und mit Helfershelfern des Gegners abgerechnet. Zu den Partisanenkräften der Gwardia Ludowa war die Abteilung erst vor kurzem gekommen. Kowaljow blieb weiter ihr Kommandeur und wurde gleichzeitig Stellvertreter des Chefs des zweiten Militärbezirkes der Gwardia Ludowa, das heißt, er gehörte zur Führung aller Abteilungen auf einem bestimmten Territorium. In der Gruppe der Verbindungsleute kam auch der Kommissar der russischen Abteilung, Jakow Pismenny, zu uns.

Das alles stellte sich in einem ersten, kurzen Gespräch heraus, wonach ich Kowaljow und Pismenny bat, am Abend zu einem ausführlicheren Gespräch in den Stab zu kommen.

Am Abend kamen sie und machten sich mit unseren Mitarbeitern des Stabes bekannt. Erst jetzt, als die Gäste abgelegt hatten, betrachtete ich sie mir genauer. Fjodor sah gut aus. Er hatte dunkle Haare, war klein von Wuchs, mit einem energischen Kinn und aufmerksamen grauen Augen. Jakow war schmalgesichtig und verschlossen, aber ebenfalls noch ziemlich jung.

Vor allem mußte erst einmal festgestellt werden, was der polnische Militärbezirk der Partisanen darstellte, der die Verbindungsleute entsandt hatte.

»Wir haben zur Zeit sechs Abteilungen zu je ungefähr siebzig Kämpfern. In meiner Abteilung sind etwa zweihundert Mann«, antwortete Kowaljow.

»Warum sind das so ungenaue Zahlen?« wunderte sich Rwanow.

»Einen genauen Nachweis gibt es nicht. Die Leute kommen und verschwinden. Wir sind auch nicht an einem Ort konzentriert; ein Teil der Abteilungen ist im Wald, während ein anderer in den Dörfern und auf den Chutors einquartiert wurde.«

»Wer ist der Chef Ihres Militärbezirkes?« fragte ich.

»Genosse Mietek. Das ist nicht sein richtiger Name, er hat ihn in der Illegalität erhalten. Alle Kommandeure haben einen Decknamen oder nur einen Vornamen. Meine Abteilung nennt sich ›Fjodors Abteilung‹ oder ›Abteilung Fedja‹. Es ist bekannt, daß Mietek zur zentralen Führung der Gwardia Ludowa gehört und Mitglied der Polnischen Arbeiterpartei ist.«

Wie sich später herausstellte, war Mietek der polnische Oberst Mieczysław Moczar, einer der führenden Organisatoren der Gwardia Ludowa, die später zur Armia Ludowa (Volksarmee) wurde.

»Wir wissen, daß die Polnische Arbeiterpartei eine richtige Position bezieht, daß sie die fortschrittlichste Partei in Polen ist«, sagte Drushinin. »Aber wie groß ist ihre Autorität? Folgen die Massen der PAP?«

»Oho! Und wie!« ereiferte sich Kowaljow. »Die Arbeiter, die arme Bauernschaft und ein Teil der werktätigen Intelligenz sehen in der PAP ihre Führerin. Auch in der Gwardia Ludowa, zu der nicht nur Partisanenabteilungen, sondern auch antifaschistische Illegale stoßen, hat die Polnische Arbeiterpartei die führende Rolle inne.«

»Und welche Partei ist in Polen am reaktionärsten? Ist es nicht die Nationaldemokratische Partei?« fragte ich.

»Natürlich gießt diese Partei Wasser auf die Mühlen der Faschisten«, erwiderte Kowaljow. »Diese ›Narodowa Demokracja‹ hat weder etwas von Volk noch von Demokratie an sich. Wer ist Mitglied dieser Partei? Es sind Piłsudski-Offiziere, die Bourgeoisie und die reichere Intelligenz. Und das Programm? Gib ihnen Polen ›von Meer zu Meer‹, gib ihnen die Grenzen von 1939! Nur ist nicht bekannt, mit wessen Hilfe sie dieses Programm verwirklichen wollen.«

»Wieso ist es nicht bekannt?« unterbrach ihn Pismenny. »Die Engländer erweisen Hilfe. Die Regierung der Pans, die von der ›Narodowa Demokracja‹ anerkannt wird, befindet sich doch in London. Sie wird von den Engländern ausgehalten. Aus London kommen auch die Waffen für die Anhänger dieser Partei. Aber sie setzen gleichzeitig auf die deutschen Faschisten. Ja, ja, sie tun es wirklich!«

»Und woraus ist das ersichtlich?« fragte irgendeiner.

»Ganz einfach! Die Leute von der ›Narodowa Demokracja‹ haben ebenfalls ihre illegalen bewaffneten Kräfte. Doch sie schreien nur, daß sie gegen die deutschen Okkupanten kämpften. Faktisch führen sie den Kampf gegen die polnischen Partisanen, hindern sie daran, die Faschisten zu schlagen.«

Plötzlich kam in Drushinins Augen ein fröhliches Funkeln. Ein Lächeln unterdrückend, fragte unser Kommissar:

»Sagen nicht diese Parteigänger und die Führer ihrer bewaffneten Abteilungen, daß sie die Kräfte zum entscheidenden Schlag sammelten und daß diese Stunde noch nicht gekommen sei?«

Kowaljow und Pismenny bestätigten wie aus einem Mund, daß ähnliche Erklärungen nicht selten abgegeben wurden. Daraufhin fing Wladimir Nikolajewitsch an zu lachen und sagte:

»Genossen, da seht ihr, daß diese Leute waschechte Bandera-Leute sind, nur sind sie von polnischer Art! Und die Stunde, auf die sie warten, ist natürlich der Augenblick, da es möglich sein würde, der Roten Armee einen Schlag in den Rücken zu versetzen. Ich sehe keinerlei Unterschiede zwischen dem Bandera-Pack und dem von der ›Narodowa Demokracja‹.«

»Was gibt es da zu lachen!« wandte ich mich an Drushinin. »Den Unterschied zwischen allen nationalistischen Parteien haben – wie man so sagt – längst die Krebse gefressen.«

Nach den Aussagen unserer Gäste lasse die Mobilisierung der Kräfte des polnischen Volkes zum Kampf gegen die Eroberer einen Überfluß an politischen Parteien in Polen nicht zu. Was für Parteien mit ihren unterschiedlichen Programmen auch existierten, der Polnischen Arbeiterpartei würden sich immer mehr Menschen anschließen. Das Unglück bestehe darin, daß es eine Vielzahl von Zwischenparteien gebe, mehr als dreißig! Jede ziehe die Leute auf ihre Seite und sei bestrebt, durch ihre programmatischen Festlegungen zu glänzen. Die Polnische Arbeiterpartei strebe gegenwärtig danach, eine einheitliche antifaschistische Front zu schaffen. Sie wolle, daß sich unter dem Banner der Gwardia Ludowa alle erhöben, denen die Unabhängigkeit Polens teuer sei.

Wir erfuhren viele interessante Neuigkeiten von den spezifischen Methoden des Partisanenkampfes in den polnischen Dörfern sowie von der Besatzerordnung im »Generalgouvernement«. Grauen packte uns bei den Berichten über die faschistischen Vernichtungslager. Ich trug Rwanow und den Mitarbeitern der Aufklärung auf, am nächsten Tag das Gespräch mit Kowaljow und Pismenny fortzusetzen, alles Erforderliche zu präzisieren und festzuhalten sowie zu klären, welcher konkreten Hilfe die Polen bedürften.

Am Morgen des darauffolgenden Tages begaben sich die Gäste wieder in den Stab, während zu mir ein leitender Mitarbeiter unserer Besonderen Abteilung kam.

»Nun, jetzt gibt es Arbeit, Alexej Fjodorowitsch!« sagte er. »Gut, daß die Entlarvung wenigstens gleich gelang! Wer hätte das gedacht?! Das ist so passiert ...«

»Kürzer!« bat ich.

»Der Kommandeur der Gruppe, die über den Bug kam, ist ein Deutscher.«

»Was ist das für ein Blödsinn?«

»Er hat sich getarnt, ist nichts anderes als ein Agent der Abwehr!«

»Und woher kommen diese Angaben?«

»Von unserem Deutschen, von Karl. Neben diesem Kowaljow habe ich auch schon seine Leute in Anführungsstriche gesetzt. Sein richtiger Name ist Albrecht. Das haben wir von den eingetroffenen Verbindungsleuten erfahren.«

»Schicken Sie mir sofort Karl her!«

Der Mitarbeiter der Besonderen Abteilung ging, um den Befehl auszuführen.

Wir hatten in unserer Gegenaufklärung keine schlechten Mitarbeiter. Sie haben nicht wenige feindliche Spione unschädlich gemacht. Dafür gebührt den Tschekisten bei den Partisanen Ruhm und Ehre! Nicht nur einmal haben sie auch Anschläge von Bandera-Agenten auf mein Leben vereitelt. Mitunter gab es jedoch einige Mitarbeiter, die, wie man so sagt, einen Floh husten hören. Sie witterten dort Spione, wo es überhaupt keine Spur von ihnen gab. Solche Überwachsamen mußte man oft zurechtrücken. Die Behauptung, daß Kowaljow ein Deutscher und Agent der Abwehr sei, erschien mir unsinnig.

Ich erinnerte mich an einen Fall, wo durch besonders übereifrige Gegenaufklärer der Politleiter unserer Diversionskompanie, Nikolai Denissow, fast zu einem Agenten der deutschen Aufklärung gemacht worden wäre:

Einmal schickte uns der Bevollmächtigte der Besonderen Abteilung einer Partisaneneinheit, die an der Straße Kowel–Brest operierte, eine herausgerissene Fotografie aus einer ausländischen Zeitschrift. Das Foto zeigte eine Gruppe von Militärs, deren Uniformen weder einer deutschen noch einer anderen ausländischen Uniform ähnelten und die einen Funkempfänger studierten. Vom Foto blickte uns ... Kolja Denissow an.

Was zum Teufel hatte das zu bedeuten? Denissow war bei uns seit 1941, und nicht zufällig hatten wir ihn zum Politleiter einer Kompanie gemacht, noch dazu einer Sprengkompanie. Und doch blieb es eine Tatsache: Denissow saß da in einer fremdländischen Uniform und studierte fleißig die Funktechnik.

»Spion! Den hat man uns untergejubelt! Einsperren!« lärmten einige Mitarbeiter der Besonderen Abteilung.

»Hier liegt ein Mißverständnis vor! Wir alle kennen Denissow doch ausgezeichnet!« warf ich ein.

»Der hat sich getarnt! Ergreifen muß man ihn, ehe es zu spät ist! Nein, zuerst werden wir klarstellen, wo er die Funkstation versteckt hat.«

Ich befahl, Nikolai zu rufen, und zeigte ihm das Foto.

»Es sieht mir sehr ähnlich, doch das bin ich nicht«, erklärte Denissow.

Die Ähnlichkeit war tatsächlich groß: das gleiche schmale Gesicht, der gleiche Blick. Doch woher kam der Ausschnitt?

Was war das für eine Zeitschrift? Die Unterschrift war abgetrennt worden, einen Text auf der Rückseite gab es nicht. Ich wies an, die Zeitschrift aufzutreiben. Man schickte nach dem Mitarbeiter, der das »Alarmsignal« gegeben hatte. Was stellte sich heraus? Der Ausschnitt stammte von einer polnischen Militärzeitschrift aus dem Jahre 1936. Auf dem Foto waren polnische Soldaten abgebildet, und natürlich sah Denissow einem von ihnen nur erstaunlich ähnlich. Es konnte also sein, daß der zu uns gekommene Fjodor Kowaljow ebenfalls lediglich eine äußere Ähnlichkeit mit irgendeinem Deutschen aufwies.

Aus der Wirtschaftskompanie kam der hagere, semmelblonde Karl Schwendich. Er blieb hartnäckig dabei: Der Mann, der sich Kowaljow nennt, ist ein Deutscher.

»Hier habe ich ihn erwischt ... Mal war er in Britannien, mal in Kachowka!« sagte Karl in reinstem Ukrainisch. »Und bekannt waren wir vor dem Krieg auch. Wie sollte ich ihn da nicht erkennen?!«

Karl stammte von den Siedlern ab, die sich noch zur Zeit Zarin Katharinas am unteren Dnepr niedergelassen hatten.

»Und wie ist sein Deckname?« fragte ich auf ukrainisch.

»Habe ich vergessen ... Nur nicht Kowaljow, solche Decknamen gab es bei den Deutschen nicht. Wie er heißt? Vergessen, Genosse General!«

Als ich den Mitarbeiter der Besonderen Abteilung und Schwendich entlassen hatte, bat ich Kowaljow zu mir und fragte ihn unter irgendeinem Vorwand nach seiner Nationalität.

»Ich hielt mich immer für einen Russen, doch Russe ist nur mein Vater, meine Mutter ist eine Deutsche, von den Siedlern«, erfolgte die ruhige Antwort.

»Ist Ihr richtiger Name Kowaljow oder Albrecht?«

»Kowaljow, Fjodor Nikititsch. Albrecht ist der Mädchenname meiner Mutter. Ich habe diesen Namen zu meinem Partisanenpseudonym gewählt. In Polen bin ich auch noch als Teodor Albrecht bekannt.«

»Wozu brauchten Sie denn ein Pseudonym? Mit einem solchen Vor- und Familiennamen hält man Sie sicher für einen waschechten Deutschen!«

»Ja, sollen sie ruhig! Der verfluchte Faschismus hat die ganze deutsche Nation mit Schande bedeckt. Gibt es unter den Deutschen nicht auch ehrliche, gute Menschen? Ist meine Mutter – wie Tausende andere Deutsche – etwa nicht gegen das faschistische Pack?! Deshalb habe ich mich dazu entschlossen. Vielleicht ist das naiv? Sollen die feindlichen Soldaten wie auch manche meiner Freunde ruhig denken, daß ein Deutscher eine Partisaneneinheit befehligt, und entsprechende Schlußfolgerungen daraus ziehen. Nun, und die Erzfaschisten wird das zur Weißglut bringen!«

»Und ob! Sicher konnte man es schon nach Berlin melden.«

»Möglich!« Mein Gesprächspartner lachte.

»In Ordnung, schlagen Sie auch weiterhin den Feind für zwei, sowohl für Kowaljow als auch für Albrecht. Doch jetzt gehen Sie zum Stab und arbeiten noch etwas mit unseren Aufklärern.«

Damit war die Sache mit der Entsendung eines »Spions der Abwehr« zu uns für diesmal abgeschlossen. Doch wozu konnten solche überraschenden Begegnungen auf den Straßen des Krieges führen! Es bedurfte nur der Tatsache, daß zwei Landsleute, die sich zum letzten Mal am Dnepr gesehen hatten, plötzlich im Wald, irgendwo zwischen den Flüssen Stochod und Styr, aufeinandertrafen! In den Partisanengebieten kam es zu Begegnungen, die noch weitaus verwunderlicher waren. Ich werde darauf noch zu sprechen kommen.

Es stellte sich heraus, daß die Abteilungen der Gwardia Ludowa an vielem Mangel litten. Automatische Waffen, Sprengstoff, Funkstationen und Menschen – all das hatten sie bitter nötig. Unser Verband konnte den Polen jedoch nur in bescheidenem Umfang helfen. Die Frage nach einer wirksameren Unterstützung der Gwardia Ludowa hätte dem Zentralkomitee der Kommunistischen Partei der Ukraine und dem Stab der Ukrainischen Partisanenbewegung gestellt werden müssen.

Waren wir jedoch berechtigt, das zu tun, wenn wir nur nach den Worten von Kowaljow und Pismenny ein Bild des Partisanenkampfes in der Wojewodschaft Lublin zeichneten? Natürlich nicht. Wir hatten uns mit der Lage der Dinge an Ort und Stelle vertraut zu machen und mußten die Geschehnisse jenseits des Bug objektiv bewerten. Wir brauchten ein Treffen unserer Vertreter mit Mietek, und wir brauchten Kontakte zur Führung der Gwardia Ludowa und der Polnischen Arbeiterpartei. Wir durften keine minderwertige Arbeit in großen, außerordentlich wichtigen Angelegenheiten zulassen, die in einem direkten Verhältnis zu den neuen Angriffsoperationen der Roten Armee standen.

Offen teilten wir unsere Überlegungen den zu uns gekommenen Verbindungsleuten mit. Wir beschlossen, daß eine Gruppe unserer Aufklärer mit ihnen über den Bug geht, sich dort mit allem vertraut macht und mit den entsprechenden Leuten Verbindung aufnimmt. Bezüglich der personellen Hilfe bat ich, Mietek zu übermitteln, daß wir die Brigade »Wanda Wasilewska« aus der örtlichen polnischen Bevölkerung auffüllen und sie auf das Übersetzen über den Bug vorbereiten würden. Diese Brigade werde aus zwei Abteilungen zu je zweihundert Mann bestehen, die gut bewaffnet, ausgebildet und mit allem Notwendigen versehen sein würden.

»Und dann noch eins, Freunde«, sagte ich zu Kowaljow und Pismenny. »Hat die weitere Existenz von selbständigen, ›wilden‹ russischen Abteilungen in der Lubliner Wojewodschaft überhaupt noch einen Sinn? Der Zahl nach sind sie klein und schwach. Das sind doch keine Abteilungen, sondern eher Gruppen! Wäre es nicht besser, sich mit eurer Abteilung zu vereinen? Dann könnten alle hierherkommen. Wir machen aus euch ein starkes Bataillon, das ausgerüstet wird, wie es sich gehört, und fähig sein wird, ernsthafte Gefechtsaufgaben zu lösen. Und dann könnt ihr über den Bug zurückkehren!«

»Das wäre ein Ding!« begeisterte sich Kowaljow. »Ich bin immer für die Vereinigung kleiner Gruppen eingetreten, und ein Teil ist bereits bei uns aufgenommen worden. Aber es gibt auch Kommandeure, die ihre Selbständigkeit nicht verlieren wollen, sie hängen an der Macht, und wie ...«

»Das alte Lied!« Ich nickte. »Zu Beginn der Partisanenbewegung hatten wir auch bei einigen Kommandeuren von uns solche Tendenzen zu verzeichnen. Das ist eine Kinderkrankheit. Wir haben diesen Hang zur Autonomie zerschlagen und sie bekämpft. Die Erfahrungen des Partisanenkrieges auf dem Territorium der Sowjetunion – und das sind reiche Erfahrungen – zeigten, daß der Erfolg nur großen Abteilungen beschieden war. Das könnt ihr euren ›wilden‹ Anhängern der Autonomie ausrichten! Im übrigen sagt ihnen: Gäbe es nicht unseren mächtigen, starken Verband, so hätte er sich nicht den Weg von den Brjansker Wäldern bis hierher zur sowjetischen Grenze, also bis zum Bug, frei machen können!«

Kowaljow und Pismenny versprachen, erneut zu versuchen, kleine Abteilungen zu vereinen, wobei sie erklärten, daß sie in dieser Beziehung auf die Hilfe unserer Genossen hofften, die mit ihnen gingen.

Wir beschlossen, eine Gruppe von fünf Mann nach Polen zu entsenden. Dazu gehörten die erfahrenen, ihrer Sache ergebenen Aufklärungsoffiziere Boris Koloschenko und Wassili Radaikin sowie drei MPi-Schützen. Als Vorgesetzter wurde Koloschenko benannt. Die Fünfergruppe sollte einen Monat jenseits des Bug bleiben. Am 2. Dezember 1943 verabschiedeten wir uns von unseren Genossen. Gemeinsam mit Kowaljows Kämpfern machten sie sich auf den weiten Weg.

Vieles geschah in Lessograd und seiner Umgebung, ehe die Fernaufklärung ihre Aufgabe erfüllt hatte. Wir sprengten noch etwa zwei Dutzend feindliche Züge und hatten mehrere Zusammenstöße mit den Bandera-Leuten. Erneut zeichnete die Regierung viele Kämpfer und Kommandeure unseres Verbandes aus. Drushinin erhielt den Titel eines Helden der Sowjetunion, ich bekam den zweiten Goldenen Stern. Timofej Amwrosijewitsch Strokatsch sandte uns aus diesem Anlaß ein Telegramm mit herzlichen Glückwünschen.

Die Tage eilten dahin, Wochen vergingen, und auch der Zeitpunkt für die Rückkehr unserer Aufklärer war überschritten, doch von ihnen fehlte jegliche Spur. Wir begannen uns Sorge um die Männer und um die Ergebnisse ihrer Arbeit zu machen. Die Front näherte sich schon Wolynien, und wir brauchten jetzt besonders genaue und überprüfte Angaben über die Lage in Polen. Wir brauchten auch die Verbindung zu den Partisanen der Gwardia Ludowa.

Koloschenkos Gruppe hatte den Auftrag erhalten, nicht nur einige rein militärische Fragen zu klären. Uns interessierte ebenfalls die ökonomische und die politische Situation im »Generalgouvernement«. Wir erwarteten von den Aufklärern Mitteilungen über das blutige, zum Teil noch von Geheimnissen umwobene Vorgehen der Faschisten auf polnischer Erde und von den Vernichtungslagern. Diese sorgfältig überprüften und aus zuverlässigen Quellen gewonnenen Angaben brauchte die sowjetische Regierung, um vor der ganzen Welt das menschenfeindliche Wesen des Faschismus zu entlarven.

Erstmals hatten wir von den durch das Amt Himmlers eingerichteten Todeslagern vor einigen Monaten erfahren. Unter den Flüchtlingen, die über den Bug zu uns kamen, war auch ein unwahrscheinlich magerer Mann in Lumpen, ein ehemaliger Student aus Kuibyschew, der zu Beginn des Krieges freiwillig in die Armee eingetreten war. Er hieß Jefim Litwinowski. Man glaubte ihm nicht, daß er gerade erst zweiundzwanzig Jahre alt geworden war. Jefim sah fast wie ein alter Mann aus. Das hatte man in Himmlers Todeslager Sobibór aus ihm gemacht!

Litwinowski berichtete von der ungeheuerlichen Vernichtung vieler Tausender von Menschen, von den »Badestuben«, in denen sie mit Gas zu Tode gequält, und von den Leichenstapeln, die über einem offenen Feuer verbrannt wurden. Litwinowski arbeitete in der letzten Zeit im Bestattungskommando des Lagers. Er nahm am Aufstand der Häftlinge teil und konnte sich in die Freiheit durchschlagen.

Kowaljow und Pismenny hatten uns auch von anderen Vernichtungslagern berichtet. Von Verbindungsleuten erfuhren wir im November 1943 von Auschwitz, wo Juden, Polen und Russen vernichtet wurden, von Treblinka, wohin der unendliche Zug von dem Untergang Geweihten aus vielen westeuropäischen Ländern und aus den okkupierten Gebieten der UdSSR führte, und vom Lubliner Maidanek mit seinen Gaskammern und Krematorien.

Selbstverständlich berichteten wir über alles ins »Große Land«. Man forderte von uns neue Fakten über die Untaten der Faschisten in Polen und eine Präzisierung der bereits eingegangenen Informationen. Besorgt warteten wir weiter auf unsere Aufklärer oder zumindest auf Nachrichten von ihnen. Schließlich kam Mitte Januar von einem Bataillon, das dem

Bug am nächsten lag, ein Funkspruch: »gruppe radaikin zurückgekehrt – zieht weiter.« Aber warum Radaikin und nicht Koloschenko? Vorgesetzter war doch Koloschenko? Was war mit ihm?

Darauf konnten lediglich die Aufklärer selbst eine Antwort geben. Bald trafen sie gesund und unversehrt ein – Radaikin und die drei MPi-Schützen. Die erste Frage an ihn galt dem Verbleib von Koloschenko.

»Der ist mit Pismenny auf der Suche nach Mietek weitergezogen«, antwortete Radaikin. »Er war zur festgelegten Zeit nicht zurückgekommen. Wir warteten noch drei Tage, keine Spur. Da haben wir ihm eine Nachricht hinterlassen. Er wird kommen! Es gibt Angaben, wonach er gesund und munter ist. Es gelingt nicht immer, die Zeit einzuhalten; die Lage dort ist kompliziert.«

»Das heißt, Mietek habt ihr also nicht gesehen?« fragte Drushinin.

»Ich habe ihn nicht gesehen, doch Koloschenko hat ihn sicher getroffen. Ich hatte mit anderen interessante Begegnungen. Überhaupt haben wir viel Material mitgebracht, und zwar solches, das man nicht länger zurückhalten darf.«

»Zum Ausruhen und für alles übrige haben Sie drei Stunden Zeit, Genosse Radaikin«, sagte ich, »dann erwarten wir Sie im Stab!«

Gleichzeitig wies ich an, daß der Kommandeur unserer polnischen Brigade, Stanisław Szelest, und ihr Kommissar Viktor Kremenizki zum Stab kommen sollten. Sie mußten in erster Linie wissen, was jenseits des Bug geschah.

Alle Mitarbeiter des Stabes hatten sich versammelt, um Wassili Radaikin anzuhören. An die Wand hängte man eine Karte von Polen. Die Leiter der Dienste bereiteten ihre Notizbücher vor. Radaikin sagte ich, daß er über alles ausführlich zu berichten habe. Er breitete seine Aufzeichnungen aus; es waren kleine, längs und quer geknickte Papierstücke und irgendwelche Fetzen mit einzelnen Wörtern und Zahlen. Dann begann er:

»Unsere Gruppe im Bestand von neunzehn Mann, Kowaljow und seine Männer inbegriffen, erreichte im Raum von Brest den Bug. In der Nacht zum 5. Dezember setzten wir zwischen den Dörfern Dołhobrody und Stawki mit Kähnen über den Fluß. Die Grenze des ›Generalgouvernements‹ wird von einer deutschen Grenzsicherung bewacht, die in kleinen Standorten in den nächstgelegenen Dörfern stationiert ist. Verteidigungsanlagen gibt es nicht am Bug. Eine kompakte Linie von Eisenbetonbefestigungen verläuft längs der Weichsel.

Kowaljow kannte das Gelände und die Verteilung der Grenzposten gut. Deshalb umgingen wir ohne Vorkommnisse die Grenzsicherung und bewegten uns weiter nach Westen. In Polen nahmen wir folgende Marschroute: von Dołhobrody in Richtung auf die Parczewer und die Lubartówer Wälder bis nach Tyśmienica. Außerdem unternahmen wir mehrere Ausfälle in die Stadtgebiete von Dęblin, Lubartów, Łuków ...«

Das alles zeigte Radaikin an der Karte, und wir sahen, daß die Gruppe mehr als hundert Kilometer vorgedrungen war. Radaikin sprach weiter, wobei er nur selten die Aufzeichnungen zu Hilfe nahm und sich mehr auf sein gut trainiertes Gedächtnis als Aufklärer verließ:

»Wir waren in Dutzenden von Dörfern, Marktflecken und Chutors und sind mit vielen Menschen zusammengekommen. Überall hassen die Polen die Okkupanten. Sie sehnen die Niederlage der Faschisten herbei. Das werktätige Volk schaut immer häufiger auf den Bug und die Weichsel, sie erwarten das Näherrücken der Roten Armee und sind der Ansicht, daß nur sie den Polen die Freiheit und Unabhängigkeit zurückgeben kann. Mit welcher inneren Bewegung haben wir das gehört, Genossen! Wie angenehm war das für uns!

Jetzt ist Polen tatsächlich eine rechtlose Kolonie der Faschisten. Die Faschisten denken gar nicht daran, es als ein selbständiges Land zu betrachten. Im sprachlichen Umgang wird selbst das Wort ›Polen‹ ausgemerzt. Lediglich für die untersten administrativen Funktionen, also Dorf- und Amtsvorsteher, läßt man Polen zu. Aber bei weitem nicht alle! Nur eindeutige Speichellecker der Faschisten werden genommen, die Anordnungen von oben ohne Zaudern durchsetzen. Und dort, in den Kreisen und Wojewodschaften, herrschen uneingeschränkt die Okkupanten. Die deutsche Verwaltung wird vom

Generalgouverneur Hans Frank geleitet, einem verbrecherischen Schurken, ähnlich wie Erich Koch, der Reichskommissar der Ukraine.

In jeder Stadt sind deutsche Garnisonen. In den Dörfern sitzt die Polizei und die Feldgendarmerie. Die Sperrstunde beginnt um 19 Uhr. Bewegungsfreiheit haben die Polen nur in den Grenzen ihres Landkreises. Für das kleinste Vergehen gegen die von den Okkupanten eingeführte ›Ordnung‹ setzt es Strafen und Gefängnis. Alles, was Kowaljow und Pismenny über die Vernichtungslager berichtet haben, hat sich bestätigt, es ist alles wahr; doch existieren in Polen noch Dutzende von gewöhnlichen Konzentrationslagern sowohl für Kriegsgefangene als auch für Zivilpersonen.

Ich werde einige Ausführungen zur ökonomischen Lage im Dorf machen«, fuhr Radaikin fort. »Natürlich leben nicht nur die Großgrundbesitzer, sondern auch die Kulaken gut. Sie haben an die fünfzig und mehr Morgen Land und mehrere Pferde. Doch es sind ihrer wenige! Die überwiegende Mehrheit der Bauern verfügt gerade mal über zwei Morgen. Und zwei Morgen im Polnischen sind etwas mehr als ein Hektar bei uns. Kann man davon etwa reich werden? Viele haben nicht einmal ein Pferd. Es herrscht schreckliche Armut! Noch schlimmer ergeht es den Arbeitern der Vorwerke, das heißt den Tagelöhnern.

Die Okkupanten pumpen aus Polen eine gewaltige Menge an Lebensmitteln heraus. Ein mittlerer landwirtschaftlicher Betrieb ist verpflichtet, im Jahr fünfunddreißig bis vierzig Pud Getreide abzuliefern. Fleisch und Fette werden ihnen faktisch völlig weggenommen. Die Faschisten haben die Sache so gedreht, daß die Bauern nicht einmal das Recht haben, über ihr Federvieh zu verfügen!

Auch in Bauernhäusern sind wir gewesen. Man betritt einen Hof und sieht Hühner umherrennen, auch das eine oder andere Paar Gänse, ein Kälbchen, neben der Scheune steht meckernd eine Ziege. Doch der Hausherr erfaßt unseren Blick, schüttelt betrübt den Kopf und sagt: ›Schildchen! Nichts als beschriftete Schildchen! Das hat jedes Vieh vom Deutschen bekommen!‹ – ›Was für Schildchen?‹ wollen wir wissen. Es stellt sich heraus, daß die Faschisten dem gesamten

Vieh und allem Geflügel zur Kontrolle ein Schildchen mit einer Nummer umgehängt haben. Die Polen haben kein Recht, ihr Eigentum zu verkaufen oder es für die eigene Ernährung zu nutzen. Ziehe es groß und liefere es den Okkupanten ab! Und erfüllst du alle Lieferungen, so erhältst du Kartoffeln, wofür man dir Petroleum, Nähnadeln und Wodka verkauft, sonst nichts!

Aber die polnischen Bauern sind auch keine Dummköpfe. Jetzt laden sie die Partisanen selbst ein, ihnen die Schweine und Schafe ›zur Hälfte‹ zu nehmen.«

»Was heißt ›zur Hälfte‹?« ertönte eine fragende Stimme.

»Ja, das ist ganz einfach!« Radaikin lächelte. »Der Bauer schlachtet zwei Schafe. Das Fleisch von dem einen gibt er den Partisanen, während er das andere geschlachtete Tier für sich versteckt. Doch dabei bittet er die Partisanen, einen Überfall auf seine Wirtschaft vorzutäuschen, na, als ob man ihm das Vieh weggetrieben hätte. Dadurch hat der Bauer selbst ab und zu Fleisch, und den Partisanen ist auch geholfen. Ja, und vor den Faschisten kann er sich rechtfertigen: Die Männer aus dem Wald hätten ihm die Schafe konfisziert. Über die Partisanen werde ich später etwas sagen. Jetzt erst mal weiter zur Sache!

Das polnische Volk ist durch die endlosen Aushebungen an Arbeitskräften ausgeblutet. Bekommt die Bevölkerung von einer bevorstehenden Aushebung Wind, so schlägt sie sich nicht selten in die Wälder. Mancherorts hat man auch aufgehört, die Kinder in die Schule zu schicken. Man weiß ja nie, was die Faschisten noch alles anrichten! Sie tauchen in der Schule auf, holen die älteren Kinder direkt aus der Klasse – und ab in einen Waggon zur Arbeit nach Deutschland. Und sie werden nicht nur zur Arbeit genommen. Erst kürzlich hat man Schüler der fünften Klasse eines Gymnasiums in Parczew mit Gewalt irgendwohin verschleppt, um sie als Blutspender zu benutzen. Ihr seht also, daß es so weit gekommen ist, daß sie den Polen buchstäblich das Blut aussaugen!«

Alle lauschten aufmerksam den Worten von Wassili Radaikin. Mir gefiel sein Bericht. Man spürte, daß dieser Offizier an alle Erscheinungen, mit denen er in Berührung kam, nicht nur als Aufklärer heranging, sondern mit der Wertung und den Ansichten eines sowjetischen Menschen und Kommunisten. Nachdem er uns die Lage in Polen umrissen hatte, und dies mitunter sehr anschaulich, ging er dazu über, von den polnischen Partisanen zu berichten.

»Genossen, ihr erinnert euch an unsere Partisanenabteilungen des Jahres Einundvierzig, Anfang Zweiundvierzig, als sie im Werden begriffen waren. Sie waren noch klein und schwach, und damals hielten wir die Zerschlagung eines jeden Polizeireviers für einen großen Sieg. Unter dem Druck der ›Strafexpeditionen‹ des Gegners mußten wir manchmal unsere Gebiete aufgeben und in benachbarte hinüberwechseln. Ungefähr die gleiche Situation finden wir gegenwärtig bei den polnischen Partisanen vor. Und wir gelangten in die Lubliner Wojewodschaft zum ungünstigsten Zeitpunkt. Ende November hatten die Okkupanten – nicht ohne Hilfe der ›Narodowa Demokracja‹ – die Wälder mit den angrenzenden Dörfern und Vorwerken gründlich durchgekämmt.

Sie haben den Partisanen tüchtig zugesetzt. Ein Teil der Abteilungen zerfiel, während sich ein anderer Teil hinter die Grenzen der Wojewodschaft zurückzog. Die Kommandeure einiger auseinandergefallener Abteilungen gingen in die tiefe Illegalität. Auch Genosse Mietek wurde gezwungen, sich zu verbergen. Tatsächlich blieben keine handlungsfähigen Abteilungen der Gwardia Ludowa auf dem Lubliner Territorium. Lediglich die Wypadowzy ließen von Zeit zu Zeit etwas von sich hören ... Doch halt, ich habe noch nicht gesagt, was das für welche sind.

Die Gwardia Ludowa verfügt neben den Partisaneneinheiten über kleine Gruppen sogenannter Wypadowzy. Das sind keine Partisanen im herkömmlichen Sinn. Sie verlassen niemals ihr Dorf, leben zu Hause und befassen sich mit der Landwirtschaft, doch sie sind bewaffnet. Von Zeit zu Zeit unternehmen sie Ausfälle gegen den Okkupanten. Auf polnisch heißt das ›wypady‹, und daher kommt auch die Bezeichnung ›Wypadowzy‹. Natürlich sind sie zu größeren Aktionen nicht in der Lage. Was bringen sie also zustande? Irgendwo einen Gendarmerie- oder Wachposten zu vernichten, ein vereinzeltes deutsches Fahrzeug in Brand zu stecken oder ein Lebensmittellager zu zerstören. Generell sind das, von unserem

Standpunkt aus gesehen, ziemlich passive Methoden des Partisanenkampfes, auch deshalb, weil diese ›Wypady‹ nicht allzuhäufig unternommen werden. Es gibt jedoch viele Fälle, wo aus den Wypadowzy Partisanen werden, die sich Abteilungen anschließen.

Die Wypadowzy darf man nicht mit den Bauernbataillonen (BCh) in einen Topf werfen. Diese Bataillone sind Abteilungen der dörflichen Selbstverteidigung, die unter Mitwirkung der ›Narodowa Demokracja‹ geschaffen wurden. Doch die Mitglieder der Bauernbataillone beginnen bereits zu begreifen, daß man jetzt keine bloße Verteidigungsposition beziehen darf. Viele von ihnen wechseln an die Seite der Gwardia Ludowa über, um aktiv für die Freiheit Polens zu kämpfen.«

Nach den Worten von Radaikin war die Annahme durchaus berechtigt, daß die nach Norden ausgewichenen polnischen Partisanenabteilungen in allernächster Zeit in das Lubliner Gebiet zurückkehren und die auseinandergefallenen Abteilungen wieder aufgebaut würden. Das war die einhellige Meinung von Parteiarbeitern der Polnischen Arbeiterpartei, mit denen unsere Aufklärer in Berührung gekommen waren. Bald würden die Partisanen erneut Schläge gegen die Okkupanten austeilen. Die Gwardia Ludowa der Lubliner Gegend hatte ihre Aktionen unlängst nicht schlecht durchgeführt. Eine der aktivsten Abteilungen war hier die russische, doch Kowaljow war es nach der Rückkehr über den Bug nicht gelungen, alle seine Männer ausfindig zu machen.

»Kirpiczny hat sich der Sache angenommen, um eine Verbindung zwischen uns und Mietek herzustellen«, fuhr Radaikin fort. »Das ist ein interessanter Mann! Kirpiczny ist sein Deckname, der Nationalität nach ist er Pole, hat aber vor dem Krieg als Direktor einer Ziegelei bei uns in Rowno gearbeitet. Jetzt ist er ein aktiver Mitstreiter der Polnischen Arbeiterpartei und führt die Gwardia Ludowa im Gebiet von Parczew. Er ist ein energischer und kluger Genosse. Als er erfuhr, daß wir eine Brigade zum Übersetzen über den Bug vorbereiten, freute er sich sehr. ›Wir brauchen Waffen‹, sagte er, ›und Leute, doch die beste Unterstützung werden für uns die Erfahrungen der sowjetischen Partisanen sein!‹

Mit diesem Kirpiczny (Jan Hołod) also haben sich unser Koloschenko und Jascha Pismenny auf die Suche nach Mietek gemacht. Für alle Fälle haben sie noch fünf MPi-Schützen mitgenommen. Kirpiczny warnte, daß es nicht so einfach sein würde, Mietek zu finden. Möglicherweise sei er zum Zentralkomitee oder nach Kraków gefahren, oder er halte sich in Lublin auf. Ich denke aber, daß das Treffen stattgefunden hat.«

Weiter berichtete uns Radaikin von den russischen Abteilungen jenseits des Bug; dort gab es ungefähr ein Dutzend. Den Aufklärern war es gelungen, mit vier Abteilungen oder Gruppen Verbindung aufzunehmen, und zwar mit Wolodka, dem Georgier, mit Viktor, Karminiak und Bulany. Natürlich waren das alles Decknamen. Ihre richtigen Namen hatten die Kommandeure nicht genannt. Sollen Sie sich ruhig mit Geheimnissen umgeben, wenn das unter diesen Bedingungen erforderlich ist, dachte ich. Tröstlich war etwas anderes: Nach den Gesprächen mit unseren Aufklärern und der Befragung von Kowaljow, wie man ihn bei uns aufgenommen habe, beschlossen die Kommandeure der kleinen Gruppen, mit der Autonomie Schluß zu machen. Sie schlossen sich mit ihren Leuten Fjodors Abteilung an, und es gelang ihnen sogar, eine gemeinsame Operation durchzuführen. Sie sprengten einen gegnerischen Munitionszug.

Ich muß etwas vorauseilen ... Anfang Februar kam Kowaljow erneut in unseren Verband und brachte ungefähr hundert Mann mit. Wir gruppierten diese Abteilung um, ergänzten sie durch erfahrene Partisanen und verstärkten ihre Bewaffnung. Unser neues Bataillon wurde zu einer richtigen militärischen Abteilung und vollbrachte viele erfolgreiche Kampftaten. Sie wurde weiterhin von Fjodor Kowaljow alias Teodor Albrecht befehligt.

Auch Koloschenko kam von jenseits des Bug zurück. Ihm war es gelungen, sich mit Mietek zu treffen und die Verbindung zur Führung der Gwardia Ludowa sowie zu den Mitgliedern des Zentralkomitees der Polnischen Arbeiterpartei herzustellen. Man überbrachte mir von den Polen einen Brief. Über alle ihre Bitten informierte ich unverzüglich den Ukrainischen Stab, wobei ich hinzufügte, daß es nach meiner Meinung nunmehr an der Zeit sei, die Partisanen des Lubliner Gebietes zu unterstützen. Es verging noch eine kurze Zeit, dann begann der Lufttransport von Gütern für unsere Mitstreiter im feindlichen Hinterland jenseits des Bug und der Weichsel.

Doch das war später. Noch lauschten wir weiter dem Bericht von Wassili Radaikin. Vieles, was in Polen vor sich ging, wurde uns klarer und verständlicher. Die allgemeinen Vorstellungen wurden durch konkrete Fakten erhärtet, die Konturen wenig bekannter Ereignisse gewannen an Genauigkeit, wurden plastisch und erhielten lebendige Farben. Erfreulich und bewegend war die Schlußfolgerung: Das polnische Brudervolk hatte sich den Okkupanten nicht auf Gedeih und Verderb ausgeliefert, es kämpfte aktiv um seine Freiheit und würde gemeinsam mit uns siegen.

Radaikin beendete seinen Bericht effektvoll, obwohl er zu einem alltäglichen Ton überging.

»Und nun, Genossen, werde ich einige Aufklärungsangaben über den Gegner mitteilen«, sagte er, die Aufzeichnungen zu sich heranziehend. »In Lublin, Biała Podlaska und Dęblin befinden sich Formierungspunkte von Reservetruppenteilen der Wehrmacht, in Lublin und Chełm Armeeausbildungsstellen, in Zamość eine große fliegertechnische Schule. Drei Kilometer östlich Dęblin liegt ein Flugplatz der Bombenfliegerkräfte. Sechzehn Kilometer östlich Dęblin, an der Straße nach Kock, wurde unlängst der Reserveflugplatz in einen aktiven umgewandelt; dort stehen zweimotorige Bomber. Am Westrand von Radom, rechts der Eisenbahn, befindet sich eine Waffenfabrik, die Gewehre und Maschinengewehre produziert. Dreihundert Meter nordwestlich des Bahnhofes ist ein großes Treib- und Schmierstofflager. Der Tagesvorrat umfaßt drei bis vier Züge. Die Zufahrtswege zu den Zapfsäulen sind hufeisenförmig angelegt und bilden einen guten Orientierungspunkt ...«

Noch lange zählte Radaikin Objekte auf, die für die sowjetischen Luftstreitkräfte von nicht geringem Interesse waren. Die Anwesenden begriffen sehr wohl, welche Schwierigkeiten deren Aufklärung bereitet hatte. Ich blickte zum Leiter der Nachrichtenzentrale, Major Maslakow, der nickte lächelnd.

Ja, in der Nacht würde es für die Chiffreure und Funker reichlich Arbeit geben!

Der Vortrag war zu Ende. Radaikin antwortete auf eine Vielzahl von Fragen, dann dankte ich ihm für die geleistete Arbeit. Wir hatten so lange gesessen und dabei geraucht wie die Schlote, daß es alle an die frische Luft zog.

Der Winterabend hatte das Lager schon längst mit einem dunklen Schleier bedeckt. Die Luft war frisch und frostklar. Beim Verlassen des Stabes wandten wir uns der Schneise zu – der Hauptstraße von unserem Lessograd. Dann bogen wir nach Westen ab, in die Richtung, wo der jetzt durch das Eis gebändigte Bug lag. Unsere Gedanken waren dort, jenseits des Bug.

Als wir langsam die Schneise entlanggingen, hörten wir plötzlich ein Lied, das aus der Erdhütte der Aufklärer zu uns herüberkam. Wir verhielten, irgend jemand sang auf polnisch.

»Ach ja, das ist Saschka, der MPi-Schütze, der mit uns gegangen war. Er hat es geschafft, von den Polen Lieder zu lernen«, erklärte Radaikin.

Von einem Akkordeon begleitet, war die klare Stimme von Saschka zu hören:

Heute in Warschau
eine fröhliche Nachricht –
Tausende von Bombern
in Richtung Berlin!

Szelest, der bei uns stand, begann zu übersetzen.

»Nicht nötig, Stanisław Pawlowitsch! Es ist alles klar«, sagte ich. »Wenn Tausende von Bombern in Richtung Berlin fliegen, freuen wir uns genauso wie die Polen.«

»So ist es!« stimmte Szelest zu.

# Eine Partisanenfamilie

Von einem im Stab eintreffenden Schlitten glitt, über und über mit Schnee bedeckt, Pjotr Fjodorowitsch Soloid, mein Stellvertreter für Aufklärung. Nicht etwa, daß er begann, vor allem seinen Halbpelz oder seine Pelzmütze abzuklopfen, nein, diese Fürsorge galt zuerst seinem Schnauzbart, den er wie Budjonny trug. Nachdem er mich erblickt hatte, meldete Pjotr Fjodorowitsch, daß im 11. Bataillon, woher er gekommen war, alles in Ordnung sei.

»Ist der Weg schlecht?« fragte ich.

»Von Weg kann keine Rede sein, alles völlig zugeweht! Aber auch ohne Straßen wird er mich bis nach Berlin in bester Verfassung bringen«, antwortete Soloid, wobei er zum Kutscher hin nickte, der neben dem Schlitten stand.

Ja, Soloids Kutscher war ausgezeichnet. Ich erkundigte mich bei ihm – sein Name war Maxim Glasok –, ob er im 11. Bataillon seinen Sohn gesehen habe. »Wir haben uns getroffen. Michail kam gerade von einem Auftrag zurück, er legt Minen ... Der Junge ist ein erwachsener Mann geworden! Jetzt müßte ich mich im 7. Bataillon umsehen.« Im 7. Bataillon befand sich die Tochter des Kutschers, die Sanitäterin Polja.

Bereits in den ersten Kriegsmonaten waren häufig ganze Familien zu den Partisanen gegangen. Der Kolchosbauer Chishnoi kam zu uns in die Abteilung mit Frau, Tochter und Sohn. Der Volksrichter Kirill Romanenko trat nach der Erschießung seiner Frau durch die Faschisten in unsere Abteilung ein und brachte zwei Söhne mit. Der Sekretär des Dobrjansker Rayonkomitees des Komsomol, Marussja Skripka, kam mit ihrer Mutter und zwei jüngeren Schwestern zu den Partisanen. Gut bekannt bei uns waren auch die drei

Schwestern und Komsomolzinnen Anastasia, Praskowia und Alexandra Towstonog.

Michail Demidowitsch Olejnik, Betriebsdirektor in Cholmy, Tschernigower Gebiet, wurde zusammen mit seiner Frau, dem Sohn und der Tochter Partisan. Ich erinnere mich auch an das Datum, es war der 26. August 1941. An diesem Tag aß ich bei den Olejniks zu Mittag. Als wir vom Tisch aufstanden, machten sich die Gastgeber schnell fertig und gingen zusammen mit mir in die Abteilung.

Der alte Kolchosbauer Iwan Shuk und seine Frau waren bereits im Bürgerkrieg Partisanen. Jetzt war Großvater Iwan wieder bei uns, doch diesmal auch seine Tochter Vera. Der hochbetagte Mann hatte an vielen Gefechten teilgenommen; in einer Operation bei Solowjowka war er an der Hand verwundet worden.

Und wohin, wenn nicht zu den Partisanen, sollten die beiden am Leben gebliebenen Familienmitglieder des Kolchosbauern Sibnizki gehen? Sein ganzes Leben lang hatte Dmitri Sibnizki gearbeitet. Seine großen Bauernhände waren gewöhnt, immer irgend etwas zu tun oder zu halten. Die groben, dunkel gewordenen Finger waren gekrümmt, sie ließen sich nicht mehr strecken.

Als die Okkupanten erfahren hatten, daß man diesen einfachen Bauern vor dem Krieg in den Dorfsowjet gewählt hatte, drangen sie in seine Hütte ein. Sibnizki arbeitete in der Scheune. Durch einen Schlitz sah er, wie die SS-Leute die Frau, die Tochter und den Sohn auf die Straße schleppten und die Maschinenpistolen auf sie richteten. Bevor die Schüsse krachten, gelang es dem Sohn, in den nahen, dichten Wald zu fliehen. Frau und Tochter wurden von den SS-Leuten erschossen.

In der Nacht zündete Sibnizki selbst sein Haus an. Er ging in den Wald, zuerst, um seinen Sohn zu suchen, und dann gemeinsam mit ihm, um eine Partisanenabteilung ausfindig zu machen.

Natürlich war das nicht nur im Tschernigower Gebiet so, sondern überall, wo die Okkupanten hausten. Häufig wurden Menschen, die einen gemeinsamen Familiennamen trugen, Partisanen: Brüder und Schwestern, Väter und Kinder,

Frauen und deren Männer. Bald nach unserer Ankunft in Wolynien erfuhr ich, daß zu Kriegsbeginn im Rayon Kamen-Kaschirski sieben Brüder mit dem Familiennamen Neroda als erste die Waffen gegen die Okkupanten erhoben hatten. Sie hießen Nikita, Alexander, Maxim, Wladimir, Iwan, Boris und Grigori. Sieben junge, kräftige Männer – das war bereits eine kleine Partisanenabteilung.

Der Kutscher meines Stellvertreters für Aufklärung, Maxim Titowitsch Glasok, war das Oberhaupt einer der berühmtesten Partisanenfamilien. Vor dem Krieg arbeitete er als Kolchosbrigadier und wohnte zusammen mit seinen Angehörigen im Dorf Kljussy, im Norden des Tschernigower Gebietes, direkt an der Grenze zur Belorussischen SSR und zur RSFSR. Die Hähne von Kljussy krähten gewissermaßen in drei Republiken zugleich.

Am Tage des Kriegsbeginns war lediglich Iwan, der Berufsoffizier, einer der fünf Söhne der Glasoks, nicht zu Hause. Leutnant Iwan wurde als erster einer Gefechtseinheit zugeteilt. Eine Woche darauf ging Maxim Titowitsch mit seinem zweiten Sohn Nikolai zum Musterungsstützpunkt. Bei der Mutter verblieben die Töchter Sinaida und Polina, der invalide älteste Sohn Semjon, der dreizehnjährige Mischa und der ganz kleine Saschok.

Die Faschisten stießen schnell vor. Im September hatte der Okkupant seinen Fuß bereits auf die altehrwürdige Tschernigower Erde gesetzt. Noch ehe sie Kljussy einnahmen, erreichte den Ort eine traurige Nachricht: Im Kampf für die Heimat hatte der Rotarmist Glasok, Nikolai Maximowitsch, den Heldentod gefunden. Noch unlängst hatten sie ihn zur Front begleitet. Und nun war Kolja schon nicht mehr! Dem Krieg war es gelungen, von der Familie Glasok das erste Opfer zu fordern.

Was für ein Schicksal Maxim Titowitsch ereilt hatte und ob Iwan lebte und gesund war, wußten die Angehörigen nicht. Den Gerüchten zufolge war Maxim Titowitsch, der die Fünfzig schon überschritten hatte, nicht mehr an die Front gelangt. Angeblich wurde er zum Bau von Verteidigungsanlagen eingesetzt. Und von Iwan nahm man an, daß er in den Reihen seines Truppenteiles kämpfte …

Bald bekamen die Einwohner von Kljussy am eigenen Leibe zu spüren, wie die »neue Ordnung«, die die Faschisten gebracht hatten, aussah. Der Kolchos wurde ausgeplündert. Die durch das Dorf ziehenden deutschen Soldaten machten Jagd auf Kälber, Hühner und anderes Viehzeug. Eine Kommandantur und Polizei tauchten auf, und Verhaftungen aktiver Sowjetbürger waren an der Tagesordnung. Die in der ganzen Gegend bekannten Taugenichtse und Säufer, kaum daß sie sich Polizeiarmbinden übergestreift hatten, schielten bösartig auf das Haus des Brigadiers Glasok. Aus diesem Haus ist doch ein sowjetischer Offizier hervorgegangen!

Leutnant Iwan Glasok befand sich zu dieser Zeit bei Bachmatsch in einem deutschen Kriegsgefangenenlager. Der von dort geflüchtete Rotarmist, der die Nachricht überbracht hatte, fügte leise hinzu: »Wanja will auch weglaufen. Noch ist die Bewachung nicht stark. Bringt ihm Zivilkleidung!«

Die Familie beauftragte Mischa, diese nicht leichte Aufgabe zu übernehmen. Mit einem verschnürten Bündel auf dem Rücken machte sich der Junge mutig auf den weiten und gefährlichen Weg. Und mitunter gibt es auch glückliche Umstände! Nach ungefähr zehn Kilometern stieß Michail mit der Nase auf den Bruder, dem es bereits gelungen war, der Gefangenschaft zu entfliehen.

Zu Hause mußte der Leutnant als Halbillegaler leben. Er vermied es, sich auf der Straße sehen zu lassen, und traf sich nur mit seinen Freunden Pawel Bitkow und Jefim Melnik – ebenfalls Armeeangehörige, die im Heimatdorf untertauchen konnten, nachdem sie die Einkreisung durchbrochen hatten.

Mischa bemerkte, daß Iwan in den Nächten irgendwohin verschwand und erst gegen Morgen zurückkam, und zwar immer aus Richtung des nahen Flüßchens Zaty, hinter dem das Dorf Rakowka lag.

Leutnant Glasok war einer der Organisatoren einer kleinen Partisanengruppe in diesem Dorf. Später wurde die Gruppe zum Kern der Partisanenabteilung »Stschors«, die sich unserem Verband angliederte.

Die Einwohner von Rakowka begannen zu handeln. Iwan wollte bei ihnen im Wald bleiben, doch irgendein Einheimischer wußte, daß er aus der Gefangenschaft entkommen war und sich zu Hause aufhielt. Verschwand er jetzt plötzlich, so würde man in Kljussy dahinterkommen, daß er zu den Partisanen gegangen war. Und wenn das zu den Faschisten drang, könnten sie die ganze Familie umbringen.

Die Freunde Iwans mußten also seine Entführung inszenieren. Nachts fuhren bewaffnete Leute am Haus von Glasok vor. Mit Geschrei und Geschimpfe, um die Aufmerksamkeit der Nachbarn zu erregen, brachten sie den gefesselten Iwan Maximowitsch auf die Straße, warfen ihn auf den Schlitten und entführten ihn ins Unbekannte.

Die Version von der gewaltsamen Entführung Iwans hielt sich jedoch nicht lange. Die Partisanen von Rakowka versetzten die Okkupanten mal durch einen Überfall auf das Polizeirevier, mal durch die Vernichtung eines kleineren deutschen Transports oder die Abrechnung mit faschistischen Handlangern in ständige Unruhe. Und man sah dann nicht nur einmal unter den Volksrächern auch Iwan Glasok.

Die Polizisten ließen seine Angehörigen vorerst noch in Ruhe. Offensichtlich hatten sie beschlossen, zu warten, bis der Partisan seine Familie besuchte, um sie dann alle zusammen zu ergreifen. Hinter dem Haus von Glasok richteten sie einen Spitzeldienst ein. Doch Iwan betrat das Dorf nicht, sondern traf sich lediglich ab und zu heimlich mit Mischa und den Schwestern im Wald.

Im Frühjahr 1942 kehrte Maxim Titowitsch unerwartet nach Kljussy zurück. Er war tatsächlich zum Bau von Verteidigungsanlagen bei Belgorod gewesen. Danach entließ man alle älteren Bauleute, darunter auch ihn, nach Hause. Er brauchte lange und hatte viele gefahrvolle Situationen zu bestehen, ehe er daheim anlangte.

Die Rückkehr des alten Glasok war nicht nur für seine Frau und die Kinder ein freudiges Ereignis, sondern auch ... für die örtliche Polizei. Jetzt wird auch Iwan zu Hause vorbeischauen, um seinen Vater zu sehen, dann werden wir ihn uns greifen! hofften die Lakaien der Faschisten. Mischa stellte fest, daß man fast jede Nacht rings um ihr Haus Hinterhalte anlegte. Iwan tauchte natürlich nicht auf. Es gelang ihm, sich mit seinem Vater an einem anderen Ort zu treffen.

Die Abteilung wuchs und erstarkte. Sie handelte immer aktiver, und das brachte die Polizei noch mehr gegen die Familie Glasok auf. Ihre Lage wurde von Tag zu Tag gefährlicher. Sie durfte auf keinen Fall länger in Kljussy bleiben, und zwar nicht nur deshalb, weil die Abrechnung der Polizei drohte, sondern auch, weil Maxim Titowitsch selbst Partisan werden wollte. Auch Sina und Polja drängte es zu den Partisanen, und Michail lag ihnen mit seinen Bitten in den Ohren, ihn ebenfalls zu den Partisanen zu lassen. Doch wenn sie zu viert in den Wald gingen, was sollte dann mit der Mutter, dem kleinen Sascha und dem Invaliden Semjon werden?

Schließlich verschwand am 25. Juni, dem 14. Geburtstag von Mischa, plötzlich die ganze Familie von Maxim Glasok aus dem Dorf. In die Liste der Partisanenabteilung wurden vier weitere Familiennamen eingetragen. Die Mutter mußte mit dem kleinen Sascha bei guten Leuten im benachbarten Brjansker Gebiet untertauchen. Semjon begann, durch fremde Dörfer zu ziehen, wobei er sich recht und schlecht mit Gelegenheitsarbeiten seinen Lebensunterhalt verdiente. Trotz seiner Invalidität erwies er sich für die Abteilung als nützlich: Er erfüllte die Pflichten eines Verbindungsmannes und half der Aufklärung.

Das Leben der Partisanenfamilie nahm nun einen etwas anderen Verlauf. Doch plötzlich traf sie ein neuer Schlag: Iwan Glasok fiel im Kampf gegen die Eroberer vor dem heimatlichen Kljussy. Die Tränen um Iwan waren noch nicht getrocknet, als ein weiteres Grab den Leichnam des von der Polizei viehisch ermordeten Semjon Glasok aufnahm.

Es wurde erzählt, daß man Maxim Titowitsch in jenen Tagen nicht ansehen konnte, ohne daß einem weh ums Herz wurde. Drei Söhne hatte dieser Mann in einem Jahr verloren! Ein unauslöschlicher Kummer war in seinem Blick, und der Gram hatte seine Schultern gebeugt. Auch Mischa, Sina und Polja hatten sich den Tod der Brüder schwer zu Herzen genommen, ganz zu schweigen von der Mutter. Sie litt am meisten von allen. Man mußte einfach die seelische Größe dieser schlichten Frau, des großherzigen Mannes und des vierzehnjährigen Jungen sowie der Töchter bewundern, die trotzdem den Kampf gegen den verhaßten Feind weiterführten.

Und sie kämpften weiter, so, wie jeder es vermochte, und jeder an seinem Platz.

Die Funktion für Maxim Titowitsch in der Abteilung ergab sich sofort. Er wurde Fahrer, genauer gesagt, Kutscher. Bescheiden, äußerst bescheiden klingt dieses Wort neben solchen wie MPi-Schütze, Aufklärer, Minenleger. Die Arbeit eines Kutschers, besonders unter Partisanenbedingungen, war jedoch tatsächlich ein Kampfauftrag – sehr schwer und unbedingt erforderlich.

Das einzige Transportmittel bei den Partisanen war der Leiterwagen im Sommer und der Schlitten im Winter. Auf Rädern oder Kufen führten die Partisanen ihre gesamte Ausrüstung mit sich – schwere Waffen und Munition, Lebensmittel und Bekleidung, Stabsdokumente und einfache Gerätschaften. Sie transportierten Verwundete und ließen sich selbst fahren. Als wir zum Beispiel den Streifzug aus dem Tschernigower Gebiet nach Wolynien unternahmen, ging kein einziger Partisan zu Fuß. Es war nur natülich, daß auf jedem Kutscher große Verantwortung lastete. Von seiner Findigkeit und Einsatzbereitschaft hing sehr viel ab.

Man muß dabei auch in Betracht ziehen, daß die Bewegung einer Partisanenkolonne gewöhnlich nicht in Staffeln erfolgte. Ein Partisanentransport war nicht nur ein Transport, sondern auch eine Gefechtsordnung. Nicht selten mußte ein Kutscher unter Beschuß fahren, und häufig mußte er auch selbst zum Gewehr greifen.

Und die Wege? Wieviel Kraft hatte ein Kutscher aufzubringen, um seine Fracht auf zerstörten, kaum ahnbaren oder vom Schnee verwehten Wegen ans Ziel zu bringen! Manchmal mußte man auch völlig ohne sie auskommen; dann ging es durch Wälder und Buschwerk, über Felder und Sümpfe.

Für einen Kutscher war es immer schwerer als für einen Kämpfer zu Fuß. Dieser brauchte sich nur um sich zu kümmern, während der Kutscher noch für die Pferde, das Geschirr und die Last Sorge zu tragen hatte. Wurde der Kutscher überdies noch einem Partisanenkommandeur beigegeben, so war er für diesen sowohl Adjutant als auch Wache und treuer Freund.

Ja, ein guter Kutscher nahm einen wirklich ehrenvollen

Platz unter den Partisanen ein, und Maxim Titowitsch Glasok war ein Meister seines Fachs.

Seine Töchter Sinaida und Polina wurden in der Abteilung Sanitäterinnen. Die Arbeit der Sanitäterinnen und Krankenschwestern war ebenfalls eine mühevolle Kampftätigkeit. Häufig fanden unsere wundervollen Mädchen, die einem verwundeten Kämpfer mutig zu Hilfe geeilt waren, selbst den Tod im Gefecht. Einen Verwundeten zu verbinden, ihn an einen gefahrlosen Ort zu bringen und ihm dann bei der Genesung zu helfen, wieder ins Glied zurückzukehren – dafür waren viel Kraft und aufopferungsvolles Handeln erforderlich. Außerdem wuschen unsere Sanitäterinnen und Krankenschwestern häufig die Wäsche für die Kämpfer und besserten die Kleidung aus. Sie ersetzten die Köchin und griffen notwendigenfalls auch zur Waffe.

Sina und Polja kamen ausgezeichnet mit ihren Pflichten zurecht, während der Jüngste der Glasoks, der vierzehnjährige Mischa, anfänglich keine richtige Beschäftigung in der Abteilung fand. Man setzte ihn als Melder ein und gab ihm auch ein- oder zweimal einen Aufklärungsauftrag. Etwas anderes konnte man einem solchen Jungen doch nicht übertragen! Aber Mischa wollte mehr; er wollte den Feind schlagen und die gefallenen Brüder rächen. Sicher begriff er selbst, daß man ihn wegen seiner Jugend nicht für ernsthafte Gefechtsaufgaben einsetzen konnte. Wahrscheinlich blickte der braungebrannte Junge mit den etwas vorstehenden Backenknochen und den nach oben gezogenen Augenbrauen deshalb immer etwas traurig, nachdenklich, ja sogar mürrisch.

Er war seinen Altersgefährten absolut nicht ähnlich, diesen wilden, kaum zu bändigenden Burschen, die ebenfalls Partisanen geworden waren. Mischa hatte eine lyrische Ader. Häufig sah man ihn unter einer Fichte mit einem Bändchen von Nekrassow oder Majakowski sitzen. Wo er nur immer die Bücher herholte! Mischa schrieb selbst Gedichte, liebte die Malerei, zeichnete gut, und vor dem Krieg träumte er davon, Künstler zu werden. In der Partisanenabteilung entstand bei Mischa jedoch ein völlig anderer, durchaus nicht kindlicher Traum: Er wollte Minenleger werden.

Zuerst bat der Junge schüchtern, dann immer hartnäckiger

die Kommandeure, ihn in eine Sprengabteilung zu schicken. Man schlug es ihm ab, riet ihm, zu wachsen, und einmal sagte man ihm unverblümt:

»Bei den Minenlegern nimmt man nur Jungs im Komsomolzenalter, aber du bist noch im Pionieralter!«

Mischa ging zur Seite und ließ den Kopf hängen. Aber von seinem Traum ließ er nicht ab.

Im Frühjahr 1943 wurden aus unserer Abteilung zwei selbständige Abteilungen. Die eine, unter Führung von N. N. Popudrenko, blieb im Tschernigower Gebiet, während die andere unter meinem Kommando sich auf den weiten Marsch zum rechten Ufer des Dnepr machte. Sina Glasok blieb bei Popudrenko, um in der Nähe der Mutter zu sein, Maxim Titowitsch, Polja und Michail gingen mit uns.

Fast schon am Ziel angekommen, machten wir am Ufer des Ubort halt, wo wir die berühmte »Partisanenakademie« zur massenweisen Ausbildung von Minenlegern ins Leben riefen. Die Auswahl war streng, trotzdem erreichte es Mischa, daß man auch ihn aufnahm.

Vielseitig war die Ausbildung der künftigen Minenleger: Aufbau der Minen, Einbau der Mechanismen, Vorbereitung der Ladungen, Technik des Minenlegens sowie Taktik des Vorrückens zu den Objekten. Das alles eignete sich Mischa Glasok so erfolgreich an, daß er zum Abschluß der Ausbildung an der »Akademie« nicht nur einfacher Minenleger, sondern Instrukteur für das Minen- und Sprengwesen wurde.

Eine interessante Begebenheit ereignete sich mit Glasok, als der Sekretär des Zentralkomitees der Kommunistischen Partei der Ukraine, D. S. Korottschenko – Genosse Demjan –, zu uns an den Ubort geflogen kam. Die Partisanen hatten beschlossen, ihm auf dem Lehrgelände das Anbringen einer Mine mit verzögerter Wirkung zu demonstrieren. Man sagte Genossen Demjan, daß er die Arbeit unserer besten Instrukteure sehen werde.

Wir gingen zu einem Damm mit einigen Metern Schienen, wo sich bereits Mischa Glasok und sein erster Gehilfe, Mischa Kobenjak, ebenfalls ein Halbwüchsiger, befanden. Die Minenleger blickten erwartungsvoll auf den Sekretär des ZK, bereit, auf seine Weisung mit der Arbeit zu beginnen. Demjan

Sergejewitsch wiederum schaute ungeduldig nach allen Seiten. Schließlich fragte er:

»Na, wo sind denn die Instrukteure?«

»Sie stehen doch direkt vor Ihnen!« antwortete ich und lächelte hinter meinem Schnurrbart.

»Diese Jüngelchen?« Genosse Korottschenko zog verwundert die Brauen hoch.

»Ja, ebendiese!«

Demjan Sergejewitsch überzeugte sich mit eigenen Augen davon, daß er tatsächlich Meister ihres Fachs vor sich hatte. Glasok und Kobenjak arbeiteten schnell und aufeinander abgestimmt. Jede Bewegung war genau berechnet. Die Jungen verlegten eine Mine in Rekordzeit, sie brauchten nur acht Minuten.

»Einfach Künstler!« flüsterte mir Genosse Demjan zu, und näher an die Sprengmeister herantretend, dankte er ihnen laut für die ausgezeichnete Arbeit.

Bald begannen wir mit den Aktionen an den Eisenbahnstrekken des Koweler Knotenpunktes. Mischa war in seinem Bataillon als bester Sprengmeister hoch angesehen. Die ersten von ihm selbst gesprengten Züge flogen in die Luft. Erfolgreich handelten auch jene Partisanen, die Mischa ausgebildet hatte.

Jedesmal, wenn beim Bataillonskommandeur unklare Fragen auftauchten, die mit dem Verminen zusammenhingen, sagte er:

»Man muß sich mit Glasok beraten ... Das muß man bei Glasok in Erfahrung bringen ...«

Und dieser Berater war ganze fünfzehn Jahre alt und hätte der Sohn des Bataillonskommandeurs sein können!

Am schwierigsten war es für die Sprengmeister an der Strecke Brest–Pinsk. Der Gleiskörper zog sich hier weit vom Wald entfernt hin. Man mußte zu ihm über völlig offenes Gelände vordringen und die Mine so schnell wie möglich legen. Von den Sprengmeistern wurde also eine besonders hohe Präzision in der Arbeit verlangt. Um die Strecke Brest–Pinsk lahmzulegen, sandten wir den dort eingesetzten Minenlegern eine Gruppe zu Hilfe, die sich aus den erfahrensten und mutigsten Sprengmeistern zusammensetzte. Zu dieser Gruppe gehörte auch Mischa Glasok.

Bald darauf wurde der junge Sprengmeister zum Helden einer Operation, in der nicht nur seine kämpferischen Qualitäten, sondern seine charakterlichen Eigenschaften überhaupt klar zutage traten.

Michail hatte eine Mine mit verzögerter Wirkung auf einem Abschnitt zu legen, der sowohl verführerisch als auch gefährlich war. Die Schienen zogen sich auf einem hohen Steildamm hin, wodurch der Erfolg einer Sprengung gewöhnlich größer wurde. Das Vorrücken zu dem Abschnitt war jedoch sehr schwierig. Nach dem Verlassen des spärlichen Waldes, der mehr Buschwerk ähnelte, mußten die Sprengmeister kriechend etwa dreihundert Meter offenes Gelände überwinden und danach eine Chaussee überqueren, auf der auch nachts vereinzelt Fahrzeuge verkehrten. Hinter der Chaussee mußten wieder zweihundert Meter über kahles Gelände kriechend zurückgelegt werden, jetzt bereits direkt auf den Damm zu. Dort galt es, an den Steilhang gepreßt, zum Gleiskörper hinaufzuklettern.

Die Faschisten bewachten diesen Abschnitt verstärkt. An den Zugängen zur Straße und am Damm wurden gewöhnlich Hinterhalte angelegt. Häufig kontrollierten Streifenposten die Strecke. Trotzdem mußte die Mine gerade hier gelegt werden.

Mischa baute sorgfältig den Mechanismus ein, wählte den erforderlichen Verzögerungssatz aus und überprüfte den Einbau der Ladung. In einer dunklen, unfreundlichen Nacht machte sich die Gruppe der Sprengmeister auf den Weg. Kriechend erreichten sie die Chaussee, warteten einen günstigen Augenblick ab und überquerten sie. Danach hieß es wieder, noch einige Dutzend Meter gleitend zurückzulegen.

Weiter durften sie schon nicht mehr gemeinsam gehen. Ein Aufklärer kroch weiter nach vorn. Er mußte bis zu den Schienen hinauf, den Abschnitt überprüfen und feststellen, ob in der Nähe eine Wache war.

Der Aufklärer kehrte ziemlich bald, früher als erwartet, zurück.

»Alles in Ordnung!« sagte er. »Der Abschnitt ist frei, niemand zu sehen.«

Wieder krochen die Partisanen weiter. Am Hang begann

die geteilte Deckungsgruppe, rechts und links von Glasok und seinem ersten Gehilfen hinaufzuklettern. Nach einer Minute krochen auch die beiden nach oben.

Bereits auf den Schienen, erblickte Mischa plötzlich direkt vor sich den Mündungsfeuerdämpfer eines deutschen Maschinengewehrs. Hinter dem charakteristischen MG-Mantel waren in der Dunkelheit menschliche Figuren zu erkennen, die sich an die Erde gepreßt hatten.

Ein Hinterhalt! Michail reagierte augenblicklich. Ohne sich zu erheben, stieß er sich mit einer kräftigen Bewegung von einer Eisenbahnschwelle ab und rollte nach unten. Mit dem Kopf stieß er an die Steine, mit denen der Abhang ausgelegt war, doch Mischa verspürte keinen Schmerz. Als er unten angelangt war, bemerkte er sofort eine ihm nachgesandte Handgranate mit langem hölzernem Stiel, die neben ihm niederfiel. Auch jetzt verlor Glasok nicht die Nerven. Wie der Blitz ergriff er die Handgranate und warf sie zurück zu den Faschisten. Dort oben krachte dann auch die Explosion.

Von den Deutschen war wahrscheinlich kaum einer verwundet worden. Sofort fing das MG an zu tacken, Maschinenpistolen ratterten, und dann zischten Leuchtkugeln zum Himmel. Die Partisanen hatten schlimme Minuten durchzustehen. Sie gingen von der Straße in Schleifen zurück, wobei sie sich tief bückten, und dann hieß es kriechen, kriechen ... Schließlich gelangten sie an einen sicheren Ort.

Es grenzte an ein Wunder, daß alle am Leben geblieben waren. Nur Mischas Kopf wies Beulen und Schrammen auf, und Gruppenführer Smolin hatte eine Kugel die Stirnhaut aufgerissen. Die Sprengstoffladung von einem halben Pud hatten sie unterhalb des Dammes wegwerfen müssen. Das war natürlich schade! Trotyl war jedoch ein gewöhnlicher Sprengstoff, während der geheime Mechanismus der Mine dem Gegner nicht in die Hände fallen durfte. Ihn hatte Mischa Glasok gerettet. Als er den Hang hinunterrollte, hielt er das wertvolle Kästchen an die Brust gepreßt.

Warum waren die Sprengmeister in einen Hinterhalt geraten? Die Partisanen brauchten einander gar nicht erst diese Frage zu stellen. Der als Aufklärer eingeteilte großgewachsene Bursche erblaßte und fiel ihnen zu Füßen.

»Verzeiht mir! Ich habe mich feige benommen und war gar nicht auf dem Gleiskörper.«

Für eine solche Feigheit wurde man erschossen. Doch der Aufklärer mit dem Hasenherzen war früher nie negativ aufgefallen, und jetzt schwor er hoch und heilig, seine Schuld wiedergutzumachen. Die Jungen versetzten ihm lediglich ein paar ordentliche Faustschläge.

In nicht gerade fröhlicher Stimmung kehrten die Partisanen zum Lager zurück. Man mußte auf sehr unangenehme Fragen Antwort geben und scheelen Blicken ausweichen. Am meisten litt Glasok unter dem Mißerfolg, obwohl er daran völlig unschuldig war.

Trotzdem mußte der Abschnitt vermint werden. Hatten sie es heute nicht geschafft, so bedeutete das, daß die Minen in der folgenden Nacht gelegt werden mußten.

»An welcher Stelle wirst du sie anbringen?« fragte der Gruppenführer Mischa.

»An der gleichen Stelle!«

»Warum nicht an einer anderen?«

»Der Platz ist gut – ein hoher Damm, und die Kurve beginnt dort. Außerdem werden die Fritzen keinen Hinterhalt mehr anlegen, wo sie es schon einmal getan haben.«

»Einverstanden!« sagte der Gruppenführer.

Wieder krochen die Partisanen bei Anbruch der Nacht über das Feld, überquerten einzeln die Chaussee und arbeiteten sich, nur durch die Dunkelheit gedeckt, immer näher an den Gleiskörper heran. Diesmal waren weder ein Hinterhalt noch Streifenposten zu sehen. Schnell überprüfte Glasok die Zuverlässigkeit der Kontakte und ließ den Mechanismus sorgfältig in das Loch unter der Schwelle gleiten, wohin sein Gehilfe schon die Ladung gelegt hatte. Es vergingen noch einige Minuten, und von der Mine war nichts mehr zu sehen.

Bis zum nächsten Chutor gelangten die Partisanen völlig ungeschoren. Doch Michail begannen – wie es jedem Sprengmeister erging – Zweifel zu quälen: Wenn nun die Mine vorzeitig detonierte? Oder wenn der Detonator nicht funktionierte und eine morgendliche Streife die Mine entdeckte? Er wußte, daß alles überprüft und zuverlässig getan worden war, er wußte, daß sogar er selbst die Mine jetzt nicht finden würde, und doch hatte er keine Ruhe. Ein Sprengmeister mußte die Ergebnisse seiner Arbeit sehen.

Glasok bat die Genossen, bis zum Mittag auf dem Chutor zu bleiben. Im übrigen brauchte er nicht besonders auf sie einzureden; jeder Teilnehmer an der Operation war an ihrem Ergebnis interessiert. Dies um so mehr, als man nicht lange zu warten brauchte: Der Verzögerungssatz war auf 9 Uhr morgens eingestellt.

Die Partisanen blieben in einem einzeln stehenden Haus, von wo die Eisenbahnstrecke gut einzusehen war. Sie scherzten mit der Hausherrin, stärkten sich an der dargebotenen Milch und dem Brot und konnten alles durchs Fenster beobachten.

Um 7 Uhr zeigte sich eine Lokomotive, die zwei Güterwaggons langsam hinter sich herzog. Das mußte die Streckenkontrolle sein. Ob Kontrolle oder nicht, vor 9 Uhr würde die Mine nicht detonieren! Nach einer Stunde folgte ein Zug mit fünfundzwanzig bis dreißig Güterwagen. Der hätte später kommen müssen! Macht nichts, es kommen noch welche ...

Schließlich war der Zeitpunkt der Detonation gekommen. Die Partisanen drängten sich an den Fenstern. Es kam und kam kein weiterer Zug. Wo blieb er bloß? Wann tauchte er endlich auf?

Da zeigte sich ein feindlicher Zug. Er kam näher und näher ... Es war deutlich zu erkennen, daß es sich um einen gemischten Personen- und Güterzug handelte. Er befand sich schon nicht mehr weit von der Stelle, wo die Mine lag. Das Blut klopfte Michail in den Adern.

Plötzlich machte die Lokomotive einen Satz, unter ihren Rädern hervor schossen rötliche Flammen, quoll schwarzer Rauch. Vom Krachen der Detonation klirrten die Fensterscheiben des Hauses. Alle sahen, daß die sich ineinander verkeilenden Waggons die Böschung hinunterstürzten.

»Das hat gefunkt!« rief Michail begeistert – ein bei den Sprengmeistern beliebtes Schlagwort.

Diesmal wurde die Rückkehr der Partisanen ins Lager zu einem freudigen und fröhlichen Ereignis.

Unsere Fernaufklärung ermittelte später, daß durch die Detonation die Lokomotive zerstört worden war und ein großer

Teil der Waggons sich in einen Trümmerhaufen verwandelt hatte. Die Leichen der Faschisten wurden vom Ort des Geschehens auf drei offenen Waggons weggebracht. Auf drei! So bezahlten die Faschisten für den Tod der Brüder Nikolai, Iwan und Semjon Glasok.

Der Krieg war jedoch noch nicht zu Ende. Der Sprengmeister Michail Glasok sprengte weiter feindliche Züge; der Kutscher Maxim Glasok lenkte die ihm anvertrauten Pferde, und die Sanitäterin Polina Glasok eilte den Verwundeten zu Hilfe.

# Die Leute brauchen die Wahrheit

Der junge Künstler Wassili Jakowlewitsch Konowalow aus Tschernigow wurde Ende August 1941 Partisan, als noch nicht das ganze Tschernigower Gebiet vom Gegner erobert worden war. Aber die Okkupanten rückten immer weiter vor. In jener schweren, angespannten Zeit befaßte sich das Gebietskomitee der Partei Tag und Nacht mit der Organisierung von Partisanenabteilungen. Von überall her schickte man uns sorgfältig ausgewählte und gründlich überprüfte Leute. Vom Städtischen Dramatischen Theater kamen drei seiner Künstler, unter ihnen Wassja Konowalow.

Bis zu diesem Zeitpunkt hatte ich nur Gelegenheit, ihn mitunter auf der Bühne zu sehen: mal als fortschrittlichen Ingenieur, der Routiniers und Schädlinge entlarvte, mal in der Gestalt des Kaufmannes aus einem Stück von Ostrowski, mit Haaren, die über Stirn und Schläfen sowie im Nacken in gleicher Höhe geschnitten waren, oder in der Rolle eines stolzen spanischen Grafen mit einem Federhut und in hohen Stulpenstiefeln. Nun erschien dieser Wassili Konowalow vor mir ohne Maske und in einem gewöhnlichen Anzug. Er war ein großgewachsener junger Mann mit angenehmen Grübchen im runden Gesicht und aufmerksamen braunen Augen. Und er war Kandidat der Partei. Seinen Entschluß, im feindlichen Hinterland zu bleiben, hatte er gründlich durchdacht. Man hatte von Konowalow nur die beste Meinung. Wir gliederten ihn als einfachen Kämpfer in die Abteilung ein.

Wassja kämpfte ausgezeichnet. Bald darauf wurde er Zugführer und danach Politleiter einer Kompanie des 1. Bataillons. Er nahm an dem Streifzug aus dem Tschernigower Gebiet nach Wolynien teil, und ihn schmückten militärische Orden. Plötzlich erfuhr ich, daß Konowalow vor der Partei zur Verantwortung gezogen werden sollte. Und aus welchem Grunde! Er hatte die religiösen Gefühle der Einwohner des Dorfes Ugrinitschi verletzt.

Etwas Ähnliches war bei uns noch niemals vorgekommen. Die Gefühle der gläubigen Partisanen wurden stets geachtet. In den Westgebieten der Ukraine, die erst kurz vor Kriegsbeginn sowjetisch geworden waren und wo es weitaus mehr gläubige Menschen als in den Ostgebieten gab, verhielten wir uns in dieser Beziehung besonders taktvoll. Und wir taten richtig daran: Die betonte Glaubensduldung war für uns immer von Nutzen.

Auf dem Marsch zu unserem jetzigen Standort an der Nahtstelle zwischen den Gebieten Rowno und Wolynien war unser Verband zum Beispiel in die Nähe eines großen Friedhofes russischer Soldaten gekommen, die im ersten Weltkrieg gefallen waren. Dieser Friedhof mit den schiefen, längst eingesunkenen Kreuzen und den Grabhügeln unter vergilbtem Gras sah ziemlich verwildert und vergessen aus. Wir brachten ihn in Ordnung, setzten neue Kreuze, und dann legten die Partisanen Kränze an den Grabstellen der unbekannten Verteidiger des Vaterlandes nieder. Die Zeremonie trug natürlich keinen religiösen, sondern patriotischen Charakter, doch die Tatsache, daß wir die Kreuze erneuert hatten, machte auf die Ortsansässigen einen für uns äußerst günstigen Eindruck. Das achtungsvolle Verhalten zu den Gläubigen und zu den kirchlichen Gewohnheiten brachte eine der vielen Verleumdungen gegen die Partisanen ins Wanken und machte die feindliche Agitation unwirksam.

Und nun erfuhr ich also, daß unlängst in Ugrinitschi die religiösen Gefühle der dortigen Einwohner in irgendeiner Weise verletzt worden waren. Während ich herumrätselte, was sich dort abgespielt hatte, und auf eine diesbezügliche Antwort aus dem 1. Bataillon wartete, hatte man Konowalow bereits zu einem ersten Gespräch zum Sekretär des Bataillonsparteibüros, Semjon Gasinski, gerufen. In der Erdhütte sah Konowalow auch den Bataillonskommissar, Akim Sacharowitsch Michailow, der Mitglied unseres illegalen Gebietskomitees war.

»Setz dich, Genosse Konowalow«, lud ihn Gasinski ein. »Warum man dich hergerufen hat, kannst du ja selbst erraten! Erzähle mal, was du in der Kirche von Ugrinitschi angestellt hast.«

»Ich habe dort nichts angestellt, sondern unlängst mit der Bevölkerung gearbeitet.«

»Einen besseren Ort hast du wohl nicht gefunden?«

»Es war schwierig, einen besseren zu finden. Die Kirche war voller Menschen – nicht nur aus Ugrinitschi, viele kamen aus anderen Orten, einige reisten von weit her an. Ein gewaltiges Auditorium!«

»Auditorium?! Sage nur noch Zuschauerraum. Die Kirche ist kein Theater für dich, Genosse Konowalow!« erinnerte ihn der Sekretär des Parteibüros streng.

»Ich weiß, daß es kein Theater ist«, ließ sich Wassja mürrisch vernehmen.

»Eben nicht, wenn du dort eine Inszenierung vorgenommen hast! Antworte uns geradeheraus: Hast du ein Popengewand angezogen?«

»Ich habe kein Popengewand angezogen, sondern eine Kutte ... Auskennen muß man sich! Im Priesterornat wird der Gottesdienst abgehalten, doch eine Kutte ist das tägliche Gewand der Popen.«

»Meinetwegen, soll es eine Kutte gewesen sein. Das heißt also, du hast sie angezogen?! Und wie war es mit dem Bart? Hast ihn dir angeklebt?«

»Von Bart kann nicht die Rede sein! Das ist eine Übertreibung. Einfach ein Bärtchen, so eine Art Spitzbart. Für unser Laienschaffen habe ich verschiedene ... Ich mußte ihn ankleben, Nikodim hat es mir geraten.«

»Wer ist dieser Nikodim?« interessierte sich Michailow.

»Vater Nikodim ist der Pope, Kirchenvorsteher in Ugrinitschi, ein ziemlich gescheiter Alter. Das hilft uns schon irgendwie.«

»Stopp mal, Wassja! Wußte der Priester etwa von deiner Maskerade?« fragte Michailow.

»Wie sollte er nicht? Wer gab mir die Kutte? Und wer die Bibel? Wer brachte mich zu den Leuten und sagte ihnen, daß ein neues Väterchen angekommen sei?!«

»Ein neues Väterchen? Vater Wassili? So sieht das also aus!« Das Mitglied des Gebietskomitees fing an zu lachen.

Auch Gasinski mußte lachen. Lediglich Wassja war nicht zum Lachen zumute, obwohl er sich etwas gefaßt hatte.

»Genossen, gestatten Sie mir, alles der Reihe nach zu erzählen«, bat Konowalow. »Sie erhalten sonst kein klares Bild. Darf ich?«

Michailow nickte, und Wassja berichtete Einzelheiten:

»Meine Kumpel aus unserer Kompanie und ich haben oft in Ugrinitschi zu tun. Wir alle lassen keine Gelegenheit aus, um dort mit den Leuten zu reden, und was die Menschen interessiert, ist ja allgemein bekannt. Vor allen Dingen geht es um Neuigkeiten von den Fronten. Von uns erhalten sie immer die Nachrichten des Sowjetischen Informationsbüros; meistens bekommen wir diese direkt von den Funkern. Sind Zeitungen da, so lesen wir daraus vor. Mitunter beantworten wir auch einfach die Fragen der Dorfbewohner. Aber wieviel Menschen kann man schon um sich scharen? Zehn, zwanzig, höchstens dreißig – das ist alles! Doch in der Kirche sind an Sonntagen an die zweihundert, manchmal noch mehr. Außerdem sieht man hier nicht nur Leute aus Ugrinitschi, sondern auch aus vielen anderen Dörfern und Vorwerken.«

Wassja bat, rauchen zu dürfen, fertigte sich eine Selbstgedrehte an, paffte los und fuhr fort:

»Mit dem Kirchenvorsteher, diesem Vater Nikodim, bin ich seit langem bekannt. Er hält mich immer an und fragt: ›Nun, wie schlägt man dort den Antichrist?‹ Na, und ich mache ihn mit den Nachrichten des Sowinformbüros bekannt. Der Alte freut sich, wenn es gute Nachrichten sind. Anläßlich der Befreiung Kiews zelebrierte er sogar ein Tedeum. Als die Bandera-Leute bei ihrem Überfall auf Ugrinitschi davon erfahren hatten, nahmen sie ihn in Gewahrsam. Erinnern Sie sich? Mit Gewalt ist Nikodim ihnen entwischt.

Vor kurzem – es war gerade an einem Sonnabend – traf ich den Popen, las ihm die Nachrichten vor und sagte: ›Ihre Kirchgänger wollen sicher auch wissen, was sich an den Fronten tut.‹ Er bestätigte, daß sie sich alle dafür interessierten. Da schlug ich ihm folgendes vor: ›Väterchen, ich gebe Ihnen diese Nachrichten, und morgen bringe ich noch neue. Lesen

Sie sie den Leuten in der Kirche vor, oder sagen Sie es ihnen mit Ihren eigenen Worten.‹ Der Alte dachte nach, dann sagte er: ›Es ist eine gottgefällige Sache, denn das Volk dürstet nach Wahrheit, aber ich bin den Helfershelfern der verfluchten Ausländischen gegenwärtig mehr als verdächtig. Die Bandera-Leute können mir niemals den Dankgottesdienst für die Befreiung Kiews, der Mutter unserer Städte, von den Faschisten verzeihen.‹ Und er fuhr gleich fort: ›Lies die Nachrichten selber vor, Krieger, in der Kirche, gleich nach dem Gottesdienst. Ich werde dir eine Kutte geben, dich den Kirchgängern vorstellen und sagen, daß dieses neue Väterchen aus dem Sprengel die Gotteshäuser besuche.‹ Seinem Vorschlag fügte er noch hinzu: ›Dient die Lüge der Rettung, so ist es keine Schande! Gott wird sein Urteil sprechen.‹«

»Und du hast den Popen nicht gezwungen, diese ganze Geschichte einzufädeln? Hast also sozusagen keinen Druck ausgeübt?« fragte Gasinski.

»Wo denken Sie hin, Semjon Jefimowitsch! Fragen Sie doch über unsere Illegalen Nikodim selbst ... Nun, für den Sonntag hatten wir alles vorbereitet. Nikodim brachte mich vorher in die Sakristei, kleidete mich um, gab mir die Bibel und den Rat, mit ihr anzufangen, wobei er selbst die erforderliche Stelle anmerkte.«

»Und wie ging das Verlesen vor sich?« fragte Michailow, ein Lachen unterdrückend.

»Auf hohem Niveau. Aus der Bibel habe ich nicht lange gelesen, höchstens drei Absätze. Dort ging es um irgendwelche Vögel ... Und so fuhr ich fort: ›Und jetzt, Rechtgläubige, hört, wie die roten Vögel auf die Höhle des Untiers einhackten ...‹ Dann ging es los mit den Nachrichten des Sowinformbüros. Zuerst kamen die über Angriffe unserer Luftstreitkräfte auf Berlin und dann andere Nachrichten. Man hörte aufmerksam zu, viele bekreuzigten sich und dankten Gott. Insgesamt waren alle zufrieden. Die Leute brauchen doch die Wahrheit! Und ihre religiösen Gefühle hat niemand verletzt.«

Michailow und Gasinski hatten alles begriffen, doch der Sekretär des Parteibüros beschloß, zusätzlich in Ugrinitschi zu klären, wie sich die Sache abgespielt, ob es keine Ausfälle oder Beleidigungen gegenüber den Gläubigen gegeben hatte. Die

Frage nach Wassjas Vergehen blieb noch offen. Akim Michailow erzählte mir davon, als er bald darauf bei uns im zentralen Lager des Verbandes weilte.

Eine solche Form der Agitation, zu der Wassja Konowalow gegriffen hatte, konnte natürlich keine Zustimmung finden, was sich im Dorf auch immer abgespielt haben mochte. Aber das betraf nur die Form! Wir bemühten uns ständig darum, daß die Menschen die Wahrheit über den Verlauf des Krieges erfuhren. Vor der örtlichen Bevölkerung entlarvten wir die Demagogie sowie alle möglichen Tricks und Winkelzüge der gegnerischen Propaganda.

Der politische Apparat aller in Wolynien operierenden Verbände und Abteilungen war in zwei Richtungen wirksam: einmal unter den Kämpfern und Kommandeuren und zum anderen an der »Peripherie«, das heißt unter der Bevölkerung. Jeder Partisan, der auf Ortsansässige stieß, wurde zu einem Agitator und Propagandisten. Es versteht sich, daß das Gebietskomitee in den vom Gegner eroberten Dörfern über ein Netz illegaler kommunistischer und anderer antifaschistischer Organisationen Einfluß auf die Bauern ausübte.

Und die Formen der Arbeit? Sie waren äußerst vielfältig und von der Lage sowie dem gegebenen Fall abhängig. In dem einen Dorf konnte man ein Meeting oder eine Versammlung einberufen, eine Rede oder einen Vortrag halten, eine Lektion lesen und danach noch Broschüren, Flugblätter und die neuesten Ausgaben der in unserer Druckerei hergestellten Zeitung »Sowjetskaja Ukraina« verteilen. In einem anderen Dorf dagegen mußte man es bei einem Gespräch mit einer Handvoll überprüfter, uns gut bekannter Leute bewenden lassen. In ein drittes Dorf wiederum kam man überhaupt nicht hinein. Unser Vertreter traf sich mit den Illegalen in irgendeinem Wald, und das Gespräch begann erst nach dem Austausch der Parole. Aber auch bei einem solchen konspirativen Treffen drehte sich das Gespräch immer um die Lage an den Fronten. Das interessierte die Leute am meisten. Die Erfolge der Roten Armee, mochten sie zeitweilig auch unbedeutend sein, bereiteten den Ortsansässigen immer große Freude, da sie ein Zeichen des unaufhaltsamen Vorrückens unserer Truppen waren.

Nein, ich wunderte mich nicht, daß der Kirchenvorsteher in

Ugrinitschi sich mit Wassja Konowalow verschworen und ihm sogar eine Kutte gegeben hatte. Aber wenn die Partisanen dort Gefühle von Gläubigen verletzt hatten, dann war das zu gar nichts gut! Für die Fehler von Vater Nikodim mochte seine Kirchenleitung die Verantwortung tragen, doch für die Fehler von Wassja trugen wir sie alle, ich besonders.

Eine strenge Untersuchung ergab jedoch, daß hinsichtlich der kürzlichen Maskerade in der Kirche von Ugrinitschi keiner der Gläubigen auch nur den geringsten Verdacht hegte. Keiner wurde in irgendeiner Weise beleidigt. Einige Leute im Bataillon hatten einfach aus der nicht wegzuwischenden Tatsache voreilige Schlußfolgerungen gezogen.

»Dein Glück, daß alles so abgelaufen ist«, sagte Gasinski zu Konowalow, dessen Gemütsverfassung sichtlich besser geworden war. »Paß ja auf, daß sich Ähnliches nicht wiederholt. Lies deine Nachrichten vor und führe Gespräche – nur nicht in einer Kirche!«

»Und warum nicht in einer Kirche? Auf einmal ein solches Auditorium zu verlieren!« protestierte Wassja unerwartet.

»Beharrst wohl immer noch darauf! Wieder das ›Auditorium‹!« erboste sich der gewöhnlich ruhige und beherrschte Gasinski. »Ja, man muß es aufgeben! Selbst der Kirchenvorsteher kann sich nicht entschließen, die Nachrichten des Informbüros zu verlesen, er fürchtet die Bandera-Leute, und dir, Genosse Konowalow, verbieten wir kategorisch, dich in einen Popen, Diakon oder Erzpriester zu verwandeln.«

»Man kann auch ohne Verkleidung auskommen«, entgegnete Wassja ruhig. »Keine Aufregung, Semjon Jefimowitsch, ich habe die erforderlichen Schlüsse daraus gezogen. Meine Fehler werde ich nicht wiederholen. Du kannst überzeugt sein! Aber hier gibt es eine andere Idee ...«

Am nächsten Sonntag ging der stramme, gut rasierte und jugendlich wirkende Wassili Konowalow gegen Ende der Mittagsandacht zur Kirche von Ugrinitschi und stellte sich bescheiden neben das Portal. Als Vater Nikodim seinen Gottesdienst beendet hatte, wandte sich unser Partisan demütig an ihn:

»Gestatten Sie, Väterchen, den Erdenbürgern die letzten Frontnachrichten zu verlesen?«

»Lies, mein Söhnchen, lies nur!«

Wassja Konowalow verlas – nun schon nicht mehr mit demütiger, sondern mit der klaren, gut akzentuierenden Stimme eines Künstlers – die neuesten Nachrichten des Sowinformbüros über die erfolgreichen Handlungen der sowjetischen Bombenfliegerkräfte, über das erneute Vorrücken der 1. Ukrainischen Front und über die örtlichen Gefechte im benachbarten Belorußland.

Begierig lauschten die Leute der Wahrheit …

Wahrscheinlich merkte niemand von ihnen, daß der brave Partisan aus irgendwelchen unerfindlichen Gründen an das neue Väterchen aus dem Sprengel erinnerte, das vor noch gar nicht so langer Zeit in Ugrinitschi geweilt und hier in der Kirche ebenfalls die Nachrichten des Sowjetischen Informationsbüros verlesen hatte.

# Der Ritter des Roten Kreuzes

Der Kommissar und ich fuhren in eines der nahe gelegenen Bataillone. Auf einer schmalen Schneise begegneten wir einem Fuhrwerk, auf dem ein Verwundeter lag. Er lag auf dem Rücken, die untere Gesichtshälfte war mit blutigen Binden bedeckt. Nach näherem Hinsehen erkannte ich den Sprengmeister Myschljakewitsch.

»Was ist passiert, Pawel Antonowitsch?«

Eisiges Schweigen schlug mir entgegen. Nur Pawels Augen blickten mich unverwandt und voller Qual an, wobei sie sich mit Tränen füllten.

Der hinter dem Fuhrwerk stehende Kutscher kam näher und flüsterte:

»Er ist auf die eigene Mine geraten ... Den ganzen Kiefer hat es weggerissen, die Zunge wie abgeschnitten ... Der rechte Arm wurde an der Schulter durchschlagen, er hängt nur noch an der Haut ... Ich weiß nicht, ob ich ihn lebendig bis zum Lazarett bringe.«

»Wir haben einen ausgezeichneten Chirurgen. Der bringt ihn unbedingt wieder auf die Beine«, sagte ich bewußt laut, und zum Verwundeten gewandt, fügte ich hinzu: »Werde wieder gesund, Antonytsch! Alles wird wieder in Ordnung kommen. Ich schaue bei dir vorbei, sowie ich zurück bin.«

Das Fuhrwerk fuhr langsam davon, und auch wir ritten weiter.

»Welcher Myschljakewitsch ist es? Der, der mit seinem Bruder in Belorußland zu uns kam?« fragte Drushinin und wandte mir den Kopf zu.

»Ja, ja, mit Bruder, Frau und Tochter. Alle sind sie jetzt bei uns. Von Beruf ist er Agronom.«

»Ein guter Beruf und ein äußerst friedlicher dazu: Getreide säen, Gärten anlegen«, sinnierte Wladimir Nikolajewitsch. »J-a-a-a, ein Minenleger irrt sich nur einmal ...«

»Ausnahmen sind möglich! Jetzt müssen wir auf Gnedasch hoffen, Gnedasch vermag vieles.«

»Und ob! Mit dem Chefchirurgen haben wir mächtiges Glück gehabt. Er hat goldene Hände!«

Timofej Konstantinowitsch Gnedasch war vor nicht allzulanger Zeit in den Verband gekommen. Geboren und aufgewachsen war er im Tschernigower Gebiet. Bei Beginn des Krieges arbeitete er im benachbarten Gebiet von Sumy, in dem kleinen Städtchen Schostka, als Chefarzt des örtlichen Krankenhauses. Als die deutschen Okkupanten schon fast heran waren, evakuierte man das Krankenhaus nach Sibirien. Auf Beschluß des Stadtkomitees der Partei begleitete der Arzt und Kommunist Gnedasch den Transport bis zum Bestimmungsort, der Stadt Bisk. Von dort ließ man Timofej Konstantinowitsch nicht mehr weg, er wurde Leiter der Abteilung Gesundheitswesen.

Gnedasch drängte es an die Front. Noch lieber wollte er hinter die Frontlinie, da er begriff, daß gerade die Partisanen qualifizierte Chirurgen brauchten. Aus Bisk gelangten hartnäckige Bitten zu den Genossen Korottschenko und Woroschilow, ihn in einen der ukrainischen Partisanenverbände zu entsenden. Irgendwo dort oben kreuzte sich die permanente Bitte Gnedaschs mit unserer Anforderung von Ärzten. So kam Timofej Konstantinowitsch also zu uns.

Ungewöhnlich waren für ihn die Uniform, die das Koppel nach unten ziehende Pistole und die Erdhütten an Stelle von Krankenhauszelten, doch seine geschickten Hände in den dünnen Gummihandschuhen arbeiteten mit der gewohnten Sicherheit. Gleich die ersten von Gnedasch vorgenommenen Operationen überzeugten die Führung, daß wir einen ausgezeichneten Spezialisten erhalten hatten. Selbstverständlich kümmerte er sich auch um unseren jungen Chirurgen Michail Wassiljewitsch Kriwzow, der uns ebenfalls vom »Großen Land« geschickt worden war.

Gnedasch vermochte sich nicht nur durch seine Fähigkeiten bei Operationen, sondern auch durch eine hervorragende organisatorische Arbeit zu empfehlen. Mit unversiegbarem Eifer und fröhlicher Energie schuf er ein Partisanenlazarett. Es gab viele Schwierigkeiten, aber ich kenne keinen Fall, wo Gnedasch vor ihnen kapituliert hätte. Dank seinem initiativ- und erfindungsreichen Handeln sowie seiner Fähigkeit, selbst die kompliziertesten Situationen ehrenvoll zu meistern, hatte Timofej Konstantinowitsch alle Mitarbeiter des medizinischen Bereiches hinter sich.

Wie viele neue, außerordentlich schwierige Probleme würde Gnedasch mit der Verwundung von Myschljakewitsch zu meistern haben! Man mußte kein Arzt sein, um das zu begreifen. Die Verwundung war mehr als schwer, und unser Lazarett verfügte lediglich über die einfachsten Mittel. Hinzu kam noch, daß es an vielen Medikamenten mangelte. Unsere ganze Hoffnung ruhte auf dem Können und dem Willen des Chirurgen. Aber auch die besten Ärzte hielten den Tod nicht auf, wenn er unvermeidlich war. Hatte Myschljakewitsch den Transport ins Lazarett überstanden? War er vielleicht auf dem Operationstisch gestorben?

Als ich nach etwa zwei Tagen in Lessograd eingetroffen war, schickte ich nach Timofej Konstantinowitsch. Bald darauf kam ein Mann um die Fünfzig, von mittlerem Wuchs, mit einem ebenmäßigen, runden Gesicht und dichten, kurzgeschorenen Haaren, in denen noch keine graue Strähne schimmerte, in die Erdhütte. Das war Doktor Gnedasch.

»Er lebt, noch lebt er, aber die Situation ist kritisch«, sagte er auf meine Frage, wobei er sich setzte. »Ich habe vieles gesehen, aber ich bekam doch eine Gänsehaut, als man bei Myschljakewitsch den Verband entfernte. Der ganze untere Gesichtsteil war eine einzige klaffende Wunde. Vom Kiefer war lediglich links ein Knochenstück mit drei Zähnen übriggeblieben, die halbe Zunge fehlte. Die Halsgefäße waren offen, und er hatte viel Blut verloren. Wir haben natürlich alles in unseren Kräften Stehende getan: die Wunde versorgt, die Blutung zum Stillstand gebracht und eine Kanüle zur künstlichen Ernährung eingeführt. Den rechten Arm haben wir erst einmal geschient, er braucht Ruhe.«

»Besteht Hoffnung, Timofej Konstantinowitsch?«

»Wir sind verpflichtet, zu hoffen. Inwieweit unsere Hoffnungen real sind, werden die nächsten Tage zeigen. Der Verwundete ist stark geschwächt. Für mich ist es notwendig, daß der Organismus dem Tod Widerstand leistet, daß er zum Verbündeten der Mediziner wird! Und danach ...« – Gnedasch hielt einen Augenblick inne – »danach kommt das Schwierigste. Nehmen wir an, daß der Organismus von Myschljakewitsch den Tod besiegen wird. Und weiter? Man kann keinen Menschen aus dem Lazarett entlassen mit einem riesigen Loch an Stelle des Mundes, als einen Invaliden, der nicht fähig ist, sich normal zu ernähren und zu sprechen. Man muß also bei Myschljakewitsch mehrere plastische Operationen vornehmen. Doch Sie wissen selbst, daß die Möglichkeiten dafür bei uns mehr als begrenzt sind! Ich zerbreche mir bereits den Kopf über eine Unmenge äußerst spezieller Fragen.«

»Ich verstehe, Timofej Konstantinowitsch. Aber Sie haben, wie man so sagt, auch die Trümpfe in der Hand. Suchen Sie! Unternehmen Sie das Wagnis! Ich wünsche Ihnen Erfolg und bin davon fest überzeugt. Sie haben völlig recht: Es nutzt nichts, Myschljakewitsch nur zu retten, er muß geheilt und arbeitsfähig gemacht werden. Damit erfüllen wir nicht nur unsere Pflicht gegenüber Antonytsch, dem Familienvater und guten Minenleger. Vergessen Sie nicht, daß jede Rückkehr eines Schwerverwundeten ins Leben auch eine gewaltige moralische Unterstützung für alle Partisanen bedeutet. Ein Kämpfer handelt sicherer und kühner, wenn er weiß, daß man ihm wieder auf die Beine hilft, wenn ihm ein Unglück zustößt.«

»Wir werden uns bemühen, alles nur Menschenmögliche zu tun.«

»Darf ich Myschljakewitsch besuchen?«

»Nein, es ist noch zu früh. Auch die Frau und die Tochter lassen wir nicht zu ihm, damit sie ihn nicht aufregen. So, und jetzt gehe ich zu ihm, wir werden ihn verbinden.«

»Ich wünsche nochmals Erfolg! Und halten Sie mich bitte auf dem laufenden.«

Gnedasch kehrte ins Lazarett zurück, zog den Kittel über und desinfizierte sich die Hände. Man stellte die Trage mit dem verwundeten Minenleger auf den Operationstisch. Um ihn herum standen bereits die Ärzte Kriwzow und Grigorjew sowie die Krankenschwestern.

Das Befinden von Myschljakewitsch war nicht besser als am Vortag. Man nahm den Verband ab. Der Chirurg besah sich aufmerksam die Wunde. Der Ausfluß war gering, die Wundränder waren in einem befriedigenden Zustand, doch sie mußten an manchen Stellen gereinigt werden. Das eigentliche Unglück bestand aber darin, daß der Partisan infolge der Schmerzen, des Blutverlustes und der schweren nervlichen Erschütterung stark geschwächt war.

Jeden Tag kam er auf den Operationstisch. Aber nicht nur während des Verbandwechsels galt Myschljakewitsch alle Aufmerksamkeit. Am Bett des Verwundeten hielten Krankenschwestern Tag und Nacht Wache, mehrmals kamen auch die Ärzte zu ihm. Der Minenleger hatte Schüttelfrost, und man wechselte ihm häufig die Wärmflasche. Zur vorläufigen Ernährung bereitete man für Pawel Antonowitsch Brühe sowie flüssigen Hirse- und Mehlbrei vor, ständig wurden für ihn Milch und Eier bereitgehalten. Stets verspürte der Verwundete Fürsorge, Freundlichkeit und Aufmerksamkeit. Nach und nach brachte man ihm bei, daß er leben, daß er wieder normal sprechen, sich ernähren und arbeiten werde.

Schließlich war die Krise überwunden, und der Verwundete wurde zusehends kräftiger. Gnedasch war der Auffassung, daß er in den nächsten ein bis zwei Tagen die erste Operation vornehmen könne. Die Hauptschwierigkeit bestand darin, daß bei Myschljakewitsch der Unterkiefer fast völlig weggerissen worden war. Im Volksmund heißt es richtig: »Wenn nur die Knochen da sind, das Fleisch kommt dann auch!« Doch es war kein Knochen da ... Um bei dem Verwundeten die untere Gesichtshälfte wieder herzurichten, bedurfte es vor allem einer Prothese, die den Kieferknochen ersetzte. Die bevorstehende Arbeit war ohne ein festes Gestell undenkbar, doch woher sollte man es nehmen? Hier brachte man es einem nicht aus der Werkstatt, blendendweißen, blank geschliffenen Plast, der genau angepaßt worden war! Hier brachte man überhaupt nichts.

Doktor Gnedasch dachte all diese Tage darüber nach, wie er verfahren sollte und wo ein Ausweg zu finden wäre.

Schließlich wandte er sich an den Starschina des Med.-Punktes, Gorobez, der gerade ein Fuhrwerk mit Lebensmitteln entlud.

»Ich brauche einen dünnen Eisenstab«, erklärte Timofej Konstantinowitsch.

»Was für einen Durchmesser soll er haben und welchen Querschnitt – rund oder quadratisch?« erkundigte sich Gorobez, als ob er ein großes Angebot an Eisen hätte.

»Ja, ungefähr so«, antwortete Gnedasch und wies dabei auf einen Splint an der Wagendeichsel.

»Wenn es weiter nichts ist! Gleich sägen wir ein Stück ab.«

Timofej Konstantinowitsch machte sich daran, aus dem abgesägten Stück ein Gestell zu fertigen. Er bog den Stab und sägte das Überflüssige ab. Doch wie nun weiter? Nein, selbst nach der sorgfältigsten Desinfektion konnte man das Eisen auf keinen Fall in die offene Wunde einführen. Eine Oxydation des Metalls wäre unvermeidlich, und dann folgten Gewebeentzündung, Infektion, Sepsis.

Gnedaschs Blick fiel zufällig auf einen in der Nähe liegenden Gummikatheter. Und wenn man ...? Bereits nach einer Minute zog er das elastische Röhrchen auf den gebogenen Stab auf. Es ging ausgezeichnet. Jetzt konnte man das Gestell sterilisieren, und die Gummienden zu beiden Seiten würden helfen, das Gestell besser zu befestigen. Damit war das erste Problem gelöst, doch wie viele blieben für Doktor Gnedasch noch ungelöst!

Der Operationstag brach an.

»Alles vorbereitet!« meldete Kriwzow dem Chefchirurgen.

Myschljakewitsch lag bereits auf dem OP-Tisch und war von allen Seiten mit Mull bedeckt worden. Ihm durfte keine Narkose gegeben werden; im Lazarett gab es nur Äther, dessen Anwendung bei Kiefer- und Gesichtsoperationen nicht empfehlenswert ist. Um die Schmerzempfindlichkeit bei Myschljakewitsch zu dämpfen, gab man ihm ein Glas starken Selbstgebrannten.

Kriwzow und Grigorjew, die als Gnedaschs Assistenten fungierten, waren aufgeregt. Den Operationsschwestern Anja, Lida und Walja ging es ebenso. Vielleicht war auch Timofej Konstantinowitsch innerlich erregt, doch seinem Gesicht merkte man nichts an. Mit gewöhnlicher, leiser und ruhiger Stimme bat der Chirurg, den Verband von Myschljakewitsch abzunehmen.

»Alles normal«, bemerkte Gnedasch, nachdem er das Operationsfeld untersucht hatte. »Beginnen wir mit der Zunge, solange der Zugang zu ihr noch offen ist.«

Der Operationsplan war den Assistenten und Krankenschwestern gut bekannt, alle wußten, was sie zu tun hatten. Sie zogen beim Patienten soweit wie möglich den Zungenstumpf heraus. Das Skalpell von Gnedasch schnitt den Stumpf schnell von den Seiten her ein, und zwar vom hinteren Teil zum vorderen. Danach drehte der Chirurg jedes Stückchen um hundertachtzig Grad und verband sie miteinander. Eine Naht, eine zweite, eine Quernaht ... An manchen Stellen wurde gerichtet und wieder geschnitten. Schon hatte Myschljakewitsch an Stelle des Stumpfes eine Zunge. Sie war zwar blutig und schmal, aber dafür von ganz normaler Länge, und sie würde noch etwas in die Breite gehen.

»Gut ... Jetzt wollen wir die Prothese einsetzen«, sagte Gnedasch.

Den mit einem Gummi umgebenen Stahlbügel befestigten sie an den Resten der Kieferknochen. Doch bevor man das Gestell mit Muskeln und Haut versah, mußte man dem Patienten eine Mundöffnung herrichten und ihm eine Unterlippe fertigen. Das Muskelgewebe mit der Schleimhaut konnte man von den verbliebenen Resten der Wangen nehmen.

»Skalpell! ... Kleine Schere! ... Klemmen! ... Nadel!« forderte Gnedasch.

Sie schafften es kaum, ihm die Instrumente so schnell zuzureichen. Ununterbrochen bewegten sich die Finger des Chirurgen. Noch eine Naht – und die Lippe war fertig.

Danach begann Timofej Konstantinowitsch mit dem aufwendigen virtuosen »Montieren« des Kinns und alles übrigen, was dem entstellten Gesicht des Minenlegers fehlte. Die Haut- und Muskelgewebe des Halses wurden nach oben gezogen und die Gewebe von den Backenknochen nach unten. Man setzte Hautlappen aus der Brust von Myschljakewitsch ein und legte jeden nicht abgestorbenen Zentimeter Muskeln und Knochenhaut an die Wundränder. Alles wurde ineinandergefügt, angepaßt und genäht, nach und nach die Prothese bedeckt und ein Kinn herausgebildet.

Die Assistenten und Schwestern sahen sich wie betäubt vor Begeisterung an. Noch niemals war es ihnen vergönnt, eine solch komplizierte und dabei so glänzend ausgeführte Operation zu sehen! In ihren Augen erschien das fast wie ein Wunder.

Die mitreißende, meisterhafte Arbeit des Chirurgen dauerte nicht nur eine Stunde ... Schließlich reckte er sich, streifte die Handschuhe ab, und sich den Schweiß von der Stirn wischend, sagte er müde:

»Für heute ist es genug ... Legen Sie einen Verband an!«

Die Genossen beglückwünschten Gnedasch. Er winkte ab und meinte lediglich:

»Es ist zu früh, noch viel zu früh für Glückwünsche, noch muß vieles getan werden! Auch ist nicht bekannt, wie diese Operation ausgehen wird. Wir werden sehen, wie alles zuwächst und verheilt.«

Ein wenig später ging Kriwzow zum Chefchirurgen des Verbandes und sagte etwas verwirrt:

»Entschuldigen Sie, Timofej Konstantinowitsch, aber einiges kann ich einfach nicht begreifen. Am Institut haben wir das, wie man so sagt, nicht durchgenommen, und meine Praxis ist mehr als bescheiden ...«

»Fragen Sie, Mischenka, nur zu. Also, was ist Ihnen nicht klar?«

»Womit wird Myschljakewitsch kauen? Sie haben ihm die Zunge, eine Lippe, die Wangen und das Kinn wiederhergerichtet ... Der Mann hat wieder ein Gesicht. Doch wird die primitive, selbstgefertigte Prothese, genauer gesagt, das Gestell zur Befestigung der Gewebe, in der Lage sein, den unteren Kieferknochen zu ersetzen?«

»Mit der Zeit werde ich sicherlich dieses Gestell entfernen«, bemerkte Gnedasch.

»Um so mehr! Das heißt also, es bleiben lediglich weiche Gewebe zurück?«

»Nein, nicht nur weiche, sondern auch genügend harte. Sie haben sicherlich nicht darauf geachtet, wo ich die horizontalen Nähte angelegt habe! Genau über der Linie unseres Gestells ... Allmählich bilden sich hier harte Narben. Dort wurden auch Knochenhautgewebe und Knorpel eingesetzt. Und Knorpel wachsen bekannterweise schnell. Deshalb muß sich bei Myschljakewitsch über dem Gestell ein dermaßen harter Halbkreis bilden, daß die Stomatologen darauf eine Zahnprothese werden befestigen können. Natürlich wird Myschljakewitsch keine Nüsse mehr knacken können, aber normal ernähren wird er sich durchaus.«

»Sehr interessant, Timofej Konstantinowitsch! Was hat die plastische Chirurgie doch für gewaltige Möglichkeiten!«

»Die Natur hilft ihr dabei, die Mutter Natur! Der menschliche Organismus hat – wie jeder andere lebende Organismus – die erstaunliche Fähigkeit, sich zu erneuern und seine Funktionen wiederherzustellen. Die nächsten Tage werden zeigen, wie erfolgreich ich mich dieser Tatsache bedient habe. Doch, mein lieber Mischa, selbst beim größten Erfolg bleibt noch viel zu tun!«

Nach achtundvierzig Stunden entfernte man den Verband von Myschljakewitschs Gesicht. An manchen Stellen bluteten die Nähte, hier und da hatten sich die Gewebeteilchen schlecht angepaßt, doch das Gesamtbild war mehr als günstig. Es stand außerhalb allen Zweifels, die Operation war erfolgreich verlaufen.

»Alles geht gut, Pawel Antonowitsch!« sagte Gnedasch zum Minenleger mit einem Lächeln.

Und als Antwort hörten die Mediziner das erste Wort nach Myschljakewitschs Verwundung. Es war noch nicht ganz deutlich, aber völlig artikuliert:

»Dan-ke!«

Einen besseren Beweis dafür, daß die außerordentlich komplizierte Operation der Zunge gelungen war, konnte es nicht geben.

»Schweigen Sie, noch dürfen Sie nicht sprechen! Die Nähte platzen sonst!« Gnedasch drohte mit dem Finger.

Er machte sich gleich am Gesicht des Verwundeten mit einigen chirurgischen Handgriffen zu schaffen. Am Abend kam Timofej Konstantinowitsch zu mir geeilt, um mich an seiner Freude teilhaben zu lassen.

»Ich bin begeistert, ich verneige mich vor Ihnen, beglückwünsche Sie!« sagte ich. »Und ich füge noch ein Wort hinzu, das gleiche, das Sie von Myschljakewitsch gehört haben: Danke! Danke auch im Namen der Führung. Ich bin überzeugt, daß auch weiterhin alles erfolgreich verlaufen wird.«

»Offen gestanden, jetzt bin ich auch überzeugt. Das Wichtigste scheint getan zu sein.«

»Und wie sieht es mit dem Arm von Myschljakewitsch aus? Das ist doch sicher auch kompliziert.«

»Und ob! Der Schulterknochen ist von oben weggeschlagen worden, das ganze Oberteil ist weg. Der Knochen muß abgerundet und in das Gelenk eingepaßt werden. Der Arm wird zwar etwas kürzer, bleibt aber verwendungsfähig. Zum Glück ist das Nervengefäßbündel, das etwas tiefer unter der Achselhöhle verläuft, nicht angegriffen worden. Morgen werden wir die Operation vornehmen.«

Diese schwierige Operation führte Gnedasch ebenfalls erfolgreich aus. Während der Arm von Myschljakewitsch in Gips lag, wurde weiter am Gesicht und am Kiefer des Verwundeten gearbeitet. Das war eine außerordentlich komplizierte und präzise Arbeit, die große ärztliche Kunst erforderte.

Wieder einmal begab ich mich ins Lazarett, um nach Pawel Antonowitsch zu sehen. Gemeinsam mit Gnedasch gingen wir zu ihm ins Zelt. Dort bot sich uns folgendes Bild:

Myschljakewitsch saß im Bett und kaute ein Stück Brot. Bei ihm waren seine Frau Anna Jossifowna und die zehnjährige Tochter Tamara, in eine Unterhaltung vertieft. Als der Minenleger mich gesehen hatte, sagte der Genesende militärisch exakt:

»Ich wünsche Gesundheit, Alexej Fjodorowitsch.«

»Das gleiche wünsche ich Ihnen aus vollem Herzen und guten Appetit!«

»Begreifen Sie das, er fordert Brot und basta«, stellte Gnedasch erfreut fest. »Offensichtlich hängt ihm unsere Diät zum Halse heraus! Man gab ihm als Versuch ein Stück weiches Brot – er kaut und genießt es. Und vor allem – die Bewegungsfunktionen der Kiefermuskeln werden wiederhergestellt!«

»Und er kaut gut«, bemerkte die Frau von Myschljakewitsch, wobei sie mir einen etwas verwirrten Blick zuwarf.

Anna Jossifowna und ich hatten ein kleines Geheimnis. Unmittelbar nach der Verwundung hatte die schmerzgebeugte Frau jegliche Hoffnung verloren, daß er am Leben bliebe, und beweinte ihn bereits wie einen Toten. Doch plötzlich wandte sie sich an mich mit Beschwerden über Gnedasch: »Er heilt ihn schlecht« – »das geht ziemlich langsam« – »befehlen Sie ihm, die Heilung voranzutreiben«. Ich erklärte ihr, daß hier keinerlei Befehle halfen, daß unser Chirurg auch so fast Unmögliches tat. Sie begriff und bat, Timofej Konstantinowitsch nichts von ihren Einwänden zu sagen. Jetzt sah sie mich unsicher an. Ihre glücklich strahlenden Augen blickten auf den Mann, und ein warmer, dankbarer Blick galt auch Gnedasch.

Völlig unerwartet brach ein neues Unglück herein. Eine kleine Gruppe von Partisanen mit dem Kommandeur des 6. Bataillons, Fjodor Krawtschenko, begab sich zum Stab des Verbandes. Bei ihnen war auch unser junger Arzt Michail Kriwzow, der von einer weitab gelegenen Kommandierung nach Lessograd zurückkam. Die Gruppe geriet auf der Straße in einen Hinterhalt der Bandera-Leute. Die Partisanen wurden mit einem Kugelhagel überschüttet, und zwar auf die gemeine Art der Bandera-Leute: Man schoß ihnen in den Rükken. Auf der Stelle getötet wurde Wladimir Illarionowitsch Bondarenko, unser hervorragender Sprengmeister, der in einem Monat elf Züge in die Luft gesprengt hatte. Kriwzow war schwer verwundet.

Wir kannten noch keine Einzelheiten. Lediglich von Drushinin, der sich im Dorf Beresitschi befand, wohin man den Verwundeten gebracht hatte, kam eine kurze Nachricht, wonach sich Timofej Konstantinowitsch unverzüglich dorthin begeben sollte.

Nachdem er die Instrumente und einige Medikamente eingepackt hatte, fuhr er mit der Operationsschwester Anna Subkowa sofort los. Bis Beresitschi waren es fünfundzwanzig Kilometer. Als Gnedasch dort ankam, gab sein junger Kollege fast kein Lebenszeichen mehr von sich. Die Untersuchung ergab eine undeutliche Bauchverwundung. Außerdem hatte Kriwzow sehr viel Blut verloren.

In einer engen Hütte, beim Licht einer blakenden Petroleumlampe, operierte Timofej Konstantinowitsch, wobei er zeitweise buchstäblich mehr fühlte als sah. Die im Blut schwimmende Leber wurde genäht und der von Kugeln durchschlagene Magen tamponiert. Doch würde dies Kriwzow das Leben retten?

In der Nacht fand Gnedasch keinen Schlaf. Er lauschte auf das schwache, stoßweise Atmen von Mischa und dachte die ganze Zeit darüber nach, wie er zu retten wäre ... Bluttransfusion? Ja, nur so! Und wenn es nur hundertfünfzig bis zweihundert Kubikzentimeter waren. Auch bei größten Blutverlusten hält der Organismus noch einen gewissen Teil zurück. Neues, frisches Blut bringt diese Reserve in Bewegung. Doch wo sollte man Spender und einen Transfusionsapparat hernehmen? Apparaturen gab es weder hier noch im Lazarett. Eine Transfusion war damals auch für Myschljakewitsch notwendig gewesen. Übrigens war ein Spender nicht erforderlich. Er selbst würde Michail Blut spenden; es konnte für alle Gruppen verwendet werden. Aber wie die Transfusion vornehmen? Plötzlich kam dem Chirurgen ein glücklicher Gedanke.

Kaum zog die Morgendämmerung herauf, als Timofej Konstantinowitsch Anna Subkowa weckte und ihr gebot, Wasser zu kochen. Lange wusch er ein Glas aus, dann desinfizierte er es, so gut es ging.

»Anja, nimm die Kanüle von der Spritze und stoße sie hier 'rein!« bat Gnedasch, nachdem er den Ärmel seines Kittels umgekrempelt und auf die Vene gewiesen hatte.

Die Schwester war aufgeregt. Da nahm Timofej Konstantinowitsch selbst die Kanüle und stieß sie sich in den Arm. Durch die Kanüle schoß ein dünner Blutstrahl, der langsam das Glas füllte. Hauptsache, es gerinnt nicht! Alles, nur das nicht! dachte Gnedasch.

»Womit soll nun die Transfusion erfolgen?« fragte Anja erstaunt.

»Mit der Spritze, mit unserer Spritze ...«

»Das sind doch nur zwanzig Gramm!«

»Und zehnmal zwanzig Gramm ergibt wieviel?«

Zehnmal füllten sie die kleine Spritze mit Blut, und genauso viele Male stießen sie die Spritze in die erschlafften Venen von Doktor Kriwzow. Natürlich war das mehr als primitiv! Jedoch wurde das Ziel erreicht. Bereits nach ungefähr einer halben Stunde kehrte das Bewußtsein des Verwundeten zurück, sein Puls verbesserte sich.

Einige Tage war Kriwzow transportunfähig. Timofej Konstantinowitsch nahm eine zweite Operation vor und wich nicht von seinem Krankenlager. Der Zustand von Michail Wassiljewitsch besserte sich ein wenig.

In all diesen Tagen klopften Bäuerinnen leise, bis spätabends, ans Fenster.

»Hier, wir haben Ihrem Verwundeten Eier und Milch gebracht.«

Rings um das Haus standen zwanzig mit MPi bewaffnete Partisanen und bewachten es vor einem Überfall der Bandera-Leute. Notwendigenfalls hätte ich auch eine Kompanie dorthin geschickt! Kriwzow überlebte, er kam wieder zu Kräften. Und für Timofej gab es noch eine Freude: Man hatte schließlich die einfachste Art der Bluttransfusion gefunden! Es ist tatsächlich so: Ein Unglück kann auch zum Glück verhelfen! Mit Hilfe einer Spritze begann man im Lazarett auch bei anderen Verwundeten die Bluttransfusion vorzunehmen. Man wählte eine Gruppe von Blutspendern aus dem medizinischen Personal aus; sie waren immer zur Hand. Die Technik der Transfusion wurde von Gnedasch etwas vervollkommnet. Man praktizierte sie jetzt mit Hilfe zweier Kanülen: Mit der einen wurde das Blut entnommen, während man es mit der anderen übertrug. Die Spritze transportierte es lediglich weiter, wobei sie mal mit der einen, mal mit der anderen Kanüle verbunden wurde.

Danach wurden Bluttransfusionen nicht nur in solch kritischen Fällen wie bei Kriwzow vorgenommen. Häufig erfolgte eine Blutübertragung auch in kleinen Mengen, um das Heilen von Wunden bei Genesenden zu beschleunigen.

»Eine sehr effektive Methode! Man wendet sie weitgehend in den Armeelazaretten an. Doch das Beste, was die Medizin zu bieten hat, muß man auch für ein Partisanenlazarett übernehmen«, sagte Timofej Konstantinowitsch.

Viele unserer Ärzte konnten sich nicht entschließen, Gipsverbände bei gebrochenen Extremitäten anzulegen, da sie befürchteten, daß die Wunden später zu eitern begannen.

»Das wird nicht der Fall sein, wenn man die Wunde gut versorgt. Wir haben kein Recht, den Gips abzulehnen!« behauptete Gnedasch.

Er brachte unseren Bataillonsmedizinern bei, wie man Wunden am besten behandelte und wie feste Verbände anzulegen waren. Auch viele andere Dinge lehrte er. Im Lazarett begann man, wissenschaftlich-praktische Konferenzen zu den aktuellsten Fragen, verbunden mit Vorlesungen, Demonstrationen charakteristischer Beispiele und einem umfassenden Erfahrungsaustausch, durchzuführen. Solche Konferenzen waren für die Partisanenärzte, die sich an die zwei Jahre im feindlichen Hinterland befanden, sehr nutzbringend. Ob sie wollten oder nicht, sie entwöhnten sich der Wissenschaft, sie wußten auch nichts über viele neueste Errungenschaften der praktischen Medizin.

Gnedasch setzte sich nicht im Lazarett fest. Sowie es Tage gab, die seine Anwesenheit nicht notwendig machten, fuhr Timofej Konstantinowitsch zu den Bataillonen. Dort führte er Konsultationen mit den Ärzten durch und operierte nicht selten die Patienten selbst.

Die Kunde davon, daß wir einen bedeutenden Chirurgen hatten, erreichte schnell die benachbarten Partisanenverbände und -abteilungen. Von dort wandte man sich ständig um Hilfe an Timofej Konstantinowitsch. Auch zur Ausheilung brachten die Nachbarn ihre Verwundeten häufig zu uns. Doch wie sollte man einen Verwundeten transportieren, wenn der Fall besonders schwer war?

Einmal kam gegen Abend aus einem etwa vierzig Kilometer von unserem Lager entfernten Dorf der Kommandeur der Partisanenabteilung, Viktor Karassew, zu uns geritten. Ich konnte schon von seinem Gesicht ablesen, daß beim Nachbarn irgendein Unglück passiert war.

»Unser Kommissar ist verwundet«, teilte Karassew mit. »Vor sechs Tagen hat ihn eine MG-Garbe niedergestreckt ... Es geht ihm immer schlechter! Michail Iwanowitsch stirbt ...«

»Und warum sind Sie dann erst jetzt erschienen?«

»Ach, reden wir nicht davon, Alexej Fjodorowitsch! Wir

hatten auf unsere eigenen Kräfte gesetzt, natürlich umsonst. Vielleicht ist es aber auch noch nicht zu spät! Ich habe gehört, daß Ihr Chirurg fähig ist, Wunder zu vollbringen.«

Bald darauf ritten Gnedasch und Karassew mit einer Bewachung davon. Es verging ein Tag, ein zweiter und ein dritter – Timofej Konstantinowitsch kam nicht. Was hatte das zu bedeuten? Endlich brachte man ihn heil und unversehrt zurück.

»Es war ein schwerer Fall, doch das wichtigste ist, man hatte ihn verschleppt«, begann Gnedasch zu erzählen. »Übrigens ist mir auch eine nicht gerade angenehme Sache passiert. Seit meiner Kindheit hatte ich nicht mehr auf einem Pferd gesessen, doch hier jagte man uns, was das Zeug hielt. Also, ich war nicht mehr in der Lage, allein vom Pferd zu steigen, die Karassew-Leute mußten mich herunterheben. Aber darum geht es nicht! Ich ging zum Verwundeten, und mir bot sich folgendes Bild: Da lag Michail Iwanowitsch ohne einen Tropfen Blut im Gesicht. Er stöhnte, links und rechts von ihm sah ich je eine Pistole liegen. Eine, so stellte sich heraus, war für den Arzt bestimmt, wenn der ihm noch mehr Schmerzen bereitete, und die andere für sich, um sich auf der Stelle zu erschießen ...‹

»Das kann doch nicht sein!« entfuhr es mir. »Ich kenne Filonenko recht gut ...«

»Aber Sie wissen nicht, Alexej Fjodorowitsch, was sechs Tage ununterbrochene, immer stärker werdende Schmerzen aus einem Menschen machen können! Nun, ich bat Karassew natürlich, die Pistolen zu entfernen, und begann ohne besondere Zeremonien mit der Untersuchung. Es war eine schreckliche Wunde! Mehrere Kugeln hatten dem Kommissar den ganzen unteren Teil des Bauches durchschlagen, das Gedärm und die Harnblase durchlöchert. Alles war schrecklich entzündet. Offen gestanden, ich begreife bis jetzt noch nicht, wieso keine allgemeine Infektion eingetreten ist. Es mußte geschnitten, genäht und geflickt werden ... Die Arbeit eines Chirurgen ist ja oftmals wie bei einem Schneider.«

»Wie fühlt sich Filonenko?«

»Besser, unvergleichlich besser. Die Temperatur ist gesunken, die Schmerzen haben nachgelassen. Ich hoffe, daß er durchkommen wird! Natürlich muß man noch bei ihm vorbeischauen. Sie haben nur einen Therapiearzt, dazu einen noch nicht einmal besonders erfahrenen.«

Michail Iwanowitsch Filonenko genas, nahm seinen Dienst wieder auf und fühlte sich ausgezeichnet.

Alle unsere medizinischen Mitarbeiter fuhren regelmäßig in die Dörfer zur ambulanten Behandlung der Ortsansässigen. Auch Gnedasch hielt es so. Da er neu in dieser Gegend war, überraschte ihn vieles, womit er in Berührung kam. Ich erinnere mich, wie Timofej Konstantinowitsch einmal zu mir sagte:

»Zweihundert Jahre Zarismus und zwanzigjährige Macht der Pans haben die Bevölkerung Wolyniens faktisch in einen solchen Zustand versetzt, wo das Aussterben beginnt. Was bekommt man hier nicht alles zu Gesicht! Vererbte Tuberkulose, chronische Bauchentzündungen und -krankheiten, Hauterkrankungen, eine Vielzahl von Leiden infolge Unterernährung. Und erst die Kinder! Das Herz krampft sich bei ihrem Anblick zusammen! Rachitisch, blaß, aufgedunsen ... Und wie niedrig ist das Niveau der Hygiene. Überall Schmutz, und überall trinkt man das abscheuliche Sumpfwasser.«

»Konnte denn die Sowjetmacht in den anderthalb Jahren etwa viel verändern?«

»Ich verstehe. Man hatte gerade erst begonnen, die medizinische Versorgung in Gang zu bringen. Das Unglück liegt auch noch darin, daß man sowohl unter dem Zaren als auch bei den Pans der Bevölkerung eingetrichtert hatte, ärztliche Hilfe zu meiden. Heute habe ich zum Beispiel eine alte Frau in Kuchotskaja Wolja operiert. Es handelte sich um eine eitrige Knieschleimbeutelentzündung. Zuerst lehnte sie eine Operation von vornherein ab: ›Nicht notwendig, nicht notwendig, Pan Doktor, außerdem habe ich nichts zum Bezahlen!‹ Mit Mühe haben wir ihr klargemacht, daß keinerlei Bezahlung gefordert wird.«

»Sagen Sie, Doktor, wäre es nicht besser, die kompliziertesten Operationen bei den Bauern hier im Lazarett auszuführen? Wir könnten jeweils zwei oder drei Personen unterbringen.«

»Das werden wir tun, eine ausgezeichnete Sache! Meinerseits kann ich das nur begrüßen.«

Und so tauchten im Lazarett neben den Partisanen Zivilisten auf. Ihnen – wie jedem Verwundeten oder Kranken – widmete Doktor Gnedasch viel Zeit und Aufmerksamkeit.

Bei der ersten Bekanntschaft glaubten die Zivilisten gewöhnlich nicht, daß Timofej Konstantinowitsch selbst aus einer Bauernfamilie – und dazu noch einer sehr armen – stammte. Und wie groß war erst ihr Erstaunen, wenn sie erfuhren, daß dieser uneheliche Sohn eine zweifache Hochschulausbildung erhalten hatte, zuerst eine pädagogische und dann die medizinische.

»Und mit wessen Geld?« fragten sie.

»Na, ohne Geld! Die Sowjetmacht bildet kostenlos aus.«

Die Leute wollten es nicht glauben. Sie begannen erst daran zu glauben, als sie den Doktor näher kennengelernt hatten. Er sprach mit den Leuten auf einfache, bäuerliche Art. Gemeinsam mit ihnen konnte er eine alte Weise singen und in Gesellschaft auch ein Gläschen Selbstgebrannten trinken.

In einem Dorf überzeugten sie sich eines Tages endgültig von der bäuerlichen Herkunft Gnedaschs. Unser Chirurg sah, wie neben einer Hütte zwei Männer mit Dreschflegeln Getreide droschen. Bei ihnen war eine junge Frau, offensichtlich im letzten Monat der Schwangerschaft. Der Doktor beschämte die Männer und sagte ihnen, daß man die junge Frau von einer so schweren Arbeit befreien müsse.

»Und wer nimmt an ihrer Stelle den Dreschflegel? Wir haben keine Knechte!« antwortete ein älterer Mann böse.

»Na, ich kann das ja auch tun!« Gnedasch zuckte mit den Schultern, schob die junge Frau zur Seite, nahm den Dreschflegel und begann, ihn wie ein echter Bauer zu handhaben. Nein, so konnte kein Pan Getreide dreschen!

Es bleibt hinzuzufügen, daß die Familie die junge Frau von allen schweren Hausarbeiten befreite, daß Gnedasch ihren Erstgeborenen ans Licht der Welt brachte, wobei er diesmal als ausgezeichnete Hebamme gewirkt hatte, und daß unser Doktor jetzt in dieser Familie als Ehrengevatter betrachtet wurde.

Ja, wir hatten im Partisanenverband einen prächtigen Chirurgen. Er führte im Lazarett sogar solche Behandlungen durch wie Massagen, Bäder und Heilgymnastik, aber das hieß bei weitem nicht, daß bei unserem medizinischen Dienst alles wie am Schnürchen lief. Man hatte es mit gewaltigen Schwierigkeiten zu tun. Die Spezifik der Arbeit im feindlichen Hinterland machte sich dort recht deutlich bemerkbar. Im Unterschied zu den Medizinern der Armee verspürten unsere einen ständigen Mangel selbst am Notwendigsten.

Einmal kam der Leiter der Lazarettapotheke, Selik Abramowitsch Jossilewitsch, zu Gnedasch und erklärte ihm, daß er nur noch insgesamt fünf Kilo Watte habe.

»Wir werden eine noch strengere Einteilung vornehmen«, versprach der Chirurg.

Aber wie man auch sparte, die Watte wurde immer knapper. Flugzeuge vom »Großen Land« waren nicht zu erwarten. Was tun? Über das unerwartet aufgetauchte »Watteproblem« zerbrachen sich alle den Kopf. Ich war immer der Ansicht, daß unter den Verbandmaterialien Binden das wichtigste seien und man Watte durch irgend etwas ersetzen könne. Gerade das Gegenteil ist jedoch der Fall. Binden konnte man aus beliebigem Material schneiden, angefangen von Fallschirmseide bis hin zu grob gewebten Tüchern; sie ließen sich auch mehrmals waschen. Watte aber, speziell chirurgische Watte, konnte man weder waschen noch durch irgend etwas anderes ersetzen.

Unsere Mediziner versuchten, hanfleinene Kämmlinge zu verwenden. Doch sie eigneten sich nicht. Sie waren nicht hygroskopisch, da sie nicht entfettet waren, und saugten deshalb die Absonderungen von Wunden nicht auf. In dem Wunsch, der Not der Mediziner abzuhelfen, erinnerte ich Gnedasch daran, daß im Munitionsversorgungslager Watte sein mußte, in die die zerbrechlichen Teile der Waffen verpackt waren, die man uns an Fallschirmen abgeworfen hatte.

»Danke.« Timofej Konstantinowitsch lächelte. »Verpakkungswatte kann man als Kompressen verwenden, aber sie ist auch nicht hygroskopisch. Hier muß irgend etwas anderes gefunden werden. Suchen wir weiter!«

Die Gedanken des Chirurgen wandten sich immer häufiger der Natur zu, die ihn umgab. Schließlich gibt die Natur dem Menschen alles, was er braucht. Hatten die dichten wolynischen Wälder den Partisanenmedizinern nicht schon mehrmals aus der Klemme geholfen? Und ob sie das getan hatten!

Die Wilkinson-Salbe ging zu Ende. Wodurch sollte man sie ersetzen? Also wurden Birken angezapft und der Birkensaft mit gemahlenem unreinem Schwefel, den man irgendwo ergattert hatte, gemischt. Man erhielt eine ausgezeichnete Schwefel-Teer-Salbe. Die Kranken brauchten unbedingt Vitamine. Doch woher nehmen? Wir gaben den Leuten den Aufguß von Tannennadeln zu trinken, und wieder hatte uns der Wald geholfen. Den Schnee zur Gewinnung von destilliertem Wasser holten wir aus dem Wald. Die Beeren des Waldes wurden für Brei verwendet, und das Heu für Matratzen stammte ebenfalls aus dem Wald. Heu zieht die Feuchtigkeit gut heraus, es ist hygroskopisch, nur auf eine Wunde kann man es nicht legen; es ist spröde und hart. Und wenn wir es mit Moos probieren? überlegte Gnedasch. Ich glaube, ich habe es gefunden! Moos, das sind doch feinste, schmiegsame Fädchen, die die Feuchtigkeit aus dem Boden saugen. Man muß sie trocknen, aber so, daß sie nicht brechen, und dann in Mullsäckchen packen.

Timofej Konstantinowitsch sprang vom Bett und ging in der Erdhütte auf und ab. Hatte er wirklich eine Lösung gefunden? Man mußte es unbedingt ausprobieren. Doch es galt, den Morgen abzuwarten.

Am Morgen begaben sich mehrere Mitarbeiter aus dem medizinischen Bereich in das Waldesinnere. Unter dem Schnee hervor gruben sie verschiedene Moosarten aus. Nach der Rückkehr ins Lazarett ordneten sie die Stengel und breiteten sie zum Trocknen aus. Die Krankenschwestern machten sich daran, quadratische Mullstücke zu nähen.

Dann wurde das Mullsäckchen, prall gefüllt mit getrocknetem Moos, auf die Wunde gelegt und mit einer Binde umwikkelt. Das gesamte Lazarettpersonal wartete mit Ungeduld auf den nächsten Verbandwechsel. Alle bewegte nur eine Frage: Saugt es auf oder nicht?

Als nach vierundzwanzig Stunden die Binden abgenommen wurden, hörte man im Zelt begeisterte Stimmen:

»Es hat aufgesaugt! Es saugt auf! Hurra!«

Man mußte also Moos sammeln, aufbereiten und trocknen,

sich um die Säckchen kümmern. Doch das alles war eine Kleinigkeit, die Arbeit schreckte niemanden. Hauptsache, daß endlich das schwierige »Watteproblem« gelöst werden konnte.

Das Ereignis war so bedeutungsvoll, daß ich ins Lazarett ging, um die Ärzte und Schwestern zu beglückwünschen.

»Bald werden wir sicher lernen, Jod aus Reisig und Chloroform aus Ahornblättern zu destillieren!« sagte Gnedasch lachend. »Vorläufig ist auch Moos an Stelle von Watte eine große Hilfe. Wir werden das ein bis zwei Wochen praktizieren, dann berufen wir eine wissenschaftliche Konferenz ein. Wir werden den Ärzten in den Abteilungen alles berichten und zeigen. Sollen sie unsere Entdeckung bei sich einführen! Watte gibt es jetzt nirgends mehr.«

Wir gingen durch die Krankenzimmer und warfen auch einen Blick auf den Wirtschaftshof. Auf einer Freifläche, wo die Schneedecke festgetrampelt worden war, sägten zwei Genesende Holz. Hallo! Einer von ihnen war doch Pawel Myschljakewitsch!

»Arbeitstherapie! Er übt die Beweglichkeit des Armes«, erklärte Gnedasch.

»Na, wie sieht's aus, Genosse Myschljakewitsch?« fragte ich ihn.

»Danke, Alexej Fjodorowitsch! Man lebt, kaut Brot, arbeitet ein wenig und unterhält sich mit den Leuten. Was braucht ein Mensch noch, der, wie man sagen kann, bereits im Grab war?!«

Wie vielen solcher fast dem Tode geweihten Partisanen hatte Doktor Gnedasch das Leben wiedergegeben! Dreiundachtzig Prozent der Verwundeten, die durch unser Lazarett gingen, nahmen ihren Dienst wieder auf, etwa sechzehn Prozent schickten wir zur völligen Genesung ins »Große Land«, und lediglich etwas mehr als ein Prozent konnte nicht gerettet werden.

Einen wertvollen Beitrag zur Gefechtsbereitschaft unseres Verbandes leisteten die unversiegbare Energie von Doktor Gnedasch, seine organisatorischen Fähigkeiten und sein ärztliches Können.

Wir sahen Timofej Konstantinowitsch nicht nur als rüstigen, fröhlichen und lebensbejahenden Menschen. Später quälten ihn äußerst heftige Rheumaanfälle. Er hatte Fieber und ging an Krücken. Doch auch auf Krücken gestützt, stand der Partisanenarzt tapfer am Operationstisch und half den verwundeten Kämpfern mit seinem Skalpell.

Wir hatten viele gute Ärzte, doch ich kenne keinen, der es mit Timofej Konstantinowitsch aufnehmen konnte. Nach meiner Meinung war der Kommunist Gnedasch ein wahrhafter Ritter des Roten Kreuzes, edelmütig und aufopferungsvoll.

# Jarinas Grabstätte

Hinter der Eisenbahnlinie Kowel–Brest bis zum Grenzfluß Bug erstreckt sich ein ziemlich großes Stück sowjetischer Erde. Den südlichen Teil bildet der Rayon Schazk im Gebiet Wolynien. Das ist eine für die ukrainische Polessje typische Landschaft. Kieferngehölz und Eichenhaine werden von Sumpfniederungen abgelöst. Es gibt viele Seen und Flüsse. Von hier nimmt der wasserreiche Pripjat seinen Anfang.

Im ganzen Rayon gab es nicht eine Stadt. In den Dörfern und Vorwerken lebten Ukrainer, die sich seit mindestens zwanzig Jahren unter dem schweren Joch der polnischen Pans befunden hatten. Die Worte Gendarm, Großgrundbesitzer, Kulak, die unseren Kindern lediglich aus Büchern und Filmen bekannt waren, hatten hier bis 1939 noch ihre volle Gültigkeit. Doch die Menschen konnten sich nicht lange der Freiheit erfreuen … Krieg! Und nebenan die Grenze. Was Faschisten waren, erfuhren die Bewohner dieser Gegend bereits am zweiten Tag nach Kriegsbeginn.

Aber auch hier begann bald der Widerstand gegen den Feind. Der Volkskampf weitete sich schnell aus und wurde erbittert geführt. Davon legten vor allem die Gräber beredtes Zeugnis ab. Es gab ihrer viele. Das waren Gräber ortsansässiger Partisanen und Gräber von Faschisten, die den Tod durch eine Partisanenkugel gefunden hatten, Gräber von erschossenen Bauern ganzer Siedlungen und Gräber von Verrätern, die von den Bauern gerichtet worden waren.

Die Partisanen aus Schazk wurden als selbständige Kompanie in das 3. Bataillon unseres Verbandes aufgenommen. Sie zeigten uns auch die Grabstätte von Jarina, einen kleinen Hügel am Rande einer Lichtung. Alle, die Jarina kannten, erinnerten sich ihrer mit Zärtlichkeit und Schmerz.

Die Komsomolzin Jarina Smoljar leitete den Dorfklub in Kropiwniki. Als eine der ersten wurde sie Partisanin. Die kurze Erzählung über dieses Mädchen wird auch eine Erzählung über all jene sein, die am äußersten Westrand des Sowjetlandes ihre Waffen gegen die Faschisten erhoben.

Nachdem die Faschisten Kropiwniki eingenommen hatten, henkten sie am gleichen Tag den Kolchosvorsitzenden und setzten Stodon Ginailo als Starosta ein. Er war bereits im bürgerlichen Polen Starosta oder Vorsteher gewesen. In jenen düsteren Jahren hatte Ginailo mehrere Kommunisten und Komsomolzen des Ortes der Ochrana ausgeliefert, wofür er von einem sowjetischen Gericht bestraft worden war. Und dieser aus dem Gefängnis freigelassene Stodon war nun erneut der erste Mann für die Einwohner von Kropiwniki.

»Einer hängt bereits! Bald werden wir euch alle aufspüren!« sagte der Starosta, wobei er die Dorffunktionäre ansah.

Nicht wenige Einwohner des Ortes waren zu Zeiten Piłsudskis und Rydz-Śmigłys Mitglieder der illegalen Kommunistischen Partei und des Komsomol der Westukraine. Als sich die Sowjetmacht bis zum Bug hin festigte, standen sie in der ersten Reihe beim Aufbau eines neuen Lebens. Nichts Gutes für sich konnten der stellvertretende Kolchosvorsitzende Afanassi Begas, der Komsomolsekretär Iwan Schepelja, der Sekretär des Dorfsowjets, Jewgenia Bojartschuk, der Leiter des Dorfmagazins, Mark Smoljar, und seine Tochter Jarina, der Kommunist Denis Suchezki, die Brüder Rupinez, Nikolai Kosak, Nikolai Sulim, Bestarbeiter im Kolchos – und nicht nur sie – von den Faschisten erwarten.

Die SS-Leute durchschnüffelten die Nachbardörfer auf der Suche nach »Roten«. Und immer unheildrohender lachte der treue Lakai der Okkupanten, Starosta Ginailo.

Diejenigen, denen die Freiheit teuer war und die zu ihrer Verteidigung bereit waren, mußten in den Wald gehen und zur Waffe greifen. Mit Afanassi Begas sammelten sich die ersten fünfzehn Mann im undurchdringlichen Dickicht und gruben sich Erdhütten. Doch sie hatten keinerlei Waffen, und ohne Waffen waren sie keine Partisanenabteilung. Mit der

Axt, der zur Jagd bestimmten Zwillingsflinte und dem Eichenknüppel konnte man nicht auf einen Faschisten losgehen!

Für die in unseren westlichen Grenzgebieten sporadisch entstandenen ersten antifaschistischen und Partisanengruppen erwies sich die Lage als außerordentlich schwer. Die Partei- und Staatsorgane hatten es nicht geschafft, hier die Illegalität vorzubereiten, Stützpunkte anzulegen und die Kräfte zu verteilen, wie das in den weiter von der Grenze entfernten Gebieten der Fall war. Unter den Kommunisten und Komsomolzen, die sich im feindlichen Hinterland befanden, gab es jedoch viele gute Organisatoren. Unerschütterlich glaubten die Leute daran, daß man ihnen über die Front und die Köpfe der Eroberer hinweg helfen werde.

»Waffen in Besitz zu bekommen, das müssen wir selbst tun«, sagte Afanassi. »Man muß eben losgehen und sich umschauen, wo sie sind. Und nicht nur Waffen, sondern auch kampfbereite Leute muß man ausfindig machen. Sind in den anderen Dörfern keine Partisanen? Zusammen handelt es sich doch besser.«

Sie begannen mit der Aufklärung. Auch Jarina Smoljar ging durch die Dörfer und Vorwerke. Dieses kluge, anmutige Mädchen konnte beobachten und Fragen stellen. Sie war hartnäckig, aber auch wachsam. Es waren keine guten Nachrichten, die sie brachte. Überall wüteten die deutschen Okkupanten, die Polizei und die Bandera-Leute. Mancherorts kamen die Großgrundbesitzer bereits zurück. Und Waffen? In der Nähe hatte es keine großen Kämpfe gegeben. Davon, daß sich die Leute irgendwo Gewehre und Patronen beschafft hatten, war nichts zu hören. Lediglich die Faschisten und die Polizisten waren bewaffnet, die Bandera-Leute natürlich auch. Sollte man sie ihnen vielleicht wegnehmen?

Einmal kehrte Jarina freudig und erregt ins Lager zurück und stürzte gleich auf den Vater zu. »Ich habe Stepan Jakowlewitsch Schkoworoda gesehen … Er ist gesund und munter und trug mir auf, dich zu grüßen. Auch will er mit dir sprechen.«

»Woher ist er denn aufgetaucht? Unmittelbar vor dem Krieg war Stepan nach Kiew gefahren; er dürfte es kaum geschafft haben, nach Hause zu kommen.«

»Und nun hat er sich eingestellt! Wird er mir etwa erklären – wie und warum? Er will, Väterchen, daß du morgen abend zum Chutor, zu Onkel Semjon kommst ... ›Übermittle‹, sagte er, ›in einer wichtigen Sache.‹«

Der von hier stammende Kommunist Stepan Schkoworoda arbeitete vor dem Krieg als Leiter des Magazins in Schazk. Mark Smoljar aus Kropiwniki kannte ihn gut. Es stellte sich heraus, daß das Zentralkomitee der Kommunistischen Partei der Ukraine Stepan Jakowlewitsch und mehrere andere Genossen über die Frontlinie in die heimatlichen Orte geschickt hatte, um die antifaschistische Illegalität und eine Partisanenabteilung zu organisieren. Einiges vermochte die Gruppe zu tun. Man hatte im Rayon an die zwei Dutzend zuverlässige Leute ausgewählt und die Verbindung zu ihnen hergestellt. Ein erstes Flugblatt mit einem Aufruf an die Jugend, den Versprechungen nicht zu glauben und nicht zur Arbeit nach Deutschland zu fahren, war herausgegeben und auf die Dörfer verteilt worden.

Als Stepan Jakowlewitsch durch Smoljar von den sich im Wald verbergenden Genossen aus Kropiwniki erfuhr, sagte er, daß sie den Kern der Partisanenabteilung bilden sollten. Bald darauf kamen in das Waldlager mehr und mehr Leute von Schkoworoda, und fast alle hatten Waffen. Unter ihnen war auch der Häftling Trofim Glustschuk. Der aus dem Nachbardorf Guta stammende Komsomolze war unter den Pans in der Illegalität tätig gewesen, wofür er im Luzker Gefängnis gesessen hatte. Nachdem Trofim ausgebrochen war, ging er nach Hause, doch die Faschisten erwischten ihn und steckten ihn in das gleiche Gefängnis. Wieder gelang es Glustschuk, zu fliehen, worauf er in die Reihen der Volksrächer eintrat.

Im März 1942 waren in der Abteilung bereits dreißig Mann. Stepan Schkoworoda wählte man als Kommandeur und Glustschuk als Kommissar.

Auf der ersten Partisanenversammlung saß Jarina, klein und unscheinbar, bis zur Nase in ein warmes Tuch gehüllt, abseits. Davon, was das Mädchen jetzt fühlte, gaben nur ihre klaren, weit geöffneten Augen und ihr heftiges Atmen Auskunft. Dann erhob sich Jarina und sprach gemeinsam mit den anderen den von Trofim Glustschuk verfaßten Treueid gegenüber der Heimat. Sie schworen, bis zum letzten Blutstropfen gegen diesen grausamen Feind zu kämpfen.

Abends nähten die Männer an ihre Mützen rote Bänder und machten sich ans Waffenreinigen. Wie gern hätte Jarina auch ein Gewehr gehabt! Doch es gab nur wenige Waffen, immer noch viel zuwenig.

Nicht lange danach stießen mehrere Rotarmisten, die aus der Gefangenschaft geflohen waren, zur Abteilung. Unter ihnen waren auch die bekannten Burschen Alexander, Nikolai, Jaschka-Krasnodarski und Wanka-Taschkent, die von den Genossen nach ihren Heimatstädten so genannt wurden. Die Rotarmisten hatten deutsche Maschinenpistolen, kleine, handliche Karabiner und einen Vorrat an Handgranaten.

»Auf der Straße kann man reich werden«, erklärte Wanka-Taschkent. »Man müßte in Belorußland nach Waffen fragen, ist doch gleich nebenan, und dort ist von diesem Gut genug vorhanden. Nach den Kämpfen haben die Männer vielerlei gesammelt und beiseite geschafft. Für eine gute Sache können sie auch Preisnachlaß gewähren!«

Die Partisanen entsandten eine kleine Expedition nach Belorußland, bemühten sich aber auch, an Ort und Stelle zu Waffen zu kommen. Sie erbeuteten sie bei Waldhütern und Bandera-Leuten. Einmal vernichteten sie ein Polizeirevier, wo sie solidere Beute machten. Hier fanden sie nicht nur Gewehre vor, sondern auch jede Menge Patronen, einige Pistolen und Handgranaten.

Den Faschisten war klargeworden, daß in diesem Raum eine Partisanenabteilung handelte. Jetzt hatten sie begriffen, wohin die verschwundenen Dorffunktionäre aus Kropiwniki gegangen waren. In der Hoffnung, den Partisanen Angst und Schrecken einzujagen, griffen die Okkupanten zu einem Akt grausamen und sinnlosen Terrors. Auf Anweisung des Starostas Ginailo wurden die hochbetagten Eltern sowie die minderjährigen Schwestern und Brüder von Begas, Schepelja, Sulim, Sintschuk und anderen Partisanen verhaftet und am gleichen Tag erschossen.

Die Partisanen schauderte es bei dieser schrecklichen Nachricht, doch niemand wurde kleinmütig. Stärker noch loderte der Haß gegen die Henkersknechte in den Herzen auf, und die aus Belorußland mitgebrachten Waffen ermöglichten den gnadenlosen Kampf. Immer häufiger gerieten die Faschisten und ihre elenden Helfershelfer in Hinterhalte der Partisanen und befleckten die Erde mit ihrem Blut. Polizeireviere gingen in Flammen auf. Bei den rückwärtigen Diensten der Okkupanten trieben die Partisanen eine Viehherde weg, die jene zum Schlachten bringen wollten. In zwei Dörfern vernichteten sie die Molkereien, die für das faschistische Heer arbeiteten. Und noch eine weitere Aufgabe hatten die Schazker Partisanen: Es galt, den Feind mit allen Kräften daran zu hindern, die ortsansässige Jugend zur Arbeit nach Deutschland zusammenzutreiben.

Einmal, zu Beginn des Sommers, meldete die Aufklärung, daß von den Faschisten ausgehobene Jungen und Mädchen aus Schazk zum Bahnhof gebracht werden sollten. Polizei und Ortsvorsteher hatten die Kolonne zu begleiten. Unter ihnen war auch Stodon Ginailo aus Kropiwniki.

»Ein alter Bekannter!« sagte Begas finster und bat den Kommandeur um Erlaubnis, einen Hinterhalt anzulegen.

Zu dieser Zeit hatte Jarina Smoljar bereits ein Gewehr. Das mutige Mädchen war unter denen, die sich am Waldrand, unmittelbar an der Straße, verbargen.

Da tauchte die Kolonne auf. Niedergeschlagen zogen die Jungen und Mädchen dahin. Zu beiden Seiten der Kolonne schritten die Polizisten. Vorn fuhren auf einem Pferdewagen Stodon und noch einer von den Dorfvorstehern.

Immer näher rückte die Kolonne ... Doch auf den Konvoi schießen ging nicht; man konnte unbeabsichtigt die Jungen und Mädchen treffen. Sie dachten überhaupt nicht daran, sich auf einen Hinterhalt vorzubereiten. Was also jetzt tun? Die Partisanen entschlossen sich, in die Luft zu schießen, viel Lärm zu machen, um sich dann, ein Stück weiter, in ein Handgemenge einlassen zu können. Hauptsache, man bekam Stodon lebend zu fassen!

Gleich bei den ersten Schüssen rannte die Bewachung auseinander. Auch Ginailo kroch in die Büsche, und es gelang nicht, den Schuft zu erwischen. Dafür befreiten die Partisanen die unglücklichen Mädchen und Jungen. Etwa ein Dutzend der etwas älteren Burschen trat sofort in die Abteilung ein, der Rest ging zu weiter entlegenen Vorwerken, wo man sich gut verbergen konnte.

»Es ist nicht für lange! Nur für kurze Zeit! Bald werden die Unseren kommen!« rief Jarina ihnen nach.

Nein, es würde schon noch eine Weile dauern, ehe die sowjetischen Truppen diese entlegenen Orte erreichten. Das erste und zugleich schwerste Kriegsjahr war gerade zu Ende gegangen. Die hiesigen Partisanen hatten es besonders schwer, ja unwahrscheinlich schwer, befanden sie sich doch im tiefsten Hinterland an der Westgrenze der Sowjetunion, anderthalbtausend Kilometer von der zu den Ufern der Wolga vorgerückten Front entfernt.

Das bestimmte in vielem den Gang der Dinge.

Die Partisanen in den frontnahen Gebieten spürten stets die Unterstützung des »Großen Landes«. Sie halfen der Front, bekamen aber auch selbst Hilfe von dort. Mal öfter, mal seltener schickte man ihnen Waffen, Munition, Medikamente, Zeitungen, Literatur. Auch die erforderlichen Leute wurden abgesetzt. Mit den Abteilungen bestand Funkverbindung. Aber je weiter sich die Partisanen von der Frontlinie befanden, desto schwieriger war es, ihnen Unterstützung zu gewähren.

Die Schazker Abteilung war eine von denen, die am weitesten entfernt lagen. Es gelang zwar, den Kommunisten Stepan Schkoworoda und noch zwei, drei Mann aus dem Zentrum an den Bug zu entsenden, doch es erwies sich als unmöglich, die Partisanen mit Waffen, Munition und Literatur zu versorgen und ihnen eine Funkstation zu geben.

Doch auch unter diesen Bedingungen fühlte sich die Partisanenabteilung nicht isoliert oder allein. Auf Schritt und Tritt umgab sie vor allem die Unterstützung des Volkes. In vielen Dörfern arbeiteten illegale antifaschistische Gruppen. Aber nicht nur diese Gruppen, sondern auch Menschen, die nichts mit der Illegalität zu tun hatten, bemühten sich, den Partisanen je nach ihren Kräften zu helfen. Der eine gab ihnen von den letzten Vorräten ein Maß Graupen und eine Speckseite. Ein anderer brachte ihnen einen Patronenstreifen oder sogar eine Handgranate. Ein dritter sah sich um und brachte alles, worum die Partisanen baten, in Erfahrung. Wieder ein anderer verbarg zuverlässig die Aufklärer und Melder der Partisanen.

Der Abteilungskommandeur Stepan Schkoworoda mußte häufig selbst zur Verbindungsaufnahme mit den örtlichen Illegalen losgehen. Davon wußten auch die Okkupanten. Bis zum Umfallen waren sie auf den Beinen, nur um Schkoworoda zu verhaften. Bespitzelung, Hinterhalte, Durchsuchungen ... Besonders eifrig gebärdete sich der Schazker Starosta Lewon in dem Bemühen, den Faschisten zu helfen. Nicht selten meldete er ihnen, daß Schkoworoda nach genauesten Angaben heute dort und dort sein müsse. Doch die nachfolgende Suche blieb ohne Ergebnis. Den Bauern gelang es, den Partisanenkommandeur zu warnen, und sie halfen ihm, sich zu verbergen. Der Zuträger rechtfertigte sich, zuckte mit den Achseln ... Schließlich gelangten die Faschisten zu der Auffassung, daß Lewon sie betrüge, und hängten ihn selbst auf. Das war das richtige Ende für diesen Lumpen!

Der Kampfgeist der Schazker Partisanen wurde ständig durch den unerschütterlichen Glauben an den Sieg des sowjetischen Volkes über das faschistische Deutschland gestärkt. Hier hörten sie nicht Radio Moskau, sie lasen keine sowjetischen Zeitungen, zu ihnen drang lediglich die verlogene Stimme der feindlichen Propaganda, und doch glaubten sie fest daran, daß die gerechte Sache siegen werde, und dienten weiter dieser Sache.

Die Partisanen des Schazker Gebietes, die unmittelbar an den Quellen des Pripjat handelten, wie auch die Partisanen jener großen Abteilungen, die irgendwo an seinem Unterlauf in der Nähe des Dnepr kämpften, verstanden sehr gut, daß der Volkskampf im feindlichen Hinterland der Sowjetarmee und der Front half. Einen Faschisten vernichten bedeutete Hilfe, die Deutschen daran zu hindern, Vieh aus den Dörfern wegzutreiben, war ebenfalls Hilfe, ein Polizeirevier in Brand zu stecken, auch damit halfen sie in gewissem Maße ... Doch sie wollten den Frontkämpfern noch unmittelbarer helfen.

Am Wald vorbei, in dem sich die Schazker Partisanen verbargen, ratterten die Räder endloser nach Osten fahrender Züge. Sie brachten neue Kanonen und Panzer, neue Regimenter und Divisionen, die Hitler gegen die sowjetischen Soldaten in den Kampf warf. Einen feindlichen Zug zum Stehen zu bringen, ihn zu sprengen – das wäre tatsächlich die unmittelbarste Hilfe für den Kampf an der Front.

Die Abteilung beschloß, sich mit der Sprengtätigkeit an der Eisenbahnstrecke zu befassen. Die erste selbstgefertigte Mine war ein kleines, schiefwandiges Kästchen mit einer Handgranate darin, auf die man Sprengstoff streute. Zum Kästchen zog sich eine Zündschnur hin. Wie war man bloß zu dieser Schnur gekommen? Die Schnur hatte ein Deutscher besorgt. Eine bemerkenswerte Tatsache! In der Schazker Garnison fand sich ein deutscher Antifaschist, der den Partisanen nicht wenig Hilfe leistete.

Eine Mine mittels Zündschnur unter einem schnell dahinfahrenden Zug zur Detonation zu bringen, war eine ziemlich komplizierte Angelegenheit. Die Brenndauer der Zündschnur mußte genau mit der Geschwindigkeit des sich nähernden Zuges koordiniert werden. Die Mine wurde an der Zufahrt zum Bahnhof Sabolotje verlegt. Leiter der Operation war Trofim Glustschuk. Auf sein Zeichen hin wurde ein Streichholz an die Zündschnur gehalten ... Die Berechnung erwies sich als richtig. Die Mine detonierte unter dem dritten Waggon, doch der Zug setzte seine Fahrt fort. Danach erst begriffen die Partisanen, daß man eine Mine nicht zwischen die Schwellen, sondern unter sie, und nicht in der Gleismitte, sondern näher an die Schiene selbst legen mußte. Außerdem war die Ladung schwach.

Der Mißerfolg verstimmte die Partisanen nicht sosehr, eher waren sie wütend. Nun gut, mit der Mine hat es vorerst nicht geklappt, also werden wir die Faschisten bei der nächsten sich bietenden Gelegenheit kräftiger schlagen, beschlossen sie. Und auf eine neue Gelegenheit brauchte man nicht lange zu warten.

Anfang Juni transportierten drei deutsche Lastkraftwagen von den Bauern geraubtes Gut ab. Am Wald beim Dorf Wilyzja gerieten sie in das konzentrierte Feuer eines Hinterhalts der Partisanen. Ein Fahrzeug, das die Geschwindigkeit stark erhöht hatte, konnte entkommen, doch bei den beiden anderen wurden die Motoren getroffen, und sie blieben stehen. Ein Gefecht mit der Bewachung entbrannte, vier faschistische Soldaten und acht Polizisten wurden getötet. Die Partisanen nahmen Bewaffnung und Ausrüstung der Erschossenen an sich, das von den Okkupanten geraubte Gut gaben sie den Eigentümern zurück. Beide Fahrzeuge wurden an Ort und Stelle in Brand gesteckt.

Die Handlungen der Partisanen versetzten die Faschisten in Schrecken. Erst unlängst hatten die Partisanen versucht, einen Militärtransport zu sprengen, und nun ein Überfall auf eine Fahrzeugkolonne am hellichten Tag! Die Faschisten beschlossen, sich für die Zukunft mit ihrer berüchtigten Methode, dem Terror, außer Gefahr zu bringen. In das Dorf Wilyzja drangen mehrere Schützenpanzerwagen ein. Die SS brannte die Bauernhäuser nieder, neunzig Einwohner wurden erschossen.

Danach entschied sich die »Strafexpedition« für ein Durchkämmen der nahe liegenden Wälder. Dazu mobilisierten die Faschisten auch die Polizei des gesamten Bezirkes. Als man die Polizisten auf dem Sammelpunkt zusammengezogen hatte, erkannte Stepan Schkoworoda, daß man eine Razzia vorbereitete. Eilig wurde die Abteilung an einen anderen Ort, etwa fünfzig Kilometer von Kropiwniki entfernt, verlegt.

Dort war es ruhiger, doch alle bewegte die Frage, was in den heimatlichen Dörfern geschah: War die SS abgezogen? Waren neue Opfer ihrer Grausamkeiten zu beklagen? War das ständige Lager der Abteilung unversehrt geblieben?

Zur Aufklärung schickte man zwei Komsomolzinnen in den Raum von Kropiwniki – Jarina Smoljar und Pascha Schepelja.

Mit Körben, die voll Walderdbeeren waren – als ob sie nur deshalb in den Wald gegangen seien –, gingen die Mädchen den bekannten Pfad entlang. Bis zum Dorf war es nur noch ein Katzensprung ... Unerwartet ertönte ein Anruf in fremder Sprache, Gewehrschlösser knackten.

Wie es für einen solchen Fall vorgesehen war, liefen Jarina und Pascha nach verschiedenen Seiten auseinander. Schüsse krachten hinter ihnen. Pascha gelang es, in den Nußsträuchern zu verschwinden, doch Jarina fiel hin, getroffen von einem Sprenggeschoß.

Nach einigen Minuten sah sie eine auf sich gerichtete Gewehrmündung und hörte die Stimme des Deutschen: »Wer bist du?«

Jarina schwieg. Hinter dem Rücken des Faschisten tauchte die hagere Figur eines hiesigen Zuträgers auf.

»Das ist doch eine Partisanin«, sagte der Verräter. »Ihr Vater und ihre Mutter sind auch Partisanen!«

Man quälte Jarina lange und grausam. Sie sollte aussagen, wo sich die Abteilung befinde und wie weit es bis dorthin sei. Das Mädchen schwieg nach wie vor. Die Faschisten begriffen, daß sie aus ihr nichts herausholen würden. Daraufhin bereitete eine Pistolenkugel dem Leben der Komsomolzin ein Ende.

Pascha, die zweite Aufklärerin, kehrte in die Abteilung zurück, durchnäßt, mit zerfetzten Sachen und vor Müdigkeit völlig erschöpft. Die Partisanen umringten sie. Unter Tränen berichtete sie vom Tod Jarinas. Die Mutter schluchzte auf, und der Vater wandte sich schweratmend ab. Die Augen der Kampfgefährten des mutigen Mädchens verdunkelten sich.

Einen ganzen Tag, eine Nacht und noch einen Tag suchten die Partisanen den Leichnam von Jarina. Als sie ihn endlich gefunden hatten, bettete man sie unmittelbar am Rand einer Lichtung zur ewigen Ruhe. Knapp war der Schwur der Partisanen am frischen Grab, ein harter Schwur der Rache.

Zuerst mußte der erledigt werden, der Verrat geübt hatte.

In der Nacht drangen mehrere Partisanen in das Dorf ein. Unter ihnen befand sich auch eine Frau mit noch tränenfeuchten Augen und mit einem Gesicht, in das sich neue Falten gegraben hatten. Sie hieß Akulina Iwanowna Smoljar – die Mutter, die ihre einzige Tochter verloren hatte. Zusammen mit den Männern betrat sie das Haus des Verräters.

Als dieser die Partisanen erblickt hatte, rutschte er auf den Knien zu ihnen und begann, sich zu rechtfertigen.

»Schweig, du käufliche Seele!« sagte Akulina Iwanowna. »Für Verräter und Feiglinge gibt es keine Gnade.«

Mit den Füßen stieß sie den Schurken weg. Ein Schuß knallte.

Mit dem Verräter hatte man abgerechnet. Doch die Faschisten und ihre Lakaien hatten sich noch für vieles zu verantworten.

Die Partisanen machten sich erneut daran, eine Mine herzustellen. Jetzt nahmen sie eine großkalibrige Artilleriegranate und schraubten vorsichtig den Sprengkopf heraus. Die Granate gruben sie unmittelbar an der Schiene ein, an Stelle des Zünders verwendeten sie eine deutsche Handgranate. Sie brauchten nur noch eine lange Schnur an die Granate zu binden und sie im erforderlichen Augenblick zu ziehen.

Aber gerade diese einfache Schnur war nicht aufzutreiben.

Da besahen sich die Partisanen ihre Füße. Fast alle trugen Bundschuhe – selbstgefertigtes Schuhwerk aus grobem, weißgegerbtem Leder. Der Bundschuh wird durch einen dünnen Lederriemen gehalten, der um den Unterschenkel gewickelt wird.

Zehn Mann zogen die Schuhe aus. Zwanzig Riemen wurden zu einem verbunden und bis zur Mine gezogen.

Diesmal wurde der Zug gesprengt. Er fuhr nach Westen mit Weizen, den die Faschisten in der Ukraine geraubt hatten. Ans Ziel kam er nicht!

Sowie es den Partisanen gelang, eine Granate zu finden oder Sprengstoff ausfindig zu machen, gingen sie an die Sprengung feindlicher Züge. Zusammengebundene Riemchen ersetzten nach wie vor die lange Schnur. Ins Museum, unter Glas, müßten diese Riemchen vom Schuhwerk der Bauern seit alten Zeiten! Waren sie doch eine gute Hilfe für die Partisanen, die ungerufenen »Befreier« zu vernichten.

Nach jeder erfolgreichen Operation, deren Verlauf im Lager die Runde machte, fügten die Kämpfer gewöhnlich hinzu: »Das ist für Jarina! Das ist für deine Tochter, Kulina Iwanowna!«

Nicht wenige Partisanen und Illegale fielen durch die Hand der Faschisten, doch am meisten erinnerte man sich in der Abteilung an Jarina. Vielleicht deshalb, weil sie als eine der ersten den Tod fand. Möglicherweise wurde das Beispiel dieses Mädchens zum Inbegriff für die vielen anderen Toten.

Doch nicht nur in der Erinnerung blieb Jarina haften. Ihre Standhaftigkeit und ihre Treue gegenüber der Heimat waren für die Partisanen ein leuchtendes Vorbild. Einmal gelangte der Abteilungsaufklärer, der Komsomolze Nikolai Sulim, in die Klauen einer »Strafexpedition«, die den Wald durchstreifte. Nachdem die Faschisten dem Jüngling die Hände zusammengebunden hatten, befahlen sie ihrem Gefangenen, sie zum Partisanenlager zu führen.

»Wenn du uns hinführst, lassen wir dich am Leben. Verstanden?«

Nikolai hatte alles verstanden. Er dachte nach und faßte einen Entschluß. Er führte die Faschisten tief in den Wald hinein, lenkte sie zu den weit vom Lager entfernten Sümpfen und stapfte mit ihnen noch lange über schwankende Pfade und durch Schilfdickicht. Schließlich kamen die Faschisten dahinter, daß sie betrogen worden waren. Sie zerrten den Komsomolzen zu einem einzeln stehenden Baum, banden ihm die Hände los und knüpften aus dem Strick eine Schlinge.

»Wirst du uns zum Lager führen? Wir fragen dich zum letzten Mal!«

Nikolai Sulim würdigte sie nicht einmal einer Antwort ...

Je aktiver die Abteilung handelte, desto mehr gerieten die Faschisten in Wut. Eine Razzia folgte der anderen. Die pausenlosen Zusammenstöße mit den Faschisten erschöpften die Kräfte der Partisanen. Stepan Schkoworoda entschloß sich, die Abteilung nach Norden zu führen, um sich dort mit den belorussischen Partisanen zu vereinigen. In den Schazker Wäldern ließ man lediglich ein kleines, zuverlässig verdecktes Lager mit kampfunfähigen Leuten zurück.

Die Abteilung bewegte sich in Richtung Belorußland. Gefechtsmäßig marschierten siebzig gut bewaffnete Waldsoldaten, die darauf brannten, unterwegs soviel wie möglich zu handeln.

Die erste Rast legten sie auf dem Vorwerk Barilowo ein. Hier sollten Pferdefuhrwerke beschafft werden. Wer würde ihnen dabei helfen? Wer sagte ihnen, wo die Handlanger der Faschisten Pferde, Pferdegeschirr und Fuhrwerke versteckt hielten? An wen sonst sollte man sich da wenden, wenn nicht an Onkelchen Golowi?!

In Barilowo lebte ein kräftiger, äußerlich strenger, älterer Mann. Es war der ehemalige Matrose Georgi Iwanowitsch Golowi. Und was für ein Matrose! Den Namen seines Schiffes kennt jeder. 1915 wurde Golowi nach der Einberufung zum

Wehrdienst als Artillerist auf dem Kreuzer »Aurora« eingesetzt.

Der junge wolynische Bauer fand schnell eine gemeinsame Sprache mit den revolutionär gestimmten Matrosen. Von ihnen erfuhr er vom Programm der Partei der Bolschewiki. Die Leninschen Losungen waren ihm aus dem Herzen gesprochen. So ging es fast jedem Matrosen auf der »Aurora«. Nicht zufällig wurde bereits nach einem Jahr die Besatzung des Kreuzers als »unzuverlässig«, »vom Geist des Bolschewismus verseucht« eingestuft und vollständig umgebildet.

Ein Teil der Seeleute von der »Aurora«, darunter Golowi, wurde auf eine Insel an der finnischen Küste geschickt, um dort Verteidigungsanlagen zu bauen. Aber auch von hier aus unterhielten sie Verbindung zu den revolutionären Organisationen in Kronstadt und Petrograd.

Nach der Februarrevolution hörte Georgi Golowi auf einem Meeting eine Rede Lenins. Dies wurde bestimmend für das weitere Schicksal des Wolyniers. Golowi hatte endgültig begriffen und sich entschieden, mit Wort und Tat immer auf der Seite der Bolschewiki zu stehen.

Im Sommer 1917 unterschrieb Golowi gemeinsam mit anderen Matrosen auf der Insel einen Protest gegen den Befehl der Provisorischen Regierung zur Verhaftung Lenins. In der Nacht zum 25. Oktober gehörte Golowi zu der Matrosenwache, die den Smolny, Stab des revolutionären Aufstandes, zu schützen hatte, wo sich zu dieser Zeit Wladimir Iljitsch aufhielt. Die sozialistische Revolution trug den Sieg davon, und Golowi verteidigte mit dem Gewehr in der Hand ihre ersten Errungenschaften.

Nach der Demobilisierung im Jahre 1918 kehrte der Matrose in seine Heimat zurück. Wolynien befand sich bereits in den Händen der polnischen Pans. Die Behörden waren nicht sonderlich davon begeistert, daß aus Petrograd ein »bolschewistischer Agitator« aufgetaucht war, der mit seinen Erzählungen von der Revolution, von der Sowjetmacht und von Lenin die Bauern »aufwiegelte«. Die polnische Feldgendarmerie verurteilte Golowi in Abwesenheit zum Tode durch Erschießen.

Sie machten ihn ausfindig und kamen, um das Urteil zu vollstrecken. Doch es gelang dem verhafteten Golowi, seine

Bewacher wegzustoßen und in den Wald zu entkommen. Zwei Jahre lang verbarg sich Georgi Iwanowitsch mal im Wald, mal auf den Vorwerken bei Bekannten. Nach dem Bürgerkrieg hob man auf Grund einer Amnestie das von der Gendarmerie verhängte Urteil auf, doch Golowi wurde einem gewöhnlichen Gericht übergeben. Nein, man verzieh ihm die Agitation für Lenin und die Sowjetmacht nicht! Man verhängte ein neues Urteil: eine Geldstrafe von 1500 Złoty und Entzug des Stimmrechts.

Wennschon – Georgi Iwanowitsch hatte nie an der Komödie solcher bürgerlichen Wahlen teilgenommen, aber seine Stimme, die Stimme eines revolutionären Matrosen, bekamen weiterhin viele zu hören. Nicht selten versammelten sich im Hause Golowis insgeheim Mitbürger, besonders Jugendliche. Golowi nahm Verbindung mit illegal tätigen Mitgliedern der Kommunistischen Partei der Westukraine auf und führte deren Aufträge aus.

Als in Wolynien die Sowjetmacht errichtet worden war, lud Jarina Smoljar Georgi Iwanowitsch in den Klub ein. Nunmehr lauschten die Einwohner von Kropiwniki, ohne sich ängstlich umzublicken, den Erinnerungen ihres Landsmannes an den historischen Schuß der »Aurora«, an die Matrosenwache im Smolny, an Wladimir Iljitsch und das revolutionäre Petrograd.

Georgi Iwanowitsch half bei der Aufteilung des Großgrundbesitzerlandes, er beteiligte sich an der Organisation der ersten Kolchose ... Da brach der Krieg über sie herein, und die Okkupanten tauchten auf. Der bejahrte, grau gewordene Golowi wich nicht von dem Weg ab, den Lenin vorgezeichnet hatte.

Im Haus von Golowi trafen sich Partisanen und Illegale. Häufig fanden hier Stepan Schkoworoda und Trofim Glustschuk eine sichere Bleibe. Des öfteren diente Georgi Iwanowitsch den Partisanen als zuverlässiger Begleiter, und er versorgte sie mit Aufklärungsangaben. Auch jetzt half er bei der Beschaffung von Pferdefuhrwerken. Er zeigte ihnen nicht nur, wo die faschistischen Speichellecker ihre Pferde und Wagen versteckt hielten, sondern gab den Partisanen auch sein Pferd und den Wagen, beladen mit Lebensmitteln und Futter.

Fahrzeug hin, Fahrzeug her – für die Kämpfer der Partisanenabteilung hatte es viel zu bedeuten, einfach nur bei dem Matrosen von der »Aurora« vorbeizuschauen, sich mit ihm zu unterhalten und seine große, starke Hand mit der kaum sichtbaren Tätowierung eines Ankers auf der rissigen Haut zu drücken.

»Macht's gut, Jungs! Kommt nicht vom Kurs ab! Kämpft tapfer auf Matrosenart!« sagte Georgi Iwanowitsch zum Abschied.

Die Partisanen zogen weiter nach Norden. Das Knarren der Räder und das Schnalzen der Wagenführer vermischte sich mit dem gleichmäßigen Geräusch der Schritte.

Unterwegs kam es zu Kämpfen. Nachdem die Abteilung im Dorf Guta die Polizisten in die Flucht gejagt hatte, zerstörten sie eine Molkerei und einen Laden, der irgendeinem neu aufgetauchten Händler gehörte. Im Dorf Tur entwaffneten die Partisanen die Polizei, steckten die Amtsbezirksförsterei in Brand und zerstörten ein Mahlwerk. Beim Dorf Gornila gelang es mit Hilfe der Bauern, drei Kilometer einer Telegrafenleitung zu vernichten, die Kowel mit Brest verband. Sie taten es gründlich, zersägten die Masten, zerrissen die Leitungen und verstreuten sie in alle Himmelsrichtungen.

Im Dorf Kortelissy traf man weder auf Polizisten noch auf eine Kommandantur oder einen Starosta. Die Einwohner erklärten, daß am Vortag eine andere Partisanenabteilung kämpfend durchs Dorf gezogen sei, und zwar ebenfalls in Richtung Belorußland. Am nächsten Tag hatten sie die Abteilung eingeholt. Befehligt wurde sie von einem Militäringenieur, der sich Boris nannte und aus der faschistischen Gefangenschaft geflohen war. Beide Abteilungen vereinigten sich, wonach der Streifzug nach Norden fortgesetzt wurde.

Die Partisanen bewegten sich nur im Wald. In unmittelbarer Nähe zog sich das helle Band einer Chaussee entlang, die in beiden Richtungen befahren wurde.

»Es wäre nicht schlecht, das eine oder andere Fahrzeug hochgehen zu lassen ... Und wenn wir einen Hinterhalt anlegten?« schlug Schkoworoda vor.

»Das werden wir heute abend machen«, stimmte Boris zu.

Der Hinterhalt setzte zwei deutsche Lkw und einen Pkw

außer Gefecht. Die beiden Lastkraftwagen transportierten neue Soldatenuniformen und Schuhwerk. Diese Beute kam gerade recht. In der Kartentasche des Offiziers im Pkw fanden sie einen Befehl der deutschen Machthaber bezüglich der Getreidebeschaffung für Deutschland in den okkupierten Gebieten. »Im Falle von Zuwiderhandlungen der Bevölkerung ist vor nichts zurückzuschrecken«, lauteten die letzten Zeilen.

»Alles klar!« sagte Glustschuk mit zusammengebissenen Zähnen. »Bloß jetzt werden wir vor nichts mehr haltmachen!«

Bis Belorußland war es nicht mehr weit, sozusagen ein Katzensprung, doch die Marschroute des Streifzuges führte nicht direkt nach Norden, sondern nach Nordosten in Richtung der Pinsker Wälder. Dort sollten einige große Partisanenabteilungen operieren.

Zu dieser Zeit brachten die Faschisten, aufgeschreckt durch die Aktionen der Partisanenabteilung unter Schkoworoda und Boris, bedeutende Kräfte zu deren Verfolgung auf die Beine. Die Partisanen wurden gezwungen, Verteidigungsstellungen auf einer kleinen Insel inmitten undurchdringlicher Sümpfe zu beziehen. Lediglich ein schmaler Streifen festen Bodens führte zu dieser Insel. An dieser Landenge begannen auch die Angriffe der Faschisten.

Die Partisanen hielten sich standhaft. MG-Feuer mähte die Angreifer nieder. Schließlich beschlossen die Faschisten, die Partisanen auszuhungern und die kleine Insel zu blockieren, wozu sie durch Deckungseinheiten die Landenge und alle Pfade, die zum Sumpf führten, versperrten. Doch damit zersplitterten sie nur ihre Kräfte. Nachts brach die vereinigte Abteilung an einer für die Faschisten völlig unerwarteten Stelle aus dem Ring aus. Die Verluste der Abteilung betrugen zwei Tote, mehrere Verwundete und ein zurückgelassenes Fuhrwerk. Den Faschisten kamen ihre fruchtlosen Angriffe weitaus teurer zu stehen: Siebzig Faschisten wurden in den Tod geschickt und mehr als hundert ins Lazarett.

Bereits nach ein, zwei weiteren Märschen umfing der feuchte Atem der Pinsker Wälder die Abteilung. Da war sie, die belorussische Erde, unbezwingbar wie ihre Schwester, die Ukraine! Kühn handelten hier die Partisanen in der ganzen Republik und ließen den Okkupanten keine Möglichkeit, sich festzusetzen. Nun erhoben sich Schulter an Schulter mit den Belorussen die Wolynier zum Kampf. Der Feind war der gleiche, und die Ziele waren es auch.

Bald darauf unternahmen die Faschisten die nächste »Strafexpedition« mit den Kräften großer Kontingente an Truppen und Polizei. Für die Partisanen brachen besonders schwere Tage an. Doch wie schwer es für die örtlichen Partisanen auch war, für die aus der Ukraine gekommenen war es bedeutend schwerer: unbekannte Wälder und keine Verbindung zu den nahe gelegenen Dörfern.

»Wir haben einen Fehler gemacht … Wir hätten unsere heimatlichen Plätze nicht verlassen sollen«, sagte einmal Schkoworoda nachdenklich. »Es war keine gute Sache, den Schazker Raum ohne eine Partisanenabteilung zu lassen. Vor dem Winter müssen wir dorthin zurück … Noch ein bis zwei Monate, und man müßte sich auf den Weg machen.«

Viele stimmten ihm zu. Und sogleich schickte Schkoworoda Trofim Glustschuk, Semjon Rupinez und Nikolai Kosak in die Schazker Wälder zurück. Sie sollten solange einen Vorrat an Lebensmitteln und warmer Kleidung anlegen und die Verbindung mit den Illegalen wiederherstellen.

Die Dörfer umgehend und sich nur nachts vorwärts bewegend, schlug sich das mutige Dreigespann zum Raum von Kropiwniki durch. Schon bald erreichten sie das Grab von Jarina, den grün gewordenen, kleinen, kaum sichtbaren Hügel, und da war auch das alte Lager – die vertrauten Erdhütten!

Glustschuk und seine Genossen machten sich schnell an die Arbeit. Sie rechneten damit, daß im Oktober die gesamte Abteilung zurückkommen würde, aber mit dem ersten Schnee kamen nur zwölf Mann unter Führung von Iwan Podoi, genannt Taschkent.

»Wo sind die übrigen? Wo ist Stepan Jakowlewitsch?« fragte Glustschuk.

»Schkoworoda ist gestorben. Er wurde schwer verwundet und war am nächsten Tage tot … Ewig werden wir seiner gedenken«, antwortete Iwan, tief aufseufzend, und fuhr langsam fort: »Wir hatten nicht wenig Kämpfe zu bestehen, und es kam uns hart an. Boris befehligte die Abteilung. Und stell dir vor, er erwies sich als ein Schuft und Feigling! Zwölf Mann hatte er von uns zusammengenommen, und zwar die stärksten und am besten bewaffneten Leute, und zu ihnen gesagt: ›Ihr bleibt den Winter über bei mir, die anderen können gehen, wohin sie wollen ... Sonst kommen wir alle um!‹ Überhaupt verfügte er eine Pause im Partisanenkrieg bis zum Frühjahr, doch für seine eigene Person wollte er eine Wache zusammenstellen.«

»Einen solchen Hund hätte man erschießen müssen!« explodierte Glustschuk.

»Das habe ich auch getan ... Hier mit dieser Maschinenpistole«, entgegnete Iwan Podoi ruhig.

Nach der Hinrichtung des Panikmachers übergaben sie einen Teil der Leute einem belorussischen Verband, und die Gruppe Iwans machte sich auf den Weg in den Schazker Raum.

»Das habt ihr richtig gemacht«, lobte Glustschuk. »Wir umgeben uns schnell mit Menschen, wenn nur ringsum genug da wären. Zu tun haben wir hier reichlich!«

Und tatsächlich, die Leute kamen zur Abteilung, und die Arbeit reichte für alle. Erneut nahmen die Partisanen Verbindung zu Georgi Iwanowitsch Golowi auf. Die Frau des ehemaligen Matrosen buk Brot für die Abteilung und wusch die Wäsche der Kämpfer. Doch eines Tages erschien Golowi mit der ganzen Familie im Lager und erklärte:

»Nun, Brüder, eure Wäscherei und die Bäckerei sind abgebrannt!«

»Was heißt das – abgebrannt?«

»Ganz einfach. Die Deutschen haben mein Haus auf den Kopf gestellt! Irgendein Zuträger ... Wir konnten uns selbst kaum retten!«

So wurde Georgi Iwanowitsch Partisan.

Der Winter 1943 war schwer: Die Faschisten drückten, Munition war knapp und Hunger an der Tagesordnung. Nicht selten sangen die Partisanen abends am Feuerchen ein von ihnen selbst verfaßtes Lied:

Im Schatten der Bäume am dichten Waldrand,
verdeckt von Schnee, liegt ein Grab.
Es liegt in Erwartung, daß, den Winden gleich,

wie ein Vogel der Frühling herbeieilt.
Da rühmen die Lieder bereits den Frühling,
und die Sonne schickt ihren Strahl.
Doch du, Jarina, liegst allein im Grab,
und auf ewig wirst du dort ruhn.
Dich trugen zu Grabe der Vater, die Mutter
und die Kampfgefährten all.
Verflucht sei die Kugel des ruchlosen Mörders,
die ein Ende deinem Leben gesetzt.
Die Erde der Heimat soll dir, Jarina,
leicht wie eine Feder sein!

Der Frühling verging, der Sommer kam, und zu dieser Zeit beendeten die Tschernigower Partisanen ihren Streifzug an den Ufern des Bug.

Unser 3. Bataillon besetzte das von den Faschisten zur Hälfte in Brand gesteckte und fast menschenleere Kropiwniki. Ein nett anzusehendes Mädchen schaute mit scharfem Blick in eines der Gehöfte, wo die Partisanen Pferde ausspannten. Sie lauschte den Gesprächen, wobei sie mal fast aufschluchzte, mal freudig lachte. Dann machte sie jäh kehrt und rannte, so schnell sie konnte, dem Wald zu.

Es verging noch nicht einmal eine Stunde, und die hiesige Partisanenabteilung betrat das Dorf. Sie war zahlenmäßig nicht stark, doch in hohem Maße von Disziplin und Kampfgeist durchdrungen. Freudig nahmen wir sie als eine weitere Kompanie in unser 3. Bataillon auf. Der Bataillonskommandeur, Pjotr Andrejewitsch Markow, und der Kommissar, Sergej Alexejewitsch Losben, fanden mir gegenüber viele lobende Worte für diese Kompanie.

In den Gesprächen mit den neuen Kämpfern kam mir ein Gedanke, der mir bereits mehrmals durch den Kopf gegangen war: Ich dachte an die Einheit des ukrainischen Volkes, die sich in dieser schrecklichen Kriegszeit mit besonderer Kraft zeigte.

Da hatte ich also jene Ukrainer vor mir, die wir mitunter als »Westliche« bezeichneten. Ja, in geographischer Hinsicht wurden sie tatsächlich weit westlicher geboren als die Leute aus Poltawa, Tschernigow, Kiew oder Cherson. Nachdem der polnische Adel die westukrainischen Gebiete räuberisch besetzt hatte, versuchte er, den hiesigen Ukrainern die nationale Kultur, ihre Sprache, ihre Sitten und Gebräuche zu nehmen und diesen Menschen Mißgunst, ja sogar Feindschaft gegenüber den in der Sowjetunion lebenden Ukrainern einzuflößen. Doch nichts kam dabei heraus! Die Ukrainer der westlichen Gebiete zog es zu ihrem Volk, sie blieben mit Herz und Seele mit ihm verbunden. Und welche Freude und Begeisterung herrschten hier, als in jenen historischen Tagen des Jahres 1939 schließlich die Vereinigung vollzogen wurde und die »Westlichen« in die heimatliche Familie zurückkehrten!

Doch dann begann der Krieg, die Deutschen kamen und begannen, den Wolyniern und den anderen einzutrichtern, daß sie eigentlich nicht sosehr Ukrainer, sondern vielmehr ... »Arier« seien, die mit den näher am Dnepr lebenden Ukrainern nichts gemein hätten. Bandera-Leute, Melnikow-Anhänger und anderes Gelichter wurden an die Oberfläche gespült, und ähnlicher Unrat machte sich breit. Sie sangen die Weise von der »einigen Ukraine«, doch hetzten sie wiederum die Ukrainer aus den Westgebieten auf ihre Brüder in den zentralen Gebieten der Republik, auf das große russische Volk, auf das ganze Sowjetvolk. Und wiederum hatten sie sich gründlich verrechnet!

Der Krieg zeigte, daß ein einheitliches, geschlossenes ukrainisches Volk existiert, freundschaftlich und brüderlich verbunden mit allen, die unter dem Sowjetstern leben. Schon in den ersten Tagen der Okkupation griffen die Ukrainer der Westgebiete – wie alle sowjetischen Menschen – für die Verteidigung ihrer sowjetischen Heimat zur Waffe. Unter Bedingungen, die bisweilen weitaus schwieriger waren als am linken Dneprufer, kämpften sie kühn und aufopferungsvoll. Davon sprechen auch die Kampfestaten der Schazker Partisanenabteilung, und Jarinas Grab wie die Gräber vieler anderer sowjetischer Patrioten legen davon Zeugnis ab.

In einer Reihe standen jetzt in unserem Verband nicht nur »Östliche« und »Westliche«, sondern auch Angehörige von fast dreißig Nationalitäten. Die neue Kompanie des 3. Bataillons gab keinerlei Anlaß zur Klage, sie war eine kampferprobte Kompanie. Befehligt wurde sie von Iwan Poda, einer der Zugführer wurde Trofim Glustschuk, an der Spitze der Aufklärung stand Afanassi Begas. Und auch jeder hiesige Partisan war ein unersetzlicher Aufklärer und äußerst zuverlässiger Wegführer.

Wieder zogen die Partisanen aus Schazk und Kropiwniki, Guta und Sabolotje zur Eisenbahnlinie. Doch verwendeten sie jetzt zur Sprengung faschistischer Züge nicht mehr selbstgefertigte Minen, sondern neueste Minen mit verzögerter Wirkung und elektrochemischen Zündern.

Noch unlängst schien das Rayonzentrum mit seiner deutschen Garnison, der Kommandantur und dem Polizeirevier eine uneinnehmbare Festung für die hiesige Partisanenabteilung zu sein. Doch jetzt besetzte unser 3. Bataillon, wenn es für erforderlich gehalten wurde, Schazk aus der Bewegung und blieb dort, solange es wollte. Man führte ein Meeting durch und verteilte an die Einwohner Mehl, Fett, Salz und Petroleum, was man den Faschisten abgenommen hatte. Die von den Partisanen aufgegriffenen Helfershelfer der Okkupanten standen vor der Bevölkerung in Erwartung ihrer Strafe. Unter ihnen war auch der Starosta von Kropiwniki, Stodon Ginailo. Auf seine Zuträgereien hin hatten die Faschisten sieben Partisanen und Funktionäre der Sowjetmacht sowie allein in Kropiwniki hundertsiebenundsechzig friedliche Einwohner umgebracht. Ginailo entging nicht der Vergeltung.

Wieder wurde es Winter. Schneeflocken tanzten, der Frost klirrte, der Wind heulte, und plötzlich setzte wieder Tauwetter ein ... Doch die Partisanen handelten bei jedem Wetter. Auch unser 3. Bataillon, das weitaus westlicher als die übrigen lag, hatte viele Kampfaufgaben zu lösen. Das bedeutete, daß auch die Kämpfer der neuen Kompanie, aufgefüllt aus der örtlichen Bevölkerung, die Hände nicht in den Schoß legten.

# Die Neujahrstanne

Man brachte mir ein kleines, festes Blatt Papier mit einem Text, der in unserer Druckerei recht ordentlich gesetzt worden war:

EINLADUNG
Genossen Partisan FJODOROW, A. F.

Die Leitung des 1. Bataillons des Verbandes des Helden der Sowjetunion, Generalmajor A. F. Fjodorow, lädt Sie ein, das Neue Jahr – 1944 – auf dem Territorium des 1. Bataillons zu begrüßen. Beginn der Veranstaltung 31. Dezember um 21 Uhr.

Bataillonsleitung

Solche Einladungen erhielten auch Drushinin und einige Stabsmitarbeiter. Das 1. Bataillon hatte man unlängst von der Eisenbahnstrecke zur Sammlung frischer Kräfte zurückgezogen. Jetzt befand es sich in der Nachbarschaft.

Die Begrüßung des Neuen Jahres wurde in Balizkis Lager in großem Stil vorbereitet. Man erzählte, daß dort bereits eine Tanne geschmückt und eine Bühne für künstlerisches Laienschaffen errichtet worden sei und daß das Menü des Neujahrsessens irgendeine Überraschung enthalte. Nach der gedruckten Einladung zu urteilen, wollte Balizki selbst in Kleinigkeiten glänzen. Lehr mich einer die Unseren kennen! Übrigens sah ich darin nichts Schlechtes. Sollen auch die Kleinigkeiten die Männer an unsere Erfolge erinnern, denn die zwei vorangegangenen Kriegsjahre hatten in einer völlig anderen Lage begonnen.

Das Jahr 1942 empfing der Stab der Abteilung, der damals noch kein Verbandsstab war, auf dem Chutor Lastotschka, Rayon Korjukowka, im Tschernigower Gebiet. Wir freuten uns über die Zerschlagung der deutschen Okkupanten bei Moskau. Nach einem bescheidenen Abendessen beschlossen die Partisanen, den Beginn des Neuen Jahres mit einem Überfall auf die nächste Polizeigarnison zu begehen. Wir drangen in das Dorf Choromnoje ein und schlugen dort das faschistische Gesindel. Die Operation erschien uns zu jener Zeit als eine solide Sache.

Das Jahr 1943 begrüßten wir in den Kletnjaer Wäldern im Süden des Brjansker Gebietes. Das erste Glas erhoben wir auf die Erfolge der Roten Armee an der Wolga und am Don. Obwohl die Abteilung bereits zu einem großen Verband angewachsen war, erging es uns damals mehr als schlecht. Die Faschisten zogen starke Polizeikräfte zusammen, forderten Truppenteile an und umgaben das Waldmassiv mit einem dichten Ring. Die Schlinge der Blockade zog sich um unsere und die benachbarten Abteilungen zusammen. Die Lage war schwer.

Doch nun stand das vierundvierziger Jahr an der Schwelle. Jetzt blockierte uns kein Gegner, sondern wir blockierten einen wichtigen Knotenpunkt der feindlichen Verkehrslinien. Auch waren wir weit weg von den Brjansker und Tschernigower Wäldern, nämlich an der Westgrenze der Sowjetunion. Die Befreiung der westlichen Ukraine von den Landräubern war in vollem Gange. Die Front verlief bereits bei Shitomir, also in unserer unmittelbaren Nähe.

Die Frontnähe zwang dazu, einige Korrekturen am Programm des 1. Bataillons zum Feiertag vorzunehmen. Das Fest sollte dort um 9 Uhr abends beim Schein von Lagerfeuern beginnen. Nein, das ging nicht! Gerade zu dieser Zeit brummten ständig die zur Front und zurück fliegenden deutschen Flugzeuge über uns. Die Lagerfeuer könnten den feindlichen Piloten helfen, das Partisanenlager auszumachen. Nein, wir brauchten keine vom Himmel kommenden Geschenke aus Sprengladungen und Splittern.

Im Bataillon beschloß man, die Feier auf den Morgen des 1. Januar zu verlegen und das Neue Jahr in den Erdbunkern unter Beachtung aller Regeln der Lufttarnung zu begrüßen.

Der letzte Abend des alten Jahres zeigte sich still und angenehm, und wir machten uns zu Fuß zum Lager Balizkis auf. Der Schnee knirschte unter den Füßen, die dunklen Wipfel der Kiefern und Tannen ragten in den von Sternen flimmernden Himmel.

»Wo werden wir das Jahr fünfundvierzig begrüßen?« fragte Drushinin nachdenklich.

»In Berlin!« ließ sich Rwanow vernehmen.

»Kann auch sein, zu Hause!« meinte Kudinow.

Natürlich konnte nur der weitere Verlauf des Krieges eine genaue Antwort auf die von Wladimir Nikolajewitsch gestellte Frage geben. Doch eines wußten wir genau, und davon waren wir überzeugt: Das Jahr 1945 würden wir mit noch größeren Siegen begrüßen als die gegenwärtigen.

Grigori Wassiljewitsch Balizki empfing uns an seinem Stabsbunker. Bekleidet war er mit einer ausgezeichnet sitzenden Offiziersuniform mit Majorsschulterstücken, an der Brust den Goldenen Stern und andere Orden. Man sah, daß sich Balizki vor kurzem rasiert und seinen eleganten Schnurrbart à la Kotowski gestutzt hatte. Er duftete nach Eau de Cologne ... Vor einem Jahr war Balizki in einer verschmierten Steppjacke mit in die Stirn geschobener Kubanmütze umhergegangen, und gerochen hatte er nur nach dem Rauch von Lagerfeuern.

Grigori Wassiljewitsch war damals siebenunddreißig Jahre alt. Geboren wurde er im Gebiet von Odessa, in der Familie eines Tagelöhners, der elf Kinder zu versorgen hatte. In die Schule ging Grischa nur ein Jahr, danach mußte der Junge die Fibel zur Seite legen und den Hirtenstock zur Hand nehmen. Er verdingte sich wie auch sein Vater bei Kulaken und Großgrundbesitzern. Lediglich im Jahre 1929 konnte er, bereits als Tischler in einem der Mariupoler Werke arbeitend, eine Abendschule absolvieren. 1932 wurde er Mitglied der Partei. Er lernte weiter, und er lernte hartnäckig und viel, um das in den Jahren der Kindheit und Jugend Versäumte nachzuholen.

Vor dem Krieg arbeitete Balizki im Tschernigower Gebietskomitee der Partei. Als der Krieg begann und das Gebietskomitee die Illegalität vorbereitete, übertrug man Balizki alles, was mit der Organisation von Treffs und ähnlichem zusammenhing. Er verbarg wertvolles Gut für die Belange der Illegalen. Tatsächlich jedoch brauchten wir diesen Fonds nicht, und er wurde nach dem Krieg dem Staat zurückgegeben, und zwar mit bedeutenden Aufschlägen auf Kosten von Beutegut.

Von den ersten Monaten des Krieges an erwies sich Balizki als ausgezeichneter Organisator und talentierter Kommandeur sowie als ein Mann mit großem persönlichem Mut. Aber Grigori Wassiljewitsch war nicht frei von betrüblichen Schwächen, die, wie mir scheint, in erster Linie auf die Unausgeglichenheit seines Charakters zurückzuführen waren. Manches Mal ging die Kühnheit Balizkis in Unüberlegtheit über und die Entschlossenheit in Selbstherrlichkeit. Mitunter war er fähig, sich einem Detail auf Kosten des Ganzen zu widmen. Von Natur aus fügsam und bescheiden, konnte er plötzlich alle durch Ausbrüche von Halsstarrigkeit und Anmaßung überraschen.

Das illegale Gebietskomitee mußte Balizki nicht nur einmal »zurechtrücken«. Und hier zeigte sich immer die wertvollste Seite im Charakter von Grigori Wassiljewitsch, wofür ich ihn außerordentlich verehre und gern habe: Balizki war immer ein disziplinierter Kommunist und bemüht, sich über seine Fehler klarzuwerden, sie zu erkennen und zu beseitigen.

Im September fand bei uns auf einer Sitzung des Gebietskomitees ein ernsthaftes Gespräch statt. Man wies Balizki darauf hin, daß er die neue Sprengtechnik unterschätzt hatte und daß im Raum seines Bataillons noch zuwenig illegale Parteiorganisationen gebildet worden waren. Nach den ersten kritischen Bemerkungen konnte sich Grigori Wassiljewitsch wie gewöhnlich kaum beherrschen. Er hob die Hand, um das Wort für irgendwelche alles erklärenden Berichtigungen zu erbitten. Ich ließ ihn jedoch noch nicht zu Wort kommen und empfahl ihm, erst die anderen anzuhören. Und Balizki überzeugte sich bald davon, daß vieles in seiner Arbeit nicht nur von Fjodorow und Drushinin, sondern auch von allen anderen Mitgliedern des Gebietskomitees sowie von der Mehrheit der zu dieser Sitzung eingeladenen Kommandeure und Kommunisten negativ beurteilt wurde. Balizki wurde friedlich und geriet ins Nachdenken. Dann ergriff er das Wort und erklärte, daß die Hinweise der Partei für ihn Gesetz seien und daß er die Fehler beseitigen werde.

Doch nichts ist einfacher, als reuevolle Worte zu finden. Wichtig ist, wie sich ein Mensch danach führt. Direkt von der Sitzung ging Balizki zur Nachrichtenzentrale und sandte seinem Stellvertreter einen verschlüsselten Funkspruch mit Befehlen, die den gerade erst vom Gebietskomitee gefaßten Beschluß widerspiegelten. Zurückgekehrt, unternahm Grigori Wassiljewitsch große Anstrengungen, um sowohl den Einsatz von Minen mit verzögerter Wirkung zu verbessern als auch das illegale Parteinetz zu erweitern. Zusammen mit dem neuen Bataillonskommissar, Akim Sacharowitsch Michailow, brachte er schnell alles ins Lot.

So war unser Kommandeur des 1. Bataillons, der Held der Sowjetunion Balizki, ein komplizierter, eigenwilliger Mensch, zu dem wir jetzt zu Gast gingen.

»Herzlich willkommen! Mit großer Freude bitten wir an unser Partisanenfeuerchen!« sagte Balizki, wobei er vor uns die Tür seiner Erdhütte aufstieß.

In diesem Fall stellten mehrere hell über dem bereits gedeckten Tisch leuchtende elektrische Lampen das Partisanenfeuer dar. In der Ecke stand eine geschmückte Tanne. An den Wänden bildeten Girlanden aus Tannenreisern zwei Zahlen – 1944 und 100.

Die Bedeutung der zweiten Zahl war bei uns nicht weniger bekannt als die Bedeutung der ersten: Genau hundert feindliche Züge hatte das 1. Bataillon in Wolynien gesprengt. Wie angenehm war doch so eine runde Zahl zum Neuen Jahr! Und es war auch durchaus angebracht, sich noch einmal vorzustellen, was sich dahinter verbarg: Das waren ganze Parks von aufgeschlitzten Lokomotiven und zerfetzten Waggons. Das waren Berge technischer Kampfmittel des Gegners, die wir völlig unbrauchbar gemacht hatten. Das waren ganze Friedhöfe, auf denen faschistische Soldaten und Offiziere lagen, die nicht an die Front gelangt waren. Auch durfte man nicht die gewaltige Menge an Munition, Bekleidung und Lebensmitteln vergessen, die die deutschen Truppen ebenfalls nicht erhalten hatten. Und noch etwas besonders Gewichtiges verbarg sich hinter dieser runden Zahl, untermauert durch die Gefechtshandlungen unserer anderen Bataillone: die fast völlige Lahmlegung aller Schienenwege des Koweler Knotenpunktes.

»Ich bitte zu Tisch, Genossen! Nehmt Platz!« lud Balizki uns ein.

»Warte, Grischa, laß mich die alten Freunde begrüßen«, sagte ich. »Hier ist nach wie vor dein Tschernigower Machtbereich!«

Dem Stabschef Iwan Reschedko und dem Tschekisten Wassili Subko drückte ich kräftig die Hand. Sie kamen beide aus dem Tschernigower Gebiet. Tschernigower nannten wir jedoch die Partisanen nicht nur nach dem Geburtsort oder der früheren Arbeitsstätte, sondern auch nach dem Ort ihres Eintritts in unsere Abteilungen. Da war zum Beispiel der Kommandeur der Bataillonsaufklärung, der grauäugige, rotwangige Pawel Gansha. Seine Wiege stand in der Orlower Gegend, doch für uns war Gansha ein Tschernigower, weil er irgendwo bei Korjukowka oder Stschors zu uns gekommen war. Auch den Sekretär des Parteibüros, Semjon Gasinski, betrachteten wir als Tschernigower, obwohl er in Kiew geboren wurde.

Der neue Bataillonskommissar, Akim Michailow, war Sibirier, doch für uns alle ebenfalls zugleich Tschernigower. Von seiner großen, straffen Figur und dem offenen Gesicht mit den klaren, aufmerksamen Augen gingen Ruhe und Kraft aus. Michailow war ein alter Kommunist und erfahrener Parteiarbeiter, ehrlich, prinzipienfest und willensstark. Das Zentralkomitee der Kommunistischen Partei der Ukraine hatte allen Grund, Akim Sacharowitsch als Mitglied unseres illegalen Gebietskomitees der Partei zu bestätigen.

Michailow begann seinen Weg als Partisan in einer der Abteilungen von Alexander Nikolajewitsch Saburow. Gegen Ende des Sommers 1942 handelten die Saburow-Partisanen am rechten Ufer der Desna und wir am linken. Der Gedanke an die Verschmelzung unserer Verbände tauchte auf. Alexander Nikolajewitsch sandte wegen der Verbindungsaufnahme eine kleine Abteilung zu mir, die von Fjodor Tarassenko und Akim Michailow geführt wurde.

Die Lage ließ nicht zu, daß die Tschernigower ans andere Ufer der Desna überwechselten. Wir blieben an den alten Plätzen, und die kleine Abteilung Tarassenko – Michailow blieb bei uns, natürlich mit Einverständnis von Saburow. Nach und nach wuchs die Abteilung an und wurde zu unserem II. Bataillon. Kommandeur Tarassenko und Kommissar

Michailow ergänzten einander gut. Das II. Bataillon wurde zu einer unserer besten Kampfeinheiten. Ich war mir sicher, daß Akim Sacharowitsch auch dem I. Bataillon viel Nutzen bringen würde und hier erfolgreich Kremenizki ersetzte, der jetzt in die polnische Brigade zurückkehrte.

»Nun, wie kommen Sie mit Grigori zurecht?« fragte ich Michailow bei der Begrüßung leise. »Die Charaktere sind doch bei euch recht unterschiedlich ...«

»Alles in Ordnung«, antwortete der Kommissar, wobei er verhalten lächelte. »Die Charaktere sind verschieden, doch die Ziele sind gleich. So ist auch das Zusammenwirken in Ordnung gebracht worden.«

Wir setzten uns an den Tisch beim Schein der verschiedenfarbigen Lampen der Neujahrstanne. Der Tisch war reich gedeckt – ukrainische Hausmacherwürste, Fisch in Gelee und Kalbfleisch, alle möglichen Konserven, die die deutschen Lager nicht erreicht hatten. Man verstand sich im I. Bataillon auf die Bewirtung! Übrigens lag das I-Tüpfelchen des kulinarischen Programms noch vor uns.

Bei Scherzen und Gesprächen näherten sich unmerklich die letzten Minuten des scheidenden Jahres. Aus dem Lautsprecher klang die vertraute Stimme Lewitans, der eine Rede von Michail Iwanowitsch Kalinin ankündigte.

In seiner Neujahrsansprache wandte sich der Vorsitzende des Präsidiums des Obersten Sowjets der UdSSR an das ganze sowjetische Volk. Seine Rede galt den Frontsoldaten und auch jenen, die jenseits der Frontlinie, im feindlichen Hinterland, kämpften. Er sprach von den Erfolgen der Roten Armee und von den heldenhaften Anstrengungen aller sowjetischen Menschen, die ihren Beitrag zur Erringung des Sieges über den Gegner leisteten. Es bestehe die Hoffnung, daß die Faschisten im Jahre 1944 endgültig geschlagen würden.

Erhaben klang das Glockenspiel der fernen Moskauer Turmuhren, doch es war einem nahe wie immer. Jeder dachte: Heimat, wir sind mit dir! Schlag auf Schlag dröhnte die Uhr des Spasski-Turmes. Da ertönte der zwölfte ... Das Neue Jahr war angebrochen. Wir begrüßten das Kampfjahr 1944, und wir erhoben die Gläser auf die Partei, auf den Sieg, auf unsere einmütige Partisanenfamilie.

Das Neujahrsessen ging weiter. Balizki gab dem Starschina einen heimlichen Wink, wonach auf dem Tisch gebratene Karpfen auftauchten, die einen betörend appetitlichen Duft verbreiteten.

»Aha, hast dich der Fischerei hingegeben«, sagte ich zu Grigori Wassiljewitsch.

»Was heißt hier Fischerei! Das ist keine leichte Arbeit ... Aber wir haben ja jetzt Ruhepause!« antwortete Balizki verschmitzt.

Es stellte sich heraus, daß ... die Deutschen die Karpfen gefangen, genauer gesagt, sich beschafft hatten. Unweit vom Bahnhof Manewitschi waren einige Kolchosteiche, und die Faschisten hatten beschlossen, sich während der Weihnachtsfeiertage an frischem Fisch gütlich zu tun. Aus einem dieser Teiche ließen sie das Wasser ab, zerschlugen das Eis und holten vom Grund fünf Schlitten voll Fische. Doch dieser Raub bekam ihnen nicht gut. Ein Zug von Balizki schnitt den »Fischern« den Weg ab, die Partisanen erteilten den Liebhabern fremder Karpfen eine tüchtige Lektion und nahmen ihnen den ganzen »Fang« ab. Die Hälfte der Fische verteilten sie an Ort und Stelle an die Bauern, die andere Hälfte stand vor uns auf dem Tisch und bei den anderen Partisanen, die in den Erdhütten das Neue Jahr begrüßten.

Überhaupt scherzte Balizki nur, wenn er sagte, daß sich das Bataillon in Ruhe befinde. Ruhepause, das war offiziell. Doch Untätigkeit bedrückte die Partisanen. Und das 1. Bataillon suchte sich ständig eine Arbeit. Trieb Grigori Wassiljewitsch irgendwo Sprengstoff auf, so schickte er die Männer sofort zu einer Aktion. Unlängst rüstete er mehrere Expeditionen für die Salzsuche aus; denn am meisten mangelte es uns an Salz. Man konnte es sich nur mit der Waffe in der Hand beschaffen. Salz galt jetzt in Wolynien auch als Zahlungsmittel. Die Okkupanten versprachen jedem, der eine von den Partisanen gelegte Mine ausfindig machte, eine Salzprämie. Für die Köpfe von Partisanenkommandeuren waren ebenfalls »Auszeichnungen« in Form von Salz ausgeschrieben worden. Doch Anwärter auf diese »Auszeichnungen« ließen sich einfach nicht finden!

In der Erdhütte herrschte ständiges Kommen und Gehen.

Politleiter und Kommandeure von Kompanien und Zügen überbrachten Neujahrsglückwünsche. Als fröhlicher Haufen strömten Bataillonskünstler und Musikanten herein. Die Ausmaße des Stabsgebäudes ließen nicht zu, daß sie sich voll entfalteten, doch zum Singen reichte es immer. Am häufigsten dröhnten die Vierzeiler der Minenleger:

Wir sind Spezialisten der Schienenstränge,
Zweifel gibt es daran nicht!
Kaum sind wir an Ort und Stelle,
machen wir den Laden dicht!

Wir verlegen Weg und Straßen,
herrschen über sie:
Züge, die mit Deutschen kamen,
an die Front gelang'n sie nie.

Die Fritzen liefen wie die Wilden,
doch wohin? – Da frag sie mal ...
Eine Mine auf dem Wege,
ab geht's in das Höllental!

Das künstlerische Laienschaffen im 1. Bataillon leitete Wassili Jakowlewitsch Konowalow, Politleiter einer Kompanie. Dem Beruf nach war er Schauspieler, und auch bei uns vergaß er seine friedliche Berufung nicht. Doch jetzt wirkte er nicht nur als Künstler, sondern auch als Regisseur, Dramaturg, Chorleiter und unermüdlicher Organisator des Volkskunstschaffens.

Als die Lieder und Vierzeiler verklungen waren, trat Wassili Jakowlewitsch vor und las mit großem Gefühl einen »Brief an Hitler« vor, ähnlich dem Brief der Saporosher Kosaken an den türkischen Sultan:

»Ein Hengst hat dich gezeugt, und eine Hündin hat dich ausgetragen und ans Licht der Welt gebracht ... Weder deine Fahrzeuge noch deine Panzer machen uns schlottern, für die haben wir unsere Partisanenköder, schön selbst gefertigt und für den Tisch ungebetener Gäste gedacht. Hoch zu Fahrzeug kommen sie, doch den Garaus machen ihnen Partisanenminen. Hier wird ihnen gar eifrig geholfen, ihre schmutzige

Seele auszuhauchen! Deine arischen Kämpen haben sich Gastgeber solcher Art wahrlich verdient.«

In dem Brief machte man sich auch über die erfolglosen Versuche der Faschisten lustig, uns mit Flugzeugen zu bekämpfen und die Wälder zu bombardieren:

»Auch ergötzen wir Partisanen uns an deinen komischen Vögeln. Alle Tage flattern sie über die Wälder und über unsere Bataillone. Ach, wie groß sind doch die Verluste, weil wir ihnen nicht entgehen können! Bei unserer Großmutter Nastja wurde zwei Hühnerchen das Federkleid zerzaust, und die Sumpfkröten haben das Laufen bekommen. Ob du es glaubst oder nicht, so war es die ganzen Tage! ... Man vermeldet dir, die Partisanen seien vernichtet, doch wir werden euch schon den ... versohlen.«

Es ist nicht möglich, die Partisanenbotschaft an Hitler weiter zu zitieren, da sie weitaus kräftigere Ausdrücke enthielt als diejenigen, die seinerzeit an den türkischen Sultan gerichtet waren.

Dann sangen wir gemeinsam »Katjuscha«, »Der Volkskrieg«, »Die Erdhütte« und andere Soldaten- und alte ukrainische Lieder.

Ein Lied erzählte von dem Bauernburschen Wassili, der sich in eine junge Witwe verliebt hatte. Ich weiß nicht warum, doch dieses harmlose, eher lyrische Lied klang, wenn es die Partisanen sangen, machtvoll und erhebend. Der gemeinsame Chor führte das Lied weiter bis zur letzten Strophe, bis zu den Worten Wassilis: »Ich fürchte nicht die Zauberer und werde die Witwe heiraten!« Es waren einfache Worte, aber wieviel Gefühl legten die Partisanen in dieses Lied ... Lag es daran, daß es mit jedem Tag mehr Witwen in unserer Heimat gab? Dachten die Männer an ihre Familien?

Dann wurde zum Tanz aufgespielt. Wie sollte es auch ohne Tanzen gehen! Starschina Semjon Tichonowski zog den Bajan auseinander, und wir erkannten unschwer die Melodie eines Tschernigower Liedes. Das Alter abschüttelnd, ging auch ich tanzen. Lediglich an Damen mangelte es, und so mußte ich mit Balizki vorliebnehmen.

Zu vorgerückter Stunde machten wir einen Rundgang durchs Lager und schauten in die Erdhütten 'rein, wo die

Leute noch nicht schliefen. Wir beglückwünschten einander zum Neuen Jahr. Am nächsten Tag begann im Bataillon das Fest.

An einer hohen Tanne, die nicht mit Wattebäuschchen, sondern mit richtigem Schnee verziert war, flammten die Lichter auf. Wieder ertönten Lieder und Musik. Mehrere hundert Partisanen drängten sich um die Konzertbühne, auf der Wassili Konowalow, der zeitweilig sein Amt als Kompaniepolitleiter niedergelegt hatte, wiederum zu seinem Vorkriegsberuf als Künstler zurückkehrte.

Das große Konzert wurde mit einer theatralischen Rundschau eröffnet. In einem Prolog erstattete das alte Jahr dem neuen Bericht, und es gab schon etwas zu berichten! Dann wurde die Handlung plötzlich in das »Führerhauptquartier« verlegt. Neben dem tobenden Hitler agierten hier Mussolini, Antonescu, Admiral Horthy, der japanische Mikado und noch irgendwer. Alle beschimpften sich, wobei einer dem anderen die Schuld an der Niederlage an der Ostfront in die Schuhe schob. Als die Streitereien ihren Höhepunkt erreicht hatten, erschien der hinkende Goebbels, der den Streifen eines Funkspruchs in der Hand hielt. Er teilte mit, daß die Partisanen des 1. Bataillons hundert deutsche Züge in Wolynien gesprengt hatten. Hitler griff sich ans Herz und fiel auf der Stelle in Ohnmacht.

Im zweiten Teil traten Sänger, Tänzer, Rezitatoren und Musiker auf. Unsere Bataillone hatten keine schlechte künstlerische Tätigkeit aufzuweisen. Fast überall gab es Orchester mit den unmöglichsten Instrumenten. Zu Harmonika und Geige hatte sich ein Hirtenhorn gesellt, und zu Klarinette und Balalaika rasselten Erbsen in einer getrockneten Ochsenblase. Als Trommel diente gewöhnlich ein Koffer mit innen angehängten Kinderklappern. Diesmal legte ein solches Orchester des 1. Bataillons alle Ehre ein.

Nach dem Konzert ging das Fest weiter. Plötzlich strebten alle einer kleinen Anhöhe zu und bildeten einen dichten Kreis. Hier wurde eine eigenartige Attraktion geboten. Auf Schienen aus dünnem Draht bewegte sich ein Miniaturzug mit Waggons von der Größe einer Streichholzschachtel. Um deutlich zu machen, was das für ein Zug war, hatte man auf die Lokomotive ein faschistisches Hakenkreuz gemalt. Als der Spielzeugzug eine bestimmte Stelle erreicht hatte, zog der Vorführende an einem Fädchen, an den Schienen blitzte es auf, und die Lokomotive flog zusammen mit den Waggons »in die Luft«. Bei den Männern, die es gewohnt waren, richtige Züge zu sprengen, löste diese Vorführung helle Begeisterung aus.

Wieder ertönte der Bajan, und irgend jemandes Absätze klopften auf den gefrorenen Boden – ein Partisanenhopak, noch aufwühlender und fröhlicher als jener berühmte Saporosher Hopak, wie ihn Gogol so bildhaft beschrieben hatte.

Heute war für die Partisanen Ruhetag. Morgen gingen sie wieder zur Aufklärung, ins Gefecht oder zu einer Sprengoperation – wie es die Heimat befahl.

Gut hatte bei uns das neue Kriegsjahr begonnen, und unser letzter Partisanenwinter näherte sich bereits seiner Mitte.

# Operation »Samenkorn«

Der Zug von Michail Tustschenko befand sich in einem kleinen, von Wäldern umgebenen Dorf unweit von Tschartorijsk. Wenn erforderlich, sollte er Verteidigungsstellungen beziehen und einen der fernen Zugänge zum Zentrallager unseres Verbandes decken. Als man damals in den Bereich des Bahnhofs Tschartorijsk Minenleger entsandt hatte, nahmen sie eine Dekkungsgruppe von Tustschenko mit. Doch in der letzten Zeit hatten die Minenleger hier nicht gewirkt. Eigentlich versah der Zug jetzt nur noch Garnisonsdienst.

Michail Tustschenko wohnte mit dem Politleiter Nikolai Chromzow und ihrem gemeinsamen Burschen Wassjuta am Rand des Dorfes. Auch aus den Nachbarhäusern mußten die Hausherren zeitweilig umgesiedelt werden. Jede Gruppe bekam ein Haus zugewiesen, und in einem weiteren brachte man den Starschina mit dem Koch und der Feldküche unter. Fünfundzwanzig Mann Iststärke – das war schon die ganze Garnison.

Lohnte es sich, diesen einzelnen Zug so weit weg vom Bataillon zu belassen? Wenn er nun plötzlich abgeschnitten und eingekreist würde? Oder man vernichtete ihn gar? Wir befanden uns ja schließlich auf einem vom Gegner besetzten Territorium. Auf dem Bahnhof Tschartorijsk waren die Faschisten, gerade ein Dutzend Kilometer vom Zug entfernt. Auch konnten irgendwo in der Nähe sich herumtreibende Bandera-Leute auftauchen, deren Kräfte die von Tustschenko weit überstiegen.

Ja, Faschisten und Bandera-Leute waren in der Nähe, doch es konnte keinerlei »Plötzlich« geben. Um das Schicksal der entfernten Garnison sorgten wir uns nicht, und zwar aus folgendem Grund: Gerade unter den Bedingungen des Partisanenkrieges war ein Zug eine ziemlich starke, gut ausgerüstete und sehr bewegliche Gefechtseinheit, in der Lage, selbständig sowohl Angriffs- als auch Verteidigungshandlungen vorzunehmen. Das wurde in der Praxis vielfach überprüft. Zum anderen kontrollierten die Faschisten das von ihnen okkupierte Territorium nur in den Behauptungen der Goebbelschen Propaganda vollständig, wo der Wunsch stets der Vater des Gedankens war. Was hieß hier vollständig! Im Hinterland drängten sich die Faschisten in der Nähe der Eisenbahnstrecken, und auch die konnten sie nicht zuverlässig sichern, besonders die Zugänge zu den Strecken. Auf dem Tschartorijsker Bahnhof wagten sie es nicht, sich auch nur einen Schritt vom Bahnkörper zu entfernen.

Die Faschisten waren mit Kriegsbeginn nach Wolynien gekommen, doch auch jetzt, nach zweieinhalb Jahren, spürten sie, wie ihnen der Boden unter den Füßen brannte. In den kleinen Ortschaften waren die Garnisonen der Okkupanten faktisch blockiert, abgeschnitten von der Außenwelt und ständig bedroht von Angriffen der Partisanen. In solchen Ortschaften und Dörfern war das Leben dieser »Gipfelstürmer« nicht zu beneiden! Sie mußten in Unterständen und Bunkern hocken, überall Wachen ausstellen, und selbst ihre Notdurft konnten sie erst nach dem Durchlaufen von Verbindungsgräben verrichten.

Ich erinnere mich, daß wir im Sommer des Jahres 1943 die faschistische Garnison in Ljubeschow, einer größeren Stadt im Gebiet Wolynien, buchstäblich belagerten. Nicht genug, daß die Partisanen alle nach Ljubeschow führenden Straßen besetzt hielten. Häufig bekamen die dort hausenden Faschisten auch Artilleriebeschuß zu spüren. Damit erinnerten wir sie daran, daß es sich nicht empfahl, aus ihren Höhlen zu kriechen. Danach verjagten die Partisanen die Okkupanten völlig aus der Stadt, besetzten diese und verschafften der Bevölkerung Luft zum freien Atmen.

Im Sommer und Herbst schlugen wir auch tüchtig auf die Bandera-Leute ein und verjagten dieses Geschmeiß fast vollständig aus den Gebieten, wo sich Partisanen befanden.

Selbstverständlich konnten die Okkupanten mit ihren Helfershelfern, den ukrainischen Nationalisten, noch genügend Kräfte für eine weitere gegen die Partisanen gerichtete Expedition zusammenziehen. Eine solche Expedition konnte jedoch die Partisanen nicht plötzlich überfallen; der Überraschungsfaktor war ausgeschlossen. Wir besaßen ein ausgedehntes Agenturnetz, und in den Dörfern bestanden illegale Partei- und Komsomolorganisationen. Überall verfügten wir über eine Vielzahl von freiwilligen Helfern aus der örtlichen Bevölkerung. So erhielten die Partisanen stets Kenntnis von den Vorhaben des Gegners.

Ein interessanter Fall ereignete sich im Herbst, als sich die Okkupanten gemeinsam mit den Bandera-Leuten anschickten, uns aus dem Landstrich zu verdrängen, der von den Flüssen Stochod und Styr begrenzt wurde. Der Stab der Expedition mit einem deutschen Oberstleutnant an der Spitze war in einem der Dörfer des Rayons Ljuboml untergebracht. Wie es sich gehörte, hatte man für die Führung ein Haus, das »sauberer« war, und einen »zuverlässigeren« Hausherrn ausgewählt. Doch dieser Hausherr war ... der Leiter unserer illegalen Gruppe.

»Wann werden Sie die roten Banden liquidieren?« fragte er den Oberstleutnant, wobei er die Partisanen so nannte, wie sie von den deutschen Faschisten bezeichnet wurden.

Eine unerwartete Antwort folgte:

»Wahrscheinlich niemals! Fjodorows Leute sind mit allen Wassern gewaschen, sie wissen alles vorher ... Einfach unverständlich, wer ihnen hilft!«

Dieses Zugeständnis des deutschen Büttels gaben die Illegalen, zusammen mit nicht minder wichtigen Aufklärungsangaben, buchstäblich nach einigen Stunden an das nächste Partisanenbataillon weiter, und von dort gelangte die Mitteilung über Funk bereits zu uns, ins zentrale Lager. Und es gab viele Fälle ähnlicher Art.

Auch hier, in dem kleinen Dorf bei Tschartorijsk, hätten sowjetische Patrioten unsere Deckungseinheit über die Vorbereitung eines Angriffs auf die Partisanen oder sogar eines kleinen Ausfalls gegen sie informiert. Auch hätten sich in den nahe gelegenen Dörfern nicht wenige Menschen gefunden, die in der Lage gewesen wären, mit der Waffe in der Hand dem Zug von Michail Tustschenko bei der Verteidigung zu helfen.

Noch unlängst hatten die Faschisten zusammen mit den Bandera-Leuten in die Welt hinausposaunt, daß die Bevölkerung der Westgebiete der Ukraine die aus dem Osten kommenden Partisanen feindselig empfinge und ihnen keinerlei Unterstützung gewähre. Wie niederträchtig und haltlos war doch diese Lüge! Wiederum wurde der Wunsch als Realität ausgegeben. Sicher, wir trafen auf Dörfer, die von den Einwohnern vor unserer Ankunft verlassen worden waren. Manchmal sahen wir angstvolle Gesichter und finstere Blicke. Doch die Einwohner waren unter Androhung des Erschießens von den Bandera-Leuten selbst aus den Dörfern getrieben worden. Sie erschreckten die Bauern mit den fürchterlichsten Schauermärchen über die Partisanen. Ungeachtet dessen gelang es den Verrätern am ukrainischen Volk bei weitem nicht immer, ihre Ziele zu erreichen.

In Newira, Priwituwka und vielen anderen Dörfern wurde der Marsch unserer Kolonne in Wolynien durch eigenartige »Barrikaden« aufgehalten: quer über den Weg gestellte Tische mit Speisen jeglicher Art. Tische zogen sich auch längs der Straßen hin, und die feiertäglich gekleideten Dorfbewohner luden die Partisanen ein, tüchtig zuzulangen.

War es etwa nicht angenehm, Brot und Salz in Wolynien aus den Händen von Großvätern zu empfangen, deren Haut von der Zeit dunkel geworden war und gegerbt von Wind und Wetter? Während der Rasten tanzten unsere Jungen bis in die späte Nacht mit wolynischen Mädchen. Freiwillige Führer zeigten uns die allergeheimsten Waldwege. Junge Burschen und alte Männer baten uns um Waffen und darum, mit uns gehen zu dürfen. Nicht selten wollten völlig ergraute Leute noch Partisanen werden.

Niemals werde ich jene zwei alten Männer vergessen. Sie kamen zu mir, barfuß, in Hosen aus hausgewebtem Leinen und mit langen, weißen Hemden aus gleichem Material, Strickgürtel um den Leib. Dem einen hing das Georgskreuz mit ausgeblichenem Band an der Brust. Er bewegte sich kaum vorwärts, erstarb fast im »Stillgestanden«, legte die Hand an die abgewetzte Mütze und meldete laut:

»Euer Exzellenz! Die russischen Soldaten Gristschuk, Semjon, und Woroshizyn, Kusma, auf langbefristetem Urlaub, melden sich zur Fortsetzung des Dienstes!«

Ich stieg vom Pferd, umarmte die guten Alten, erklärte ihnen, daß ich zwar General, aber bei weitem keine Exzellenz sei, und dankte für ihre Bereitschaft, der Heimat zu dienen. Väterchen Kusma, mit dessen Gesundheit es nicht zum besten stand, mußte zu Hause bleiben, den anderen Teilnehmer am ersten Weltkrieg, Väterchen Semjon, nahmen wir in unsere Wirtschaftskompanie auf.

Nach einigen Monaten wurde der Verband durch ganze wolynische Abteilungen und Bataillone aufgefüllt.

Ja, wir brauchten uns wirklich nicht besonders um das Schicksal des Zuges von Michail Tustschenko zu sorgen. Das Volk würde die ferne Partisanengarnison immer unterstützen. Und wir brauchten den Zug bei Tschartorijsk, brauchten ihn sehr, nicht nur im militärischen Interesse, denn die Bevölkerung blickte auf unsere Partisanen als die Vertreter der Sowjetmacht.

An diesem trüben Wintertag erwachten der Zugführer und der Politleiter wie gewöhnlich früh, und nachdem sie ihre einfache Morgentoilette beendet hatten, gingen sie auf die Straße. Der jüngere von beiden, der pausbäckige Tustschenko, der von seinem aktiven Wehrdienst nicht einmal in seinen Heimatkolchos zurückgekehrt war, streckte seinen gutgebauten, muskulösen Körper, holte tief Luft und sagte:

»Das ist gut, diese Stille!«

»Gut schon, aber ringsum ist es mir zu still«, ließ sich der magere, etwas gebeugte Chromzow vernehmen. »Schon lange hat es auf der Eisenbahn nicht mehr gekracht ... Und wann werfen sie nun diesen Sprengstoff ab?«

»Wenn es sich aufklärt, werden sie es schon tun ... Kein Flugwetter! Nun, was ist, gehen wir?«

Tustschenko und Chromzow verweilten in den Gruppen, nahmen die Meldung des Leiters der Nachtwache entgegen, führten zusammen mit den Kämpfern den Frühsport durch und begaben sich dann in jenes Haus, wo sich die Feldküche und der Speiseraum befanden.

Nach dem Frühstück nahm der Politleiter zwei neue Exemplare der Zeitung »Heimatliche Ukraine« heraus, die er gestern abend im Bataillon erstanden hatte, las die Meldungen des Sowjetischen Informationsbüros vor und besprach mit den Partisanen die letzten Frontereignisse. Dann gingen alle ihrer Tätigkeit nach: Die Kämpfer erwartete Taktikausbildung, der Politleiter begab sich in den »zivilen« Teil des Dorfes, um den Leuten aus der Zeitung vorzulesen, und Tustschenko kehrte zu seinem Quartier zurück. Seit 9 Uhr hatte er Bevölkerungssprechstunde.

Neben dem Aufgang drängten sich bereits die Leute. Abseits standen zwei Schlitten; offensichtlich waren sie auch von weiter her gekommen. Der strenge Gehilfe des Zugführers und des Politleiters, der Hüne Wassjuta aus Poltawa, war vorausgeeilt und hatte die Dorfbewohner gebeten, selbst herauszufinden, wer an der Reihe sei. Tustschenko begrüßte alle und streifte den Schnee von den Filzstiefeln.

»Also, wer ist der erste? Kommen Sie 'rein!« sagte er einladend.

Mit Michail betrat eine ältere Frau aus dem Dorf das Zimmer. Ihr Anliegen an die Partisanen war sehr einfach, ja alltäglich:

»Söhnchen, gib mir ein Pferd, um Holz zu holen. Ich habe nichts mehr zu Heizen!«

»Sind unsere Pferde frei? Geh in die Küche, suche dort den Starschina. Du kennst doch Onkel Andrej? Er ist unser Starschina. Sage ihm, er soll dir Pferde geben, wenn sie frei sind. Und wer wird dir das Holz fällen?«

»Ach, irgendwer … Ich gehe mit den Kleineren!«

»Aha, so ist das also! Wenn die Pferde da sind, sollen sie sie dir um elf anspannen, dann sind die Partisanen mit der Ausbildung fertig. Wir werden dir noch zwei Burschen dazugeben. Warte, ich schreib's dir auf!«

Er schrieb schnell einige Zeilen für den Starschina und begleitete die Frau, die sich mehrmals bedankte, zur Tür.

Die nächsten Bittsteller traten ein, als Tustschenko bereits die Jacke ausgezogen und sich an den Tisch gesetzt hatte. Es waren ein rotwangiges, in Tücher gehülltes Mädchen und ein Bursche in einer Lederjacke. Sie blickten ein wenig verwirrt. Der Zugführer hatte begriffen, warum sie zu ihm gekommen waren, doch der Form halber fragte er:

»Nun, ihr Recken, was gibt's?«

Die beiden wechselten einen Blick. Der Bursche schluckte, doch die Schöne senkte die Augen und antwortete mit dumpfer Stimme, fast wie ein Baß:

»Vermählt uns!«

»Wir wollen in den gesetzlichen Ehestand treten«, erklärte der Bursche.

»Eine feine Sache!« Tustschenko nickte. »Aber warum seid ihr nicht nach Tschartorijsk gefahren? Dort ist doch eine Behörde.«

»Zu diesen Gaunern fahren?! Das wäre das letzte!« erregte sich der Bräutigam.

»Wir wollen es nach dem Gesetz«, bekräftigte die Verlobte.

»Richtig, eine gesetzliche Macht gibt es in Tschartorijsk vorerst nicht. Ich vermähle euch gleich!« sagte Tustschenko, und an den Burschen gewandt, fragte er: »Liebst du sie?«

»Und ob! Bei uns ist alles in Ordnung.«

»Und du, Braut? Wirst du deinen Mann nicht beleidigen?«

»Aber Genosse Leiter! Wir lieben uns doch!«

Nachdem der Zugführer von den Eheschließenden Namen, Vornamen, Alter und Wohnort erfahren hatte, schrieb er auf ein Blatt Beutepapier:

BESCHEINIGUNG

Nachfolgend wird den Bürgern des Vorwerkes Borki, Gebiet Wolynien, Ukrainische Sozialistische Sowjetrepublik, Maljushenko, Stepan Trofimowitsch, geboren im Jahre 1924, und Gontschar, Maria Grigorjewna, geboren im Jahre 1925, bescheinigt, daß sie heute, am 6. Januar 1944, aus Liebe und im gegenseitigen Einverständnis die Ehe vor dem Gesetz geschlossen haben.

Maria Gontschar nimmt den Familiennamen des Ehegatten Maljushenko an.

Nach Wiederherstellung der Organe der Sowjetmacht ist diese Bescheinigung gegen ein Ehezeugnis des Standesamtes auszutauschen.

Chef der Partisanengarnison
M. Tustschenko

Obwohl dieses Papier weder Wasserzeichen noch Wappen

oder Stempel aufzuweisen hatte und nur durch die krakelige Unterschrift eines Partisanenkommandeurs bekräftigt wurde, nahmen es die jungen Leute voller Dankbarkeit entgegen. Das Dokument wurde sorgfältig gefaltet, wonach es unter den Tüchern von Maria verschwand.

Die Eheleute drückten Tustschenko die Hand, bedankten sich für die Mühe und verließen nunmehr gesetzten Schrittes das Haus.

Die nächste Besucherin war eine Alte aus dem Nachbardorf. Sie brachte die kranke Enkelin mit. Freitags kam immer ein Arzt aus dem Med.-Punkt des Verbandes zur Sprechstunde für die Partisanen und die hiesigen Einwohner. Doch heute war erst Mittwoch. Es stellte sich heraus, daß das Mädchen kein Fieber hatte und lediglich über Schwäche und Kopfschmerzen klagte. Wir kamen zu dem Schluß, daß es sich für die Großmutter nicht lohnte, mit der Enkelin nach Hause zurückzukehren. Sollte sie also bis Freitag bei Bekannten bleiben. Und heute würde die Krankenschwester bei dem Mädchen vorbeischauen.

Noch viele suchten Tustschenko auf. Sie wandten sich mit den verschiedensten Fragen an ihn. Der Zugführer löste sie schnell. Lediglich ein dürres, scharfäugiges Männchen mit einem keilförmigen Bart, das heute als letzter Bittsteller kam, setzte ihn in Erstaunen.

Nachdem der Alte gegrüßt und sich auf den angebotenen Schemel gesetzt hatte, bewegte er die Lippen, schaute prüfend auf Michail und teilte mit, daß er gekommen sei, um nicht für sich, sondern für das ganze Dorf mit den umliegenden Vorwerken etwas zu erbitten.

»Und worum geht es?« fragte der Zugführer.

»Ach, du meine Güte! Wir würden ja selbst ... Doch wie weit kämen wir da schon! Und doch ist es notwendig, und wie notwendig! Da haben wir beschlossen, uns an die Partisanen zu wenden. Ihr seid doch überall! Mal hier, mal dort! Für euch ist es doch gleich ...«

»Was ist egal? Worum sollst du uns bitten?«

»Ach, du mein Gott! Habe ich es nicht gesagt? Das Gedächtnis! Um die Eisenbahn geht es, um Samenkörner ...«

»Was für Samenkörner?«

In freundschaftlichem Gespräch mit D. S. Korottschenko,
ekretär des Zentralkomitees der Kommunistischen Partei der Ukraine

Kommandeur Sidortschenko stellt Aufklärern eine neue Aufgabe

3 Die Aufklärer lassen den Gegner nicht aus den Augen

4 Partisanen bei der Aufklärung

Angehörige der 2. Brigade von Kletnja sind zum Befehlsempfang
ür einen Kampfauftrag angetreten

Auf dem Weg zur Erfüllung einer Kampfaufgabe

7 Bereit zum Gefecht

8 Partisanen greifen an

Im Kampf

*10* Kompaniechef Iwan Wodopjanow

Kompaniechef Andrej Kariuscha

*12* Partisanin Lida Ferapont

13 Die MG-Bedienung des Partisanen Fjodor Tschech

4 Der Scharfschütze Wladimir Barabasch aus der Lenin-Abteilung

*15* MG-Schützen an einem erbeuteten Maschinengewehr

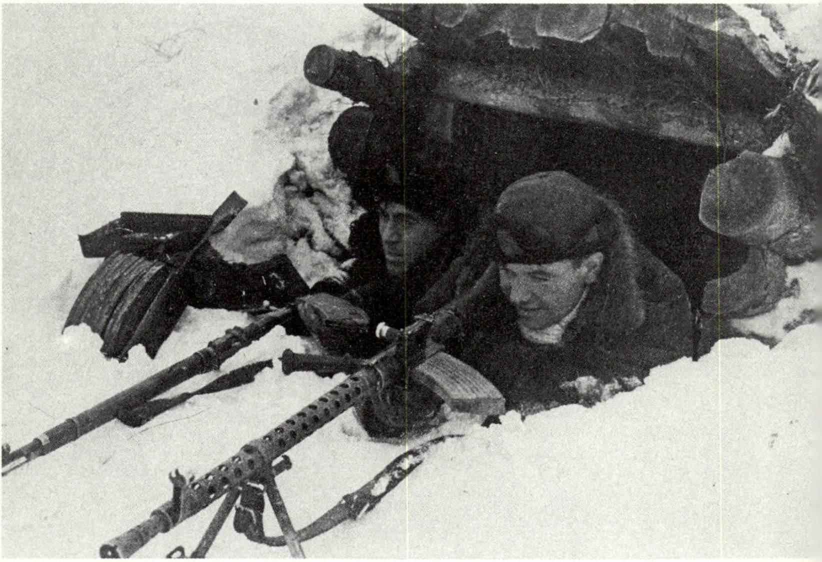

*16* Die Partisanen Nasarow und Chushonow in einem Hinterhalt

17 Sprengkommando auf dem Weg zur nächsten Aufgabe

8 Eine Schienensprengung wird vorbereitet

*19* Entgleisung eines deutschen Militärtransportzuges; das Foto wurde bei einem deutschen Offizier gefunden

*20* Nach erfolgreicher Sprengaktion

21 Angehörige des Partisanenverbandes Kowpak mit einer erbeuteten Fahne

2 Eine Partisanenabteilung erhält Verstärkung

23 Aufnahme in die Partei

24 Nach dem Kampf

5 Eine Funkstation der Partisanen

*26* Die Mitarbeiter der Partisanendruckerei
Galina Showtobrjuch und Leonid Rudikow

*27* Was bringt das „Kampfflugblatt“ Neues?

8 Der Partisan Werschinin klebt Flugblätter

29 Begegnung des Autors mit der Bevölkerung in einem gerade befreiten Dorf

30 Die Einwohner geben den Partisanen jede Hilfe

31 Herzlicher Empfang der Partisanen durch die Zivilbevölkerung

32 Ausbildung in der Schule des Ukrainischen Stabes
der Partisanenbewegung

33 Genosse Petrik, Vertreter des Zentralkomitees der Kommunistischen
Partei der Ukraine, überreicht einer Partisaneneinheit
des Tschernigower Gebietes ein Ehrenbanner

34 Banner des Zentralkomitees des Komsomol
für die Komsomolorganisation des Partisanenverbandes Kowpak

35 Zwei Generationen

36 Freudiges Zusammentreffen mit Rotarmisten

37 In einem befreiten Dorf

»Sonnenblumen. Der Zug muß weg ... Das ganze Dorf bittet und die Vorwerke auch ...«

»Was hat der Zug damit zu tun? Woher kommt der Zug?«

»Herrgott nochmal, bist du schwer von Begriff!« erboste sich der Alte. »Der transportiert Sonnenblumenkerne. Man muß den Zug einfach umkippen ... Aus Tschartorijsk kommt er. Eine Mine muß man drunterlegen.«

Letzten Endes stellte sich heraus, daß die Okkupanten gegenwärtig Sonnenblumenkerne von den im tiefen Hinterland liegenden Beschaffungsstellen hierher zum Bahnhof brachten, um Waggons zum Abtransport nach Deutschland zu beladen. Die Bauern baten darum, diesen Zug irgendwo in der Nähe des Dorfes zu sprengen, um sich der Sonnenblumenkerne zu bemächtigen.

»Öl und Fett könnten wir daraus machen«, sagte der Alte. »Ach, wie lange haben wir schon kein Öl mehr gesehen, besonders die kleinen Kinder! Doch woher nehmen? Kühe haben wir fast keine mehr. Sicher, mancher hat Hanf hinter den Gärten gesät, wir hätten dann Hanföl gehabt. Doch im Herbst haben uns Bandera-Leute überfallen und mit ihren Pferden den ganzen Hanf niedergetrampelt ... Na, was sollst du da machen! Auch Sonnenblumen haben wir gesät. Für mich ist Sonnenblumenöl sogar schmackhafter als Hanföl. Aber auch die Sonnenblumen hat der Deutsche weggenommen. Unsere Sonnenblumenkerne liegen in Tschartorijsk, unsere und von überall. Wie sollen wir sie uns zurückholen? Also muß der Zug mit einer Mine gesprengt werden, und man muß die Partisanen bitten! So hat das Volk entschieden. Ist das etwa nicht gerecht?!«

Erwartungsvoll blickte der Großvater auf den Zugführer.

Das war es, was Michail Tustschenko so überraschte. Die Bitte war völlig ungewöhnlich. Sollte man plötzlich einen Zug auf Anforderung der hiesigen Einwohner sprengen? Natürlich kam es vor, daß die Minenleger Operationen mit »Entladung« durchführten. Das gab es. Eine solche Operation war schwieriger als eine gewöhnliche. Dazu brauchte man verstärkte Deckungsgruppen, eine zusätzliche Verminung und eine rechtzeitige, gut durchgeführte Aufklärung bezüglich der Fracht im Zug. Gewöhnlich wurden Züge mit Waffen, Munition und Lebensmitteln »entladen«. Doch Sonnenblumenkerne sind ja eigentlich auch Nahrungsmittel, überlegte Tustschenko. Na ja, nicht ganz! Man muß sie erst zu Lebensmitteln machen ... Was soll man also dem Alten antworten? Minenleger hat der Partisanenzug sowieso nicht. Eine Meldung ans Bataillon geben? Vielleicht lachen die darüber! Es mangelt an Sprengstoff, nur ausgewählte Züge, vor allem Panzerzüge, werden gesprengt. Und hier ... Sonnenblumenkerne! Doch der Alte ist schon in Ordnung, und überhaupt hat man im Dorf richtig entschieden. Was ihm also sagen?

Tustschenko geriet ins Grübeln, suchte einen Ausweg aus dieser heiklen Situation. Der Großvater blickte noch immer voller Erwartung auf den Zugführer.

»Ach, das Gedächtnis!« Der Alte erhob sich plötzlich und schlug die Hände zusammen. »Ich habe dir eine Mine mitgebracht, ein Prachtstück! Mit unserer Mine werdet ihr den Zug in die Luft jagen. Los, gehen wir ans Werk!«

Der Zugführer konnte zwar nicht verstehen, woher die Dorfbewohner eine Mine genommen hatten, doch er war froh über den Aufschub und ging mit dem Alten auf die Straße.

Sorgfältig mit Stroh und Lumpen abgedeckt, lag auf dem Schlittenboden keine Mine, sondern eine fünfundzwanzig Kilogramm schwere Fliegerbombe.

»Wo habt ihr die her?« fragte Tustschenko.

»Aus dem Sumpf gezogen. Als uns der Faschist zu Kriegsbeginn bombardierte, flog die in den Sumpf und lag eine Weile dort.«

»Sind dort noch viele?«

»Woher sollen wir das wissen? Wir haben sie rausgezogen und den Partisanen noch im Sommer gegeben.«

»Und diese hier?«

»Mann, bist du begriffsstutzig! Wir brauchen Sonnenblumenkerne, der Zug muß gesprengt werden. Mit dem ganzen Dorf haben wir die Mine zu einer Stelle geschafft, wo man im Sommer nicht hinkommt. Jetzt ist alles gefroren, also haben wir die Mine aus dem Morast geschleppt und hierhergebracht. Macht ihr's nun? Oder wie?«

Die Schwierigkeiten wurden für Tustschenko nicht geringer.

Die Minenleger waren in der Lage, aus Fliegerbomben und Artilleriegranaten den Sprengstoff herauszuschmelzen. Solange diese graugelbe, breiförmige Masse nicht erstarrt war, nannte man sie »Maisbrei«. Die 25-Kilo-Bombe konnte also genommen werden. Doch die ganze Sache entschied schließlich nicht der Sprengstoff; ein wenig würden wir immer finden. Hielt es die Führung für notwendig, sich diesen Zug mit Sonnenblumenkernen vorzunehmen? Die Leute hatten die »Mine« bereits herangeschleppt, sie wollten den Partisanen die Arbeit leichter machen. Und auch vorher hatten sie für uns Bomben aus dem Sumpf gezogen. Aber nein, natürlich mußte man Meldung machen! Unbedingt!

Michail bemerkte den Politleiter, der aus dem Dorf zurückgekommen war. Er sagte dem Alten, daß er etwas warten möge, und eilte Chromzow entgegen. In zwei Sätzen erklärte er ihm die unerwartet eingetretene Situation.

»Sieh einer an, welche Anforderungen an uns gestellt werden!« Chromzow begann zu lachen. »Das Volk glaubt an unsere Kräfte. Richtig, wir müssen unbedingt dem Bataillon Mitteilung machen!«

»Und was sollen wir jetzt antworten?«

»Keine Ausflüchte ... Warum? Wahrheitsgemäß werden wir antworten.«

Dem Großvater erklärten sie, daß man die Bitte des Dorfes der Partisanenführung vortragen müsse. Natürlich müsse man jeden Zug, der sowjetischen Menschen geraubtes Gut mit sich führe, zum Halten bringen, aber ob man das jetzt tun könne, müßten diejenigen entscheiden, die weiter oben säßen.

»Herrgott! Darüber haben wir doch auch nachgedacht! Vorgesetzte sind Vorgesetzte. Ich habe selbst gedient ... Nur warten darf man nicht zu lange. Hauptsache, der Deutsche fährt nicht mit den Sonnenblumenkernen ab!«

»Ihr braucht nicht lange zu warten. Noch heute werden wir Meldung erstatten«, sagte Tustschenko. »Und mit der Antwort rechnen wir in ein bis zwei Tagen. Nirgendwohin gelangen eure Sonnenblumenkerne. Wurden sie schon in die Waggons verladen?«

»Sie lagern noch.«

»Na also! Du kommst wieder her und berichtest uns, wie es mit dem Verladen aussieht. Einverstanden?«

Es war nicht schwer, mit dem Großvater übereinzukommen. Schwieriger war es schon, dem Bataillon diesen ungewöhnlichen Antrag schnell mitzuteilen. Ein Funkgerät hatte der Zug nicht. Einen Meldereiter losschicken? Wie sollte man das alles schriftlich darlegen? Und wenn die Führung irgendwelche zusätzlichen Fragen hatte? Sie beschlossen, daß der Politleiter selbst zum Bataillon fahren und an Ort und Stelle über den Zug mit den Sonnenblumenkernen berichten sollte.

Es vergingen nicht einmal vierundzwanzig Stunden, bis man von der Bitte der Bauern mit allen Einzelheiten nicht nur im Bataillonsstab, sondern auch im Stab des Verbandes erfahren hatte.

»Ja, das ist einfach bemerkenswert, daß man sich mit solchen Fragen an die Partisanen wendet«, sagte Drushinin, wobei er in meinem Erdhaus auf und ab ging. »In Ljubeschow mußte unser Frolow als Bodenreformer auftreten, um die von den Faschisten vorgenommene Landaufteilung zu verändern. Ebenfalls in Ljubeschow und auch in den umliegenden Dörfern half Lyssenko den Lehrern, Lehrpläne aufzustellen, und organisierte die Erfassung sowjetischer Schüler. Der Krieg ist noch nicht zu Ende, ringsum sind die Deutschen, doch unser Kommandeur des 7. Bataillons befaßte sich bereits mit seinen Vorkriegspflichten als Leiter der wolynischen Gebietsabteilung für Volksbildung! Partisanen heilen, Partisanen bringen die Schulen in Gang, und Partisanen verteilen den Boden ... Jetzt fordern sie von uns, daß wir uns auch mit der Versorgung befassen. Das ist richtig! Es gibt keine staatlichen Organe, das heißt, wir müssen uns auch um Sonnenblumenöl kümmern.«

»Achte mal darauf, mit welchem Taktgefühl und mit welchem Verständnis für die Lage die Bevölkerung an das Problem heranging«, sagte ich. »Sie erbitten von uns nichts Überflüssiges! Sie nehmen die Sonnenblumenkerne und machen selbst Öl daraus. Nur den Zug müßt ihr zum Stehen bringen! Und dafür haben sie auch noch eine Bombe gebracht, um uns nicht in zusätzliche Aufwendungen zu stürzen. Gewissermaßen ein Auftrag mit geliefertem Rohmaterial.«

»Das stimmt!« Drushinin lächelte. »Also, dann muß man sofort den Auftrag erteilen! Die Operation ›Samenkorn‹ hat anzulaufen.«

Mein Stellvertreter für Diversionstätigkeit, Jegorow, nahm den Befehl zu dieser Operation ohne jegliche Begeisterung auf und sagte betont trocken:

»Zu Befehl!«

»Halt! Befehle auszuführen, dazu sind Sie verpflichtet. Doch was paßt Ihnen daran nicht?«

»Was soll das, Alexej Fjodorowitsch! Heute sind es Sonnenblumenkerne, morgen Nüsse und übermorgen wahrscheinlich Bonbons, die wir ausladen werden. Dabei reicht der Sprengstoff nicht mal für einen Panzerzug. Wir sind völlig blank!«

»Da sind Sie selbst schuld. Sie haben schlecht eingeteilt, als Sprengstoff da war. Und was die leeren Hände anbelangt, das stimmt. Aber eine ausgestreckte Hand sieht jeder. Jene Männer dort haben unseren Minenlegern eine Fliegerbombe gebracht.«

»Vielleicht ist dort noch mehr?« interessierte sich Jegorow sogleich.

»Durchaus möglich. Nehmen Sie Verbindung auf, und lassen Sie es feststellen! Übrigens, warum sollten die Dorfbewohner Ihnen mit ›Maisbrei‹ helfen, wenn Sie ihnen bei den Sonnenblumenkernen nicht unter die Arme greifen wollen?«

»Wieso will ich denn nicht? Es wird alles getan.«

»Ach, Alexej Semjonowitsch! Wie oft muß ich noch wiederholen, daß wir in Wolynien nicht nur rein militärische Ziele haben. Festigen wir mit der Sprengung dieses Zuges etwa nicht unsere Freundschaft mit der Bevölkerung, erhöhen wir damit nicht die Autorität der Partisanen?!«

»Ich verstehe ... Wir werden alles aufs beste erledigen. Gestatten Sie, den Befehl auszuführen?« In seiner Stimme schwangen jetzt schon andere Töne.

Tatsächlich hat er alles ausgezeichnet erledigt. Um Tutschenko zu helfen, schickten wir noch einen Zug sowie eine Gruppe erfahrener Minenleger nach Tschartorijsk. Wir nahmen Verbindung mit dem Großvater als Fürsprecher der Bauern und mit unserer Agenturaufklärung auf dem Bahnhof auf.

Wir bekamen auch genau heraus, wann sich der Zug mit den Sonnenblumenkernen in Bewegung setzen würde.

Ungefähr zwanzig Kilometer von Tschartorijsk erwartete den Zug eine ganze Serie von sorgfältig vorbereiteten Überraschungen. Der vom Lokführer bemerkte kleine Schneehügel am Hang des Bahndamms setzte sich plötzlich nach oben, zum Gleiskörper hin, in Bewegung. Er erwies sich als ein Mensch in weißem Tarnumhang, der einen kleinen Kasten auf die Schienen legte. Bremsen konnte der Lokführer schon nicht mehr, es war zu spät. In den nächsten drei bis vier Sekunden glitt der Mensch im Tarnumhang vom Gleiskörper. Das Partisanen»biest« explodierte unter den Rädern der Lokomotive, und die Waggons verkeilten sich kreischend und krachend ineinander.

Der in einem Hinterhalt liegende Panzerbüchsenschütze schickte mehrere Kugeln in den Kessel der Lokomotive, und ringsum hörte man Sirenengeheul. Das war das Signal. Aus dem Wald bewegte sich eine ganze Schlittenkolonne auf den Zug zu, neben ihr rannten Bauern mit leeren Säcken und Gefäßen. Allen voran ritt, tief über das Pferd gebeugt und die Enden der Zügel schwingend, der scharfäugige Alte, seinen von Rauhreif überzogenen Spitzbart nach vorn streckend.

Die Zugbewachung lief auseinander, das Feuer aus Maschinenpistolen verfolgte sie.

»Hierher! Schneller! Nehmt euch die Sonnenblumenkerne!« rief Michail Tustschenko den Leuten zu.

Die Partisanen zerschlugen die Schlösser an den Waggons und schlugen auch an manchen Stellen die Wände ein. Das Entladen begann und bald darauf auch der Abtransport. Da die Bauern wußten, daß sich die Okkupanten fürchteten, den Wald zu betreten, wandten sie eine List an: Die Kerne wurden auf einer Lichtung, etwa drei Kilometer vom Gleiskörper, in die Büsche gekippt, und dann ging es wieder zum Zug. Später würde sich immer Zeit finden, die Kerne aus dem Wald zu holen.

Um sich gegen das Auftauchen von Hilfszügen zu sichern, verminten die Partisanen schnell das Gleis vor und hinter dem Zug, der entladen wurde. Längs der Schienen wurden Infanterieminen verlegt, für die Wachmannschaften bestimmt, falls sie von den Waggons absprangen. Hinterhalte wurden angelegt. Die Operation verlief nach allen Regeln der Entladetaktik der Partisanen.

Ein Hilfszug aus Tschartorijsk tauchte erst nach drei Stunden auf. Er fuhr langsam und vorsichtig, als ob er den Gleiskörper mit dem an der Lokomotive befestigten Minensprenggitter abtasten wollte. Eine Mine detonierte auch unter dem Gitter und verbog dabei eine Schiene. Der Zug hielt an. Die Wachsoldaten begannen aus den Waggons zu springen. Dem einen wurden durch eine Infanteriemine die Beine weggerissen, andere wiederum gerieten in das MPi- und Gewehrfeuer unseres Hinterhaltes.

Insgesamt konnte bis zu der Zeit, als der Hilfszug weiterfuhr, eine große Menge Sonnenblumenkerne abgeladen werden. Die Operation »Samenkorn« verlief erfolgreich und ohne die geringsten Verluste. Das war auch nicht verwunderlich. Wir schrieben das Jahr 1944, die Partisanen hatten bereits viel gelernt.

An die erfolgreiche Erfüllung des »Spezialauftrages« erinnerten noch lange die Schalen der Sonnenblumenkerne, die die Tagesdienste aus den Erdhütten der Züge herausgefegt hatten. Später, als man diese Operation bereits zu vergessen begann, tauchte auf dem Tisch in unserem Stabsspeiseraum Salat aus gesäuertem Kraut auf, der mit frisch riechendem Sonnenblumenöl angerichtet worden war.

»Woher kommt dieser Luxus?« fragte ich.

»Ein Geschenk aus der Tschartorijsker Gegend«, teilte der Starschina mit.

»Aha, sie haben dort also Öl gemacht und uns etwas zukommen lassen! Und woher ist der Kohl?«

»Von dort hat man auch ein Fäßchen geschickt. Sie wissen, was zusammengehört!«

Bald darauf sprengten wir auf verschiedenen Strecken mehrere Getreidezüge. Die Bevölkerung wurde zur Mithilfe beim Entladen aufgerufen. Die Bauern brauchten nicht nur Getreide für heute oder morgen. Brot konnte man irgendwie durch Kartoffelpuffer ersetzen. Doch der Frühling rückte näher. Und säen mußte man ja schließlich!

# Ein Korridor durch die Front

Immer häufiger blickten wir auf die große, eine ganze Wand einnehmende operative Karte, die mit den Bemerkungen unseres Stabschefs dicht bedeckt war. Am Neujahrstag setzte Dmitri Iwanowitsch ein rotes Fähnchen bei Shitomir. Am Vorabend hatten die Truppen der 1. Ukrainischen Front die Faschisten zum zweitenmal aus diesem Gebietszentrum verjagt. Nicht nur hier, sondern überall wurden sie auf die Abschnitte zurückgeworfen, von wo aus sie im November die Gegenoffensive auf Kiew begonnen hatten.

Der Versuch, die ukrainische Hauptstadt erneut zu erobern, kostete die Okkupanten kolossale Verluste. Unter Zurücklassung von Tausenden Gräbern mit den Birkenkreuzen und ganzer Berge unbrauchbarer technischer Kampfmittel wichen sie weiter nach Westen zurück. In den ersten Januartagen wurden von den sowjetischen Truppen Nowograd-Wolynski, Olewsk, Berditschew befreit. Die Karte zeigte, daß einer der Keile, die die gegnerische Verteidigung durchbrachen, auf Sarny zielte. Von der Spitze dieses Keiles bis zu den Deckungseinheiten der Partisanen verblieben weniger als hundert Kilometer.

Die Front rückte näher, doch wir wußten, daß in nächster Zeit kaum eine Begegnung zwischen uns und den regulären Truppenteilen der Roten Armee stattfinden würde. Bis Berlin war es noch weit. Große Gebiete hielten die Faschisten weiterhin besetzt. Für die Partisanen gab es im feindlichen Hinterland nicht wenig zu tun. Es war zu erwarten, daß unser Verband irgendwohin weiter westlich verlegt werden würde. Die benachbarten Abteilungen von Medwedjew und Karassew bereiteten sich bereits darauf vor, zur Erfüllung neuer Aufgaben in Marsch gesetzt zu werden.

Diese beiden Abteilungen in Marsch zu setzen dürfte nicht schwierig sein. Unlängst hatten sie alle ihre Verwundeten an unser Lazarett abgegeben. Aber wo sollten wir jetzt mit den Verwundeten hin? Es waren an die zweihundert Mann, bewegungsunfähig, ständiger medizinischer Betreuung und Hilfe bedürftig. Einen großen Sanitätstransport mit auf den Marsch zu nehmen war unmöglich. Das Lazarett unter Bewachung eines Bataillons zurückzulassen ging auch nicht, da der Ort, wo wir uns gegenwärtig befanden, zum Schauplatz erbitterter Gefechte werden konnte. Auch die Bevölkerung des zivilen Lagers hielt uns hier fest. Sie konnten wir ebenfalls nicht der Willkür des Schicksals überlassen.

Die Lage war mehr als kompliziert. Es gab nur einen Ausweg: Mindestens fünfhundert Menschen mußten rasch ins »Große Land« verlegt werden. Ein Scherz?! Nicht fünf, nicht fünfzig, sondern fünfhundert ... Wie sollte das bewerkstelligt werden?

Offensichtlich war die Zeit herangereift, eine längst durchdachte, in der Partisanenpraxis jedoch völlig ungewöhnliche Gefechtsoperation durchzuführen, nämlich einen Korridor durch die Front zu schlagen und unsere Verwundeten sowie alte Leute, Frauen und Kinder ins sowjetische Hinterland zu schleusen.

Die Aufgabe wäre weitaus einfacher gewesen, wenn wir die Möglichkeit gehabt hätten, sie mit den Kräften des gesamten Verbandes auszuführen. Doch die Sprengtätigkeit an den Eisenbahnstrecken, die bereits frontnahe Verkehrsadern geworden waren, durfte nicht eingestellt werden. Auch konnte die Aufklärung nicht abgezogen werden, deren Angaben die angreifende Rote Armee so notwendig brauchte. Im Partisanenkampf an einem so ausgedehnten Abschnitt, der sich bis an die Staatsgrenze der UdSSR erstreckte, durfte nicht eine Minute nachgelassen werden. Für die Verwirklichung dieser ungewöhnlichen Operation konnten wir deshalb lediglich ein Bataillon, nämlich das 7., unter Führung von Fjodor Iljitsch Lyssenko bereitstellen.

Eine große Verantwortung wurde diesem kampferprobten

Bataillon auferlegt. Es mußte sich nicht nur einen Weg durch die Front bahnen und dabei Hunderte von Schlitten mit hilflosen, kampfunfähigen Menschen beschützen, sondern danach mit einer äußerst notwendigen Fracht auch zum Verband zurückkehren. Der Ukrainische Stab der Partisanenbewegung hatte versprochen, uns mit neuen Waffen, vor allem aber mit Sprengstoff, Granaten und Patronen aus dem »Großen Land« zu unterstützen.

In dem Fernschreiben, das wir vom Stab erhielten, war der Punkt angegeben, wohin wir unseren Transport zu leiten hatten: Stadt Olewsk, Gebiet Shitomir.

Aber wie sollte man sich nach diesem Olewsk durchschlagen? Wo war es am günstigsten, einen Korridor zu bahnen?

Der Generalstab der Roten Armee sollte uns mitteilen, an welchem der nahe gelegenen Abschnitte die Front weniger dicht war. Doch die Lage änderte sich ununterbrochen, und so erwarteten wir aus Moskau auch keine sehr genaue Information. Wir mußten uns auf die Angaben unserer eigenen Aufklärung beschränken, die von vielen Punkten in unmittelbarer Nähe der deutschen Stellungen zu uns gelangten.

Es stellte sich heraus, daß es für unseren Transport am günstigsten war, die Front zwischen dem Dorf Solotoje und dem Bahnhof Dubrowiza zu überschreiten, das heißt nördlich der Stadt Sarny. In Solotoje befand sich eine Garnison der Bandera-Leute, und in Dubrowiza lagen bedeutende Kräfte der Faschisten. Dafür gab es aber zwischen diesen beiden Punkten vorerst noch keine durchgängige Verteidigungslinie. Den Abschnitt kontrollierten Schützenpanzerwagen und Pendelposten zu Fuß. Selbstverständlich konnte der Gegner eine Umgruppierung vornehmen, um den Partisanen den Weg zu versperren, doch auf unserer Seite hatten wir bewaldetes Sumpfgelände und die Überraschung, die wir nutzen mußten. Vorerst war die Lage im Raum Solotoje – Dubrowiza günstig, und wir blieben nicht säumig.

Am Abend des 15. Januar kamen unsere Aufklärer unter Führung von Oberleutnant Pleschkow zurück, und am folgenden Morgen begann die Aufstellung des Transports. Zu dieser Zeit hatte der Stab festgelegt, daß der Transport aus sechshundert Schlitten bestehen und sechshundertfünfzig Menschen ins »Große Land« bringen sollte. Zu den Leuten, die wir bereits früher für den Abtransport vorgesehen hatten, kamen laut Beschluß noch einige Dutzend Verwundete aus den Abteilungen von Brinski sowie die Mehrzahl unserer »Alten«. Diese älteren, graubärtigen Partisanen hatten ausgezeichnet gekämpft und ehrenvoll der Heimat gedient. Sie sollten nun nicht mehr im deutschen, sondern im sowjetischen Hinterland dienen, um der durch den Krieg zerstörten Volkswirtschaft wieder auf die Beine zu helfen. Ihre Waffen würden sie jüngeren und kräftigeren Händen übergeben, von denen wir genug hatten.

Beim ersten Morgengrauen des 16. Januar eilte eine Reihe von Schlitten zu den Lazaretthütten. Die warm angezogenen, sorgfältig rasierten Verwundeten mit frisch geschnittenen Haaren wurden fürsorglich in trockenes, weiches Heu gebettet und gut in Decken eingehüllt. Feierlich und festtäglich war der Anblick der Abfahrenden, aber auch ein wenig traurig und bewegend. Das war verständlich. Es erwartete sie das »Große Land«, die vom Gegner befreiten Städte und Dörfer, die Begegnung mit den nächsten Angehörigen, aber es tat ihnen auch leid, die einmütige Partisanenfamilie zu verlassen, die ihnen ebenfalls lieb und teuer geworden war.

Zum Abschied der Freunde, die einem ans Herz gewachsen waren, kamen alle Bewohner von Lessograd, die gerade frei hatten. Die Schlitten waren von Menschen umgeben, Adressen, Geschenke und gute Wünsche wurden ausgetauscht. Und natürlich ging es auch nicht ohne Erinnerungen ab, die einem teuer geworden waren:

»Erinnerst du dich noch daran, als wir Bragin gestürmt haben? Oder kannst du die ersten Operationen bei Manewitschi vergessen? Und die Gefechte mit den Bandera-Leuten in den Zumaner Wäldern? Und 1942 die Kämpfe im Tschernigower Gebiet?«

Sie bewahrten es im Gedächtnis, an alles erinnerten sie sich. So etwas darf nicht vergessen werden! Bei vielen, die uns verließen, besonders bei den relativ leicht Verwundeten, wurden die Gesichter von diesen Erinnerungen betrübter und unruhiger. Hoffnungsvoll suchten sie die Augen des Chefchirurgen, Doktor Gnedasch. Wenn man ihn nun erneut bäte? Ob er einen zurückbehielt? Aber alle wußten: Die Bitten wären vergeblich. Die Listen der Abfahrenden waren endgültig bestätigt worden. Und wie oft hatte man ihnen erklärt, daß die Evakuierung der Verwundeten im Interesse der Sache liege ...

Drushinin und ich gingen von Schlitten zu Schlitten. Bei der Verabschiedung bemühten wir uns, die Verwundeten in fröhliche Stimmung zu versetzen, wir scherzten und richteten aufmunternde Worte an sie, doch uns krampfte es das Herz zusammen. Wir verabschiedeten uns von Menschen, die Goldes wert waren. Da lag zum Beispiel auf dem niedrigen, banklosen russischen Bauernschlitten mit den gewölbten Seiten, umgeben von seinen Kämpfern, die sich von ihm verabschiedeten, der Kommandeur des 3. Bataillons, Pjotr Andrejewitsch Markow. Von den Brjansker Wäldern bis zu den Ufern des Westlichen Bug hatte er seine Partisanen geführt. Dutzende schwierigster Kämpfe und ein halbes Hundert gesprengter Züge kamen auf Markows Konto, der unlängst für die Auszeichnung mit dem Titel »Held der Sowjetunion« vorgeschlagen worden war. In der Tat – ein unbeugsamer Kommunist, ein talentierter Kommandeur und ein guter Kampfgefährte! Die schwere, einfach nicht heilende Verwundung von Pjotr Andrejewitsch erforderte auch seinen Abtransport.

Als er unser Näherkommen bemerkt hatte, flüsterte er den Partisanen etwas zu, diese traten augenblicklich zur Seite und ließen ihn allein. Klar, daß Pjotr Andrejewitsch mit uns persönlich sprechen wollte, und es war nicht schwer zu erraten, welcher Art das Geheimnis war.

»Der Medizin ist ein Fehler unterlaufen«, begann Markow. »Ich fühle mich ausgezeichnet! In zwei bis drei Tagen bin ich wieder völlig auf dem Damm. Doch dieser Bürokrat im weißen Kittel will nichts davon hören! Ich hoffe, Alexej Fjodorowitsch und Wladimir Nikolajewitsch, daß Sie auf der Stelle diesen Befehl über meine Evakuierung aufheben.«

Drushinin griff zu einer List und sagte:

»Was für eine Evakuierung? Du fährst, um Lyssenko zu helfen, Munition zu empfangen. Nebenbei schadet es natürlich nichts, sich im rückwärtigen Lazarett zu konsultieren ... Einfach die Gelegenheit nutzen! Von den Medizinern im Hinterland hängt es auch ab, ob du wieder hierhergelassen wirst.«

»Da wird nichts zu machen sein«, seufzte Markow. »Übrigens, ich werde weglaufen, wenn man mich nicht im guten gehen läßt. Begreifen Sie doch, daß es einem leid tut, sein Bataillon zu verlieren!«

»Darüber brauchst du dir keine Sorgen zu machen, Pjotr Andrejewitsch«, entgegnete ich. »Du kommst gesund und ausgeruht zu uns zurück. Wir werden dich mit offenen Armen empfangen, und du wirst das gleiche Bataillon erhalten. Ich gebe dir mein Wort!«

Wir verabschiedeten uns von Markow und gingen weiter. Unter einer weit ausladenden Tanne saß Maxim Titowitsch Glasok mit der Tochter und dem Sohn auf Sprengstoffkisten. Den alten Glasok schickten wir nach Hause.

»Wo ist das Geschenk? Es muß hierhergebracht werden«, sagte ich leise zu Drushinin.

»Sofort veranlasse ich das!« Wladimir Nikolajewitsch nickte und wandte sich um.

Ich näherte mich der Partisanenfamilie. Der Alte machte unverzüglich seine Einwände geltend:

»Was soll das, Alexej Fjodorytsch?! Mir hat man befohlen zu fahren, und die kleinen Kinder bleiben allein. Wer wird nach ihnen schauen? Wer wird sie an die Hand nehmen?«

»Das heißt also, Maxim Titowitsch, daß du mir die weitere Erziehung von Mischa und Polja nicht anvertraust?«

»Doch, schon. Aber Sie haben ja schon so viele solcher Kinder, das schaffen Sie ja gar nicht ... Es ist schon besser, wenn Sie mich bei ihnen lassen, Genosse General!«

»Und die Mutter tut dir nicht leid? Wie lange ist sie schon allein!« sagte Mischa leise.

»Schweig, Söhnchen!« Maxim Titowitsch winkte aufgebracht ab.

»Michail hat recht«, sagte ich. »Es ist Zeit für euch, nach Hause zu gehen, Onkel Maxim! Bald werden auch wir Jüngeren zurückkommen. Um die Kinder mach dir keine Sorgen, ich werde nach ihnen sehen ... Und was das für Kinder sind! Mischa hat mit eigenen Händen sechs Züge gesprengt, und Polja ist schon lange verlobt.«

»Das ist es ja eben! An die Brautleute denke ich auch. Ich

begreife das einfach nicht, was sollen hier Braut und Hochzeit – das ist doch alles eine Sache für die Zeit nach dem Krieg!«

»Polja ist eine ausgezeichnete Sanitäterin, man hat sie unlängst mit einer Medaille ausgezeichnet«, erinnerte ich ihn. »Nein – eine gute Reise, Maxim Titowitsch! Fahre und arbeite gut im Kolchos, dort werden deine Hände nötiger gebraucht! Übermittle allen Tschernigowern von uns einen Gruß und aufrichtige Ehrerbietung.«

Drushinin fuhr mit einem von zwei prächtigen Pferden gezogenen Schlitten vor. Die ziemlich ausladende Fracht war von einer Plane verdeckt und mit Stricken festgezurrt. Vom Schlitten abspringend, fragte Wladimir Nikolajewitsch lachend:

»Worum geht der Streit, warum das Familienzerwürfnis?«

»Ja, dieser Titytsch macht hier einen Aufstand und will nicht nach Hause fahren«, teilte ich ihm mit.

»Was soll denn das? Und wir haben ihm ein Geschenk vorbereitet, ihm und dem Kolchos. Nimm es an, Genosse Glasok, ein Geschenk von unserem gesamten Verband! Die Pferde gibst du im Kolchos ab, dort kommen Pferde jetzt gerade recht, alles übrige gehört dir persönlich. Es sind Lebensmittel, Bekleidung und Schuhwerk.«

Der Alte war von dem Geschenk gerührt. Auf bäuerliche Art drückte ich ihm die Zügel in die Hand. Kräftig umarmten erst ich und dann Drushinin den Scheidenden.

Wir verabschiedeten uns auch von Pawel Myschljakewitsch, der mit Frau und Tochter ins »Große Land« fuhr. Dank Gnedaschs ärztlicher Kunst war das Gesicht des schwerverwundeten Sprengmeisters jetzt völlig in Ordnung.

Dann gingen wir zu den Zivilisten im Transport. Auf den Schlitten saßen warm zugedeckte kleine Kinder, Frauen, Invaliden und alte Leute. Viele jüdische Familien waren dabei. Ein hochgewachsener, schon sehr alter Mann hob plötzlich die Hand zum Himmel und begann, irgend etwas in singendem Ton zu rufen. Die Frauen fielen mit mir völlig unverständlichen Ausrufen ein.

Unser zufällig in der Nähe weilender Kameramann Michail Moissejewitsch Glider spielte den Dolmetscher. Ein Lächeln unterdrückend, erklärte er:

»Sie beten für Sie und den Kommissar! Der Alte sagt, daß Sie – ein Prophet mit strahlenden Augen seien, gesandt von Gott zu ihrer Rettung ...«

»Sage ihnen, nicht von Gott, sondern von der Sowjetmacht gesandt«, brummte Drushinin. Den Ausdruck »Prophet mit strahlenden Augen« behielt er jedoch im Gedächtnis, und im Scherz benutzte er ihn, auf mich gemünzt, nicht nur einmal.

Nun war alles zur Abfahrt bereit, genauer gesagt, der größte Teil. An die zweihundert Schlitten würden sich diesem Transport im weiter östlich gelegenen Lager von Fjodor Lyssenkos Bataillon noch anschließen. Von dort ging es dann mit einer zuverlässigen Partisanenbewachung weiter. Ein Kommando ertönte, und die lange Reihe der Schlitten glitt vorwärts.

Am darauffolgenden Tag näherten sich die Teilnehmer am Marsch, nachdem sie etwa vierzig Kilometer zurückgelegt hatten, bereits dem Fluß Goryn.

Kaum zu glauben, daß es erst Mitte Januar war. Ein warmer Wind vertrieb die Wolken, und vom blauen, nur an manchen Stellen milchigen Himmel schien die Sonne mit der Freundlichkeit des Frühlings. Links vom Weg rauschten leise die Kiefern des Waldes, der sich wie eine Wand hinzog, rechts flimmerten Schneefelder. Viele Verwundete dösten vor sich hin. Gut war es und still ... Als ob es keinen Krieg gäbe!

Die Partisanen konnten jedoch jederzeit auf den Gegner stoßen. Nach vorn waren deshalb Aufklärungskräfte zu Pferd und zu Fuß ausgesandt worden, in der Vorhut der Kolonne marschierte eine Stoßkompanie MPi-Schützen, und eine Gefechtssicherung deckte den Transport zuverlässig an den Seiten und im Rücken.

Plötzlich fuhren die Leute in den Schlitten auf. Sie begannen, sich aufzurichten und angestrengt zu lauschen. Hatten sie sich getäuscht? Nein, auf keinen Fall. Von Südosten her klang entferntes Donnergrollen herüber. Sehr selten, vielleicht einmal in zehn Jahren, kam ein Wintergewitter vor, aber doch nicht bei wolkenlosem Himmel. Noch ein langgezogenes Grollen ertönte, und die Partisanen begriffen, daß dort im Südosten Artilleriegeschütze donnerten.

Ein junger, am Bein verwundeter Kämpfer hatte die Mütze

von einem Ohr geschoben und bemühte sich, den gedämpften Geschützdonner besser wahrzunehmen. Das Gesicht des Burschen war angespannt und ein wenig verwirrt.

»Wie geht's, Martschenko? Es donnert, der Faschist bekommt das Zittern, und unsere Schlitten eilen nach vorn. Stimmt's?«

Der Kämpfer drehte sich um, sah einen hochgewachsenen, schwarzbärtigen Reiter, der sein Pferd in der Nähe des Schlittens zügelte, und als er den Sekretär des Bataillonsparteibüros, Skrynnik, erkannt hatte, antwortete er fröhlich:

»Genau, Kirill Nikolajewitsch, es geht nach vorn. Die Front erreicht uns bereits mit ihrer Stimme. Ach, wenn man doch durchschlüpfen könnte!«

»Schlüpfen wir nicht durch, so schlagen wir uns durch, und wenn das nichts wird, dann bohren wir uns durch. Und den Faschisten kennst du, Martschenko. Hau ihn nur bis zum Nabel durch, dann fällt er von selbst auseinander!«

Nachdem er dem Burschen zugezwinkert und das Pferd mit der Peitsche berührt hatte, ritt Skrynnik in gestrecktem Galopp weiter. Er verweilte nacheinander bei den Schlitten. Für alle Partisanen fand der Sekretär des Parteibüros ein gutes Wort und einen aufmunternden Scherz. Plötzlich kam die Kolonne zum Stehen. Kirill Nikolajewitsch sprengte nach vor.

An der Spitze hatten sich neben den MPi-Schützen der Bataillonskommandeur, der Kommissar, der Stabschef, der Leiter der Aufklärung und noch irgendwer versammelt und sahen auf die Karte. Als Lyssenko den heranreitenden Skrynnik bemerkt hatte, winkte er mit der Hand.

»Hierher, Kirill, näher 'ran! Du kommst wie immer zur rechten Zeit!«

Man entschied eine wichtige Frage. Bis zum Dorf Solotoje verblieben fünf Kilometer. Die Aufklärer hatten gemeldet, daß sich dort nach wie vor eine Garnison der Bandera-Leute befand, nicht groß, etwa eine halbe Hundertschaft. Sollte man auf der guten Straße direkt zum Dorf vorstoßen und die Banditen von dort verjagen oder aber Solotoje seitlich durch den Wald umgehen?

»Einen Kilometer weiter werden wir auf eine Wegegabelung stoßen, und dort beginnt der Weg nach Dubrowiza«, erinnerte Skrynnik. »Vielleicht ist dieser Weg besser? Wie siehst es jetzt in Dubrowiza aus?«

»Dorthin auf keinen Fall!« Der Bataillonskommandeur wiegte den Kopf. »Der Ort ist voller Faschisten, sie heben Gräben aus und führen Artillerie heran. Offensichtlich wollen sie den Bahnhof verteidigen.«

Die Nationalisten in Solotoje könnten natürlich keinen ernsthaften Widerstand leisten. Wenn sie sähen, daß es viele Partisanen waren, würden sie sofort auseinanderrennen, zu den Häusern, auf die Dachböden. Doch gerade das mußte man befürchten. Der Transport würde gegen Abend ins Dorf einziehen. Im Schutz der Dunkelheit könnten die Bandera-Leute als Heckenschützen das Feuer auf die verwundeten Partisanen eröffnen. Umgingen wir andererseits das Dorf durch den Wald, so waren die Bandera-Leute durchaus in der Lage, dorthin vorzudringen und mit ihren Schüssen hinter Büschen und Bäumen hervor viel Unheil anzurichten.

Die Führung faßte den Entschluß, durch den Wald zu marschieren und zugleich die Kräfte der Banditen im Dorf durch ein Gefecht zu binden, das von der Kompanie MPi-Schützen eröffnet werden sollte.

»Gehe ich mit der Kompanie?« fragte Kirill Nikolajewitsch.

»Dort reicht der eigene Parteigruppenorganisator«, antwortete Kommissar Krinizki. »Du bleibst besser beim Transport und bei den übrigen. Gib acht, daß nicht irgendwer in Panik gerät, wenn wir vom Weg abbiegen.«

»Zu Befehl! Habe verstanden ... Ich werde nicht allein aufpassen, alle Kommunisten wissen, was sie in einem solchen Fall zu tun haben.«

Die Ausführung des Manövers wurde ein voller Erfolg. Während die MPi-Schützen am Ortsrand von Solotoje das Gefecht führten, es künstlich hinzogen und sich den Anschein gaben, als ob sie sich nicht zum Angriff entschließen könnten, umging der Transport unter dem Schutz von drei anderen Kompanien das Dorf von Norden her und erreichte das bewaldete Ufer des Goryn. Doch hier erwartete die Partisanen eine unangenehme Überraschung: Das Tauwetter hatte das Eis auf dem Fluß ziemlich dünn werden lassen und aufgeweicht, fast überall war es von Wasser bedeckt, und an verschiedenen Stellen blinkten durchgängige Risse. An ein Übersetzen ohne den Bau einer Übersetzstelle war überhaupt nicht zu denken. Das bedeutete, Bäume zu fällen und Bohlen anzufertigen. Doch in dieser Zeit könnten von Dubrowiza her die deutschen Faschisten, unterstützt von Bandera-Leuten, zum Schlag ausholen. Wahrscheinlich hatten sie bereits begriffen, daß sie für dumm verkauft worden waren. Also durfte nicht gezaudert werden. Man begann sofort mit dem Bau der Übersetzstelle, ungeachtet der schnell hereinbrechenden Abenddämmerung.

Ohne Lagerfeuer anzuzünden, wurde fast tastend gearbeitet. Es war nur gut, daß bald der Mond aufging und den Partisanen mit seinem gleichmäßigen, milchigen Licht half. Alle Schneisen und Pfade, die zur Konzentrierungsstelle des Transportes führten, waren durch Deckungstrupps gesichert. Die 4. Kompanie besetzte den Weg von Dubrowiza nach Solotoje. Diese Voraussicht war durchaus nicht überflüssig. Gegen Mitternacht, als man das Einrichten der Übersetzstelle fast abgeschlossen hatte, tauchte vom Bahnhof her eine große Kolonne von Faschisten auf. Offensichtlich hatten die Nationalisten sie von der Anwesenheit der Partisanen in Kenntnis gesetzt.

Nachdem die 4. Kompanie die Kolonne näher herangelassen hatte, verwickelte sie die Faschisten in ein Gefecht. Die Deutschen warfen sich längs der Straße hin und begannen, sich einzugraben. Mal nahm der Schußwechsel zu, mal verstummte er, um dann wieder geradezu erbitterten Charakter anzunehmen. Die Okkupanten waren nicht sehr geneigt, in den Wald einzudringen, und das noch nachts.

Mit dem heraufziehenden Tag wurden die ersten Schlitten mit Verwundeten auf das Ostufer des Goryn übergesetzt. Gerade zu der Zeit begann Artillerie- und Granatwerferbeschuß. Die Faschisten schossen aus Dubrowiza in jene Richtung, wo das Übersetzen erfolgte, doch sie schossen aufs Geratewohl Flächenfeuer, da sie kein gezieltes Feuer führen konnten. Die Einschläge der Artillerie- und Granatwerfergeschosse lagen irgendwo seitlich, ohne den Partisanen Schaden zuzufügen. Der Transport gelangte mit den Hauptkräften des Bataillons wohlbehalten ans andere Ufer. Danach wurde auch die Dekkung ans rechte Ufer gebracht.

»Also, den halben Weg hätten wir zurückgelegt!« stellten die Partisanen erfreut fest.

Sie begriffen jedoch alle, daß auch die zweite Hälfte der Wegstrecke nicht leicht sein würde. Die Ungewißheit drückte. War es gelungen, die Front zu überschreiten? Und wo war sie, diese Frontlinie?

Den Rest der Nacht gingen sie im Wald aufmerksam und vorsichtig weiter, doch sie stießen auf niemanden. Am Morgen gelangte die Abteilung an eine große Landstraße. Und wieder – keine Menschenseele, auch nirgends Spuren, die von kürzlich stattgefundenen Kämpfen zeugten. Abseits war ein Vorwerk zu sehen. Die dorthin entsandten Aufklärer konnten von den Hausherrn nichts Genaues erfahren: Die Deutschen seien diesen Weg vor zwei Tagen gegangen, doch wo sie sich jetzt befänden, sei nicht bekannt.

Nach einer kurzen Rast setzte sich die Kolonne wieder in Marsch. Ihr kam bereits ein Melder von der berittenen Fernaufklärung entgegen. Er flog geradezu heran, erhob sich in den Steigbügeln zu voller Größe und schrie begeistert aus vollem Hals:

»Un-se-re! ... R-o-o-te! ... Sowjetische Kavallerie!«

Es zeigte sich, daß eine kleine Aufklärungsabteilung der berühmten Reiterei des Generals Below auf diesem Weg nach Westen zog.

Die bewegende Nachricht verbreitete sich schnell in der Kolonne. Die Freude war bei allen riesig. Wie hatten die Partisanen doch von der Begegnung mit der Roten Armee geträumt, wie oft an die sowjetischen Soldaten gedacht, die die heimatliche Erde von der faschistischen Brut befreiten! Nun endlich würden sie diese heldenhaften Kämpfer sehen, sie umarmen und küssen.

Ohne jegliches Kommando strafften sich die Partisanen und marschierten im Exerzierschritt. Jeder rückte im Laufen die Mütze gerade, zog den Gurt fester und hielt die MPi straffer. Wer es von den Verwundeten vermochte, richtete sich im Schlitten auf.

Kirill Skrynnik ritt irgendwo in der auseinandergezogenen,

fast zwei Kilometer langen Kolonne. Die ganze Nacht verbrachte er bei den Verwundeten. Er sprach ihnen Mut zu, beruhigte sie und hielt die gute Stimmung der Männer aufrecht. Auch jetzt mußte der Sekretär des Parteibüros die Verwundeten beruhigen, doch war der Anlaß ein völlig anderer.

»Was soll das heißen – die machen bei uns nicht halt?! Natürlich kommen sie, reden mit euch und werden auch die Gelegenheit finden, mit euch ein Gläschen zu trinken. Für das Gläschen kann ich natürlich nicht garantieren, aber für alles andere verbürge ich mich!«

Vorn donnerte ein lang anhaltendes »Hurra«, und Skrynnik eilte dorthin. Belows Reiter hatten es bereits eilig und gingen von einer kräftigen Umarmung zur anderen. Kirill Nikolajewitsch schlug sich zum nächsten Soldaten in einem Tarnumhang durch, drückte ihn mit kräftigen Armen an sich und gab ihm einen Kuß auf die unrasierte, vom Wind gegerbte Wange.

Gerade so hatten sich die Partisanen die Angehörigen der Armee vorgestellt – freundliche, von sich überzeugte Burschen mit dem Herzen auf dem rechten Fleck. Wie gut sie gekleidet waren, und was für handliche Maschinenpistolen neuer Konstruktion sie alle hatten!

Die Kavalleristen gingen zu den verwundeten Partisanen und verweilten bei vielen Schlitten. Überall glimmten Zigaretten. Was für ein Genuß – der aromatische Machorka aus den Tabaksbeuteln der Soldaten! Das war etwas anderes als der »Tabak« aus Eichenblättern, kein bitterer, die Kehle ätzender Selbstgezogener oder gar die elenden erbeuteten Ersatzzigaretten. Die Gespräche und gegenseitigen Erkundigungen wollten kein Ende nehmen, doch die Partisanen mußten schleunigst nach Osten, während die Aufklärer der Armee weiter in westlicher Richtung vorstießen.

Vor dem Abschied sagte der Kommandeur der Kavalleristen zu Fjodor Iljitsch Lyssenko:

»Denke daran, daß es an diesen Stellen keinen genauen Frontverlauf gibt. Das ist so eine Art Pastete aus Blätterteig! Jetzt bewegt ihr euch gerade auf unserer Schicht, doch ihr könnt ebensogut auf Faschisten stoßen. Vorsicht ist also geboten! Und laßt den Himmel nicht aus dem Blickfeld! Die Aasgeier stoßen hier häufig 'runter.«

Der Ratschlag erwies sich als nützlich. Die Partisanen hatten kaum ein paar Kilometer zurückgelegt, als am Himmel ungefähr ein Dutzend »Junkers« auftauchten. Der Transport schwenkte unverzüglich zum Wald ein. Aber es war nicht leicht für eine große Kolonne, ohne Gedränge unter seine grünen Fittiche zu gelangen. Wieder kamen die Erfahrungen und Kampffertigkeiten zu Hilfe. Man fuhr nicht auf einer Schneise in den Wald, Schlitten hinter Schlitten, in einer Reihe, sondern auf breiter Front, gleichgültig, ob es gerade Wege oder Schneisen gab. Die dünnen Zweige der Bäume wurden abgehackt oder abgebrochen, die Schlitten mit den Händen gezogen und geschoben und Schlupflöcher in dem scheinbar undurchdringlichen Waldesdickicht gesucht.

Die feindlichen Piloten hatten die Partisanen bereits bemerkt. Die Flugzeuge flogen eine Kurve und gingen im Sturzflug auf den Wald nieder. Mit aufdringlichem Geheul fielen die Sprengbomben.

Aber die Piloten handelten ein klein wenig übereilt, ihre Geduld hatte nicht gereicht. Die Bomben fielen weit im Rükken der Partisanen. Die Flugzeuge flogen ein zweites Mal an, doch das gab dem Transport etwas Zeit, ganz und gar von dem offenen Gelände zu verschwinden.

Bombenwürfe auf eine sich im Wald verbergende Kolonne waren ein Unterfangen, das überhaupt nichts einbrachte. Die Okkupanten wußten das. Sie konnten ihre todbringende Last nur auf gut Glück abwerfen. Wenn jedoch eine Bombe zufällig unweit von den Leuten niederging, so verhinderten die Bäume eine größere Splitterwirkung. Nach dem zweiten Anflug drehten die »Junkers« nach Süden bei und flogen davon. Ein leichtverwundeter Partisan und ein totes Pferd – das waren die einzigen Verluste des Bataillons.

Um jedes unnötige Risiko zu vermeiden, verblieb die Abteilung bis zum Einbruch der Dunkelheit im Wald. Die Partisanen ruhten sich aus, stärkten ihre Kräfte aus Vorräten der Marschverpflegung, und gegen Abend machten sie sich wieder auf den Weg. Am Morgen näherten sie sich bereits Olewsk.

Während des Krieges war dieses kleine ukrainische Städtchen mehrmals Schauplatz erbitterter Kämpfe gewesen. Im Sommer 1941 verteidigten sowjetische Truppen hier tapfer die fernen Zugänge zu Kiew. Dann mußten sie zurückweichen. In der Stadt begannen die Okkupanten und darauf die Bandera-Leute ihr Unwesen zu treiben. Der berüchtigte Ataman Bulba erklärte Olewsk sogar zu seiner Hauptstadt. Im Frühjahr 1943 verjagten die Partisanenabteilungen des Generals Kowpak, die sich in Richtung Karpaten bewegten, die Faschisten und ihre Lakaien und konnten hier ordentlich Kräfte sammeln. Nun hatten die Truppen der 1. Ukrainischen Front Olewsk endgültig befreit, und der Ort gehörte bereits zu ihrem unmittelbaren rückwärtigen Gebiet.

Die letzte Schlacht um Olewsk war besonders erbittert. Davon zeugten ausgebrannte schwere deutsche Panzer, außer Gefecht gesetzte Geschütze und umgewühlte Unterstände. Begeistert betrachteten die Partisanen die meisterliche Arbeit unserer Artilleristen und Piloten. Einen besonders nachhaltigen Eindruck auf die Waldsoldaten übten die sowjetischen Panzer an einem Eisenbahnübergang aus. Es waren die berühmten »Vierunddreißiger«, von denen alle soviel gehört hatten.

Weiter als bis zum Bahnhof kam man nicht. In der Stadt wütete der Flecktyphus. Die Mediziner der Armee hatten bereits vieles tun können, um die Epidemie einzudämmen, doch es war noch gefährlich, sich in Olewsk niederzulassen. Vom Bahnhofskommandanten aus rief Lyssenko den Stadtkommandanten an. Als Fjodor Iljitsch den Telefonhörer in der Hand hielt, lachte er. Dreißig Monate hatte er ein solches Ding nicht in der Hand gehalten! Über den Fernsprecher erfolgte die Anweisung, die Partisanen in einem Wäldchen hinter dem Bahnhof Rast machen zu lassen. Dem Bataillonskommandeur selbst wurde befohlen, zur Kommandantur zu kommen.

Am Abend schrieb Lyssenko in seine Marschkladde:

»*19. Januar.* Man hat mich gut empfangen. Die entsprechenden Vorgesetzten hatten bereits den Befehl erhalten, uns mit allem Notwendigen zu versorgen. Für die Verwundeten fordert man einen speziellen Sanitätszug an. Mit dem Bataillon wird eine Gruppe aus Ungarn und Polen zurückgehen, die dann weitergeleitet werden muß.

Unser Lager am Bahnhof hat man einwandfrei eingerichtet. Einige größere Hütten waren errichtet worden und Zelte aufgestellt, die wir vom Kommandanten erhalten hatten. Die Leute wollen natürlich in die Stadt, aber dort herrscht Typhus. Wir treffen alle Maßnahmen, um diese Krankheit nicht in unser Partisanengebiet einzuschleppen. Man muß auch alle Verwundeten und ›Passagiere‹ davor bewahren, die man ins ›Große Land‹ gebracht hat. Wir lassen niemanden in die Stadt. Krinizki, Skrynnik, Onoprejtschik und andere Politarbeiter erklären den Leuten, worum es geht.

Eine Meldung an Fjodorow und Drushinin abgeschickt.«

Hier noch einige Aufzeichnungen aus dem Tagebuch des Kommandeurs des 7. Bataillons, die sich auf den Aufenthalt in Olewsk beziehen:

»*20. Januar.* Ein Antwortfunkspruch von Alexej Fjodorowitsch und dem Kommissar ist eingegangen. Man beglückwünscht uns zur erfolgreichen Ausführung des ersten Teiles der Operation, wünscht allen Verwundeten Genesung und verlangt, sich um Sprengstoff und Waffen zu kümmern.

Es gibt keinen Grund zur Besorgnis. Morgen werden wir mit der Übernahme beginnen. Mit dieser Sache wird sich unser Leiter der Munitionsversorgung, Gennadi Kisseljow, befassen.

*21. Januar.* Wir erhielten zwei 76-mm-Kanonen und zwei 45-mm-Kanonen sowie Granatwerfer, Maschinenpistolen und Scharfschützengewehre. Morgen werden wir Granaten, Wurfminen, Patronen und drei Tonnen Sprengstoff verladen. Kisseljow strahlt vor Freude, und doch ist ihm das alles noch zuwenig; er ist bereit, alle Lager abzuklopfen. Allein der Sprengstoff ist eine bedeutende Unterstützung für den Verband, da die Kommandeure den Sprengstoff kiloweise, ja tassenweise voneinander erbaten.

Die erhaltene Bewaffnung erfreut alle Partisanen. Besonders gefallen ihnen die neuen Maschinenpistolen und die Gewehre mit dem optischen Visier.

*23. Januar.* Ich habe mich mit den Ungarn und den Polen bekannt gemacht, die mit uns gehen werden. Die Ungarn sind zum großen Teil Soldaten, die freiwillig von den Faschisten zu uns übergelaufen sind. Zu der Gruppe gehören auch politische Emigranten. Sie alle sind wahre Patrioten, die darauf brennen, schneller in die Heimat zu gelangen, um dort den illegalen und Partisanenkampf gegen unseren gemeinsamen Feind zu führen.

Wir haben die Verwundeten abgegeben. Schwer war der Abschied, viele haben geweint. Die Partisanen, die ins deutsche Hinterland zurückkehren, erhalten Briefe über Briefe sowie Aufträge, Angehörige ausfindig zu machen, und vieles andere mehr. Ich habe nach Kiew und Moskau geschrieben. Ich weiß ja bis jetzt noch nicht einmal, wo sich Frau und Tochter befinden. Das letzte Mal habe ich mich mit ihnen während des Bombenangriffs auf Luzk getroffen.

*24. Januar.* Es fand eine Versammlung der Kommandeure und Politarbeiter statt, die sich mit dem Rückmarsch befaßte.

Einige von unseren Leuten haben sich trotzdem in die Stadt begeben, auch dienstlich hatten viele dort zu tun. Vor dem Rückmarsch gehen alle und alles ins Bad beziehungsweise in die Desinfektionskammer.

Die Wege sind völlig schlammig geworden. Wir gehen nicht den früheren, durch Bomben zerwühlten Weg zurück, sondern einen anderen. Als Wegbegleiter nehmen wir Stepan Jeremtschuk und Pjotr Grizaja, Bauern aus dem nächstgelegenen Dörfchen, mit. Es sind gute Leute, die unter den Faschisten viel zu leiden hatten. Sie versprechen, uns zur gleichen Stelle am Fluß Goryn zu führen, wo wir übergesetzt hatten.

Der Goryn bildet die Frontlinie, weiter ist die Rote Armee hier nicht vorwärts gegangen. Nach der Einnahme von Sarny wurde die Richtung eines Hauptschlages der sowjetischen Truppen, soweit ich mich erinnere, auf Rowno–Luzk verlegt. Nun, das ist auch richtig! Hier, in den Wäldern und Sümpfen, werden wir kämpfen.

Wir haben uns von unseren ausgedienten ›Alten‹ verabschiedet. In der Nacht treten wir den Rückmarsch an.«

Und wieder befand sich das 7. Bataillon auf dem Marsch. Die Schwierigkeiten wurden nicht geringer, obwohl die Partisanen jetzt keine »Passagiere« mehr hatten und der Transport somit kleiner und manövrierfähiger geworden war.

Auf sechzig Schlitten waren mehr als drei Tonnen Sprengstoff verladen. Eine äußerst gefährliche Fracht! Natürlich waren viele Vorkehrungen getroffen worden. Die Kisten mit dem Sprengstoff waren sorgfältig in Heu gebettet und fest mit den Schlitten verzurrt worden, um Erschütterungen zu vermeiden. Die Schlitten mit dem Sprengstoff fuhren in größeren Abständen, zwischen ihnen solche mit ungefährlicher Last. Trotzdem reichte es für eine Detonation schon aus, wenn in der Nähe auch nur eine Bombe, Wurfmine oder Granate einschlug. Und was passierte, wenn der Sprengstoff in die Luft flog, wußten die Partisanen nur zu gut!

Um die Gefahr, in einen Bombenangriff oder unter Beschuß zu geraten, so gering wie möglich zu halten, marschierte die Abteilung nur nachts. Unglaublich kräftezehrend und schwer war dieser Marsch in der Dunkelheit, ohne Weg und Steg, durch tiefe Wälder und auftauende Sümpfe. Am späten Abend des 27. Januar gelangten die Partisanen an das Ufer des Goryn. Falls die Übersetzstelle im Raum des Dorfes Solotoje unversehrt geblieben war, konnte man bis zum Morgengrauen auf der anderen Seite des Flusses sein.

Die Aufklärung kehrte zurück, und ihr Kommandeur meldete stotternd, mit versagender Stimme, als ob er selbst schuld wäre, daß die Übersetzstelle zerstört und die Zugänge zu dem Platz vermint worden waren; außerdem sei der Goryn fast eisfrei.

Das versetzte uns einen Schlag, der uns ziemlich hart traf.

Nach kurzer Beratung mit den Kommandeuren verkündete Lyssenko seinen Entschluß:

»Der Transport wird tiefer in den Wald geführt, sorgfältig getarnt und von Wachposten gesichert. Die Aufklärer machen für das Übersetzen eine Stelle ausfindig, deren Zugänge nicht vermint sind. Alle übrigen Kämpfer haben Planken und Gestelle für den Bau einer Brücke vorzubereiten.«

Die Sache wurde noch dadurch kompliziert, daß zum Brükkenbau kein geeigneter Wald vorhanden war. Die in der Nähe wachsenden Birken und Espen waren nur armstark wie die Stämme eines jungen Kieferngehölzes und hätten den schweren Transport nicht ausgehalten. Man begann, kräftiges, zuverlässiges Holz etwa vier Kilometer vom Ufer entfernt aufzubereiten; danach wurde es an den Fluß geschleppt und in den Büschen versteckt. Die Lage erforderte hohe Wachsamkeit und Geheimhaltung. Die Kälte machte den Leuten schwer zu schaffen, an Essen gab es nur Kaltverpflegung. Man konnte kein Feuer anzünden, wenn irgendwo in der Nähe deutsche Faschisten und Bandera-Leute waren.

Die Partisanen arbeiteten ohne Pause drei Tage und zwei Nächte. Viele schwankten vor Erschöpfung, alle magerten merklich ab, und Skrynnik wurde dazu noch von Zeit zu Zeit vom Schüttelfrost gepackt.

»Bist du nicht doch irgendwie krank, Kirill?« fragte Lyssenko.

»Wenn man essen kann, kann man auch arbeiten!« tat der Sekretär des Parteibüros die Sache mit einem Scherz ab, wobei er ein schweres Brett auf die Schulter hob.

»Mal ehrlich, vielleicht mußt du dir eine Ruhepause gönnen?«

»Kinkerlitzchen! Ein bißchen Fieber, hat nichts zu sagen. Ausruhen kann ich mich bei uns im Lager.«

In der dritten Nacht begann der Brückenbau. Es durfte keine Minute gezögert werden. Viele Partisanen standen entweder bis zum Gürtel oder bis zur Schulter im eisigen Wasser. Man arbeitete verbissen, mit blutig geschlagenen Fingern und zerbissenen Lippen. Bei den Kämpfern waren die Kompaniechefs, Zugführer und Politleiter. Auch Kirill Nikolajewitsch stand im Wasser und handhabte die Axt, um die Stützträger zu befestigen.

Krinizki rief ihn in einer angeblich eiligen Sache ans Ufer und sagte:

»Du bist doch krank! Sicher hast du erhöhte Temperatur ...«

»Die ist bei vielen erhöht! Und der Sekretär des Parteibüros kann es sich nicht am Ufer bequem machen, wenn alle anderen die Übersetzstelle einrichten.«

Skrynnik hatte kaum zu Ende gesprochen, als er stark zu schwanken anfing. Der Kommissar befahl ihm, trockene Sachen anzuziehen, ein Glas Selbstgebrannten zu trinken und sich auf einen Schlitten unter einen Schafspelz zu legen.

Gegen 1 Uhr nachts war die Übersetzstelle fertig. Wohlbehalten gelangte die Abteilung ans andere Ufer. Nun war ihnen die Gegend schon bekannt. Bei Solotoje kam es erneut zu einem Schußwechsel mit Bandera-Leuten, danach ging es ohne sonderliche Hindernisse weiter.

Am Abend des 31. Januar stießen die Teilnehmer am Marsch ins »Große Land« auf die Aufklärer des Verbandes, und am darauffolgenden Tag trafen sie alle zusammen in Lesograd ein.

Wie haben wir uns über den Erfolg gefreut! Hunderte von Verwundeten und Menschen aus dem zivilen Lager befanden sich jetzt in völliger Sicherheit, und wir hatten wieder volle Bewegungs- und Handlungsfreiheit. Die Partisanen der älteren Jahrgänge waren nach Hause geschickt worden. Wir hatten unsere Bewaffnung ergänzt, einen soliden Vorrat an Munition erhalten und hinreichend Sprengstoff. Auch eine Menge anderer Güter war geliefert worden. Dabei waren die Verluste unter den Teilnehmern am Marsch minimal geblieben. Sicher, Skrynnik war erkrankt, doch ich hegte keinen Zweifel, daß sein kräftiger Organismus mit der Erkältung fertig würde, die er sich beim Bau der Übersetzstelle zugezogen hatte. Nach dem eisigen »Bad« hatten sich auch viele andere Partisanen erkältet, aber jetzt fühlten sie sich schon wieder ausgezeichnet.

Bald stellte sich jedoch heraus, daß Kirill Nikolajewitsch nicht nur die Kälte aufs Krankenlager geworfen hatte.

»Typhus! Flecktyphus!« konstatierten die Ärzte.

Dort, in Olewsk, hatte der Sekretär des Parteibüros des Bataillons viel getan, um unsere Partisanen vor der Infektion zu bewahren, und nun hatte es ihn irgendwo selbst erwischt. Trotz aller Anstrengungen der Ärzte gelang es nicht, das Leben von Kirill Nikolajewitsch zu retten. Nach einigen Tagen ließen wir seine sterbliche Hülle ins Grab hinab, und die Luft hallte vom Abschiedssalut wider. Die Rückkehr vom Friedhof fiel allen schwer.

Im Krieg sterben häufig Menschen. Der Tod war auch unser Weggefährte und Nachbar, man gewöhnte sich an ihn und erkannte die Zwangsläufigkeit von Verlusten an. Trotzdem schmerzte es in der Brust, wenn er wieder einen aus unseren Reihen gerissen hatte.

Kirill Skrynnik war ein guter Mensch und Kommunist, ein wahrer Führer der Partei. Bereits im Herbst 1941, als sich unsere Abteilung in den Tschernigower Wäldern bei Tschentschiki befand, war er Partisan geworden. Zu Anfang einfacher Kämpfer, dann Politleiter eines Zuges, später Mitglied des Parteibüros und schließlich dessen Sekretär – so lautete das Dienstblatt von Skrynnik in der Abteilung »Stschors«, die später das 7. Bataillon unseres Verbandes wurde. Vor dem Krieg arbeitete Skrynnik als Vorsitzender eines Rayonexekutivkomitees im Kiewer Gebiet. Ich weiß nicht, wie sich zu jener Zeit die organisatorischen Fähigkeiten von Kirill Nikolajewitsch zeigten, doch die Partisanen hörten stets auf seine Meinung. Sie achteten und liebten ihren Parteisekretär und folgten ihm. Sie folgten ihm vor allem deshalb, weil er immer inmitten der Kämpfer war und auf sie durch die Kraft des persönlichen Beispiels einwirkte.

Gab es eine Ruhepause, und die Männer waren froher Laune, so stand Skrynnik nicht abseits, herablassend auf sie schauend, sondern stimmte ein Lied an, bewegte die Beine zum Tanz, ließ die Saiten der Gitarre erklingen oder griff zur Harmonika.

Hatten es die Leute schwer auf dem Marsch, so schritt er neben ihnen, bis zu den Knien im Wasser oder bis zum Gürtel im Schnee, ohne Klagen, aber auch ohne laut zu werden, nur lächelnd seine schier endlosen Scherze treibend.

Waren die Kämpfer hungrig, so teilte er mit ihnen die letzte Marschverpflegung. Kam es zu einem Gefecht, fand man Kirill Nikolajewitsch mit seiner MPi in der vordersten Schützenkette. Galt es, einen feindlichen Zug zu sprengen, so war er gemeinsam mit den Sprengmeistern auf den Schienen. Wurde eine Übersetzstelle gebaut, dann sprang er als erster in das kalte Wasser, obwohl er sich krank fühlte ...

So war der Sekretär des Parteibüros, Kirill Skrynnik. So waren fast alle unsere Kommunisten. Sie bildeten die führende, organisierende Kraft der Partisanenabteilungen. Wie viele haben den Tod bei der Erfüllung ihrer Pflicht gegenüber der

Partei gefunden! Skrynnik ist ebenfalls im Kampf gefallen, wenn auch nicht durch eine feindliche Kugel ...

Diesen Kampf hatten die Partisanen gewonnen. Den durch die Front geschlagenen Weg benutzten wir nicht nur einmal. Solange die großangelegten Angriffsoperationen der Roten Armee nicht in den Raum von Rowno und Luzk verlegt wurden, blieb unser Verband an den alten Plätzen und erfüllte weiter die ihm gestellten Aufgaben. Nach wie vor brauchten wir zuverlässige Verbindungen zum »Großen Land«. Jetzt verliefen sie auch durch unseren Partisanenkorridor, über den wir den Verkehr in beiden Richtungen abwickelten.

Nein, der Kommunist Skrynnik war nicht umsonst gefallen!

# Als es keinen Sprengstoff gab ...

Die glückliche Rückkehr unseres Transports erfreute alle. Für die Minenleger jedoch verwandelte sich dieses Ereignis in einen wahren Festtag. Endlich war vom »Großen Land« Trinitrotoluol, einfacher gesagt Sprengstoff, gekommen. Als wir mehr als drei Tonnen dieses äußerst wirksamen Sprengstoffes erhalten hatten, konnten wir die Sprengtätigkeit im früheren Ausmaß wiederaufnehmen.

In den letzten Wochen hatten wir buchstäblich mit dem Besen die letzten Sprengstoffkrümel zusammengekehrt und an Ort und Stelle verbraucht. Feindliche Züge konnten nur selten, auswahlweise, gesprengt werden, wozu gebündelte Handgranaten und Artilleriegeschosse verwendet wurden. Fast alle Sprengmeister empfanden die erzwungene Ruhe als eine Qual. Bedrückten Herzens gingen sie durch ihre Lager auf der Suche nach einer vielleicht irgendwo liegengebliebenen Mine. Aber wo lag eine solch wertvolle Sache schon herum!

In jenen Tagen verbreitete sich das Gerücht, daß die Führung angeblich einen eisernen Vorrat an Sprengstoff hätte. Drushinin, Jegorow und mich belagerte man tagelang mit der hartnäckigen Bitte, ihn herauszugeben. Doch bald wurde den Bittstellern klar, daß die Reserve nur eine Fiktion war, durch sie selbst geschaffen. Alle ließen den Kopf noch mehr hängen.

Lediglich die Hoffnung auf die Zukunft, die sich mit der Rückkehr des Transports ja auch erfüllte, und die Erinnerungen an vergangene Operationen waren ein Trost für die Minenleger. Und es gab wirklich etwas, an das man sich erinnern konnte! Während der Versuche der Sprengmeister, mich zu überreden, »etwas aus der Reserve herauszugeben«, hatte ich Gelegenheit, mir viele interessante Erzählungen in der Erdhütte der Sprengkompanie, bei meinen Besuchen in den Bataillonen und bei mir im Stab anzuhören.

Selbstverständlich waren diese Erzählungen nicht für die Presse bestimmt. Die Leute machten sich einfach Luft und redeten frei von der Leber weg, wobei sie in Gedanken zu den Kampfepisoden zurückkehrten, deren Teilnehmer oder Zeugen sie gewesen waren. Doch in vielerlei Hinsicht enthielten die Berichte der alten Hasen sehr Bemerkenswertes. Einiges von dem Gehörten möchte ich hier wiedergeben.

### *Der Jubiläumszug*

Das ist die Geschichte von Wassili Kusnezow, einem jungen Kommunisten und Minenleger, der zu den besten des 1. Bataillons zählte.

Wassja, ein Sibirier von hünenhaftem Wuchs, war vor dem Krieg Goldsucher. Einmal blieb Kusnezow im Zentrallager, um dort zu nächtigen, und unsere Sprengmeister baten ihn, über seine erfolgreichste Operation zu berichten. Wassili dachte ein Weilchen nach, dann begann er in seiner das O betonenden sibirischen Redeweise:

»Die erfolgreichste Operation? Schwer zu sagen, welche. Einen Zug habe ich zum Stehen gebracht, da hast du den Erfolg. Ach, die allererfolgreichste? Na, das war die Jubiläumsoperation. Die kann man einfach nie vergessen.

Im Herbst bereiteten wir uns darauf vor, den zweiten Jahrestag unseres Bataillons zu begehen. Nun, wir überlegten also, wie man so einen Tag feiern könnte. Zuerst wollten wir aus irgendeinem großen Dorf die Faschisten oder die Bandera-Leute hinausjagen, dort ein Meeting veranstalten und eine Parade abhalten. Doch in der Nähe gab es kein solches Dorf, und sich weit von der Eisenbahnlinie zu entfernen ging auch nicht. Wir hatten einen sehr wichtigen Abschnitt, den zwischen Luzk und Rowno. Daraufhin beschlossen die Bataillonsführung und das Parteibüro, das Jubiläum mit der Sprengung des nächsten Zuges zu begehen, aber die Operation nicht ganz auf herkömmliche Art durchzuführen.

Wonach haben wir denn eigentlich immer gestrebt? Vor allem, die Lokomotive verkehrsuntüchtig zu machen, sie so stark wie möglich zu beschädigen. Die Okkupanten sollten möglichst viel Zeit für die Instandsetzung brauchen. Bekanntlich fahren um so weniger Züge, je weniger Lokomotiven der Gegner hat! Auch die andere Aufgabe haben wir nicht vergessen, nämlich die Schienen an solchen Stellen zu verminen, wo sich die Waggons ineinander verkeilten und die Faschisten mehr als einen Tag brauchten, um sie auseinanderzuziehen. Eigentlich haben wir das immer im Auge gehabt, zu jeglicher List haben wir gegriffen, um zu einem durchschlagenden Erfolg zu kommen, trotzdem blieben nach der Explosion viele Waggons mit dem Frachtgut unversehrt.

Jedenfalls hatten wir beschlossen, diesen Jubiläumszug, koste es, was es wolle, ordentlich in die Mangel zu nehmen! Er mußte so zugerichtet werden, daß die Fritzen nicht einmal mehr die Hüllen einsammeln konnten. Es galt, den Zug anzuhalten, alles zu entladen, was die Partisanen brauchten, und das übrige in Brand zu stecken und zu vernichten. Ihr versteht selbst, daß diese Aufgabe nicht gerade zu den leichtesten zählte!

Der Bataillonskommandeur, Grigori Wassiljewitsch Balizki, Held der Sowjetunion, nahm sich dieser Aktion persönlich an. Er nahm gern an einer Operation teil. Immer fröhlich kam er daher, sein beliebtes Liedchen singend: ›Ach Machorotschka, Machorka, du mein Partisanentabak!‹ Das linke Auge hatte Grigori Wassiljewitsch bei einer Sprengaktion verloren, doch das hielt ihn beileibe nicht zurück.

Wir hatten vor, die Operation zwei Kilometer vom Bahnhof Olyka entfernt durchzuführen. Erstens verliefen die Schienen dort durch einen Einschnitt, das heißt, man erhielt eine gute Sperre auf dem Gleiskörper. Zweitens zog sich unmittelbar an der Strecke eine Straße hin, in deren Graben eine Unterstützungsgruppe sehr günstig disloziert werden konnte.

Gegen Abend machten wir uns auf den Weg. Ungefähr um 9 Uhr waren wir dort. Man trug mir auf, die Mine zu legen. Gezündet werden sollte sie mittels einer Zugvorrichtung, also einer Schnur. Die Mine mit verzögerter Wirkung ist ein Gegenstand mit Verstand, das wissen wir alle, doch was für ein Zug kommt, das kann sie noch nicht unterscheiden; sie kann auch unter einem leeren Eisenbahnwagen oder unter irgendeinem kleinen Zug detonieren. Doch wir wollten uns zu Ehren des Jubiläums ganz und gar nicht mit einer Kleinigkeit abgeben! Deshalb hatten wir auch beschlossen, die Detonation ›mit Strippe‹ auszulösen, wenn vollkommen klar war, daß ein solcher Zug kam, wie wir ihn brauchten.

Die Ladung, die ich anbrachte, war nicht von schlechten Eltern – fünfzehn Kilogramm. Jetzt schimpft man auf uns wegen so einer Verschwendung, und das zu Recht: Mit fünfzehn Kilo kann man auch zwei Züge aus den Gleisen werfen. Doch damals war es doch eine besondere Sache, das Jubiläum, so etwas kommt ja schließlich nicht jeden Tag vor.

Nun gut ... Den Gleiskörper hatte ich vermint, mit den Jungen alles auf Ehre und Gewissen getarnt; dann krochen wir zurück und zogen die Schnur bis zur Deckung. Jetzt hieß es warten.

Nicht nur wir Minenleger waren auf unseren Plätzen. Ostwärts und westwärts hatte Balizki zur Deckung je einen Zug mit schweren Maschinengewehren entsandt. Außerdem war ihnen noch eine Aufgabe übertragen worden: Wenn wir unseren Zug sprengten, hatten die Seitensicherungen unverzüglich den Gleiskörper an den Flanken zu verminen, um keine anderen Züge an uns heranzulassen. Auch für alle Kämpfer der Hauptgruppe wurden die Aufgaben genau präzisiert.

Ich saß in meinem kleinen Graben und wartete. Gegen 11 Uhr tauchte von Westen her ein Zug auf. Bald darauf gab Grigori Wassiljewitsch das Signal zum Sprengen. Wenn nur alles zur richtigen Zeit funktioniert, dachte ich, keine Sekunde zu früh, aber auch keine später! Macht man es zu hastig, springt die Lokomotive natürlich aus dem Gleis, muß aber nicht unbedingt kaputt sein. Zündet man auch nur einen winzigen Augenblick zu spät, erfolgt die Detonation unter dem Tender, und das ist auch schlecht.

Die Sache wurde ein Bombenerfolg. Die Lokomotive flog regelrecht in die Luft und stürzte buchstäblich mit den Rädern nach oben den Damm hinunter, wobei sie noch zwei oder drei Wagen mit sich riß. Zusammen mit den Flachwagen zählte der Zug achtunddreißig Waggons. Sofort begannen wir alle, nach der Gefechtseinteilung zu handeln. Balizkis Adjutant, ein ehemaliger Eisenbahnmaschinist, rannte zur Lokomotive und steckte das Öl in Brand, die anderen eilten zu den Wagen.

Die Zugbewachung hatte sich schnell von dem Schreck erholt und empfing uns mit Handgranaten und MPi-Feuer, aus unerfindlichen Gründen jedoch mehr mit Handgranaten. Ein kurzer Kampf entbrannte. An die fünfzehn Mann von der Bewachung machten wir kampfunfähig, die übrigen verschwanden in den Büschen.

Wir begannen mit dem ›Entladen‹. Die Beute war genau das Richtige für uns. In drei Waggons befand sich völlig neue Bekleidung, wir nahmen an die hundert komplette Ausrüstungen. In den benachbarten Waggons – Wodka, Wein, Zigaretten, alles brauchbar besonders, wenn man bedachte, daß morgen im Bataillon ein Feiertag war. Wir luden mehrere Kisten mit Streichhölzern aus, viele Jungen nahmen sich in festes Kartonpapier eingewickelte Toilettenseife. Wir durchsuchten den Waggon, nahmen, was wir brauchten, und steckten ihn sofort in Brand. Dafür waren Kämpfer mit Fackeln eingeteilt worden.

Auf den Flachwagen standen sechzehn Fünftonner, voll aufgetankt. Auch sie steckten wir in Brand. Sie brannten nicht schlecht, besonders als die Kraftstoffbehälter explodierten.

Und weiter ging's mit dem ›Entladen‹. Vom Zugführer nahmen wir die Begleitpapiere, um später festzustellen, welche Fracht in den Waggons geblieben und vernichtet worden war.

Plötzlich hörten wir Autohupen. Nicht nur ein, sondern viele Fahrzeuge gaben Signal. Sicher kam eine ganze Kfz-Kolonne aus Luzk oder Rowno! Wir dachten, die Faschisten hätten das Feuer entdeckt und ihre Infanterie auf Fahrzeugen hierher geschickt. Höchste Zeit zum Abhauen! Doch Major Balizki schrie: ›Weitermachen mit dem Entladen! Das sind die brennenden Fünftonner, die haben einen Kurzschluß in der Leitung.‹

Es stellte sich heraus, daß die brennenden Kraftfahrzeuge tatsächlich hupten … Natürlich konnten wir nicht alles aus dem Zug mitnehmen, dafür war einfach keine Zeit. Schon wurden die Pferde zum Damm gejagt und so schnell wie möglich bepackt. Alle übrigen Waggons, einschließlich der ungeöffneten, zündeten wir an.

Balizki befahl, eine Leuchtkugel zu schießen – das Signal zum Zurückgehen. Der Zug war restlos zerstört worden, fast die gesamte Bewachung hatten wir außer Gefecht gesetzt. Sicher, auch wir hatten ein paar Verwundete, doch die meisten Verwundungen waren leichter Art, rührten von Granatsplittern her. Wir hatten reiche Beute gemacht, aber später stellte sich heraus, daß wir noch reicher hätten sein können. In manchen Dingen hatten wir einfach danebengegriffen.

Wir nahmen zum Beispiel an, daß in den Kartons Seife sei, doch darin lagen jeweils mehrere Feuerzeuge. Wozu aber waren die überhaupt zu gebrauchen, wenn in jedem nur ein Feuerstein war? Doch die Feuerzeuge waren nicht die wesentlichsten Nieten.

Am nächsten Morgen machten sich unsere Stabsmitarbeiter über die Frachtbegleitbriefe her. Was hatten wir in Brand gesteckt?! Unter vielem anderen tausend Armbanduhren, zweitausend Paar einfache Lederstiefel und tausendachthundert Paar chromlederne Stiefel ... Ja, das war etwas! Das hätte für den gesamten Verband gereicht. Sicher, man hätte nicht gewußt, wie das alles in den Wald abtransportiert werden sollte. Aber wenigstens an die hundert Paar hätten wir mitnehmen können.

Soll sie der Teufel holen, diese einfachen und chromledernen Stiefel! Wichtig ist, daß sie die Faschisten nicht tragen. Ja, vieles haben sie nicht in Betracht gezogen ... Von der Lokomotive und den achtunddreißig Waggons blieben nur die ausgebrannten Reste übrig. So sah bei uns die Jubiläumsoperation aus!«

## *Der Wegführer Mikola*

Obwohl Wladimir Pawlow kaum mehr als zwanzig Jahre zählte, gehörte er zu Recht zu den Veteranen unter unseren Sprengmeistern. Schon im ersten Kriegsjahr war dieser Moskauer Komsomolze zu den Partisanen gegangen, in Wolynien befehligte er bereits einen Sprengzug.

Die Minenleger hörten Pawlow gern zu, und bei ihm gab es schon eine Menge, was der Erinnerung wert war. Hier ein Bericht von ihm:

»Nun gut! Eine Mine zu legen ist schwer, die Tarnung ist auch eine richtige Kunst. Das alles ist bekannt. Jungs, laßt doch mal unsere Gedanken in eine andere Richtung schweifen! Was wären wir Minenleger ohne unsere Wegführer?! Ich bin der Ansicht, daß ein guter Wegbegleiter in vielem ausschlaggebend für den Erfolg einer Operation ist. Über weg- und steglose Sümpfe, durch undurchdringliche Wälder bringt er die Sprengmeister zu den unbedingt notwendigen günstigen Stellen an den Eisenbahnstrecken. Ich hatte nicht wenige gute Führer, aber der beste und zuverlässigste von ihnen war natürlich Mikola Slupatschek.

Sowie wir diesen Raum erreicht hatten, teilte uns der Kommandeur der örtlichen Partisanenabteilung, Nikolai Konitschuk, Mikola als Wegführer zu. Ich erinnere mich noch, wie er sagte: ›Ein sehr findiger Bursche, achten Sie nicht darauf, daß er Bastschuhe trägt! Hier bei uns gehen alle in Bastschuhen ...‹

Der sechzehnjährige Mikola war der Sohn des fast ärmsten Bauern im Dorf Manewitschi. Pferde besaßen die Slupatscheks unter polnischer Herrschaft nicht, die Kuh hatte die Größe einer ausgewachsenen Ziege, und ihr Boden machte sozusagen eine Handvoll aus, nicht einmal ein Huhn konnte man darauf frei herumlaufen lassen. Mikola beendete zwei oder drei Klassen, und später, als er zehn Jahre alt war, wurde er Hirte beim Großgrundbesitzer. Also, was soll man sich hier des langen und breiten auslassen, jedem ist klar, wie eine solche Familie die Sowjetmacht aufnahm. Die Slupatscheks atmeten auf, traten in den Kolchos ein. Doch dann kam bald der Krieg.

Viermal haben die Faschisten Mikola zur Arbeit nach Deutschland verschleppt, und viermal ist er ausgerissen und in sein Heimatdorf zurückgekehrt. Überlegt mal, vier Fluchtversuche! Beim letzten Mal schafften sie es, ihn bis nach Frankfurt am Main zu bringen. Auch von dort nahm er Reißaus, wobei er fast ganz Deutschland durchqueren mußte. Nach seiner Rückkehr ließ er sich nicht mehr im Dorf nieder, sondern trat in Konistschuks Partisanenabteilung ein, von wo er uns zugeteilt wurde.

Äußerlich war er ein ruhiger Junge, dieser Mikola, man bemerkte ihn kaum, doch er war klug, findig und bewunderungswürdig kühn. Ich erinnere mich, einmal hatte er festgestellt und mir gemeldet, daß irgendwo diesseits der Eisenbahnstrecke, im Wald versteckt, scharfe Wurfgranaten für einen Bataillonsgranatwerfer der Bandera-Leute lagen. Eine solche Ware brauchten wir immer. Ich entschied, Leute danach zu schicken. Mikola sagte: ›Besser, wenn ich allein hinfahre ... Das wird sicherer sein!‹

Wir gaben ihm ein Fuhrwerk und ein Pferd und versahen ihn mit einer gefälschten Bescheinigung. Dann fuhr er los. Er nahm die Wurfgranaten und deckte sie mit Brennholz zu. Auf dem Rückweg mußte er einen Eisenbahnübergang passieren, an dem ein deutscher Wachposten stand. Das letzte Mal, als der Wagen leer war, ging alles gut: Der Posten hatte die Bescheinigung gedreht und gewendet und Mikola ziehen lassen ... Aber jetzt? Wie sollte er mit einer Fracht durchkommen?

Doch der Junge machte keinen Bogen, er fuhr geradeaus. Am Übergang streckte er dem Deutschen wieder seine Bescheinigung entgegen, und schon ging auch sein Mundwerk los. Er holte ein Stück Speck heraus und bot es zum Tausch gegen Zigaretten an. Das Feilschen und Streiten wollte kein Ende nehmen. Schließlich fand der Tausch statt, und beide steckten sich erst einmal eine Zigarette an. Danach fuhr Mikola gemächlich weiter.

Die Faschisten haßte er bis aufs Blut. Einmal lagen wir an einer Straße und sahen einen Schienenläufer auf dem Gleiskörper. Er blieb neben einer gerade von mir gelegten Mine mit verzögerter Wirkung stehen. Sicher hatte er sie bemerkt. Der Streckenläufer mußte beseitigt werden. Mikola zitterte geradezu am ganzen Körper, als er sagte: ›Laß mich! Laß mich!‹ Ich erlaubte ihm zu schießen, machte mich aber auch selbst bereit, um ihm zu helfen, wenn es ein Fehlschuß würde. Von wegen Fehlschuß! Der erste Schuß saß genau, obwohl die Entfernung beträchtlich war.

Alle Wälder, Sümpfe und Pfade kannte Mikola wie die fünf

Finger an seiner Hand. Mit Slupatschek lief es sich immer ruhig, er brachte dich dorthin, wohin du mußtest. Überall auf den Vorwerken hatte er Bekannte, Freunde, und das bedeutete viel. Ich kann nur noch einmal sagen, er hat sich niemals verirrt!

Irgendwann einmal kehrten wir von einer Operation zurück. Wir saßen auf den Schlitten, sechs Mann, zusammen mit Mikola. Der Weg verlief über einen schmalen Damm, zu beiden Seiten Sumpf, der noch nicht richtig zugefroren war. Plötzlich kamen uns zwei Fahrzeuge entgegen – Fahrzeuge, das hieß also Deutsche! Umkehren und zurück ging nicht, sie holten uns sowieso ein. Vorwärts ging auch nicht, da hielten sie uns an. Es gab weder ein Vor noch ein Zurück. Die Schlitten verlassen und seitlich verschwinden schien auch nicht möglich: Man bliebe im Sumpf stecken und würde abgeknallt wie auf dem Präsentierteller. Was sollte man also befehlen?

Unser Mikola verlor auch hier nicht die Nerven. Er sprang vom Schlitten und schrie: ›Alle mir nach!‹ Wir sprangen ebenfalls und rollten nach ihm die Böschung hinunter. Mikola war mal rechts, mal links und zog irgendwie Schleifen um die Büsche. Immer weiter gingen wir, und stellt euch vor, wir sanken nicht ein. Die Faschisten waren bereits bei den verlassenen Schlitten und feuerten aufs Geratewohl in Richtung Sumpf. Doch wir hatten schon eine ziemliche Strecke zurückgelegt, nicht einer hatte irgend etwas abbekommen. Auf gewundenen Pfaden gingen wir weiter hinter Mikola her. Wie er sich orientierte – einfach unvorstellbar, doch er führte uns genau zu dem Vorwerk, zu dem wir wollten.

Kolja Slupatschek träumte davon, selbst Minenleger zu werden. Es kam vor, du saßest da und machtest eine Mine scharf, und er ließ kein Auge von deinen Händen. Nur manchmal fragte er: ›Und wofür ist das? Und was ist das hier?‹ Na ja, man erklärte und zeigte es ihm auch. Dann fing er wieder an: ›Laß mich mal zusammensetzen, und du kontrollierst!‹ Als man es ihm schließlich gestattet hatte, leistete er eine ausgezeichnete Arbeit: Die Zuleitung war richtig, die Druckzünder dort, wo sie hingehörten, und den Detonator verstand er auch schon anzuschließen. Mehrmals habe ich ihn kontrolliert: Er hatte gelernt! Und was die Tatsache anlangte, daß er zum Gleiskörper vordrang, die Mine legte, sie tarnte, wie es sich gehörte, daran brauchte man nicht zu zweifeln.

Er gab mir lange keine Ruhe: ›Erlaube es!‹ Na, und da habe ich unlängst zu ihm gesagt: ›Einverstanden, bei der nächsten Operation wirst du sie legen.‹ Wie ein Geburtstagskind fühlte sich unser Mikola, freute sich und strahlte. Er bereitete eine Mine mit verzögerter Wirkung vor. Ich überprüfte sie, es war alles richtig und gut. Ihm wurde ein erfahrener Kämpfer zur Seite gegeben, und los ging's.

Niemals waren wir mit Mikola in einen Hinterhalt geraten. Doch diesmal hatten wir kein Glück. Direkt an der Eisenbahnstrecke empfingen uns die Okkupanten mit Feuer. Bereits von weitem beschossen sie unsere Gruppe. Wir verloren nur einen Mann. Eine Kugel traf gerade ihn, unseren Wegführer, der so gern Sprengmeister hatte werden wollen. Sein Tod war ihm leicht: Er lag auf dem Schnee, die Kiste mit der Mine an die Brust gepreßt, das Gesicht ruhig, die Lippen im letzten Lächeln erstarrt ... Ach, es ist schade um diesen Burschen!«

### *»Alligatoren« und »Krokodile«*

Einmal war der Politleiter der Diversionskompanie, Nikolai Denissow, ein ausgezeichneter Sprengmeister und ehemaliger Berufsoffizier, lange bei mir in der Erdhütte geblieben. An diesem Abend erzählte er mir eine interessante Geschichte, die ich hier fast wörtlich wiedergebe:

»Gerade Sie, Alexej Fjodorowitsch, fordern mit Nachdruck von den Politarbeitern, die Menschen zu studieren, häufiger unter ihnen zu weilen, zu wissen, was sie bewegt. Und wir halten das auch so! Unsere Sprengmeister kenne ich gut. Wir erziehen die Männer richtig und haben schon vieles erreicht. Doch ein anderes Mal schaust du dir so einen an, angeblich ist alles in Ordnung, na ja, aber die konkreten Fakten finden in keine Politmeldung Eingang.

Ich möchte Ihnen wenigstens einen solchen Fall erzählen.

Anfangen will ich damit, daß sich alle unsere Sprengmeister – natürlich im Scherz – in ›Krokodile‹ und ›Alligatoren‹

einteilen lassen. Diejenigen mit der größten Erfahrung, der wenigsten Angst und den meisten Erfolgen – das sind die ›Krokodile‹. Sagen wir mal, Pawlow, Klokow und Resuto zählen zum Beispiel zu den ›Krokodilen‹. Und von denen haben wir viele! Aber es gibt auch ›Alligatoren‹, deren Arbeit nicht mit so hohen Attributen versehen werden kann. Nicht immer verstehen sie es, zum notwendigen Abschnitt vorzudringen, ein anderes Mal spricht die Mine nicht an, und wenn sie detoniert, dann sind die Ergebnisse der Sprengung geringer als bei den ›Krokodilen‹. Deshalb zählen solche Sprengmeister zu einer anderen, leichteren Gattung.

Unlängst kam ich von der Strecke Brest–Pinsk zurück. Dort ist in Mylnikows Gruppe ein gewisser Wladimir Gontscharow, ein schmächtiger Bursche, mit Sommersprossen übersät. Bei den Minenlegern ist er schon lange, doch Züge hat er wenig gesprengt. Dieser Wolodka ist für die Jungs ein typischer ›Alligator‹. Fast nur Mißerfolge! Mal rechtfertigt er sich damit, daß man an den Gleiskörper nicht herankam, mal legt er eine Mine, doch der Detonator versagt. Es kommt auch vor, daß die Fritzen seine ›Verzögerten‹ ausmachen. Natürlich entfernen wir die Mine nicht, sie wird gezündet, aber wieder ist Gontscharows Arbeit verlorene Liebesmüh.

Ich begann mich dafür zu interessieren, warum das bei Gontscharow ewig so ging. Die Jungs wichen mir aus, sie wollten nicht so recht mit der Sprache heraus. Nach und nach stellte sich jedoch heraus, daß Wolodja Angst hat. Man kann nicht sagen, daß er ein ausgemachter Feigling ist, doch bei den Operationen geht er zu zaghaft vor. Nicht etwa, daß man ihn der Befehlsverweigerung beschuldigen könnte, daß er es ablehnte, zu gehen. Nein, er ist innerlich feige, nicht überzeugt von sich. Und mit einem solchen Gefühl kann ein Mensch einfach nichts machen! Es gewinnt die Oberhand über ihn und ist stärker als er. Wenn aber ein Minenleger innerlich zittert, wenn er dieses Zittern nicht unterdrücken kann, dann kann man auch keine gute Arbeit von ihm erwarten. Ihm wird es immer scheinen, daß man nicht an die Schienen herangehen dürfe, und wenn er es schon tut, dann denkt er nur daran, so schnell wie möglich zurückzukommen … Gontscharows Kampfgefährten in der Gruppe hatten das alles sehr gut begriffen. Na, und von Achtung ihm gegenüber konnte natürlich keine Rede sein.

Hier taucht also das Problem der Erziehung zum Mut auf. Man kann ihn nicht nur durch politische Gespräche oder durch die Wandzeitung anerziehen. Wir führten auch andere Gespräche, sprachen über Tapferkeit und Mut, zitierten Suworow und stellten die Besten als Beispiel hin. Doch das alles übte auf Gontscharow keine große Wirkung aus. Selbst Karikaturen an der Wandzeitung halfen nicht. Einfluß hatte aber ohne Zweifel das Verhältnis der Genossen zu ihm!

In einem Satz läßt sich nicht sagen, wie sich die Jungs ihm gegenüber verhielten. Es gab verschiedene Nuancen. Offen ins Gesicht machte man ihm keine Vorwürfe. Aber sie sahen ihn mit einer gewissen Geringschätzung, ja manchmal auch argwöhnisch an. Und sie verstanden es, ein Gespräch in Gang zu bringen, das für Gontscharow äußerst unangenehm wurde. Auch mit Anspielungen sparte man nicht.

Nur einer lachte offen über Wolodka. Das war Saschka Maschukow, ein rothaariger, kerngesunder Bursche und ausgezeichneter Sprengmeister, eben ein richtiges ›Krokodil‹. So schrie er Gontscharow geradezu an: ›Lauf mal dort und dort hin! ... Bring mal das und das! ...‹ Doch es ging nicht um Maschukow. Gontscharow fühlte, daß sich alle nicht besonders gut zu ihm verhielten, und das nahm er sich sehr zu Herzen. Doch kaum ging er zu einer Operation – wieder ein Mißerfolg, wieder nicht das Richtige!

Da schickten wir zu Beginn des Winters einige kleine Gruppen an die Strecke im Raum des Bahnhofs Janow-Polesski. Sie waren nicht gerade zu beneiden! Der Abschnitt zog sich an die zwanzig Kilometer in offenem Gelände hin. Gewiß, links lag ein kleines Wäldchen, doch darin hatte sich ein Truppenteil der SS mit Fahrzeugen niedergelassen, der die Eisenbahnstrecke bewachte; rechter Hand bis unmittelbar zum Damm die Reste eines abgeholzten Waldes, herausgerissene Stubben, Wurzeln. Diese Stelle nannten die Partisanen deshalb auch ›Penki‹.

Es schien günstig, gerade hier zu den Schienen vorzudringen, doch tatsächlich war das Gegenteil der Fall. Auch an dieser Stelle hatte die Bahnsicherung Hinterhalte angelegt. Viele belorussische Partisanen kam es dort hart an, und auch unsere hatten darunter zu leiden. Man begann, diese Stelle zu fürchten, und umging sie stets. Eine solche Furcht vor einer bestimmten Stelle kam bei den Minenlegern vor. Man war der Ansicht, daß es besser sei, durch offenes Gelände zu kriechen, als dort vorbei zu müssen.

Die Gruppen gingen also an die Erfüllung der Aufgabe und Wladimir Gontscharow mit ihnen. Gerade er bekam diesen rechten Abschnitt zur Verminung zugewiesen.

Gegen Abend machten sich die Gruppen auf und kehrten gegen Morgen nach und nach zurück. Alle kamen zurück – außer Gontscharows Gruppe. Sie kam und kam nicht. Wir gerieten in Unruhe und ergingen uns in Mutmaßungen: Wir hatten den Abschnitt doch beobachtet, weder Schußwechsel noch irgendein anderer Lärm war in der Nacht zu hören gewesen. Was mußte man folglich annehmen? Nichts anderes, als daß die gesamte Gruppe mit Gontscharow in Gefangenschaft geraten war. Eine verflixte Angelegenheit!

Trotz alledem hofften wir, daß vielleicht gegen Abend, wenn es dunkelte, die Gruppe zurückkehrte. Doch auch am Abend war von Gontscharow nichts zu sehen ... Plötzlich hörten wir an der Strecke ein dumpfes ›W-u-mm, wumm!‹ Eine Mine war detoniert! Das konnte nur Gontscharows Mine sein. Nur er hatte eine mit der Verzögerungszeit von vierundzwanzig Stunden, bei den anderen waren die Zeiten länger. Nicht lange danach kam Wolodja mit seinen Leuten ins Lager zurück. Auf der Stelle meldete er: ›Zug gesprengt! Lokomotive und neun Wagen beschädigt!‹

Wir begannen, ihn nach Einzelheiten zu fragen. Es stellte sich heraus, daß Gontscharow diesmal fest entschlossen war, ›nicht ohne einen gesprengten Zug zurückzukommen‹. Zu seinem Abschnitt war er über diese verfluchte Stelle vorgedrungen und hatte noch in der Nacht die Mine gelegt. Vierundzwanzig Stunden hatte er dann auf das Ergebnis gewartet! Und wo? Eben in diesen ›Penki‹. Er lag mit seiner Gruppe in irgendwelchen Löchern, getarnt, fast auf Tuchfühlung mit den Bewachern.

Ich fragte ihn: ›War das Warten notwendig?‹ Gontscharow antwortete, daß er die Mine überprüft hätte, wenn sie nicht in die Luft gegangen wäre. ›Und der Mechanismus zur Sicherung gegen Wiederaufnahme?‹ erinnerte ich ihn. ›Ich weiß, wo er ist und wie ich ihn befestigt habe. Trotzdem hätte ich sie überprüft ... Ich habe ja auch vierundzwanzig Stunden in diesen Penki zugebracht!‹

Man kann sich vorstellen, wie ihm dort zumute war! Das heißt also, er vermochte es, seine Furcht zu überwinden, er hatte einen Sieg über sich selbst errungen. Unsere Jungs verstanden das ausgezeichnet. Sie beglückwünschten Gontscharow, lobten ihn und fragten ihn voller Anerkennung aus.

Zu dieser Zeit kehrte auch Saschka Maschukow ins Lager zurück, der zur Verbindungsaufnahme mit den belorussischen Partisanen unterwegs gewesen war. Gerade erst angekommen, war er noch nicht informiert. Gontscharow sehen und brüllen war eins: ›He, Wolodka, bring mir mal Wasser zum Waschen her! Keine Angst, das Wasser explodiert nicht!‹

Schweigend ging Gontscharow auf Maschukow zu, holte aus und versetzte ihm eins aufs Jochbein. Den haute es sicherlich nicht sosehr vom Schlag als vielmehr vor Überraschung um. Er stand auf und wollte sich auf Wolodja stürzen. Doch die Jungs packten Saschka und erklärten ihm in kurzen Worten die Situation. ›Na, wenn das so ist‹, sagte Maschukow, ›gib was zu trinken, Wowka, und dann sind wir Freunde! Und zu dem Zug gratuliere ich dir!‹

Er schüttelte ihm die Hand und umarmte ihn.

Seit jener Zeit war Gontscharow nicht wiederzuerkennen. Bald darauf sprengte er noch zwei Züge. Die Angst zu unterdrücken fällt einem am schwersten, besonders beim ersten Mal. Aber bereits dort zeigt sich der Glaube an die eigene Kraft, der Sprengmeister arbeitet immer mutiger, immer ruhiger und demzufolge auch genauer ... Bald wird auch Wladimir Gontscharow ein richtiges ›Krokodil‹ werden!

Ja, womit habe ich eigentlich begonnen? Und wie führe ich es zu Ende? Wahr ist, daß ihn die Jungs anfangs kühl behandelten und daß dieser Mensch darunter litt. Doch dann vermochte er sich zu wandeln. Richtig ist auch, daß er Maschukow eins versetzt hat ... Doch wie soll man über alldas in einer Politmeldung berichten?! Man kann es nur allgemein tun.«

Ich verstand, daß Wsewolod Klokow, Stellvertreter des Kommandeurs des 1. Bataillons für Diversionstätigkeit, nicht ohne Grund zu mir gekommen war. Doch Wsewolod wandte eine List an, er holte ziemlich weit aus:

»Unlängst habe ich einen Brief erhalten. Ein interessantes Briefchen ... Von wem? Ja, von ungarischen Husaren. An dem Abschnitt, wo wir in letzter Zeit tätig sind, bewachen ungarische Husaren eine Eisenbahnstrecke. Die Schienen kontrollieren die Husaren durch Patrouillen zu Fuß, ansonsten benutzen sie Pferde. Nur sind die Pferde von ihnen stark abgemagert! Wegen ihrer Pferde haben sie auch den Brief an die Partisanen verfaßt.

Die Lage sieht an unserem Abschnitt folgendermaßen aus: Die Bewachung hat ihren Stützpunkt auf dem Bahnhof Grywjatki, wir befinden uns im Wald, und am äußersten Waldrand stehen einige Heuschober. Dorthin reiten die Husaren, doch wir lassen nicht zu, daß sie Heu nehmen. Sie versuchen es auf alle mögliche Weise, selten gelingt es ihnen, zu den Schobern vorzudringen. Ja, wir haben eben eine günstige Stellung!

Vor kurzem nun brachten mir die Jungs ein Blatt Papier, bedeckt mit ungelenken Buchstaben in russischer Sprache. Man fand dieses Blatt bei einem der Schober, es war an einem in die Erde getriebenen Pfahl befestigt.

Wir machten uns an die Entzifferung des Geschriebenen, einiges bekamen wir heraus. Der Inhalt des Briefes lautete etwa so: ›Partisanen! Die Menschen kämpfen – das ist ihre Sache. Doch was haben die Pferde damit zu tun? Man muß die Magyaren nicht beschießen, wenn sie Heu holen wollen. Machen wir es so: Ihr laßt uns in Frieden, und wir tun dies auch.‹

Wir dachten über diese Botschaft nach und erinnerten uns an vieles, was das Verhalten der unfreiwilligen Verbündeten Hitlers betraf. Zuerst kamen uns die Italiener ins Gedächtnis. Bereits vor einem Jahr, als wir im Norden des Tschernigower Gebietes handelten, nahmen wir an die zwanzig italienische Soldaten gefangen. Sie befaßten sich mit der Plünderung von

Dörfern. Wir brachten die Italiener in den Stab des Verbandes, zu Ihnen, Alexej Fjodorowitsch. Sie legten damals fest, den Italienern zu essen und zu trinken zu geben und sie zurückzuschicken. Doch man beköstigte die Italiener nicht nur, sondern zeigte ihnen auch unsere besten Abteilungen und die Artillerie. Vor Verwunderung rissen sie die Augen auf. ›Ja, was sind denn das für Partisanen?!‹ sagten sie. ›Sie sind besser bewaffnet und bekleidet und werden besser versorgt als wir!‹

Als die Italiener in ihre Division zurückgekehrt waren, erzählten sie dort alles und riefen einen richtigen Aufstand hervor. An die zwei Wochen schlugen sie Krawall, töteten sogar deutsche Offiziere. Die Sache endete damit, daß man die Aufständischen an die Front schickte.

Na, und wie oft sind Rumänen und Tschechen zu uns übergelaufen! Wie vorsichtig verhielten sich slowakische Truppenteile zu den Partisanen bei deren Streifzug durch Wolynien! Und nun dieser Brief von den ungarischen Husaren.

Klar, daß es hier nicht nur um die abgemagerten Pferde ging! Die Leute hatten es satt, zu kämpfen, das war alles. Auch die Ungarn begannen zu begreifen, daß sie für fremde Interessen kämpfen mußten. Daraus resultierten ja auch die Worte: ›Ihr laßt uns in Frieden, und wir tun dies auch.‹ Eine Art Waffenstillstand schlugen sie vor.

Unsere Hauptaufgabe bestand doch darin, die Eisenbahnstrecke zu sprengen und nicht Jagd auf Magyaren zu machen. Sicher, zur Eisenbahn kamen wir immer hin, ob das die Bewacher wollten oder nicht. Sollten sie während unserer Vorstöße ruhig einen Blick weniger zum Damm werfen. Im Winter war das Verminen schwer, manchmal ließen sich nicht alle Spuren verwischen. Ich beschloß, zu beobachten, wie sich die Husaren weiter verhielten. Unsererseits hatte ich Maßnahmen für einen Versuch ergriffen: Ich sagte den Jungs, daß sie nicht schießen sollten, wenn die Ungarn Heu holen wollten.

Ein Tag verging, ein zweiter. Wir sahen, wie die Husaren zu den Schobern vordrangen. Sie waren vorsichtig, witterten Gefahr. Dann nahmen sie Heu, wobei sie immer wieder zum Wald blickten. Wir schossen nicht. Mit dem aufgeladenen Heu machten sie sich aus dem Staub. Einer drehte sich um und winkte sogar mit der Hand in Richtung Wald. Sicher hatten sie erraten, daß wir sie beobachteten.

Das Heu hatten sie genommen, aber wie würde es mit unseren Minen sein? Nach der nächsten Verlegung von Verzögerungsminen, die wir gewissenhaft getarnt hatten, steckte ich absichtlich an zwei Stellen kleine Stöcke zwischen die Schienen und wühlte die Erde etwas auf, so, als ob wir die Minen an den Stöcken aufgehängt hätten. Die Jungs kletterten auf Bäume, um zu beobachten, was die Wachposten tun würden. Am Morgen gingen diese an den Stöckchen vorüber, ohne etwas ›zu bemerken‹. Sie durften nichts ›bemerken‹ und verhielten sich auch so.

Mehrmals haben wir die Ungarn in gleicher Weise auf die Probe gestellt. Sie ›bemerkten‹ nichts und basta! Das bedeutete, daß sie den Stellen, wo tatsächlich Minen gelegt worden waren, keine besondere Aufmerksamkeit schenken würden. Sie sehen also, was bei dieser Geschichte mit dem Brief herauskam!

Jedoch haben bis jetzt nur die ungarischen Pferde den Nutzen daraus gezogen. Das Heu erhalten sie irgendwie, zwar nicht in Hülle und Fülle, doch sie bekommen es, wir aber haben nichts zum Verminen. Nicht eine Krume Sprengstoff ist übriggeblieben! Wenn Sie uns nun was aus Ihrer persönlichen Reserve geben würden, Alexej Fjodorowitsch? Wie, nein?! Kann das wahr sein? Ach, dann geht unsere Freundschaft mit den Ungarn in die Binsen!«

### *Die stählerne Schildkröte*

Der flinke, fröhliche, niemals verzagende Komsomolze Oleg Jarygin war Minenleger im 6. Bataillon. Er hatte an einer Operation gegen einen faschistischen Panzerzug teilgenommen. Hier ist seine Schilderung von dieser Kampfepisode:

»Sauer machte sie uns das Leben, diese Schildkröte! Sie kroch dahin, und zu beiden Seiten des Dammes spuckte sie Granaten aus ihren Kanonen und überschüttete uns außerdem noch mit MG-Feuer. An anderen Abschnitten, so hieß es, ließen die Deutschen nur selbstgefertigte Panzerzüge fahren: Die Flachwagen umgaben sie mit Sandsäcken, und die Lokomotive wurde flüchtig mit Stahlblech verkleidet. Doch bei uns fuhr zwischen Kowel und Manewitschi ein richtiger Panzerzug: vier Flachwagen, zwei Waggons und die Lokomotive, alles mit fabrikmäßig gefertigter Panzerung. Lediglich die Rohrmündungen ragten aus der Panzerung heraus. Das dichte Feuer des Zuges reichte bis zwei Kilometer in die Tiefe.

Im Sommer hatten die Faschisten alle Hunde von den Dörfern und Vorwerken zur Bewachung der Gleise mobilisiert. Erinnern Sie sich? Jetzt ging die Sache bis zu Panzerzügen. Offensichtlich machte sich unsere Partisanenhandschrift bemerkbar! Natürlich war es nicht gerade angenehm, sich im Wald oder an den Gleiszugängen zu befinden, wenn einem plötzlich die Kanonen eins überbrannten. Der General hatte jedoch befohlen, alle diese Panzerzüge in die Luft zu jagen. Unsere Sache – den Befehl auszuführen.

Der Sprenggruppe, der ich angehörte, fiel die Aufgabe zu, auf die Schildkröte Jagd zu machen, die zwischen Kowel und Manewitschi dahinkroch. Dmitri Resuto, Wassili Sawodzow und ich hatten die Strecke zu verminen. Doch womit war diese Schildkröte zu packen? Mit welcher Mine?

Eine Verzögerungsmine eignete sich hierfür nicht. Sie ließ sich auf eine bestimmte Zeit einstellen, doch der Zug konnte früher kommen, als sie zündbereit war. Außerdem hatte eine solche Mine einen Kontaktgeber, der auf Erschütterungen ansprach, doch ein Panzerzug fuhr so langsam und war so schwer, daß die Erde nicht vibrierte.

Vielleicht sollte man eine Mine mit Druckzünder einsetzen oder eine Mine ›an Stöckchen‹ probieren? Auch das taugte nichts. Bei solchen Minen flog gleich der erste Zug in die Luft, doch wir brauchten unbedingt den Panzerzug. Lange rätselten wir herum und kamen schließlich zu dem Schluß, daß man eine ganz gewöhnliche Mine, aber mit doppelter Ladung, einsetzen mußte.

Sicher, das verlangte auch vom Minenleger nicht nur doppelten, sondern dreifachen Mut. Die Mine mußte völlig ungedeckt angebracht werden, das heißt, wenn der Zug schon zu sehen war, und es kam ja schließlich kein einfacher Zug. Von den gepanzerten Flächen und aus den Waggons führten die Faschisten das Feuer aus der Bewegung nicht nur seitwärts, sondern auch nach vorn. Bemerkten sie dich, hättest du nicht einmal mehr Zeit für ein letztes Gebet! Doch geknackt werden mußte er. Ohne Ergebnis brauchte man gar nicht erst ins Lager zurückzukommen.

Resuto bot sich selbst an, die Mine zu legen. Er war unser Stellvertreter des Kommandeurs für Diversionstätigkeit. Selbstverständlich führte er die Operation nicht allein durch. Es gab Deckungsposten, und Spähposten saßen auf den Bäumen. Jeweils am Morgen lauerten wir der Schildkröte auf. Die Jungs hatten bereits herausbekommen, daß sie am häufigsten morgens von Kowel nach Manewitschi ›spazierte‹.

Wir warteten mit Dmitri ungefähr hundert Meter vom Gleiskörper entfernt. Sogar einen kleinen Unterstand mußten wir bauen, anders ging es nicht: Der Feind würde mit Splittergranaten auf uns schießen. Bald darauf gaben die Späher das Signal – die Schildkröte kam, mit dem Feldstecher war sie bereits zu sehen. Dann hörten wir sie auch, schießend kroch sie heran.

Resuto glitt mit der Mine zum Damm. Hauptsache, sie bemerkten ihn jetzt nicht! Wenn der Panzerzug ganz nahe heran war, wurde es für den Sprengmeister leichter; er geriet in den toten Winkel, wo ihn keine Kugel niederstrecken konnte.

Die Schildkröte rasselte immer näher, aber im Schneckentempo, etwa drei Kilometer in der Stunde. Aus unerfindlichen Gründen hörte der Beschuß plötzlich auf, wahrscheinlich deshalb, weil es nicht mehr weit bis zum Bahnhof war.

Ich sah, daß Mitja die Mine an der Schiene befestigte. Dann verschwand er, und ich konnte ihm nicht mit den Augen folgen. Immer weiter fuhr der Panzerzug … Wumm! Eine Detonation! Sofort wurde das Feuer aus allen Kampfluken eröffnet. Nichts wie ab in den Wald! Zum Glück schossen sie über unsere Köpfe hinweg. Doch wo blieb Resuto? Da sah ich ihn, er war zurückgekehrt, völlig verdreckt, mit blutverschmierten Wangen.

›Na, wie sieht's dort aus?‹ fragten wir ihn.

›Ich weiß selbst noch nicht, was passiert ist. Nur, der Panzerzug steht, er bewegt sich weder vor- noch rückwärts. Der

Lokführer ist herausgekrochen, doch man kann nicht auf ihn schießen, weil wir uns sonst selbst verraten würden.‹

Dann stellten wir fest, daß die Mine eine Schiene herausgerissen und das linke Treibrad der Lokomotive abgerissen hatte. Die Lok saß auf den Schwellen fest. Ach, ist das wenig! dachten wir. Doch es stellte sich heraus, daß das gar nicht so wenig war.

Um die beschädigte gepanzerte Lokomotive anzuheben, bedurfte es eines entsprechenden Krans, der in Manewitschi nicht aufzutreiben war. Sie brachten zwar einen, aber der schaffte die Last nicht. Dann beorderten die Faschisten einen stärkeren Kran aus Kowel herbei, doch die hinteren Waggons und Flachwagen ließen eine Annäherung an die Lokomotive nicht zu. Bis sie die Wagen weggezogen und rangiert, die Lokomotive angehoben, das Treibrad angesetzt und die Schienen repariert hatten, vergingen mehr als vierundzwanzig Stunden. Der Verkehr auf der Strecke kam völlig zum Erliegen. Dann mußte die Lokomotive instand gesetzt werden; außer dem Treibrad hatte sie noch einiges abbekommen. Schließlich brachte man sie im Schlepp nach Kowel.

Aber das war noch nicht alles. Die Partisanen hatten den Okkupanten gezeigt, daß wir uns auch vor Panzerzügen nicht fürchteten. Wir hatten heute einen zum Stehen gebracht, also würden wir es auch morgen tun! Und an anderen Abschnitten hatte man ebenfalls bereits Panzerzüge in die Luft gesprengt. Wohin die Faschisten die angeschlagene stählerne Schildkröte brachten, weiß ich nicht, doch zwischen Kowel und Manewitschi ist sie nicht mehr aufgetaucht.«

### *Achtung! Aufnahme!*

Der Kameramann Michail Glider, der von »Sojuskinochronika« zu unserem Verband abkommandiert worden war, hatte an vielen Kampfhandlungen teilgenommen. Ich war Zeuge, wie in einem Bataillon die Partisanen Glider umringten und von ihm forderten, über die Aufnahmen bei der Operation am Bahnhof Trojanowka zu berichten. Mischa erklärte sich nicht sogleich einverstanden:

»Ja, mein Gott, was gibt es da schon zu erzählen! Was Interessantes? Interessant ist es, sich im Kino einen Film anzusehen, doch Aufnahmen zu machen ist nicht gerade interessant, besonders wenn dich die Mücken von allen Seiten attackieren. Na gut, Jungs, ich fange ja schon an … Doch hört zuerst die Einleitung.

Es ist eine einfache Einleitung. Eure Waffen sind Minen, Maschinenpistolen, Gewehre, Maschinengewehre und Kanonen – meine Waffe dagegen ist die Filmkamera. Wie ihr muß auch ich meine Waffe hundertprozentig einsetzen. Das bedeutet, ich bin dazu angehalten, den Partisanenkampf auf der Leinwand umfassend, wahrheitsgetreu und mit allen seinen Schwierigkeiten zu zeigen.

Unser Verband ist im wesentlichen ein Verband für die Sprengtätigkeit. Die Ausbildung der Minenleger habe ich aufgenommen, desgleichen die Abmärsche zu einer Operation und die Rückkehr von dieser. Doch wie sollte man ohne Bilder auskommen, die die Ergebnisse der Partisanenarbeit zeigten? Also mußte man auch die Sprengung eines Zuges im Bild festhalten. Die Führung kam mir entgegen. Sie erlaubte mir, an einer der Operationen teilzunehmen.

Natürlich wurden die Minenleger, die einen Zug zu sprengen hatten, meine Gehilfen. Ihr kennt sie beide gut: Wolodja Pawlow und Mischa Glasok. Sie haben mir wirklich geholfen, während ich sie eigentlich nur behindert habe. Die Jungs hatten sich nicht nur um die Sprengung des Zuges zu kümmern, ein zweites Problem ergab sich für sie: Die Sprengung mußte so erfolgen, daß ich auch wirklich gute Aufnahmen machen konnte.

Vor allen Dingen galt es, für die Operation einen Platz auszuwählen, wo mehr Licht war und der Wald morgens nicht die Sonne verschluckte, die jedoch auf keinen Fall blenden durfte. Es war ein höherer Damm erforderlich, damit der Zug gut ins Bild kam. Man fand einen solchen Abschnitt unweit vom Bahnhof Trojanowka.

Es war schwierig, an ihn heranzukommen. Wir gingen über einen Sumpf, vorbei an irgendwelchen verwilderten Dränagegräben und waren verdreckt bis an die Ohren. Erst am späten Abend erreichten wir die vorgesehene Stelle. Wie die Wilden stürzten sich die Mücken auf uns. Das sind furchtlose und hartnäckige Biester in dieser Gegend, in Schwärmen fallen sie über dich her.

Doch die Mücken waren nur das halbe Unglück. Die Zugänge zum Gleiskörper lagen ziemlich frei, und das war schon schlimmer. Nur verstreut wuchs niedriges Buschwerk, und die Wälder waren weit. Ich wählte mir einen Platz unter einem dieser Büsche aus, setzte mich hin und vertrieb mit einem Lappen die Mücken.

In der Nacht legten Pawlow und Glasok die Mine. Ich fixierte diese Stelle, um genau zu wissen, wohin ich am Morgen die Filmkamera zu richten hatte. Die Minenleger gingen weiter zum Wäldchen zurück, und ich blieb mit meinem Gehilfen Proscha Pomasanko unter dem Gebüsch zurück.

Der Morgen begann zu dämmern. Ich blickte mich um. Und was, zum Teufel, sah ich?! Unser Gebüsch war mehr als spärlich und der Gleiskörper fast zum Greifen nahe. In der nächtlichen Dunkelheit hatte es den Anschein gehabt, als befände sich der Damm noch relativ weit, und auch der Strauch sah dichter aus. Doch jetzt, bei Licht, würde mich der erste Wachposten oder Streckenkontrolleur bemerken! Also hieß es zurück, zu den Jungs. Natürlich fanden sie für mich sofort eine andere, zuverlässigere Stelle.

Ich hatte mich kaum am neuen Platz eingerichtet, als auch schon die ersten Streckengeher auf den Schienen auftauchten. Sie gingen vorbei, ohne die Mine zu bemerken. Ihnen folgte eine Kontrolldraisine, doch Pawlow hatte den Zünder so eingestellt, daß er unter dem geringen Gewicht nicht reagierte. Die Patrouille war vorbeigegangen, die Draisine unseren Blikken entschwunden, jetzt hieß es, auf den Zug zu warten.

Bald tauchte er auf. Ich nahm die Kamera, erfaßte die Lokomotive und die vorderen Waggons im Objektiv und machte Aufnahmen von dem fahrenden Zug. Hoffentlich reichte der Film!

Da näherte sich die Lokomotive auch schon dem Orientierungspunkt, der die verminte Stelle markierte. Würde die Mine hochgehen? Ich war aufgeregt ... Noch eine Sekunde, eine weitere – und schon loderte eine Flamme auf, und dichter Rauch stieg hoch. Die Detonation erfolgte genau unter der

Lokomotive. Sie stürzte in starker Schräglage von den Schienen und riß die Waggons, einen nach dem anderen, mit sich. Kurz, es gab schon was zu filmen!

Doch plötzlich erhob sich ein solches Schreien und Pfeifen, daß ich verwirrt sogar die Kamera sinken ließ. Sollten dort wirklich so viele Deutsche sein, daß man dermaßen ihr Jammergeschrei hörte? dachte ich. Ich hörte genauer hin. Das waren ja kreischende Ferkel! In den ersten Waggons hatten die Deutschen Ferkel transportiert.

So habe ich also die Sprengung bei Trojanowka gefilmt. Was? Wie der Film gelungen ist, fragt ihr? Leider weiß ich das bis jetzt noch nicht. Ich konnte den Film erst unlängst nach Moskau absenden. Dort wird man ihn belichten. Ich hoffe, daß die Aufnahmen geglückt sind.«

Hinzuzufügen ist dem, daß sie tatsächlich gelungen waren und in einem großen Dokumentarfilm über die sowjetischen Partisanen Verwendung fanden.

### *Ein glückliches Paar*

Mein Stellvertreter, Alexej Jegorow, war aus einem entfernt gelegenen Bataillon zurückgekehrt. Ich hörte mir seinen Bericht über die Fahrt an, dann saßen wir einfach da, rauchten und sprachen über alles mögliche. Mir schien, daß Jegorow etwas noch nicht Ausgesprochenes bewegte, worüber er weiter nachdachte. So war es auch, und bevor er ging, teilte er mir seine Gedanken mit:

»Das Leben geht weiter, Alexej Fjodorowitsch, man hält es nicht auf! Jetzt haben wir Krieg, ringsum hält der Tod reiche Ernte, Brände lodern auf, unsere Minen detonieren auf den Schienen, doch die Menschen bleiben Menschen. Neben Kummer und Haß ist in ihren Herzen auch Platz für Liebe und Zärtlichkeit. Unlängst habe ich ein glückliches Paar gesehen. Ich betrachtete und beneidete es zugleich.

Sicher wissen Sie noch, wie man Mädchen als Minenleger zu uns brachte und manch einer sie mit einem unguten Lächeln bedachte: Wohin sollte man mit denen schon zu einer Sprengung gehen?!

Und wie hervorragend haben sich diese Mädchen bewährt! Sie arbeiteten ohne Hast, präzis, mit einer gewissen weiblichen Genauigkeit. Auf das Konto der Sibirierin Marussja Ababkowa kamen vier Züge, Anja Prossenkowa hatte drei und Nina Kusnitschenkowa ebenfalls drei aufzuweisen. Das war nur ihr persönliches Konto, nicht zu sprechen von den Zügen, an deren Sprengung sie in den Gruppen teilgenommen hatten.

Bewerber fanden sich bei uns natürlich viele, um einem guten Mädchen den Hof zu machen. Auch um Nina bewarben sich viele. Man sagt, es sei ihnen schlecht bekommen. Doch mit Pawel Medjany freundete sie sich irgendwie gleich an. Ohne Freundschaft ging es auch nicht, wenn man zu zweit Minen verlegte. So dachten alle. Nun kamen die beiden unlängst mit einer Neuigkeit zum Bataillonskommandeur. Sie erschienen mit hochrotem Kopf, aufgeregt, und Medjany sagte: ›Verzeihen Sie, Genosse Kommandeur, aber Nina und ich sind jetzt Mann und Frau. Wir wollen, daß Sie es wissen und daß es alle erfahren. Wir haben nichts zu verbergen.‹

›Ist das nicht ein bißchen übereilt?‹ wollte der Kommandeur wissen.

Sie schüttelten schweigend den Kopf und sahen sich mit solch verliebten Blicken an, daß sich weitere Fragen erübrigten.

Ich weilte drei Tage im Bataillon und beobachtete unbemerkt Nina und Pawel. Da saßen sie beide in der Erdhütte und machten eine Mine fertig. Die Frau überprüfte die Batterie, den Verzögerungssatz und den Detonator, während der Mann die Drähte montierte. Mit halblauter Stimme erteilten sie einander irgendwelche Ratschläge. Und man sah, sie verstanden sich ohne viel Worte. Sie hatten die Mine vorbereitet, saßen nebeneinander, wortlos, und Nina hatte ihre Hand auf Paschas Hand gelegt. Ich fühlte, daß es ihnen gefiel, so zu sitzen. Irgend etwas Friedliches, Reines ging von Pawel und Nina aus.

In meinem Beisein gingen sie an die Erfüllung der Aufgabe, beide in straffer Haltung, ernst und ruhig. Die ganze Zeit über liefen sie nebeneinander, bis sie meinen Blicken entschwanden.

Später, in der Nacht, versuchte ich mir vorzustellen, wie sie zu zweit auf die Schienen krochen, ihr schwieriges und gefährliches Werk verrichteten und sich bemühten, einander zu schützen und zu helfen. Schließlich mußte das alles für sie ja etwas Besonderes sein.

Wohlbehalten kehrten sie am Morgen zurück und meldeten die Erfüllung der Aufgabe. Interessiert fragte ich: ›Wer war wessen Gehilfe? Wem wird der Zug zugeschrieben?‹

›Wir machen alles zusammen. Uns ist es egal, wem der Zug zugeschrieben wird‹, entgegnete Pawel.

›Zusammen!‹ bekräftigte Nina, nachdem sie ihrem Mann einen glücklichen Blick zugeworfen hatte.

Mögen sie immer zusammen und immer glücklich sein!«

### *Ein spaßiger Vorfall*

Vor dem Krieg arbeitete Boris Kalatsch als Schlosser und Werkzeugmacher auf der Tschernigower Maschinen-Traktoren-Station. Dann wurde er Kommandeur des Minenlegerzuges in einem Partisanenbataillon. Und das ist die Geschichte von seinen Jungen, die uns Boris einmal erzählte:

»Unser Zug besteht aus jungen Leuten. Langeweile kennen die Jungs bei uns nicht. Es geht immer fröhlich zu, und alle sind für ein herzhaftes Lachen zu haben. Besonders lieben sie solche Fälle, wo wir uns freuen und den Faschisten die Lust am Lachen vergeht.

Man braucht nur einen Baumstumpf auf die Schienen zu stellen, die Faschisten halten ihn in der Dunkelheit oder aus der Ferne unbedingt für einen Minenleger und werden ihn lange beschießen. Das ruft bei unseren Jungs weiter nichts als ein Lächeln hervor. Um aber richtig lachen zu können, bedarf es schon einer ernsthafteren Vorbereitung.

Wir gingen wieder einmal in Erfüllung einer Aufgabe zur Strecke, da geriet uns eine alte deutsche Feldflasche vor die Füße, eine ganz gewöhnliche Feldflasche aus Aluminium. Wir nahmen sie mit. Als wir die Mine gelegt hatten, gruben wir diese Feldflasche etwa hundert Meter weiter zwischen den Schwellen ein und tarnten die Spuren unserer Arbeit so nachlässig, daß sogar der Flaschenhals zu sehen war. Am Morgen kletterten wir auf die Bäume, um zu beobachten, ob eine Streife unsere Mine entdeckte. Nebenbei warfen wir auch einen Blick dorthin, wo die Flasche eingegraben war.

Natürlich schien gleich der ersten Streife diese Stelle verdächtig. Über die leere Feldflasche setzten die Deutschen ein Sperrzeichen. Das war schon zum Lachen! Einer der Wachposten sauste wie ein geölter Blitz zum Bahnhof. Das war noch lächerlicher! Pioniere trafen ein. Nun fand die Freude kein Ende!

Die Faschisten gingen etwas weiter zurück, nur einer, der Kühnste, machte sich mit größter Vorsicht daran, den Flaschenhals vom Sand freizulegen. Dann legten die Pioniere eine Schlinge um den Flaschenhals, verlängerten den Strick, verbargen sich hinter irgendeiner Deckung, zogen und zogen, und zum Vorschein kam – die Feldflasche. Wir krümmten uns vor Lachen. Aber unsere Mine hatten die Faschisten nicht bemerkt.

Ein anderes Mal, als wir uns zu einer Operation aufmachten, suchten wir speziell eine solche Feldflasche heraus und nahmen sie mit. Wieder gruben wir sie ein, doch etwas weiter weg von der Mine. Warum? Ist doch klar, wir legten Sprengstoff dazu und verbanden Flasche und Sprengstoff mit einem Zugzünder.

Wiederum beobachteten wir von Bäumen aus, was passierte. Es kam so, wie wir vorausgesehen hatten! Nachdem eine Streife die Feldflasche entdeckt hatte, kam sie zu dem Schluß, daß sich die vorige Geschichte wiederhole, und einer der Posten zog kühn an ihrem Hals. Das Ergebnis – weder Feldflasche noch Patrouille, lediglich ein Loch im Bahndamm und dazu verbogene Schienen. Noch mehr freuten wir uns, als zum Ort des Geschehens ein Reparatur- und Bauzug kam, der auf unsere Mine auffuhr.

Beim nächsten Mal kamen wir vor Lachen fast um. Bei dieser Geschichte ging es nicht um Feldflaschen, sondern um einen Topf. Als wir zur Bahn vorrückten, gab man uns auf einem Vorwerk einen Topf mit saurer Milch. Während einer Rast tranken wir die Milch, doch den Topf behielten wir. Warum, dachten wir, soll so ein gutes Stück verlorengehen?

Also beschlossen wir, diesen Topf ebenfalls auf der Strecke einzugraben – aber nicht leer, auch nicht mit Sprengstoff. Nun, wie soll man das kultiviert ausdrücken? Na, wir benutzten diesen Topf als Nachtgeschirr. Und wir waren sechs.

Wir gruben den Topf mit seinem neuen Inhalt zwischen den Schwellen ein und bemühten uns nicht, ihn besonders zu tarnen. Doch vorher legten wir etwa hundert Meter von dieser Stelle entfernt eine Mine. Am Morgen beobachteten wir von neuem, wie sich die Dinge entwickelten.

Zuerst verlief alles streng nach Plan. Die Posten blieben an der Stelle stehen, wo der Topf eingegraben war. Nachdem unlängst mehrere Streifenposten in Stücke gerissen worden waren, verspürte keiner besondere Lust, die verdächtige Stelle genauer zu untersuchen. Sie riefen sofort vom Bahnhof Pioniere herbei, und die traten ziemlich vorsichtig auf. Sich unserer ›Überraschung‹ von der Böschung her zu nähern war nicht möglich; wir hatten den Topf genau in der Mitte des Gleises eingegraben. Wir sahen, wie die Faschisten zur Seite gingen und berieten. Was sie sich ausdachten, wußten wir nicht. Jetzt würde alles nach ihrem Plan verlaufen und nicht nach unserem.

Sie ließen sich die Böschung hinunter, gingen noch weiter zurück und begannen, einen Graben auszuheben. Dann kletterten sie hinein und bewarfen den Gleiskörper mit Handgranaten. Sie wollten also eine Detonation unserer ›Mine‹ erreichen. Doch die ›Ladung‹ dieser ›Mine‹ war ja von völlig anderer Art. Trotzdem blieb unverständlich, warum sie die Stelle mit Handgranaten bewarfen. Sie hätten an die Schiene eine Sprengpatrone anbringen sollen und fertig. Entweder hatten sie keinen Sprengstoff bei sich, oder es waren keine Pioniere, sondern einfach Soldaten. Das Handgranatenwerfen wollte nicht aufhören, lediglich Holzsplitter und Schottersteine flogen durch die Gegend. Na, wißt ihr, Brüder, wir sind vor Lachen fast von den Bäumen gefallen.

Die Granaten explodierten, doch unsere ›Mine‹ hüllte sich weiterhin in Schweigen. Bald ging den ›Granatwerfern‹ die Munition aus. Sie krochen aus dem Graben und wieder zum Gleiskörper hin. Einer ging mit vorgestrecktem Hals, fast auf Zehenspitzen vor. Wahrscheinlich hatten die Handgranaten unseren Topf beschädigt, und das stieg dem Fritzen ziemlich stark in die Nase. Wie der plötzlich zu der ›verminten‹ Stelle stürzte, die übrigen ihm nach! Sie erhoben ein fürchterliches Gezeter und gebärdeten sich wie wild.

Peinlich für die Faschisten, und nicht nur wegen des Topfes. Sie hatten ja mit ihren Handgranaten den Gleiskörper selbst umgepflügt. Nun mußten sie ihn auch selbst reparieren.

Bei uns war das schon kein Lachen mehr, sondern donnerndes Gelächter. Noch einmal kam an diesem Tag echte Freude auf. Die Soldaten hatten die Strecke sorgfältig instand gesetzt und ziemlich schnell die Spuren ihrer Handgranatenwürfe auf den Topf beseitigt. Als sie fertig waren, gaben sie einem auf freier Strecke haltenden Zug das Signal zur Weiterfahrt. Der Lokführer freute sich, gab Volldampf, und der Zug zerbarst auf der echten Mine. Und was passiert, wenn ein Zug bei hoher Geschwindigkeit in die Luft fliegt, brauche ich niemandem von euch zu erklären. Ihr seid ja ein gebildetes Volk!«

# Ein Henkersknecht

»Seine Hand ist tatsächlich durchschossen worden?« fragte ich Maximow, Mitarbeiter der Besonderen Abteilung.

»Ja, aber es ist die linke Hand, und dabei ist die Kugel nur durch die weichen Teile gegangen. Eine Verwundung läßt sich kaum so akkurat beibringen, wenn man einem nachschießt!«

»Also selbst beigebracht?«

»Ihm wurde durch die Hand geschossen, aus zwei Schritt Entfernung. Die Hand hat man mit einem feuchten Lappen abgerieben, um keinen Pulverschleim und keine Spuren von Verbrennungen zu hinterlassen. Eine gewöhnliche Sache!«

»Was ist von der Agenturaufklärung bekannt?«

»Er hat bei den Bandera-Leuten gedient. Aber er selbst verbirgt das ja gar nicht.«

»Es ist wichtig, welche Rolle er dort gespielt hat.«

»Das bekommen wir auch heraus. Gestern habe ich unsere Leute nach Ratno geschickt. Zu diesem Rayon hatte er irgendeine Beziehung.«

Bereits während des Streifzuges des Verbandes nach Wolynien begann die gegnerische Aufklärung, Spione zu uns zu entsenden. Ich erinnere mich, daß irgendwo bei Mosyr der Kommandeur einer örtlichen Partisanenabteilung einen gewissen Nikolai Witkowski, den ehemaligen Buchhalter der deutschen »Mosyrzeitung«, angeschleppt brachte und ihn als guten Verbindungsmann empfahl. Witkowski hatte zwanzigtausend Rubel verausgabt, wofür er ins Gefängnis kam. Er konnte ausbrechen und ging zu den Partisanen.

Selbstverständlich war diese Unterschlagung kein Zeugnis für politische Zuverlässigkeit. Wir befaßten uns mit der Überprüfung von Witkowski. Es stellte sich heraus, daß er tatsächlich zwanzigtausend Rubel veruntreut hatte und aus dem Gefängnis ausgebrochen war – allerdings verhalfen ihm die Gestapoleute zur Flucht, die den Buchhalter angeworben hatten, in ihre Dienste zu treten. Mit einem Spionageauftrag drang Witkowski zunächst in die örtliche Partisanenabteilung ein und versuchte dann, zu uns vorzudringen.

Es schien, daß gerade mit diesem Witkowski unsere Besondere Abteilung ihr Konto an entlarvten feindlichen Spionen am rechten Ufer des Dnepr aufzumachen begann.

Witkowski folgte bald Timofej Schmat, ein Verräter, der den Faschisten bereits mehr als ein Jahr gedient hatte und von ebendieser Gestapo aus Mosyr zu uns geschickt worden war. Verrechnet hatte sich bei uns auch der erfahrene feindliche Aufklärer David Kossow, Musiker von Beruf, der spezielle Diversionslehrgänge in Shitomir absolviert hatte.

Als wir im Raum von Kowel unsere Handlungen aufgenommen hatten, kamen die feindlichen Agenten hauptsächlich von dort. Zuerst wurden die »Zöglinge« der Koweler Gestapo Pjotr Kostenko und Boris Sinkow entlarvt und unschädlich gemacht; das gleiche Schicksal ereilte Katarina Pszagocka und Lydia Nossowa. Nunmehr befaßten sich die Gegenaufklärer des Verbandes mit dem bis jetzt nicht verdächtigen ehemaligen Bandera-Anhänger Iwan Lukjanjuk, jenem, der bei den Partisanen mit einer durchschossenen Hand aufgetaucht war.

Wirklich ehemaliger Bandera-Anhänger? Er hatte sich von den Nationalisten losgesagt, war geflüchtet, wurde verfolgt und verwundet. Eine sich häufig wiederholende und nicht sehr überzeugende Geschichte! Sicher, man glaubte sie sofort im benachbarten Partisanenverband, wo man den Überläufer in eine Abteilung aufnahm. Bald darauf jedoch übergab man uns Lukjanjuk auf seine Bitte hin. Unsere Mitarbeiter der Besonderen Abteilung zeigten sich vorsichtiger. Bis jetzt hatten sie weiter nichts als Verdachtsmomente vorzuweisen, doch damit begann eigentlich jegliche Entlarvung. Hauptsache, die Verdächtigungen würden sich als stichhaltig herausstellen.

Nach dem Gespräch mit Maximow dachte ich: Wenn Lukjanjuk wirklich ein feindlicher Spion ist, dann wird er sicher das Los seiner Vorgänger teilen. Die Aufklärung der Faschisten und der Bandera-Leute zeigte gegenüber unserem Verband ständiges Interesse, doch bis jetzt konnten sie nicht gerade viel herausbekommen.

Der Gegner kannte ziemlich genau die Dislozierung unseres Stabes. Bei gefangengenommenen faschistischen Offizieren fanden wir nicht selten Karten, auf denen der Raum unserer Unterbringung mit der Bezeichnung »Bandit Fedorov« markiert worden war. Doch ein Verband von fast viertausend Mann ist keine Stecknadel, und festzustellen, wo er sich befindet, ist nicht gerade kompliziert; dafür bedarf es keiner Meisterschaft in der Aufklärung. Hatten aber die Faschisten einen großen Vorteil davon, daß ihnen unser Standort bekannt war? Es sollte mal einer versuchen, zu den Partisanen vorzudringen! Im Herbst hatten sie versucht, uns aus dem Gebiet zwischen den Flüssen Stochod und Styr herauszudrängen. Die Zähne haben sie sich daran ausgebissen.

Einiges war dem Gegner auch über unseren Kommandeurbestand bekannt. In den Zeitungen der Bandera-Leute wurden einigermaßen richtige biographische Angaben über mich und andere Partisanenführer gedruckt. Nur meinen Freund Sidor Artemjowitsch Kowpak nannten sowohl Bandera-Leute als auch Deutsche einen Zigeuner, obwohl er vom Scheitel bis zur Sohle Ukrainer war. Doch was hatte wiederum der Feind für einen Nutzen von unseren Biographien?

Das Geheimnis der neuen Mine aber, die bei den Partisanen zum Einsatz kam, das Geheimnis der berühmten Verzögerungsmine MSD-5 konnte der Gegner nicht lüften, sosehr er sich auch bemühte. Natürlich hüteten wir das Geheimnis wie unseren Augapfel, doch, offen gesagt, halfen uns auch die von den Spionen bisweilen angewandten stümperhaften, plumpen und mehr als primitiven Methoden.

Ich möchte, daß der Leser mich richtig versteht. Ich negiere keinesfalls die hohe professionelle Qualifikation und die großen Möglichkeiten des faschistischen deutschen Aufklärungsapparates insgesamt. Hier geht es lediglich um die Gestapo von Kowel, um den Sicherheitsdienst, die Abwehr. Sie handelten plump, sehr plump!

Ich greife nur den Vorfall heraus, der mit den ständigen Versuchen der Faschisten verbunden war, sich des Geheimnisses der MSD-5 oder, wie sie sie nannten, des »Teufelseisens« zu bemächtigen.

Ein Partisanenposten, und zwar der am weitesten vorgeschobene, griff zwei unbekannte Mädchen auf, die Kurs auf den Wald genommen hatten. Die Mädchen in ihrer städtischen Kleidung sahen nett und kokett aus. Sie sagten, daß sie vor den Deutschen weggelaufen seien und Partisanen werden wollten. Man begleitete die Mädchen ins nächste Dorf, wo zwei Züge des Kirow-Bataillons standen. Hier befaßte sich der Stellvertreter des Kommandeurs für Aufklärung, Samartschenko, mit ihnen.

Ilja Petrowitsch Samartschenko, ein bedächtiger, ruhiger Mann von mächtigem Körperbau, war im Führen von Untersuchungen sehr erfahren. Seine Aufmerksamkeit wurde sofort auf die Unmenge von Ungereimtheiten in der offenkundig eilig ausgedachten Geschichte gelenkt, die ihm die Mädchen auftischten.

Das eine der festgehaltenen Mädchen gab sich als die Leningrader Studentin Lydia Nossowa aus, während die andere, Katarina Pszagocka, polnischer Nationalität, vorgab, Einwohnerin des kleinen Ortes Ljuboml in Wolynien zu sein. Beide waren angeblich zu Beginn des Krieges nach Osten evakuiert worden und dann in die Einkreisung geraten. Ljuboml liegt jedoch fast an der Grenze, und nur wenigen gelang es, dort herauszukommen. Selbst wenn man annahm, daß die Pszagocka in Richtung Osten entkommen konnte, wieso geriet sie dann gleichzeitig mit der Nossowa in die Hände der Faschisten, die doch aus einem völlig anderen Ort, nämlich aus Leningrad, evakuiert worden war?

Die Mädchen verstrickten sich erneut in Widersprüche. Aus unerfindlichen Gründen schleppten die Okkupanten sie anderthalb Jahre mit sich, wobei sie gezwungen worden waren, mal in einem Lazarett, mal in einem Speiseraum zu arbeiten. Gewöhnlich setzten die Faschisten jedoch für Hilfsarbeiten bei ihren rückwärtigen Einrichtungen Ortsansässige ein und schleppten sie nicht überall hin. Hinzu kam, daß Lydia und Katarina weiße, gepflegte Hände hatten, wie sie bei Geschirrspülerinnen oder Sanitäterinnen nicht vorkommen.

Ilja Petrowitsch hörte die Mädchen mit unerschütterlicher

Ruhe an, wobei er beifällig murmelte und wie nebenbei herausbekam, auf welcher Marschroute sie in den Wald gekommen waren. In jeder der ihm genannten Ortschaften hatte Samartschenko Aufklärer unter der örtlichen Bevölkerung, auch im Dorf Manewitschi, von wo die Nossowa und die Pszagocka angeblich mit schier übermenschlicher Anstrengung weggelaufen waren.

»Also, alles klar! Ihr habt richtig kalkuliert!« sagte Samartschenko. »Natürlich hättet ihr schon früher Partisanen werden sollen, habt ziemlich spät den Mut dazu aufgebracht! Doch ich verstehe, von den Faschisten wegzulaufen ... Gut, ich schicke euch in unsere Partisanenabteilung. Und was wollt ihr werden – Sanitäterinnen, Aufklärer, oder wollt ihr in der Küche arbeiten?«

»Unser Traum ist es, Züge zu sprengen!« erwiderte Katarina.

»Ja, genau, Minen legen!« bekräftigte Lydia.

»Eine interessante Arbeit«, sagte Samartschenko. »Also, ich werde euch zum Bataillon schicken, dort wird man schon sehen, wo man euch unterbringt.«

Im Bataillon wurden die Mädchen ständig überwacht, und nachdem Ilja Petrowitsch drei Aufklärer zu sich beordert hatte, ging er den gleichen Weg ab, den die Nossowa und die Pszagocka zum Wald genommen hatten. Es bestätigte sich, daß die jungen Frauen durch die von ihnen genannten Dörfer gegangen waren. Sie waren auch tatsächlich aus Manewitschi weggelaufen. Jedoch vieles aus den Berichten dieser beiden Früchtchen sah in Wirklichkeit völlig anders aus.

Von Kowel nach Manewitschi kamen sie nicht mit dem Zug, sondern in einem Pkw mit zwei faschistischen Offizieren. Danach trieben sie sich zwei Tage in der deutschen Kommandantur herum. Ihr Umgang mit den Faschisten war mehr als frei und freundschaftlich. Zum Wald gingen sie völlig ungedeckt, wobei sie vor niemandem davongelaufen sind oder sich verborgen haben.

Solange Samartschenko die erforderlichen Angaben einholte, befanden sich die Nossowa und die Pszagocka im Lager des Bataillons, ohne natürlich Verdacht zu schöpfen, daß man sie beobachtete. Häufig kamen die Mädchen in die Erdhütte, wo der Kommandeur und der Kommissar wohnten.

»Sie sind verheiratet? Schade. Trotzdem werde ich Sie Ihrer Frau wegnehmen!« sagte Katarina zum Kommandeur, wobei sie eine verführerische Haltung einnahm.

»Mir haben schon immer Männer mit dunklen Haaren gefallen!« versicherte Lydia, wobei sie den braungebrannten, schwarzhaarigen Bataillonskommissar unter den Wimpern hervor anblickte.

Diese mädchenhafte, zur Schau getragene Koketterie in Boulevardmanier paßte überhaupt nicht zu den hartnäckigen Bitten der beiden, sie in eine Minenlegereinheit zu versetzen. Auch hörten die ständigen Fragen nach der Sprengtätigkeit an den Eisenbahnstrecken nicht auf. Als Ilja Petrowitsch zurückgekehrt war und mitteilte, was er in Erfahrung gebracht hatte, wurde alles mehr oder weniger klar.

»Gut, ihr lieben Bürgerinnen, wir werden euch ins Zentrallager zu den Kursen für Minenleger schicken«, sagte der Bataillonskommandeur. »Vorher muß man sich jedoch einer sanitären Behandlung unterziehen. So verlangt es die Ordnung! Gehen Sie mit unserer Krankenschwester ins Bad.«

Der Krankenschwester Lilja Dralkina trugen wir auf, eine gründliche Durchsuchung vorzunehmen. In der Kleidung konnte sie nichts Verdächtiges feststellen, doch ihr fiel auf, daß Katarina und Lydia ihre Frisur nicht aufmachten und sich nicht den Kopf wuschen. Die Partisanin befahl ihnen, dies zu tun. Da stellte sich heraus, daß die Haare zu einem Kranz aus dichtem Papiergeflecht gewunden waren. Lilja Dralkina wickelte den Papierkranz auf, darin lagen an die zwölf Apothekerpäckchen mit irgendeinem rötlichen Pulver.

»Ach, das ist doch ein Haarfärbemittel! Wir wollten unsere Haare blond färben«, erklärte die Polin. »Ist es den Partisanen etwa verboten, sich die Haare zu färben?«

»Fragt sich nur, womit!« antwortete Lilja.

Die Untersuchung ergab, daß in den Päckchen Arsen war.

Erst versuchten die Spione, uns glaubhaft zu machen, daß es sich um eine Verwechslung in der Apotheke handele und man ihnen anstelle von Farbe Gift gegeben habe. Daraufhin rief Samartschenko den Mädchen einige Details ihres Aufenthalts in Manewitschi ins Gedächtnis. Beide brachen in Tränen aus und begannen, ein wenig »auszupacken«.

Folgendes stellte sich dabei heraus: Die Nossowa und die Pszagocka waren beim Geheimdienst angestellt; sie hatten einen Sechsmonatelehrgang für weibliche Agenten der Gestapo absolviert. Zu den Partisanen wurden sie mit der Aufgabe geschickt, die Konstruktion der neuen Mine zu studieren und nach Möglichkeit ein Exemplar ihres Mechanismus zu entwenden. Nach der Erfüllung der eigentlichen Aufgabe sollten die Spione vor Verlassen des Partisanenlagers das Arsen in den Kochkessel streuen, aus dem die Mitarbeiter des Stabes des Verbandes ihr Essen erhielten.

Auf dem Papier ging alles glatt, und doch war die Aufklärung der Faschisten – zum wievielten Male bereits! – hereingefallen. Das war auch nicht verwunderlich. Konnten die Faschisten nicht Frauen mit weniger herausfordernden Manieren aussuchen? War es denn so schwer, für die Agenten eine Legende auszuarbeiten, die wahrheitsgetreuer klang? Und wozu hatten sich die Mädchen vor den Augen aller in Manewitschi mit den Faschisten abgegeben? Warum fingen sie bei uns sofort ein Gespräch über Minen und Sprengungen an? War es für die Nossowa und die Pszagocka sinnvoll, ein solches Corpus delicti wie das Giftpulver bei sich zu haben?

Wenn diese Spione auch behutsamer aufgetreten wären und vorsichtiger gehandelt hätten, so hätten wir sie, wie alle Neulinge, trotz alledem nicht nahe an die Sprengeinheiten herangelassen. Minenleger wurden bei uns nur sorgfältig überprüfte, in der Kampftätigkeit vielfach erprobte Menschen. Das war auch für den Gegner nicht schwer zu erraten. Es war einfach unverständlich, wofür Hitler nach wie vor seinem Aufklärungsdienst in Kowel das gleiche Gehalt zahlte! Oder hatten die Faschisten beschlossen, mehr und billigere Spione zu uns zu entsenden, wobei sie lediglich auf zufällige Erfolge rechneten? Ich wußte es nicht, vielleicht war es so.

Wenn auch der Überläufer Iwan Lukjanjuk ein feindlicher Zuträger war, so gehörte er zweifelsohne zu den klügeren und vorsichtigeren Spionen. Bis jetzt steckte er nirgends seine Nase 'rein, er fragte nach nichts und versah tadellos seinen

Dienst in dem Bataillon, in das man ihn gesteckt hatte. Die Mitarbeiter der Besonderen Abteilung gingen in den Raum von Ratno, um Auskünfte über Lukjanjuk einzuholen, wobei sie sein Foto mitnahmen. Am Abend zuvor machte unser Kameramann und Fotoreporter Mischa Glider eine Aufnahme von diesem Mann in einer Gruppe mit vielen anderen Kämpfern. Danach vergrößerte er diese Aufnahme und hielt seine Physiognomie auf einem besonderen Bild fest.

Nach dem Gespräch mit Maximow vergingen mehrere Tage, doch unsere Leute waren immer noch nicht zurückgekommen.

»Laß mich mal mit diesem Lukjanjuk ein Gespräch anfangen, ich sehe ihn mir mal an«, sagte ich zu Maximow.

»Er darf nur nicht aufgescheucht werden, Alexej Fjodorowitsch!«

»Ich mache mich doch mit vielen neuen Leuten bekannt, besonders mit denen, die von den Nachbarn kommen. Daran ist nichts Ungewöhnliches. Vielleicht plaudert er auch irgend etwas aus. Schicken Sie ihn her!«

Bald darauf erschien Lukjanjuk. Er war ein hochgewachsener, dunkelhaariger Bursche, Ende der Zwanzig. Er wiederholte mir alles, was er bereits den anderen gesagt hatte: Er sei bei den Bandera-Leuten einfacher Soldat gewesen, habe sich davon überzeugt, daß alles bei ihnen Lug und Trug war, und so sei er zu den Partisanen übergelaufen ... Ob es ihm bei uns gefalle? Ja, es gefalle ihm sehr! Nicht ein Wort zuviel kam von Lukjanjuk, wie ich ihm auch immer die Fragen stellte. Nun gut, wir würden noch herausbekommen, was das für ein Vogel war.

Kaum zehn Minuten nach Lukjanjuks Weggang steckte mein Adjutant die Nase zur Tür herein und teilte mir mit geheimnisvoller Stimme mit:

»Senja verlangt nach Ihnen, er will mit Ihnen sprechen!«

»Was für ein Senja?«

»Der galizische Semjon, Verbindungsmann aus der Kotowski-Abteilung.«

»Und was will er?«

»Das sagt er nicht! Aber er schlottert am ganzen Leibe.«

Der darauf eintretende Halbwüchsige war tatsächlich von

einem leichten Zittern gepackt. Sein Gesicht war bleich, die Augen irrten unstet umher.

»Genosse General! Wissen Sie, wer gerade bei Ihnen war? Das ist ein deutscher Gendarm, der hängt Leute auf, bestraft sie! Er hat die Polizisten befehligt, als sie in Ratno eine ganze Abteilung niedermachten. Er hat meinen Vater und meine Mutter erschossen ...«

»Täuschst du dich auch nicht, Senja?«

»Wie kann ich mich täuschen, Genosse General, wenn ich, auf dem Dachboden versteckt, alles mit angesehen habe! Mein Lebtag werde ich das nicht vergessen. Da sind auch noch Juden, die diesen Verbrecher niemals vergessen werden. Sie finden sie im zivilen Lager. Ach, wieviel Blut klebt an dem, schrecklich viel Blut!«

Der verhaftete Lukjanjuk verneinte beim ersten Verhör seinen Dienst in der faschistischen Gendarmerie sowie seine Teilnahme an »Vergeltungsaktionen« gegenüber der friedlichen Bevölkerung. Es halfen auch keine Gegenüberstellungen mit Galizki und noch zwei ehemaligen Einwohnern von Ratno, die man ausfindig machen konnte.

»Sie haben sich getäuscht! Niemals war ich in Ratno. Vielleicht irgendein anderer!« behauptete Lukjanjuk ruhig.

Am nächsten Tag jedoch kamen die Mitarbeiter von Maximow aus der Gegend von Ratno zurück. Sie legten einige nach allen Regeln protokollierte authentische Aussagen über den Dienst von Iwan Lukjanjuk bei der deutschen Feldgendarmerie vor. Darin kamen nicht nur seine Teilnahme an sogenannten Strafexpeditionen, sondern auch die Massenmorde an sowjetischen Menschen zur Sprache, die unter seiner Leitung verübt worden waren. Unter dem Druck der Beweise mußte Lukjanjuk das zugeben; sogleich begann er aber, in dem Bemühen, seine Schuld abzuschwächen, sich zu winden und zu drehen.

»Man hat mich doch gezwungen, die Erschießungen zu leiten. Nicht aus eigenem Willen habe ich so gehandelt! Deshalb bin ich doch von den Deutschen zur Ukrainischen Aufständischenarmee übergelaufen!«

»Verflucht häufig läufst du über! Mal rennst du von den einen, dann wieder von den anderen weg!« bemerkte Iwan

Iwanowitsch Maximow grinsend. »Und was warst du bei den Bandera-Leuten?«

»Ich sagte doch schon, einfacher Soldat.«

»Und wer war dann bei ihnen Hundertschaftsführer unter dem Decknamen ›Der Stählerne‹?«

»W-a-a-s?! Auch das wissen Sie?«

»Auch das wissen wir. So arbeiten wir eben!«

Von dieser Minute an hüllte sich Lukjanjuk – »Der Stählerne« – in Schweigen. Seine Augen irrten umher, die starken Backenknochen traten hervor. Dann sprang er plötzlich auf, stieß mit dem Bein den Hocker zur Seite und brüllte, heiser vor Wut:

»Nein, ihr wißt noch lange nicht alles! Doch jetzt ist alles scheißegal! Ich werde es euch sagen. Da gibt es einiges, woran ich mich erinnere. Nur gebt mir ein Glas Selbstgebrannten!«

Und er berichtete uns über von ihm begangene Verbrechen, auf die wir nicht einmal im Traum gekommen wären. Das war keine Beichte; bei einer Beichte zeigt man Reue. Aber der ehemalige Gendarmerieinstrukteur der Okkupanten und Hundertschaftsführer der Bandera-Leute zeigte keinerlei Regung von Reue, er bedauerte nichts. Da er wußte, was ihm blühte, tat er sich noch hervor, brüstete sich mit seinen Schandtaten und Gemeinheiten.

Iwan Ljaschewitsch Lukjanjuk wurde 1916 als Sohn eines Dorfschullehrers in Wolynien geboren. Das Gebiet, in dem die Lukjanjuks wohnten, kam nach dem Bürgerkrieg zu Polen. Das schuf hier einen günstigen Nährboden für die Propaganda, die die ukrainischen Nationalisten betrieben. Auch der künftige Bandera-Bandit geriet unter ihren Einfluß. Der fünfzehnjährige Iwan Lukjanjuk gehörte bereits zur nationalistischen örtlichen »Horde«, die durch die Jugendführung der Organisation der ukrainischen Nationalisten gelenkt wurde.

Mittels einer zügellosen Demagogie, die an die niederen Instinkte der Menschen appellierte, erzogen die Führer der ukrainischen Nationalisten die Mitglieder ihrer Organisation zu blindem, fanatischem Haß gegenüber Russen, Polen und Juden. Doch allein ihnen gegenüber? Als im Jahre 1939 die Gebiete der Westukraine zur UdSSR kamen, übertrugen diese Führer ihren wilden Haß auch auf jeden Ukrainer, wenn er nur für die Sowjetmacht war. Bereits zu jener Zeit schälte sich also mit ungewöhnlicher Klarheit das politische und Klassenwesen der Partei Stepan Banderas heraus.

Das erste Blut, das an Lukjanjuks Händen klebte, war ukrainisches Blut. Es floß sofort nach Beginn des Großen Vaterländischen Krieges.

»Den Sekretär eures kommunistischen Rayonkomitees habe ich im Wald in Stücke gehackt und mit ihm auch gleich den Leiter der Miliz«, berichtete Lukjanjuk. »Wollen Sie wissen, wie das vor sich ging? Passen Sie auf! Jetzt gibt es nichts mehr zu verbergen. Sie kamen mit einer Waffe, aber ich hatte eine Axt. Sie kamen mit einem Motorrad, aber ich hatte einen Strick. Wissen Sie, was mit einem Motorrad passiert, wenn es auf einen quer über den Weg gespannten Strick auffährt? Aha, Sie wissen es! Also brauche ich auch das übrige nicht zu erläutern ...«

Die zerstückelten Körper der beiden sowjetischen Funktionäre präsentierte Lukjanjuk am anderen Tag den Faschisten, die das Gebiet eingenommen hatten. Man lobte den Mörder und nahm ihn in die Polizei auf. Solche Helfershelfer brauchten die Okkupanten.

Lukjanjuk diente dort verbissen und gründlich. Bald lenkte er die Aufmerksamkeit der Führung auf sich. Der zu großen Hoffnungen Anlaß gebende Lump wurde von der Polizei zur Koweler Gendarmerieschule geschickt. Nachdem er drei Monate dort gewesen war, wurde Lukjanjuk Instrukteur der Feldgendarmerie. Seit dieser Zeit war er kein einfacher Knecht mehr, sondern Lehrmeister für Erschießungen und Leiter vieler Hinrichtungen.

»Wir lebten und ließen es uns wohl sein!« erinnerte er sich, zynisch lächelnd. »Denken Sie etwa, für uns gab es nur in Ratno Arbeit? Und Malorita! Und Sabolotje! Und Posheshin! In Malorita haben wir zweihundert Menschen das Lebenslicht ausgeblasen ... In Sabolotje waren es mindestens fünfhundert ...«

Mit kalter Sachlichkeit zählte er die Dörfer, Städte, Ortschaften auf und nannte Zahlen.

In der Gendarmerie diente Lukjanjuk mehrere Monate. Zu jener Zeit schufen die Organisatoren der ukrainischen Nationalisten eigene Streitkräfte – die sogenannte Ukrainische Aufständischenarmee, die ihren Krieg nur gegen Partisanen und die friedliche Bevölkerung führte. Hierher, zu diesen nationalistischen Banditen, zog es auch Lukjanjuk. Im Mai 1943 ging er von den Faschisten zu den neuaufgetauchten »ukrainischen Aufständischen« über, wie sich die bewaffneten Bandera-Leute nannten.

Veränderungen im Leben Lukjanjuks erfolgten nur rein äußerlich. Man rief ihn jetzt nicht mehr beim Namen, sondern mit dem Decknamen »Der Stählerne«. Vom Zug bis zur Hundertschaft diente er sich hoch. An der Mütze trug er nicht mehr die Kokarde der Faschisten, sondern den Dreizack aus Petljuras Zeiten. Doch an der Tätigkeit Lukjanjuks änderte sich nichts – Pogrome, Morde und Terror.

Wegen der Sympathie und der Hilfe für Partisanen ermordeten die Bandera-Leute die Einwohner vieler Dörfer und Vorwerke – Männer und Frauen, Greise und Kinder. Individueller Terror ging mit dem Massenterror einher.

Ein Pferd, vor einen Bauernwagen gespannt, trottete mit hängendem Kopf den Weg entlang. Ein Kutscher war nicht zu sehen. Vielleicht hatte sich das Pferd losgemacht und lief von sich aus zu der bekannten Siedlung. Doch nachdem die Partisanen es angehalten hatten, sahen sie, daß auf dem Wagen ein Toter mit aufgeschlitztem Bauch und herausquellenden Eingeweiden lag. Oder auf dem Fuhrwerk fand man einen Menschen mit abgetrenntem Kopf, der ihm auf die Brust gelegt worden war. Daneben ein Täfelchen mit dem einen Wort »Roter«.

Wer war dieser einfache Mensch, den die Bandera-Leute »Roter« nannten? Wessen hatte er sich schuldig gemacht? Vielleicht war er einer von jenen, die 1939 geholfen hatten, das den Großgrundbesitzern weggenommene Land unter die Armen aufzuteilen. Vielleicht hatte er sich auch gefreut, daß seine Kinder nun ohne Entgelt in der Schule lernen konnten. Oder war er ein Wegführer der Partisanen? Oder hatte er irgendwann einmal ein ungutes Wort über die Bandera-Leute geäußert? Ja, jeder dieser »Gründe« reichte als Vorwand aus, um an einem ehrenhaften ukrainischen Werktätigen »Vergeltung« zu üben. Einen Polen erschlugen die Bandera-Leute nur deshalb, weil er Pole war, einen Juden dafür, daß er Jude war.

Auf unserem Weg durch die wolynischen Wälder in die Gegend von Kowel stießen wir nicht nur einmal auf kleine polnische Vorwerke. Wenn irgendwo über dem Wald krächzende Krähen kreisten, so bedeutete das, dort war ein polnisches Vorwerk. Es umfaßte zwei bis drei Gehöfte. Die Türen der Häuser waren eingeschlagen. Ein süßlicher Leichengeruch wehte herüber. Doch trat man ein, so sah man, daß es keine Leichen waren, sondern blutige Haufen. Als Mordwerkzeug benutzten die Bandera-Leute mit Vorliebe die Streitaxt – eine breite Axtklinge an einem langen Griff. »Die Polnischen haben wir kleingehackt, wie Eiswürfel!« sagte uns jetzt »Der Stählerne«, wie ein Wolf die Zähne fletschend.

Während der Okkupation des wolynischen Gebietes wurden mehr als zweihunderttausend friedliche Einwohner getötet. Sie fielen nicht nur von der Hand der Faschisten. Zehntausende Wolynier wurden von ukrainischen Nationalisten umgebracht. Iwan Lukjanjuk führte sein eigenes Konto. Er gab zu, daß er anfangs in den Reihen der Faschisten und später bei den Bandera-Abteilungen an der Ermordung von achtzehntausend sowjetischen Bürgern teilgenommen hatte.

Bei den Faschisten erhielt Lukjanjuk den Dienstgrad eines Instrukteurs der Feldgendarmerie, die ukrainischen Nationalisten machten ihn zum Hundertschaftsführer, das heißt zum Leutnant. Später, als die Führung der Ukrainischen Aufständischenarmee dem Hundertschaftsführer Lukjanjuk ihr besonderes Vertrauen geschenkt hatte, entsandte man ihn zusammen mit anderen Vertretern in die Kommission zu Verhandlungen mit den Faschisten über den gemeinsamen Kampf gegen die Partisanen.

Ja, die deutschen und die ukrainischen Faschisten haben nur ein Scheingefecht gegeneinander geführt! Sie hatten etwas, worauf sie sich einigen konnten, und trieben ein abgekartetes Spiel. In Lwow wurde aus Anhängern der Organisation der ukrainischen Nationalisten die SS-Division »Galizien« aufgefüllt. In Wolynien gab es keine SS-Divisionen, die sich aus Verrätern des ukrainischen Volkes rekrutierten, doch unweit des Dorfes Kolki sahen wir ein von der Kulakenbrut zusammengezimmertes riesiges Eichenkreuz mit der tief eingekerbten Inschrift: »Es leben Adolf Hitler und Stepan Bandera!« Schade, daß ich befohlen hatte, dieses Kreuz zu zerhakken und zu verbrennen! Man hätte es einfach mitnehmen und für die Geschichte aufbewahren sollen.

Weder die getrennten noch die gemeinsamen Operationen der deutschen Faschisten und der ukrainischen Nationalisten gegen die Partisanen brachten den gewünschten Erfolg. Mußten sie deshalb nicht ihre Aufklärung verstärken? Entsandten sie deshalb zu den Partisanen bereits nicht nur dümmliche Straßendirnen, sondern auch solche Erzbanditen wie Lukjanjuk?

Anfang Januar 1944 wurde »Der Stählerne« zum Bandera-General Rudom und zu einem der Parteiführer der Nationalisten, dem Leiter der »Nordführung«, gerufen. Die Aufgabe, in unseren Verband einzudringen, erhielt Lukjanjuk von ihm persönlich. Für den Spion hatte man eine ausführliche Legende ausgearbeitet, doch für den Fall, daß ihr kein Glauben geschenkt würde, schoß man ihm durch die Hand. »Der Stählerne« drang zuerst in eine der benachbarten Partisanenabteilungen ein, von dort wurde er uns überstellt. Und nun saß dieser entlarvte feindliche Aufklärer vor den Tschekisten der Partisanen und diktierte ihnen jene Fragen, auf die er seinen Herren eine Antwort zu geben hatte. Ich zitiere diese Fragen nach dem Protokoll:

1. Haben Fjodorows Partisanen Verbindung mit Moskau?
2. Welche Hilfe erhalten die Partisanen aus Moskau oder von anderen Stellen?
3. Verfügen sie über Funkverbindungen?
4. Gibt es eine Druckerei?
5. Ausfindigmachen von Partisanenkommandeuren, ihrer Herkunft und Nationalität. Lebensweise, Verhalten, Gewohnheiten, Neigungen der Kommandeure, Kommissare und Politleiter?
6. Wie ist die Stimmung unter den Kommandeuren und Kämpfern? Ihr Verhältnis zur Sowjetmacht?
7. Stärke der Partisanen und ihre Bewaffnung?
8. Welche Signale existieren beim Empfang von Flugzeugen?

Iwan Iwanowitsch hielt die letzte Frage sorgfältig fest und wandte sich an den »Stählernen«:

»Sicher hast du alles bis aufs letzte herausbekommen! Sowohl Funkverbindung als auch Druckerei und Bewaffnung ... Und du siehst selbst, wir sind bei guter Stimmung, und unser Verhältnis zur Sowjetmacht ist ebenfalls gut. Nur Flugzeuge haben wir in der letzten Zeit nicht empfangen, deshalb gibt es auch keine Signale!«

»Ich brauche jetzt keine Signale mehr. Andere werden das herausbekommen, wir sind viele!« brummte »Der Stählerne« und blickte wieder mit provozierender Boshaftigkeit auf Maximow.

Die Männer der Besonderen Abteilung mußten schon ein hohes Maß an Selbstbeherrschung aufbringen, um diesen Lumpen nicht während des Verhörs zu erschießen. Seinen Zorn zurückhaltend, bemerkte Iwan Iwanowitsch auch jetzt ruhig:

»Und wir sind noch mehr!«

In der Nacht unterschrieb ich den Befehl über die Todesstrafe.

Am anderen Morgen nahmen die Partisanen auf einer verschneiten Lichtung Aufstellung. Leute aus dem zivilen Lager kamen hinzu. An dem zwischen zwei Fichten befestigten Querbalken schaukelte schon ein Seil mit der Schlinge. Darunter stellte man den faschistischen Gendarm, Hundertschaftsführer der Bandera-Leute, Mörder, Henkersknecht und Spion Iwan Lukjanjuk.

Der Befehl wurde verlesen ... Mit starrem, strengem Blick lauschten die Partisanen der langen Aufzählung blutiger Schandtaten des Bandera-Faschisten.

Als man Lukjanjuk die Schlinge um den Hals legte, wollte er lächeln, doch er brachte es nicht zustande, zog lediglich die Lippen mit Anstrengung auseinander, wobei er die Zähne wie ein Tier entblößte.

»Worüber grinst du, Hund?« fragte, nicht mehr an sich haltend, der Diensthabende der Kommandantenkompanie.

»Ich bin ein Großukrainer!« antwortete Lukjanjuk.

»Eine Ausgeburt bist du und kein Ukrainer!« entgegnete der Diensthabende. »Wir sind Ukrainer, wir, und nicht du!«

Nach einer Minute machte die fest zusammengezogene Schlinge dem niederträchtigen Leben des Schurken und Verräters ein Ende.

# Die Illegalen aus Luzk

Niemanden in dem kleinen Ort Roshistsche wunderte es, daß der Doktor František Frid eine eigene Klinik eröffnete. Es tauchten doch private Läden, kleine Restaurants und Werkstätten auf, warum sollte also nicht ein Arzt ein kleines Privatkrankenhaus aufmachen! Hauptsache, man hatte das Geld dazu.

Verwundert waren die Einwohner über etwas anderes. Alle wußten, daß der Doktor der Nationalität nach Tscheche war. Jetzt also erklärte sich dieser Frid, den Umstand nutzend, daß er die deutsche Sprache gut beherrschte, zum »Volksdeutschen« und freundete sich mit den Okkupanten an. Er behandelte sie, war mal beim Gebietskommissar, mal beim Feldkommandanten zu Gast, und auch er freute sich immer, diese Halunken bei sich zu Hause zu empfangen. So wußten sich also gewissenlose Menschen einzurichten! Nicht genug, daß Frid eine eigene Klinik hatte, unlängst eröffnete er auch noch eine Apotheke im Dorf Perespa. Nun fuhr er von dem kleinen Ort in das Dorf und zurück.

Und was er sich für einen Kutscher genommen hatte! Auch das durfte ihm nicht verziehen werden! Auf dem Kutscherbock des Doktorgespanns thronte Wassili Nikolajewitsch Bega. Vor dem Krieg zählte er zu den Aktiven des Dorfes Tichotina und erfreute sich allgemeiner Achtung. Doch wo war er jetzt gelandet! Sicher, er diente nicht bei den Deutschen, aber trotzdem ... Besser, er wäre zu den Partisanen gegangen. Nein, so weit reichte die Moral bei Bega nicht, natürlich war es auf dem Kutscherbock ruhiger!

So dachten und urteilten die Einwohner des kleinen Ortes, ohne zu ahnen, daß Wassili Bega Leiter der größten illegalen antifaschistischen Gruppe im Rayon und Doktor Frid ihr eifriger Mitarbeiter war.

Den Doktor hatten seine revolutionären Ansichten sowie der Drang zum aktiven Kampf gegen den Faschismus veranlaßt, die bürgerliche Tschechoslowakei zu verlassen. 1937 fuhr er nach Spanien und wurde Arzt in einer Internationalen Brigade. Nach dem spanischen Krieg in seine Heimat zurückzukehren war für Frid riskant. Er emigrierte nach Polen, wo er eine Anstellung als Landarzt fand. Arbeit bekam er in dem abgelegenen wolynischen Dorf Dorossiny, und das erwies sich als gut. 1939 kam die Sowjetmacht hierher. Der Doktor begrüßte sie mit großer Freude.

Gleich in den ersten Monaten der deutschen Okkupation zogen die im Hinterland zurückgebliebenen Kommunisten Frid zur illegalen Arbeit heran. Der Doktor nahm sich ihrer ohne das geringste Zaudern an. Im Auftrag der Illegalen siedelte Frid nach Roshistsche über, errang das Vertrauen der Deutschen, eröffnete das Krankenhaus und danach auch die zwanzig Kilometer entfernte Landapotheke.

Die Stellung, die Frid einnehmen konnte, war für die Illegalen mehr als günstig. Die Nähe zur faschistischen Führung erlaubte es ihm, nicht unwesentliche Aufklärungsangaben zu erhalten. Das Krankenhaus und die Apotheke waren ein ausgezeichneter Ort für konspirative Treffs. Die erforderlichen Leute kamen hierher, um angeblich ärztliche Hilfe zu erhalten oder Arznei zu holen, wobei sie bei niemandem Verdacht erregten. Dabei konnte nicht nur František Frid mit ihnen reden, sondern auch der Leiter der Illegalen, Wassili Bega, selbst, da er ja beim Doktor arbeitete.

Das war jedoch noch nicht alles. Die völlig rechtmäßig aussehenden Ausfahrten Frids mit seinem Kutscher nach Luzk wegen der Medikamente oder nach Perespa zur Kontrolle der Apotheke erfolgten im Interesse der illegalen Organisation. Die Apotheke leitete ebenfalls ein Mann von ihnen. Zu allem übrigen hatte er die Möglichkeit, ohne seinen Platz an der Apothekerwaage zu verlassen, direkt durch das Fenster, das auf die Chaussee Kowel–Luzk hinausging, die deutschen Fahrzeuge zu beobachten und festzustellen, welche Transporte wohin erfolgten. Die Klinik beherbergte nicht selten

Mitarbeiter der illegalen Organisation, die als Kranke ausgegeben wurden. Von den Medikamenten und Verbandmaterialien, die die Deutschen Doktor Frid überließen, gelangte ein wesentlicher Teil zur nahe gelegenen Partisanenabteilung.

Die zur Schau getragene Unternehmertätigkeit des Doktors verbarg ausgezeichnet völlig andere Dinge. Doch welchem Druck waren Bega und Frid ausgesetzt, wie ätzend wirkten die schiefen Blicke und mitunter auch das offen mißtrauische Lächeln, das ihnen galt! Das war übrigens das Los vieler Illegaler.

Das Spiel von »Herr« und »Mitarbeiter« zwischen Frid und Bega konnte nur bei weiten Ausfahrten völlig außer acht gelassen werden. So geschah es auch jetzt, auf dem Rückweg von Perespa nach Roshistsche, als sie nach Verlassen des Dorfes ein Gespräch nunmehr ohne jegliche Konspiration anfingen.

»Alles in Ordnung, Wassil Nikolajewitsch!« sagte Frid. »Gestern kam der Verbindungsmann von Kruk in die Apotheke. Die Abteilung ist bereit, eine Gruppe von Kriegsgefangenen aus Luzk aufzunehmen. Der Wegführer wird in der Erdhütte bei Matwejtschuk warten. Man hat uns eine Woche Zeit gegeben. Werden wir es schaffen?«

»Wir müssen es, obwohl sich eine große Gruppe in Luzk angesammelt hat. Vierundzwanzig Mann! Alle überprüft und bewaffnet. Ich müßte wegen dieser Angelegenheit selbst in die Stadt fahren. Kannst du mich dorthin bringen?«

»Was für eine Frage! Gleich morgen bringe ich dich hin. Wir haben noch Anforderungen in Reserve. Du fährst wegen der Medikamente, und basta! Und gefahren wird bitte schön mit dem Wagen der Kommandantur. Das ist sicherer! Nachdem ich bei diesem von Balz zweihundert Mark verspielt habe, ist er besonders liebenswürdig zu mir. Er wird es nicht abschlagen, dich mitzunehmen, das Fahrzeug fährt ja jeden Tag nach Luzk.«

»Gut!« Bega lachte. »Die Hilfe des Kommandanten haben wir bei solchen Angelegenheiten niemals abgelehnt.«

Am darauffolgenden Tag fuhr Wassili Nikolajewitsch tatsächlich in die Stadt, wobei er es sich neben dem deutschen Kraftfahrer bequem gemacht hatte. Er stieg am Apothekenstützpunkt aus, erhielt dort die in der Anforderung aufgeführten Medikamente und begab sich erst dann ans andere Ende der Stadt.

Nach wie vor waren für Bega die sowjetischen Menschen die wahren Hausherren von Luzk. Mochte es ihnen jetzt auch schlecht ergehen, mochten viele von ihnen hinter dem Stacheldraht der Lager und in den Kasematten des alten Schlosses am Ufer des Styr schmachten – Hausherren blieben Hausherren! Unter ihnen gab es auch solche, die den Eindringlingen mutig Widerstand leisteten. Maria Iwanowna Dunajewa war eine von ihnen.

Der Kutscher des privaten Krankenhauses von Roshistsche bog mit einer Kiste voller Medikamente, die ihm den Arm nach unten zog, in die Straße des 1. Mai ein und verlangsamte in Höhe des Hauses Nummer 11 kaum merklich seine Schritte. Auf dem Brett des äußersten Fensters standen zwei Geranientöpfe, nicht einer, sondern zwei. Das Haus konnte also betreten werden.

Maria Iwanowna hatte Wäsche. Sie trocknete sich die Hände ab und empfing Bega wie einen alten Bekannten. Die Nachbarn der Dunajewa hielten Wassili Nikolajewitsch sogar für ihren Gevatter.

»Kruk ist bereit«, teilte Bega mit. »Sammelpunkt im Dorf Perespa.«

»Gut.« Die Hausherrin nickte. »In drei Tagen werden die Leute dort sein.«

»Werden sie durchkommen? Sind die Dokumente hieb- und stichfest?«

»Die Dokumente sind zuverlässig. Die Leute werden nach Perespa als ukrainische Kosaken kommen, die man zum Kampf gegen die Partisanen eingesetzt hatte. Sie haben auch einen Zugführer; alles ist so, wie es sein muß. Wir denken, sie mit Fahrzeugen zu transportieren, die in diese Richtung fahren.«

»Werden wir beachten, ich sage Bescheid.« »Und wo ist der Treff in Perespa?«

»Einer muß in die Apotheke kommen. Hinter dem Ladentisch wird ein Mann mit einer Brille stehen. Parole: ›Mir macht das Sodbrennen zu schaffen. Womit können Sie helfen?‹ Der Mann wird antworten: ›Ich gebe Ihnen Natron, doch suchen Sie nach Möglichkeit den Arzt auf.‹«

»Sodbrennen!« Maria Iwanowna lachte. »Ach, wenn doch nur das die Leute quälen würde!«

Nachdem die Hausherrin Parole und Kennwort wiederholt hatte, begleitete sie Bega bis zur Wohnungstür.

Wassili Nikolajewitsch und seine Verbindungsleute hatten es in Luzk nur mit Maria Dunajewa zu tun. Doch Bega begriff sehr wohl, daß in der Stadt eine große, gut eingespielte Organisation tätig war.

Bei den Illegalen vom Lande rief die Aufnahme von Städtern und deren Weiterleitung zu den Partisanen nicht wenige Schwierigkeiten hervor. Jedoch waren bei den Städtern die Schwierigkeiten in solchen Dingen natürlich weitaus größer! Vor allem mußte man jeden, der darum bat, aus dem Konzentrationslager in die Freiheit zu gelangen, sorgfältig überprüfen: Was ist das für ein Mensch? Ist er des Vertrauens würdig? Ist er auch kein Provokateur? Die Organisation einer Flucht war unwahrscheinlich kompliziert. Man mußte ja danach die Flüchtlinge irgendwie verstecken, sie einkleiden und mit Dokumenten versehen. Nun war es wieder gelungen, eine Gruppe künftiger Partisanen als ukrainische Kosaken auszugeben und sie zu bewaffnen. Wenn das kein Kunststück war! Aber natürlich gab es in der Stadt eine starke sowjetische illegale Organisation, und die Leute, die in ihr arbeiteten, waren findige Köpfe.

Nach einigen Tagen gelangten die ehemaligen Kriegsgefangenen und angeblichen Kosaken wohlbehalten in die Partisanenabteilung. Tatsächlich hatten die Illegalen aus Luzk für deren Befreiung aus dem Konzentrationslager viel Mühe aufgewandt. Es war jene besondere, fremden Augen verborgen gebliebene Arbeit, die kluge und präzise Berechnungen, höchste Wachsamkeit und unwandelbare moralische Stärke erforderte.

Zur Organisation des illegalen Kampfes gegen die Okkupanten hatte das Stadtkomitee der Partei in Luzk den jungen Kommunisten Viktor Wassiljewitsch Ismailow zurückgelassen. Unmittelbar vor dem Krieg war er nach dem aktiven

Wehrdienst erstmalig hierhergekommen. Der in die Reserve versetzte Offizier begann seine Tätigkeit als Meister in einer der Gewerbeschulen. Ismailow hatte fast keine Bekannten in der Stadt. Die Leute, die von der Parteizugehörigkeit Viktor Wassiljewitschs wußten, konnte man zählen, und auch diesen stand die Evakuierung ins Landesinnere bevor. Diese beiden Umstände waren ein wesentlicher Vorzug für den künftigen Leiter der Illegalen.

Ismailow war für eine gewisse Zeit verschwunden, doch nach der Einnahme von Luzk durch die Faschisten tauchte er hier erneut auf. Für die Okkupanten war er ein Mann, der angeblich aus der Roten Armee desertiert war. Den sowjetischen Menschen jedoch erzählte er, daß er aus der Gefangenschaft geflohen sei. Ohne besondere Mühe fand Ismailow eine Anstellung als Fuhrmann in einem Handelslager. Diese Arbeit ermöglichte ihm, an den verschiedenen Ecken und Enden der Stadt zu sein, mit vielen Einwohnern von Luzk in Berührung zu kommen und sich nach und nach die für die Illegalität erforderlichen Genossen auszusuchen. Sein Bruder Wjatscheslaw, ein Alteingesessener, Rechtsanwalt von Beruf, half ihm, den geeigneten Kandidaten auf den Zahn zu fühlen.

Nun, wer konnte sich in Luzk schon an der berüchtigten »neuen Ordnung« erfreuen, die auf den Bajonetten der Okkupanten errichtet worden war? Lediglich eine traurige Handvoll von Treulosen und Verrätern. Viele, ja sehr viele Sowjetbürger waren bereit, sich dem Kampf gegen die Eroberer anzuschließen.

»Ich hege daran keinerlei Zweifel«, sagte Viktor Wassiljewitsch zum Bruder, »aber wir brauchen nur die zuverlässigsten und tapfersten! Dabei müssen es Leute sein, die eine Stellung einnehmen, die der Sache den größten Nutzen zu bringen verspricht. Denk mal nach, gibt es nicht entsprechende Männer oder Frauen in der Druckerei, unter den medizinischen Mitarbeitern und bei den Angestellten der deutschen Behörden? Auch ein erfahrener Funker wäre nicht schlecht.«

Sie suchten nach solchen Leuten. Ismailow überprüfte jeden sorgfältig. Bald darauf kamen zur antifaschistischen Organisation der Druckereiingenieur Alexej Tkatschenko, der Feldscher Warfolomej Barantschukow, die Korrektorin der

Zeitung »Wolynien« Maria Galuschko, der Magistratskutscher Dunajew und seine Frau Maria Iwanowna, der Chefkoch des Offiziersspeiseraumes Anton Kolpak, die Schreiberin der Ziegelei Praskowia Saweljewa, der Künstler des städtischen Theaters Boris Sjukow ... Nicht allzulange danach zählte man zu den Illegalen auch die Kellnerin des bei der Gestapo beliebten Restaurants »Dnepr« Sinaida Bibikowa, den Meister der Rundfunkreparaturwerkstatt Andrej Sworykin, die Reinemachefrau des Generalkommissariats Anna Ostapljuk, die Stubenmädchen des Offiziershotels Nina Karst und Marika Wassilenko.

Schwer war es für Maria Grigorjewna Galuschko, Frau eines sowjetischen Offiziers, bei dem profaschistischen Schmutzblatt zu arbeiten, nicht leichter war es für Dunajew, den deutschen Bürgermeister herumzufahren, und für die Komsomolzinnen war es keine Freude, den Faschisten Getränke einzuschenken oder deutschen Offizieren im Hotel den Schmutz wegzuräumen. Doch im Interesse der gemeinsamen Sache hatten sie an ihren für die Illegalität sehr günstigen Plätzen auszuharren. Der Organisation traten auch Menschen ohne bestimmte Arbeit bei, aber sie waren mutig, energisch und bereit, alle ihre Kräfte dem Kampf gegen den Faschismus zu widmen. Zu ihnen gehörten Pjotr Boldyrjew, Natalia Kosjatschenko, Alexandra Belokonezko, Nikolai Grigorjew (Petrow), Oleg Tschapowski.

Insgesamt hatte Viktor Wassiljewitsch an die zwanzig Leute zur Verfügung. Für die erste Zeit genügte das. Es gab schließlich viele sowjetische Patrioten, die auch ohne Teilnahme an der täglichen illegalen Arbeit ihm gern halfen, einzelne Operationen durchzuführen. Man hatte überall seine Leute, sogar in der städtischen Polizei. Mehr noch, den Illegalen war es gelungen, Verbindung mit dem antifaschistisch eingestellten Dolmetscher, der Gestapo, einem Offizier, aufzunehmen. In einigen Fällen erwies er sich als nützlich. Durch seine Mitwirkung konnte zum Beispiel Pascha Saweljewa ihre Arbeit in der Ziegelei aufgeben und als Schreiberin in der Kanzlei des Konzentrationslagers anfangen.

Maria Iwanowna Dunajewa machte Ismailow mit diesem Mädchen bekannt. Viktor Wassiljewitsch und Pascha trafen sich wie zufällig im Park und setzten sich auf eine Bank. Der Illegale warf einen aufmerksamen Blick auf seine Nachbarin: ein liebreizendes, blasses Gesicht mit klugen, dunklen Augen, kurzgeschnittenes, hellbraunes Haar. Das Mädchen mochte zwanzig Jahre oder etwas älter sein.

»Man hat mir von Ihnen erzählt«, begann Viktor leise. »Ich weiß, daß Sie Komsomolzin sind, und ich weiß auch, daß Sie voriges Jahr aus Rußland hierhergekommen sind. Woher eigentlich genau? Und warum sind Sie hergekommen?«

»Ich bin aus dem Gebiet Kalinin. Dort gibt es ein Dorf Sarubino in der Gegend von Rshew, dort bin ich geboren. Nach Absolvierung eines Moskauer wirtschaftswissenschaftlichen Instituts wurde ich zur Arbeit nach Luzk versetzt. Hier habe ich bis zum Beginn der Evakuierung in der Bank gearbeitet.«

»Warum sind Sie nicht selbst evakuiert worden?«

»Denken Sie, ich habe mich nicht bemüht, aus der Stadt herauszukommen? Mit mir gingen meine kranke Mutter, eine Tante und eine kleine Nichte. Irgendwie fanden wir in einem Zug Platz, doch wir waren kaum zwanzig Kilometer gefahren, als wir aussteigen mußten. Weiter war die Strecke von den Deutschen abgeschnitten worden. Auch andere Wege waren versperrt. Wir waren gezwungen zurückzukehren. Wie durch ein Wunder gelangten wir wieder heil und unversehrt hier an!«

»Und dann?«

»Man muß ja schließlich existieren. Kann man sich lange halten, wenn die letzten Sachen verkauft worden sind? Ich fing als Geschirrspülerin in einem deutschen Speiseraum an. Selbst wurde ich satt, und irgend etwas konnte man auch nach Hause mitnehmen, trotzdem hielt ich es dort nicht länger als einen Monat aus.«

»Warum, war es so schwer?«

»Nein, nicht sehr ... Aber es war beschämend! Vor sich selbst schämte man sich. Immerzu dachte ich: Wie kann ich als Komsomolzin und Ingenieurökonom diesen verfluchten Fritzen die Teller abwaschen! Wie kann ich es über mich bringen, Krumen und Reste von ihrem ekelhaften Tisch zu sammeln! Und ich ging weg. Unlängst nahm man mich als Nachweisschreiberin in die Ziegelei. Hauptsache, ich sehe dort die Deutschen nicht!«

»Ich verstehe Sie, Pascha. Aber Sie wollen doch der Heimat helfen und der Front. Wollen Sie gegen den Feind kämpfen?«

»Das ist meine Pflicht, wie kann es anders sein!«

»Ja, anders kann es jetzt nicht sein. Aber der Kampf gegen die Faschisten, der geheime, illegale Kampf, hat seine Gesetze und seine Besonderheiten. Große seelische Qual erwartet viele Teilnehmer an diesem Kampf. Qual und Leid erwartet sie, weitaus mehr als das, was Sie in Ihrer Arbeit als Geschirrspülerin bei den Deutschen zu ertragen hatten.«

»Für die gemeinsamen Interessen ist man zu allem bereit. Ich werde alles ertragen. Verfügen Sie über mich, befehlen Sie. Wollen Sie, daß ich in den Speisesaal zurückkehre?«

»Das ist nicht notwendig. Es gibt einen anderen Platz, wo wir einen von uns brauchen. Es ist ein schrecklicher Ort!«

Ismailow erzählte Pascha, daß die Möglichkeit bestehe, die Arbeit in einem Konzentrationslager für sowjetische Kriegsgefangene aufzunehmen. Die Augen des Mädchens verengten sich, unwillkürlich stöhnte sie auf. Pascha hatte begriffen, was sie sehen und am eigenen Leibe spüren würde, aber sie sagte ohne Zögern zu.

Bald darauf tauchte in der Lagerkanzlei ein Mädchen als Schreiberin auf, das vom Dolmetscher der Gestapo empfohlen worden war. Die Deutschen nahmen es ziemlich genau mit ihrem »Fräulein Saweljew«; die äußere Ruhe zu bewahren fiel Pascha schwer. Und wieviel Selbstbeherrschung, Mut und Vorsicht legte sie bei der Organisierung einer Flucht oder der Beihilfe dazu an den Tag! Die Illegalen gaben den sowjetischen Soldaten auf die vielfältigste und ausgetüfteltste Art die Freiheit zurück. Hier gab es alles: Bestechung der Wache, Flucht von Arbeitseinsätzen in der Stadt oder direkt aus dem Lager; die Gefangenen nannten als Bürgen angebliche Verwandte, und die Gefangenen gaben auch ihr scheinbares Einverständnis zum Dienst in nationalistischen Formationen. Zu fast jedem neuen Verschwinden von Eingekerkerten hatte »Fräulein Saweljew« eine direkte Beziehung.

In den meisten Fällen galt es, den Gefangenen nicht nur dem Lager zu entreißen, sondern ihn auch mit Dokumenten zu versehen. Jetzt wurden die Menschen gebraucht, die seinerzeit von Viktor Wassiljewitsch voraussehend ausgewählt worden waren. Nunmehr beschaffte der Ingenieur Tkatschenko aus der Druckerei Blankoformulare für provisorische Ausweise, Passierscheine und alle möglichen Bescheinigungen. Anna Ostapljuk brachte Musterabdrucke der erforderlichen deutschen Stempel, Oleg Tschapowski fertigte kunstvoll diese Stempel an, und Natascha Kosjatschenko trug die Namen in die Formulare ein. Die Arbeit ging nach einer Art Fließbandverfahren vonstatten. Bald darauf erfüllten die Illegalen auch Aufträge der Partisanen über die Anfertigung von Dokumenten.

Zu jener Zeit hatte man die Verbindung nicht allein zu Kruk in die Wege geleitet; man stellte sie auch zu den Abteilungen von Prokop und Medwed her. Bald darauf zog sich die Verbindungslinie von Luzk über die Partisanen bis zum illegalen Gebietskomitee von Wolynien.

Im Auftrag der Partisanenkommandeure tat Ismailow vieles. In den Wald gelangten Päckchen mit Druckpapier, Farbe und Medikamenten. Medweds Abteilung brauchte zwei Schreibmaschinen. Viktor erfüllte auch diese »Bestellung« genau: Er beschaffte erst eine Maschine mit deutschen Schrifttypen und dann die andere mit ukrainischen. Für die Durchführung einer sehr wichtigen und komplizierten Operation brauchte die Abteilung ein Auto. Die Illegalen halfen dem Verbindungsmann der Partisanen, einen »Opel« aus der Garage des Gebietskommissariats zu entführen.

Viel Kraft, Findigkeit und Mut erforderte das Sammeln der für die Partisanen notwendigen Aufklärungsangaben: Dislozierung der Truppenteile in Luzk, deren Stärke, Bewaffnung, Transporte militärischer Güter, Ankunft hoher Militärs ... Zu all diesen Fragen und zu vielen anderen wurden genaue Angaben gesammelt, häufig wie Mosaiksteinchen von allen Illegalen gleichzeitig. Ismailow selbst leitete die Aufklärung und verallgemeinerte die Materialien. Ihm halfen Nikolai Grigorjew und Oleg Tschapowski, sowjetische Offiziere, die mit Hilfe von Pascha Saweljewa aus dem Konzentrationslager entkommen waren und in der Illegalität arbeiteten.

Die »neue Ordnung« war in Luzk voll in Kraft getreten.

Das altehrwürdige Schloß Ljubarta war überfüllt mit Gefangenen, bis zum Überquellen voll auch das KZ an der Gnidawaer Brücke. Unlängst wurde ein weiteres, nicht weniger schreckliches Lager auf dem Territorium eines ehemaligen katholischen Klosters eingerichtet. Die ganze Nacht hindurch brannte Licht in den Fenstern des riesigen Hauses, das von der Gestapo besetzt war.

Doch der illegale Kampf sowjetischer Patrioten gegen die deutschen Eroberer ging weiter. Nur mußten die Illegalen noch umsichtiger handeln und noch wachsamer sein.

Einmal erhielt Ismailow von Pascha einen Bericht, wonach die Lagerleitung sie mit mehr Aufmerksamkeit bedachte und strenger kontrollierte.

»Das heißt, sie haben Verdacht geschöpft!« sagte Viktor Wassiljewitsch betrübt. »Du mußt weg von dort.«

»Und wie sieht es dann mit der weiteren Organisierung von Fluchten aus?«

»Man wird dich auswechseln, wir schicken einen anderen dorthin. Du übergibst ihm alle innerhalb des Lagers existierenden Verbindungen.«

Pascha Saweljewa wurde aus der Schußlinie genommen. Es gelang ihr bald, in der Bank eine Beschäftigung als Unterkassiererin zu finden. Die Illegalen übertrugen ihr jetzt die Verantwortung für die Herausgabe und Verteilung von Flugblättern.

Andrej Sworykin, Handwerker in der deutschen Rundfunkreparaturwerkstatt, überbrachte Pascha aktuelle Nachrichten des Sowjetischen Informationsbüros, von den Illegalen aus der Druckerei kam das Papier. Doch die Flugblätter mußten erst erarbeitet und vervielfältigt werden, wobei die Abfassung des Textes – das war das Wichtigste – so erfolgen mußte, daß er von möglichst vielen Leuten gelesen wurde.

Diese Flugblätter, gewöhnlich von kleinem Format, nannte man in der Stadt »rote Schmetterlinge«. Sie flatterten über Zäune und Mauern, flogen in offene Fenster und verschwanden in den Taschen der Straßenpassanten. Und immer überbrachten die »roten Schmetterlinge« der Illegalen den sowjetischen Menschen Wahrheiten, die ihnen das Herz stärkten. Zuerst war es die Wahrheit darüber, daß Moskau von den Faschisten nicht eingenommen worden war, daß die sowjetischen Truppen nicht zerschlagen werden konnten. Dann gelang es Pascha bereits, die Wahrheit über immer neue Niederlagen der Faschisten und über das siegreiche Vorrücken der Sowjetsoldaten und Befreier nach Westen zu verbreiten.

Einmal sagte sie zu Viktor Wassiljewitsch:

»Es wäre nicht schlecht, über der Stadt eine rote Flagge zu hissen! Man muß sie auf dem höchsten Gebäude aufpflanzen. Alle sollen sie sehen! Wieviel freudige Erinnerungen, wieviel gute Hoffnungen würde unser sowjetisches Banner bei den Menschen hervorrufen!«

»Und ob!« stimmte Ismailow zu. »Wir müssen auch weiterhin im Volk die Hoffnung auf eine baldige Befreiung aufrechterhalten. Über deinen Vorschlag lohnt es sich nachzudenken. Mir scheint, wir können ihn verwirklichen.«

Eine Woche um die andere verging. Und eines frühen Sommermorgens erblickten die Einwohner der Stadt eine wehende rote Fahne auf einem Gebäude der Besatzungsbehörden. In der Nacht waren Illegale aufs Dach geklettert, hatten das Tuch mit dem schwarzen Hakenkreuz vom Fahnenmast abgerissen und es durch die sowjetische Flagge ersetzt. Sie flatterte nicht lange am blauen Himmel, ungefähr eine halbe Stunde, und sehen konnten sie auch nur wenige, aber wichtig war, daß sie gesehen wurde. Die Kunde davon verbreitete sich in Windeseile über Luzk. Höher schlugen die Herzen der erschöpften, gequälten Menschen. Sie verstanden, daß der Kampf gegen den Feind nicht aufgehört hat, daß bei ihnen in der Stadt die antifaschistische Illegalität lebte, handelte und kämpfte.

Kurze Zeit später ereignete sich in Luzk ein Vorfall, der alle bewegte. Am hellichten Tag wurde auf der Straße einer der wütendsten faschistischen Knechte, der Offizier für die Überwachung der Konzentrationslager Ludwig Horner, getötet. Die Einwohner zweifelten nicht daran, daß die Hinrichtung dieses Kriegsverbrechers ein Werk der Illegalen war. Und das stimmte auch. Den Schuft und Sadisten hatte die illegale Organisation zum Tode verurteilt. Erschossen wurde er von dem Kommunisten Nikolai Grigorjewitsch Grigorjew.

Nicht alle Operationen der Illegalen waren von Erfolg gekrönt. Zu Beginn des Sommers 1943 hatte die Organisation ein Drittel ihres Bestandes verloren. Grigorjew und zwei weitere Illegale wurden verhaftet. Vier retteten sich vor der Verfolgung durch die Spürnasen der Polizei, indem sie zu den Partisanen gingen. Doch die Dinge duldeten keinen Aufschub, und die Schwierigkeiten wurden nicht geringer. In diesen für die Illegalität so schweren Tagen wurde Pascha Saweljewa die engste Mitarbeiterin von Ismailow.

In den ersten Julitagen sagte Viktor Wassiljewitsch bei einem konspirativen Treff in einer Wohnung zu ihr:

»Es gibt eine außerordentlich wichtige Aufgabe von Medwed. Wir werden es mit noch nicht dagewesenen Schwierigkeiten zu tun haben, doch wir sind verpflichtet, diese Aufgabe zu erfüllen.«

»Worin besteht sie?«

»Der sowjetischen Aufklärung ist bekannt, daß die Faschisten hier bei uns in Luzk eine durch internationale Konvention verbotene Waffe lagern. Es handelt sich um chemische Granaten. Der Feind schickt sich an, sie in einem für ihn kritischen Moment einzusetzen.«

»Hitler ist zu allem fähig! Und was müssen wir tun? Aufklären, wo diese Granaten liegen?«

»Das auch! Doch zu tun ist weitaus mehr: Eine der chemischen Granaten muß entwendet und zu Medwed gebracht werden. Es ist nicht schwer zu erraten, daß die Partisanen diese Granate nach Moskau senden werden.«

»Aber können wir ...«

»Das ist ein Befehl, Paschenka, ein Befehl der Heimat, und Befehle werden nicht beraten, sie erfüllt man. Wie man besser und schneller die Aufgabe erfüllt, darüber gilt es nachzudenken. Fangen wir mit der Aufklärung an ...«

»Und weiter?«

»Offen gesagt, habe ich bis jetzt keine Vorstellung davon, wie wir weiter handeln werden. Alles ist unglaublich kompliziert! Heute nacht gehe ich zu den Partisanen von Kiwerzy. Ich muß ihnen eine neue Karte und einige mündliche Informationen überbringen. Ich muß unbedingt selbst gehen. Unterwegs werde ich mir auch über die neue Aufgabe Gedanken machen. Laß es dir ebenfalls durch den Kopf gehen! Ich komme zwischen sieben und acht Uhr zurück, dann werden wir beraten.«

»Halte dich nicht auf, Viktor! Komm schneller zurück!«

»Ich werde schon zurückkommen.«

Doch er kehrte nie mehr zurück. Am 7. Juli 1943 fiel bei einem Schußwechsel mit Bandera-Leuten auf dem Rückweg zur Stadt Viktor Wassiljewitsch Ismailow als Held. Der tapfere Kommunist kämpfte mit dem Gegner bis zur letzten Patrone.

Der Tod von Ismailow war für die Luzker Illegalen ein schwer zu verwindender Schlag. Doch die Arbeit mußte weitergehen. Pascha Saweljewa nahm die Leitung der Organisation in ihre Hände.

Das Mädchen hatte begriffen, daß die Beschaffung der chemischen Granate nunmehr die wichtigste Aufgabe war. Darauf lenkte sie auch alle Anstrengungen der Illegalen.

Mit fast hundertprozentiger Sicherheit gelang es, herauszubekommen, daß die chemische Munition in einem Militärlager in der Nähe des Bahnhofs gelagert wurde. Die Eisenbahner erinnerten sich gut der ungewöhnlichen Umstände, unter denen die Entladung eines der aus Westen kommenden Züge vor sich gegangen war. Den Zug hatte ein ganzes Bataillon von SS-Leuten begleitet. Man fuhr ihn auf das entfernteste Abstellgleis, und an jeden Waggon stellten die Faschisten einen Wachposten. Alle Arbeiter und Angestellten wurden vom Bahnhof entfernt, Soldaten entluden die Waggons. Die Eisenbahner wunderten sich darüber, daß sie wie gewöhnliche Artilleriegranaten aussehende Geschosse in die bereitstehenden Lastkraftwagen verluden. Wozu aber dann diese Geschäftigkeit auf dem Bahnhof? Warum wurden die Granaten unter SS-Bewachung zum nächsten Lager gebracht?

Die Okkupanten verstärkten sofort die Lagerwache. Um das Lager wurden drei Reihen Stacheldrahtzaun gezogen, und auf den Ecktürmen tauchten Maschinengewehre auf. Nachts wurde das gesamte Lagergelände von Scheinwerfern angestrahlt, irgendwo in der Nähe winselten Schäferhunde. Die Illegalen waren davon überzeugt, daß sich im Lager nicht irgend etwas, sondern gerade jene international geächteten Granaten befanden.

Jetzt beriet sich Pascha in allem mit Alexej Dmitrijewitsch Tkatschenko. Beide hatten begriffen, daß es unmöglich war, in das Lager einzudringen. Aber wenn man auch eindringen könnte – wie weiter? So eine Granate ließ sich doch nicht einfach nehmen und hinaustragen! Da kam Pascha plötzlich ein Gedanke: Wenn man sich nun an den antifaschistisch eingestellten Dolmetscher von der Gestapo um Hilfe wandte? Nein, dieser Dolmetscher war sehr vorsichtig und würde sich nicht entschließen, Hilfe bei einer so komplizierten Sache zu leisten. Auch waren seine Möglichkeiten begrenzt.

Die Zeit verging, Medwed drängte zur Eile. Der von der Abteilung gesandte Verbindungsmann blieb in der Stadt und stellte sich Pascha zur Verfügung. Was also tun? Wie das Geschoß entwenden? Diese Fragen ließen Pascha Saweljewa weder bei Tag noch bei Nacht Ruhe.

Da kam von ihrem Verbindungsmann auf dem Bahnhof ein Signal, das zu Hoffnung Anlaß gab. Die Faschisten arrangierten das Verladen einer offenbar streng geheimen Fracht. Die zugeführten Leerwagen wurden von der SS besonders sorgfältig untersucht und dann ständig bewacht. In den folgenden vierundzwanzig Stunden war es wiederum allen arbeitsfreien Eisenbahnern verboten, sich auf dem Bahnhof zu zeigen. Diese Nachricht brachten die Illegalen mit bestimmten Vorbereitungen der Okkupanten in dem Militärlager in Zusammenhang. Allein an einem Tag kamen zweimal hohe deutsche Offiziere aus der Stadt hierher. Der Wachraum nahm einen zusätzlichen Zug SS-Leute auf. Die gewöhnlich verschlossenen Lagertore waren jetzt weit geöffnet. Zweifellos stand der Abtransport der Granaten an einen anderen Ort bevor. Das mußte ohne Zeitverzug genutzt werden.

Am späten Abend bewegte sich der erste Lastwagen, dann der zweite und schließlich ein drittes Fahrzeug zum Abstellgleis des Bahnhofs. Sie folgten einander in Abständen von zehn Minuten. Das Entladen ging jedoch langsam vor sich, und die Fahrzeuge stellten sich hintereinander auf.

Einem gerade herangefahrenen Lastkraftwagen näherte sich eine Frau in der Uniform eines deutschen Offiziers des medizinischen Dienstes. Sie bat den neben dem Kraftfahrer sitzenden Soldaten um Feuer. Zur gleichen Zeit näherten sich dem anderen Soldaten, der vom Fahrzeug sprang, ein SS-Offizier und ein ihn begleitender Gefreiter.

»Kontrolle!« warf der SS-Offizier lässig hin.

In der nächsten Sekunde fiel der Soldat durch einen Schlag mit dem Bajonett. Der Partisan brauchte nicht länger als eine Minute, um aus dem Lkw eine ungewöhnlich leichte, mit Gas gefüllte Granate herauszuholen. Noch eine weitere Minute, und die Gestalt des Partisanen huschte zur Seite und verschmolz mit der Dunkelheit.

Pascha, die ihre Zigarette aufgeraucht und dem Soldaten dankend die Hand geschüttelt hatte, ging weiter. Nach wenigen Schritten wurde sie von Alexej Tkatschenko leise angerufen, der einen schwarzen SS-Mantel trug.

»Hierher. Zu mir, Pascha! Wir müssen uns beeilen!«

Obwohl es gelungen war, den entscheidenden Teil der Aktion blitzartig durchzuführen, so würde man trotzdem in den nächsten zehn bis fünfzehn Minuten das Fehlen der Granate auf alle Fälle feststellen.

Schnell gingen die beiden Illegalen vom Weg herunter. Sie verwischten ihre Spuren nicht, bemühten sich gar nicht darum. Im Gegenteil, Alexej Dmitrijewitsch ließ bald darauf bewußt das Bajonett fallen.

Bei den Aufklärern der Artillerie, die in eine feindliche Stellung eindringen, gibt es ein Funksignal: »Feuer auf mich!« Der Aufklärer schickt es in den Äther, wenn er bereit ist, sein eigenes Leben für die Vernichtung der gegnerischen Stellungen einzusetzen. So hatten jetzt auch Pascha und Tkatschenko beschlossen, das Feuer auf sich zu lenken. Wenn es auch keine Feuerwalze der Artillerie war, würden ihnen doch unausbleiblich Suchhunde folgen und SS-Leute mit Maschinenpistolen im Anschlag ihre Spur aufnehmen. So war es auch gedacht! Hauptsache, die SS-Leute würden hierher, in diese Richtung, gelenkt, weg vom Verbindungsmann!

Die Umstände gestalteten sich günstig für die Illegalen. Es gelang, einen Teil der Strecke bis zur Stadt auf einem zufällig vorbeifahrenden Fuhrwerk zurückzulegen, und das brachte die Verfolger vom Weg ab. Am anderen Morgen zählte die Kassiererin der Bank hinter ihrem Fensterchen wieder Geld ab, und der Druckereiingenieur brachte die Pressen in Gang.

Pascha Saweljewa und Alexej Tkatschenko waren noch nicht davon überzeugt, daß die Gefahr vorüber sei. Sie wußten nicht, was mit ihnen weiter geschehen würde. Doch das interessierte sie jetzt nicht. War es dem Verbindungsmann gelungen, aus der Stadt herauszukommen? Wurde die Granate ins Partisanenlager gebracht? Nur das war tatsächlich wichtig!

Erst nach zwei Tagen voller Unruhe und Aufregung kam die gute Nachricht vom erfolgreichen Abschluß der Aktion. Pascha war glücklich. Sie verstand, daß die Sowjetregierung jetzt nicht nur über dokumentarische Angaben zur Vorbereitung eines chemischen Krieges durch Hitlerdeutschland, nicht nur über Zeugnisse bezüglich des bereits mancherorts von den Faschisten eingesetzten Gases, sondern auch über einen unwiderlegbaren materiellen Beweis verfügte.

Den Faschisten war klargeworden, welch unverzeihlichen Fehler sie begangen hatten, als es ihnen nicht gelang, die Entwendung der chemischen Granate zu verhindern. Der Chef der Luzker Abteilung der Gestapo, Fischer, wiegte sich in der Hoffnung, daß sich die Granate noch in der Stadt befände. Alle Ausfallstraßen wurden von SS-Leuten abgeriegelt. In den Häusern kehrte man das Unterste zuoberst. Dutzende von Einwohnern, die sich wegen des geringsten Verdachtes bei der Gestapo oder der städtischen Polizei befanden, mußten ins Gefängnis.

Alexej Tkatschenko entging der Verhaftung, doch Pascha hatte man ergriffen und in eine der Massenzellen des Ljubarta-Schlosses geworfen. Offensichtlich wußten die Faschisten nichts Genaues von den Teilnehmern an der Aktion. Man kann annehmen, daß sie einfach von der Zuverlässigkeit des »Fräuleins Saweljew« nicht völlig überzeugt waren.

Bei den Verhören gab sich Pascha gelassen. Sie konnten dem Mädchen nichts Konkretes vorwerfen, und die von der Gestapo gesammelten Angaben über sie charakterisierten sie nur von der positiven Seite. Nach drei Tagen ließ man die kleine Kassiererin der städtischen Bank frei.

Nach Hause zurückgekehrt, konnte Pascha noch immer nicht fassen, was sie in diesen drei Tagen des Alpdrucks durchlebt hatte. Was sie im Ljubarta-Gefängnis gesehen und gehört hatte, würde sie ihr Leben lang nicht vergessen: von gemarterten Frauen und Kindern überfüllte Zellen, Schreie und Stöhnen der Gequälten irgendwo ganz in der Nähe, nachts MPi-Salven auf dem Hof, die von neuen Erschießungen zeugten. All das sah, hörte, durchlebte die tapfere Komsomolzin. Nunmehr konnte sie sich noch anschaulicher vorstellen, was sie erwartete, doch aufgeben, zurückweichen – das hatte Pascha nicht vor. Die illegale patriotische Organisation setzte die Arbeit fort.

Die Mitteilungen, daß die entwendete Granate nicht gefunden worden war und die Schuldigen an diesem Vorfall bis jetzt nicht hatten festgestellt werden können, riefen in Berlin den Zorn der höchsten faschistischen Führung hervor. Aus dem Reichssicherheitshauptamt schleppte man ein halbes Dutzend der erfahrensten Spürhunde nach Luzk.

Die Arbeit wurde für die Illegalen immer schwieriger. Doch auch jetzt war Pascha bereit, die Aufträge von Kruk, Prokop und Medwed zu erfüllen, da sie wußte, daß über sie die Kampfbefehle der Heimat nach Luzk kamen.

Kruk – das war der Kommandeur der Partisanenabteilung von Manewitschi, der von hier stammende Nikolai Paramonowitsch Konistschuk.

Prokop – das war der Kommandeur einer Partisanenabteilung, Oberst Nikolai Archipowitsch Prokopjuk.

Medwed – das war der Kommandeur einer Partisanenabteilung, Oberst Dmitri Nikolajewitsch Medwedew.

In letzter Zeit hatte Oberst Medwedew mehr als andere Partisanenkommandeure Verbindung zur Luzker Illegalität. Über Dmitri Nikolajewitsch und seine Leute unterhielt auch unser Gebietskomitee Kontakt mit den Illegalen und dublierte diesen lediglich zeitweise über Konistschuk und die Gruppe von Bega aus Roshistsche.

Mit Medwedew trafen sich die Mitarbeiter des Gebietskomitees häufig. Eine Zeitlang befand sich das Lager seiner Männer sogar in unmittelbarer Nachbarschaft des Lagers unseres 1. Bataillons.

Als ich einmal zum Nachbarn gefahren war, machte ich die Bekanntschaft des hervorragenden sowjetischen Kundschafters Nikolai Iwanowitsch Kusnezow, der als der deutsche Offizier Paul Siebert kühn und geschickt im Lager des Feindes operiert hatte.

Auf sein Konto kam eine Reihe glänzend durchgeführter Operationen. Er war es, der in Rowno den faschistischen General von Ilgen, Befehlshaber der besonderen Truppen in der Ukraine, direkt aus der Wohnung entführte. Er tötete in Rowno den mächtigen faschistischen Finanzberater Gehl und den engsten Gehilfen des Gestapochefs in Luzk, den Sadisten und Henkersknecht Gottlieb.

Kusnezow war es auch gelungen, getarnt als der gleiche Paul Siebert, an einem Empfang des Reichskommissars der Ukraine, Erich Koch, teilzunehmen. Der Kommunist Nikolai Kusnezow war bereit, sein Leben zu opfern, um diese Bestie, die das uneingeschränkte Vertrauen Hitlers besaß, zu vernichten. Die Wache des Reichskommissars, bestehend aus drei SS-Offizieren, die sich mit einem Schäferhund im Arbeitszimmer befanden, hatte sich jedoch so postiert, daß Kusnezow die Pistole nicht ziehen konnte.

Das letzte Mal traf ich mich mit Medwedew im Januar 1944, vor dem Abmarsch seiner Abteilung aus Wolynien und dem Gebiet von Rowno in Richtung Lwow. Dmitri Nikolajewitsch übergab damals seine Verwundeten an unser Lazarett zum weiteren Transport ins »Große Land«.

Von Beginn dieses Treffens an stach ins Auge, das Medwedew finster und nicht gesprächig war. Ich nahm an, daß er wegen irgendwelcher Kleinigkeiten bedrückt sei, und versuchte, Dmitri Nikolajewitsch in andere Stimmung zu versetzen. Tief aufseufzend, faßte er mich am Ellenbogen und führte mich zur Seite.

»Ein Unglück ist geschehen, Alexej Fjodorowitsch!« sagte er. »Die Saweljewa und noch irgend jemand wurden wieder verhaftet. Um wen es sich dabei handelt, weiß ich bis jetzt noch nicht, die Verbindungen wurden jäh unterbrochen. Doch daß man die Saweljewa geschnappt hat, das stimmt.«

Wir schwiegen beide.

»Kann man denn nicht irgend etwas tun?« fragte ich. »Die Enden der Verbindungen sind doch bei uns. Vielleicht sollte man Kusnezow schicken, um ihr aus der Klemme zu helfen?«

»Nikolai ist zur Zeit weit weg und erfüllt einen anderen

Auftrag. Doch darum geht es nicht, Leute würden sich finden lassen. Es gibt da sogar gewisse Erfahrungen. Vor geraumer Zeit haben wir aus dem Gefängnis von Rowno unseren Kundschafter Strutinski herausgeholt. Doch man muß den Zeitfaktor berücksichtigen! Pascha wird man besonders bewachen, da man sie zum zweiten Mal erwischt hat. Die Vorbereitung würde eine Woche in Anspruch nehmen ... Und die Rote Armee nähert sich Luzk, die Befreiung des Ortes ist eine Frage von Tagen.«

Wieder schwiegen wir. Dmitri Nikolajewitsch hatte recht. Ich begann erneut:

»Das heißt, wir können lediglich auf einen glücklichen Zufall hoffen?«

»Ja, natürlich. Oder die noch in Freiheit befindlichen Illegalen unternehmen selbst irgend etwas. Die Leute dort sind energisch und kühn, das wissen Sie selbst. Wir werden hoffen und warten.«

»Also hoffen wir!«

Augenblicklich war auch meine Stimmung dahin. Es war schwer, sich einzugestehen, daß man den ins Unglück geratenen Genossen nicht helfen konnte.

Medwedew marschierte mit seiner Abteilung in den Raum von Lwow. Ich versuchte, über die Illegalen aus Roshistsche Verbindung mit Luzk aufzunehmen. Ohne Erfolg! Es traf lediglich die Meldung ein, daß in der Stadt unter den Okkupanten Panik herrsche, die Evakuierung der deutschen Behörden laufe auf Hochtouren. Kein Wort über Pascha und ihre Gefährten.

Man mußte warten – warten und hoffen.

Luzk wurde am 5. Februar 1944 befreit. Es verging noch eine Woche um die andere, ehe bei uns im Gebietskomitee, nunmehr bereits über die Front hinweg, aus Luzk die schlimme Nachricht vom Tod Pascha Saweljewas eintraf. Danach erfuhren wir ein paar Einzelheiten.

Die Faschisten hatten Pascha in den letzten Dezembertagen verhaftet. Auch Maria Dunajewa entging der Verhaftung nicht. Ebenso erging es Pjotr Boldyrjew und zwei, drei anderen Illegalen, deren Namen wir nicht erfahren konnten. Pascha Saweljewa lebte noch, als man ihre treuen Kampfgefährten nach unmenschlichen Folterungen erschoß. Pascha quälten und folterten sie am längsten. Für sie wurde die schrecklichste Todesart bestimmt.

Am 14. Januar loderte im Hof des Luzker Schloßgefängnisses ein riesiges Feuer auf. An den mittelalterlichen Mauern verbrannten moderne Inquisitoren in faschistischen Uniformen die heldenhafte Tochter des sowjetischen Volkes, die Komsomolzin Praskowia Iwanowna Saweljewa.

In der Zelle, wo die Heldin der Luzker Illegalität ihre letzten Tage verbracht hatte, entblößten die Befreier ihre Häupter und neigten sie vor den mit größter Anstrengung in die Mauer geritzten ungleichmäßigen Zeilen:

»Die schreckliche, grausame Minute rückt näher! Der ganze Körper ist verstümmelt – weder Arme noch Beine … Doch ich sterbe schweigend. Wie gern wollte ich leben! Wir treten ab im Namen des Lebens der nach uns Kommenden, für dich, Heimat. Erblühen sollst du und wunderschön werden, du Teure. Lebe wohl!

Deine Pascha«

Die Leute konnten ihre Blicke nicht von den aufwühlenden, kurz vor dem Tode geschriebenen Zeilen losreißen. Und vorüber am alten Schloß von Luzk zogen in endloser Reihe die sowjetischen Truppen und unsere mächtigen technischen Kampfmittel an die Front. Dort in der Ferne donnerte die Kanonade neuer Schlachten für die vollständige Befreiung der ukrainischen Erde von den faschistischen Eroberern.

Einige Zeit nach der ersten Ausgabe dieses Buches im Jahre 1965 weilten bei mir in Kiew die Eheleute Rose (Ružena) und Jack Houston aus England. Ružena, die vor ihrer Heirat Fridova hieß, war die Schwester des bereits mehrmals erwähnten Doktors František Frid.

In den Jahren des Krieges hatten die Eheleute Houston jegliche Spur von dem Bruder verloren, und sie erfuhren erst aus dem Buch »Der letzte Winter«, daß er aktiver Teilnehmer des illegalen Kampfes gegen die Okkupanten in Wolynien gewesen war. Im weiteren bekam Frau Houston heraus, daß sich Doktor Frid nach der Befreiung von Luzk in einer Partisanenabteilung befunden hatte und den Heldentod gestorben war.

Der Wunsch, an den Orten zu weilen, wo František Frid gekämpft hatte, und sich mit seinen Kampfgefährten bekannt zu machen, führte die Schwester des Doktors in die Ukraine.

Gemeinsam mit ihrem Gatten weilte sie auch im Kolchos »Engels«, wo man Frid gut gekannt hatte. Man nahm sie dort sehr herzlich auf. Zum Andenken an den Bruder nahm Ružena eine kleine Fichte mit nach England, die sie in dem Wald ausgegraben hatte, wo František gefallen war.

1967 weilte ich in London und besuchte die Eheleute Houston in einem der Vororte. In ihrem Garten zeigten sie mir die ukrainische Fichte, die hier gut gedieh. Ihre immergrünen Zweige erinnerten mich noch einmal an den tapferen Partisanen und Internationalisten.

# Der Sonderauftrag

Wir erhielten selten Post aus dem »Großen Land«. Zweimal im Verlauf des gesamten Winters wurde sie zusammen mit Munition von einem über dem Wald kreisenden Flugzeug abgeworfen, und ein weiteres Mal bekamen wir sie durch ein Fuhrwerk, das durch den »Korridor« gekommen war.

Als die Post eintraf, erhielten einige Partisanen gleich mehrere Briefe. Nachdem der Glückliche gierig nach dem wertvollen Bündel gegriffen hatte, sortierte er die Korrespondenz erst einmal in der zeitlichen Reihenfolge nach dem Datum des Poststempels, und dann machte er sich, mal lächelnd, mal betrübt, an das Lesen der Briefe.

Die Partisanen freuten sich immer über Nachrichten von Verwandten und Nahestehenden, obwohl zwischen den Zeilen auch die Wahrheit über das schwere Leben im sowjetischen Hinterland und über die Unbill des Krieges zu lesen stand. Hauptsache, die Angehörigen lebten, waren einigermaßen gesund und erwarteten den Sohn, den Mann oder den Bruder zu Hause! Beim Lesen der bekannten Schriftzüge war man schon wie zu Hause, als hätte man sich mit seinen Lieben getroffen.

In jedem Zug lasen die Kämpfer, die Post erhalten hatten, ihre Briefe laut für alle anderen vor. So war es üblich. Die Partisanen eines Zuges, die in einer Erdhütte lebten, waren eine einzige Familie mit gemeinsamen Interessen, Freuden und Betrübnissen. Es kam vor, daß manch einer beim Anhören des an den Genossen gerichteten Briefes den Kopf hängen ließ und tief aufseufzte. Dann sagte man ihm bestimmt:

»Du bekommst auch noch Post! Die Deinen leben und werden gefunden! Du wirst sie auf alle Fälle wiedersehen!«

Doch fast die Hälfte der Partisanen, wenn nicht mehr, hatte keinerlei Nachricht von ihren Angehörigen. Von vielen waren die Familien auf dem vom Feind besetzten Territorium zurückgeblieben, viele hatten sich im Strom der Evakuierten verloren. Dem Kompaniechef Pawel Ignatjewitsch Lastschenko brachte die Post lediglich Briefe von verschiedenen offiziellen Instanzen, und jeder enthielt die gleichen niederschmetternden Worte: »Es ist nicht gelungen, den Aufenthaltsort Ihrer Frau und Ihrer Tochter festzustellen.«

Oberleutnant Lastschenko hatte sich von seiner Frau und der kleinen Tochter bereits in der ersten Stunde des Krieges verabschiedet. In jener Stunde wurde er zusammen mit der gesamten Garnison der Brester Festung alarmiert. Er konnte nicht mehr nach Hause zurückkehren. Es begannen die Tage der heldenhaften Verteidigung einer der am weitesten vorgeschobenen sowjetischen Schanzen an der Westgrenze. Den Stoßtruppen der faschistischen Armeen war es gelungen, Hunderte von Kilometern vorzustoßen – der Kalender zeigte bereits Mitte Juli –, doch nicht wenige sowjetische Soldaten kämpften getreu ihrem Fahneneid weiter in den belagerten Forts der alten Festung.

Pawel Lastschenko war unter denen, die sich zu einem verzweifelten nächtlichen Ausfall entschlossen hatten. Jeder zweite dieser Kühnen fand im Feuer der Maschinengewehre den Tod. Der Oberleutnant und noch ein paar Soldaten und Offiziere durchbrachen die deutschen Schützenketten, glitten an Posten vorbei und entgingen der Hetzjagd. Lastschenko schoß, kroch weiter, schoß wieder, dann durchschwamm er einen Fluß, irrte über einen Sumpf, wobei er fast wie im Unterbewußtsein handelte. Am Morgen des anderen Tages kam er in einem Wald unter einem wilden Himbeerstrauch zu sich. Es war ruhig, nur Vögel zwitscherten in der Nähe. Pawel lag todmüde und völlig ermattet im Gras, doch er lebte, war unversehrt. In der linken Tasche der Feldbluse, die durch und durch naß war, hatte er sein Parteibuch und in der Pistolentasche die letzte für sich aufgesparte Patrone.

Blieb er unversehrt, das wußte Lastschenko, dann mußte er weiterkämpfen. Er ging nach Osten, legte einen unwahrscheinlich schwierigen Weg voller Gefahren zurück, ehe er sich in einer unserer Partisanenabteilungen wiederfand.

Den ganzen Weg über beunruhigten den Oberleutnant die Gedanken an seine Familie: Was ist mit der Frau und der kleinen Verotschka? Haben sie den Bombenangriff auf Brest überstanden? Er hoffte, daß sie am Leben sind, aber wo befinden sie sich jetzt? Ist es ihnen gelungen, aus der Stadt zu kommen und sich in irgendeinen Zug zu setzen? Oder hat man die Offiziersfamilien mit Fahrzeugen ins Hinterland gebracht? Welches Schicksal erwartet sie, wenn sie in Brest geblieben sind?

Diese Fragen quälten Lastschenko auch, als er bereits Partisan geworden war. Mit jedem der zu uns gelangten Flugzeuge sandte der Oberleutnant Anfragen über seine Familie an den Stab der Partisanenbewegung, an das Volkskommissariat für Verteidigung und ans Zentralkomitee. Es kamen keine tröstenden Antworten.

Besonders schmerzlich wurde es für Lastschenko, als der Politleiter der Kompanie, Sergej Petrowitsch Wochmjakow, sein Nachbar in der Erdhütte, Briefe bekam. Nachdem der Politleiter das bemerkt hatte, hörte er auf, die Briefe vor dem Kompaniechef zu lesen. Sorgfältig vermied er Gespräche mit ihm über die eigene Frau und die Söhne, die in Jaroslawl wohnten. Lastschenko blieb dieses Manöver des Politleiters nicht verborgen.

»Hör auf, Serjosha! Ich verstehe ja, du zeigst Taktgefühl«, sagte er einmal. »Doch meinst du, es wäre mir leichter, wenn du auch nichts von den Deinen wüßtest? Berichte schon, Bruder, berichte, wie geht es deiner Olga, was machen Aljoschka und Mischa?«

Der Politleiter war verwirrt, errötete sogar und begann unwillig, die letzten Neuigkeiten von zu Hause mitzuteilen.

»Warte mal!« unterbrach ihn plötzlich Lastschenko. »Mir kommt da folgendes in den Sinn: Olga soll doch mal über das Adressenbüro in Erfahrung bringen, ob meine Polina in Jaroslawl ist. Vielleicht wurde sie dorthin evakuiert. Möglich wäre es ja!«

»Ein guter Gedanke! Ich schreibe ihr unbedingt, noch heute. Allerdings, noch ist unbekannt, wann die Post weggeht.«

Sergej Petrowitsch sagte nicht, daß er bereits vor einem halben Jahr seine Frau gebeten hatte, Auskünfte sowohl in Jaroslawl als auch bei den Adressenbüros anderer Städte einzuholen. Doch eine Lastschenko, Polina Iwanowna, geboren 1914, beheimatet im ehemaligen Gouvernement Jekaterinoslaw, lebte dort nicht.

Den leicht gebräunten, breitschultrigen Lastschenko und den blonden, grauäugigen Wochmjakow verbanden nicht nur dienstliche Beziehungen, sondern auch eine echte, starke Kampffreundschaft. Der Politleiter wußte, daß der Kompaniechef seine kleine Familie sehr liebte, und er sah, wie Lastschenko unter der Ungewißheit über ihr Schicksal litt. Die Unruhe und die Sorgen Pawels ließen auch Sergej Petrowitsch keine Ruhe.

Als der Partisanenverband nach Wolynien kam, flammte beim Kompaniechef erneut die Hoffnung auf, wenigstens eine Spur der ihm teuren Menschen zu finden. Irgendwo im Raum von Manewitschi erfuhr er zufällig, daß auf einem entfernten Vorwerk im Wald zwei Flüchtlinge aus Brest wohnten. Lastschenko eilte dorthin. Die Frauen erwiesen sich in der Tat als Ehefrauen von städtischen Angestellten aus Brest. Beide hatten die Stadt erst verlassen, als sie von den deutschen Okkupanten schon besetzt war. Sie waren der Auffassung, daß man sich in einer ländlichen Gegend doch leichter durchschlagen könne. Die Flüchtlinge besaßen zwar keine Bekannten unter den Armeefamilien, doch sie hatten gehört, daß ein Teil der Frauen und Kinder von Offizieren nach Osten evakuiert werden sollte, und einige sind später mit unbekanntem Ziel aufgebrochen.

Das war alles, was Lastschenko damals erfuhr. Er hatte nichts Neues gehört, seine Vermutungen hatten sich lediglich bestätigt, doch die Tatsache des Zusammentreffens mit den Frauen aus der ihm zur Heimat gewordenen Stadt hatte ihn erfreut. Gleich darauf dachte der Offizier: Warum sollten sich Polina und Verotschka nicht in einem der Orte befinden, die ziemlich nahe der Festung liegen?

Seit jener Zeit stellte er, gleich, in welcher Ortschaft er ankam, immer dieselbe Frage: »Ist hier jemand aus Brest?«

In den Vorwerken und Dörfern lebten Flüchtlinge aus Kowel, Luzk, Wladimir-Wolynski, jedoch aus Brest war lediglich eine Frau gekommen, die Frau eines Offiziers, aber nicht aus dem Regiment, in dem Lastschenko gedient hatte. Auch von ihr erfuhr der Partisanenkommandeur nichts Ermutigendes.

»Vielleicht ist Ihre Gattin auch in Wolynien«, sagte die neue Bekannte zu Pawel Ignatjewitsch, »aber sie zu finden wird schwer sein, sehr schwer. Ich sage Ihnen auch, warum. In den ersten Kriegsmonaten lebte ich zusammen mit anderen Offiziersfrauen unseres Regiments in Dörfern unweit von Brest. Aber wer wir sind, wußte man dort nicht. Wir haben ja niemandem gesagt, daß wir aus der Festung sind und unsere Männer bei der Armee dienen. Auch unsere richtigen Namen haben wir nicht genannt. Wenn Sie wüßten, wie wütend die Faschisten auf die Verteidiger der Festung sind.«

»Ich kann es mir vorstellen«, sagte Lastschenko lächelnd.

»Na also ... Hätten wir uns als Offiziersfrauen zu erkennen gegeben, wären wir sofort ins Konzentrationslager gebracht worden! Auch die Bandera-Leute hätten kein Pardon gekannt! Und Nachrichten hinterlassen – ein Schuft findet sich immer. Wir wollen nur hoffen, daß Ihre Polina Iwanowna lebt und gesund ist. Es ist nicht ausgeschlossen, daß sie irgendwo in der Nähe ist, doch man kennt sie im Dorf nicht als Lastschenko, sondern als Semjonowa oder Petrowa, als Frau eines Buchhalters oder Agronomen, den man als einfachen Soldaten an die Front geholt hat.«

Natürlich setzte Pawel Ignatjewitsch die Suche fort, doch vergeblich, und die neue Hoffnung zerrann und schwand allmählich. Der Oberleutnant hatte aber nicht die geringste Ahnung, daß seine ganze Kompanie zusammen mit ihm nach Polina Iwanowna Lastschenko suchte. Die hartnäckige kollektive Suche wurde auf Initiative von Wochmjakow in die Wege geleitet.

Er überlegte logisch: Hundert Mann können hundertmal mehr tun als ein einzelner. Wenn auch nicht alle hundert zur Suche herangezogen wurden, so holte doch jeder Partisan der Kompanie, der entweder in ein neues Dorf oder zu einem neuen Vorwerk kam, unabhängig von anderen Aufgaben unbedingt noch Auskünfte über Polina Iwanowna ein. Das war ein zusätzlicher Auftrag – ein besonderer ... Man befragte nicht nur Frauen aus Brest, sondern auch andere Flüchtlinge, die in einer Ortschaft auftauchten, man traf sich mit ihnen und führte Gespräche. Für den Fall, daß sich Polina Iwanowna nicht zu erkennen gab, teilte Wochmjakow ihre Merkmale mit: mittlerer Wuchs, lockiges, kastanienbraunes Haar, gebogene Nase, ovaler Leberfleck am Kinn. Das Äußere der Frau des Kompaniechefs stellte sich Wochmjakow nach dessen Erzählungen vor.

Die Suche wurde vor dem Oberleutnant streng geheimgehalten. Als bescheidener und gewissenhafter Mensch hätte er es den Kämpfern sogleich verboten, sich seinetwegen von den Hauptaufgaben ablenken zu lassen, obwohl die Aufgaben darunter keineswegs litten. Das hätte Sergej Petrowitsch dem Oberleutnant mit schönen Worten klarmachen sollen. Doch man darf die Nerven eines Menschen nicht unnütz strapazieren und ihm mit neuen Hoffnungen auch immer neue Enttäuschungen einflößen! Denn die Chancen, Polina Lastschenko ausfindig zu machen oder irgend etwas von ihr zu erfahren, waren sehr gering.

Das Bataillon hatte bereits mehrmals seinen Standort in Wolynien geändert, die Partisanen aus der Kompanie von Pawel Ignatjewitsch waren in Dutzenden von Dörfern, Vorwerken und kleinen Ortschaften gewesen, doch sie konnten nichts über die Frau ihres Kommandeurs in Erfahrung bringen. Plötzlich fand sich Anfang Februar eine Spur von ihr.

Der junge Kämpfer Andrej Sosulja, der zur Verbindungsaufnahme zum benachbarten Partisanenverband gegangen war, meldete dem Politleiter der Kompanie, daß er auf einem ungefähr dreißig Kilometer entfernten Vorwerk mit einer Frau gesprochen habe, die Polina Iwanowna gut kannte und mit ihr zusammen Brest verlassen hatte.

»Und wirklich nicht mit irgendeiner anderen Polina Iwanowna? Hast du das genau festgestellt?« fragte Wochmjakow.

»Es stimmt alles! Sowohl der Name Lastschenko wie die siebenjährige Tochter, die bei ihr war. Ja, und diese Bürgerin kennt auch unseren Kompaniechef, sie hat seinen Namen genannt. Sie ist ebenfalls die Frau eines Offiziers, aus dem gleichen Truppenteil wie der Oberleutnant.«

»So, und wo ist Polina Iwanowna jetzt? Haben sie sich aus den Augen verloren – oder was?«

Es stellte sich heraus, daß Sosulja alles bis ins einzelne herausbekommen hatte. Im August 1941 hatte man einige Frauen von Offizieren der Brester Garnison, deren Evakuierung nicht gelungen war, zu Fuß nach Südosten auf den Weg geschickt. Sie dachten alle, daß der Krieg bald zu Ende wäre, und beschlossen, die Ankunft der sowjetischen Truppen in den Dörfern abzuwarten, die abseits von großen Straßen lagen, wo die Deutschen aller Wahrscheinlichkeit nach nicht hinkommen würden. Diese Gruppe von Frauen mit ihren Kindern gelangte bis in den Rayon Ljubeschow, Gebiet Wolynien, und ließ sich dort für eine gewisse Zeit nieder.

Polina Lastschenko und die Frau, die von Sosulja ausfindig gemacht worden war, fanden Unterkunft im Dorf Wulka-Stschetinskaja. Hier verbrachten sie den Winter. Im Frühjahr gingen den Flüchtlingen die Habseligkeiten aus, für die sie Lebensmittel eingetauscht hatten, und auch die Einwohner von Wulka mußten den Gürtel immer enger schnallen. Es ging das Gerücht um, daß die Leute in der Gegend von Kowel besser lebten, daß dort viele Bauernwirtschaften Arbeitskräfte brauchten. Deshalb machte sich im Frühjahr 1942 ein Teil der Frauen wieder auf den Weg nach Süden, unter ihnen auch die Frau, der Sosulja auf dem Vorwerk begegnet war. Polina Iwanowna blieb jedoch in Wulka; sie konnte nähen, begann, damit ihren Lebensunterhalt zu verdienen, und hoffte, sich mit der Tochter auch weiterhin irgendwie durchzuschlagen.

»Das heißt also, sie haben sich vor fast zwei Jahren getrennt?« überschlug Sergej Petrowitsch laut.

»Das müßte hinkommen, Genosse Politleiter.«

»Hm, ja ... eine ganz schöne Zeit! In dieser Zeit konnte vieles geschehen. Solange wir nicht genau festgestellt haben, wo sich die Frau des Oberleutnants jetzt befindet, darf man ihn nicht beunruhigen. Ist das klar, Andrej? Halte deine Zunge im Zaum, und hänge dir ein Vorhängeschloß vor den Mund.«

»Keine Beleidigungen, Genosse Politleiter!«

Man mußte irgend jemanden, am besten Andrej Sosulja, in den Rayon Ljubeschow schicken. Doch einen Mann plötzlich ohne Kenntnis von Lastschenko hundert Kilometer wegschikken konnte der Politleiter nicht, aber er konnte ihm auch nicht sagen, warum. Man mußte den Kommandeur und den Kommissar des Bataillons in alles einweihen. So erhielt also bereits wenige Minuten danach Lastschenko den Befehl, die Partisanen Andrej Sosulja und Viktor Konaschkewitsch zwecks Erfüllung eines Sonderauftrages zum Stab des Bataillons abzukommandieren.

»Immer hat man es darauf abgesehen, die Besten aus der Kompanie zu holen!« sagte der Oberleutnant ärgerlich zu Sergej Petrowitsch. »Als ob wir solche Jungs nicht selbst gebrauchen könnten.«

»Mit der Obrigkeit sollte man sich nicht sonderlich streiten«, bemerkte Wochmjakow achselzuckend.

Der Weg nach Ljubeschow erwies sich als kompliziert. Der hochgewachsene Sosulja und der breitschultrige Konaschkewitsch gingen fast die ganze Zeit über zu Fuß, nur hin und wieder benutzten sie vorbeifahrende Schlitten. In diesen Bärenwinkeln gab es keine Deutschen, doch man mußte vor Bandera-Leuten und Polizisten auf der Hut sein. Um große Dörfer schlugen sie einen Bogen. Zur Nacht blieben sie im Vorwerk Gretschany, im Hause eines zuverlässigen, mehrmals überprüften Mannes.

Die Partisanen machten es sich auf dem heißen Ofen bequem und unterhielten sich leise.

»Sollten wir wirklich Polina Iwanowna antreffen? Man will es einfach nicht glauben«, sagte Konaschkewitsch.

»Warum sollten wir sie nicht finden? Wir finden sie, wir haben ja jetzt eine Spur!« antwortete Sosulja zuversichtlich. »Stünde unser Bataillon in Ljubeschow, würde vielleicht unser Kompaniechef in diesem Wulka auf seine Frau treffen.«

»Glaubst du! Es kommt vor ... Hast du von den beiden Brüdern im Stab unseres Verbandes gehört? Wie sie einander verfehlt haben?«

»Was heißt verfehlen, wenn sie Brüder sind?!«

»Dann hör mal zu! Da kamen zu unserem General in irgendwelchen Angelegenheiten Leute aus der Nachbarbrigade; es gibt da so eine Sonderbrigade Anistschenko. Mit ihnen war auch der Chef Nachrichten dieser Brigade, Skripnik, gekommen. Sie standen in der Nähe des Stabes und unterhielten sich. In unmittelbarer Nähe befanden sich mehrere Burschen aus unserem vierten Bataillon. Nun, und im vierten, das weißt du ja selbst, sind die meisten Partisanen ehemalige Gefangene von der anderen Seite des Bug. Da begann Skripnik, sich einen der Burschen genauer anzusehen. Dann ging er näher heran und fragte: ›Sind Sie aus Rostow?‹ Der antwortete: ›Stimmt, aus Rostow.‹ Skripnik fragte weiter: ›Und Sie heißen Alexander?‹ Der Bursche aus dem vierten blinzelte vor Verwunderung und warf sich Skripnik an den Hals. Was stellte sich heraus? Zwei Brüder hatten sich getroffen!«

»Warum hatten sie sich nicht gleich erkannt?«

»Sehr einfach! Der aus der Brigade von Anistschenko wurde bereits drei Jahre vor dem Krieg zum aktiven Wehrdienst einberufen, als der Jüngere sozusagen noch ein Hosenmatz war. Nun zähle die zwei Kriegsjahre hinzu! Als der Krieg begann, holte man auch Saschka, den Jüngeren, zur Armee. Bald darauf hielt man ihn für tot, der Ältere erfuhr ebenfalls davon. Doch Saschka war nicht tot, sondern lediglich verwundet und in Gefangenschaft geraten. Dann flüchtete er und war zunächst bei polnischen Partisanen, ehe er zu uns gelangte. Und doch mußten sich die Wege der Brüder erst mehrmals kreuzen, ehe sie sich von Angesicht zu Angesicht gegenüberstanden!«

»So führen also tatsächlich nicht alle Wege zusammen. Doch wir beide hoffen ja nicht auf einen Zufall, sondern wir haben eine sichere Spur. Das heißt also, wir werden Polina Iwanowna finden. Alles hängt von uns ab!«

»Ach, was würden wir unserem Kommandeur für eine Freude machen, aber auch der gesamten Kompanie! Wir müssen sie finden. Los, Andrjucha, hauen wir uns dreihundert Minuten aufs Ohr, morgen müssen wir noch jede Menge marschieren.«

Die darauffolgende Nacht verbrachten sie bereits unmittelbar vor Ljubeschow im Raum des 10. Bataillons, und am dritten Tag erreichten die Partisanen Wulka-Stschetinskaja, ein kleines Dörfchen, dessen Häuser am Südrand in Brand gesteckt worden waren.

Nachdem sie das erste ihnen entgegenkommende Mädchen angehalten hatten, wandte sich Andrej mit der Frage an sie:

»Sag mal, du Schöne, habt ihr im Dorf nicht eine gute Schneiderin? Unsere Sachen sind so abgetragen, daß sie kein Faden mehr zusammenhält. Wer könnte uns hier ein Hemd nähen? Stoff haben wir.«

»Wir haben eine Schneiderin, eine gute sogar, sie kommt aus der Stadt. Aber sie geht von Haus zu Haus arbeiten, da sie keine eigene Nähmaschine hat. Obwohl – wenn es für die Partisanen ist, wird wohl jede Bäuerin ihre Maschine geben! Dort in diesem Gäßchen wohnt die Schneiderin, das zweite Haus auf der rechten Seite.«

»Und wie heißt unsere städtische Meisterin?«

»Polina Iwanowna.«

Ja, das war sie, die Frau unseres Kompaniechefs, eine müde, abgemagerte Frau mit kastanienbraunen Locken, die unter dem Kopftuch hervorschauten, und mit einem ovalen Leberfleck am Kinn. Neben ihr spielte, auf einer Bank sitzend, ein ungefähr zehnjähriges Mädchen mit großen Augen, das Pawel Ignatjewitsch sehr ähnlich sah, eine Puppe aus Stoffresten in den Händen. Das Gespräch jedoch begann mit dem Hemdennähen.

»Aber natürlich, mit Vergnügen nähe ich die Hemden, bringt nur den Stoff. Ach, Jungs, Jungs, vielleicht ist auch mein Mann irgendwo bei den Partisanen! Seid ihr nicht Oberleutnant Lastschenko begegnet?«

»Wohl kaum, und wenn, wie sollten wir uns daran erinnern!« sagte Sosulja.

Konaschkewitsch blickte zur Seite.

»So antworten alle, wen man auch fragt«, fuhr Polina Iwanowna mit einem Seufzer fort. »Ich verstehe, man kann nicht alle im Gedächtnis behalten. Doch vielleicht sagt euch das Gesicht etwas? Verotschka, Töchterchen, bring mal das Foto von Papa.«

Das Mädchen erschrak und warf einen fragenden Blick auf die Mutter, aber diese beruhigte sie:

»Diesen Onkels kann man es zeigen! Sie kämpfen gegen die Deutschen wie auch dein Papa. Bring es schon, Kindchen!«

Vera lief hinter eine Trennwand und kehrte mit dem in ein Tuch gewickelten Foto zurück. Als Sosulja auf das Bild blickte, brach er fast in Tränen aus. Er sah seinen Kompaniechef, ganz jung und lächelnd, noch mit nur zwei kleinen Quadraten auf den Kragenspiegeln. Neben ihm saß in einem festlichen Kleid die rundliche, hübsche Polina Iwanowna. Sie hielt den Krümel Verotschka auf den Knien.

»Nein, den habe ich nicht gesehen«, sagte Sosulja so ruhig wie möglich. »Ja, wenn er lebt, schlägt er überall die Fritzen.«

»Sicher lebt er, aber wo ist er? Nun gut, Freunde! Bringt den Stoff, eine Nähmaschine treibe ich auf.«

»Ich weiß nicht, ob wir vor Ablauf einer Woche wieder bei Ihnen reinschauen können. Bleiben Sie die ganze Zeit über hier? Werden Sie sich nirgendwohin auf den Weg machen?«

»Natürlich bleibe ich hier. Noch gibt es Arbeit im Dorf.«

Die Partisanen verabschiedeten sich von Polina Iwanowna. Kaum hatten sie sich von dem Haus entfernt, als Viktor Andrej mit Vorwürfen überschüttete:

»Ein richtiger Teufel bist du, hast kein Herz im Leibe! Kann man sich so über eine Frau lustig machen? ›Den habe ich nicht gesehen.‹ Man hätte es ihr sagen, ihr eine Freude machen sollen!«

»Halt die Luft an, Vitja, beruhige dich! Nun gut, wir hätten es ihr gesagt – und wie weiter?«

»Im zehnten Bataillon einen Schlitten erbitten, Polina Iwanowna mit der Tochter draufsetzen – und ab zu uns!«

»Da würden wir nicht weit kommen! Und die Bandera-Leute? Die Polizisten? Und wenn ein Schneesturm aufkommt? Nein, ich mache alles so, wie es der Politleiter befohlen hat. Du halte dich an meine Linie, das ist auch befohlen worden.«

»Ich halte mich schon daran.«

»Dann ist bei uns auch alles in Ordnung! Jetzt so schnell wie möglich zurück zur Kompanie und Meldung erstatten.«

Von den Ergebnissen der Mission Andrej Sosuljas und seines Begleiters erfuhren anfänglich in der Kompanie nur drei Menschen – der Bataillonskommandeur, der Kommissar und der Politleiter Wochmjakow. Sie berieten sofort, was weiter zu tun war.

»Zur Familie werden wir Lastschenko selbst schicken, das ist klar«, sagte der Bataillonskommandeur. »Doch ich schlage vor, daß er die Hauptsache nicht vor der Zeit erfährt. Er würde losstürmen und in der Hitze unterwegs noch auf irgendwelche Unannehmlichkeiten stoßen.«

»Im allgemeinen ist Pawel ein ruhiger, beherrschter Mann, doch bei einer solchen Neuigkeit kann man für keinen Charakter bürgen!« bemerkte Sergej Petrowitsch.

»Nicht von der Hand zu weisen, also müssen wir ihn weiter im dunkeln lassen«, sagte der Kommissar lächelnd. »Genosse Wochmjakow, schicken Sie den Oberleutnant zu uns.«

Der sich bei der Führung meldende Lastschenko erhielt den Befehl, sich am nächsten Morgen um 8 Uhr mit drei Schlitten und zehn MPi-Schützen auf den Weg zum Dorf Wulka-Stschetinskaja zu machen, um einen Sonderauftrag zu erfüllen. Worin diese Aufgabe bestehe, erfahre er bei seiner Ankunft im Dorf aus einem zusätzlichen Befehl, der ihm im Meldequartier ausgehändigt werde. Die Adresse des Treffs kenne der Partisan Sosulja, der in die Gruppe aufzunehmen sei.

»Von wem wird der Zusatzbefehl kommen?« fragte Lastschenko.

»Von mir und vom Kommissar«, präzisierte der Bataillonskommandeur. »Mehr kann ich Ihnen nicht sagen. Ich füge dem nur hinzu, daß dieser Auftrag sehr wichtig ist. Unterwegs in den Ortschaften haben Sie sich nirgends aufzuhalten, zu übernachten ist im Vorwerk Gretschany oder im Bereich des zehnten Bataillons. Während Ihrer Abwesenheit ist der Politleiter Ihr Stellvertreter. Gibt es Fragen?«

»Ich habe keine Fragen.«

»Ausführung!«

Am darauffolgenden Morgen machte sich die kleine Expedition auf den Weg nach Ljubeschow. Was kann dort los sein? überlegte Lastschenko unterwegs. Munition übernehmen? Das hätten sie gesagt. Zur Verbindungsaufnahme? Auch darüber hätten sie mich informiert, hätten mir die Parole gegeben. Vielleicht steht irgendeine Aufklärung bevor. Übrigens wird sich alles an Ort und Stelle aufklären! Den Kompaniechef betrübte nur, daß er sich in den Dörfern nirgends aufhalten, nicht in die Häuser gehen und nach Flüchtlingen aus Brest oder anderen Orten fragen durfte.

Sie übernachteten in dem kleinen Vorwerk Gretschany,

und gegen Mittag des nächsten Tages waren sie bereits in Wulka. Sie machten beim letzten Haus halt und spannten die Pferde aus.

»Na, dann wollen wir mal, Sosulja!« wandte sich der Kompaniechef an Andrej. »Chartschenko und Tatistschew kommen noch mit, die anderen warten hier. Leiter ist Maksimkin. Ruht euch vorläufig aus, Jungs!«

Bis zu dem Gäßchen, das Andrej kannte, war es nicht weit. Da war es schon, und hier stand auch das Haus! Nur Andrej wußte, zu wem sie gingen und welch eine Begegnung dem Kompaniechef bevorstand. Sosuljas Herz schlug bis zum Hals. Hoffentlich war Polina Iwanowna zu Hause!

Zu viert betraten sie das Haus, der Oberleutnant klopfte behutsam an die nächste Tür. »Herein!« erklang eine ihm bekannte Stimme. Lastschenko öffnete die Tür, erstarrte für eine Sekunde an der Schwelle, dann stürzte er vor, während Sosulja die Genossen bereits aus dem Haus auf die Straße gedrängt hatte.

»Wir müssen warten, Jungs«, sagte er, »hier geht es um eine Familienangelegenheit! Unser Chef hat seine Frau wiedergefunden.«

Nach wenigen Minuten kam Pawel Ignatjewitsch zu ihnen, glücklich, bewegt, nichts begreifend, und warf vor allem einen fragenden Blick auf Sosulja. Der hielt bereits einen Umschlag in der Hand.

»Mir wurde befohlen, Ihnen das auszuhändigen«, sagte Andrej und übergab dem Oberleutnant den Umschlag.

Lastschenko las folgende Zeilen:

»Lieber Pawlo!

Wir bitten Dich um Verzeihung, doch wir hatten beschlossen, daß es besser sei, Dich nicht vor der Zeit zu beunruhigen. Nun aber beglückwünschen wir Dich und freuen uns gemeinsam mit Dir.

Der Zusatzbefehl lautet: Nimm Polina Iwanowna und Verotschka und komme ins Bataillon zurück. Übermittle ihnen einen Gruß. Das ist der ganze ›Sonderauftrag‹!«

Es folgten die große, schwungvolle Unterschrift des Bataillonskommandeurs und der säuberlich in einem Zug geschriebene Name des Kommissars.

»Pawlik! Wo steckst du bloß?« erklang die Stimme von Polina Iwanowna, und sie erschien in der Tür mit Tränen des Glücks im Gesicht, die noch nicht getrocknet waren.

»Papa! Pa-potsch-ka!« rief Vera aus dem Zimmer.

In den Augen von Lastschenko schimmerten Verwirrung und Verlegenheit.

»Gestatten Sie, Genosse Oberleutnant, vorläufig wegtreten zu dürfen?« fragte Sosulja mit unerschütterlicher Ruhe.

»Na, ihr seid mir schon welche!« sagte der Kompaniechef, in Lachen ausbrechend. »Ja, ihr habt frei, bis eine besondere Weisung erfolgt. Gehen Sie zu der wartenden Gruppe und sagen Sie allen Dank! Einzelheiten stellen wir dann klar.«

Die Einzelheiten des Auffindens von Polina Iwanowna holte der Kompaniechef auf dem Rückweg aus Andrej heraus.

Im Bataillon hatte man sich bereits auf den festlichen Empfang vorbereitet. Zuerst einmal zog Wochmjakow in eine andere Erdhütte. Irgendwoher hatte der Starschina ein Federbett aufgetrieben und sagte, daß es für das Mädchen sei. Von der Kompanieküche wehte der verführerische Duft eines geschlachteten Hammels herüber, und es schien auch ein bißchen nach Selbstgebranntem zu riechen.

Lärmend und herzlich war der Empfang für den Oberleutnant, seine Frau und seine Tochter.

Am Morgen kam Wochmjakow zu den Eheleuten. Von dem fadenscheinigen Morgenrock und der Stoffpuppe, die auf einem Schemel lagen, von dem blitzblanken Geschirr ging eine solche Häuslichkeit aus, etwas Gutes, Halbvergessenes, daß es Sergej Petrowitsch das Herz zusammenzog.

Nach der Begrüßung kam der Politleiter auf den Zweck seines Kommens zu sprechen:

»Es geht also um folgendes ... Die Kompanie möchte Polina Iwanowna sehen. Sie bitten Sie, herauszukommen und sozusagen Bekanntschaft zu schließen.«

»Mein Gott! Mir scheint, ich habe doch gestern abend alle umarmt!« Polina Iwanowna schlug die Hände über dem Kopf zusammen.

»Nicht alle, bei weitem nicht alle! Und das Wichtigste, nicht alle Partisanen haben Sie gesehen. Viele aus der Kompanie hatten gestern Wache, eine Gruppe ist in der Nacht von der Aufklärung zurückgekommen.«

»Polenka, du mußt durch alle Erdhütten gehen«, bemerkte der Oberleutnant.

»Nein, auf keinen Fall!« sagte Wochmjakow fest. »Sonst kommt wieder dabei heraus, daß die einen sie gesehen haben und die anderen nicht.«

»Was soll ich machen?« fragte Polina Iwanowna ein wenig verwirrt.

»Sie müssen zur gesamten Kompanie kommen. Gleich! Die Männer sind schon angetreten.«

Die Kompanie stand in zwei Reihen auf einer kleinen Lichtung hinter dem Lager in Erwartung der Frau, die man so lange gesucht hatte. Unterschiedliche Menschen standen in diesen Reihen. Dabei waren auch Burschen mit einer durch den Krieg hart gewordenen Schale, solche, die scheinbar alles kalt ließ; doch es war nicht einer unter ihnen, der nicht sein Haus, seine Angehörigen und seine Familie geliebt, der die Gesetze der Partisanenfreundschaft mißachtet hätte.

Im Namen dieser Freundschaft hatten die Partisanen die Frau und die Tochter des Kommandeurs gesucht. Und jeder hoffte vielleicht unbewußt darauf, irgendwann ebenfalls seinen Nächsten zu begegnen. Schließlich war es gelungen, den »Sonderauftrag« des Politleiters zu erfüllen – Polina Iwanowna war gekommen. Vielleicht würden auch ihre Träume Wirklichkeit werden!

Sogleich nahmen die Partisanen ohne jegliches Kommando Haltung an, richteten sich aus und verharrten im Stillgestanden. Vier Menschen näherten sich ihnen. Rechts schritt Oberleutnant Lastschenko, Verteidiger der Brester Festung, später in der Einkreisung und dann ein guter Partisanenkommandeur, der bereits einen schweren Weg von Westen nach Osten und dann wieder nach Westen zurückgelegt hatte. Links neben ihm ging der Arbeiter Sergej Wochmjakow aus Jaroslawl, ein tüchtiger, mit Ruhm bedeckter Mann, der durch den Krieg ebenfalls eine schwere Bürde zu tragen hatte. Zwischen ihnen lief die Frau mit weitgeöffneten, glänzenden Augen, das Mädchen in den ausgetretenen Filzstiefeln an der Hand führend.

Vor der Kompanie blieben sie stehen. Polina Iwanowna sah die vielen auf sie gerichteten Augen, bewegt und voller Wärme.

»Seid gegrüßt, ihr Lieben!« sagte sie leise und auf eine sehr einfache Weise.

Durcheinander kamen die Antworten:

»Guten Tag, Polina Iwanowna!« – »Glückwunsch zur Ankunft!« – »Wir beglückwünschen Sie!«

Noch vieles wollte die Frau sagen, ihnen allen danken, doch die Worte blieben ihr in der Kehle stecken, die Mundwinkel zitterten, und Polina Iwanowna eilte, hilflos mit der Hand winkend, zu den Angetretenen. Sie hing am Hals des verwirrten, blinzelnden MPi-Schützen Gladyschew und weinte leise, ganz auf mütterliche Art. Ihre Schultern bebten.

So endet diese Partisanengeschichte. Dem gibt es eigentlich nichts hinzuzufügen ... oder doch! Polina Iwanowna nähte auch weiterhin – nähte für Andrej Sosulja ein Hemd, und nicht nur für ihn.

# Marian wird Soldat

Jedesmal, wenn bei uns im Stab der Kommissar der polnischen Brigade, Viktor Kremenizki, auftauchte, fragte man ihn unbedingt:

»Nun, wie geht es Marian?«

Sicher hatte man auch diesmal Viktor Alexandrowitsch bereits mehrfach die übliche Frage gestellt. Als Kremenizki zu mir kam, interessierte ich mich ebenfalls für das Wohlbefinden und die Erfolge von Marian. Das Gesicht des Kommissars nahm einen leidenden Ausdruck an.

»Wieder!« rief er aus. »Wollen Sie sich über mich lustig machen?! Unser Marian hat es allen angetan! Als ob es in der Brigade nicht ebensolche Kazimierzs und Franciszeks, Edwards und Mieczysławs, Adams und Tadeuszs gibt, die in nichts besser sind!«

»Deshalb interessiert Marian auch alle. Er ist sozusagen die Maßeinheit. Du hast doch selbst gesagt, daß Marian bei euch ein richtiger Soldat wird. Erinnerst du dich?«

»Ausgezeichnet erinnere ich mich«, seufzte Kremenizki.

Die Tür ging auf, und vor Kälte zitternd kam Wladimir Nikolajewitsch Drushinin herein. Als er den Gast gesehen hatte, freute er sich.

»Sei gegrüßt, Viktor! Nun erzähle mal, wie macht sich Pan Marian bei euch?«

Kremenizki und ich brachen in Lachen aus.

Der zweiundzwanzigjährige Marian Falkiewicz, Partisan der Brigade »Wanda Wasilewska«, ahnte nicht im geringsten, welche Popularität sein Name im Stab des Verbandes genoß. Diese Popularität war weder mit militärischen Heldentaten noch mit besonderer Diszipliniertheit oder gar mit Erfolgen in der Gefechtsausbildung verbunden. Im Gegenteil. Bereits zu Beginn der Formierung der polnischen Brigade brachte sich Marian dadurch in Erinnerung, daß er sich in nur zwei bis drei Tagen einer ganzen Reihe von absolut nicht zulässigen Vergehen schuldig machte: Er verspätete sich zum Vollzähligkeitsappell, sprach in der Antreteordnung, legte sich zweimal mit dem Kompaniechef an, konnte eine unerlaubte Entfernung aus dem Lager »verbuchen«, erschien nicht zur Ausbildung an der Technik, wobei er sich auf eine nicht vorhandene Krankheit berief, und verfiel »zur Krönung« als Wachposten an der Erdhütte des Zugführers in einen süßen Schlummer. Damals also versprach der Brigadekommissar, der uns von den Allüren Marians erzählt hatte, aus ihm einen guten Soldaten zu machen.

Man darf nicht etwa denken, daß Falkiewicz irgendein böswilliger Verletzer der elementarsten militärischen Ordnung war. Nichts dergleichen! Jedes Vergehen des jungen polnischen Partisanen ergab sich irgendwie von selbst, ohne Marians Zutun, und für jedes Vergehen fand sich bei ihm eine Vielzahl von Rechtfertigungen.

Von Kremenizki erfuhren wir auch von jenem Dialog, der sich zwischen ihm und Marian entwickelt hatte, als dieser auf Posten eingeschlafen war:

»Genosse Falkiewicz! Man hat Ihnen die Nachtruhe Ihres gesamten Zuges anvertraut ...«

»Ich bitte Sie, Pan Kommissar, ich habe Wache gehalten, sehr gut sogar. Ich bin um den Bunker herumgegangen und habe auch nach den Seiten Ausschau gehalten.«

»Moment mal, Falkiewicz! Erstens haben Sie einen Vorgesetzten nicht zu unterbrechen, der mit Ihnen redet. Zweitens nennen sie mich ›Genosse Kommissar‹ und nicht ›Pan Kommissar‹. Drittens, wie können Sie behaupten, daß Sie um den Erdbunker gegangen sind und nach allen Seiten Ausschau gehalten haben, wenn Sie der Zugführer sitzend auf einer Kiste angetroffen hat, mit dem Kopf auf den Knien und mit fest geschlossenen Augen? In einer solchen Stellung kann man nur Träume sehen!«

»Welche Träume? Welche Träume, Genosse Kommissar?

Ein Mensch kann doch schließlich zum Schluß der Wache mal für eine Minute die Augen zumachen.«

»Ein Wachposten hat weder zu Beginn noch in der Mitte oder am Ende der Wache zu schlafen. Wenn nun nicht der Zugführer, sondern ein Bandera-Mann oder ein deutscher Faschist gekommen wäre? Er hätte Sie nicht geweckt, sondern etwas weitaus Schlimmeres getan.«

»Verzeihung, Genosse Kommissar, aber der Faschist wäre nicht zu uns gekommen, er wäre wahrscheinlich zum Bunker der Minenleger gegangen.«

»Und wenn bei den Minenlegern der Wachposten auch schläft? Übrigens, Falkiewicz, interessiert mich Ihre Meinung dazu nicht. Sie sind freiwillig zu den Partisanen gegangen, Sie haben sich feierlich verpflichtet, sich der Partisanendisziplin unterzuordnen, und jetzt verletzen Sie sie auf Schritt und Tritt. Man schämt sich einfach für Sie! Gehen Sie zum Kompaniechef und melden Sie, daß Sie von mir zwei Wachen außer der Reihe erhalten haben. Soll er Sie in die Küche zum Kartoffelschälen schicken!«

»In die Küche kann ich nicht, Pan Kommissar! Dort arbeiten Bronek und Irena, die würden über mich lachen.«

»Das machen sie recht! Bald wird die ganze Brigade über Sie lachen. Gehen Sie, und melden Sie dem Kompaniechef die erhaltene Bestrafung.«

Marian machte sich würdevoll davon. Erst »fand er den Kompaniechef nicht«, und als er ihm doch unter die Augen kam, »vergaß er«, Kremenizkis Befehl zu melden.

So war Marian Falkiewicz. Generell war er kein schlechter Bursche, kräftig und ziemlich gewitzt. Er war der Sohn eines hiesigen Mittelbauern, dessen Wirtschaft von den Bandera-Leuten ausgeraubt worden war. An Marians patriotischer Gesinnung sowie an seinem aufrichtigen Wunsch, Polen zu helfen, sich von den Okkupanten zu befreien und die Selbständigkeit zu erringen, konnte niemand zweifeln. Marian trat in die Brigade mit den besten Vorsätzen ein, aber es gelang ihm irgendwie nicht, ein richtiger, vollwertiger Kämpfer zu werden. Übrigens hatte Viktor Kremenizki völlig recht: Leute wie Marian gab es in der Brigade mehr als genug.

Eigentlich wunderte das niemanden von uns. Denn jeder

Neuling, der nicht in der Armee gedient hatte und in eine unserer Abteilungen eingetreten war, hätte Marian ausgezeichnet Gesellschaft leisten können, ohne sich von ihm wesentlich zu unterscheiden. Aber sowohl Marian als auch jeder andere hätte sich in irgendeiner unserer alten Abteilungen schnell von seinen zivilen Gewohnheiten losgesagt und wäre in ungefähr einem Monat ein guter Partisan geworden.

Mit Marian ging eine solche Wandlung in der polnischen Brigade nicht vor sich. Woran lag das?

Es ist nicht schwer, dahinterzukommen. Gerät ein Neuling in einen Kreis von Genossen mit mehr Erfahrung und Geschick, so wird er mit allen Kräften ihnen nachzueifern suchen. Und die alten Partisanen werden ihm dabei auf jede nur erdenkliche Weise helfen, mit Rat und Tat und dem persönlichen Beispiel.

Man schaut hin, und der Neuling ist schon kein Neuling mehr! Nachdem er vieles von seiner Umwelt übernommen hat, wird er selbst ein Teil dieser Umwelt, als ob er sich in ihr aufgelöst hätte.

Völlig anders stellt sich die Situation in einer neuen Partisanenformation dar, in diesem Fall in der polnischen Brigade. Der gesamte Soldatenbestand rekrutierte sich hier aus Neulingen. Die einen nahmen die militärische Ordnung schneller als die anderen in sich auf, die einen strengten sich bei der Gefechtsausbildung mehr an als die anderen, die einen waren von Natur aus diszipliniert, während die anderen nicht gerade damit glänzten. Die Männer, an denen sich Marian in jeder Beziehung ein Beispiel hätte nehmen können, konnte man in der Brigade an den Fingern abzählen. Sie waren dort in der Minderheit und auch noch nicht in der Lage, alle ihrem Einfluß unterzuordnen.

Vorerst betrachteten wir die Wasilewska-Brigade nicht als eine Gefechts-, sondern als eine Ausbildungsformation, wo die polnischen Partisanen so etwas wie die »Schule des jungen Soldaten« durchliefen. Der Lehrgang dieser Schule war auf Neueinstellungen abgestimmt. Doch gewöhnlich gab es in jedem Ausbildungsregiment der Armee einen ständigen Kommandeursbestand, der seine Sache gut beherrschte, also Männer mit großen Erfahrungen in der Erziehungsarbeit. In unserer polnischen Brigade aber gab es solche Kommandeure kaum. Und das war eine weitere Schwierigkeit.

Befehligt wurde die Brigade von einem ehemaligen Wachtmeister der polnischen Armee. Er hieß Stanisław Szelest, war vierzig Jahre alt und seit langem demobilisiert. An der Spitze der beiden Abteilungen, der Kompanien und Züge der Brigade standen ebenfalls ehemalige polnische Offiziere und Unteroffiziere der Reserve. Sie kamen relativ gut mit dem Militärwesen zurecht, doch sie hatten keine Partisanenerfahrungen. Sie mußten selbst lernen und qualifiziert werden. Natürlich wirkte sich das auf den Zustand der Brigade aus. Ihre Abteilungen hatten noch lange nicht das Niveau unserer Einheiten erreicht. Deshalb stöhnte und seufzte Kremenizki auch, wenn man ihn nach den Erfolgen von Marian Falkiewicz fragte.

Wäre es in einem solchen Fall nicht einfacher gewesen, alle Polen auf unsere alten Bataillone aufzuteilen, sie dort zu Partisanen zu schmieden, ihnen vieles beizubringen und erst dann mit den ausgebildeten Kämpfern eine polnische Brigade zu formieren? Ja, das wäre einfacher, aber nicht besser gewesen. Wir waren der Auffassung, daß man an eine Sache von großer politischer Bedeutung nicht engstirnig herangehen durfte.

Die Polen waren von heißer Liebe zu ihrer Heimat beseelt und hielten sie heilig. Die Eroberung Polens durch die deutschen Faschisten und die Umwandlung des souveränen Staates in ein »Generalgouvernement« erfüllten die Herzen der Polen mit Wut und Schmerz. Sie glaubten an die Befreiung ihres Vaterlandes und wußten, daß das sowjetische Brudervolk ihnen half, die Okkupanten von ihrer geliebten Heimat zu vertreiben. Die wahren polnischen Patrioten wollten auch selbst am Kampf gegen unseren gemeinsamen Feind teilnehmen. Großen Enthusiasmus rief bei den Polen die Kunde von der Bildung einer Provisorischen Demokratischen Polnischen Regierung hervor. Mit Freude nahmen sie Kenntnis von der Formierung polnischer Truppeneinheiten in der Sowjetunion. »Noch ist Polen nicht verloren« – wiederholten die Polen häufig in jenen Tagen die Worte ihrer Nationalhymne. Die Aufstellung der selbständigen Brigade »Wanda Wasilewska«

auf dem von sowjetischen Partisanen kontrollierten Territorium entsprach aufs tiefste der Stimmung sowohl der hiesigen Polen als auch derjenigen, die von jenseits des Bug gekommen waren. Es war, als ob allein die Tatsache der Existenz einer polnischen Partisanenbrigade den Patrioten wieder und wieder sagen würde: Polen lebt! Polen kämpft!

Nicht wenige Polen aus der örtlichen Bevölkerung hatten auch früher schon in unseren Bataillonen gekämpft. In die polnische Abteilung jedoch kamen sie in Massen. Der Wunsch, Partisan zu werden, erwies sich als so stark, daß nicht nur eine Abteilung, sondern zwei aufgestellt werden mußten, die man zu einer Brigade vereinte.

Nein, von einer Aufteilung der Polen auf die alten Bataillone konnte überhaupt keine Rede sein. Es mußte eine selbständige polnische Brigade sein. Und ihr zu helfen waren wir verpflichtet, ungeachtet vieler Schwierigkeiten. Man kann übrigens Hilfe auf verschiedene Art erweisen. Uns hätte es nichts ausgemacht, an die Spitze jeder Einheit der Brigade einen erfahrenen, kampferprobten Kommandeur von uns zu stellen. Formal hätte das wie Hilfe ausgesehen, sogar wie eine freigebige Hilfe, doch in Wirklichkeit wäre das nur zum Schaden gewesen. Was wäre das schon für eine nationale Brigade, wenn die Polen von Russen und Ukrainern befehligt würden?! Außerdem konnten selbstverständlich die polnischen Kommandeure besser auf ihre eigenen Landsleute einwirken. Solche Kommandeure fanden sich, wenn sie auch unserer Unterstützung bedurften.

Nach und nach beriefen wir unsere zeitweilig dorthin entsandten Berater ab. Zu Beginn des Jahres 1944 blieben bei den Polen lediglich Kommissar Kremenizki, der Chef des Stabes, Kaporzew, der Instrukteur für das Minenwesen, Rudenko, der Stellvertreter des Brigadekommandeurs für Aufklärung, Grigori Beda, und einige Politleiter, die mit Szelest ausgezeichnet zusammenarbeiteten. Ich glaube, daß das für eine Brigade von vierhundert Mann sehr wenig war.

Mitunter tauchte bei mir die Frage auf: Hatten wir nicht unsererseits eine Überspitzung zugelassen? Kremenizki jammerte die ganze Zeit über, daß die Dinge in der Brigade nicht zum besten stünden. Über den sattsam bekannten Marian konnte er nichts Beruhigendes berichten. Außerdem übermittelten uns die Verbindungsleute immer neue Bitten der Armia Ludowa, die Brigade so schnell wie möglich nach Polen zu entsenden.

Einmal, noch in der ersten Januarhälfte, beschloß ich, gemeinsam mit Dmitri Iwanowitsch Rwanow den Polen einen Besuch abzustatten. Wir brachen am Morgen auf. Mein stallmüder Adam und der launische Schimmel des Stabschefs des Verbandes brachten uns schnell zum Lager der Brigade.

Stanisław Szelest, der uns an der Stabshütte empfing, meldete, daß es in den ihm anvertrauten Einheiten keine Vorkommnisse gegeben habe und die Männer bei der Ausbildung entsprechend dem Plan seien.

»Wir werden sehen, Stanisław Pawlowitsch, wie bei Ihnen die Ausbildung verläuft ... Gehen wir zuerst einmal durch die Erdhütten«, sagte ich. »Und wo ist der Kommissar?«

Es stellte sich heraus, daß sich der Kommissar auf dem Übungsgelände befand, wo die Minenleger am Werk waren. Wir beschlossen, dort vorbeizuschauen.

Eine Waldlichtung stellte das Übungsgelände dar, auf dem einige Meter Eisenbahnschienen mit Schwellen aufgebaut worden waren. Hier standen auch Modelle von verschiedenen Brückentypen, Wände, Fundamente und andere Objekte zum Verminen. Die Partisanen des Sprengzuges hatten sich an der Böschung niedergelassen. Man trainierte den Einbau von Verzögerungsminen, natürlich ohne Ladung, sie wurde durch einen Sandbehälter ersetzt.

Die Ausbildung leitete Pjotr Rudenko, einer unserer besten Minenleger. Zugegen war auch der polnische Zugführer Ignacy Mendak, ein mittelgroßer, beweglicher Mann mit energischem Gesicht. Nach den offiziellen Begrüßungen sagte Mendak zu mir:

»Die polnische Armee hatte ganz andere Minen. Ich bin hier Kommandeur, aber lernen muß ich alles von Anfang an. Von der ersten Klasse an!«

»Vor dem Krieg hatten wir auch nicht solche Minen, und wir mußten gleichfalls lernen. Doch das ist kein Unglück! Wenn wir nur jemanden gehabt hätten, von dem wir hätten lernen können! Sind Sie mit Ihrem Instrukteur zufrieden?«

»Oh! Das ist ein Professor!« war die Antwort.

Wir beobachteten die Arbeit der Minenleger. Ungeachtet der nicht wenigen plötzlich über sie »hereinbrechenden« Vorgesetzten, was natürlich die Neulinge nervös machte, handelten sie ziemlich sicher und schnell. Übertrieb Kremenizki nicht die Schwierigkeiten, auf die er in der Brigade gestoßen war? Ich sprach ihn daraufhin an, als wir zusammen zum Lager zurückgingen.

»Ich übertreibe?« wunderte sich Viktor. »Ignacy Mendak hat sich doch die flinksten Burschen ausgesucht ... Sie müssen mal die anderen sehen!«

Wir weilten in mehreren Erdhütten, und überall waren die Burschen eben wie Burschen sind. Die Ausbildung verlief völlig normal. Natürlich fehlte noch vielen polnischen Partisanen der militärische Schliff, viele verhedderten sich bei den Antworten auf nicht gerade komplizierte Fragen, doch mit dem Zusammensetzen und Auseinandernehmen der Waffe kamen sie schon ganz gut zurecht. Schließlich waren es ja Leute, die noch kein Pulver gerochen hatten!

In dem Zug, wo sich Marian Falkiewicz befand, wurde das leichte MG behandelt. Ich fragte Marian, welche Art von Ladehemmungen es beim lMG mit Scheibenmagazin gebe und worin ihre Ursachen lägen. Wenn auch recht holperig, so kam die Antwort doch im wesentlichen richtig. Mit dem Zusammensetzen des Maschinengewehrs kam Falkiewicz ebenfalls zurecht, wenn es auch ziemlich lange dauerte.

»Er wird ein guter MG-Schütze«, versicherte ich Kremenizki, »arbeiten Sie noch mit ihm, und Sie werden einen Partisanen erhalten, der durch dick und dünn geht. Und wie sieht es bei Marian mit der Disziplin aus? Wie gehabt?«

»Fast. Unlängst entfernte er sich ins zivile Lager.«

»Und warum?«

»Er hat dort seine Verlobte.«

»Und du, Viktor, hast dich niemals unerlaubt zu deiner Verlobten entfernt?«

»Sie sind heute irgendwie besonders weich gestimmt, Alexej Fjodorowitsch. Hier sehen wir nicht danach, ob einer zur Verlobten, zum Bruder oder zum Brautwerber geht, sondern für jede unerlaubte Entfernung heizen wir ihm ein und bestrafen ihn.«

»Und ob! Unbedingt muß man bestrafen ... Doch läßt es sich nicht so einrichten, daß sich Ihre Partisanen mit ihren Angehörigen und Nahestehenden treffen können, sozusagen in organisierter Form? Denken Sie mal darüber nach.«

Einen guten Eindruck machten die polnischen Kommandeure Aleksander Fudalej, Stanisław Matys, Władysław Skupiński und Adam Kosinoga. Man sah, daß ihnen die Brigade wirklich ans Herz gewachsen war und sie sich mit allen Kräften bemühten, den Ausbildungsstand der ihnen Unterstellten zu erhöhen.

Auf einer kurzen Beratung mit den Kommandeuren traf ich die Feststellung, daß sich die Dinge in der Brigade spürbar zum Besseren gewandelt hatten. Mehr Hartnäckigkeit und Geduld, und bald werde alles in bester Ordnung sein.

»Wie heißt auf polnisch ›Soldat‹?« fragte ich die Anwesenden.

»Żołnierz! So heißt das polnisch«, ertönten mehrere Stimmen.

»Ich hoffe, Genossen, daß bald alle Neueingestellten gute Partisanen-Żołnierzy werden! Und dann – auf nach Polen, über den Bug!«

»Es lebe das freie Polen!« rief Stanisław Szelest, nicht laut, doch feierlich.

»Es lebe! Es lebe!« erklang es bewegt in der Erdhütte des Stabes.

Kremenizki hatte sich entschlossen, uns ein Stück zu begleiten, und bestieg ebenfalls ein Pferd. Als wir vom Lager wegritten, kam Rwanow plötzlich etwas in den Sinn.

»Alexej Fjodorowitsch! Wir haben ja nicht einmal den polnischen Geistlichen gesehen, der Partisan geworden ist! Den jungen, der aus Ljubeschow kam, erinnern Sie sich?«

»Ihr habt ihn gesehen! Antoni Malyszicki habt ihr gesehen«, sagte Viktor lachend. »Dmitri Iwanowitsch, du hast ihn selbst für das schnelle Zusammensetzen der Maschinenpistole gelobt! In der zweiten Erdhütte ... So ein Schmaler, Blonder.«

»Das also war der polnische Geistliche aus Ljubeschow?« fragte ich ungläubig.

»Ja, derselbe!«

»Ein Adler! Ein richtiger Adler! Ich weiß nicht, welche Meinung der Papst über ihn als Diener Gottes hat, aber den Faschisten erteilt er eine wirksame Lehre. Überhaupt, Viktor, nörgelst du mehr herum, als es erforderlich ist. Die Dinge liegen doch nicht schlecht.«

»Ach, wenn es doch wenigstens so aussehen würde wie unser erstes Bataillon! Bis heute hänge ich an ihm.«

»Da hast du etwas zum Vergleichen gefunden«, ließ sich Rwanow vernehmen. »Das erste Bataillon existiert drei Jahre. Auch wenn man es dir gestatten würde, gingst du nicht zurück ins erste. Dafür hast du schon zu viel in die Brigade gesteckt.«

»Das stimmt«, bestätigte Kremenizki nachdenklich. »Aber es ist schwer, Genossen, sehr schwer! Von allen Schwierigkeiten kann man gar nicht erzählen. Sie begegnen einem auf Schritt und Tritt.«

»Deshalb hat man dich ja auch hierher gesandt, weil es hier schwierig ist«, sagte ich. »Bringen Sie Marian weiter nach vorn, und Sie haben jemanden zum Nacheifern! Stanisław eifert Marian nach, der Viktor dem Stanisław und der Adam dem Viktor. So holen Sie auf. Ist es nicht so?«

»Natürlich geben wir uns Mühe.«

Auf halbem Weg zu unserem Lager verabschiedeten wir uns von Kremenizki.

In Lessograd ging ich sogleich zu Drushinin, um ihm von der polnischen Brigade zu berichten. Beim Kommissar saß Sándor Nógradi. Beide beugten sich über eine kleine Karte von Ungarn.

»Er ruft uns hier nach Budapest!« sagte Wladimir Nikolajewitsch, wobei er mit dem Kopf auf den Gast wies.

»Nein, nein, nicht direkt nach Budapest!« protestierte dieser lachend. »Zuerst lade ich Sie in den Wald und in die Berge ein. Ungarische und sowjetische Partisanen – um gemeinsam die Faschisten zu schlagen. Dann kommt der Sieg und dann Budapest. Sie haben verstanden, Genosse General?«

»Wie sollte man es nicht verstehen!« antwortete ich. »Mit dem größten Vergnügen ... Nur ist es vorerst noch ziemlich weit bis Ungarn!«

Der pausbäckige, untersetzte, noch recht junge Sándor Nógradi leitete eine zu uns über den »Korridor« gekommene

Gruppe ungarischer Antifaschisten. Sie war zwanzig Mann stark. Auf verschiedenen Wegen waren sie in die Sowjetunion gelangt. Der Kommunist Nógradi zum Beispiel mußte bereits in der Vorkriegszeit aus Horthy-Ungarn emigrieren. Die parteilosen Offiziere Gyula Uszta und Pal Kornys gingen auf die sowjetische Seite, kaum daß sie an die Front gelangt waren. Einen Teil der Ungarn nahmen wir gefangen, und bereits in Gefangenschaft begriffen sie, daß sie weder Hitler noch Horthy, sondern ihrem Volk dienen müssen. Diese Ungarn waren sehr unterschiedliche Menschen, doch sie alle träumten davon, ihre Heimat unabhängig und frei zu sehen, und in ihnen brannte der Wunsch, ihr in dem schweren Jahr zu helfen.

Die ungarischen Genossen kamen gewissermaßen zum Praktikum zu uns. Sie bereiteten sich darauf vor, in Ungarn zu Organisatoren von Partisanenabteilungen zu werden.

Den »Praktikanten« schufen wir Bedingungen, die es ermöglichten, die sowjetischen Erfahrungen gründlich zu studieren. Ein Teil der Ungarn wurde zeitweilig in die Aufklärungskompanie, ein anderer in die Kavallerieschwadron eingegliedert. Nógradi behielten wir beim Stab. Die Ungarn lebten zusammen mit unseren Kämpfern, und gemeinsam erfüllten sie die Aufgaben der Führung. Die Beziehungen zwischen den sowjetischen und den künftigen ungarischen Partisanen gestalteten sich ausgezeichnet und waren freundschaftlicher Art. Pal Kornys, dessen Vater ebenfalls Pal hieß, nannten bald alle Pal Palytsch und Sándor Nógradi Onkel Sascha.

Die ungarischen Partisanen interessierten sich für vieles, sahen sich vieles genau an, doch sie waren nicht nur mit ihrem »Praktikum« beschäftigt. Die Soldaten und Offiziere der in der Nähe von uns stationierten ungarischen Besatzungstruppen sammelten immer häufiger antifaschistische Flugblätter in ihrer Muttersprache auf. Die in einer Druckerei hergestellten brachte Nógradi mit, aber es gab auch handgeschriebene Flugblätter, die von unseren »Praktikanten« nach aktuellen, nicht selten örtlichen Materialien verfaßt worden waren. Ich war überzeugt, daß vielen unfreiwilligen Verbündeten der deutschen Faschisten das leidenschaftliche, überzeugende

Wort der ungarischen Patrioten half, auf den richtigen Weg zu gelangen.

Es versteht sich von selbst, daß Sándor Nógradi nur scherzte, als er uns einlud, mit dem gesamten Verband in die Wälder und Berge Ungarns überzusiedeln. Jedoch rückte die Zeit, da Nógradi selbst und seine Genossen heimatlichen Boden betreten konnten, zweifellos näher. Dort würden sie ihren Landsleuten vieles von unseren Erfahrungen übermitteln können. Die Brigade »Wanda Wasilewska« aber rückte nach Polen vor, und zwar ziemlich schnell.

Nach wie vor unterhielten wir Verbindung zur Armia Ludowa und über sie zur Polnischen Arbeiterpartei. Man bedrängte uns und bat, die Brigade schneller zu entsenden. Auch die polnischen Partisanen selbst drängten zum Bug. Wir wollten aber nicht, daß dorthin Menschen gingen, die noch ungenügend ausgebildet waren. Man würde auf sie als die Zöglinge einer sowjetischen Partisanenschule blicken, sie würden jenseits der Grenze unseren Verband vertreten.

Ende Januar erfolgten alle Ausbildungsmaßnahmen bei den Polen in einer maximal gefechtsnahen Situation. Nach den von der Brigade durchgeführten großen zweiseitigen Manövern kamen Szelest und Kremenizki zum Stab. Natürlich empfing man den Kommissar mit der üblichen Frage nach den Erfolgen und dem Allgemeinbefinden von Marian.

»Oho! Mit Marian bitte ich jetzt keine Scherze mehr zu treiben«, entgegnete Viktor fröhlich. »Erst gestern wurde ihm der Dank vor der Front ausgesprochen. Er hatte eine ›Zunge‹ ergriffen!«

»Warte mal ... Woher? Was für eine ›Zunge‹? Warum wissen wir davon nichts?« Rwanow schaute finster drein.

»Beruhige dich, Dmitri Iwanowitsch! Vorerst hat Falkiewicz lediglich eine angenommene ›Zunge‹ bei den Manövern ergriffen, doch auch das will schon etwas heißen!«

Tatsächlich, die erste Belobigung, die Marian Falkiewicz erhalten hatte, bedeutete weitaus mehr. Wenn man ihn schon als Beispiel hinstellte, so hieß das, wir hatten vieles erreicht, es bedeutete, daß wir dem gestellten Ziel nahe waren.

Nach sorgfältiger Überprüfung der Brigade wurde beschlossen, sie in der zweiten Februarhälfte hinter dem Bug einzusetzen. Sowie wir das den polnischen Partisanen mitgeteilt hatten, gaben sich auch die Säumigsten Mühe, und diejenigen, die vorn lagen, stellten noch höhere Anforderungen an sich.

In der Brigade brachen heiße Tage an. Die Gefechtsausbildung ging weiter, die Ausbildungsmaßnahmen verliefen aufeinander eingespielt, präzis und mit besonderem Enthusiasmus. Auf allen Führungsebenen bereitete man den Marsch vor. Die Mitarbeiter des Stabes erarbeiteten die Marschrouten in mehreren Varianten. Die Leiter der Dienste erhielten in den Lagern des Verbandes Munition, Verpflegung und Medikamente. Die Männer der Wirtschaftseinheit überlegten, wie man am besten den Transport zusammenstellte.

Unser Verband übergab der polnischen Brigade – ein Werk unserer Schöpfung – eine reiche Mitgift. Wir versorgten sie mit großen Vorräten an Minen und anderen Sprengmitteln sowie Patronen, wählten kräftige Pferde aus und stellten ihr eine Funkstation zur Verfügung. Mit einer solchen Gabe konnte man ein selbständiges Leben beginnen!

Schließlich brach der Tag an, freudig und feierlich zugleich, auch voller väterlicher Sorge. Die polnische Brigade verließ ihr Lager. Ein kurzes Meeting. Gute Wünsche wurden mit auf den Weg gegeben. Als Antwort – zu Herzen gehende Dankesworte an die sowjetischen Partisanen und der Schwur der Treue zu unserer gemeinsamen Sache. Danach verabschiedeten sich die Polen von ihren Alten, von den Frauen, Bräuten und Kindern, die unter unserer Obhut im zivilen Lager verblieben. Umarmungen und Küsse, Tränen und Lachen.

Nun war es Zeit, seinen Platz einzunehmen, die Kolonne formierte sich. Stanisław Szelest streckte sich in den Steigbügeln, blickte sich um und kommandierte gedehnt wie ein Kavallerist:

»Ma-a-arsch!«

Ein Bataillon von uns und die Kavallerieschwadron begleiteten die polnische Brigade über den Stochod. Für eine gewisse Zeit ritten auch Drushinin und ich mit ihnen. Die Schlittenkufen knirschten, Pferdehufe dröhnten, und man hörte das rhythmische Stampfen von Hunderten von Filz- und Lederstiefeln auf der gefrorenen Erde.

Nachdem wir unsere Pferde zum Stehen gebracht hatten,

ließen wir die Kolonne an uns vorbeiziehen. Da kam unser Bataillon, ihm folgten die Kompanien der ersten Abteilung der polnischen Brigade unter dem Befehl von Aleksander Fudalej. Ein Marsch war natürlich kein Gefecht, doch jetzt boten die Polen keinesfalls einen schlechteren Anblick als unsere Veteranen. Alle gingen aufrecht, schwungvoll, und in der Kolonne herrschte Ordnung. Ich hoffte, daß sie auch im Gefecht ihren Erziehern keine Schande bereiteten.

»Sieh mal! Schau mal!« Drushinin stieß mich leicht mit dem Ellenbogen an. »Da, der letzte, im schwarzen Halbpelz, das ist doch Marian!«

Tatsächlich, Marian Falkiewicz marschierte an uns vorüber. Er ging, ohne zurückzublicken, in gleichmäßigem Soldatenschritt, hocherhobenen Hauptes, den Karabiner fest angezogen. Ja, Marian war ein Soldat geworden, ein richtiger »Żołnierz«.

Die Brigade hatte dort, jenseits des Bug, nicht wenige erbitterte Gefechte mit den Faschisten, schwierige Sprengoperationen und hartnäckige Verteidigungskämpfe zu bestehen. Bald trafen bei uns die ersten Funksprüche von Szelest und Kremenizki über gesprengte deutsche Züge, vernichtete Lager und Brücken sowie beschädigte Nachrichtenleitungen ein. Die polnische Brigade erwies sich für unsere Aufklärung auch als eine gute Informationsquelle.

Das alles passierte erst später, vorerst gaben wir den Polen das Geleit auf ihrem Kampfesweg. Schon tauchte die Kavallerieschwadron als Abschluß der Kolonne auf. Unter den bekannten Gesichtern erblickten wir das strenge, nachdenkliche Antlitz von Gyula Uszta. Es war doch bemerkenswert, daß unter denjenigen, die die polnische Brigade begleiteten, ein Ungar war!

Unser Kampf gegen den Faschismus war international, er wurde für viele Völker zu einer Lebenssache. Große Erfolge und viele gute Taten in den Kämpfen um ein freies Polen wünschten wir auch unserem Marian.

# Nach Kowel!

Die vorausgesandten Quartiermacher führten uns zu einem Haus am Dorfrand von Werchi. Als erster trat Rwanow ein und bedeckte den Tisch mit einer großen Karte, auf der Einzeichnungen mit Buntstift vorgenommen waren. Von diesem Augenblick an verwandelte sich das gewöhnliche Bauernhaus in unseren Gefechtsstand für die bevorstehende Operation. Gleich daneben, über den Hof, hatte Major Maslakow bereits den Nachrichtenknoten entfaltet.

»Melden Sie die Lage!« wandte ich mich an Rwanow.

Mit mir waren Drushinin und mehrere Kommandeure gekommen. Sofort wurde es eng in dem Raum. Dmitri Iwanowitsch begann auch tatsächlich mit der Meldung.

»Nicht notwendig. Das war nur ein Scherz!« Ich lachte. »Die Lage kann ich gleich selbst melden: Alle Bataillone befinden sich auf dem Marsch zu den Ausgangslinien. Die Stimmung ist ausgezeichnet. Keine Vorkommnisse. Ist es nicht so?«

»Für vierzehn Uhr null null, zweiundzwanzigster Februar stimmt es, Alexej Fjodorowitsch! Alles verläuft plangemäß«, entgegnete der Chef des Stabes, wobei er auf die Karte wies.

Ich trat an den Tisch. Die Karte war mir bis ins Detail bekannt. In letzter Zeit hatten wir alle viel an ihr gearbeitet. Zwei große, von oben kommende rote Pfeile – der eine bog scharf nach Westen, der andere nach Osten ab – zeigten mit ihren Spitzen auf einen Punkt mit der Bezeichnung »Kowel«. Parallel zu den großen waren auf der Karte kleine rote Pfeile eingezeichnet, die die blauen Bogen der gegnerischen Verteidigung durchstießen. Die taktischen Zeichen markierten die künftigen Gefechtsstände und Beobachtungsstellen der Truppenteile und Einheiten, die Unterbringungsabschnitte der Reserven, die Orte für die Schläge gegen die Verkehrswege des Feindes und vieles andere.

Jeder von uns kannte die Aufgaben der Operation auswendig: Kowel einnehmen, die Garnison des Gegners vernichten, den Eisenbahnknoten und die kriegswichtigen Betriebe der Stadt zerstören sowie Dokumente der Okkupationsbehörden in Besitz nehmen. Diese Aufgaben konnten die Partisanen nur beim Heranrücken und mit Unterstützung von Truppenteilen der Roten Armee erfüllen.

Wie war die Idee zu unserer Angriffsoperation entstanden? Bis dahin hatten wir uns im wesentlichen mit Sprengungen an den nach Kowel führenden Eisenbahnstrecken befaßt. Mit der Aufgabe, diese lahmzulegen, wurden wir fertig. Bis Februar hatten wir annähernd fünfhundert Züge in die Luft gejagt. Gleichzeitig wurde das Feld unserer Tätigkeit bedeutend eingeengt. Sarny, Rowno und Luzk waren von der Roten Armee befreit worden. Den Okkupanten verblieben jetzt lediglich zwei verstümmelte Eisenbahnabschnitte, die von Kowel an die Front führten. Nur an zwei Magistralen konnten wir im früheren Ausmaß handeln: Kowel–Brest und Kowel–Chełm in Polen. Deshalb war auch die Idee entstanden, unsere Tätigkeit in Wolynien mit einem mächtigen Schlag auf Kowel, das Zentrum des Eisenbahnknotens, abzuschließen.

Der Ukrainische Stab der Partisanenbewegung hieß unseren Plan gut. Er erklärte sich auch damit einverstanden, daß an der Operation andere Partisanenabteilungen teilnahmen. Helfen sollten uns die Abteilungen von Karassew und Prokopjuk, die sich bei ihrer weiteren Verlegung nach Westen in unserer Nachbarschaft befinden würden. Die Hauptunterstützung sollte jedoch durch den Partisanenverband des Oberstleutnants Malikow erfolgen, der aus dem Gebiet von Shitomir nach Wolynien verlegt worden war.

Das Vorrücken dieses Verbandes war auf der Karte durch jenen großen roten Pfeil gekennzeichnet, der aus westlicher Richtung auf Kowel zielte. Stepan Fjodorowitsch Malikow selbst war gerade bei mir, ebenso Prokopjuk und Karassew. Malikow, ein ruhiger, angenehmer Mensch, kräftig gebaut, mit einem klugen, energischen Gesicht, war Berufssoldat.

»Nun, Genosse Oberstleutnant, wir werden also zusammen in den Wladimir-Kasernen sein?« fragte ich Malikow.

»Wir geben uns Mühe, Genosse General! Ich habe schon allmählich vergessen, wie Soldatenkasernen aussehen ... Immer nur Wald und Erdhütten.«

Nach dem Operationsplan hatten Malikows Partisanen die Faschisten in den Wladimir-Kasernen von Kowel zu zerschlagen, während unsere Abteilungen hauptsächlich entsprechend ihren Spezialaufgaben, also Sprengtätigkeit an der Eisenbahnstrecke, handeln sollten: die Brücke über den Fluß Turja sprengen, die Stationsgleise zerstören sowie das Depot, das Pumpenhaus und die Eisenbahnausbesserungswerkstätten vernichten. Danach sollten sich die Kämpfer beider Verbände im Zentrum der Stadt treffen.

Kowel hatten wir nicht schlecht aufgeklärt. Fast am Stadtrand hatte sich unlängst unsere Aufklärungsgruppe unter Hauptmann Drosdow ihre Basis geschaffen. Mit Hilfe der Koweler Illegalen, von denen es einige Gruppen gab, vermochte Ustin Drosdow vieles aufzuklären. Die Garnison von Kowel hatte etwas mehr als zweitausend deutsche und ungefähr vierhundert ungarische Soldaten in ihrem Bestand. Uns war ebenfalls bekannt geworden, wo die vordere Verteidigungslinie der Stadt verlief, wo sich Minenfelder und Drahtsperren befanden und an welchen Kreuzungen in Kowel selbst Feuerpunkte errichtet worden waren. Wir wußten schließlich, daß sich die vorderste Sicherung des Gegners in den Dörfern Dorotistsche, Oblapy, Sekun und in der kleinen Ortschaft Nessuchojeshe befand.

Es stand eine schwierige Operation bevor. Unser Verband hatte die Faschisten bereits aus einigen Städten vertrieben. Im Tschernigower Gebiet hatten wir Korjukowka eingenommen, in Belorußland gemeinsam mit den Abteilungen von Kowpak Bragin von den Faschisten gesäubert, hier in Wolynien Kamen-Kaschirski und Ljubeschow befreit. Doch jetzt mußten wir eine weitaus härtere Nuß knacken! Im Glauben an den Erfolg setzten wir große Hoffnungen auf das Überraschungsmoment unseres Schlages.

Die Stoßgruppierungen der Partisaneneinheiten bewegten sich vorerst auf die Ausgangsstellungen zu. Den Sturm auf die

Stadt würden wir am 26. Februar beginnen. Bis dahin sollte eine unserer Gruppierungen die Bandera-Leute in den umliegenden Wäldern ausräuchern, damit sie später unsere Pläne nicht durcheinanderbrächten. Außerdem würde am Tag der Roten Armee das 9. Bataillon den kleinen Ort Nessuchojeshe besetzen, wo wir beabsichtigten, das Lazarett und die beweglichen Lager unterzubringen.

Der Ort liegt fünfzehn Kilometer von Kowel entfernt. Die deutsche Besatzung umfaßte nach den jüngsten Angaben nicht mehr als eine Kompanie. Sie aus dem Ort zu jagen bereitete keine großen Schwierigkeiten. Auch hatten sich die Faschisten schon irgendwie daran gewöhnt, daß die Partisanen sie mal aus der einen, mal aus der anderen Ortschaft vertrieben, und sie würden dem Verlust dieses kleinen Ortes kaum besondere Bedeutung beimessen. Auf alle Fälle rechneten wir damit.

Schnell kam der Abend. Von Zeit zu Zeit teilten die Bataillone über Funk mit, daß bei ihnen alles in Ordnung sei. Drushinin und ich wiederum sandten einen Funkspruch gleichen Inhalts nach Kiew, als plötzlich, gegen Mitternacht, die erste alarmierende Nachricht eintraf. Der Kommandeur des 9. Bataillons, Major Grigorenko, meldete, daß sich nach gerade erst erhaltenen Angaben in Nessuchojeshe nicht eine Kompanie, sondern an die zwei Bataillone der Okkupanten befanden.

Ich las den Funkspruch laut vor und blickte fragend auf den Kommandeur unserer Truppenaufklärung, Anton Sidortschenko.

»Gestern war dort eine Kompanie«, versicherte Anton ruhig.

»Woher sind die zwei Bataillone gekommen?«

»Wahrscheinlich aus Kowel. Sie haben ja schließlich auch eine Aufklärung.«

Die Antwort klang logisch. Sollten die Faschisten von unseren Absichten etwa Wind bekommen haben? Durchaus möglich. Warum würden sie sonst in diese kleine Ortschaft eine solch bedeutende Verstärkung entsenden!?

Wir fragten bei Grigorenko an, ob er sich in der Kräftebeurteilung des Gegners auch nicht geirrt habe. Der Major bestätigte den ersten Funkspruch, wobei er gleichzeitig um die

Genehmigung bat, den Gegner mit eigenen Kräften anzugreifen. Stepan Grigorenko wäre nach erteilter Erlaubnis zum Angriff übergegangen, doch man konnte natürlich auf keinen Fall ein Bataillon gegen zwei sich verteidigende Bataillone werfen.

Sollten wir vielleicht auf die Einnahme von Nessuchojeshe verzichten? Nein, gerade jetzt durften die Faschisten nicht hierbleiben, sonst hätten sich zwei feindliche Bataillone im Hinterland unserer Einheiten befunden, die sich auf die Stadt zubewegten. Mit den beweglichen Bandera-Banden wäre das eine äußerst unerwünschte Kombination gewesen. Die Faschisten mußte man in Nessuchojeshe zerschlagen, und Grigorenko mußte unverzüglich Verstärkung erhalten.

Das 5. und das 7. Bataillon befanden sich näher als alle anderen an der Ortschaft. Über Funk übermittelten wir den Kommandeuren Nikolai Nikolenko und Fjodor Lyssenko die entsprechenden Befehle. Bald kam von beiden die Bestätigung, daß sie die Befehle erhalten und verstanden hatten.

»Nun geht es also los!« sagte Rwanow, nahm einen scharf gespitzten Bleistift, legte das Lineal an und beugte sich über die Karte.

Drei Kommandeure von Partisanenbataillonen hatten sich zusammengefunden, um den Plan der Handlungen auszuarbeiten. Sie beschlossen, daß Nikolenko von Norden, Grigorenko von Osten und Lyssenko von Süden angreifen sollten. Die Angreifenden würden dann die Flanken schließen, und Nessuchojeshe wäre eingekreist.

Bevor der Angriff begonnen werden konnte, hatten die Partisanen den Fluß Turja zu überwinden, der sie von der kleinen Ortschaft trennte. Das war ein ernst zu nehmendes natürliches Hindernis. Das Eis längs der Ortschaft hatten die Faschisten in der gesamten Breite vorausschauend gesprengt. Das Übersetzen oberhalb oder unterhalb des Ortes war ebenfalls keine leichte Angelegenheit; dort gab es zwar Eis, doch die Stärke ließ zu wünschen übrig.

»Nachts muß man über den Fluß, wenn es noch dunkel ist! In kleinen Gruppen muß man ’rüber, und wer drüben ist, geht sofort zu seinen Abschnitten«, sagte Lyssenko.

»Trotzdem könnten sie es bemerken.« Nikolenko wiegte den Kopf. »Und wenn sie mit Granatwerfern auf die Übersetzstellen schießen, dann sieht es trübe aus! Man muß die Aufmerksamkeit des Feindes ablenken und dann übersetzen.«

»Nikolai Michailowitsch hat recht«, stimmte Grigorenko zu. »Zuerst werde ich eine Kompanie ans andere Ufer schikken. Sie umgeht den Ort und konzentriert sich an seiner Westseite. Die Faschisten werden natürlich dorthin drängen. Und bei uns muß schon alles bereit zum Übersetzen sein!«

Gegen diesen Plan hatte niemand etwas einzuwenden. Als man auch hinsichtlich der Details übereingekommen war, verabschiedeten sich die Bataillonskommandeure. Nach kurzem Überlegen rief Major Grigorenko den Kompaniechef der 1. Kompanie, Pjotr Sadochin, zu sich. Ein stämmiger, dunkelhaariger Mann um die Dreißig erschien.

»Setz dich, Pjotr Jefimowitsch, die Beine wirst du heute noch gebrauchen können«, sagte der Major. »Du weißt, daß ich dir noch nie leichte Aufgaben gestellt habe. Auch mit mir hat man das niemals getan. Der Grund ist recht einfach: Wir beide sind Kommunisten.«

»Wir haben uns ja auch niemals beschwert!« sagte Sadochin lächelnd.

»Bei wem sollten wir uns auch beschweren! Unsere Pflicht ist nun mal so. Auch jetzt steht dir eine schwere Aufgabe bevor. Du mußt mit deiner ersten Kompanie ans andere Ufer gehen.«

Sadochin hörte dem Bataillonskommandeur aufmerksam zu, präzisierte einige Fragen und bat um die Erlaubnis, den erhaltenen Befehl auszuführen. Nach einer Stunde begann seine Kompanie mit dem Übersetzen.

Die dunkle Nacht und die Erfahrungen als Partisanen, sich gedeckt vorzuarbeiten, halfen der Kompanie von Pjotr Sadochin, sich ungehindert am Westrand von Nessuchojeshe zu konzentrieren. Das Gelände war hier eben. Bald hatten sie sich in den gefrorenen Boden eingegraben. Die Granatwerfer waren in Stellung gebracht, die Männer duckten sich hinter die leichten und schweren Maschinengewehre, Gewehre und MPis waren entsichert. Die Minenleger hatten die Zündschnüre zu den Sprengkapseln verlegt, um mit ihrer Hilfe die

Explosion von Granaten zu imitieren. Um Panik im Lager des Feindes hervorzurufen, genügten auch Kapseln.

Der Kompaniechef blickte unruhig auf die Uhr. Am schlimmsten war es, nach der Uhr, ohne Leuchtkugel, anzufangen. Wenn nun die Bataillone noch nicht zum Übersetzen bereit waren? Doch eine Leuchtkugel vom anderen Ufer hätte dem Gegner die taktische Idee der Angreifenden verraten.

Der kleine Zeiger näherte sich der Drei und der große der Zwölf. Es war an der Zeit! Pjotr Jefimowitsch gab einen Signalschuß ab, und sofort donnerte das einmütige Feuer der gesamten Kompanie aus allen Waffen los.

Die Faschisten reagierten schnell. Zuerst schossen sie aufs Geratewohl, doch dann kam das Feuer gezielter. Zwei Wurfgranaten gingen in unmittelbarer Nähe der Partisanen nieder. Daraufhin befahl Sadochin, einige Sprengkapseln zu zünden. Nach wie vor schossen die Partisanen mit Granatwerfern, Gewehren und Maschinenpistolen.

In der Dämmerung sah Sadochin verschwommen die Gestalten von Faschisten vor sich, die einen Ausbruch wagten. Es war also an der Zeit, dem Zug des Kommunisten Wassili Wassiljewitsch Wassiljew, des »dreifachen Wassili«, wie ihn seine Freunde nannten, das Wort zu erteilen. Dieser Zug begann, sich vorsätzlich zurückzuziehen, und lockte so den Gegner aus der Ortschaft. War er weit genug weggelockt worden, dann würden die beiden anderen Züge mit Flankenfeuer über den Gegner herfallen.

Am meisten beunruhigte Sadochin der Gedanke, was an den Übersetzstellen passierte. Gingen die Bataillone zu ihren Abschnitten? Gelang es ihnen, den Ring zu schließen? Während des Gefechts lauschte Pjotr Jefimowitsch angestrengt, ob nicht Schüsse an den entgegengesetzten Rändern der Ortschaft zu hören waren. Schließlich ertönte das lang erwartete Schießen in südlicher Richtung. Das 7. Bataillon war also zum Angriff übergegangen.

Fjodor Iljitsch Lyssenko stützte sich wie jeder andere Kommandeur von uns auch im Gefecht vorrangig auf die Kommunisten und Komsomolzen. Sie waren immer vorn und immer dort, wo es am schwierigsten war, gaben stets ein Beispiel. »Das ist unsere Pflicht«, sagte Major Grigorenko richtig. Ehrenvoll und glänzend erfüllten die Partisanenführer auch in diesem Gefecht ihre Pflicht.

An einem der gefährlichsten Abschnitte ging der Zug des Kommunisten Pjotr Assabow kühn vor. Der Komsomolze Leonid Kossinski deckte die Feuerpunkte des Gegners mit Wurfgranaten gezielt ein. Die MG-Schützen Grischa Woskoboinikow, Stepan Russy und Mischa Dawydjuk, ebenfalls Komsomolzen, ließen die Faschisten durch die todbringenden Feuerstöße ihrer Maschinengewehre nicht den Kopf vom Boden heben. Die jungen Kommunisten Fjodor Tkatschenko und Dmitri Kowalenko erhoben sich nicht nur einmal als erste zum Angriff und rissen so die übrigen mit.

Mittlerweile war es fast ganz hell geworden. Die Partisanen sahen bei den toten deutschen Soldaten schwarze Uniformmäntel und silberne Doppelrunen auf den Kragenspiegeln. SS-Leute! Mit denen würde man es also in Nessuchojeshe zu tun haben! Das erschreckte die Kämpfer nicht, sondern machte sie nur noch zorniger. Jeder von ihnen hatte eine besondere Rechnung mit den SS-Leuten zu begleichen.

Das 7. Bataillon griff an, auch die über den Fluß gesetzten Bataillone von Hauptmann Nikolenko und Major Grigorenko gingen vor. Der Ring um die SS-Leute hatte sich geschlossen, doch das Schwierigste stand noch bevor.

Nessuchojeshe ist eine weitverzweigte Ortschaft, lediglich im Zentrum kompakt bebaut, alles übrige Siedlungen, Vorwerke und Gärten. Man mußte sich um jeden Winkel, um jede Häusergruppe schlagen und dabei mal hier, mal dort die Widerstandsnester des Gegners ausheben. Die SS-Leute verteidigten sich verbissen, da sie wußten, daß ihnen keine Gnade gewährt wurde. Aus dem Zentrum der Ortschaft feuerte ununterbrochen Artillerie auf die Gefechtsordnungen der Partisanen. Dennoch gelang es uns, den Ring nicht nur zu schließen, sondern ihn sogar nach und nach einzuengen.

Um 11 Uhr bemerkte Lyssenko ein niedrig fliegendes deutsches Flugzeug. Eine Bombardierung hätte uns gerade noch gefehlt! dachte der Bataillonskommandeur. Die Partisanen eröffneten aus leichten Maschinengewehren und Panzerbüchsen das Feuer auf das Flugzeug. Sie schienen es getroffen zu haben. Der gelbgescheckte Vogel mit den Balkenkreuzen an den

Tragflächen ging noch tiefer. Es stürzte nicht ab, sondern setzte in spitzem Anstellwinkel irgendwo im zentralen Teil von Nessuchojeshe auf.

Nein, die Maschine war nicht getroffen worden. Nach fünfzehn Minuten stieg das Flugzeug steil auf und flog in Richtung Kowel davon. Warum war es hier gelandet? Es blieb keine Zeit, darüber nachzudenken. Gut, daß wenigstens keine Bomben gefallen waren!

Unsere Bataillone schritten über die Leichen von SS-Leuten. Auch in den Reihen der Partisanen gab es Verluste. Im 7. Bataillon fielen der mutige Assabow, der lustige Lenja Kossinski, und im 5. Bataillon wurde der junge Kommunist Sergej Kamenski, einer der besten Zugführer, tödlich verwundet. An Verwundeten und Toten hatten wir mehr als vierzig Mann. Doch das Gefecht entwickelte sich jetzt bereits in den Straßen des Zentrums. Unter dem Beutegut befanden sich eine Kanone, Granatwerferbatterien und zwei Lager. Überall sah man zerschossene Kraftfahrzeuge.

Ein Teil der deutschen Garnison war an den undichten Stellen des Ringes durchgebrochen und zog sich nach Südwesten, auf Kowel, zurück. Die SS-Leute versuchten, auch in kleinen Gruppen den Ring zu durchbrechen. Die Reste der Garnison setzten sich auf Dachböden, in Kellern und Steingebäuden fest. Allmählich wurden sie von dort verdrängt.

Das kostete uns neue Verluste. Major Grigorenko rannte über eine Straße und fiel plötzlich zur Erde, niedergestreckt durch Kugeln der SS von einem Dachboden aus. So starb ein standhafter Kommunist und hervorragender Kommandeur.

Die Partisanen drangen zu dem Dachboden vor, von wo die Schüsse abgegeben worden waren. Dort befand sich eine Beobachtungsstelle – Rundblickfernrohr, Richtkreis, eine ausgebreitete Karte. Vier SS-Leute ... Die Partisanen konnten ihnen den Tod des geliebten Kommandeurs nicht verzeihen. Feuerstöße aus der MPi bereiteten ihrem Leben ein Ende.

Nach dem Tod von Major Grigorenko übernahm Lyssenko die gesamte Führung unserer Gruppe in Nessuchojeshe. Die Säuberung der Ortschaft von den Resten der deutschen Garnison ging weiter. Gegen 12 Uhr war der Ort bereits vollständig in den Händen der Partisanen. Lyssenko erstattete mir und Drushinin auf dem Gefechtsstand darüber Meldung.

Gegen Ende des Gefechts schleppten die Partisanen eine große, doch ziemlich leichte Kiste, die sie auf dem Marktplatz gefunden hatten, zu Nikolai Michailowitsch Nikolenko. Die Kiste war bis zum Rand mit Eisernen Kreuzen in kleinen Schachteln gefüllt. Sie war deshalb so leicht, weil die Faschisten ihre Eisernen Kreuze schon seit langem nicht mehr aus Metall, sondern aus Plast preßten. Doch wie war die Kiste auf den Platz gelangt? Ohne sich für die Gründe dieses etwas befremdenden Umstandes zu interessieren, begann Nikolenko, die erbeuteten deutschen Orden an seine Jungen »zur Erinnerung« zu verteilen.

Das mehrstündige Gefecht um Nessuchojeshe ging seinem Ende zu. Lediglich vereinzelte Gewehrschüsse krachten noch, und irgendwo hörte man kurze Feuerstöße aus Maschinengewehren. Auf den Straßen tauchten Bauern auf, die sich bis dahin in Erdlöchern und Kellern verborgen hatten. Die gefangenen SS-Soldaten schleppten mit hängenden Köpfen unser Beutegut zu Haufen zusammen. Drei Gefangene mußten unverzüglich unter Sonderbewachung in das Dorf Werchi gebracht werden, wo unser Gefechtsstand war. Es handelte sich um den Bevollmächtigten des Sicherheitsdienstes (SD) für die Garnison in Nessuchojeshe, SS-Sturmbannführer Helmut Korchel, und zwei seiner Gehilfen.

Der Sicherheitsdienst war einer der Zweige der faschistischen deutschen Geheimpolizei, ein Organ der militärischen Gegenaufklärung, gewissermaßen die Gestapo in der Armee.

Der vor mir im Stillgestanden stehende Vertreter dieser schändlichen Organisation sah genauso aus, wie Zeitungskarikaturisten Gestapoleute gewöhnlich darstellten: stumpfsinnige Physiognomie, brutales Kinn, unter der Uniformjacke hervortretender Schmerbauch. Der SS-Offizier begann mit der Bitte, sein Leben zu schonen, da er eine Frau habe, die ein Kind erwarte. Dann kamen die üblichen Erklärungen, daß er rein zufällig zum SD gekommen sei, daß er im Innersten Hitler schon lange hasse, dem ein baldiges Ende beschieden sei, und so weiter und so fort. Doch ich ging zur Sache über, nachdem ich Korchel empfohlen hatte, in seinem ureigensten Interesse wahrheitsgemäß zu antworten.

Der SS-Major sprach ziemlich fließend russisch, wenn auch mit Fehlern und deutlichem Akzent. Um den Leser nicht zu verwirren, gebe ich hier seine Antworten exakt wieder.

»Wann wurden die zwei Bataillone der SS von Kowel nach Nessuchojeshe verlegt?« fragte ich.

»Gestern, das heißt am zweiundzwanzigsten Februar, in der zweiten Tageshälfte.«

»Wie stark war die Garnison in Nessuchojeshe bis dahin?«

»Sie bestand aus einer Schützenkompanie und einem Zug der örtlichen Polizei.«

»Wodurch wurde die Notwendigkeit einer Verstärkung der Garnison in Nessuchojeshe hervorgerufen? Wie lautete der Befehl, den die SS-Bataillone erhalten hatten?«

»Der Befehl lautete lediglich Verlegung und Einquartierung in der genannten Ortschaft. Weitere Weisungen waren abzuwarten.«

»Und was haben Sie selbst über die Gründe gedacht? Warum werden plötzlich zwei SS-Bataillone aus Kowel abgezogen und in die kleine Ortschaft verlegt? Was sagten die anderen Offiziere dazu? Aufgrund Ihrer Dienststellung mußten Sie Kenntnis von solchen Gesprächen haben.«

»Sehen Sie, Herr General ... Die Front ist nahe, die Lage ändert sich ständig. Irgendwo konnte eine Division der Roten Armee durchgebrochen und bedeutend vorangekommen sein. Wir waren zumindest dieser Ansicht. Heute nacht, als das Gefecht in vollem Gange war, waren wir überzeugt, daß sich unsere Vermutungen bestätigt hatten.«

»Was hatte sich bestätigt?«

»Die Vermutungen über einen Durchbruch. Alle Offiziere, auch ich, waren überzeugt, daß Nessuchojeshe von regulären Truppen der Roten Armee eingekreist worden war.«

»Warum von regulären Truppen?«

»Das Manöver zur Umzingelung der Ortschaft und auch das gesamte weitere Gefecht wurden taktisch völlig richtig durchgeführt. Erst als ich in Gefangenschaft geraten war, begriff ich, daß Partisanen die Ortschaft eingenommen hatten.«

Das war ein interessantes und – ich mache kein Geheimnis daraus – zugleich auch angenehmes Zeugnis für mich. Es zeigte sich, daß sogar die Feinde die gute Kampfausbildung der Partisanen anerkennen mußten.

Ich fragte den Gefangenen nach dem Schicksal der Führung der von uns zerschlagenen Garnison.

»Dem Kommandeur der Gruppe, Major Wirth, seinem Adjutanten, dem Stabschef und einem verwundeten Kompaniechef ist es gelungen, nach Kowel auszufliegen«, antwortete Korchel.

»Und wie?« fragte ich verwundert. »In Nessuchojeshe gab es keine Flugzeuge.«

»Jawohl, das stimmt! Doch als sich Ihr Ring geschlossen hatte und enger zu werden begann, sandte Wirth einen verzweifelten Funkspruch nach Kowel. Er bat, ein Flugzeug zum Ausfliegen von Stabsdokumenten zu schicken, aber für eine Transportmaschine hatten wir keinen Landeplatz. Daraufhin befahl der Chef der Koweler Luftwaffengruppe dem sich im Einsatz befindenden kleinen Verbindungsflugzeug, in Nessuchojeshe zu landen. Es sollte wohl irgendwelche Orden an die Front bringen.«

»Nicht irgendwelche, sondern Eiserne Kreuze. Ich kann Ihnen wenigstens ein Dutzend davon aushändigen! Aber mit dem Flugzeug passierte etwas, das mir unverständlich ist: Dokumente sollten abtransportiert werden, doch tatsächlich wurden Wirth und noch drei ausgeflogen.«

»Ich bin nicht darüber informiert, auf welcher Grundlage Major Wirth seinen Entschluß geändert hat.«

»Das ist doch völlig klar! Getürmt ist Ihr Wirth, hat seine eigene Haut gerettet und seine Truppe im Stich gelassen. Und Sie haben es wohl nicht bis zum Flugzeug geschafft?«

»Ich habe es nicht geschafft«, antwortete Korchel nach einer kurzen Pause.

Während des Verhörs stellte sich heraus, daß Helmut Korchel vor seinem Dienst im SD in der Gestapo, übrigens in Kiew, gearbeitet hatte. Also mußte man ihn auch nach Kiew bringen, eine solche Figur kam unseren Untersuchungsorganen gerade recht ... Ich hatte den Gedanken noch nicht zu Ende gedacht, als Maslakow eintrat und Rwanow einen offensichtlich gerade erst erhaltenen Funkspruch übergab. Nachdem ihn Dmitri Iwanowitsch überflogen hatte, wandte er sich an mich:

»Siebenhundertvierundsechzig!«

»Wo?« fragte ich.

»Nessuchojeshe.«

»Stimmt das? Wer teilt das mit?«

»Lyssenko ... Es stimmt! Siebenhundertvierundsechzig.«

In Gegenwart des Gefangenen wollte Rwanow nicht im Klartext sprechen. Die Nachricht war wichtig und äußerst unangenehm, das hieß nämlich: gegnerische Panzer. Ich übergab Korchel den Aufklärern zum weiteren Verhör. Man brachte ihn weg. Rwanow las das gesamte Fernschreiben durch.

»Gegner greift mit Unterstützung von fünf Panzern an. Haben Verteidigung bezogen, einen Panzer vernichtet. Erwarte Befehle. Lyssenko.«

»Er soll sich auf alle Fälle halten. Funken Sie es ihm! Aber Panzer sind uns nicht sehr angenehm«, sagte ich.

»Man muß an Ort und Stelle die Lage klären. Ich möchte dorthin fahren. Gestatten Sie?« fragte Rwanow.

»Los, fahren Sie!«

Mir gefiel an Dmitri Iwanowitsch immer die ausgezeichnete Verknüpfung vieler Eigenschaften eines Stabsoffiziers mit den Qualitäten eines Kampfkommandeurs. Er liebte es, stundenlang Varianten taktischer Schemas zu zeichnen, und er befaßte sich auch gern mit organisatorischen Arbeiten. Er war äußerst akkurat und ein Pedant in allem, was die Stabsdinge anbelangte, doch gleichzeitig zog es Rwanow stets in das dichteste Gewühl. So war es auch jetzt. Kaum war die Lage in Nessuchojeshe kompliziert geworden, eilte er dorthin. Ich hegte keinen Zweifel, daß er auf dem Gefechtsfeld kühn, klug und überlegt handelte.

Den Platz Rwanows am Tisch nahm sein 1. Stellvertreter, Jakow Milejko, ein.

Natürlich bereitete das Auftauchen von Panzern bei Nessuchojeshe niemandem Freude. Wir hatten dort zwei 45-mm-Kanonen und Panzerbüchsen. Das war ziemlich wenig. Allerdings, ein Panzer war bereits kampfunfähig geschossen worden.

Wladimir Nikolajewitsch Drushinin ging finster im Zimmer auf und ab. Er blieb neben Malikow stehen.

»Nun, und wie stehen die Dinge bei Ihnen, Oberstleutnant? Auf der Karte sehe ich, daß Sie vorrücken. Doch gibt es Einzelheiten? Lassen Sie sich nicht zu sehr ablenken. Die Deutschen können uns auch den Weg abschneiden.«

»Wir berücksichtigen das«, entgegnete Malikow. »Große Kämpfe haben sie noch nicht geführt. Ich denke, daß sie jetzt mehr auf Nessuchojeshe blicken. Ihre Männer lenken sie ab! Ja, dort wird ein heißer Brei gekocht.«

Ich befahl Milejko, die Lage beim 4. und 11. Bataillon zu erfragen.

»Sie haben sich unlängst selbst gemeldet«, kam die Antwort. »Wolodin und Tarassenko schlagen sich in den Wäldern mit Bandera-Leuten herum. Fjodor Krawtschenko hilft ihnen mit seinem sechsten Bataillon. Unsere Verluste sind gering.«

»Und das Lager der ›Goldenen Kompanie‹?«

»Haben wir ausfindig gemacht. Dorthin schlägt sich jetzt Wolodin durch ...«

Der Stab von Banderas »Goldener Kompanie« befand sich in einem der Wächterhäuschen nahe einer Försterei, während der Personalbestand in tiefen Erd»gräbern« untergebracht war, die man zur Tarnung mit einer dicken Nadelschicht bedeckt hatte.

Die »Goldene Kompanie« gehörte zu den Eliteeinheiten der Ukrainischen Aufständischenarmee und wurde nach recht eigenartigen Gesichtspunkten aufgefüllt. Sie umfaßte eine Hundertschaft eingefleischter Banditen von gleicher Größe und gleichem Geburtsjahr, nämlich 1921. Zu ihr kamen nur solche, die unter der Sowjetmacht »zu leiden gehabt hatten«. Man kann sich unschwer vorstellen, was das für »Märtyrer« waren!

Söhnchen westukrainischer Großgrundbesitzer und Kulaken, getürmte Verurteilte aus Gefängnissen, von den Partisanen nicht vernichtete Bulbaschas – das war die Elite dieser Sonderkompanie. Die Bandera-Leute schonten sie, hielten Gefahren von ihr fern und setzten sie hauptsächlich für die blutigsten Terrorakte ein. Einen der Hilfe für die Partisanen verdächtigen Bauern vierteilen, einen sowjetischen Funktionär lebendig zersägen, einem Juden mit der Streitkeule den Schädel einschlagen – nach solchen schrecklichen Verbrechen waren die »Goldjungen« geradezu begierig. Seit langem verfügten wir über Agenturangaben, daß sich die »Goldene Kompanie« irgendwo in weiter entfernten Wäldern verberge. Sie bei unserem Angriff auf Kowel zusammen mit anderen Bandera-Leuten in unserem Hinterland zu belassen, wäre, gelinde gesagt, unvorsichtig.

Den Standort der »Goldenen Kompanie« machten die Partisanen am Morgen des 23. Februar bei der Zerschlagung ukrainischer Nationalisten in einem ganz anderen Lager ausfindig. Es befand sich in der Nähe von Nessuchojeshe, höchstens drei bis vier Kilometer entfernt. Die Faschisten wußten selbstverständlich von der Existenz dieses Bandera-Nestes, doch sie unternahmen nichts.

Die Bandera-Leute verrieten sich selbst, als sie eine Partisanenaufklärung beschossen. Tarassenkos Bataillon schwenkte ein und begann, den Wald zu durchkämmen. Die Schüsse der Bandera-Leute krachten hinter Büschen und Bäumen hervor. Aber auch unsere Partisanen hatten bereits solide Erfahrungen in Gefechten unter Waldbedingungen. Hinterhalte und Sicherungseinheiten des Gegners wurden zerschlagen, und es kam zum Handgemenge.

Am Lager flammte das Gefecht mit neuer Kraft auf. Ein Teil der Bandera-Leute wurde zu Boden gestreckt, ein anderer lief davon, nur wenige gaben sich gefangen.

»Man hat uns gezwungen! Ich diene nicht freiwillig in der Ukrainischen Aufständischenarmee«, sagte fast jeder der Gefangenen zu Gennadi Mussijenko, dem für die Aufklärung zuständigen Stellvertreter des Kommandeurs des II. Bataillons.

Das behauptete auch der nächste, der zum Verhör gebracht wurde.

»Na, dann beweise mal, daß du unfreiwillig dienst!« forderte Gennadi.

»Wie soll ich es beweisen?! Auf dem Vorwerk kennen mich die Nachbarn ... Sie können es in Erfahrung bringen.«

»Nichts da! Du wirst uns zur ›Goldenen Kompanie‹ führen. Tust du es, so beweist du, wer du wirklich bist!«

Der Gefangene schwieg und blickte sich furchtsam um.

»Du Aufklärer brauchst keine Angst zu haben. Da, hier liegt eure Gegenaufklärung!« Mussijenko wies auf die Leichen der Bandera-Leute, und auf die MPi klopfend, fügte er hinzu: »Davor solltest du lieber Angst haben!«

Zwei der Banditen erklärten sich einverstanden, die Partisanen zu jenem Wächterhäuschen im Wald zu führen, bei dem sich die »Goldene Kompanie« niedergelassen hatte. Es war weit bis dorthin.

An der Operation gegen die »Goldene Kompanie« nahm auch das 4. Bataillon teil. Es wurden viele Männer gebraucht, um bereits an den fernen Zugängen mit der Einkreisung der Bandera-Höhle zu beginnen.

Noch unlängst war das 4. Bataillon eine kleine Partisanenabteilung, die aus Polen zu uns gekommen war, »von jenseits des Bug«, wie wir zu sagen pflegten. Zu ihr gehörten an die fünfzig Burschen, die sich aus faschistischer Gefangenschaft hatten befreien können. Befehligt wurden sie von Leutnant Wassili Wolodin, einem in Konzentrationslagern vielfach bewährten Kämpfer. Diesen vor Haß auf den Feind brennenden Burschen, ausdauernden und hartnäckigen Männern, fehlte es nicht an Kampfgeist, jedoch an straffer, militärischer Disziplin. Dort, hinter dem Bug, waren sie an eine eigenartige Freiheit gewöhnt, sie handelten stets auf eigene Faust und auf eigenes Risiko, Angriff oder Rückzug wurde fast durch Abstimmung beschlossen.

Mit diesen Männern hatten wir viel zu arbeiten. Dafür standen sie jetzt an Organisiertheit und Disziplin hinter niemandem zurück. Und für eine solch schwierige Sache sollte man sie an erster Stelle nehmen!

Zum Lager der »Goldenen Kompanie« drangen die Partisanen am späten Abend vor. Die Sicherungseinheiten der Bandera-Leute, die auf dem Weg standen, wurden ohne einen Schuß überwältigt. In den Fenstern des Wächterhäuschens brannte Licht, doch die Lichtung war menschenleer. Wahrscheinlich saßen die »Meister im Räubern« in ihren »Gräbern«.

Als erste griff die Kompanie von Andrej Aleksejenko an. Als er das Häuschen erreicht hatte, warf er eine Handgranate ins Fenster, streckte den in der Tür auftauchenden Wachposten nieder und lief zu den Partisanen, die bereits das Gefecht mit den Bandera-Leuten in den »Gräbern« aufgenommen hatten. Doch mindestens drei Dutzend der Banditen, wenn nicht mehr, war es gelungen, aus den anfänglich nicht bemerkten Erdhütten an den Rand der Lichtung vorzudringen. Ihnen wurden einige kurze Feuerstöße aus den MPi nachgejagt. Im Halbdunkel waren die Eigenen von den Fremden schwer zu unterscheiden. Bald ging das Gefecht auf der Lichtung in ein erbittertes Handgemenge über.

Ein grobschlächtiger Bandera-Mann mit einer Streitaxt an einem langen Stiel erschlug einen Partisanen und verwundete einen anderen. Man konnte sich ihm nicht nähern. Daraufhin warf sich Aleksejenko gegen den Körper des Banditen und riß ihn um. Doch der letzte Schlag der Streitaxt traf den Kopf des Kompaniechefs. Aleksejenko erhob sich nicht mehr. Nie mehr würde sich dieser fröhliche, ein wenig ausgelassene Andrjuscha Aleksejenko erheben!

»Jungs! Sie haben den Kommandeur erschlagen – auf die Banditen! Schlagt die Aasgeier! Für Andrej!«

Die Wut der Partisanen erreichte den Siedepunkt. Nur wenigen Bandera-Leuten gelang es, in die Tiefe des Waldes durchzubrechen.

Die Partisanen nächtigten an Ort und Stelle – im Wächterhäuschen, in den »Gräbern« oder am Lagerfeuer. Gegen Morgen brachte man zu Gennadi Mussijenko, der bei der Durchsicht der Stabsdokumente der »Goldenen Kompanie« war, fünf Mädchen, die man in der Nähe aufgegriffen hatte. Die Älteste war höchstens siebzehn Jahre.

»Die kamen hierher, wollten wohl zum Bräutigam!« meldete der Kämpfer, der sie aufgegriffen hatte.

Die Festgenommenen erwiesen sich nicht nur als »Bräute« der Banditen, sondern auch als aktive Vertreter der Jugendführung der Organisation Ukrainischer Nationalisten. Alle hatten sie irgendwelche illegale Lehrgänge absolviert. Sie gaben sich ziemlich mutig und hoben auf jede Weise ihre »Ideologie« hervor. Mussijenko erschreckte jenes traurige demagogische Gewäsch, das die Nationalisten diesen jungen Mädchen eingetrichtert hatten. Wie ein auswendig gelerntes Stück wiederholten sie die von den politischen »Erziehern« der Bandera-Einheiten gehörten üblichen antisowjetischen Märchen und Verleumdungen gegen das russische Volk.

»Waren es nicht Russen, die den Westgebieten halfen, sich mit der gesamten Ukraine wieder zu vereinigen?« fragte Mussijenko.

Es erfolgte keine Antwort.

»Ach, euch haben eure ›Politheiligen‹ völlig verdummt!« rief Gennadi aus und lachte. »Und wie die Ukrainische Aufständischenarmee weiterkämpfen wird, hat man euch nicht gesagt? Die Rote Armee ist ganz in der Nähe. Sie hat Kanonen, Panzer und Flugzeuge, und was habt ihr? Oder hofft ihr auf die Deutschen?«

»Nicht auf die, auf Freund Bandera hoffen wir, auf den weisen Stepan! Er wird sagen, was zu tun ist.«

Doch die ganze Kühnheit und Weisheit Banderas bestand darin, daß er selbst, solange die Partisanen seine Truppe schlugen, sich außer Gefahr in einer komfortablen Datsche bei Berlin aufhielt, die sich aus welchen Gründen auch immer Gefängnis nannte!

Bald darauf erhielten das 4. und das 11. Bataillon den Befehl, weiter vorzurücken und die Säuberung dieser Wälder vom Feind fortzusetzen. Am darauffolgenden Tag vernichteten sie ein weiteres Lager der Anhänger des »weisen Stepan«.

Der nächste Funkspruch, der auf dem Gefechtsstand in Nessuchojeshe eintraf, war nicht nur von Lyssenko, sondern auch von Rwanow unterschrieben worden. Also handelte Dmitri Iwanowitsch! Doch bereits vor seiner Ankunft war der Panzerangriff der Faschisten abgeschlagen worden. Die Partisanen hatten einen zweiten deutschen Panzer in Brand geschossen, die übrigen zogen es vor, kehrtzumachen.

Die Lage besserte sich jedoch keinesfalls. Deutsche Selbstfahrlafetten eröffneten das Feuer aus weiter Entfernung auf die kleine Ortschaft. Am Himmel erschienen Flugzeuge. Nach mehreren Bombenwürfen flammten in Nessuchojeshe Brände auf. Lyssenko und Rwanow funkten, daß die Faschisten Infanterie für einen neuen Gegenangriff konzentrierten. Die Frage nach der weiteren Verteidigung des Ortes enthielt der Funkspruch nicht, doch sie stellte sich von selbst. Man mußte sich entscheiden.

Alles hing jedoch davon ab, ob uns jetzt die Armee helfen konnte. Deshalb nahmen wir wieder Funkverbindung mit Kiew auf.

Kurze Zeit vor Beginn der Operation hielt ich mich im Stab der uns am nächsten liegenden 2. Belorussischen Front auf – die 1. Ukrainische Front war bereits nach Südwesten weitergezogen – und bat die Führung, uns beim Angriff auf Kowel zu helfen. Eine große Hilfe könnten uns die Luftstreitkräfte erweisen, möglicherweise auch eine Luftlandetruppe. Außerdem befand sich buchstäblich neben unserem Verband hinter einer sehr schmalen Frontlinie die 143. Schützendivision, die uns ebenfalls zu Hilfe eilen könnte. Bei gemeinsamen Handlungen mit den Truppenteilen der Armee könnten die Partisanen Kowel nicht nur einnehmen, sondern auch halten.

Der Generaloberst, der mich empfangen hatte, hörte mir aufmerksam zu, stimmte in vielem mit mir überein und äußerte sich zustimmend zur taktischen Idee unseres Angriffs. Doch dann breitete er die Arme aus und sagte, er würde sich freuen, uns zu helfen, aber dazu habe er kein Recht. Für die Teilnahme an einer solch großangelegten Operation bedürfe es der Zustimmung Moskaus, man müsse beim Hauptquartier um Genehmigung nachsuchen. Schließlich riet er mir, den offiziellen Weg über Kiew, den Ukrainischen Stab der Partisanenbewegung, zu gehen. Doch auch von dort erhielten wir keine endgültige Antwort. Sie gaben zu verstehen, daß sie dem Hauptquartier Meldung erstatteten; vieles werde durch die konkrete Lage während der Operation bestimmt.

Gerade jetzt ergab sich eine solche Lage, in der die Luftunterstützung besonders notwendig war.

»Sehen Sie, wie sich die Sache entwickelt«, sagte Malikow, wobei er mit dem Bleistift auf die Karte klopfte. »Die Faschisten haben zweifellos unsere Idee nicht erraten. Sie sind überzeugt, daß die Richtung des Hauptschlages der Partisanen auf die Achse Nessuchojeshe – Kowel zielt. Deshalb ziehen sie hier auch alles zusammen, was sie können: Panzer, Artillerie, Infanterie. Das gestattet es meiner linken Flanke, relativ leicht voranzukommen. Auch Ihre rechte, östliche Flanke bewegt sich zu den Ausgangsstellungen und trifft vorerst nur auf Bandera-Leute. Schlecht ist natürlich, daß ein Teil Ihrer Bataillone in Nessuchojeshe gebunden wurde. Aber wenn man es recht bedenkt, ist das wiederum gar nicht so schlecht ...«

»Klar, Stepan Fjodorowitsch, der Gedanke ist völlig richtig!« unterbrach ich Malikow. »Man muß beim Gegner die Überzeugung aufrechterhalten, daß Nessuchojeshe für uns sehr wichtig sei. Man muß die Faschisten dorthin lassen, um dann erneut anzugreifen, mit einem Wort, man muß ihre Kräfte zu diesem Punkt abziehen. Mit einer solchen Aufgabe wird Nikolenko fertig, man kann ihm noch Balizki geben. Er steht etwas weiter rechts, in Oblapy. Das siebente und das neunte Bataillon sollen weiter nach Süden vorgehen. Doch das alles hat nur einen Sinn, wenn wir von den Luftstreitkräften unterstützt werden!«

»Nur dann!« stimmte Drushinin zu. »Wir brauchen Schläge aus der Luft auf Nessuchojeshe, wenn wir die Deutschen dort reinlassen, und auch bei Kowel selbst wären uns die Luftstreitkräfte eine große Hilfe.«

»Besonders, wenn es sich um Schlachtflieger handelt!« bemerkte Pawel Wassiljewitsch Syssojew.

»Los, Alexej, gehen wir Kiew wieder auf den Wecker«, sagte Drushinin und griff nach dem Formular für einen neuen Funkspruch.

Die Verbindung mit dem Ukrainischen Stab der Partisanenbewegung erfolgte in genauen Zeitabständen. Jede Stunde wurde ihm die Lage gemeldet. Doch als Antwort konnte Kiew bis jetzt nichts Beruhigendes mitteilen.

Trotzdem hofften wir immer noch auf die Unterstützung durch die Armee. Wir entschlossen uns vorerst, den Feind bei Nessuchojeshe zu täuschen. Der Gefechtsstand wies Lyssenko an, zur Vermeidung überflüssiger Verluste diesen Punkt aufzugeben, wenn der Gegner starken Druck ausübte. Nachts seien jedoch unbedingt Gegenangriffe vorzutragen. Danach würde Lyssenko möglicherweise nach Süden ausweichen, während wir Balizki auf Nessuchojeshe vorrücken lassen wollten.

Das 1. Bataillon befand sich am Dorfrand von Oblapy, von wo man bereits vor zwei Tagen eine kleine deutsche Sicherungseinheit vertrieben hatte. Jetzt zog die Artillerie des Gegners hierher.

Bataillonskommandeur Balizki, Kommissar Michailow, Stabschef Reschedko, der Stellvertreter des Kommandeurs für Diversionstätigkeit, Klokow, und noch zwei, drei Mann beobachteten aus einem kleinen Graben, wie die schweren Selbstfahrlafetten vom Typ »Ferdinand« sich zur Linie entfalteten und sich langsam, hin und wieder anhaltend, dem Dorf näherten. Von Zeit zu Zeit richteten sie das Feuer auf Oblapy. Die Granaten schlugen irgendwo seitlich der Verteidigungslinie der Partisanen ein.

Balizki war außer sich vor ohnmächtiger Wut.

»Was können schon Panzerbüchsen gegen die Stirnpanzerung ausrichten! Und die Seiten zeigen sie uns nicht. Eine Batterie stärkeren Kalibers müßte her! Nein, wir brauchen etwas anderes ... Hörst du, Klokow! Sowie sie näher heranrükken, Sprengstoff her, Zünder in die Hand und – unter die Raupenketten! Finde solche Jäger! Ich werde selbst als erster vorgehen. Bring Sprengstoff her!«

»Ich werde es dir schon zeigen! Willst wohl hier den Todgeweihten spielen?« sagte Michailow ruhig.

»Was soll man sonst tun? Warten, bis sie das Bataillon niedergewalzt haben? Oder zurückweichen? Wir gehen nicht zurück! Es gab keinen Befehl dazu!« schrie Balizki.

»Reg dich nicht auf, Grischa!« fuhr Akim Sacharowitsch ruhig fort. »Zurückweichen heißt nach hinten gehen. Nach hinten! Wir aber weichen zur Seite aus, nur ein bißchen zur Seite müssen wir. Manöver nach Partisanenart! Sollen die ›Ferdinands‹ ihre Kampfsätze verschießen und meinetwegen auch ins Dorf einrücken. Schließlich müssen die Deutschen doch mal unter der Panzerung hervorkriechen, und dann werden wir da sein.«

»Der Kommissar spricht zur Sache«, gab Reschedko zu verstehen.

Balizki dachte nach, dann schaute er auf Klokow und fragte:

»Und wenn man sich nachts, in der Dunkelheit, an die ›Ferdinands‹ ranmacht und versucht, sie mit Sprengstoff und Zündschnur in die Luft zu jagen?«

»Probieren kann man es«, stimmte Wsewolod zu.

Die Selbstfahrlafetten kamen immer näher. Sie drehten die Rohre und schossen ... Zu unserem kleinen Graben kam der Adjutant des Bataillonskommandeurs gekrochen und streckte ihm einen Funkspruch mit einem neuen Befehl der Führung entgegen.

Es vergingen noch mehr als ein Tag und eine Nacht. Nessuchojeshe wechselte mehrmals den Besitzer. In dieser Zeit begannen sich unsere Bataillone beim Dorf Kolodniza zu konzentrieren, das fünf Kilometer östlich von Kowel liegt. Malikows Partisanen drangen zum Westrand der Stadt vor. Ungeachtet der langwierigen, kräftezehrenden Gefechte war die Stimmung bei den Männern ausgezeichnet. Alle waren zum Sturm bereit.

Und trotzdem mußte die Operation abgeblasen werden.

Dmitri Rwanow seufzte und nahm nach der letzten Eintragung die Karte vom Tisch.

»Doch wir haben es gewagt!« sagte Drushinin leise.

Ich begriff, worüber Wladimir Nikolajewitsch nachdachte, und er war wahrscheinlich nicht der einzige. Ja, die Zeit war gekommen, da die Partisanen einen Angriff auf einen strategisch so wichtigen Punkt wie Kowel führen konnten. Lediglich die sich ungünstig gestaltende Lage und der Wunsch, die eigenen Kräfte zu erhalten und unnötige Opfer zu vermeiden, zwangen uns, vom Sturm auf diese Stadt Abstand zu nehmen.

Das Hauptunglück bestand darin, daß das Überraschungsmoment verlorengegangen war. Dem Gegner war es gelungen, sich auf die Verteidigung vorzubereiten und seine Kräfte zu sammeln. Die Faschisten hatten aus Polen neue Reservetruppenteile, ein Grenadier- und ein Kavallerieregiment, herangezogen. Nach wie vor handelten gegen uns Artillerie, Panzer und die Luftwaffe, und wir rechneten nicht mehr auf Unterstützung. Wahrscheinlich waren die Flugzeuge an anderen Abschnitten notwendiger ...

Neben dem Gefühl des Kummers und des Unbefriedigtseins darüber, daß wir das Begonnene nicht hatten zu

Ende führen können, empfanden wir auch das freudige, aufmunternde Gefühl unserer eigenen Kraft und den Stolz auf das von uns Vollbrachte. Hatten wir es den Faschisten doch tüchtig gegeben – wir ihnen, nicht sie uns!

Hier die Beweise: Während der Operation beliefen sich die Verluste der faschistischen deutschen Truppen allein an Toten auf 1103 Soldaten und Offiziere, hinzu kamen 30 Gefangene. Die Bandera-Leute verloren 118 Mann. Die Verluste der Partisanen betrugen 95 Tote, von unserem Verband 65, und 115 Verwundete, bei uns 84. In den Gefechten wurden von den Partisanen vernichtet: 2 feindliche Panzer, 58 Kraftfahrzeuge, 7 Munitionslager, 10 andere Lager, 2 Pontons, 2 Feldküchen, 1 Fernsprechknoten und so weiter. Außerdem wurde eine Menge Beutegut eingebracht.

Rwanow steckte die Karte ein, Maslakow baute die Nachrichtenzentrale ab. Wir gingen auf die Straße, und unser Gefechtsstand im Dorf Werchi wurde wieder zu einem gewöhnlichen Bauernhaus. Ein Partisanenbataillon marschierte vorbei, fröhlich, voller Zuversicht, mit einer Harmonika und einem Lied.

Ein Teil unserer Einheiten hatte bereits den Befehl erhalten, am rechten Ufer des Stochod unterzuziehen, um hier die Übergänge bis zum Heranrücken der Roten Armee zu halten. Wir waren davon überzeugt, daß es trotz allem den Partisanen und den Soldaten sehr bald beschieden sein würde, Schulter an Schulter den Kampf fortzusetzen.

# Der abgewaschene Fleck

Hauptmann Drosdow meldete mir, daß im Gefecht bei Nessuchojeshe auch Negnemat Machanow verwundet worden war.

»Machanow ... Machanow«, versuchte ich mich an einen Partisanen mit diesem Namen zu erinnern.

»Aus Sewastopol«, half mir der Hauptmann auf die Sprünge.

»Ach ja, der Seemann!« Ich nickte, und vieles kam mir wieder ins Gedächtnis. »Hat er sich gut geschlagen?«

»Ausgezeichnet! Auf Sewastopoler Art.«

Es war nicht verwunderlich, daß ich von Machanows Verwundung durch den Hauptmann erfuhr. Dieser leitete unsere Gruppe der Fernaufklärung. Mit Negnemat Machanow und Ustin Drosdow ist eine ganze Geschichte verbunden, von der ich berichten möchte.

Im Herbst brachte eine Partisanensicherung am Stochod zwei Mann zu uns in den Stab, die eine deutsche Uniform trugen. Waffen hatten sie keine, und die Dienstgradabzeichen waren von den Jacken abgerissen worden. Die beiden Aufgegriffenen sprachen russisch. Sie hatten bereits der Sicherungseinheit mitgeteilt, daß sie aus der »Russischen Befreiungsarmee« desertiert seien; so bezeichnete der Verräter Wlassow seine verachtungswürdige Truppe.

Beim Verhör nannte der ältere der zum Stab gebrachten Männer seinen Namen – Fjodor Prokofjewitsch Silkin; er war vierunddreißig Jahre alt und ehemals Hauptmann einer der Schützendivisionen, die Sewastopol bis zum letzten Tag verteidigt hatten. Der breitschultrige Silkin gab sich bedächtig, sein einfaches Gesicht war von tiefen Falten durchzogen. Der zweite Überläufer – er sah aus wie Anfang Zwanzig – war schlank, hatte schwarzes Haar und kräftige Backenknochen. Er gab sich als der Tatare Negnemat Chabibulowitsch Machanow aus, ehemaliger Leutnant der Marineinfanterie, ebenfalls Teilnehmer der Sewastopoler Verteidigung.

»Mit Fjodor wurde ich schon am Kap Chersonesski bekannt, als uns die Faschisten zum Meer abdrängten«, berichtete Machanow. »Wir waren in den Gefechten zusammen und gerieten zusammen in Gefangenschaft. Gemeinsam haben wir viele Stationen und Lager durchlaufen. Das letzte Konzentrationslager war das schrecklichste! Dort sagte man den Gefangenen unumwunden: entweder ›Russische Befreiungsarmee‹ oder Hungertod. Zehn Tage saßen wir ohne jegliche Nahrung. Ich spürte, noch einen Tag – und wir geben auf! ›Werden wir sterben, Silkin?‹ fragte ich. ›Wart's ab, Bruder‹, antwortete er. ›Als Tote braucht uns Rußland nicht, Tote hat es schon mehr als genug. Wieviel sind allein in Sewastopol geblieben! Doch lebendig können wir der Sache noch nützlich sein.‹ Und so beschlossen wir, in diese miese Truppe zu gehen, nur um näher an die Partisanen heranzukommen. Wir verstehen, daß an uns ein Fleck haftet. Wir waschen ihn ab! Wir wollen es auf jeden Fall.«

»Wo befindet sich das Regiment, aus dem Sie desertiert sind?«

»In Brest.«

»Wie ist die Stimmung im Regiment?«

»Sie sind alle unfreiwillig im Regiment und wären froh, zu den Partisanen zu entkommen!«

Das bestätigte auch Fjodor Silkin.

Die Angaben der Überläufer bedurften einer sorgfältigen Überprüfung. Doch vorerst konnten wir lediglich eins überprüfen: Waren die beiden wirklich Teilnehmer an der Verteidigung von Sewastopol?

Ustin Drosdow wurde zum Stab gerufen.

Herein kam ein junger, sich straff haltender Hauptmann. Die widerspenstigen Haare in der Farbe von reifem Stroh lugten unter der Feldmütze hervor. Alle zweihundertfünfzig Tage der heldenhaften Verteidigung von Sewastopol hatte Hauptmann Drosdow miterlebt. Als die Faschisten zum Leuchtturm von Chersoness vorgedrungen waren, setzte Ustin mit einer Handvoll Landsleute den Kampf aus den Schluchten heraus fort, die durch die Wasser der Bucht am Fuß des Kaps entstanden waren. Danach versuchte er mit drei Genossen, sich durch die von den Faschisten besetzte Krim zu den Seinen durchzuschlagen. Man ergriff ihn irgendwo bei Simferopol. Gefangenschaft ... Etappenstationen ... Zwei Fluchtversuche, der letzte erfolgreich. In den Brjansker Wäldern wurde Ustin Drosdow Partisan.

Sicher staunten Silkin und Machanow nicht schlecht, als der junge Partisan begann, sie mit ganz konkreten, präzis gestellten Fragen zu überprüfen, die Sewastopol betrafen:

»Welche Division hat sich bei Inkerman verteidigt? An welchem Hang der Sapun-Berge stand die siebente Brigade der Marineinfanterie? Wer war Kommandeur der siebenten und der achten Brigade? Wann lief das letzte sowjetische Schiff in die Kosazker Bucht ein? Wie hieß es?«

Doch die Antworten erfolgten schnell und genau.

»Sewastopoler!« schloß Drosdow überzeugt.

Für uns jedoch waren Machanow und Silkin trotzdem vorerst auch noch Wlassow-Leute. Wir haben Überläufer aus feindlichen Formationen bei uns aufgenommen, doch wir haben sie natürlich streng überwacht und sie bei den Gefechtshandlungen überprüft. Man mußte auch diese beiden behalten, doch es ging nicht nur um sie. Drushinin und mich interessierte die Behauptung, daß fast alle Soldaten, die sich im Brester Regiment der Wlassow-Leute befanden, zu den Partisanen überlaufen wollten.

Silkin und Machanow berichteten, daß das Regiment siebenhundert Mann stark sei. Da die meisten von ihnen mit Gewalt und unter Todesandrohung in die »Russische Befreiungsarmee« gepreßt worden waren, vertrauten die Faschisten diesem Regiment nicht allzusehr. Sie setzten es deshalb auch im tiefen Hinterland zur Bewachung von Eisenbahnstrecken ein. Befehligt wurde das Regiment von einem gewissen Tscherkasski, doch seine Einstellung kannten Silkin und Machanow nicht. Als einfache Soldaten befanden sie sich ziemlich weit weg von der Obrigkeit.

Über diese Mitteilungen wurde bei uns im Stab beraten.

»Es eröffnet sich die Perspektive, das gesamte Regiment auf unsere Seite zu bringen«, sagte ich. »Denken wir mal gemeinsam nach, wie das am besten zu bewerkstelligen wäre.«

Als erster äußerte sich Rwanow:

»Das gesamte Regiment wirst du nicht für uns gewinnen, solange es in der Stadt untergebracht ist. Man muß es unter irgendeinem Vorwand zwingen, Brest zu verlassen, und es näher an den Wald bringen. Doch das geht nicht ohne Mitwirkung des Regimentskommandeurs. Wie uns dieser Tscherkasski gesinnt ist, wissen wir nicht. Wir müssen seine Einstellung erkunden.«

»Dem Tscherkasski wirst du trotzdem nicht ins Herz schauen«, entgegnete der Leiter der Truppenaufklärung, Anton Sidortschenko, kopfschüttelnd. »Höchstwahrscheinlich ist Tscherkasski ein echter Lump. Dem ersten besten hätten die Faschisten das Regiment nicht anvertraut.«

»Richtig!« stimmte Rwanow zu. »Doch für Tscherkasski wäre es schon an der Zeit, sich um die Rettung seiner eigenen Haut zu sorgen. Deshalb wird er uns möglicherweise helfen. So oder so, man muß versuchen, über den Regimentskommandeur zu handeln. Ohne ihn wird man nicht mehr als zwei, drei kleine Gruppen auf unsere Seite ziehen können. Ein ganzes Regiment oder zumindest ein Bataillon kann nicht ohne Befehl die Kaserne verlassen, antreten und marsch – in den Wald!«

»Das stimmt, Dmitri Iwanowitsch!« Drushinin nickte. »Nach meiner Meinung muß man Tscherkasski die Frage unverblümt stellen, und zwar in schriftlicher Form. Es gibt eine gewisse Chance, und man muß sie nutzen.«

»Man muß sie unbedingt nutzen!« bekräftigte ich. »Nehmen wir also Verbindung mit dem Regimentskommandeur auf. Das scheint am besten zu sein.«

In dem Brief schlugen wir Tscherkasski vor, dem Regiment beim Übertritt zu den Partisanen zu helfen. Auf der Grundlage der mir gegebenen Vollmacht garantierte ich allen übergelaufenen Soldaten und Kommandeuren der »Russischen Befreiungsarmee«, auch Tscherkasski selbst, die Amnestie. Zu meinem Vertreter für die Verhandlungen ernannte ich Hauptmann Drosdow, der mit einer Gruppe der Fernaufklärung in den Brester Raum fahren sollte.

Die Fernaufklärer wurden von den Partisanen der anderen Einheiten »Rahmabschöpfer« genannt.

»Sie gehen vor und schöpfen den ganzen Rahm ab«, sagte man von Drosdows Männern. »Ihnen wird die erste Ehrerweisung in den Dörfern zuteil, sie werden als erste bewirtet, und sie erhalten die ersten Beutegüter!«

Das war nun mal so, doch nicht selten waren auch die ersten feindlichen Kugeln den Aufklärern zugedacht, sie stießen zuerst auf eine Vielzahl von Gefahren. Dafür wußten unsere Marschkolonnen immer gut über die Lage vor ihnen Bescheid. Während des Streifzuges aus dem Tschernigower Gebiet ging Drosdows Gruppe an die hundert Kilometer voraus und klärte ein Gebiet in einer Breite von zehn bis fünfzehn Kilometern auf, wobei sie ununterbrochen Funkverbindung mit dem Stab hielt. Gerade deshalb rückten wir während der Märsche erfolgreich vor und hatten kaum Verluste.

Zu Hauptmann Drosdows Gruppe gehörten vierzig ausgewählte, in vielen Gefechten gestählte Reiter. Keinem mangelte es an Tapferkeit. Sie waren unternehmungslustig, findig und wachsam. Aus der Notwendigkeit heraus, häufig losgelöst von den Hauptkräften des Verbandes zu handeln, waren sie so geworden. Ein ausgezeichneter Kampfoffizier war auch der Kommandeur der Fernaufklärer, der Kommunist Ustin Feoktistowitsch Drosdow. Wir zweifelten nicht daran, daß er auch die neue Aufgabe meisterte. Er hatte jedoch viel mehr zu tun, als in dem Brief an Tscherkasski stand.

An einem frühen Herbstmorgen machte sich die kleine Gruppe auf den Weg. Fjodor Silkin und Negnemat Machanow waren bei den Aufklärern, eine Waffe hatte man ihnen vorerst nicht gegeben.

»Sei nicht beleidigt, Marineinfanterie!« sagte Drosdow bei der ersten Rast zu Machanow. »Die Sache ist so, daß wir euch noch nicht voll und ganz vertrauen.«

»Hätte ich das blau-weiß gestreifte Hemd und die Marinejacke an, wäre ich wahrscheinlich beleidigt, aber so!« Machanow zerrte an dem Ärmel, auf dem noch die Spur des Rhombus mit den Buchstaben »ROA« zu sehen war. »Wir verstehen alles, Hauptmann! Vielleicht müssen wir zur Nacht gefesselt werden? Tu dir keinen Zwang an.«

»Du entkommst uns auch so nicht. Die Jungs behalten euch im Auge. Ja, und wohin wollt ihr jetzt auch weglaufen?!«

Der kleine Trupp übernachtete im Wald, doch am Tage schauten sie in viele Dörfer und Vorwerke, um zu erkunden, ob sich dort Deutsche befanden, wann sie das letzte Mal dagewesen waren und wohin sie sich gewandt hatten. Oder streiften hier Bandera-Leute in der Nähe umher? Doch nicht nur diese militärischen Dinge brachten die Aufklärer in Erfahrung. Sie interessierten sich für die Stimmung unter den Bauern, leisteten bei jeder sich bietenden Gelegenheit politische Arbeit, indem sie Zeitungen und Flugblätter verteilten, sprachen mit den Ortsansässigen über die neuesten Frontnachrichten.

Nach zwei Tagen machte die Gruppe etwa dreißig Kilometer vor Brest halt. Weiter zu reiten war nicht möglich. Die Partisanen befanden sich in einer Einschnürung zwischen der Eisenbahnlinie und einer Chaussee, und diese Einschnürung wurde auf Brest zu immer enger. Auch war der Wald hier fast zu Ende. Eine Straßensicherung konnte die Reiter bemerken.

Aber die Aufklärer brauchten eine Basis irgendwo zwischen der Chaussee und der Bahnstrecke. In diesem Korridor befand sich acht Kilometer von der Stadt entfernt ein Vorwerk, das bereits seit langem auf Hauptmann Drosdows Karte vermerkt war. Auf diesem kleinen Vorwerk wohnte die Mutter des belorussischen Mädchens Katja, die Kellnerin im Offiziersspeiseraum des Wlassow-Regimentes war. Katja hatte Machanow und Silkin zur Flucht verholfen. Jetzt wurde beschlossen, über sie den Brief an Tscherkasski zu übergeben.

Abend ... Die Pferde wurden angebunden, ringsum Posten ausgestellt. Bei Drosdow waren der Politleiter Boris Katschinski, die Gruppenführer Pjotr Laptjew und Alexander Schuman, einige einfache Partisanen sowie Silkin und Machanow. Alle hörten dem Hauptmann aufmerksam zu.

»Unsere Basis wird hier sein«, sagte Drosdow. »Katschinski und ich sowie zehn Kämpfer werden uns durch das Gebüsch näher an das Vorwerk heranpirschen. Ungefähr drei Kilometer davor machen wir halt. In gleicher Entfernung zwischen

Gruppe und Basis wird ein Verbindungsposten aufgestellt. Mit uns kommt einer der Sewastopoler, der den Brief zu Katja bringen wird.« Nachdem der Hauptmann Silkin und Machanow angeblickt hatte, fragte er: »Wer geht? Entscheidet selbst.«

»Du kennst Katja besser als ich, und auch ihre Mutter kennt dich«, wandte sich Silkin an seinen Gefährten.

»Richtig! Ich gehe«, sagte Negnemat.

»Gut.« Drosdow nickte. »Dann bleibt Silkin als Geisel in der Basis, falls Machanow irgend etwas im Schilde führt ... Übrigens, Fjodor Prokofjewitsch, du kannst dir vorstellen, was mit einer Geisel passiert. Unweigerlich! Obwohl wir alle am Kap Chersoneski zusammen waren!«

»Natürlich«, sagte Silkin langsam. »Aber ausgerechnet ich soll das sein! Du hast es gehört, Negnemat? Also hüte dich!«

»Was soll das Gerede!« warf Machanow hin.

»Jetzt weiter«, fuhr Drosdow fort. »Läuft Silkin davon, muß Schuman uns das unverzüglich mitteilen. Wir ziehen uns dann sofort zurück, doch vorher ... Du verstehst, Negnemat? Dann kommst du dran – so sind die Kriegsgesetze!«

»Dort, beim Vorwerk, gibt es nichts zum Aufhängen, nur Gebüsch.« Der Tatare lächelte schmerzlich. »Die Schlinge erwartet mich in Brest, euch bleibt nur das Erschießen.«

»Und das werden wir auch«, sagte Katschinski, »wie sollten wir anders handeln?«

»Anders geht es nicht«, stimmte Negnemat zu.

»Richtig, so ist es, eine gerechte Entscheidung«, bestätigte Fjodor Silkin.

Man kam überein, daß Drosdow mit der Gruppe weiter nach vorn ging, während sich die übrigen Partisanen hier im Wäldchen verbargen.

Gegen Mitternacht waren die zwölf Aufklärer und Machanow bereits nicht weit vom Vorwerk entfernt.

»Bleibt hier, weiter sind die Büsche noch spärlicher, ich gehe jetzt allein«, schlug Negnemat vor.

»Ja, hier geht es, merke dir gut unseren Standort!« sagte Drosdow und fragte, nachdem er der Kartentasche den Brief mit dem versiegelten Umschlag entnommen hatte: »Und an dieser Katja zweifelst du nicht?«

»Sie ist ein zuverlässiger Mensch! Warum ist sie denn als Kellnerin gegangen? Nur, um nicht in Deutschland arbeiten zu müssen. Sie haßt die Faschisten und die Wlassow-Leute. Auch ihre Mutter, Tante Marina, ist eine überzeugte Frau.«

»Gut! Trotzdem muß man gegenüber dem Mädchen sehr vorsichtig sein. Du hast gesagt, daß Tscherkasski gewöhnlich zusammen mit seinem Stabschef, gesondert von den anderen, im Speisesaal ißt. Das ist nicht gerade sehr günstig. Katja soll versuchen, dem Regimentskommandeur den Brief zu übergeben, wenn er allein ist. Im äußersten Fall kann es auch im Beisein des Stabschefs sein, aber von mehr Leuten keinesfalls.«

»Klar!« Machanow neigte den Kopf, wollte noch irgend etwas sagen, verhaspelte sich aber.

»Nun, was ist unklar?«

»Eine Waffe brauche ich jetzt! Man kann Katja ergreifen und auf der Suche nach mir das Vorwerk auf den Kopf stellen. Womit soll ich mich dann verteidigen? Oder man muß plötzlich jemandem eins auf den Pelz brennen. Verstehe mich bitte richtig!«

»Hier hast du meine Pistole, die hat keine Versager. Dazu noch eine Handgranate. Beeile dich nicht mit dem Schießen. Das ist nur für den Notfall! Nimmt man dich mächtig in die Zange, dann brich hierher durch. Wir decken dich durch unser Feuer!«

»Danke, Hauptmann.«

»Nur – denke auch an die andere Seite der Sache, vergiß deinen Freund Silkin nicht.«

»Ach! Ich vergesse nichts!« sagte Machanow mit einem tiefen Seufzer. »Gestatten Sie, mit der Ausführung zu beginnen?«

»Gut! Ablegen.«

Negnemat lächelte über dieses Seemannswort, fühlte nach der Pistole in der Achselhöhle, nickte dem Hauptmann zu und verschwand nach einer Minute lautlos in der Dunkelheit.

Es vergingen vierundzwanzig Stunden, der erste Tag, der zweite – von Machanow keine Spur. Noch zu früh! In dieser Nacht kann er frühestens zurückkommen, dachte Drosdow. Er berechnete immer wieder die Zeit: Tante Marina könnte der Tochter sofort den Brief gebracht haben, gleich am Morgen. Dann hätte ihn Katja beim Mittagessen übergeben. Die Antwort könnte sie zur Abendbrotzeit erwarten. Dann müßte man die Antwort zum Vorwerk bringen. Nur unter günstigsten Umständen könnte Machanow irgendwann am zweiten Tag zurückkommen ... Doch wieviel nicht vorausgesehene Zufälligkeiten könnten im Moment der Übergabe des Briefes und der Antwort auftreten! Drosdow schickte eine Notiz an die Basis über eine mögliche Verzögerung und darüber, daß bis jetzt alles normal verlaufe.

Die Zeit floß träge dahin, doch die Aufklärer verbrachten sie nicht nutzlos. Vom Gebüsch aus waren die Eisenbahnstrecke und die Chaussee gut einzusehen. Die Partisanen beobachteten sie ununterbrochen. Sie zählten die durchfahrenden Züge und Kraftfahrzeuge und hielten die Zeit des Auftauchens der Streckenwächter fest. Das alles kam den Minenlegern zugute und nicht nur ihnen. Natürlich wurden auch die Zugänge zum Standort auf das sorgfältigste beobachtet. Hatte Machanow Verrat geübt, so würden die Faschisten die Partisanen zu ergreifen suchen. Deshalb mußte man immer auf der Hut sein.

Nein, er ist kein Verräter, kein Lumpenhund! überlegte Drosdow. Unter den Sewastopolern können keine Verräter sein. War Machanow schon einmal zum Verräter geworden? Nein. Über diese ekelhafte »Russische Befreiungsarmee« war sowohl ihm als auch Silkin der Weg zu den Partisanen möglich gewesen. Nein, nein, Machanow kommt zurück, er kommt zurück, oder er fällt!

Negnemat war auch gegen Ende des dritten Tages nicht zurück. Drosdow hatte die ganze Nacht nicht geschlafen.

Der Marsch auf Brest, auf belorussischem Territorium, bewegte auf besondere Weise das Herz dieses Offiziers. Ustin Drosdow war Belorusse. Erstmals in den Jahren des Krieges gelangte er in die Gegend, wo er geboren worden war, aufwuchs und das Leben kennenlernte. Wie jeder sowjetische Mensch fühlte sich Drosdow als Sohn unseres ganzen Landes. Und trotzdem bewegte den Hauptmann das Bewußtsein, daß er sich in seinem geliebten Belorußland befand, wo die Wälder besonders feucht und duftend sind, wo die Menschen anders aussehen und die Sprache sprechen, die auch er seit seiner Kindheit gebrauchte.

Genauso angenehm und erfreulich wäre es sicher für den Aufklärer Pjotr Laptjew, sich am Ufer eines stillen Flüßchens irgendwo in der Moskauer Gegend zu befinden. Das gleiche träfe für den Kasachen Sabit Bergalijew zu, wenn er durch die trockene, hitzeflimmernde Steppe ginge, oder für den Georgier Wartadse, der einen Blick auf die Gärten und Berge des Kaukasusgebietes werfen würde. Und für Negnemat Machanow wären wohl die Wolgaböschungen des heimatlichen Tatariens das angenehmste. Sie alle – Russe und Ukrainer, Belorusse und Kasache, Georgier und Tatare – verbindet eine gemeinsame Sache. Auch Machanow gehört dazu, weil er vor allem ein Sowjetmensch ist, dachte Drosdow. Nein, wenn er nicht umgekommen ist, kehrt er zurück.

Der Hauptmann lag auf dem Rücken und hing seinen Gedanken nach, wobei er zusah, wie am heller werdenden Himmel ein ferner Stern nach dem anderen verblaßte.

In den Büschen raschelte es … Oder schien es nur so? Drosdow erhob sich halb und legte die Hand an die MPi. Das Rascheln und Knacken trockener Äste kam immer näher. Dann ertönte der vereinbarte leise Pfiff. Eine Minute später trat Negnemat Machanow aus dem Gebüsch. Mit ihm kam ein völlig verstörtes, verweintes Mädchen, in der Drosdow die Kellnerin Katja erriet.

»Schweinehund! Das ist ein Schweinehund! Ein Mistbalg! Ein Scheusal!« kam es wie eine Kanonade aus dem Mund von Negnemat, und wütend fügte er etwas auf tatarisch hinzu, wahrscheinlich ebenfalls einen Fluch.

»Sumpfschlange!« ergänzte das Mädchen mit dünner Stimme und schluchzte auf.

»Tscherkasski ist der Mistbalg und das Scheusal?« fragte der Hauptmann.

Negnemats und Katjas Bericht kam hastig, ungeordnet und wurde häufig von Drosdows Fragen unterbrochen. Folgendes war in diesen etwas mehr als drei Tagen geschehen, wenn man alles der Reihe nach berichtet.

Auf dem Vorwerk händigte Machanow den Brief Tante Marina aus. Er bat sie, diesen sofort nach Brest zu bringen und der Tochter zu erklären, wie er Tscherkasski zu übergeben sei. Vor dem Weggehen verbarg die Hausherrin den nächtlichen Gast auf dem Dachboden, nachdem sie ihm einen Krug mit Wasser und mehrere Fladen als Vorrat gegeben hatte. Das zu Hause gebliebene Schwesterchen von Katja, die zwölfjährige Julka, wußte nichts von dem versteckten Mann. Nachdem die Mutter sie geweckt hatte, sagte sie:

»Ich gehe in die Stadt auf den Basar und bringe noch aus dem Speisesaal Spülwasser für das Kälbchen mit. Gegen Abend werde ich zurück sein.«

Machanow döste ein wenig vor sich hin. Aus dem Halbschlummer weckten ihn Klopfen an die Tür und irgendwelche Stimmen. Durch einen Spalt sah Negnemat zwei deutsche Soldaten und drei Wlassow-Männer, die den Hausflur betreten hatten. Letztere erkannte er sogar – es waren Soldaten der 4. Kompanie. Sein Herz schlug bis zum Hals. Sollten sie etwa ...? Er lauschte angestrengt. Nein, sie kamen nicht seinetwegen! Nach dem Gespräch zu urteilen, war es eine gewöhnliche Patrouille, die kontrollierte, ob sich auf dem Vorwerk irgendwelche Verdächtige aufhielten.

»Die Mutter ist in die Stadt gegangen, Katja arbeitet im Offiziersspeisesaal«, erklang Julkas Stimme.

Gut, daß das Mädchen nichts von ihm wußte! Ohne es zu wollen, hätte Julka ihn durch ihre Unruhe oder einen unwillkürlichen Blick zum Dachboden verraten können. Und wenn die Streife heraufkam? Machanow beschloß, sie mit einem Handgranatenwurf zu empfangen, um dann selbst durch die Bodenluke auf das Dach zu gelangen. Acht Patronen in der Pistole und ein Ladestreifen als Reserve! Negnemat lauschte angespannt, biß die Zähne zusammen und bereitete sich zum Handeln vor.

Doch die Gefahr ging vorüber. Nachdem sie im Hausflur herumgetrampelt und mit Julka gesprochen hatten, entfernten sie sich wieder.

Am späten Abend kehrte Tante Marina zurück. Nachdem sie die jüngere Tochter versorgt und schlafen gelegt hatte, stieg sie zu Machanow hinauf.

»Ich habe ihn übergeben und alles gesagt, was du mir aufgetragen hattest. Nach dem Mittagessen bin ich nochmal zu

Katja reingegangen, doch sie hatte noch nichts ausrichten können. Irgendwelche Deutsche hatten dem Regiment einen Besuch abgestattet. Vorgesetzte! Sie haben gemeinsam mit Tscherkasski gefrühstückt und auch zu Mittag gegessen. Es war überhaupt nicht möglich, unbemerkt von ihnen den Brief zu überreichen!«

»Wann die Deutschen wegfahren, hat Katja nicht gesagt?«

»Das teilen sie ihr doch nicht mit. Man muß abwarten! Morgen gehe ich wieder in die Stadt. Und das hier ist für dich von Katja, damit dir das Warten leichter fällt!«

Die Frau drückte Machanow ein Päckchen Zigaretten in die Hand.

Auch am nächsten Tag kehrte Tante Marina unverrichteterdinge aus Brest zurück. Die deutsche Obrigkeit befand sich nach wie vor im Regiment; Katja konnte den Brief an Tscherkasski immer noch nicht ohne unliebsame Zeugen übergeben. Sie bat die Mutter, vorerst nicht mehr zu kommen, um nicht durch die täglichen Besuche Verdacht zu erregen. Sowie Tscherkasski den Brief gelesen und eine Antwort gegeben hatte, würde sie Tante Marina durch irgendeine ihrer Freundinnen rufen lassen.

In der Nacht kam das Mädchen plötzlich weinend nach Hause gelaufen. Was war geschehen? Die Deutschen waren endlich abgefahren. Tscherkasski aß allein zu Mittag, sogar ohne seinen üblichen Tischgenossen, den Stabschef. Beim Geschirrabräumen legte die Kellnerin den Brief schweigend dem Regimentskommandeur hin. Nachdem er verwundert auf Katja geblickt hatte, nahm er den Umschlag, um ihn sogleich zu öffnen.

»Die Antwort geben Sie heute beim Abendbrot«, flüsterte das Mädchen und verließ den Raum.

Die wenigen bis zum Abend verbleibenden Stunden kosteten Katja viel Aufregung. Jede Minute konnte sie verhaftet und zur Gestapo gebracht werden. Schließlich kam die Zeit des Abendbrots. Tscherkasski betrat gemeinsam mit dem Stabschef den Raum. Ihnen folgte die Kellnerin, um die Bestellung aufzunehmen.

Tscherkasski zählte die von ihm gewünschten Speisen auf,

ohne ein weiteres Wort zu verlieren. Nachdem Katja mit den Speisen zurückgekehrt war und serviert hatte, blickte sie fragend auf den Wlassow-Oberst.

»Warte!« sagte er träge. »Ich werde dir die Antwort geben ...«

»Was für eine Antwort?« wunderte sich der Stabschef.

»Da habe ich heute einen Brief von Fjodorow mit dem Vorschlag bekommen, mit dem gesamten Regiment zu ihm überzulaufen.«

»Und wer hat den überbracht?«

»Dieser Dummkopf hier, und sie hat ihn wahrscheinlich von Machmut, dem Tataren, der kürzlich getürmt ist. Er schlägt vor überzulaufen und flötet etwas von Amnestie. Ich denke, das ist noch zu früh! Noch geht die Kurve nicht nach unten ...«

Tscherkasski schwieg für kurze Zeit, wobei ihm offenbar irgend etwas durch den Kopf ging, dann sagte er leise zur Kellnerin:

»In zwei Stunden will ich dich hier nicht mehr sehen! Sowie das Abendbrot zu Ende ist – heida! Klar? Und deinem Tataren teile mit: Erwischen wir ihn, wird er gehenkt.«

Katja hatte ihre Erzählung beendet, sie schluchzte nochmals auf und schimpfte Tscherkasski wieder eine Sumpfschlange.

»Flenne nicht!« wandte sich Drosdow an sie. »Du erinnerst dich genau seiner Worte: ›zu früh‹, ›noch geht die Kurve nicht nach unten‹?«

»Mein Gott! Die Stimme ist mir noch im Ohr! Und mit dem Finger fuhr er irgendwie in der Luft herum.«

»Tatsächlich ein abgefeimter Schurke!« sagte der Hauptmann. »Das heißt, er gibt auf die Kurve acht, wohin die zeigt! Hängt den Mantel nach dem Wind! Wer sich als der Stärkere erweist, mit dem geht Tscherkasski.«

»Warum hatte ich es nicht mit ihm zu tun!« Machanow hämmerte mit der Faust auf die Erde.

»Wohin soll ich jetzt mit Mutter und Julka?« fragte Katja.

Diese Frage entschied sich von selbst. Katja mußte mit der Mutter und der Schwester so schnell wie möglich zu den Partisanen gehen, doch vorerst mußte man sie irgendwo versteckken. Auch die Aufklärer durften auf keinen Fall in der Nähe des Vorwerks bleiben.

Hauptmann Drosdow hatte sehr wohl begriffen, warum der Wlassow-Kommandeur Katja hatte gehen lassen. Diesen Fall würde Tscherkasski, geriete er in die Hände der sowjetischen Rechtsprechung, wohl in seinem Interesse zu nutzen versuchen. Der nichtswürdige Kerl hing den Mantel nicht nur nach dem Wind und achtete auf die »Kurve«, sondern er dachte auch an die Zukunft. Aber dieser verkommene Typ könnte es auch bedauern, daß er der Kellnerin erlaubt hatte, sich zu verbergen, könnte den Faschisten Mitteilung von dem Brief machen. Dann begänne die Suche nach dem Mädchen und nach Machanow natürlich vor allem in der Umgebung des Vorwerks. Auch aus einem anderen Grund war es notwendig, zur Basis zurückzukehren: Dort befand sich die Funkstation, man konnte Verbindung mit dem Stab aufnehmen und die Lage melden.

Die Absage Tscherkasskis, Verhandlungen zu führen, war auch in dem Befehl berücksichtigt worden, den der Hauptmann erhalten hatte. In diesem Fall war gefordert worden, das Vorgehen nach Brest für die Aufklärung der Garnison zu nutzen. Machanow und Silkin hatten mitgeteilt, daß zur Garnison außer den Wlassow-Leuten zwei an der Front zerschlagene und wieder formierte deutsche Regimenter, eine faschistische Agentenschule und ein Lazarett gehörten. Man mußte prüfen, inwieweit diese Angaben zu präzisieren waren. In einer solchen Angelegenheit kam man ohne die Hilfe der Ortsansässigen nicht aus.

»Katharina!« wandte sich Drosdow an das Mädchen, das mit Machanow geflüstert hatte. »Sag mal, hast du gute Freundinnen, solche, denen du wie dir selbst vertraust?«

»Natürlich. Da ist die Lida von unserem Vorwerk, sie arbeitet ebenfalls im Speiseraum. Dann die Olga und die Nina von den Mädchen aus der Stadt.«

»Für Lida kann auch ich die Hand ins Feuer legen!« sagte Machanow. »Über sie haben wir gerade gesprochen ... Hauptmann, kann ich nicht durch sie eine Mitteilung an die Jungs übergeben?«

»Welche Jungs? Und was soll die Mitteilung enthalten?«

»Die Jungs aus dem Zug, dem ich angehört habe. Sie wissen doch, wohin ich mit Silkin gegangen bin, und warten auf eine Nachricht. Sie wollen ja selbst zu den Partisanen! Wenn es uns nicht gleich mit dem ganzen Regiment gelingt, so sollten wir doch wenigstens mit einzelnen oder kleinen Gruppen eine Lücke reißen. Man muß ihnen mitteilen, wie einen die Partisanen aufnehmen und welcher Kurs der bessere ist.«

»Auch darüber werden wir nachdenken.«

Nachdem sich der Hauptmann mit dem Politleiter Boris Katschinski und dem Gruppenführer Pjotr Laptjew beraten hatte, faßte er einen Entschluß: Die Aufklärer werden unverzüglich zu ihrer Basis zurückgezogen, von wo sie die Eisenbahnstrecke und die Chaussee weiter beobachten. Lida und die anderen zuverlässigen Freundinnen von Katja präzisieren die Angaben über die Brester Garnison. Den Mädchen werden lediglich die Anschriften der in der Stadt befindlichen Truppenteile und militärischen Einrichtungen mitgeteilt; was das für Truppenteile und Einrichtungen sind, müssen sie selbst feststellen. Die von ihnen erhaltenen Angaben werden dann mit den vorhandenen verglichen. Die für die Aufklärer erforderlichen Mitteilungen übergeben Lida und Katja nicht später als nach vier Tagen an einem bestimmten Punkt im Raum der Basis. Außerdem übergibt Lida den Freunden von Machanow einen Zettel mit Hinweisen, wie man nach Ljubeschow gelangt und die Deckungseinheiten der Partisanen findet.

»Nun, und du kommst mit uns?« fragte der Hauptmann Katja.

»Ich würde schon! Aber da ist Mutter ... Vielleicht will sie irgendwo in der Nähe bleiben? Partisanen gibt es ja überall.«

»Das müßt ihr selbst entscheiden! Wenn ihr mit uns gehen wollt, dann müssen sofort alle hierherkommen. Nehmt Bekleidung mit ... Das heißt also, wir warten auf dich, oder du kommst mit Mutter und Schwester. Wenn du nicht kannst, dann schicke Lida.«

»Nein, nein, ich werde es versuchen! Wenn wir zu den belorussischen Partisanen gehen, dann müssen wir uns wenigstens von euch verabschieden.«

Das Mädchen sagte »von euch«, doch sie warf einen Blick auf Machanow.

Und schon raschelten die Büsche, in denen sie verschwanden. Bald machten sich auch die Aufklärer in die entgegengesetzte Richtung auf den Weg.

In der Basis fielen sich Silkin und Machanow erfreut in die Arme.

»Ja, wir haben uns seit Chersoness nicht mehr getrennt! Immer sind wir zusammen!« erklärte – wie zur Rechtfertigung – der Ältere der Sewastopoler diesen Freudenausbruch.

»Du lügst, Fjodor! In den Bunker haben uns die SS-Leute einzeln gesperrt!« Negnemat lachte. »Aber sonst waren wir natürlich immer zusammen. Siehst du, Silkin, die Jungs brauchten dich nicht aufzuhängen, und mich zu erschießen war auch nicht erforderlich! Übrigens ...« Machanow erinnerte sich an etwas, ging auf den Hauptmann zu und streckte ihm die Pistole entgegen. »Hier, bitte! Danke, daß du sie mir geliehen hast.«

»Ich nehme sie wieder, habe mich an sie gewöhnt und sie eingeschossen«, sagte Drosdow, wobei er die TT einsteckte. Dann fuhr er fort, nachdem er Laptjew herangewinkt hatte: »Da ist noch was, Petro! Such mal für Machanow einen Karabiner oder ein Gewehr heraus.«

»Wir werden für ihn im Handumdrehen auch eine MPi finden!« versprach Laptjew.

»Ach, Petro, ewig hast du irgendwo Maschinenpistolen! Na, dann gib schon eine. Und sag Schuman, daß er Silkin eine Waffe geben soll.«

Unter der gebräunten Haut Negnemats zeichneten sich die Backenknochen noch schärfer ab, seine Lippen zitterten fast. Sich zusammennehmend, sagte er leise:

»Danke, Hauptmann, und wofür, das weißt du selbst. Du wirst es nicht bereuen! Wir hintergehen dich nicht.«

»Ich weiß! Und nun, Bruder, laß uns nicht mehr auf diese Frage zurückkommen.«

Der Funker suchte im Äther schon die Rufzeichen des Stabes. Als die Verbindung zustande gekommen war, ging Drosdow zum Funkgerät. Als Antwort auf seine Meldung erhielt er den Befehl, die Aufklärung der Eisenbahnlinie und der

Chaussee sowie der Garnison zu Ende zu führen und dann zum Verband zurückzukehren.

Nach drei Tagen kamen Katja, Lida und noch ein Mädchen zum vereinbarten Platz. Katjas Gesicht war völlig verheult.

»Was ist los?« fragte Katschinski besorgt, der zum Empfang der Mädchen gekommen war.

»Mutter wollte nicht mit euch gehen. Sie ist schon mit Julka zu Sikorskis Abteilung gegangen. Und ich muß morgen dorthin! Ich kann doch nicht die eigene Mutter im Stich lassen.«

»Richtig, auf keinen Fall! Und die Partisanen schlagen überall die Faschisten, überall sind die Partisanen gleich.«

»Sie sind nicht gleich«, sagte Katja, wobei sie jemanden mit dem Blick suchte.

Die Mädchen wurden zur Basis gebracht. Alle Angaben, die sie gesammelt hatten, deckten sich mit denen, die Silkin und Machanow mitgeteilt hatten.

Die Pferde waren gesattelt, die Marschsicherung vorausgeschickt, und es war an der Zeit, sich zu verabschieden. Wozu sollte es weiter verborgen bleiben! Katharina schrie leise auf und hing am Hals von Negnemat. Und der junge Tatare, der sich mit seinem pechschwarzen Haar über den Kopf des belorussischen Mädchens beugte, flüsterte ihr irgend etwas Beruhigendes, Tröstendes zu.

Langsamen Schrittes setzte sich die Abteilung in Marsch. Machanow holte sie schnell ein.

Unterwegs machten die Aufklärer in einem der Dörfer halt, deren Einwohner von Zeit zu Zeit in Brest weilten. Mit ihrer Hilfe überprüfte Drosdow nochmals die Angaben über die Brester Garnison. Auf dem Weg gelang es ebenfalls, den Standort einer ziemlich großen Bande von Bandera-Leuten unter Führung eines gewissen Chmury auszumachen. Wie gewöhnlich vergaßen die Partisanen bei ihren Treffen mit der Bevölkerung nicht ihre Pflichten als Agitatoren und Propagandisten.

Gleich nach der Rückkehr nach Lessograd erstattete mir Hauptmann Drosdow ausführlich Bericht. Aus seiner Mitteilung erfuhr ich zum ersten Mal von der mehr als zynischen

Phrase Tscherkasskis: »Die Kurve geht noch nicht nach unten.« Nur ein Satz, doch hier offenbarte sich der ganze Mensch, durch und durch verdorben, käuflich und niederträchtig ohne Maßen.

Machanow und Silkin hatten ebenfalls in der »Russischen Befreiungsarmee« gedient. Doch welch eine tiefe Kluft trennte ihr Denken und Handeln von den niederträchtigen Berechnungen Tscherkasskis! Machanow und Silkin fanden sich in der »Russischen Befreiungsarmee“ wieder, um ihr Leben nicht für sich, sondern für die Heimat, für den Kampf gegen den Feind zu erhalten. Nachdem sie zu den Partisanen geflüchtet waren, bewiesen sie das bei der ersten sich bietenden Gelegenheit. Der erzwungene Dienst bei den Wlassow-Leuten, der ein völlig anderes Ziel verfolgte, war in ihren Augen ein schweres Verbrechen, und sie bemühten sich, um den Preis des eigenen Blutes diesen Fleck abzuwaschen. Doch Tscherkasski, der bewußte Verräter und schuftige Lakai der Faschisten, war ein zynischer Händler mit seinem Körper und mit seiner Seele. Für ihn war es natürlich günstiger, weiter in der Horde des Gegners zu bleiben, was die »Kurve« auch immer anzeigte. Von den sowjetischen Menschen hatten solche Lumpen nichts anderes als einen schmachvollen Tod zu erwarten.

»Bereiten Sie einen Funkspruch über Tscherkasski für den Generalstab vor«, sagte ich zu Drosdow. »Und noch einen an die gleiche Adresse. Darin halten Sie die Angaben über die Brester Garnison sowie über die Auslastung der Eisenbahnstrecke und der Chaussee fest. Wie wir mit dem Wlassow-Regiment verfahren, werden wir sehen.«

Ungefähr eine Woche nach der Rückkehr der Aufklärer zur Sicherungseinheit bei Ljubeschow tauchten drei neue Überläufer auf. Es waren jene Soldaten aus Machanows Zug, denen der Zettel geschickt worden war. Sie berichteten, daß sich noch mehrere Gruppen darauf vorbereiteten, aus dem Regiment zu den Partisanen zu desertieren, obwohl eine solche Flucht mit größten Schwierigkeiten verbunden war.

Wie konnte man diese Schwierigkeiten verringern? Sollten wir jetzt mit den Kompaniechefs und Bataillonskommandeuren Verbindung aufnehmen? Oder sollte man versuchen, einen Teil des Regimentes durch einen Scheinangriff auf irgendeinen Punkt in der Vorstadt aus Brest herauszulocken? Es gab verschiedene Vorschläge.

Doch plötzlich nahm die ganze Geschichte eine unerwartete Wendung. Über die Agenturaufklärung kam die Nachricht, daß das in Brest stationierte Regiment der Wlassow-Leute aufgelöst worden war; die Soldaten hatte man in die Konzentrationslager zurückgeschickt, und zur Bewachung des Eisenbahnknotenpunktes wurden Deutsche eingesetzt.

Sollten wir uns freuen oder grämen? Wir freuten uns. Vor allen Dingen hatte sich bestätigt, daß die Wlassow-Truppe zwangsweise aufgestellt worden war, daß es unter den Soldaten gärte und daß sehr viele nicht gegen die Heimat kämpfen wollten. Das Regiment der Faschisten, das jetzt den Brester Knotenpunkt bewachte, war von den unmittelbaren Kampfhandlungen gegen die Rote Armee abgezogen worden, das bedeutete, daß an irgendeinem Frontabschnitt die gegnerische Verteidigung schwächer geworden war.

Der Weg von Fjodor Silkin und Negnemat Machanow zu den Partisanen war ungewöhnlich und besonders schwer, doch das brachte ihren Mut nicht zum Wanken. Kühn und tapfer, ohne sich zu schonen, nahmen sie auch hier, in den Wäldern Wolyniens, den Kampf mit dem Gegner auf.

»Was ist mit Machanow? Wird er wieder kämpfen können?« fragte ich Drosdow nach dem Gefecht um Nessuchojeshe.

»Er hat einen Streifschuß an der Schulter. Unbedingt kommt er zurück. Er wird noch kämpfen!«

Und in Gedanken wünschte ich Negnemat Machanow, daß er erfolgreich bis zur Stunde unseres endgültigen Sieges kämpfen und nach dem Krieg dem belorussischen Mädchen Katja wiederbegegnen möge.

# Und nebenan die Armee

Der Winter ging seinem Ende zu. Noch lag tiefer Schnee im Wald, an manchen Stellen einen halben Meter hoch, doch die Durchfahrtsstraßen waren seit langem frei. Unter den Bohlen der Erdhütte des Kommandeurs des 5. Bataillons blinkte das Wasser. Das Tischchen, an dem der Bataillonskommandeur saß, schmückte eine Konservendose mit einem Strauß aus Weidenruten. Die Weidenkätzchen waren mit einem grauen Fellkleid bedeckt und so dick, daß sie jeden Moment abzufallen drohten.

»Das Wort ›Kätzchen‹ für diese Bällchen ist sehr treffend. Sie sehen tatsächlich wie richtige Kätzchen aus. Und was sie für einen erfreulichen Anblick bieten!« sagte Kommissar Karawajew zu Nikolai Michailowitsch.

»Überhaupt ist der Frühling eine erfreuliche Sache«, bestätigte Nikolenko. »Nehmen wir zum Beispiel die ›Lerchen‹, die die Mutter am ersten Tag des Frühlings bäckt. Findest du eine Münze darin, so bedeutet das viel Freude!«

»Ja, nur finden die Mütter heute leider nicht mal Mehl für die ›Lerchen‹. Sie werden die Kopeken in die Kartoffeln einbacken.«

»Na, wenn schon! Hier ist das Prinzip wichtig – wer das Glück herauszieht.«

Es wurde an die Tür der Erdhütte geklopft. Nikolenko rief: »Nur hereinspaziert!« Auf der Schwelle erschien der Führer des Aufklärungszuges, Jakow Pugatschow.

»Wir haben Gäste«, teilte er strahlend mit. »Na ja, keine richtigen Gäste, obwohl ich ihnen etwas aufgetischt habe. Es sind Aufklärer von der Roten Armee.«

»Prachtkerl, Pugatschow!« lobte der Kommissar.

»Doch wo sind sie?« fragte Nikolenko, die Brauen zusammenziehend.

»Unsere Kämpfer haben sie in Beschlag genommen. Sie haben eine richtige Wand um sie gebildet und lassen sie nicht weg. Man unterhält sich über alles mögliche und raucht gemeinsam.«

»Also bist du kein Prachtkerl, Pugatschow, sondern ein gewöhnlicher Hut«, sagte der Bataillonskommandeur, sich erhebend. »Vorwärts, Kommissar, dann wollen wir mal die Rote Armee heraushauen!«

Sie kamen mit vier Soldaten in Tarnanzügen in die Erdhütte zurück. Jeder hatte eine MPi der neuesten Produktion, nicht mit Trommelmagazin, sondern mit einem »Horn«, also einem Stangenmagazin. Die Aufklärer, zwei Soldaten und zwei Sergeanten, waren noch jung, doch sie hatten bereits eine gute Frontschule hinter sich. Man begann, sie auszufragen, wie das bei einer ersten Bekanntschaft so üblich ist. Es stellte sich heraus, daß die Division, von der die Aufklärer kamen, in Gebieten gekämpft hatte, die den Partisanen wohlbekannt waren. Jetzt stand sie in unmittelbarer Nähe, am linken Ufer des Styr.

Neben dem Strauß mit den Weidenkätzchen tauchte augenblicklich alles Notwendige für ein Abendbrot auf, einschließlich einer Flasche mit einer klaren Flüssigkeit. Auch ein Bajan wurde gebracht. Man aß und trank, tanzte und sang.

»Nun, danke schön, liebe Genossen, für uns wird es Zeit!« sagte der Sergeant, der die Gruppe leitete.

»Was heißt ›es wird Zeit‹?« wollte Nikolai Michailowitsch wissen.

»Wir haben einen Aufklärungsauftrag.«

»Was kann das für eine Aufklärung sein, wenn ihr euch bei den Partisanen befindet? Wir geben euch jegliche Angaben über die Lage in einem Umkreis von fünfzig Kilometern, auch von hundert, wenn es sein muß!«

»Selbstverständlich werden wir sie geben«, bestätigte Karawajew. »Bleibt hier, Jungs! Gleich bringt der Stabschef die Karte, wir werden euch die gesamte Lage genau darstellen.«

»Da sagen wir nicht nein, doch wir müssen noch eine ›Zunge‹ bringen«, fügte der Sergeant vielsagend hinzu.

»Eine ›Zunge‹! Nun wissen wir, worum es geht!« Nikolenko lachte. »Auch eine ›Zunge‹ können wir zur Verfügung stellen. Und für euch, Brüder, wird die Sauna schon geheizt. Und Birkenreiser gibt es, besonders ausgewählte!«

Nikolenko war ein großer Verführer, doch bezüglich der »Zunge« ging er unverzüglich vom Wort zur Tat über.

»Wir brauchen in kürzester Zeit einen Fritzen«, sagte Nikolai Michailowitsch zum Führer des Aufklärungszuges. »Und akkurat muß er gebracht werden, ansehnlich! Ihm darf kein Loch gepustet und nichts aufs Maul gegeben werden. Der Arier muß von erster Güte sein! Zur Sicherheit schicke Tschetschukow.«

Der unansehnliche und schüchterne Wassja Tschetschukow wurde im Bataillon für den besten Spezialisten im Beschaffen einer »Zunge« gehalten. Als sich die Rotarmisten gerade erst mit den Birkenreisern zu bearbeiten begannen, krochen Pugatschow und noch zwei Partisanen bereits zu einem Erdbunker der Okkupanten in der Nähe des Bahnhofs Polska Góra.

Weiter handelte Wassili nach seiner üblichen, vielfach erprobten Methode. Nachdem er Taras Gluschko mit einem leichten Maschinengewehr und Pugatschow zur Deckung zurückgelassen hatte, ging er mit seinem Freund Mischa Burakowski vorsichtig weiter. Die Partisanen glitten bis zur Brustwehr des den Feuerpunkt umgebenden Schützengrabens und begannen zu warten.

Die Faschisten stellten ihre Geduld nicht lange auf die Probe. Aus der Deckung kam ein hochaufgeschossener Deutscher und ging den Verbindungsgraben entlang, wobei er mit dem Kochgeschirr klapperte. Alles übrige war eine Sache von wenigen Augenblicken. Auf ein Zeichen von Tschetschukow hin warf sich der stämmige Burakowski mit seinem ganzen Gewicht auf den Deutschen, wobei er ihn unter sich begrub. Fast gleichzeitig mit Burakowski sprang Wassili nach unten und stieß dem Soldaten einen Knebel in den Mund. Darauf hoben beide den Gefangenen hoch und übergaben ihn dem Zugführer, der an den Graben geglitten war. Das alles geschah ohne die kleinste Pause, schweigend, mit der Schnelligkeit und Übereinstimmung von Akrobaten. Sie schleppten den Deutschen abwechselnd. Dieser war nicht auf den Kopf gefallen, er hatte sofort begriffen, daß Widerstand nicht in seinem Interesse lag.

Die Aufklärer der Armee, durch die Sauna wie neugeboren, tranken Tee. Aus Höflichkeit fragten sie die Gastgeber nicht, wie es um die »Zunge« stehe. Doch an den Blicken, die sich die Gäste versteckt zuwarfen, erkannte Nikolenko, daß es sie einfach nicht an Ort und Stelle hielt.

»Keine Aufregung! Ihr werdet euren Gefangenen bekommen!« versicherte Nikolai Michailowitsch.

Innerlich war er jedoch selbst aufgeregt. Natürlich hatte sie Tschetschukow noch nie im Stich gelassen ... Aber was konnte nicht alles passieren! Nikolenko war deshalb sehr erfreut, als Pugatschow auftauchte und in aller Form meldete:

»Genosse Bataillonskommandeur, Befehl ausgeführt! ›Zunge‹ völlig unversehrt ergriffen.«

»Los, her mit ihr!«

Tschetschukow brachte den Gefangenen. Der Deutsche stellte ein typisches Exemplar von einem Okkupanten des Jahres 1944 dar: abgemagert, mit leicht erfrorener Nase und in einer schmutzigen, kurzen Uniformjacke.

»Hier habt ihr einen waschechten Faschisten!« sagte Nikolenko im Ton eines Professors. »Bessere lassen sich jetzt nicht auftreiben. Die Nase ist zwar etwas erfroren, doch dafür steht vor euch ein Gefreiter.«

»Was denn, die ›Zunge‹ ist genau richtig«, erklärte einer der Sergeanten erfreut.

»Nicht so schnell mit den jungen Pferden! Man muß erst noch herausbekommen, wes Geistes Kind er ist«, sagte Nikolai Michailowitsch und wandte sich an den Gefangenen: »Nun, wie steht's, Gefreiter? Hitler kaputt?«

»Kaputt!« bestätigte bereitwillig der Deutsche mit den Händen an der Hosennaht.

»Und die Partisanen – kaputt?«

»Nicht, nicht ... Partisan ist gut! Partisan nicht kaputt!«

»Ausgezeichnet kennt der sich in allem aus«, stellte Nikolenko fest. »Also ist die Frage klar, Jungs, ihr übernachtet bei uns.«

»Nur darf uns dieser Krieger nicht abhauen!« sagte der

Führer des Aufklärungstrupps von der Armee. »Fesseln muß man ihn, einen Strick haben wir auf alle Fälle mitgebracht.«

»Hebe deinen Strick bis Berlin auf, Soldat, vielleicht wirst du noch Hitler damit aufhängen!« Karawajew zwinkerte dem Aufklärer zu. »Dem da werden wir alle Hosenknöpfe abschneiden, und er wird nirgendwohin gehen.«

»Sind die Knöpfe abgeschnitten, denkt der Deutsche nicht einmal ans Weglaufen. Er hat damit zu tun, die Hose zu halten«, erklärte Nikolenko.

Die Armeeangehörigen blieben da. Sie weilten noch in vielen Erdhütten, schliefen prächtig, und erst am Morgen machten sie sich mit allen notwendigen Angaben und mit dem Gefangenen, der den unteren Teil seiner Bekleidung festhielt, auf den Rückweg.

Mir hatte Iwan Iwanowitsch Karawajew diese Geschichte berichtet. Übrigens glaubte er, daß das 5. Bataillon als erstes Armeeaufklärer bei sich aufgenommen hatte. Ich verdarb ihm nicht die Freude. Zu jener Zeit waren Armeeangehörige aber auch bereits in anderen Bataillonen und bei uns im Stab; überall erhielten die Aufklärer die sie interessierenden Angaben.

Die Angelegenheit beschränkte sich jedoch nicht auf die Übermittlung der für die Truppenteile der Roten Armee erforderlichen Angaben. An die Stäbe der benachbarten Fronten schickten wir regelmäßig auch Aufklärungsinformationen, die über unseren Raum hinausgingen.

Anfang März zum Beispiel erhielt der Verband die Aufgabe, eine Tiefenaufklärung im Raum der Stadt Dubno, im Gebiet von Rowno, durchzuführen. Die Faschisten hatten hier eine mächtige Verteidigungslinie geschaffen, die den Weg der Roten Armee nach Ternopol und Lwow versperrte. Selbstverständlich interessierte die sowjetische Führung dieser Raum besonders. Für unsere Partisanen war es am günstigsten, vom Hinterland aus an Dubno heranzukommen. Wir entsandten eine große Gruppe von Aufklärern dorthin. Sie erfüllte ihre Aufgabe gut und sammelte umfangreiche, wertvolle Angaben, die den sowjetischen Truppen halfen, die Faschisten aus Dubno herauszudrängen und weiter zu verjagen.

Die Offensive der Roten Armee wurde auch in Wolynien

vorwärts getragen. Die Faschisten drängten zurück, wobei sie sich an die Eisenbahnstrecke hielten. Wir standen nördlich davon in den Wäldern. An unseren Partisanenlagern vorbei strömte ein regulärer Truppenteil nach dem anderen. Und auf einmal waren wir nicht mehr im deutschen, sondern im sowjetischen Hinterland.

Das war sozusagen die offizielle Lesart. Doch faktisch sprengten die Partisanen mehrerer Bataillone des Verbandes weiterhin feindliche Züge und handelten folglich im gegnerischen Hinterland. Noch hatte sich die Frontlinie bei weitem nicht überall stabilisiert, stellenweise war sie mehr oder weniger eine angenommene Linie. In diesem Zusammenhang passierten auf den ersten Blick unerklärliche Dinge.

Ich erhielt zum Beispiel einen Funkspruch vom Kommandeur der 38. Gardeschützendivision mit einem Dank an unser 8. Bataillon für die Teilnahme am Gefecht beim Dorf Tur und der Bitte, diejenigen auszuzeichnen, die sich hervorgetan hatten.

Ich begriff überhaupt nichts! Was für ein Dorf Tur? Wie war das 8. Bataillon dorthin gelangt? Wieso nahm es plötzlich an einem Gefecht teil, wenn dieses Bataillon nach unseren Angaben erfolgreiche Sprengoperationen an der Eisenbahnstrecke durchführte? Im letzten Funkspruch meldete Kommandeur Nikifor Chalimon die Sprengung von fünf Zügen, aber von der Teilnahme an einem Gefecht – nicht ein Wort.

Vielleicht hatten die Armisten irgend etwas durcheinandergebracht? Dies um so mehr, als sich, der Karte nach zu urteilen, die Gardedivision und unser Bataillon an völlig verschiedenen Orten befanden und das Dorf Tur doch ziemlich abseits lag.

Einige Zeit später wurde alles klar. Es stellte sich heraus, daß eine Sprenggruppe des 8. Bataillons, die übrigens recht stark war, immerhin vierzig Mann, im deutschen Hinterland umherzog, um dort »Arbeit« zu suchen. Den Minenlegern war es gelungen, fünf Züge zu sprengen, was uns von Chalimon auch gemeldet worden war. Bei der Rückkehr ins Lager trafen die Partisanen auf ein Regiment der 38. Division. Das Regiment hatte schon längst keinen vollen Bestand mehr. Es wartete auf Verstärkung, um danach im Dorf Tur eine ungarische

Garnison anzugreifen, die mehr als dreihundert Bajonette zählte.

»Wozu warten!« sagten die Partisanen zum Regimentskommandeur. »Sind wir etwa keine Verstärkung für euch? Wir haben zwölf leichte Maschinengewehre und ein schweres, die Maschinenpistolen reichen aus. Wir werden das Dorf seitlich umgehen, im Rücken der Ungarn vordringen und ihnen einen Schlag versetzen, und ihr greift von vorn an.«

Der Regimentskommandeur war einverstanden, und alles Weitere erfolgte nach einem gemeinsam ausgearbeiteten Plan. Der Stoß von zwei Seiten war für die Okkupanten eine Überraschung; 72 feindliche Soldaten fanden den Tod, 67 gaben sich gefangen, der Rest lief davon. Die Partisanen erbeuteten zwei schwere und zwei leichte Maschinengewehre sowie an die 50 Gewehre und Maschinenpistolen. Verluste hatten wir keine, lediglich einer wurde verwundet.

»Warum haben Sie nichts von dieser Operation mitgeteilt? Wieso erfährt das der Stab von einem General der Armee?« warf ich Chalimon vor.

»Warum unnütz einen Schriftverkehr führen, Alexej Fjodorowitsch! Von Zügen berichten wir immer, Züge – das ist unsere Sache, doch das Dorf Tur geriet uns gewissermaßen zufällig unter die Hände …«

Ähnliche Zufälle gab es nicht gerade wenige. Die Partisanen halfen den Armeetruppenteilen, einzelne Ortschaften vom Gegner zu säubern, Bandera-Abteilungen unschädlich zu machen, und drei Bataillone von uns führten im Zusammenwirken mit Einheiten der 38. Gardedivision eine ziemlich bedeutende Operation beim Dorf Retschiza durch.

Dieses Dorf mit seiner nächsten Umgebung befand sich am rechten Ufer des Pripjat, auf einem der kleinen Brückenköpfe, die die in Richtung Brest zurückgehenden Faschisten noch in Händen hatten. Retschiza und die dahinterliegende Übersetzstelle zu erobern bedeutete, der Division den weiteren Weg nach Brest zu öffnen. Deshalb umgaben die Faschisten das Dorf mit einem Grabensystem und konzentrierten hier viel Artillerie, Granatwerfer und eine ziemlich starke Garnison. Die 38. Division konnte nur mit den Kräften eines Regimentes handeln. Mehrere Sturmangriffe zeitigten keinen Erfolg, das

Regiment erlitt bedeutende Verluste. Daraufhin wandte sich der Divisionsstab um Hilfe an uns. Unter der allgemeinen Führung von Nikolenko entsandten wir nach Retschiza sein Bataillon, zusammen mit den Bataillonen von Kowaljow und Chalimon.

Nach einem langen Marsch durch das weglose Frühjahrsgelände trafen die erschöpften Partisanen in den Ausgangsstellungen ein. Nikolai Michailowitsch nahm Verbindung mit dem Divisionskommandeur und dann mit dem Regimentskommandeur auf, machte sich mit der Lage vertraut und bekam seinen Abschnitt für den Angriff zugewiesen. Der nächste Angriff sollte um 6 Uhr nach Artillerievorbereitung beginnen.

»Doch die Faschisten antworten gewöhnlich mit einem Feuerchen«, warnte der Regimentskommandeur. »Schlecht, Bruder, daß ihr keine Spaten habt! Womit werdet ihr euch eingraben?«

»Das stimmt, Spaten hat man uns nicht an Fallschirmen abgeworfen. Doch wenn sich die Männer hinlegen und eingraben, wird man sie schwer hochbekommen. Man muß das Dorf mit einem Sprung nehmen!«

»Haben wir schon probiert – jetzt werden wir es gemeinsam versuchen! Und an die fünfzig Spaten werden sich vielleicht für euch finden lassen.«

Als man sich in allem abgestimmt hatte, fuhr Nikolenko zu seinem Gefechtsstand zurück. Das Gespräch über die Feldspaten erinnerte Nikolai Michailowitsch an die Vorkriegszeit, als er Gehilfe des Stabschefs des 330. Schützenregimentes gewesen war. Wieviel Befehle mußten bezüglich des Eingrabens geschrieben werden! Wie fiel man über die Kommandeure her, deren Rotarmisten bei Manövern nicht vermochten, die Pionierspaten gut zu handhaben!

Dann dachte Nikolenko daran, daß er nunmehr, wenn auch nicht in der Armee, so doch in deren unmittelbarer Nähe ist. Schulter an Schulter werden Soldaten und Partisanen auf dieses Retschiza vorgehen, Partisanenkommandeure werden gemeinsam mit Offizieren der Armee das Gefecht leiten. Ja, die Armee ist nebenan, und er ist mit der Armee!

Sein erstes Gefecht hatte Nikolenko am 22. Juni 1941 um

4 Uhr. Rund zweihundert Kilometer von Retschiza entfernt, genau in nördlicher Richtung, liegt das kleine belorussische Städtchen Slonim, in dessen Nähe das 330. Schützenregiment zerschlagen wurde und in die Einkreisung geriet. Nikolai Michailowitsch erinnerte sich daran, wie er sich mit einer Handvoll verwundeter sowjetischer Offiziere nach Osten durchzuschlagen begann, um unsere zurückweichenden Truppenteile einzuholen. Vom Wald aus war zu sehen, wie sich ohne Halt deutsche Panzer, Artillerie und Grenadiere in gleicher Richtung bewegten. Schwere Zeiten waren das! Und nicht leicht war es auch für die kleine Gruppe der Umzingelten ...

Doch bald darauf, etwa nach einem Monat, verwandelte sich die Gruppe in eine kleine Partisanenabteilung, und Nikolenko wurde ihr Kommandeur. Die Abteilung marschierte immer weiter, führte Gefechte, wurde aufgefüllt und erreichte das Tschernigower Gebiet, wo sie ein Teil unseres Partisanenverbandes wurde. Wie viele Kämpfe, wie viele Sprengaktionen, wie viele Tage und Nächte! Dafür konnte man jetzt die Hand nach diesem denkwürdigen Slonim ausstrecken, die Armee war nebenan, und ständig wichen die Faschisten zurück. Auch Retschiza würden sie nicht halten. Die Frage lautete lediglich, ob es gelänge, den Ort morgen zu nehmen.

Zu seinem Gefechtsstand zurückgekehrt, verdrängte Nikolai Michailowitsch sofort die Gedanken an die Vergangenheit und befaßte sich mit der Vorbereitung auf das bevorstehende Gefecht. Er führte eine Beratung mit den Komsomolzen und Politarbeitern durch. Dann ging er zu den einzelnen Kompanien. Er überprüfte, ob die Stellung der Granatwerfer gut war, befahl, die Kämpfer nicht vor 4 Uhr zu wecken, und wies die Starschinas an, zu diesem Zeitpunkt warmes Essen bereitzuhalten.

»Nun, Iwan Iwanowitsch, bei uns dürfte also alles in Ordnung sein«, sagte Nikolenko zum Kommissar um 3 Uhr nachts, als er sich hinlegte, um etwas auszuruhen.

»Ich denke auch, daß alles in Ordnung ist«, stimmte Karawajew zu. »Als du bei der Division warst, habe ich mich hier für die Stimmung interessiert. Es drängt einfach alle zum Gefecht! Oder wollen sie sich vor den Armeeleuten zeigen?«

»Und ob! Da gibt es auch etwas zu zeigen!« Nikolenko lachte und schloß die Augen.

Die Artillerievorbereitung begann Punkt 6 Uhr. In tiefem Baß donnerten die im Wald untergezogenen Kanonen, und die Granatwerfer krachten. Eng an den Boden gepreßt, bewegten sich die Schützenketten der Angreifer auf Retschiza zu. Bis zu den feindlichen Gräben waren es noch anderthalb Kilometer. Aus Richtung Retschiza blitzte das heftige, wütende Antwortfeuer der Artillerie.

Die Faschisten richteten das Feuer auf die sowjetischen Batterien. Noch konnte man vorgehen, und die Männer legten an die hundert und mehr Meter zurück, wobei sie sich auf den Sturmangriff vorbereiteten. Plötzlich verstummten unsere Geschütze, sie hatten fünfzehn Minuten und nicht länger geschossen; seltener wurden auch die Abschüsse der Granatwerfer. Doch die Faschisten setzten das Feuer fort und verlegten es näher an unsere Gräben. Die Granaten und Wurfminen detonierten in unmittelbarer Nähe der angreifenden Schützenketten. Die Rotarmisten und Partisanen versuchten weiterzukriechen, aber aus den deutschen Schützengräben hämmerten die Maschinengewehre und bildeten einen dichten Feuervorhang. Der Sturmangriff wurde vereitelt. Er blieb nicht stecken, sondern wurde einfach vereitelt, noch ehe er begonnen hatte. Die Schützenketten gingen zu den Ausgangsstellungen zurück.

Bald darauf kamen bei Nikolenko die Kompaniechefs und Bataillonskommandeure zusammen.

»Was war das bloß für eine Artillerievorbereitung?!« Chalimon blickte alle fragend an. »Nach meinem Dafürhalten wurde nicht ein einziger Punkt bei den Deutschen niedergehalten. Eine solche Verteidigung muß man vierzig Minuten lang bearbeiten! Wir haben umsonst Leute verloren. Ich habe drei Tote und vier Verwundete.«

»Ich habe sechs Verwundete und einen mit Quetschwunden«, seufzte Nikolenko. »Natürlich war die Artillerievorbereitung schwach, dem Regiment fehlen Granaten. Doch es geht nicht nur darum! Genauso, sagen sie, haben sie auch ohne uns bereits fünfmal begonnen – zu gleicher Zeit, wie nach einem Stundenplan. Es war wie ein Wecken der Deutschen in der Morgendämmerung. Doch die haben es schon gelernt: Sie schlafen sich aus, und am Morgen sind sie auf der Hut. Und sie haben sich ringsum hervorragend eingeschossen. Ich denke, es wäre besser, nachts anzugreifen, bei völliger Dunkelheit. Man muß über sie hereinbrechen!«

»Richtig gesprochen, Nikolai Michailowitsch!« unterstrich Kowaljow, der Kommandeur des 10. Bataillons. »Es wäre gut, wenigstens mit einer Kompanie in den Rücken des Gegners zu gehen, doch der Fluß läßt einen nicht durch. Er führt mächtig viel Wasser, läßt sich nicht überspringen.«

»Ich denke auch«, nahm Karawajew den Faden des Gespräches auf, »daß es lediglich zwei Varianten für den Angriff geben kann: entweder nach einer starken, massierten Artillerievorbereitung, daß bei den Deutschen die Fetzen fliegen, oder nachts, mit einem Überraschungsschlag, auf Partisanenart. Na, und unsere Bataillonsgranatwerfer werden ein wenig Unterstützung leisten ...«

Eine andere Meinung kam nicht auf, doch den Entschluß hatte Nikolenko mit dem Regimentskommandeur zu fassen.

»Hast du jetzt gesehen, wie man diesen Brückenkopf angreifen muß?« fragte mißmutig der Oberstleutnant. »Vielleicht gelingt die Sache morgen besser. Sie haben versprochen, Granaten ausfindig zu machen, noch eine Batterie wollen sie geben.«

»Artillerievorbereitung um sechs Uhr?« erkundigte sich Nikolenko mit kaum wahrnehmbarer Ironie.

»Genau! Der Befehl an die Division ist bereits unterschrieben. Was soll also deine Ironie?«

»Teurer Genosse Oberstleutnant, nach solchen Artillerievorbereitungen wie heute ist ein Angriff unmöglich. Auch wenn sie ein bißchen kräftiger erfolgt, geht es nicht.«

»Du bist verrückt geworden!« brauste der Oberstleutnant auf. »Wie kannst du es ablehnen, wenn es ein Befehl des Divisionskommandeurs ist?! Ihr seid uns zugeteilt worden und verpflichtet, euch in allem unserem General unterzuordnen.«

»Nicht so hitzig, Freund, nicht so hitzig!« Nikolenko hob beruhigend die Hand. »Wir sind euch unterstellt und werden es auch bleiben, doch gewisse Dinge muß man trotzdem klarstellen. Sage mir offen: Kannst du morgen eine vierzigminütige massierte Artillerievorbereitung gewährleisten?«

»Kaum. Selbst wenn man Granaten heranschafft, reichen sie nicht für eine solche Zeitdauer. Eine neue Batterie wird auch kein besonderes Wetter machen.«

»Und es ist auch nicht bekannt, ob diese Batterie überhaupt kommt, man hat sie ja nur versprochen!« erinnerte Nikolenko.

»Aber Befehl ist Befehl!«

»Ich weiß, die Dienstvorschrift habe ich damals irgendwann behandelt. Aber der Divisionskommandeur kann seinen Befehl noch ändern. Eurem General kommt es doch darauf an, Retschiza einzunehmen, oder will er, daß wir nach der Artillerievorbereitung wieder vor den deutschen Gräben liegenbleiben?«

»Aber wie soll man es ohne Artillerievorbereitung erobern?«

»So kommen wir der Sache schon näher! Jetzt bitte ich, mir aufmerksam zuzuhören.«

Nikolenko unterbreitete dem Regimentskommandeur den Plan eines nächtlichen Überraschungsschlages.

»Das alles sieht verlockend aus«, sagte der Oberstleutnant, »aber unsere Soldaten sind nicht gerade an ein Nachtgefecht, dazu noch in einer Ortschaft, gewöhnt. Unsere Leute kommen in der Hauptsache aus der Neuauffüllung. Der Divisionskommandeur wird dem nicht zustimmen, nein!«

»Was, soll sein Kopf etwa schlechter sein als unserer?! Wir werden uns bemühen, ihn zu überzeugen. Was die Soldaten anbelangt, so hast du richtig festgestellt: Für ein solches Gefecht braucht man besondere Übung. Deshalb werden wir auch vorausgehen, den Rammstoß führen; eure Sache wird es sein, uns zu unterstützen, alle Ecken in Retschiza zu säubern und die Verteidigung im Falle deutscher Gegenangriffe zu organisieren. In dieser Zeit eilen wir weiter, um die Übersetzstelle einzunehmen.«

»Hauptsache, wir kommen nach Retschiza und können uns dort festsetzen.«

»Wir kommen hin und marschieren durch! Los, setzen wir uns mit dem General in Verbindung!«

»Solche Sachen macht man nicht über Fernsprecher. Wir fahren besser hin.«

Entgegen den Erwartungen des Oberstleutnants verhielt sich der Divisionskommandeur sehr wohlwollend gegenüber dem Vorschlag der Partisanen. Nachdem er Nikolenko einige Fragen gestellt und kurz überlegt hatte, sagte der General:

»Einverstanden! Doch Sie nehmen eine gewaltige Verantwortung auf sich. Wenn Sie den Gegner nur aufscheuchen und zwingen, neue Kräfte zum Brückenkopf heranzuziehen, wird die ganze Angelegenheit verdorben, und dann werden wir ein ernstes Wort miteinander reden!«

»Wir werden das gewährleisten, Genosse General! Nur sagen Sie Ihren Leuten, daß sie sich stärker im Dorf festsetzen.«

»Das werden wir tun. Ich wünsche unseren Helfern, den Partisanen, Erfolg.«

Kaum war Nikolenko zurückgekehrt, als die Vorbereitung auf das Gefecht erneut begann. Sie betraf in erster Linie die Kommandeure und Politarbeiter der Bataillone. Die einfachen Partisanen ruhten sich solange aus, machten sich mit den Rotarmisten bekannt, suchten unter ihnen Landsleute und führten mit ihnen endlose Gespräche. Sowohl bei den Kämpfern mit den Schulterstücken als auch bei den Kämpfern mit den roten Bändchen an den Mützen gab es genügend Fragen und Gesprächsstoff.

Da erzählte ein junger Partisan in einem schwarzen SS-Mantel, den er sich wahrscheinlich in Nessuchojeshe besorgt hatte, einem Soldaten, der sich zu ihm gesetzt hatte:

»Auf dem Bahnhof arbeitete eine Marussja als Schreiberin für kleine Sachen, doch in Wirklichkeit – Fußboden wischen, Brennholz herbeischaffen, kurz gesagt, sie war Reinemachefrau. Ihr haben wir durch Verbindungsleute eine Mine mit Zugzünder zugestellt. Marussja erhielt einen einfachen Auftrag: Der Bahnhofsvorsteher ist zu töten. Nun, du verstehst, die Mine im Arbeitszimmer abzulegen hätte nichts genutzt. Hier stand die Frage anders: Wer würde an dem Zünder ziehen? Sollte das doch der faschistische Vorsteher selbst machen, dafür haben wir ja schließlich keine Leute frei! Marussja legte die Mine in eine Tischlade, den Draht vom Zünder führte sie zur Nachbarlade und befestigte ihn an der Rückseite. Welche Lade du auch immer ziehst, die Mine wird hochgehen.«

»Nicht dumm! Und wie ging's aus? Flog der Vorsteher in die Luft?«

»Probier's mal, und bleibe dann noch auf der Erde! Zu beerdigen gab es nichts.«

»Und Marussja?«

»Was sollte sie weiter tun! Sie ging zu den Partisanen und ist Köchin bei uns in der dritten Kompanie.«

In einer anderen Gruppe von Partisanen ging es auch um einen Frauennamen, obwohl nicht von einer Frau die Rede war. Der Rotarmist konnte unseren Partisanen einfach nicht erklären, wie die reaktiven Werfer, die »Katjuschas«, funktionierten.

»Nein, sie hat überhaupt kein Rohr, das ist doch keine Kanone!« sagte der Soldat. »Die Granaten fliegen bei der ›Katjuscha‹ aus eigener Kraft, und zwar nicht einzeln, sondern reihenweise, so wie Feuerpfeile ...«

»Und warum hat man sie ›Katjuscha‹ genannt?« wollten die Partisanen wissen.

»Wegen der Stimme!« Der Soldat lachte. »Das Geräusch der Salven klingt langgezogen, als ob einer ein Lied anstimmt. Die Deutschen haben schon allein vor der Stimme Angst! Würde die ›Katjuscha‹ hier singen und spielen, sofort wären alle Faschisten aus Retschiza verschwunden.«

»Man müßte das mal sehen!«

»Du bekommst sie noch zu Gesicht! Äußerlich ist nichts Besonderes dran: ein Kraftfahrzeug, oben eine Plattform unter einer Plane. Dafür ist sie im Gefecht gut!«

Zwei Parteigruppenorganisatoren, der eine von der Armee und der andere von uns, saßen abseits und führten ein wichtiges und ernstes Gespräch.

»Ja, und wie verhaltet ihr euch zu Kommunisten, die eingekreist waren oder aus der Gefangenschaft geflohen sind, wenn sie kein Parteidokument haben?« fragte der Genosse von der Armee. »Ich verstehe, daß viele ihr Dokument vergraben oder vernichten mußten, aber man kann doch nicht nur dem Wort glauben, daß einer Parteimitglied ist!«

»Natürlich geht das nicht! Doch man sieht den Menschen,

wie er sich führt. Jeder kämpft – nicht, um zu sterben, sondern um zu leben. Er kämpft für die Heimat, für das Volk, aber auch für sich, in der Hoffnung, unversehrt zu bleiben. Bleibt er unversehrt, so stellt sich nach dem Krieg allemal heraus, ob er geschwindelt hat! Und erhält etwa ein Kommunist im Krieg irgendwelche Vergünstigungen? Vorn hast du zu sein, an den gefährlichsten Stellen ist dein Platz, das ist die ganze Vergünstigung.«

»Das ist richtig.« Der Armeeangehörige nickte.

»Wir glauben den Menschen, doch einiges präzisieren wir auch. Bei einem Genossen, der sich als Kommunist ausgibt, ziehen wir Erkundigungen ein, manchmal fragen wir auch im ›Großen Land‹ an. Wenn das Bild klar ist, beschließt unser illegales Gebietskomitee: Dem entsprechenden Genossen ist die Mitgliedschaft zu bestätigen. Doch für das Gebietskomitee nutzt es wenig, sich Gewißheit zu verschaffen, ob der Mann tatsächlich der Partei angehört. Wichtig ist, wie er sich in der Gefangenschaft oder der Einkreisung geführt, ob er sich als standhafter Kommunist gezeigt hat und wie er jetzt bei uns kämpft.«

»Ihr geht allseitig an die Sache heran! Aber bezüglich der Mitgliedschaft findet man nicht immer Zeugen.«

»Nicht immer. Ich werde dir folgenden Fall erzählen ... Noch im Jahre 1941 kam zu uns der Rotarmist und Granatwerferschütze Sergej Masepow. Er war aus der Umzingelung ausgebrochen und sagte, daß er Kommunist sei, das Parteidokument aber vorsorglich vernichtet habe, damit es nicht dem Feind in die Hände falle. Und wir konnten das einfach nicht überprüfen! Masepow war allein aus der Einkreisung entkommen. Leute, die ihn von früher kannten, gab es bei uns nicht, und das Rayonkomitee in dem okkupierten Gebiet, aus dem Masepow stammte, konnte man auch nicht befragen. Sergej konnte also seine Parteizugehörigkeit nicht offiziell nachweisen, trotzdem betrachteten ihn alle, darunter auch ich, als Kommunisten.«

»Hat er gut gekämpft?«

»Das versteht sich von selbst! Doch da war noch etwas anderes: Der Mann hatte nicht nur die Einkreisung durchbrochen, sondern auch noch seinen Kompaniegranatwerfer mitgebracht! Kannst du dir das vorstellen – den Granatwerfer?! Es gab Männer, die in der Einkreisung sogar ihre Pistolen wegwarfen, doch er schleppte den Granatwerfer und die Kassette mit den Wurfminen Hunderte von Kilometern. Und er hat ihn zu uns in die Abteilung gebracht! Ist das nicht bolschewistische Art? Ist nicht schon allein daran der Kommunist zu erkennen? So hat Masepow mit seinem Granatwerfer auch bei uns gekämpft. Er war der beste Granatwerferschütze.«

»War?«

»Sergej ist gefallen, als wir hierher nach Wolynien kamen. Er starb ehrenvoll als Held ...«

»Das heißt also – ein Kommunist«, sagte leise der Rotarmist. »Und trotzdem ist das alles irgendwie eigenartig. Ihr habt eine Parteiorganisation, ein Parteikomitee des Verbandes, ein Gebietskomitee, doch Parteidokumente haben die Mitglieder nicht.«

»Wer sagt das? Hier sind unsere Parteidokumente!« sagte der Partisan und legte die Hand auf die linke Seite der Brust.

Der Armeeangehörige verstand nicht und blickte verwundert auf.

»Im Herzen haben wir unsere Dokumente ... Im Herzen!« fügte der Partisan hinzu.

Die Parteigruppenorganisatoren setzten die Unterhaltung fort, solange man sie nicht zu den Kommissaren rief. Danach sprachen beide Kommissare mit jedem über ein und dasselbe – die Aufgabe der Kommunisten im bevorstehenden Gefecht. Es bedurfte keiner langen Erklärungen, die Aufgabe der Kommunisten war immer bekannt.

Der Angriff begann um 24 Uhr.

Für die Partisanen war die Nacht ein zuverlässiger, erprobter Verbündeter. Unter ihrem schwarzen Mantel glitten die Minenleger bis auf zwei Schritt an die Bewachung von Eisenbahndämmen heran. Beim schwachen Schimmer der Sterne unternahmen die Abteilungen der Volksrächer weite Märsche. Lautlos drangen in der Dunkelheit die Verbindungsleute der Partisanen und die Aufklärer vor. Die schweigenden, dunklen Nächte halfen uns, Garnisonen der Polizei und der Faschisten einzukreisen, unerwartet bei den feindlichen Sicherungseinheiten aufzutauchen, auf den verwirrten Gegner loszuschlagen, ihn zu vernichten oder in die Flucht zu treiben.

So wurde auch jetzt die mondlose Nacht zur Gehilfin der Partisanenbataillone, alle Kämpfer gewissermaßen mit einem gewaltigen Tarnumhang bedeckend.

Von drei Seiten krochen die Männer von Nikolenko, Kowaljow und Chalimon an die deutschen Gräben heran. Die Kommandeure taten es ihnen gleich. Man mußte schon die von den Kosaken vererbte besondere Kunst beherrschen, sich so zu bewegen, daß der ganze Körper an den Boden gepreßt war und die Stille durch keinen Laut gestört wurde. Wenn auch der deutsche Spähposten angestrengt lauschte, von der sowjetischen Seite würde er nichts hören als die fernen Töne einer Harmonika und die Fetzen eines schwermütigen Liedes.

Auf der Harmonika spielte auf spezielle Anweisung des Kommandeurs des 5. Bataillons Kostja Krutojarow, der bei dem erfolglosen morgendlichen Angriff leicht verwundet worden war. Eine List Nikolenkos!

Die Schützenketten der Angreifer glitten immer weiter vor. Bis zur Brustwehr der Gräben verblieben nicht mehr als zweihundert Meter. Weiter ging es auf keinen Fall! Nikolenko hob die Leuchtpistole, ein Feuerstreifen zischte in den Himmel und zerfiel in rote Sterne. Die Granatwerfer der Partisanen krachten – Salvenfeuer, noch eine Lage und noch eine. Eine vierte wurde nicht geschossen, um nicht die Eigenen zu treffen.

Mit der ersten Salve und den ersten Detonationen der Wurfgranaten erhoben sich die Partisanen und stürmten vor. Vorwärts, so schnell wie möglich vorwärts! Nachdem sie die feindliche Stellung erreicht hatten, wo in den Verbindungsgräben die Deutschen schon durcheinander rannten, warf jeder eine Handgranate nach unten, die MPi-Schützen gaben kurze Feuerstöße ab – und wieder vorwärts. Nicht aufhalten! Ein Sprung über den Graben – und weiter, immer weiter zum Dorf, das ganz in der Nähe war. Eine andere Aufgabe war den Angreifern der ersten Schützenkette auch nicht gestellt.

Die Faschisten in den Gräben waren zunächst erschrocken und kopflos, aber sie hatten keine hohen Verluste und bereiteten sich schon darauf vor, das Feuer im Rücken der vorstürmenden Partisanen zu eröffnen. Doch da stürzte sich die zweite Schützenkette der Angreifer auf sie. In dieser Schützenkette griffen Partisanen und Rotarmisten gemeinsam an. Schulter an Schulter hatten sie das schwerste Gefecht in den feindlichen Schützengräben zu bestehen. Kurze Feuerstöße aus den MPis, Detonationen von Handgranaten, klirrende Bajonette. Die Faschisten erhoben sich nicht mehr, ihr Widerstand war gebrochen – vernichtet durch den über sie hereinbrechenden Sturm.

Die Rotarmisten und Partisanen drangen weiter vor. Jetzt eilten sie denen zu Hilfe, die bereits in Retschiza selbst in Kämpfe verwickelt waren. Im Dorf wurde Haus für Haus durchgekämmt – zuerst eine Handgranate ins Fenster, dann das Feuer auf die Faschisten eröffnet, die auf die Straße liefen. Schnelligkeit und Angriffsdruck entschieden auch hier den Kampf.

Das Dorf an seinem Westrand umgehend, erreichte das Partisanenbataillon unter dem Befehl von Nikifor Chalimon den Pripjat und nahm die Übersetzstelle ein. Am gegenüberliegenden Ufer hatten die Faschisten lediglich eine kleine Sicherungseinheit. Mehrere Granaten der Artillerie hielten die feindlichen MGs nieder. Die Angreifer begannen, erst auf Kähnen und dann auf der Fähre ans andere Ufer des Flusses überzusetzen, der infolge des Frühjahrs reichlich Wasser führte.

Nach etwas mehr als einer Stunde war das Dorf vom Gegner gesäubert. Noch eine Stunde war erforderlich, um den Brückenkopf am linken Ufer des Pripjat zu besetzen und dort Verteidigungsstellung zu beziehen. Doch die Faschisten unternahmen keine Gegenangriffe, da sie offensichtlich begriffen hatten, daß sie das Verlorene nicht mehr zurückerobern konnten.

Mit welchen Kräften sollten sie auch einen Gegenangriff führen? Dafür brauchten sie Reserven aus dem Hinterland. Die Garnison in Retschiza war völlig vernichtet. Übriggebliebenen waren lediglich einige Dutzend vor Angst halbtote Faschisten, die – nur in Unterwäsche – mit heiler Haut davongekommen und geflohen waren. Sie zogen in kleinen Gruppen in der Umgebung des Dorfes umher und warteten nur die

Morgendämmerung ab, um sich zu ergeben. Sich nachts zu ergeben war riskant; die erhobenen Hände konnten leicht übersehen werden.

In der Nähe der Übersetzstelle stieß Nikolenko auf den Regimentskommandeur.

»Nun, wird der General mit uns schimpfen?« fragte Nikolai Michailowitsch lächelnd.

»Ach, dafür möchte ich mich nicht verbürgen! Nein, nein!« Der Oberstleutnant lachte. »Listig kämpft ihr! Direkt auf Suworow-Art! Hast du hohe Verluste?«

»Drei Tote, neunzehn Verwundete.«

»Mehr nicht? Unglaublich. Das heißt tatsächlich: Die Kugel fürchtet den Kühnen!«

»Was hast du denn gedacht!«

»Gut, gut, trage es nicht nach! Nun helft uns auch bis zum Ende. An diesem Ufer werde ich die Artillerie und die rückwärtigen Dienste unterbringen, doch am anderen Ufer müssen vollständige Schützengräben ausgehoben werden. Du weißt, ich habe wenig Leute.«

»Brauchst mich nicht zu überreden! Besser, du gibst unseren Jungs Feldspaten. Ich erinnere mich, daß du mehr als fünfzig übrig hattest.«

»Jetzt haben wir auch Beutespaten, soviel wir wollen!«

In Retschiza wurde reiche Beute gemacht. Allein die Partisanen erbeuteten bei den Faschisten eine Kanone, 15 Maschinengewehre, 102 Gewehre, ein Munitionslager und viele Lebensmittel.

Natürlich trugen die Partisanen nichts nach. Sie verstanden sehr wohl, daß das Regiment der Armee, mit dem sie zusammen gekämpft hatten, einen gewaltigen Weg zurückgelegt und dabei schwere Kämpfe zu bestehen hatte, daß es der Ruhe und der Auffüllung bedurfte. Es waren nur noch wenige alte, kampferprobte Soldaten geblieben. Gerade deshalb brauchte das Regiment auch Hilfe.

Unser ruhmreiches 5. Bataillon hatte sich bei den Kämpfen um Retschiza von der besten Seite gezeigt. In vielen Jahren war es in großen Gefechten gestählt worden, es wuchs und erstarkte und sammelte so viele Erfahrungen. Bereits diesseits des Dnepr hatte das 5. Bataillon dem Verband den Weg aus dem feindlichen Blockadering freigekämpft. Während des Streifzuges am rechten Ufer hatte es die Stadt Bragin im Sturm genommen. Es blieb allein in den unsichtbaren Mauern von Lessograd, als wir hinter den Styr zurückgingen, und zerschlug unlängst die SS-Banden, die sich in Nessuchojeshe festgesetzt hatten. Hieraus erwuchsen die Meisterschaft des 5. Bataillons und der Angriffsgeist seiner Kämpfer.

Am Tage, unter den hellen Strahlen der Frühlingssonne am blauen Himmel, traten die Einheiten der Armee und der Partisanen an. An sie wandte sich der Divisionskommandeur, der nach Retschiza gekommen war.

»So haben die Faschisten also keinen Brückenkopf mehr am Pripjat, wir aber haben einen mehr!« sagte der General zu den Siegern. »Von hier nach Brest, nach Brest und weiter nach Westen! In den Kämpfen um Retschiza haben die Partisanenbataillone eine große Rolle gespielt. Im Namen der Roten Armee spreche ich ihnen dafür meinen Dank aus. Danke, Genossen Partisanen!«

»Wir dienen der Sowjetunion!« donnerte die Antwort.

Jedem der Angetretenen war wohl und froh ums Herz. Überhaupt ist, wie Nikolenko sagte, der Frühling eine erfreuliche Sache!

# Dokumente entlarven

Anfang März, als ein Teil unserer Bataillone gemeinsam mit einem Regiment der Armee die Okkupanten aus Retschiza vertrieben hatte, wurden die freien Kräfte des Verbandes gegen die Bandera-Leute eingesetzt.

Die Aktivität dieser Banditen verstärkte sich längs des gesamten Laufes des Stochod. Banden ukrainischer Nationalisten überfielen rückwärtige Einrichtungen der Roten Armee, störten die Wiedererrichtung der Sowjetmacht in den von den Okkupanten befreiten Gebieten und strebten danach, weiter nach Osten vorzudringen. Der Kampf gegen die Bandera-Leute war vor allem deshalb nicht leicht, weil dieses Gesindel Gefechten auswich. Bereits bei ersten Zusammenstößen zerstreuten sich die Nationalisten in den Vorwerken, versteckten sich dort oder gaben sich als Ortsansässige aus. Doch wenn die Partisanen abzogen, trommelten sie wieder ihre »Hundertschaften« und »Lager« zusammen, um einen neuen Sprung nach Osten zu unternehmen. Wir wußten sehr wohl, mit welchem Ziel sich die Banden gerade in diese Richtung bewegten. Man mußte sie in Hinterhalte treiben, sie in die Zange nehmen, den Sack zumachen.

Nach einem der Gefechte mit den Bandera-Leuten legte mir ein Mitarbeiter der Besonderen Abteilung, Wassili Subko, einen Brief in ukrainischer Sprache vor. Der untere Teil des Blattes wies einen verschwommenen Blutfleck auf.

»Lesen Sie!« sagte Subko. »Der Brief wurde in der Tasche eines toten Hundertschaftsführers gefunden ... Ein interessantes Dokument!«

Ich überflog den Brief. Der Inhalt war tatsächlich von gewissem Interesse, und der Name des Empfängers schien mir bekannt zu sein.

»Ist das nicht dieser Bogdan, von dem unlängst im Funkspruch aus dem Raum Radechow die Rede war?« fragte ich.

»Martynjuk machte uns von einem Bogdan Dawydowitsch Mitteilung, der Dienststellung nach Kosakenführer, doch der hier war nur Hundertschaftsführer. Es ist durchaus möglich, daß der Tote nicht der Empfänger, sondern der Autor des Briefes war, den er einfach nicht abschicken konnte. In einem solchen Fall ist es nicht ausgeschlossen, daß die Botschaft für Dawydowitsch, Deckname Shelesnjak, bestimmt war. Andererseits ist es zweifelhaft, daß ein Kosakenataman sich mit der Abverfügung irgendwelcher fünfzehn Mann befaßte. Das werden wir jetzt alles klären!«

»Richtig, das muß man klarstellen. Doch vorher geben Sie mir den grauen Hefter! Und nehmen Sie die Meldung Martynjuks.«

Im grauen Hefter bewahrte unsere Besondere Abteilung die Dokumente auf, die man den Bandera-Leuten abgenommen hatte. Natürlich war die Farbe des Hefters ganz und gar zufällig, doch die Tschekisten der Partisanen scherzten, daß dies kein Zufall sei, da der Deckname von Stepan Bandera bei der Abwehr ebenfalls der »Graue« lautete.

Man brachte mir den Hefter und den unlängst entschlüsselten Funkspruch aus der Gegend von Radechow. Nachdem ich mein Gedächtnis anhand der Meldung unseres Aufklärers aufgefrischt hatte, überzeugte ich mich davon, daß die von ihm mitgeteilten Fakten irgendwie den Inhalt des Briefes mit dem Blutfleck vorweggenommen hatten. Dem grauen Hefter entnahm ich noch zwei Dokumente: einen Briefbogen mit einer steilen, schrägen Frauenhandschrift und eine Fotokopie offiziellen Charakters mit dem Stempel des deutschen Kommandanten der Stadt Kamen-Kaschirski.

Jetzt lagen vor mir vier Dokumente. Sie konnten als eine hervorragende Illustration dafür dienen, wie die ukrainischen bürgerlichen Nationalisten immer tiefer sanken und nun ihren Tiefpunkt erreicht hatten. Es lohnt sich, über die Geschichte dieser Dokumente zu berichten, und ich beginne mit dem von Frauenhand geschriebenen Brief.

Die Stadt Kamen-Kaschirski ist ein Rayonzentrum im Gebiet Wolynien. Sie liegt vierundfünfzig Kilometer nördlich von Kowel; beide Orte sind durch eine Eisenbahnabzweigung verbunden. Dieser Abzweig endete in einem Sackbahnhof und hatte fast keinerlei militärische Bedeutung. Deshalb wurde diese Strecke von unseren Minenlegern auch in Ruhe gelassen.

Kamen-Kaschirski zählte nicht mehr als zehntausend Einwohner. Die ganze Stadt bestand aus mehreren Straßen, einem staubigen Marktplatz und ein oder zwei Kirchen. Im Zentrum erhob sich das Volkshaus, nicht lange vor Kriegsbeginn durch den Eigentümer der nahe gelegenen Zuckerfabrik und andere polnische Krösusse errichtet. Die Herren Wohltäter wünschten jedoch nicht, zu engen Kontakt mit dem niederen Volk aufzunehmen, und ließen zu ihrem eigenen Vergnügen auf dem Dach des Volkshauses eine Tanzfläche bauen, zu der den einfachen Leuten der Zutritt strengstens untersagt war.

Im Sommer des Jahres 1943 befand sich Kamen-Kaschirski in den Händen der Bandera-Leute. Die deutschen Faschisten störte das wenig. Sie waren mit der Tätigkeit des Vertreters der Organisation Ukrainischer Nationalisten, eines gewissen Ustin Kusmenko, Deckname Jaroslaw, völlig zufrieden.

Jeden Abend begab sich dieser Bandera-Führer von örtlicher Bedeutung zu der ehemaligen Tanzfläche, wo man jetzt für ihn und seinen Anhang eine Trinkstube, so etwas wie eine Kneipe, eingerichtet hatte. Hier an der frischen Luft schluckten diese Banditen-Atamane einen sehr starken, doppelt destillierten Selbstgebrannten, prahlten voreinander mit ihren blutigen Streifzügen und grölten mit trunkener Stimme den »Polessje-Tango«:

> Die ganze Polessje in Sümpfen und Flüssen,
> alle Felder vom Wasser überschwemmt ...
> Irgendwo ein kleines, einsames Vorwerk,
> nur ab und an Hütten des Dorfes.

Häufig fing Kusmenko an zu tanzen, wobei er mit seiner versoffenen Stimme als Vorsänger des disharmonischen Chors auftrat.

Kusmenko hielt hier nicht nur Trinkgelage ab, sondern führte auch Verhandlungen, nahm Meldungen entgegen und erließ Direktiven. Die Meldungen waren alle von gleicher Art: Dort und dort wurden soundso viele Polen getötet, soundso viele Bauern in die Bande gepreßt, soundso viele Leute wegen der Verbindung zu den Partisanen aufgehängt. Nachdem Kusmenko die Meldung angehört hatte, stieß er nur ein Wort hervor: »Wenig!« Und alle seine Direktiven liefen auf die einzige Forderung hinaus, den Terror zu verstärken und die bewaffneten Banden der Organisation Ukrainischer Nationalisten zu vergrößern.

Wir mußten unsererseits Maßnahmen ergreifen. Die Partisanen vertrieben die Bandera-Leute aus Kamen-Kaschirski und blieben etwas mehr als einen Monat dort. Im Kampf um die Stadt setzten wir Dutzende von Banditen außer Gefecht, aber für uns war es noch viel wichtiger, der Bevölkerung des ganzen Rayons zu zeigen, daß wir stärker als die Bandera-Leute waren, gut bewaffnet und diszipliniert. Unter den Einwohnern der Stadt wurde umfangreiche politische Arbeit geleistet.

Es versteht sich von selbst, daß sich die Okkupanten mit der Anwesenheit der Partisanen in Kamen-Kaschirski nicht zufriedengeben konnten. Ein ganzes deutsches Regiment wurde aus Kowel gegen uns in Marsch gesetzt. Sich in ein Handgemenge einzulassen und die Stadt halten zu wollen hatte für uns keinen Sinn. Das siegreiche Bataillon zog sich in den Wald zurück. Die Faschisten ließen in Kamen-Kaschirski eine Garnison zurück und richteten hier eine Kommandantur ein.

Zur gleichen Zeit verbarg sich der Vertreter der Organisation Ukrainischer Nationalisten, Kusmenko, in einem der tiefsten Winkel des Rayons und nannte sich »Leiter der ukrainischen Kampfgruppe des Gebietes von Kamen-Kaschirski«. Bald drangen die Partisanen auch zu seiner neuen Höhle vor. Doch diesmal erfolgte die Flucht des Bandera-Vertreters so überstürzt, daß uns sein gesamtes Büro in die Hände fiel. So erhielten wir den an Kusmenko gerichteten, von Frauenhand geschriebenen Brief. Ich führe ihn hier vollständig an:

»Freund Jaroslaw!
Vor einigen Tagen kam nach Kamen-Kaschirski der neue militärische Leiter der Organisation Ukrainischer Nationalisten für das Gebiet von Kamen-Kaschirski. Er ist der Auffassung, daß wir mit den Deutschen eine gemeinsame Sprache finden und zusammen im Kampf gegen die Bolschewiki auftreten müssen. Die Deutschen sind, wie mir ihr Kommandant erklärte, von dem Wunsch beseelt, mit dem ukrainischen Volk übereinzukommen, und da man mit den Ukrainern durch Vermittlung ihrer Führer sprechen kann, wenden sich die Deutschen an Sie mit dem Vorschlag, sich zu treffen. Verrat ist nicht zu befürchten. Sie wissen doch, daß die Deutschen nicht betrügen. Schreiben Sie, wann und wo das Treffen stattfinden kann.

Ruhm der Ukraine!

*6. November 1943* *Irina*
*Kamen-Kaschirski«*

Wie wir bald herausbekamen, handelte es sich bei der Briefschreiberin um das aktive Mitglied der Organisation Ukrainischer Nationalisten Irina Demjanenko, die Kusmenko-Jaroslaw in der »Illegalität« zurückgelassen hatte. Wie fiktiv diese »Illegalität« war, läßt sich allein an der Tatsache beurteilen, daß sich die Demjanenko ganz einfach mit dem deutschen SS-Kommandanten von Alvensleben traf und sich, wenn man es so ausdrücken kann, für seine »Zuverlässigkeit« verbürgte.

Auch Ustin Kusmenko hatte nichts von den Faschisten zu befürchten. Bandera forderte von ihm lediglich, die Illusion zu schaffen, daß sich die ukrainischen Nationalisten gegenüber den deutschen Faschisten feindlich verhielten, um ihre verräterischen Beziehungen auf jede Weise zu tarnen. Deshalb fand das Treffen zwischen Kusmenko und Alvensleben auf konspirativer Grundlage statt.

Sie waren in allem ausgezeichnet übereingekommen. Der selbsternannte »Führer der Ukrainer« verpflichtete sich, zum Nutzen der Okkupanten Spionage zu betreiben und ihnen zu helfen, in den Dörfern ein »Kontingent« an Arbeitskräften für die Verschleppung nach Deutschland zu beschaffen. Seinerseits versprach der Vertreter der Okkupationsmacht, auch weiterhin die Bandera-Leute nicht anzurühren und sie mit Waffen zu versorgen. Beide Seiten erachteten es für günstig, die erzielte Übereinkunft strengstens geheimzuhalten.

Doch der Deutsche hielt nicht Wort. Bereits nach einigen Tagen plauderte er auf einer Beratung mit den Vertretern der örtlichen Behörden in Ratno sein Treffen mit Kusmenko aus. Der Bandera-Mann war bestürzt und sandte dem deutschen Kommandanten einen Brief voll bitterer Vorwürfe. Alvensleben mußte sich rechtfertigen, doch so nebenbei hatte er auch Gegenvorwürfe an seinen Verbündeten. Hier ist der an Kusmenko-Jaroslaw gerichtete Brief:

»*Kamen-Kaschirski, den 30. November 1943*

Heute bestätige ich den Erhalt Ihres Briefes vom 22. XI. 43. Der Brief ging also acht Tage.

1. Ihre Anschuldigung ist unbegründet. Ich habe in Ratno nicht über unser Gespräch gesprochen. In Ratno erklärte ich lediglich, daß zwischen deutschen und ukrainischen Organisationen Verhandlungen mit dem Ziel des gemeinsamen Kampfes gegen die Roten geführt werden. Über die Beziehungen zwischen Ihnen und mir ist kein Wort gefallen.

2. Sie hatten mir versprochen, mich detailliert über Truppenbewegungen der Roten zu informieren. Ich bedaure, daß Sie Ihre Versprechungen bis zum jetzigen Zeitpunkt nicht gehalten haben, und bitte Sie, mir so schnell wie möglich erschöpfende Angaben über den Aufenthalt der Roten in ihrem Gebiet zu machen.

3. Unsere Verpflichtungen werden in jeder Hinsicht erfüllt und haben sich nirgends verschlechtert. Die Verpflichtung zur Bereitstellung eines Kontingentes jedoch wurde in einer ganzen Reihe von Dörfern noch nicht erfüllt. Ich bin verpflichtet, notwendigenfalls strenge Maßnahmen zu ergreifen. Ich teile Ihnen das zu Ihrer Kenntnis mit.

4. Ich möchte nochmals mit Ihnen sprechen und lade Sie deshalb ein, mich hier noch einmal freundschaftlich zu besuchen. Ich werde Sie als meinen Gast betrachten und verbürge mich für Ihre völlige Sicherheit.

*von Alvensleben, SS-Sturmbannführer*«

Ist das nicht wahrlich idyllisch – der SS-Sturmbannführer lädt den Vertreter des Pan Bandera zu sich zu einer Tasse Tee ein?! Die Beziehungen zwischen den Freunden sind nur infolge objektiver Ursachen etwas getrübt. Die für den SS-Offizier erforderliche Information über die Bataillone unseres Verbandes konnte Kusmenko nicht liefern. Sie einzuholen – und dazu noch »so schnell wie möglich« – war schon nicht so einfach. Ich erzählte bereits über das traurige, doch verdiente Schicksal des »Stählernen« und anderer Spione Banderas und der Faschisten. Ein »Kontingent« zusammenzutrommeln war auch nicht leicht. Und um den Abtransport von Lebensmitteln stand es ganz schlecht. Alles, was die Bauern entbehren konnten, gaben sie freudig den Partisanen. Viele Lebensmittel, auf die von Alvensleben spekulierte, landeten in den Lagern meines Stellvertreters für Wirtschaftsfragen, Maljawko.

In diesem Fall geht es jedoch nicht darum. Es verdient, festgehalten zu werden, daß die Okkupanten im November 1943 mit den Bandera-Leuten nur solche Fragen wie Aufklärung und Aufstellung eines »Kontingentes« abstimmten. Sicher, auch früher führten sie bereits gemeinsame »Strafexpeditionen« gegen die Partisanen durch, die jedoch einem ungeübten Auge nicht als gemeinsame, sondern als parallele, zufällig zusammenfallende Maßnahmen erscheinen konnten.

Nun aber waren drei Monate vergangen. Die Rote Armee hatte den größten Teil des Gebietes Wolynien von den Eroberern gesäubert. Die Faschisten gingen weiter zurück. Da erfuhren wir durch Illegale, daß in einem noch nicht befreiten Rayon irgendeine Konferenz von Vertretern des deutschen Kommandos und der Ukrainischen Aufständischenarmee stattfinden sollte. Warum? Wozu? In unserem Stab kamen wir zu der Überzeugung, daß kein anderer als Grigori Fjodorowitsch Martynjuk die vorgesehene Konferenz »beleuchten« konnte.

Dieser Mann verfügte über viele äußerst wertvolle Eigenschaften, darunter auch über die Vorzüge eines hervorragenden Kundschafters.

Er war durch und durch Wolynier. Geboren wurde er in einer armen, ewig am Hungertuch nagenden Bauernfamilie. Seit dem sechzehnten Lebensjahr arbeitete Grizko Martynjuk aktiv in einer illegalen Zelle des westukrainischen Komsomol. 1924, im Todesjahr Lenins, wurde er Mitglied der Kommunistischen Partei der Westukraine.

Ein Kommunist ist immer und überall Kommunist. Bei sich zu Hause, im Dorf, arbeitete Martynjuk unter den Bauern, rüstete sie mit den Ideen Lenins aus, propagierte die Leninsche Sache. Als man Martynjuk zum Wehrdienst holte, rief er in den Unterkünften eine illegale kommunistische Organisation ins Leben. Die Gendarmen hätten es nicht geglaubt, daß dieser blauäugige, hübsche Ulan, ein glänzender Fechter und der beste Schütze im Regiment, gerade der Mann war, den sie suchten.

Als er aus der polnischen Armee in die Heimat zurückgekehrt war, wählten ihn die illegalen Kommunisten seines Heimatrayons zu ihrem Sekretär. Sofort stürzte er sich in die umfangreiche, brodelnde Arbeit. Jedoch gelang es den Polizisten diesmal, ihn zu ergreifen. Wegen »umstürzlerischer Tätigkeit« erhielt Martynjuk von den polnischen Pans vier Jahre Gefängnis.

Fast fünfzig Monate verbrachte Grigori Fjodorowitsch in der Gefängniszelle. Die schwere Prüfung konnte seinen Willen nicht brechen. Wieder in Freiheit, nahm Martynjuk seine aktive Arbeit in der kommunistischen Illegalität erneut auf. Nach etwas mehr als einem Jahr wurde er wiederum verhaftet und dem Gericht übergeben. Da es sich um einen »Unverbesserlichen« handelte, war das Urteil noch härter: acht Jahre Haft. Zur Abbüßung der Strafe schickte man Martynjuk in das Gefängnis von Rawicz mit seinem besonders strengen Regime. In diesem Gefängnis befanden sich viele angesehene polnische Revolutionäre.

Grigori Martynjuk mußte seine Zeit nicht absitzen. Im Jahre 1939, in den Tagen, als die polnische bürgerliche Regierung bankrott ging und die sowjetischen Truppen der Bevölkerung der westukrainischen Gebiete zu Hilfe eilten, zerschlugen die Arbeiter der Stadt Rawitschi die Gefängnistore und befreiten die politischen Gefangenen.

Die zweite Rückkehr von Grigori Fjodorowitsch in seinen Heimatrayon war ein besonders freudiges Ereignis: Wolynien hatte sich mit der Ukraine wiedervereinigt! Die Sowjetmacht kam! Martynjuk stand in den ersten Reihen der Erbauer des neuen Lebens. Er erhielt das Parteidokument eines sowjetischen Kommunisten, man wählte ihn zum Stellvertreter des Vorsitzenden des Rayonexekutivkomitees.

Wie das Leben so spielt, hörte ich von Martynjuk zum ersten Mal bereits zu Beginn des Krieges bei uns in Tschernigow. Die Unvermeidlichkeit einer zeitweiligen Besetzung des Tschernigower Gebietes trat offen zutage. Das Gebietskomitee der Partei wählte Leute für die Partisanenabteilungen aus. Man meldete mir, daß unter denen, die Partisanen werden wollten, der Kommunist Grigori Martynjuk sei, der mit einem Teil des sowjetischen Aktivs von Wolynien zu uns nach Tschernigow evakuiert worden war.

Als ich mich mit dem Lebenslauf von Martynjuk vertraut gemacht hatte, erkannte ich, daß dieser Mann natürlich auch bei uns am rechten Platz wäre; doch in Wolynien würde er weitaus mehr Nutzen bringen, da er die örtlichen Bedingungen gut kannte, umfangreiche Verbindungen hatte und dazu noch fließend polnisch sprach. Unklar war nur, warum die wolynischen Organisationen ihn nicht in der Illegalität belassen hatten. Übrigens ging dort die Evakuierung unter den besonderen grenznahen Bedingungen vor sich, in großer Hast, und niemand dachte daran, daß sich der Krieg hinziehen würde.

Es stellte sich heraus, daß das Rayonkomitee der Partei gleich am ersten Tag des faschistischen Überfalls auf die Sowjetunion eine Erklärung Martynjuks mit der Bitte erhielt, ihn zur Armee zu lassen. Man ließ ihn nicht gehen, sondern evakuierte ihn nach Osten. Und nun setzte Grigori Fjodorowitsch die Genehmigung durch, in eine Partisanenabteilung einzutreten.

Wir berichteten dem Zentralkomitee der Kommunistischen Partei der Ukraine in Kiew über Martynjuk. Von dort wurde unverzüglich verfügt, ihn zur illegalen Arbeit ins heimatliche Gebiet zu entsenden. Mit gefälschten Dokumenten in der Tasche und auswendig gelernten Anschriften für Treffs schlug sich Martynjuk mühselig, eine Vielzahl gefährlicher Abenteuer bestehend, in seine Heimat durch. Dort wurde er Organisator einer Partisanenabteilung und vieler kleiner, doch sehr aktiver antifaschistischer Gruppen. Die Menschen kannten den Kommunisten Martynjuk gut, sie glaubten und folgten ihm.

Grigori Fjodorowitsch gehörte zu jenem Typ von Volksführern auf dem besetzten Territorium, dessen illegale Tätigkeit unmöglich von der Partisanentätigkeit zu trennen war. Heute stellte er in einer konspirativen Wohnung einem Illegalen die Aufgaben, morgen führte er an der Spitze einer Abteilung das Gefecht gegen die Faschisten oder verminte eine Eisenbahnstrecke. Heute war er in einem Dorf oder in der Stadt, morgen schon wieder im Wald. Doch an jedem Tag und zu jeder Stunde, in jeglichem Gesicht und unter allen Umständen blieb er ein treuer Soldat der Partei, der ihren Befehl zum Kampf gegen den Feind erfüllte.

Martynjuk handelte mit seiner Abteilung nicht nur in seiner unmittelbaren Heimat, sondern auch in den Nachbargebieten. Auch dort war er eng mit der antifaschistischen Illegalität verbunden. Überall hatte er treue Leute und eine zuverlässige Aufklärung. Wir kamen also zu dem Schluß, daß Grigori Fjodorowitsch wie kein anderer vieles über das bevorstehende Treffen der deutschen und der Bandera-Banditen irgendwo in der Nähe seines heimatlichen Glob in Erfahrung bringen könnte.

Martynjuk wurde mit der verantwortungsvollen Aufgabe ausgezeichnet fertig. Hier eine Meldung von ihm über Funk:

»*3. III. 44 Ich übermittle aus dem Raum Radechow.*

Am 26. Februar 1944 fand im Dorf Maly Porsk, Rayon Glob, eine Konferenz der ukrainischen Nationalisten mit den Deutschen statt. Seitens der ukrainischen Nationalisten nahmen teil: Dawydowitsch Bogdan, Deckname Shelesnjak, der Dienststellung nach Kosakenführer, angekommen aus Lwow, sowie örtliche Nationalisten, deren Namen vorerst noch unbekannt sind. Von den Deutschen nahmen der Befehlshaber der Verteidigungsgruppe am Fluß Stochod, Oberst Rubin, Major Stock und andere Offiziere teil.

Auf der Konferenz wurden die gemeinsamen Handlungen vereinbart. Hauptart des Handelns der ukrainischen Nationalisten – Diversionstätigkeit im sowjetischen Hinterland.

In Erfüllung der Beschlüsse der Konferenz wurde am 29. Februar 1944 eine Gruppe von 60 Mann mit sowjetischer Bewaffnung, einer deutschen Funkstation mit Funker, die aus Kowel gekommen waren, in den Raum Sofjanowki, 12 Kilometer südwestlich des Bahnhofs Manewitschi, entsandt.

Nach Aufklärungsangaben wurden im Raum Radechow an die 250 Bandera-Leute festgestellt, die von den Deutschen ebenfalls für Diversionshandlungen vorbereitet werden.

*Martynjuk«*

Es versteht sich, daß man das alles abwarten mußte. Von den Tischgesprächen unter vier Augen gingen die Vertreter der Okkupanten und der Bandera-Leute zu Vereinigungskonferenzen über. Die Faschisten forderten von der Organisation Ukrainischer Nationalisten und der Ukrainischen Aufständischenarmee nicht nur Aufklärungsangaben oder Hilfe bei Erfassungen. Es ging um breiter angelegte gemeinsame Handlungen, im besonderen um die Diversionstätigkeit der Bandera-Leute im sowjetischen Hinterland. Die Verräter am ukrainischen Volk stimmten gern allem zu. Mit der deutschen Funkstation und dem deutschen Funker brachen sie in den Raum Sofjanowki auf, ohne zu ahnen, daß ihnen dort von den Partisanen bereits ein gebührender Empfang vorbereitet worden war.

Jetzt begannen wir, den Bandera-Abteilungen am gesamten Verlauf des Stochod aufzulauern. An diesem Abschnitt hatten die ukrainischen Nationalisten mit dem deutschen Befehlshaber in Maly Porsk Übereinstimmung erzielt. Die weiteren Ereignisse zeigten, daß die Banditen tatsächlich gerade hier ins sowjetische Hinterland durchsickern wollten. Ihr Kontakt mit den deutschen Faschisten wurde immer offener und enger. Davon zeugt auch das letzte der vor mir liegenden Dokumente – der Brief mit dem Blutfleck, gefunden bei dem Hundertschaftsführer der Bandera-Leute. Ich zitiere ihn unter Beibehaltung des Stils und der fehlerhaften Redewendungen:

»Freund Bogdan, schicken Sie 15 Mann in die Hundertschaft zu uns, die am 6. III. 44 ankommen müssen, welche am Brückenbau arbeiten werden. Am 3. III. 44 bin ich in Ljubjas mit dem deutschen Hauptmann übereingekommen, daß wir die Brücke zum Übersetzen der deutschen Truppen bauen werden, dafür geben sie uns Verstärkung – zwei Bataillone mit der ganzen Technik. Mit diesen Bataillonen werden wir am 18. III. den Wald zu beiden Seiten des Stochod säubern von den Roten und geben unseren Truppen der Ukrainischen Aufständischenarmee freien Durchgang ins Hinterland der Roten Armee, wo man sie erwartet.

Bei den Verhandlungen waren wir 15 Stunden. Uns wurde ein Mittagessen bereitet.

Ruhm der Ukraine! *Orjol*

*5. III. 1944«*

Alles in diesem Brief, von der ersten bis zur letzten Zeile, sprach für sich! Es zeigte sich, daß die deutschen Hauptleute und die Bandera-Hundertschaftsführer bereits in jeder beliebigen Frage und ohne jegliche Konferenzen leicht Übereinstimmung erzielten. Die Deutschen brauchten eine Brücke – die Bandera-Leute bauten sie mit Vergnügen. Die Bandera-Leute brauchten Bataillone mit der gesamten Technik – die Deutschen gaben sowohl die Technik als auch die Bataillone. Und was war die prahlerische Erklärung Orjols wert, daß am 18. März, nicht früher und nicht später, die Wälder zu beiden Ufern des Stochod von den Roten gesäubert sein würden?! Er träumte bereits vom »freien Durchgang« ins sowjetische Hinterland und davon, daß man dort die Bandera-Leute kaum erwarten könne.

Der Verräter, der den Ruhm der Ukraine verhöhnte, beeilte sich, damit zu prahlen, mit den Faschisten an einem Tisch gesessen zu haben. Jedoch in den Berliner Kneipen und den Schulen der Gestapo hatte er es verlernt, richtig ukrainisch zu sprechen. Kein Ukrainer sagt »ein Mittagessen bereitet«, das ist eine typisch deutsche Redewendung.

Vorauseilend führe ich an, daß – wie die Untersuchung ergab – der Tote nicht der Verfasser, sondern der Empfänger des Briefes war. Es handelte sich um den Anführer der Bandera-Hundertschaft in Ljubeschow, dessen Name Bogdan zufällig mit dem Namen des aus Lwow angekommenen Kosakenatamans übereinstimmte. Der Schreiber des Briefes, Orjol

(Adler), weilte noch unter den Lebenden. Banditen dieser Art betätigten sich in Wolynien nicht wenige. Wie viele gab es allein mit Vogelnamen als Pseudonym – Geier, Krähe, Specht, Habicht, Taube, Elster! Dieser ganze Schwarm befand sich nunmehr in völlig offenem Militärbündnis mit den deutschen Faschisten. Geführt wurden die örtlichen Organisationen ukrainischer Nationalisten jedoch von politischen Abenteurern und Banditen, die weitaus höher flogen.

Erst unlängst verschwand aus unserem Blickfeld der Ataman der auseinandergefallenen sogenannten Selbstorganisation der ukrainischen Kosaken, »Setsch der Polessje«, Stepan Borowez alias Taras Bulba. Wo steckte er jetzt? Wir wußten es: in Deutschland, in Sachsenhausen unter angeblichem Arrest. Schon im November 1943 ergab er sich den Deutschen. Von sich aus hatte er die Hände gehoben und dabei im Verhältnis zu den Mitgliedern seines Stabes nichts verspielt:

Wladimir Komar, Chef des Stabes dieser »Setsch« – getötet von den Partisanen.

Juri Gamli, ehemaliger Petljura-Offizier, Mitglied des Stabes – getötet von den Partisanen.

Pjotr Kuchartschuk, ehemaliger Petljura-Oberst, Berater Bulbas – getötet von den Partisanen.

Lichodko, ehemaliger Petljura-Oberst, persönlicher Berater Bulbas – unlängst gestorben.

Pjotr Smorodski, ehemaliger Petljura-Oberst, Mitglied des Stabes der »Setsch« – lebte, war zu den Faschisten übergelaufen, arbeitete beim SD von Rowno als Kommandant eines Konzentrationslagers und ging jetzt mit den Okkupanten nach Westen zurück, wobei er eine Kugel in den Rücken riskierte.

Und dieser vorausschauende Herr Bulba-Borowez befand sich unter zuverlässigem Schutz, und bis jetzt bedrohte ihn niemand ernsthaft.

Der politisch windige Lebenslauf dieses Borowez gestattete es ihm ein übriges Mal, mit den patriotischen Gefühlen eines bestimmten Teils seiner Anhänger zu spielen. Er erstand vor ihnen im Glorienschein eines Märtyrers, der von den Deutschen verfolgt wurde. Doch dem Ataman ging es in Sachsenhausen nicht schlecht. Nach Wolynien und in die Polessje gingen von dort zu den ehemaligen »Setsch«-Mitgliedern, die in die Ukrainische Aufständischenarmee gegangen waren, Direktiven von Bulba, die SD und faschistische Abwehr abgesegnet hatten.

Genau in der gleichen Situation befand sich der Hauptführer der Organisation Ukrainischer Nationalisten, Stepan Bandera. Dieser Popensohn aus dem Ternopoler Gebiet hatte bereits vor dem Krieg bei den Faschisten einen guten Namen. Er wurde von ihnen Mitte der dreißiger Jahre angeworben, absolvierte eine Spionage- und Diversionsschule in Italien und vermochte dann den deutschen Faschisten viele wertvolle Dienste zu erweisen. Deshalb halfen diese ihm auch, mit dem Wohlwollen von Hitler selbst, die Macht in der Organisation Ukrainischer Nationalisten zu erobern, und nunmehr halfen sie ihm, vor den einfachen Mitgliedern seiner Organisation in der Rolle eines Märtyrers aufzutreten. Bandera führte die ukrainischen Nationalisten von Deutschland aus weiter, wobei er im Einvernehmen den Anschein erweckte, daß er mit Borowez Differenzen in taktischen Fragen habe.

Ein Teil der ukrainischen Nationalisten unterstützte einen dritten »Führer«, der weder von Bandera noch von Borowez anerkannt worden war. Es handelte sich um Andrej Melnik, ehemals Petljura-Oberst und später Verwalter der Güter des sattsam bekannten Grafen Scheptizki, Metropolit von Lwow. Seinerzeit war Melnik ebenfalls vom deutschen Spionagedienst angeworben worden, der ihm den Decknamen Konsul der Erste gab. Melnik nahm stets eine dermaßen prodeutsche Haltung ein und liebedienerte vor den Okkupanten, daß die Faschisten ihn nicht einmal unter fiktiven Arrest stellen konnten.

Melniks militärische Formationen handelten hauptsächlich im Gebiet von Lwow, drangen aber auch manchmal in Wolynien ein. Die Partisanen machten mit ihnen keinerlei Ausnahme. Sie bekamen genauso wie die anderen Banditen eins aufs Haupt.

Alle Zwistigkeiten zwischen den Atamanen der ukrainischen Nationalisten waren ihrem Wesen nach ein Streit um das Fell des noch nicht erschlagenen Bären. Der Kampf ging um die künftige Macht, um das Recht, Hauptbefehlshaber Hitlers in der Ukraine zu sein. Jetzt, da dem faschistischen

Deutschland die Niederlage drohte, begannen die ukrainischen Nationalisten aller Schattierungen, den Hader vergessend, ihren gemeinsamen Herren noch aktiver zu helfen. Von einer Tarnung war fast nicht mehr die Rede.

Es näherte sich die Zeit (November 1944), da die Faschisten sowohl Bandera als auch Borowez in die Freiheit entließen, so wie man gutabgerichtete Hunde von der Kette läßt. Vorerst kläfften in der Ukraine nur die Abgesandten von Bandera, dem »Grauen«. In unserer Gegend handelte es sich um das widerliche Subjekt, das unter zwei Decknamen auftrat, nämlich Klim Sawur und Ochrim.

Damals kannten wir weder seinen richtigen Vor- noch Zunamen. Wir wußten nicht, daß Dmitri Kljatschkowski – der sich selbst als Gebietsführer der Organisation Ukrainischer Nationalisten für Wolynien und die Polessje, Befehlshaber der Gruppe »Nord« und General der Ukrainischen Aufständischenarmee bezeichnete – ein ganz gewöhnlicher, verurteilter und aus dem Gefängnis entflohener Verbrecher war. Wen man von den Führern der Bandera-Leute auch immer nehmen mochte, entweder war er ein deutscher Spion, ein Mörder, ein Dieb oder alles zusammen.

Der dreiundzwanzigjährige Juri Stelmaschuk zum Beispiel (Decknamen Rudy, Kaidasch) war ebenfalls Bandera-General und militärischer Führer in der Koweler »Leitung« der Organisation Ukrainischer Nationalisten. Er instruierte persönlich den in unseren Verband entsandten Spion Stalny, den »Stählernen«. Und wer war dieser Rudy-Stelmaschuk wirklich? Ein aus der Sowjetunion nach Polen entflohener Sträfling, der dort in eine deutsche Offiziersschule aufgenommen wurde und später Diversantenlehrgänge absolvierte. Im Juni 1941 schickte ihn die deutsche Spionage nach Wolynien.

Solche Typen feilschten auch mit den Interessen des ukrainischen Volkes, sie verschworen sich mit den deutschen Faschisten und trieben ihre Untergebenen immer weiter auf den Weg des Verrats. Doch Verrat und Ausverkauf der Heimat wurden seit ewigen Zeiten mit Blut bezahlt! Einen solchen Preis hatte bereits der Hundertschaftsführer Bogdan bezahlt. Daran erinnerte mich der vor mir liegende Brief mit dem verschwommenen bräunlichen Fleck.

Ich dachte noch immer über die Dokumente nach, als Drushinin hereinkam und einen Packen neuester Zeitungen auf den Tisch warf.

»Das muß man lesen!« rief der Kommissar aus. »Hier sind Materialien der Tagung des Obersten Sowjets der Ukraine.«

»Hast du sie schon gelesen?«

»Wir werden sie gemeinsam lesen. Lege deine Papiere zur Seite!«

Wir schlugen jeder eine Ausgabe einer Kiewer Zeitung vom 6. März auf. Der Bericht, der auf der Tagung beraten worden war, ließ schon durch seine Überschrift die Herzen höher schlagen: »Die Befreiung der ukrainischen Erde von den deutschen Eroberern und die nächsten Aufgaben bei der Wiederherstellung der Volkswirtschaft der Ukraine.«

Wir begannen zu lesen, wobei wir uns ab und zu durch laute Ausrufe verständigten. Wahrscheinlich las Wladimir Nikolajewitsch etwas schneller als ich; plötzlich sprang er auf und schrie fast:

»Sieh mal, hier ist ja ein ganzer Abschnitt über die Bandera-Leute! Und was für eine tödlich genaue Definition von Anfang an: ukrainisch-deutsche Nationalisten!«

Auf der Tagung wurden das scheinbare Verschwinden der Bandera-Leute in die Illegalität sowie ihre lügenhaften Erzählungen über das feindliche Verhältnis zu den Okkupanten entlarvt, und zwar anhand von Tatsachen. Bald darauf erklang wieder die laute, bewegte Stimme Drushinins:

»Alexej! Hier steht ja auch etwas von der Verschwörung in Kamen-Kaschirski. Das ist nach unseren Dokumenten! Lies!«

Tatsächlich, von der Tribüne des Volksparlaments herab wurde der ganzen Welt die Übereinkunft zwischen dem Vertreter der Organisation Ukrainischer Nationalisten und dem deutschen Kommandanten von Kamen-Kaschirski mitgeteilt, wobei auf Dokumente Bezug genommen wurde, über die die ukrainische Regierung verfügte. Den gesamten von uns erbeuteten Schriftverkehr von Kusmenko-Jaroslaw hatten wir ja seinerzeit nach Kiew geschickt.

»Natürlich nach unseren Dokumenten!« bestätigte ich, und die Zeitung hochhebend, fügte ich hinzu: »Im einzelnen auch nach diesem Dokument!«

Wladimir Nikolajewitsch warf einen Blick auf die Fotokopie des Briefes von Alvenslebens an Jaroslaw und war äußerst erstaunt.

»Warum ist das hier bei dir? Oder hast du schon den Bericht gelesen?«

»Nein, ich habe einfach das Dokument genommen … Übereinstimmung!« antwortete ich lachend.

Drushinin blickte argwöhnisch zur Seite, wobei er hoffte, irgendwo ein anderes Exemplar der neuen Zeitung zu entdekken, doch er konnte nichts finden. Wir vertieften uns erneut in die Lektüre des Rechenschaftsberichtes.

Der Oberste Sowjet und die Regierung der Ukraine wandten sich an die Mitglieder der Organisation Ukrainischer Nationalisten und die Angehörigen der Ukrainischen Aufständischenarmee mit dem Aufruf, auf den richtigen Weg zurückzukehren, und garantierten ihnen völlige Vergebung. Gleichzeitig wurde die Warnung ausgesprochen, daß die Angehörigen der ukrainisch-deutschen nationalistischen Banden, die nicht mit den Faschisten und der Organisation Ukrainischer Nationalisten brachen und weiter gegen die sowjetischen Partisanen und die Rote Armee kämpften, als Volksverräter und Feinde unserer Heimat gnadenlos bestraft würden.

Gnadenlos bestraft!

Die Zeitung lag auf dem Brief mit dem dunklen Fleck, dem Blut des Verräters Bogdan …

Mit der Stimme der Deputierten des Obersten Sowjets der Ukraine sprach hier das gesamte ukrainische Volk, sprachen auch wir – die Partisanen.

# Der geheime Knopf

Die sowjetischen Truppen drangen so zügig vor, daß wir an den Eisenbahnstrecken östlich von Kowel keine Verzögerungsminen mehr anbrachten. Hinter den Gefechtsordnungen der angreifenden Truppen rollten Züge mit militärischem Gut. Die Verzögerungsmine 5 unterschied bei all ihren Qualitäten nicht, ob es ein eigener oder ein gegnerischer Zug war, sondern sprach zur festgelegten Zeit an. Seit Anfang Februar wurden deshalb an den frontnahen Abschnitten nur Minen mit Sofortwirkung eingesetzt.

»Und wie viele von den im Winter oder noch früher verlegten Verzögerungsminen haben nicht angesprochen?« fragte ich meinen Stellvertreter für Diversionstätigkeit, Jegorow.

»Bis zum heutigen Tag gibt es keine Angaben über die Detonation von achtzehn Minen – von insgesamt vierhundertzweiundzwanzig. Man kann annehmen, daß ein Teil der achtzehn Minen vom Gegner aufgenommen wurde.«

»Der Teufel soll sie aufnehmen! Wenn wir eine solche Möglichkeit zulassen, heißt das, Sie haben schlecht gearbeitet, Genosse Jegorow! Mit Ausschuß.«

Der Oberleutnant hüllte sich in Schweigen. Er wußte, daß ich das über schlechte Arbeit mit gespielter Strenge sagte. Alexej Jegorow arbeitete glänzend. Erst unlängst wurde er zur Auszeichnung mit dem Titel »Held der Sowjetunion« vorgeschlagen.

Die Minen mit verzögerter Wirkung versagten in den seltensten Fällen und auch dann nur durch fertigungsbedingte Mängel, die sich nicht rechtzeitig gezeigt hatten. Die Batterie konnte sich entladen, die Kontakte konnten zerstört sein. Unter dem Einfluß der niedrigen Wintertemperaturen setzten die

Säureverzögerer aus, wenn wir sie nicht erwärmten. Dieser Defekt stellte die größte Gefahr dar. Die gefrorene Säure, die die Fähigkeit verloren hatte, Metall aufzulösen, konnte mit zunehmender Erwärmung diese Fähigkeit wiedererlangen; dann konnte das Drähtchen, das den Verzögerungssatz festhielt, sich auflösen und verschwinden, die Mine wurde scharf und detonierte unter der erstbesten Lokomotive. Und wenn diese Lokomotive bereits einen Zug von uns zog?!

»Also, Genosse Jegorow«, sagte ich, »kennzeichnen Sie die Abschnitte, wo die Minen nicht detoniert sind, auf entsprechenden Karten. Von jeder dieser Minen setzen Sie die Truppen in Kenntnis, die die Straßen und Eisenbahnstrecken besetzen. Alle Minen bis zur letzten sind aufzunehmen und unschädlich zu machen. Und noch etwas ... Obwohl ich nicht an der Genauigkeit Ihres Nachweises zweifle, lassen Sie überall zusätzlich überprüfen, ob tatsächlich nur die achtzehn Minen nicht angesprochen haben.«

Jegorow tat alles wie befohlen. Es stellte sich heraus, daß es am frontnächsten Eisenbahnabschnitt Manewitschi–Rafalowka keine Verzögerungsminen gab, die nicht detoniert waren.

Die Ereignisse entwickelten sich schnell. Anfang März fand ein freudiges Zusammentreffen der Partisanen unseres Verbandes mit angreifenden Truppenteilen der Roten Armee statt. Bald darauf mußten wir uns von unseren besten Minenlegern verabschieden. Der Ukrainische Stab der Partisanenbewegung forderte ihre Abkommandierung nach Kiew. Offensichtlich sollten unsere hervorragenden Sprengmeister dorthin gebracht werden, wo man sie jetzt sehr nötig brauchte.

Als erste verabschiedete sich von Lessograd eine Gruppe, zu der Alexej Jegorow, der Zugführer der Sprengkompanie, Grigori Mylnikow, die Stellvertreter der Bataillonskommandeure für Diversionstätigkeit, Wsewolod Klokow und Dmitri Resuto, der erfahrene Sprengmeister Pawel Stroganow sowie der Politleiter der Sprengkompanie, Nikolai Denissow, gehörten. Sie wurden mit einem Fuhrwerk zum Bahnhof Manewitschi gebracht, um von dort mit der Eisenbahn weiter nach Kiew zu fahren. Bis Manewitschi begannen unsere ersten Züge gerade wieder zu verkehren.

Zeitig kam der Frühling in diesem Jahr in Wolynien, und er zeigte sich überall. Ungetrübt schien die Sonne, an den Hügeln grünte das erste Gras, und im Wald zwitscherten unaufhörlich die Vögel. Erfaßt von einer wunderbaren Feiertagsstimmung, fuhren die Partisanen nach Manewitschi. Vor ihnen lag Kiew, ein neues interessantes Kampffeld. Und obwohl der Krieg noch nicht zu Ende war, bedeutete es doch für sie den Abschluß einer bestimmten großen Etappe.

Auf dem Weg zum Bahnhof machten sie Scherze, lachten und sangen Lieder. Als jedoch Manewitschi in Sicht war, spürte jeder eine innere Erregung. Wie viele Erinnerungen! In diesem Raum handelten die Minenleger noch unlängst besonders aktiv. Die Eisenbahnabschnitte nahe dem Bahnhof zogen unsere Sprengmeister immer wegen der guten Zugänge über den Sumpf, gedeckt durch einen ziemlich dichten Wald, an.

Sicher, die Okkupanten hatten den Wald auf hundert Meter zu beiden Seiten des Gleiskörpers abgeholzt. Sie hatten auch die Bewachung in der Umgebung von Manewitschi verstärkt. Unweit vom östlichen Vorsignal wurde sogar ein Feuerpunkt mit zum Wald gerichteten Schießscharten gebaut. Rings um diesen Feuerpunkt errichtete man eine Brustwehr aus Balken, hob Schützengräben und Verbindungsgänge aus – insgesamt eine richtige Festung oder eine geschlossene Schanze, wie die Partisanen sie nannten. Doch die Minenleger gelangten trotzdem unbemerkt an den Gleiskörper unmittelbar neben der Schanze und verlegten erfolgreich die Verzögerungsminen an den erforderlichen Stellen.

Dmitri Resuto, der neben dem Fuhrwerk schritt, wies plötzlich auf einen einzelnen, gewissermaßen aus dem Wald hervorspringenden Strauch.

»Hier, Jungs, genau gegenüber diesem Strauch, hatte ich gleich zwei Minen verlegt – die eine mit Verzögerungszünder und die andere mit Zündschnur. Als der Kontrollzug kam, sprengte ich ihn mit dieser, und als man alles in Ordnung gebracht hatte, jagte meine Verzögerungsmine den Zug in die Luft!«

»War die Sache nicht im Sommer? Ich erinnere mich.« Wsewolod Klokow, der Uraler, nickte. »Im Sommer, Mitja, ist die Arbeit mit der Verzögerungsmine ein reines Vergnügen.

Doch ich habe mich hier mit meinem Zug im Winter herumgeschlagen. Deshalb haben wir auch nur ›unter Wetter‹ verlegt, um die Spur zu verwischen.«

Ungewohnt war es für die Partisanen, als sie am Bahnhof selbst vorfuhren. Der kleine Bahnhof und der Bahnsteig waren überfüllt von Menschen – sowohl Militärangehörige als auch Zivilisten, besonders viele Frauen und Kinder mit Bündeln. Gedränge und Geschrei und irgendwo abseits das Trommeln tanzender Füße und die Töne einer Harmonika.

Mit Mühe drängte sich Jegorow zu dem Kommandanten mit Hauptmannsschulterstücken durch und fuchtelte ihm mit den Dienstaufträgen vor der Nase herum. Nachdem sich der Hauptmann die Partisanenpapiere achtungsvoll angesehen hatte, teilte er mit, daß der Zug in Richtung Sarny, wo man zum Kiewer Zug umsteigen könne, bereits zusammengestellt werde; doch er werde erst abfahren, wenn der Militärzug nach Poworsk durch sei.

»Was? Bis dorthin fahren die schon?« wunderte sich Jegorow.

»Was dachtest du denn!« Der Hauptmann zwinkerte. »Bald werden wir sie auch bis Kowel durchlassen.«

Der Zug wurde erst in zwei bis zweieinhalb Stunden erwartet, und so beschlossen die Partisanen, sich hinter dem Bahnhof die Beine zu vertreten. Übrigens mußte man ja auch das Pferd mit dem Fuhrwerk irgendwo lassen.

»Los, schenken wir es dem Vater von Nikolai Slupatschek«, schlug Denissow vor. »Er wohnt hier in der Nähe.«

Alle hießen den Vorschlag gut. Kolja Slupatschek war ein ausgezeichneter Junge gewesen, ein gern gesehener Begleiter der Sprengmeister. Unlängst hatte ihn eine feindliche Kugel getroffen. Sie suchten den Vater des Gefallenen auf und überbrachten ihm das Geschenk. Sie trafen auch noch Bekannte, verweilten bei ihnen, tranken Milch. Dann kehrten sie zum Bahnhof zurück.

Jetzt war niemand mehr im Bahnhofsgebäude. Alle Passagiere waren zum Bahnsteig geeilt, bis an sein äußerstes Ende, und blickten gespannt und besorgt in Richtung des Signals.

»Eine Mine! Man hat eine Mine gefunden ...«, hörten die Partisanen.

Nachdem sie sich vorgedrängt hatten, bemerkten sie, daß auf den Gleisen weit und breit kein Mensch mehr zu sehen war, als wären sie alle vom Winde verweht. Nur der Hauptmann kam vom Signal zum Bahnhof geeilt, wobei er mit der einen Hand seine Feldmütze und mit der anderen die Kartentasche festhielt. Bereits von weitem bemerkte der Kommandant Jegorow und seine Genossen auf dem Bahnsteig. Er blieb stehen und winkte ihnen mit der Hand.

»He, Jungs! Ihr werdet gebraucht. Hierher!«

Alle sechs sprangen vom Bahnsteig hinunter und gingen auf den Hauptmann zu.

»Ach, was für ein Unglück! Die Gleisbauarbeiter haben direkt am Abfahrtssignal eine Mine gefunden«, erklärte er ihnen. »Was tun? Das ist doch was für euch. Gehen wir, seht es euch an.«

Die Partisanen verständigten sich mit Blicken und gingen schweigend hinter dem Kommandanten her.

Die Mine befand sich etwa fünf Meter vom Signal entfernt, und zwar zum Bahnhof hin. Der Schotter war den Bahndamm hinuntergerutscht und hatte die gelbliche, eingefettete Wand eines kleinen Kastens freigelegt, der unter einer Schwelle stand. Die Partisanen stellten auf den ersten Blick fest, daß es sich um eine Verzögerungsmine handelte.

»Ist sie gegen Wiederaufnahme gesichert?« fragte der Kommandant.

»So gut wie«, antwortete Jegorow. »Sie muß gesprengt werden!«

»Und der Zug? In einer Stunde kommt der Zug. Wenn sie gesprengt wird, reißt sie doch die Schienen mit hoch?!«

»Anders geht es nicht.«

»Siehst du«, sagte der Hauptmann mit leiser Stimme. »Schienen und Schwellen müssen ausgewechselt und die Aufschüttung instand gesetzt werden. Ist das etwa in einer Stunde zu schaffen? Auf keinen Fall darf der Zug aufgehalten werden.«

»Sicher, auf keinen Fall!« Jegorow nickte.

»Du hast doch gesagt – ›so gut wie‹ gesichert«, fuhr der Hauptmann fort. »Und wenn es doch geht ... Versucht es, Jungs! Seid so freundlich!«

»Was heißt hier freundlich sein!« Jegorow lachte. »Warte mal, Hauptmann, da muß ein bißchen was beraten werden.«

Die Sprengmeister zogen sich etwas zurück. Ihre wunderbare Stimmung war augenblicklich verschwunden, finster und streng waren jetzt alle.

»Das ist nicht unsere Mine«, sagte Klokow. »Unsere haben bei Manewitschi alle angesprochen.«

»Möglich, daß die Nachbarn sie gelegt haben«, stimmte Jegorow zu. »Doch darum geht es jetzt nicht. Sie muß entfernt werden!«

Keiner sagte ein Wort dazu. Eine unangenehme, belastende Pause trat ein. Unterbrochen wurde sie vom Oberleutnant. Nachdem er die Genossen angeschaut hatte, blieb sein Blick an Denissow hängen, und leise sagte er:

»Geh an die Arbeit.«

Denissow erbleichte, sein Gesicht wurde irgendwie grau, die Unterlippe hing fast unmerklich herunter. Denissow stand schweigend und unbeweglich, wie versteinert. Jegorow begriff, daß Nikolai die Mine jetzt nicht entfernen konnte.

Daraufhin blickte der Oberleutnant den rotwangigen, blonden Grigori Mylnikow an.

»Du, Grischa?«

Mylnikow senkte die Augen. Jegorow war überzeugt, daß er sich nur ein zweites Mal an Mylnikow zu wenden brauchte, im Befehlston, und Grigori würde unverzüglich zum Gleiskörper gehen. Doch man kann einem Menschen nicht befehlen, etwas fast Unmögliches zu tun. Dieses »fast« kann nur dann zur realen Chance werden, wenn der Mensch derart konzentriert, ruhig und überzeugt von sich selbst ist, daß er bereit ist, freiwillig den Zweikampf mit dem ihn erwartenden Tod aufzunehmen.

Alexej sah Resuto an und traf auf den bösen, starren Blick des dritten Sprengmeisters. Er ist gereizt! Er nimmt sie nicht auf, auch wenn er geht, dachte Jegorow. Er wußte, was in den Genossen vor sich ging. Keinem konnte man Mut, Kaltblütigkeit und Verständnis für seine Pflicht absprechen. Die persönliche Tapferkeit eines jeden war in Hunderten von Gefechtshandlungen auf die Probe gestellt worden. Doch jetzt handelte es sich nicht um jene kämpferische, angespannte, mobilisierende Situation, die dem Menschen half, seine seelischen Kräfte zu sammeln und auf ein Ziel zu richten. Blau strahlte der Frühlingshimmel, wie trunken zwitscherten die Vögel, und die Passagiere drängten sich auf dem Bahnhof ... Noch vor einer halben Stunde hatten die Burschen gelacht, gescherzt, hatten Milch getrunken und daran gedacht, daß sie sich in den Zug setzen und morgen in Kiew sein würden ... Und nun geh und spiele mit einem listigen, hinterhältigen Ding, das fähig ist, eine Lokomotive in die Luft zu jagen. Nein, keiner hatte Lust zu sterben!

Was aber tun? Der Zug durfte nicht aufgehalten werden. Und warum sich noch an Wsewolod oder Paschka wenden, wenn man am besten selbst ging?! Den Genossen das Paket für Kiew übergeben, die Dokumente, und selbst versuchen, die Mine aufzunehmen ... Doch da hörte Jegorow die Stimme Klokows:

»Los, ich gehe!«

Wsewolod Klokow wollte natürlich ebenfalls nicht sterben an diesem strahlenden Frühlingstag, der so friedlich schien. Er konnte sich auch später keine Rechenschaft ablegen, warum er sich zur Aufnahme der Mine bereit erklärt hatte. Was war der unmittelbare Anlaß gewesen? Mißmut auf die Jungen, die die Sache in die Länge zogen? Oder hatte er sich plötzlich erinnert, daß hier bei Manewitschi seine Minenleger in der letzten Zeit besonders viel gearbeitet hatten? So oder so – Klokow hatte sich entschieden.

»Sei nur vorsichtig!« mahnte Jegorow.

»Brauchst du mir nicht zu sagen!«

Nachdem Wsewolod die Zeltbahn abgeworfen hatte, ging er in der Feldbluse zum Gleiskörper. Nach wenigen Schritten drehte er sich um und gab mit der Hand Zeichen, daß sich die anderen Sprengmeister weiter zurückziehen sollten. Dem Kommandanten und den Passagieren brauchte man nichts zu erklären. Ihre Blicke folgten der schmächtigen Gestalt Klokows, der langsam die kleine Wiese überquerte.

Wsewolod Klokow war ein versierter Sprengmeister. Zu dieser gefährlichen und präzisen Arbeit hatte es ihn bereits im Tschernigower Gebiet gezogen, und zwar von den ersten Monaten seines Aufenthalts in der Partisanenabteilung an. Der

Vorkriegsberuf eines Eisenbahningenieurs half Klokow, alle Feinheiten der Sprengtechnik zu studieren. Sechsundneunzigmal hatte Wsewolod an der Sprengung feindlicher Züge teilgenommen, sechs Züge persönlich in die Luft gejagt. Viel hatte der junge Ingenieur und Partisan auch bei der Vervollkommnung der verschiedenartigsten Minen geleistet. Wie viele Versuchsmuster waren durch seine Hände gegangen! Und doch konnte jene, die am Abfahrtssignal lag, seine letzte Mine werden.

Klokow näherte sich dem gelblichen Kasten und setzte sich am Hang des Gleiskörpers vorsichtig daneben.

Vorerst sah er das, was er bereits früher hatte feststellen können: Hier hatte ein Meister seines Fachs gearbeitet. Die Verzögerungsmine wurde nicht zwischen die Schwellen, sondern unter eine Schwelle verlegt, was weitaus komplizierter war, aber auch eine größere Wirkung hatte. Der Minenleger war kühn, verwegen, und er handelte überlegt. Er legte die Mine nicht hinter dem Signal, sondern davor, faktisch auf dem Gelände des Bahnhofs, wobei er der richtigen Annahme war, daß die Bewachung die Gleise etwas weiter, auf freier Strecke, kontrollierte.

Hier hatte also ein geschickter, tapferer und kluger Sprengmeister gearbeitet. Doch wann war er ans Werk gegangen? Die halb freiliegende Wand der Kiste war noch nicht nachgedunkelt, ihre eingefettete Oberfläche nur stellenweise von der Feuchtigkeit in Mitleidenschaft gezogen. Die Mine war also relativ neu, sie wurde wahrscheinlich vor einem, höchstens anderthalb Monaten verlegt. Der Verzögerungssatz war kaum auf eine große Zeitspanne eingestellt! Sicher handelte es sich um die übliche Wintergeschichte: Die Arbeit war durch den Säuremechanismus gehemmt worden. Jetzt jedoch, mit zunehmender Erwärmung, konnte die Säure jeden Tag das Drähtchen des Verzögerungssatzes durchfressen.

Nein, gestern hing der Verzögerungssatz noch am Draht! Ansonsten hätten die darüberfahrenden Züge den Stromkreis geschlossen. Wenn wir einmal annahmen, daß der Drahtstift des Verzögerungssatzes auch bis zu dieser Minute gehalten hatte, dann ließ sich die Mine mit äußerster Vorsicht wieder aufnehmen. Doch diese Möglichkeit existierte, wenn es sich um eine »fremde« handelte, das heißt, wenn die Nachbarn oder eine vorbeiziehende Abteilung sie gelegt hatten. Und wenn es eine eigene war? Klokow wußte, daß jede Mine von uns sorgfältig mit Knöpfen oder Tastschaltern ausgerüstet war, und diese Knöpfe wurden versteckt angebracht.

Wsewolod war einer von denen, die diese kniffligen Tastschalter erfunden sowie vervollkommnet hatten und die Minenleger deren Anwendung lehrten. Er selbst hatte mit Jegorow, Pawlow, Kalatsch und Resuto erreicht, daß diese Tastschalter ohne zu versagen funktionierten, so daß die vom Gegner ausgemachten Verzögerungsminen auseinanderflogen, wenn dieser versuchen sollte, in das Geheimnis unserer Pioniere einzudringen.

Also mußte man vor allen Dingen feststellen, ob es sich um eine eigene oder um eine fremde Mine handelte. Ohne den Kasten mit dem Mechanismus zu berühren, begann Klokow, mit den Händen die Erde wegzuräumen, die die Ladung bedeckte. Die Form der Ladung und ihre Ummantelung würden weitere Auskunft geben. Bald darauf zeigte sich Fallschirmseide, die mit Fallschirmhalteleinen umwickelt war. Verpakkung und Verschnürung kannte Klokow, so etwas konnte es nicht noch einmal bei anderen geben. Eine eigene Mine! Eine eigene ... mit Tastschaltern.

Doch wieso war im Nachweisjournal festgehalten, daß sie ihr Werk verrichtet hatte? Klokow kam darauf: Wahrscheinlich war irgendwo in der Nähe des Signals eine fremde Mine detoniert, wobei der Zeitpunkt mit dem selbsteingestellten übereingestimmt hatte. Doch ihre Mine lag hier! Sie lag da und wartete darauf, mit der vernichtenden Kraft des entzündeten Sprengstoffes in die Luft zu gehen.

Wsewolod erhob sich, steckte die Hände in die Taschen und ließ keinen Blick von der Fallschirmseide und der eingefetteten Wandung der Kiste.

»He, Wowka!«

Klokow blickte sich um. Aus unerfindlichen Gründen nannten ihn die Genossen nicht Wsewolod, sondern Wowka oder Wolodja. Grischa Mylnikow schrie:

»Nun, was gibt's?«

»Unsere Mine!« antwortete Klokow.

»Laß sie liegen! Wir werden sprengen!« rief Jegorow.

Wsewolod schüttelte den Kopf und ließ sich wieder auf die Knie nieder. Er zog das Bajonett, holte aus der Tasche der Feldbluse kleine Scheren und legte sie auf die Schwelle. Vorerst kam man ja mit diesen Werkzeugen aus! Und weiter? Daran lohnte es sich nicht zu denken ... Wieviel Zeit mochte vergangen sein? Er hatte noch nichts getan, und der Zug war schon irgendwo in der Nähe.

Zwischen der Eisenbahnschwelle und dem Kastendeckel war ein schmaler Spalt, fest mit Erde ausgefüllt. Der Tastschalter war am ehesten auf dem Deckel. Wsewolod begann, mit den Fingern der rechten Hand etwas Erde und Kies vom Sperrholz zu entfernen, wobei er vorher jeden Millimeter der Oberfläche abtastete.

Die größte Schwierigkeit bestand darin, daß der Tastschalter zur Verhinderung einer Wiederaufnahme der Mine eigentlich überhaupt kein Knopf war. In den Deckel, den Boden oder die Wand des Minenmechanismus wurde ein schmales Röhrchen eingelassen und in das Röhrchen ein federndes Stäbchen mit einer metallischen Querfläche am Ende eingeführt. Die Erde hielt das Stäbchen in der unteren Stellung. Man brauchte aber nur das Stäbchen anzuheben, und die metallische Fläche schloß einen Stromkreis, die Mine wurde scharf und detonierte bei der kleinsten Erschütterung.

Klokow mußte nicht die Wölbung des Knopfes ertasten, sondern die Öffnung des Röhrchens mit dem Stäbchenende. Er selbst hatte die Sprengmeister immer gelehrt, dieses Ende sorgfältig in einer Ebene mit der Wandung zu befestigen, damit es schwieriger zu finden war. Die Sprengmeister hatten diese Lehre wohl beherzigt. Wsewolod konnte sich jetzt ein übriges Mal davon überzeugen.

Die Finger Klokows tasteten immer wieder den Deckel ab, schabten etwas Erde weg, doch ein Tastschalter war nicht zu finden. Die Arbeit wurde immer schwieriger. Der Spielraum von nur drei bis vier Zentimetern zwischen Mine und Schwelle erlaubte es nicht, die Handfläche hineinzuschieben. Plötzlich verspürte er das Ende eines trockenen Holzspans. Heftiger klopfte sein Herz. Sicher hatte der Minenleger die Öffnung des Röhrchens mit einem Span abgedeckt, bevor er

Erde draufstreute. So hätte er es selbst auch gemacht. Noch vorsichtiger schob er die Finger weiter, tastete die gesamte Oberfläche ab, doch ein Knopf war nicht zu finden.

Wo er sich befand, wußte nur derjenige, der die Verzögerungsmine gelegt hatte. Die Anordnung der Knöpfe war willkürlich, sie hing lediglich von der Phantasie des Minenlegers ab, der wollte, daß seine Mine, wenn sie schon entdeckt worden war, nicht wieder aufgenommen werden konnte. Wo hatten die Partisanen in dem Wunsch, den Feind in die Irre zu führen, nicht überall die Knöpfe angebracht! Deshalb gab es bei den Sprengmeistern auch eine unumstößliche Regel: Wenn aus irgendwelchen besonderen, außerordentlichen Gründen die Mine wieder aufgenommen werden mußte, so machte das derjenige, der die Mine zusammengebaut und gelegt hatte.

Jetzt verletzte Klokow diese Regel, wobei er sehr wohl wußte, wie gefährlich nicht nur eine Wiederaufnahme, sondern auch schon die Verlegung einer von fremder Hand gefertigten Verzögerungsmine war. Einmal detonierte eine Mine, die von einem Genossen zusammengebaut worden war, fast in Wsewolods Händen.

Irgendwann im Herbst war Resuto krank geworden, und Klokow begab sich mit dessen Mine auf den Weg; er hatte keine eigene für diese Aktion. Nach Verlegung der Mine zog er den Detonator aus der Ladung, setzte sich daneben in den Sand und begann, die Leitung zu überprüfen. Der Tastschalter gegen eine Wiederaufnahme war ausgeschaltet. Da klirrte es plötzlich, seitlich sprühten Funken, die seine rechte Hand schmerzhaft zu spüren bekam. Ein zweiter Tastschalter hatte angesprochen, der geschickt im Minenkörper versteckt und von Klokow nicht bemerkt worden war. Er war nur dadurch gerettet worden, daß er den Zünder aus der Ladung herausgenommen hatte. In der Eile hätte er das auch unterlassen können …

Klokow untersuchte weiter den Deckel. Wo war nur dieser verfluchte Knopf? Die Nerven waren zum Zerreißen gespannt, die Stirn schweißnaß. Noch etwas nach vorn, noch ein klein wenig – schließlich ertastete er doch den Knopf. Da war er, unter dem Mittelfinger der rechten Hand! Man spürte auch die Öffnung des Kanals, das Stäbchen hatte sich in der Haut festgehakt. Jetzt war Wsewolod wie an die Mine gefesselt. Er hatte lediglich eine Hand frei.

Krampfhaft überlegend, suchte er nach einem Ausweg. Ließ sich denn nicht der Knopf der Selbstsicherung betätigen? Warum war ihm das nicht früher eingefallen! Natürlich, die Nerven. Nerven bleiben eben Nerven! Der Minenleger hatte Erfahrung. Klokow begann, mit der freien Hand die Stirnseiten der Kiste abzutasten.

Der Knopf für die Selbstsicherung bei der Verzögerungsmine erinnerte an den Knopf gegen Wiederaufnahme, obwohl er eine völlig andere Bestimmung hatte. Es handelte sich ebenfalls um einen Kanal, der zum Mechanismus führte. Darin befand sich ein hölzerner Pfropfen mit einem Splint. Der Splint unterbrach einen der Kontakte, wodurch es möglich war, die Ladung einzusetzen, ohne die Gefahr einer Detonation hervorzurufen. Wenn die Arbeit fast abgeschlossen war, zog der Sprengmeister den Splint und schloß somit den Stromkreis. Der Pfropfen mit dem Splint endete in einem Kopf, dem jeder Minenleger gewöhnlich eine bestimmte Form verlieh; der eine machte ihn rund, der andere dreieckig, wieder andere quadratisch oder oval. Nach der Rückkehr von einer Operation übergab jeder Minenleger dem Kommandeur sofort den Splint als Beweis, daß er die Angelegenheit zu Ende geführt hatte.

Auch der Partisan, der die Mine gelegt, hatte das nicht vergessen. Klokow fand die Öffnung. Doch der Kanal war mit Steinchen und angepreßter Erde gefüllt. Richtig! So mußte es auch sein! Selbst wenn ein feindlicher Pionier die Verzögerungsmine aufgenommen und sogar deren Aufbau gekannt hätte, einen neuen Splint hätte er nicht einsetzen können.

Klokow konnte das ebenfalls nicht.

Wer hatte hier nach allen Regeln der Kunst die Mine verlegt?! Wolowik? Kasnatschejew? Oder Wolodka Pawlow? Das war jetzt unwichtig! Meister gab es nicht wenige. Doch wie sollte es nun weitergehen? Der Zug näherte sich doch, der Zug! Allein war die Sache nicht zum Abschluß zu bringen, Hilfe mußte her. Wsewolod wandte sich um und winkte mit der Hand.

Er sah, wie sich gleichzeitig Mylnikow und Resuto von der Stelle lösten, doch Jegorow rief irgend etwas, und Dmitri machte kehrt. Nur Grischa Mylnikow lief zum Gleiskörper, wobei er einen Pionierspaten schwenkte. Besser, nur zwei Leben zu riskieren als noch ein drittes.

»Hast du es gefunden?« fragte Mylnikow.

»Ich halte!«

Jetzt war Grigori völlig ruhig. Er blickte in die Spalte zwischen Kiste und Schwelle, dorthin, wo die Hand Klokows lag, und begriff sofort. Mylnikow machte seine Kartentasche auf und riß das Zelluloid heraus, das die Karte bedeckt hatte. Danach begannen sie zu handeln, wobei einer den anderen ohne Worte verstand. Mylnikow schob Klokow die Zelluloidfolie unter die Finger, und dieser zog langsam die fast abgestorbene Hand zurück. Die nunmehr aufliegende Zelluloidfläche wurde durch einen Stein fest verkeilt.

»Wollen wir den zweiten Knopf abtasten?« fragte Grigori, wobei er sich eine blonde Haarsträhne aus dem Gesicht strich.

»Suchen wir ihn!«

Zu zweit war das Ertasten eines weiteren Knopfes gegen Wiederaufnahme weitaus leichter. Er befand sich an der linken Stirnseite der Kiste. Die Öffnung des Kanals wurde fest verschlossen, wobei sie vorher das Stäbchen etwas tiefer einließen.

Die Sprengmeister setzten sich auf den Gleiskörper.

»Wollen wir mal überlegen, ob es noch einen dritten gibt«, sagte Klokow.

»Das kann nicht sein!« Mylnikow schüttelte entschieden den Kopf. »Woher sollte er die Zeit für einen dritten gehabt haben? Und wozu auch? Die zwei hätten ausgezeichnet angesprochen.«

»Ich bin der gleichen Ansicht. Also werden wir sie aufnehmen?«

»Bleibt uns nichts anderes übrig!« stimmte Mylnikow zu. »Aber so einfach nimmst du die nicht auf. Es ist unsere Mine, das heißt, es gibt sicher noch einen Zünder von der Bodensprengladung.«

»Natürlich, irgend etwas in dieser Richtung wird noch sein. Bereite die Schere vor und halte den Pfropfen, wenn ich anhebe … Ach, wie herrlich die Vögel singen, Grischa!«

Jegorow und die übrigen Sprengmeister, die sich außerhalb der Gefahrenzone befanden, sahen, wie Klokow und Mylnikow eine Weile dasaßen und sich dann wieder an die Arbeit machten.

»Sie heben die Ladung hoch. Gehen wir ihnen helfen?« fragte Stroganow, auf Jegorow blickend.

»Halt! Sie rufen uns, wenn wir gebraucht werden.«

Vom Bahnhof kam eiligen Schrittes der Kommandant.

»Nun, wie sieht's aus, Brüder?« begann er schon von weitem. »Der Zug ist im Anrollen. Können wir ihn durchlassen?«

»Wann kommt er?«

»In fünfzehn bis zwanzig Minuten.«

»Geh zum Bahnhof zurück und sieh nach den Jungs, die am Signal arbeiten«, sagte Resuto. »Dann begreifst du selbst, ob man ihn durchlassen kann!«

Mit einem Kopfnicken bestätigte Jegorow die Antwort.

Der Hauptmann widersprach nicht und eilte zurück, Feldmütze und Kartentasche festhaltend.

Klokow und Mylnikow suchten noch eine Überraschung, die für einen feindlichen Pionier bestimmt war. Für den Fall, daß die Knöpfe zur Verhinderung einer Wiederaufnahme entdeckt wurden, setzten die Partisanen nicht nur einen Detonator, sondern zusätzlich einen Verzögerungszündsatz ein. Nehmen wir an, die feindlichen Pioniere hatten die Knöpfe gefunden und schalteten den Mechanismus der Mine aus. Hoben sie aber die Kiste an, zogen sie an einem Draht, der zum Sprengzünder führte, und die Ladung ging trotzdem hoch. Dieses Drähtchen mußte man jetzt ebenfalls finden.

Klokow hob die Kiste an, und zwar um die freien drei bis vier Zentimeter bis zur Schwelle, und drückte den Deckel dagegen. Der Raum zwischen dem Kistenboden und der Ladung war ziemlich eng, um hier mit der Schere zu arbeiten. Außerdem waren keinerlei Leitungen zu sehen. In der unbequemen Stellung hielt Klokow weiter angestrengt den Mechanismus. Mylnikow reinigte behende die Ladung von der anhaftenden Erde.

»Halte, Wowka, halte! Gleich, gleich ...«

»Schneller, Grischa!«

»Gleich ... Moment! Der Draht ist zu sehen! Irgendwas zieht da noch.«

»Schneide sie durch, der Reihe nach!«

Es verging noch eine Minute, Mylnikow konnte zu den Drähten vordringen und schnitt beide durch.

»Erledigt!« sagte er.

»Pause!« Klokow atmete auf.

Sie zogen die Kiste unter der Schwelle hervor, nahmen die Ladung und schafften alles vom Damm weg. Die Genossen kamen ihnen entgegengelaufen.

»Nun, wie war's dort?« fragte Denissow.

»Zwei Knöpfe und ein Sprengzünder«, antwortete Wsewolod.

»Das ist stark!« Stroganow wiegte den Kopf.

»Warum hat das Aas bloß nicht rechtzeitig angesprochen?« fragte Dmitri Resuto, ohne sich direkt an einen zu wenden, und hob die Kiste mit dem Mechanismus hoch.

Alle umringten Resuto, und alle interessierten sich für diese nun schon rein technische Frage.

Dmitri begann, den Deckel zu öffnen, doch da ertönte das Pfeifen einer Lokomotive, und die Sprengmeister gingen zur Seite. Dem auf »Fahrt frei!« stehenden Signal näherte sich ein Militärtransport.

»Wir haben es geschafft!« sagte Klokow.

Mitja Resuto nahm also den Deckel von der Kiste. Alle Kontakte waren in Ordnung, die Knöpfe ebenso, der Verzögerungssatz hatte zur rechten Zeit funktioniert und den Stromkreis geschlossen.

»Die Batterie! Die verteufelte Batterie ist ausgelaufen!« vermutete Pawel.

Man kontrollierte die herausgenommene Batterie, sie war tatsächlich völlig entladen.

»Wir haben also umsonst Schweiß vergossen!« sagte Wsewolod, ein bißchen verwirrt lächelnd.

»Wer konnte denn das wissen?!« entrüstete sich Jegorow.

»Und trotz allem gab es einen Sprengzünder!« erinnerte Denissow.

»Ihr seid Prachtkerle, Wowka und Grischa! Richtige Helden!« sagte Stroganow.

»Ach, man müßte die Sache begießen«, fügte Resuto hinzu.

Ein kräftiger Schluck hätte natürlich nicht geschadet. Wsewolod Klokow fühlte sich müde und zerschlagen. Die vergangene Stunde erschien ihm als eine der schwersten in seinem Leben.

Nunmehr lenkten die Partisanen ihre Schritte zum Zug. Vorher jedoch entnahm Klokow dem Sprengmechanismus das Röhrchen des oberen Knopfes und steckte es zur Erinnerung in die Tasche. Er schleppte es lange mit sich herum, ehe er es irgendwo verlor.

# Neue Abschnitte

Noch unter dem Schnee beginnen die Frühjahrswasser zu rauschen. Mit jedem Tag erwärmt sich die Luft mehr, der Schnee wird immer brüchiger, taut, und bald darauf dringt das Wasser an seine schmutzige Oberfläche. Muntere Bächlein eilen fröhlich zwischen Schneehügeln dahin, fließen zusammen und strömen zu den Flüssen, die bereits Hochwasser führen; sie treten über die Ufer und ergießen sich in die Niederungen. Nach und nach verschwinden die letzten Schneespuren. Nur an schattigen Stellen blinkt der Schnee noch wie kleine Inseln. Bald verschwinden auch diese, und das Wasser steigt und steigt.

Das Bild der Frühjahrsüberschwemmung erinnerte mich an den Verlauf der sowjetischen Offensive in Wolynien. Die letzten Schneeinselchen – das waren die von unseren Truppen belagerten Orte Kowel, Wladimir-Wolynski, Sabolotje. Fast das gesamte übrige Territorium des Gebietes war von den Eroberern gesäubert worden.

Über den breit ausladenden Styr, den über seine Ufer getretenen Goryn, über viele namenlose Bäche und Flüsse, deren Frühjahrswasser rauschten, fuhren wir nach Kiew. Der Funkspruch, der uns in den Ukrainischen Stab der Partisanenbewegung rief, war gestern früh gekommen.

»Endlich ist es mit der Ungewißheit vorbei!« sagte nach dem Durchlesen Wladimir Nikolajewitsch Drushinin. »Ich verbürge mich dafür, daß man uns nach Polen verlegt, um der Armia Ludowa zu helfen.«

»Ich denke nicht«, hielt ich entgegen. »Nach Polen wurde schon die Wasilewska-Brigade entsandt, die Abteilungen von Karassew und Prokopjuk sind in Marsch gesetzt worden, und belorussische Partisanen sind auch dort. Nein, am ehesten erhalten wir eine Kommandierung irgendwohin in die Karpaten oder noch weiter.«

»Die Front ist in der letzten Zeit dichter geworden, es wird schwer sein, sowohl nach Westen als auch nach Süden durchzukommen. Und was ist, wenn man uns auflöst? Viele Verbände sind ja schon aufgelöst worden!«

»Rätseln wir nicht herum, Wladimir! Du hast doch selbst gesagt: Die Ungewißheit ist vorbei. Morgen oder übermorgen werden wir alles erfahren.«

Entsprechend dem Funkspruch übergab ich zeitweilig die Führung an Dmitri Rwanow, und mit der Wahrnehmung der politischen Aufgaben des Kommissars beauftragten wir den Sekretär des Parteikomitees, Iwan Kudinow. Wir verabschiedeten uns flüchtig von ihnen: Lange würden wir uns kaum in Kiew aufhalten, in ein bis zwei Wochen wollten wir wieder zurück sein ...

Bis Sarny ging es mit Fuhrwerken, von dort bis Korosten mit kleinen Flugzeugen, »Kukurusniki« genannt. Sie wurden uns vom Stab der 2. Belorussischen Front zur Verfügung gestellt. Dann nahm uns ein Jeep auf, den wir vom Stadtkomitee der Partei in Korosten erhielten. Ungefähr dreißig Kilometer vor Kiew ließ uns die amerikanische Technik im Stich: Der Jeep streikte, und der Kraftfahrer hatte keine Hoffnung, ihn schnell instand setzen zu können. Wir gingen zu Fuß die Shitomirer Chaussee entlang.

Diese Chaussee war eine frontnahe Magistrale gewesen. Zu beiden Seiten türmten sich noch zerschossene deutsche Panzer, Gerippe ausgebrannter Fahrzeuge und umgestürzte Fuhrwerke. In endlosem Strom kamen uns Kolonnen mit militärischem Gut entgegen. Sie eilten zu jenen Abschnitten der Front, die in den Nachrichten als Ternopoler und Lwower Richtung bezeichnet wurden.

Bald darauf machten wir an einem Straßengraben in Erwartung eines entgegenkommenden Lkw halt. Aus dem sich in unmittelbarer Nähe hinziehenden Wäldchen kam eine Frau, und als sie in uns Partisanen erkannt hatte, reichte sie jedem einen Strauß Schneeglöckchen. So fuhren wir denn auch bald mit diesen ersten Frühlingsblumen in den Händen in die ukrainische Hauptstadt.

Das alte Kiew, eine der schönsten Städte der Welt, war besonders im Frühling anziehend. Immer – doch nicht im Frühjahr 1944. Wir sahen ein entstelltes, aus vielen Wunden blutendes Kiew, überhaupt nicht ähnlich jener herrlichen, fröhlichen Stadt, wie wir sie kannten. Von den barbarischen Zerstörungen, die hier durch die Faschisten angerichtet worden waren, hatten wir natürlich im Rundfunk gehört und in den Zeitungen gelesen. Damals wurden diese bitteren Nachrichten vom Verstand aufgenommen, doch das, was wir jetzt vor Augen hatten, rief einen stechenden Schmerz im Herzen hervor.

Wir fuhren an den Ruinen von Wohnhäusern vorbei, sahen die Trümmer der Fabrik »Krasny Ekskawator« und des Schwermaschinenwerkes »Bolschewik«. Vieles war auf dem Boulevard Schewtschenko zerstört. Man sah die ausgebrannten Gebäude der Universität, die leeren Fensterhöhlen des Hotels »Ukraina«.

An der Ecke des Boulevards und des Krestschatik stiegen wir vom Lastkraftwagen. Aber es gab keinen Krestschatik mehr! Die schönste Straße Kiews, seine Hauptstraße, war völlig zerstört, Haus für Haus. Zu beiden Seiten zogen sich Trümmerfelder aus Ziegelsteinen, verbogenen Eisenträgern und herausgerissenen Bewehrungen hin.

Niedergeschmettert durch diesen Anblick, gingen wir schweigend bis zum Kalininplatz – auch hier umgaben uns von allen Seiten Ruinen – und weiter die schmale Sophienstraße hinauf. Der bronzene Bogdan Chmelnizki auf dem sich aufbäumenden Pferd hielt die Streitkeule fest in der Hand. Und hinter dem Denkmal – wieder Ruinen.

»Der Feind wird sich dafür zu verantworten haben«, knurrte Drushinin.

»Die Vergeltung ist schon im Gange!« fügte ich hinzu.

Wir mußten uns beeilen, zum Stab der Partisanenbewegung zu kommen. Er war in einem großen Haus untergebracht und allen Kiewern gut bekannt. Vieles an diesem Haus erinnerte mich sofort an die Stäbe während des Bürgerkrieges.

Die Dokumente wurden am Eingang nicht von Rotarmisten kontrolliert, sondern von zwei Zivilpersonen mit Karabinern und mit roten Bändern an den Mützen. Auf den Treppen und Korridoren begegneten uns immer mehr unserer Partisanenbrüder. Überall Steppjacken, Halbpelze, mitunter auch andere Jacken, offensichtlich aus Beutemänteln genäht, und Bärte – Bärte vom Vollbart bis zum Schnauz- und Stutzbart. Mauserpistolen in festen Taschen klatschten an die Oberschenkel, Maschinenpistolen schlugen an die Brust, den Deutschen abgenommene dreieckige Pistolentaschen glänzten an den Gürteln.

Fast auf Schritt und Tritt begegnete man Freunden. Menschen fielen einander in die Arme, Scherzworte und freudige Ausrufe flogen hin und her, Neuigkeiten wurden ausgetauscht. Den aufgefangenen Gesprächsfetzen nach zu urteilen, bewegte die Mehrzahl der Partisanen – wie auch uns – das Schicksal ihrer Abteilungen:

»Jetzt geht es in die Slowakei ...«

»Sie werden aufgelöst ...«

»Man möchte weiter, hinter die Weichsel ...«

»Unsere sind schon in der Armee ...«

«Wir haben in den Sümpfen gekämpft, wir schaffen es auch in den Bergen ...«

Ich drehte mich zu Drushinin um.

»Was liegt dir mehr – Sümpfe oder Berge? Wohin wird man uns schicken?«

»Du bist doch gegen das Herumraten! Gleich werden wir es erfahren.«

Nach wenigen Minuten betraten wir das Arbeitszimmer des Chefs des Ukrainischen Stabes der Partisanenbewegung, Generalmajor Timofej Amwrosijewitsch Strokatsch. Er war immer noch der gleiche – ruhig, streng, gelassen – wie vor elf Monaten, als er zu uns an den Ubort geflogen kam. Der General begrüßte uns herzlich und bot uns Platz an. Das Gespräch begann auf ganz gewöhnliche Weise – Nachfragen, wie wir angekommen seien, wie die Dinge in der Brigade stünden, doch kein Wort darüber, was uns bewegte. Schließlich hielt ich es nicht mehr aus und wollte wissen, warum man mich und Drushinin gerufen hatte.

»Ich habe keine Ahnung.« Der Chef des Stabes zuckte kaum merklich mit den Schultern. »Ich habe Sie auf Anweisung des Zentralkomitees hierhergerufen. Morgen werden Sie dort alles erfahren.«

»Und trotzdem ... Verlegung? Auflösung?« fragte Drushinin.

»Ich weiß es nicht, wirklich, ich weiß es nicht.« Strokatsch hob erneut die Schultern.

Natürlich wußte er es. Da war Wladimir an den Richtigen geraten! Nein, es war klar, vor dem Gespräch im Zentralkomitee würden wir nichts erfahren! Wir kamen überein, daß wir uns morgen um 10 Uhr erneut bei Timofej Amwrosijewitsch einfinden würden, erhielten die Einweisung in ein Hotel und gingen uns in dem Bewußtsein ausruhen, daß der Morgen klüger ist als der Abend.

Das letzte Mal hatte ich in einem Bett mit Federmatratzen weder in einem Erdbunker noch in einer Hütte, sondern in einem guten städtischen Zimmer in Moskau geschlafen. Das lag mehr als ein Jahr zurück. Was hatte man in diesen dreizehn Monaten nicht alles durchgemacht und erlebt! Damals war die Front bei Wjasma, jetzt bei Odessa. Damals kämpfte unser Verband an den Ufern der Desna, jetzt befand er sich gemeinsam mit Truppenteilen der Roten Armee an den Ufern des Westlichen Bug. Damals wurde bei meiner Ankunft im »Großen Land« über die Aufteilung des Tschernigower Verbandes und über unseren Streifzug hinter den Dnepr entschieden.

Was für ein Schicksal würde dem Verband jetzt beschieden sein?

Halb elf gingen wir mit Strokatsch bereits die breite Treppe des wohlbekannten Gebäudes des Zentralkomitees der Kommunistischen Partei der Ukraine hinauf.

Drushinin und mir wurde ein herzlicher Empfang bereitet. Man beglückwünschte uns zu den Siegen der Partisanen in Wolynien und sagte, daß wir das Unsere getan hätten, wobei es sich um eine große Sache gehandelt habe. Man dankte uns im Namen der Partei und des Volkes für den guten Dienst und erklärte uns dann, daß sowohl für mich als auch für Wladimir Nikolajewitsch der Krieg gewissermaßen schon zu Ende sei. Das Zentralkomitee habe beschlossen, uns für die Wiederaufbauarbeit einzusetzen.

Die Befreiung der heimatlichen Ukraine vom Gegner näherte sich ihrem Ende, doch fast alle unsere Städte und Dörfer lagen in Schutt und Asche. In der gesamten Republik gab es nicht einen unversehrten und normal funktionierenden Betrieb. Es begann die Frühjahrsaussaat, doch vielerorts mußte mit Kühen gepflügt werden. Alles mußte wieder oder völlig neu aufgebaut, alles mußte in Gang gebracht werden – eine Unmenge Arbeit gab es im Hinterland. Auch Drushinin und ich sollten also an den Abschnitt der Wirtschaft.

Doch wie sollte mit dem Partisanenverband von Tschernigow-Wolynien verfahren werden? Man beschloß, ihn in zwei selbständige Verbände aufzuteilen – der eine unter Führung von Rwanow, der andere unter Balizki. So würde jeder Teil manövrierfähiger sein und größere Chancen haben, durch die Front nach Polen hindurchzuschlüpfen. Doch es war schade, sehr schade, nicht mehr zu den Menschen zurückzukehren, mit denen man mehr als zweieinhalb Jahre gekämpft und einen bedeutenden Kampfesweg zurückgelegt hatte.

Wir erhielten jedoch noch nicht sofort unser neues Aufgabengebiet. Auf Drängen von General Strokatsch blieben wir noch einen Monat zu seiner Verfügung. In dieser Zeit mußten wir einen genauen Bericht über die Kampfhandlungen unseres Verbandes niederschreiben. Außerdem erhielten Drushinin und ich einen dreitägigen Urlaub zum Besuch unserer Familien, die sich im benachbarten Tschernigow befanden.

Beim Verlassen des ZK-Gebäudes sagte ich zu Drushinin:

»Jetzt sind wir beide also schon Ehemalige – der ehemalige Kommandeur und der ehemalige Kommissar.«

»Noch ist der Befehl nicht unterschrieben«, warf Strokatsch ein. »Und auch dann sind Sie, solange Sie den Bericht nicht geschrieben haben, für mich keine Ehemaligen. Vergessen Sie nicht die Disziplin!«

»Mit Ihnen werden wir schon ins reine kommen, Timofej Amwrosijewitsch«, versprach ich.

Am nächsten Morgen fuhren Drushinin und ich nach Tschernigow. Das war am 29. März, am Vorabend meines Geburtstages. Schön ist es, einen solchen Tag im Kreis der Familie zu verbringen! Ein besseres Geschenk kann man sich nicht ausdenken.

Wir gelangten schnell in die Stadt, die ich vor zwei Jahren und sieben Monaten verlassen hatte und wo unser Verband geboren worden war. Ich erinnerte mich meiner Abfahrt aus Tschernigow, an die am Himmel kreisenden »Heinkel«, an das Krachen der Bomben und den Rauch der Brände, an das hinkende Pferd auf der Straße und den Verrückten, der mich in seinem Wagen mitgenommen hatte. Tschernigow war seit jener Zeit mehrmals bombardiert und beschossen worden. Es gab viele Zerstörungen in der Stadt. Bereits auf den ersten Blick sah ich, daß das Leben hier gerade erst wieder in Gang gekommen war.

Das bekannte, wie durch ein Wunder unversehrte Haus. Als ich Tschernigow verließ, hatte ich einfach nicht hierhergefunden, um irgend etwas auf den weiten Kampfesweg mitzunehmen. Aufgeregt klopfte ich mehrmals an die Tür. Hinter der Tür – eilige Schritte der Frau und ein fröhlicher Aufschrei der Töchter.

Ich brauche wohl nicht zu sagen, daß mir die drei Tage ausgezeichnet bekamen. Viel Freude brachte mir nicht nur das Wiedersehen mit der Familie. Bewegend waren die vielfältigen Begegnungen mit Freunden aus Partisanenkreisen, mit jenen, die an unserem Streifzug nach Westen nicht teilgenommen hatten und in Tschernigow geblieben waren, die sich jetzt in die nicht leichte Arbeit des Wiederaufbaus der Volkswirtschaft stürzten. Auch Wladimir Nikolajewitsch Drushinin hatte Frau und Kinder gesehen und sich mit Kampfgefährten getroffen.

Nach drei Tagen waren wir wieder in Kiew.

Die bevorstehende Zusammenstellung des Berichtes schreckte uns ein wenig. Mir schien, es gäbe nichts Langweiligeres, als in einem Hotelzimmer zu sitzen, die Kopien der eigenen Meldungen durchzublättern, sich in alten Befehlen zu vergraben, sich zu erinnern, nachzurechnen – also einer Büroarbeit zu frönen. Tatsächlich jedoch packte uns die Arbeit, sie erwies sich als eine lebendige, interessante Sache.

Die Ergebnisse, die die Kampftätigkeit unseres Partisanenverbandes charakterisierten, waren beeindruckend: 683 feindliche Züge waren gesprengt und viele Hunderte von Feinden getötet worden – faschistische Soldaten und Offiziere, Polizisten und Bandera-Leute. Eine Unmenge Zahlen – bedeutend und beredt, und hinter jeder standen der Mut und die militärische Meisterschaft unserer ruhmreichen Partisanen, ihre Selbstaufopferung und Liebe zur Heimat.

Im Verlauf der Arbeit an dem Rechenschaftsbericht mußten einige Zahlen verändert und durch immer neue ergänzt werden. In Polen sprengte die Wasilewska-Brigade weitere faschistische Züge in die Luft, in Wolynien kämpften die Abteilungen unter dem Kommando von Rwanow und Balizki mal mit deutschen Faschisten, mal mit Bandera-Leuten.

Trotzdem gelang es diesen Abteilungen letztlich nicht, in das Hinterland des Gegners vorzudringen. Der Stab der Partisanenbewegung beschloß, sie aufzulösen. Mehr als 3000 unserer Partisanen wurden in die Reihen der Roten Armee aufgenommen, Hunderte übernahmen Partei- und staatliche Funktionen. Die Partisanen übergaben der Armee viele leichte und schwere Waffen, den Kolchosen 1200 Pferde und 500 Fuhrwerke. Unser Zicklein Soika kam in den Zoo von Rowno.

Nun war der Bericht bereits unterschrieben. Bei der Übergabe fragte ich Generalmajor Strokatsch:

»Können wir uns jetzt von der militärischen Disziplin entbunden fühlen?«

»Von der militärischen, meinetwegen. Doch es gibt noch eine andere Disziplin! Sie sollen heute mit Drushinin ins ZK kommen. Man hat von dort angerufen.«

Am gleichen Tag wurde Wladimir Nikolajewitsch zur Parteiarbeit in Ternopol eingesetzt, während ich nach Cherson kam.

Am nächsten Morgen ging ich, den Dienstauftrag des ZK bereits in der Tasche, zum Stab der Partisanen, um mich von den Freunden zu verabschieden. Auf dem lauten Korridor, der voller Menschen war, hörte ich plötzlich bekannte Stimmen:

»Wir wünschen Gesundheit, Genosse General!«

Ich blickte in die Richtung und sah Wsewolod Klokow und

Dmitri Resuto in nagelneuen Fallschirmspringeruniformen. Mich interessierte, wohin sie wollten.

»Militärisches Geheimnis! Doch Ihnen, Alexej Fjodorowitsch, vertrauen wir es an«, sagte Klokow mit breitem Lächeln. »In der Nacht fliegen wir in die Tschechoslowakei. Wir werden abgesetzt! Dort sind schon viele Sprengmeister von uns – Jegorow, Glasok, Maschukow, Kalatsch, Jarygin, Gribkow, Mersow ... Alles ausgesuchte ›Krokodile‹! Und jetzt fliegen wir auch. Mit uns kommen Sadilenko, Gratschew und noch irgendwer.«

»Hauptsache, die Züge bei den Faschisten reichen für alle!« sagte Resuto und zwinkerte mir zu.

»Dort reicht es vorläufig noch«, erwiderte ich. »Nun, ich wünsche Erfolg, Genossen! Grüßen Sie die Unseren. Und für alle ein Auftrag: Macht dem Ruhm und der Ehre der sowjetischen Partisanen auf tschechoslowakischem Boden keine Schande!«

»Das werden wir nicht, sie können unbesorgt sein, Alexej Fjodorowitsch!« antwortete Wsewolod, mir gerade in die Augen blickend.

Ich dachte daran, daß, obwohl unser Verband schon nicht mehr existierte, die Männer, erzogen und gestählt durch den Verband, weiter für die Sache kämpften, der sie ergeben waren. Nur befanden sie sich jetzt an neuen Abschnitten – friedlichen und militärischen. Diese Abschnitte sind überall, wo du am meisten gebraucht wirst.

# Viele Jahre danach

Monat für Monat, Jahr um Jahr schlagen unsere Uhren in friedlicher Zeit. Stets beschreiben die Zeiger auf dem Zifferblatt denselben Kreis, sie bewegen sich mit der ihnen eigenen Gleichmäßigkeit, doch schon seit langem messen sie nicht mehr die Zeiten von Angriffen, Detonationen und konspirativen Treffs. Auf die Uhr blicken der Stahlwerker, der Kombinefahrer, der Maurer, der Gelehrte und der Kosmonaut. Die Zeit eilt weiter und weiter, wobei sie uns verändert, die Erde, auf der wir leben, durch unsere Hände anders werden läßt – und die Kampfjahre rücken immer mehr in die Vergangenheit.

Diese Vergangenheit ist – genau wie unsere Gegenwart und Zukunft – den sowjetischen Menschen teuer. Es war für mich ein freudiges Ereignis, an jenen gut bekannten und immer im Gedächtnis haftenden Stätten zu weilen, wo wir unseren letzten Partisanenwinter verbracht hatten. In den ersten Märztagen des Jahres 1962 fuhr ich von Kiew in die Gebiete von Rowno und Wolynien, um mich mit Wählern zu treffen, die mich als Kandidaten für den Nationalitätensowjet des Obersten Sowjets der UdSSR vorgeschlagen hatten.

Hinter einer stillen Straßenkreuzung erreichte der »Wolga« die geräuschvolle Weite des Kalininplatzes. Im März 1944 hatte ich hier mit Drushinin schweigend zwischen den düsteren Trümmern gestanden. Jetzt umgaben den Platz monumentale Gebäude in hellen, festlichen Tönen: das Postamt, Wohnhäuser, das Konservatorium, das Hotel »Moskwa«. Schon schwenkte der Wagen auf den Krestschatik ein. In leichtem Bogen zog er sich hin, ungewöhnlich breit, erhaben-festlich, mit den schneebedeckten Kastanien.

Den Architekten, die die Hauptstraße Kiews wiederaufgebaut haben, wirft man mitunter vor, daß sie den neuen Ensembles des Krestschatik ein überflüssiges Gepränge verliehen hätten. Diese Meinung ist sehr umstritten. Der Krestschatik ist wiedererstanden aus Asche, aus Ruinen, und so muß er auch sein – feierlich, bewegend. Für mich und sicher auch für viele andere ist der Krestschatik nicht einfach eine städtische Magistrale, sondern auch eine Straße des Gedenkens, die in sich das Pathos des Nachkriegsschaffens birgt, jener gewaltigen Anstrengungen, mit denen unser Volk alles durch den Krieg Zerstörte wiederaufgebaut hat.

Den wiedererstandenen Schewtschenko-Boulevard entlang, dann über den Platz des Sieges, bogen wir schließlich auf die Brest-Litowsker Chaussee ein. Ein neues Wohnviertel löste hier das andere ab. Da war auch schon das Werk »Bolschewik« mit seinen riesigen Hallen, weitaus größer als die von den Okkupanten gesprengten. Daneben das Türmchen der Metro-Station. Hierher führte eine zweite Linie der Metro, die es vor dem Krieg überhaupt nicht gegeben hatte. Und erneut Fabriken – wiedererrichtete und neuerbaute. Rechts davon die unlängst entstandenen Gebäude des Medizinischen und des Polytechnischen Instituts und weiter hinten neue Wohnblocks. Längst hatte die Stadt ihre Vorkriegsgrenzen überschritten.

Schließlich blieb Kiew hinter mir zurück. Das Tachometer registrierte die Kilometer der ehemals frontnahen Straße. Wie viele Jahre bereits trug sie friedliche Güter! Kaum war der Jungwald wiederzuerkennen, aus dem damals die Frau gekommen war und Drushinin und mir einen Strauß Schneeglöckchen überreicht hatte.

Erster Halt in Shitomir. Diese Stadt war durch den Krieg ebenfalls fast völlig zerstört worden, und auch sie war auferstanden aus Ruinen. Ich ging zum Gebietskomitee der Partei, später zum Gebietsexekutivkomitee, fragte nach dem Vorsitzenden. Da kam er mir auch schon aus dem Arbeitszimmer entgegen – hochgewachsen, mit dichtem Haar und erstaunlich jung aussehend – Viktor Alexandrowitsch Kremenizki, der ehemalige Kommissar unserer polnischen Brigade.

Er war nicht das erste Jahr Vorsitzender des Exekutivkomitees des Shitomirer Gebietssowjets. Unser Gespräch über aktuelle Angelegenheiten ging häufig zu Partisanenerinnerungen über, gegenseitig erkundeten wir das Schicksal der Kampfgefährten.

Kremenizki beendete den Krieg in Polen, wo sich die Wasilewska-Brigade dauerhaften Ruhm erworben hatte. Viktor Alexandrowitsch hatte die Verbindung zu seinen Mitstreitern nicht verloren – mit den einen stand er im Briefwechsel, mit anderen kam er zusammen, wenn er in Polen weilte. Von vielen konnte er berichten, daß sie gesund und munter waren, gut arbeiteten und glücklich lebten. Nur der Brigadekommandeur Stanisław Szelest war kurz nach dem Krieg gestorben. Ein hervorragender Mann!

»Und was macht unser berühmter Marian?« fragte ich. »Wie geht es ihm, hat er Erfolg?«

»Alles in bester Ordnung«, antwortete Kremenizki lächelnd auf polnisch. »Er arbeitet als Zootechniker, ist verheiratet und hat zwei Kinder. Übrigens hat er jene Frana geheiratet, die er bereits im Zivillager besucht hatte.«

»Sieh mal einer an! Und du hast ihm dafür Dienste außer der Reihe verpaßt.«

Am nächsten Morgen machte ich mich wieder auf den Weg, nach Rowno. Shitomir blieb zurück – in der Vergangenheit Zentrum des wolynischen Gouvernements. Natürlich erinnerte auf dem Territorium des Gebietes von Shitomir, dessen Bewohner ehemals arm, zurückgeblieben, des Lesens und Schreibens unkundig waren, nichts mehr an diese Vergangenheit, doch es war besonders erfreulich, daß man davon auch im Gebiet von Rowno, das viel später sowjetisch geworden war, nichts mehr spürte.

Ich fuhr durch das westliche Gebiet der alten ukrainischen Erde, wo der Kampf gegen die fremdländischen Eroberer mehrere Jahrhunderte lang geführt worden war.

Wenn ich mich recht erinnere, erfolgte bereits in den Jahren des ersten Weltkrieges in dieser Gegend der berühmte Brussilow-Durchbruch. Unsere Partisanen trafen in den wolynischen Wäldern nicht nur einmal auf Brudergräber russischer Soldaten, die den Ansturm des kaiserlichen Deutschland abgewehrt hatten. Später, in den Jahren des Bürgerkrieges, kämpfte hier die berühmte Erste Reiterarmee gegen die Weißpolen. In Wolynien, auf seiner blutgetränkten Erde, fielen in den Kämpfen um die Freiheit der legendäre Held des ukrainischen Volkes Nikolai Stschors und der große Sohn des brüderlichen Jugoslawien Oleko Dunditsch, der Mann mit dem Löwenherzen, wie man ihn nannte. Beerdigt wurde Dunditsch in Rowno, jener Stadt, wo während des letzten Krieges auch der furchtlose Partisanenkundschafter und Held der Sowjetunion Nikolai Kusnezow gewirkt hatte. Kusnezow fiel ebenfalls in Wolynien, in der Nähe des Dorfes Werba.

In Rowno fand meine erste Begegnung mit Wählern in der Aula des neueröffneten Instituts für Wasserwirtschaft statt. Das Institut ist in einem Neubau untergebracht, hier lernen ungefähr dreitausend Menschen. In Rowno gab es unter den polnischen Pans nur zwei Gymnasien; gegenwärtig bestehen hier zwölf allgemeinbildende Schulen sowie elf Hoch- und Fachschulen. Die Mehrzahl der künftigen Fachleute sind Hiesige, Kinder jener armen Teufel, die früher anstelle ihrer Unterschrift ein Kreuz setzten.

Das zweite Treffen mit Wählern hatten wir im Kulturpalast des Sdolbunower Zementwerkes. In der Arbeitersiedlung war in der Tat ein Palast entstanden, schön und weiträumig, mit einem großen Saal, blitzendem Parkettfußboden im Foyer und vielen Räumen für die Zirkelarbeit.

Das Zementwerk ist ein Betrieb der kommunistischen Arbeit. Nach dem Krieg mußte man es wiederaufbauen, erweitern und umbauen, um die Produktivität auf den heutigen Stand zu heben. In der Nachbarschaft wurde schon eine neue Zementfabrik errichtet, die mit der neuesten Technik ausgestattet ist. Man ging durch dieses große Werk und sah fast keine Arbeiter; alles war in hohem Maße automatisiert.

Eine Vielzahl neuer Betriebe wurde und wird hier gebaut. In den Nachkriegsjahren wurde die Gegend von Rowno zu einem Industriegebiet, in dem jedoch auch die Landwirtschaft nicht zurücksteht.

Im Gespräch mit dem Vorsitzenden des Kolchos »Ukraina«, Iwan Iwanowitsch Jakowez, sagte ich:

»Sie haben vom Hektar hundertzwanzig Pud Getreide, einunddreißig Doppelzentner Mais, an die zweihundertsechzig

Doppelzentner Futterrüben geerntet. Woher kommen diese Erträge? Ich weiß, der Boden ist bei Ihnen nicht besonders gut, und die Sonne scheint auch nicht im Überfluß.«

Als Antwort zeigte Iwan Iwanowitsch seine großen, kräftigen Hände und sagte:

»Dafür haben wir das!«

»Einverstanden! Hartnäckigkeit und Arbeit können vieles erreichen. Doch Lehmboden bleibt Lehmboden!«

»Ach wo!« Jakowez schüttelte den Kopf und streckte mir einen Stapel Bücher entgegen. »Und wofür ist das gut?«

Auf dem Umschlag des obenauf liegenden Buches stand in großen Lettern »Agronomie«.

Unter den Wählern von Rowno waren viele ehemalige Partisanen unseres Verbandes. Nach der ersten Versammlung kam ein hagerer Mann in der Uniform des Nachrichtenwesens zu mir. Das Gesicht schien mir sehr bekannt, doch die blaue Uniform verwirrte mich ein wenig. Der auf mich Zukommende erriet offenbar meine Zweifel, lächelte, und anstelle seines Namens nannte er zwei Worte:

»Erstes Bataillon!«

Das genügte. Semjannikow! Natürlich, es war Wassili Semjannikow, Zugführer der Minenleger bei Balizki. Gegenwärtig arbeitete er als Leiter des Gebietsnachrichtenamtes in Rowno. Unter den Zementwerkern traf ich unseren Aufklärer Nikolajew. Als Sekretär des Rayonkomitees der Partei von Sarny war Tichon Krawtschuk tätig, den ich noch als ganz jungen Partisanen im Gedächtnis hatte. Je weiter ich nach Westen fuhr, desto häufiger waren solche Begegnungen.

Hinter Zuman beginnt das wolynische Gebiet. In den Zumaner Wäldern hatten unsere Partisanen lange operiert. Damals, vor fast zwanzig Jahren, zählten wir bei der Auswertung der Kampfhandlungen die gesprengten Züge und die toten Okkupanten. Eine strenge Kriegsrechnung wurde von unserem gesamten Volk geführt. Die Armeeangehörigen wußten, wie viele Kilometer kämpfend zurückgelegt, wie viele Dörfer und Städte vom Feind befreit worden waren. Die Mitarbeiter der rückwärtigen Dienste führten den Nachweis über die an die Front geschickten Panzer, Kanonen, Granaten und Flugzeuge. Jetzt erfreuten wir uns an anderen Zahlen. Gute, friedliche Zahlen hatte auch das Gebiet von Wolynien aufzuweisen.

Grundlegende Veränderungen auf allen Gebieten des kulturellen und wirtschaftlichen Aufbaus traten hier im Laufe der Nachkriegsfünfjahrpläne ein. Bereits in den fünfziger Jahren begann man mit der Niederbringung der ersten Kohleschächte in Nowo-Wolynsk. In den nachfolgenden Jahren nahmen das Elektroapparatewerk und der Betrieb für Gerätebau in Luzk, die Nowo-Wolynsker Baumwollspinnerei sowie Betriebe der Leicht- und Nahrungsmittelindustrie in vielen Städten und Rayonzentren die Produktion auf. Die materiell-technische Basis der Kolchose und Sowchose des Gebietes festigte sich. Zehntausende von Hektar versumpfter Landstriche wurden urbar gemacht. Vieles wurde in Wolynien auch auf sozialem und kulturellem Gebiet sowie zur Hebung des materiellen Lebensniveaus getan.

Partei und Regierung schätzten die Leistungen der Werktätigen des Gebietes hoch ein. Am 12. August 1967 verlieh das Präsidium des Obersten Sowjets der UdSSR dem Gebiet Wolynien den Leninorden – für die aktive Teilnahme an der Partisanenbewegung, für den Mut und die Standhaftigkeit im Kampf gegen die faschistischen deutschen Eroberer in der Periode des Großen Vaterländischen Krieges wie auch für die beim wirtschaftlichen und kulturellen Aufbau errungenen Erfolge. Für mich war besonders die Tatsache erfreulich, daß im Erlaß die Verdienste der Partisanenbewegung und unsere Taten hervorgehoben wurden.

Die Auszeichnung der Heimat spornte die Werktätigen Wolyniens zum Kampf um neue hohe Leistungen an. Heute produzieren im Gebiet Dutzende von Industriebetrieben. Die Wolynier stellen Kraftfahrzeuge und Lager her, Plasterzeugnisse und synthetisches Leder, Geräte und Werkzeugmaschinen sowie landwirtschaftliche Maschinen und Elektroausrüstungen; sie fördern Kohle und erzeugen Qualitätsstoffe.

Das Volumen der industriellen Produktion erhöhte sich in den Nachkriegsjahren auf das 34fache. In 10 Arbeitstagen liefern die Betriebe Wolyniens heute so viele Erzeugnisse wie im gesamten Jahr 1940. Zahlreiche Produkte tragen das staatliche Gütezeichen. Waren der wolynischen Industrie gelangen in viele Sowjetrepubliken und werden in 57 Länder exportiert.

Das Herz schlägt einem höher, wenn man sich diese Zahlen und Tatsachen durch den Kopf gehen läßt. Noch unlängst tobte auf dieser so leidgeprüften Erde der gnadenlose und erbitterte Kampf gegen die faschistischen Unterdrücker. Für den heutigen, hellen Tag wurde ein hoher Preis gezahlt – das Leben der besten Söhne des Volkes. Und die Menschen sind dessen eingedenk, sie halten den Mut und das Heldentum, bewiesen von den Kämpfern unseres Verbandes, hoch in Ehren.

Eine bedeutende Rolle bei all den Erfolgen kommt der Gebietsparteiorganisation zu, die in ihren Reihen mehr als 50000 Kommunisten zählt. Unter ihrer Führung entwickelte sich das Bewußtsein, prägte sich das geistige Antlitz der Werktätigen weiter aus. 1939 waren über 80 Prozent der Einwohner Wolyniens des Lesens und Schreibens unkundig. Es gab hier weder Klubs noch Bibliotheken, die medizinische Betreuung fehlte fast ganz. Heute besuchen mehr als 155000 Kinder die Schule, 25000 Jungen und Mädchen lernen in den technischen Berufsschulen, und ungefähr 8000 Studenten erhalten im Luzker Staatlichen Pädagogischen Institut sowie in der Zweigstelle des Lwower Polytechnischen Instituts eine Hochschulbildung. Den Werktätigen stehen fast 1000 Klubs und Kulturhäuser, 800 Volksbibliotheken und 930 Kinos zur Verfügung. Die Einwohner des Gebietes erhalten fast anderthalb Millionen Exemplare an Zeitungen und Zeitschriften. 13000 Mitarbeiter des Gesundheitswesens sorgen sich um die Gesundheit der Bevölkerung.

Ich war auch in Luzk, Wladimir-Wolynski und Kowel. Überall wurde gebaut, gedieh das Leben, und es war angenehm und erfreulich, mit den Menschen zusammenzukommen. Trotzdem fuhr ich in einer gewissen Hochstimmung, im Gefühl noch bewegenderer Treffen von Kowel aus nach Norden, in die Gegend des ehemaligen Partisanengebietes.

Noch etwa zwanzig Minuten Fahrt, und da war es – Nessuchojeshe, das Fleckchen am Ufer der Turja. Von hier vertrieben die Partisanen im Februar 1944 die SS-Leute, hier bewiesen unsere Bataillone ihre Tapferkeit, hier fielen Major Grigorenko und der fröhliche Serjosha Kamenski, und hier wurde

Negnemat Machanow verwundet. Nichts mehr erinnerte an die hartnäckigen Kämpfe, die wir drei Tage lang in Nessuchojeshe geführt hatten. Die Wunden waren verheilt, der kleine Ort war längst wiederaufgebaut und hatte sich sogar ausgedehnt.

Ich fuhr weiter nach Norden, über eine schneebedeckte Niederung. Nächster Halt war in Werchi. Die Häuser des Dorfes lagen sehr verstreut, ringsum einzelne Vorwerke. Ich konnte lange nicht jenes finden, in dem beim Angriff auf Kowel unser Gefechtsstand untergebracht war. An einer Stelle verließ ich den Wagen, ging ein Stück, schaute mich bei den Häusern um – hier könnte es vielleicht gewesen sein. Plötzlich kamen zwei Frauen auf mich zu, eine ältere und eine ganz junge. Die ältere sprach mich an:

»Guten Tag, Alexej Fjodorowitsch! Erkennen Sie mich nicht? Sie waren doch bei mir mit Ihren Kommandeuren. Da, in diesem Haus! Daneben hatten Sie Ihre Funkstation. Ich habe Ihnen noch Borstsch zubereitet.«

Sofort erinnerte ich mich an das Haus und die Hausherrin, sogar an den schmackhaften Borstsch. Die ältere wies auf die junge Frau und sagte:

»Das ist meine Tochter! Sie war damals noch nicht einmal zwei Jahre. Sie haben sie auf den Arm genommen und gewiegt. Erinnern Sie sich?«

Wie sollte man solche Einzelheiten im Gedächtnis behalten! Doch ich antwortete, daß ich mich erinnerte, und die junge Frau, die man nun nicht mehr an die Decke werfen konnte, lächelte verschämt. Wir kamen ins Erzählen. Die Mutter hatte im Krieg den Mann, die Tochter den Vater verloren. Jetzt arbeiteten beide im Kolchos und lebten gut.

»Hauptsache, es kommt kein Krieg mehr!« sagte die Mutter zum Abschied.

Von vielen und unter den verschiedensten Umständen konnte ich diesen Satz hören.

Bald näherte ich mich der Stadt Kamen-Kaschirski. Bekannte Straßen, der Platz, das Gebäude mit der kleinen Tanzfläche auf dem Dach, wo sich zuerst die Pans mit ihren Fräulein ergingen und wo später der selbsternannte »Repräsentant der Ukraine«, Kusmenko-Jaroslaw, Freund des deutschen SS-

Kommandanten von Alvensleben, seine Trinkgelage abhielt. Wir hatten die Pans verjagt, die Okkupanten vernichtet, und auch der Bandera-Mann war ohne Hose davongelaufen, nachdem er seine Kanzlei verloren hatte. Jetzt diente dieses Gebäude als Kreiskulturhaus, und darin hatten sich schon meine Wähler versammelt.

Der Saal war voll – Meister hoher Ernten und bekannte Viehzüchter, geschickte Baumeister und erfahrene Mechanisatoren, Agronomen und Zootechniker, Lehrer und Ärzte. Was waren sie oder ihre Eltern vor der Sowjetmacht? Arme, ungebildete, im dunkeln lebende, geschlagene Menschen. Als die Sowjetmacht kam, verstanden die Einwohner, daß diese Macht die gerechteste war. Sie verteidigten sie, ohne ihr Leben zu schonen.

Unter den Anwesenden sah man, den Ordensbändern nach zu urteilen, viele ehemalige Soldaten. Meine Blicke trafen auch auf ehemalige Partisanen und Illegale. Da saß Pjotr Kistenjuk, etwas weiter Adam Newara und Makar Makartschuk. Alt waren sie geworden, meine Kampfgefährten! Ich sah Nikolai Bukalo, Maria Schpantschuk, erkannte die Krankenschwester Ljubow Mazijuk. Viele der Einwohner trugen während des Krieges das rote Band an den Mützen oder halfen jenen, die es trugen.

Ich hörte die Reden der Vertrauenspersonen und hielt ihre Forderungen, Aufträge und Hinweise fest, die an den künftigen Deputierten gerichtet waren. Was bewegte die Wähler von Wolynien? Hier mußte eine Schule errichtet, dort das Krankenhaus erweitert und wieder woanders eine Straße gebaut werden. Dort und dorthin sollten Fachleute entsandt werden. Wieviel war bereits gebaut, vergrößert, angelegt, wie viele irgend wohin entsandt worden! Doch das Volk will, daß es morgen besser ist als heute, es schaut nach vorn.

Von Kamen-Kaschirski fuhr ich ins Dorf Bolschoi Obsyr, wo unser ehemaliger Partisan Karp Konstantinowitsch Babitsch Kolchosvorsitzender war. Ein großer Kolchos mit vielen Wirtschaftszweigen. Karp Konstantinowitsch wurde mit allen Dingen genausogut fertig, wie er damals die vielen Seiten seiner Partisanentätigkeit – Aufklärung und Sprengtätigkeit, Überfälle auf faschistische Garnisonen und Kampf gegen die Bandera-Leute – beherrscht hatte.

Im Dorf gab es einen guten Klub, eine Schule, ein Krankenhaus und viele Neubauten. Nach der Wahlversammlung nahmen wir – eine große und lärmende Partisanenfamilie – im Haus von Karp Konstantinowitsch an den für das Abendbrot gedeckten Tischen Platz. Die Kämpfer erinnerten sich vergangener Tage. Wie konnte es auch anders sein?! Aber alle wollten auch von ihren heutigen Angelegenheiten berichten. Die ehemaligen Partisanen sprachen darüber verhalten, knapp, um ja nicht unbescheiden zu erscheinen. Doch es gab – der Wahrheit die Ehre – keinen Anlaß zur Bescheidenheit: Einer hatte die Arbeit in einer Werkstatt, die er leitete, nicht schlecht in Schwung gebracht, die Brigade eines anderen hatte eine ausgezeichnete Ernte eingebracht, ein dritter hatte nach dem Krieg eine Fachschule absolviert und leitete jetzt ein Architektenbüro.

Fast alle hatten erwachsene Kinder, die gute, arbeitsame, gebildete Menschen geworden waren. Niemand beklagte sich über die Kinder. Sie waren so geworden, daß sie ihren Vätern und Müttern keine Schande bereiteten.

»Und was machen Ihre Töchter, Alexej Fjodorowitsch?« interessierte sich Babitsch.

»Danke, sie sind gesund und munter! Die Ältere ist Schuldirektorin, die Mittlere arbeitet in der Bildungsstätte der Partei, und die Jüngere ist jetzt Chemieingenieur. Außerdem habe ich schon Enkel!«

Irgendeiner stimmte eine bei den Partisanen beliebte alte Weise an, die von mehreren Stimmen sofort aufgegriffen wurde. Wie damals in den Erdhütten oder an den Lagerfeuern erklang das Lied, getragen und machtvoll, zum Nachdenken anregend und die Herzen bewegend.

Von Bolschoi Obsyr führte mich mein Weg weiter nach Norden, zum Partisanenstädtchen Ljubeschow. Seine Einwohner erinnerten sich daran, daß 1943 unsere Garnison lange in der Stadt geblieben war, nachdem sie hier die Sowjetmacht wiedererrichtet hatte. Ich warf einen Blick in den Park, wo ich zu den Einwohnern gesprochen hatte, suchte das Gebäude auf, in dem unsere Kommandantur untergebracht war. Auch in Ljubeschow hatte ich viele Begegnungen mit bereits gealterten und ergrauten Leuten, aber wie angenehm war es, zu hören, mit welch herzlichen Worten sie sich an die Partisanen erinnerten!

Und noch ein bewegendes Treffen hatte ich während jener Fahrt im März, ein Treffen mit einem Partisanenfreund – dem dichten, alten Wald jenseits des Stochod.

Schweigend und unbeweglich stand das dunkle Waldesdikkicht, das bis zur schmalen Schneise vorgedrungen war. Aber hier ragten hohe Kiefern und Tannen, Eichen und Birken empor, die zwei Lichtungen gebildet hatten. Hier war Lessograd! Im Sommer hätte man möglicherweise die Reste unserer Erdhütten entdecken können, doch jetzt, da der Schnee alles bedeckte, ließ sich nur ungefähr sagen: Hier war der Stab, weiter links waren die Minenleger untergebracht, daneben die Nachrichtenleute, noch weiter hatten die Aufklärer ihre Unterkunft. Doch der Wald war der gleiche geblieben – mächtig, streng und schön, hoch zum Himmel aufstrebend und mit Wurzeln, die tief in das Erdreich drangen. Auf den Lichtungen und zwischen den alten Stämmen machte sich schon der Jungwald breit.

Gut hatte er die Partisanen geschützt, dieser Wald am Stochod! Mir kam der Beginn des letzten Partisanenwinters in den Sinn, als die Okkupanten gemeinsam mit den Bandera-Leuten zum Angriff gegen uns antraten. Die prahlerischen Ankündigungen des Gegners, die Partisanen zu zerquetschen und zu vernichten, waren genausoviel wert wie jene, die Rote Armee zu vernichten. Wie das alles endete, ist bekannt. Doch als das faschistische Deutschland schon in Schutt und Asche lag, versuchten hier, im Westen der Ukraine, die Banditen der Organisation Ukrainischer Nationalisten noch, uns zu vernichten und unsere Vorhaben zu vereiteln.

Sie trieben ihr räuberisches Unwesen nicht lange. Das Volk half der Sowjetmacht, diese Banden unschädlich zu machen. 1945 wurden in der Nähe des Dorfes Susk während einer Razzia unter Teilnahme der Kolchosbauern mehrere bis an die Zähne bewaffnete Nationalisten getötet. In einem von ihnen erkannte man Klim Sawur-Kljatschkowski, Chef der »Leitung« der Organisation Ukrainischer Nationalisten von Wolynien und der Polessje, Befehlshaber der Gruppe »Nord« der Ukrainischen Aufständischenarmee und selbsternannter General. Schnell wurde auch mit anderen Atamanen Schluß gemacht, die niedrigere Ränge einnahmen, und jene Leute, die betrogen worden und vom rechten Weg abgekommen waren, bekannten selbst ihre Schuld. Die Mehrheit von ihnen wurde begnadigt und leistete danach ehrliche Arbeit.

Stepan Bandera beendete sein schmutziges Leben am Treppengeländer eines heruntergekommenen Münchener Hotels. Den »Führer der gesamten Ukraine« hatten seine Anhänger daran aufgeknüpft, mit denen er irgend etwas nicht geteilt hatte. Die erbärmlichen Überreste des ukrainisch-nationalistischen Abschaums drücken sich jetzt mit ausgestreckter Hand an der Schwelle kapitalistischer Geheimdienste herum. Sie sind für alles billig zu haben.

Das ukrainische Volk aber, das von der Organisation Ukrainischer Nationalisten »gerettet« werden sollte, blühte auf und ist heute voller Kraft. Unser Volk steht fest wie dieser ewige, mächtige Wald, und gut macht sich der Nachwuchs unter ihm.

Ich fuhr kreuz und quer durch das Gebiet von Wolynien und von Rowno. Obwohl das Volk lange von der Heimat getrennt war, ging es in gleichem Schritt mit allen Sowjetmenschen und blieb in nichts zurück. Das war auch eines der bedeutendsten Ergebnisse unseres Sieges über die Kräfte des Faschismus.

Nach Kiew zurückgekehrt, dachte ich über meine Kampfgenossen im feindlichen Hinterland nach. Nach unserem letzten Partisanenwinter kämpfte die Mehrheit der Tschernigow-Wolynier in Truppenteilen der Armee weiter für die Zerschlagung der Faschisten. Viele marschierten bis Berlin, bis an die Elbe, mancher fiel auch, ruhmbedeckt. Nach der Rückkehr von den Fronten setzten und setzen sie unsere gemeinsame Sache fort, für die sie mit der Waffe in der Hand gekämpft hatten.

Man kann sich nicht an alle erinnern und über alle berichten. Ich darf den Leser mit den Nachkriegsschicksalen einiger weniger Partisanen bekannt machen, die in diesem Band und in meinem Buch »Das illegale Gebietskomitee arbeitet« erwähnt wurden. Vor allen Dingen geht es um die Schicksale jener, die sich den hohen Titel »Held der Sowjetunion« verdient hatten. (Die nachfolgenden Ausführungen beziehen sich auf die ersten Nachkriegsjahrzehnte. Zu Beginn der achtziger Jahre weilten zu meinem größten Bedauern viele der Erwähnten nicht mehr unter den Lebenden.)

Von den Partisanen unseres Verbandes, die in Wolynien gekämpft hatten, wurden außer W.I. Bondarenko, der diesen Titel postum verliehen bekommen hatte, zehn Kämpfer Held der Sowjetunion, und zwar G. W. Balizki, W. N. Drushinin, A. S. Jegorow, B. F. Kalatsch, W. I. Klokow, F. I. Krawtschenko, P.A. Markow, W.W. Pawlow, D.M. Resuto und der Autor dieser Zeilen.

Mit unserem ehemaligen Kommissar Drushinin komme ich häufig zusammen. Mehrere Jahre lang arbeitete Wladimir Nikolajewitsch als Vorsitzender des Exekutivkomitees des Gebietssowjets der Krim. Später wurde er Stellvertreter des Ministers für Nahrungsgüterindustrie der Ukrainischen SSR.

Bald nach Kriegsende wurde Alexej Jegorow stellvertretender Vorsitzender des Exekutivkomitees des Kirowograder Gebietssowjets der Deputierten der Werktätigen. In Kirowograd lebt auch Grigori Balizki, der ehemalige Kommandeur des 1. Bataillons. Er leitete eine Abteilung des Gebietskomitees der Partei. Der Kommandeur des 3. Bataillons, Pjotr Markow, kehrte in sein heimatliches Brjansker Gebiet zurück, wo er wie vor dem Krieg Betriebsleiter war. Der ehemalige Kommandeur des 6. Bataillons, Fjodor Krawtschenko, wohnt in Moskau. Er diente bis zum Rentenalter weiter in der Armee. Doch es entspricht nicht dem Charakter Fedjas – für mich ist Krawtschenko immer noch Fedja –, untätig herumzusitzen. Er leistet im Sowjetischen Komitee der Kriegsveteranen eine umfangreiche gesellschaftliche Arbeit und ist immer beschäftigt.

Interessant gestalteten sich auch die Schicksale unserer kühnen Minenleger – wirkliche Helden und zugleich einfache, bescheidene und warmherzige Genossen. Der Werkzeugdreher einer Tschernigower MTS und spätere Kommandeur einer unserer Sprengzüge, Boris Kalatsch, war nach dem Krieg Parteiarbeiter im Gebiet Gomel. Dmitri Resuto arbeitete in einem Kiewer Forschungsinstitut. Zusammen mit Klokow war er noch Partisan in der Hohen Tatra und half so bei der Befreiung der Tschechoslowakei. Resuto und Klokow tragen neben dem Goldenen Stern eines Helden der Sowjetunion auch tschechoslowakische Kampforden. Sie sind Ehrenbürger von Uhrovec in der ČSSR, und eine Schule trägt ihren Namen.

Wo treffen wir Wsewolod Klokow heute an, und was tut er? Er lebt in Kiew – immer noch in straffer Haltung, aber doch schon mit grauen Strähnen im Haar. Seinen Vorkriegsberuf als Eisenbahningenieur hat Wsewolod gewechselt. Nach der Demobilisierung befaßte er sich mit der Geschichte des Großen Vaterländischen Krieges, später mit der Geschichte des Kampfes der slawischen Völker gegen den Faschismus. Und wie er sich damit befaßt hat! Heute ist Wsewolod Klokow Doktor der Geschichtswissenschaft.

Wladimir Pawlow war der jüngste unserer Minenleger. Im Scherz hatte ich oft zu ihm gesagt, daß man ihn nach all dem, was er an den Eisenbahnstrecken angerichtet hatte, nicht wieder am Institut für Transportwesen aufnehmen werde. Und so ist es auch fast gekommen. Gewiß, Wladimir Pawlow hat das Institut absolviert, doch kaum als Ingenieur gearbeitet; er wurde Journalist, und zwar ein ausgezeichneter.

Viele unserer Partisanen hatten es nicht eilig, sich zur Ruhe zu setzen. Da ist zum Beispiel Doktor Gnedasch, Verdienter Arzt der Ukrainischen SSR, Kandidat der medizinischen Wissenschaften. Nach dem Krieg machte sich Timofej Konstantinowitsch an die Ausarbeitung eines interessanten und wichtigen Problems. Anlaß für seine Untersuchungen war offensichtlich jenes Erlebnis, als er eine qualvolle Nacht am Lager seines verwundeten Kollegen Kriwzow verbrachte, der dringend eine Bluttransfusion brauchte. Zusammen mit anderen Kiewer Medizinern fand Timofej Konstantinowitsch eine Methode zur Behandlung und Konservierung von Tierblut, die durchaus auch für die Transfusion beim Menschen angewendet werden kann.

Von unserem ehemaligen Chefchirurgen erfuhr ich durch Pawel Myschljakewitsch. Damals mit dem Tode ringend, geht es dem Minenleger jetzt ausgezeichnet; längst ist er zu seinem

Vorkriegsberuf als Agronom zurückgekehrt. Die Tochter von Myschljakewitsch, die kleine Partisanin Toma, hat eine Ballettschule absolviert.

Seine pädagogische Tätigkeit hat Fjodor Lyssenko, damals Kommandeur des 7. Bataillons, wiederaufgenommen. Auf dem Gebiet der Kultur arbeitete Wassili Konowalow, ehemaliger Politleiter einer Kompanie und Leiter des künstlerischen Laienschaffens. Der Nachrichtenmann Anatoli Maslakow und der Minenleger Grigori Mylnikow sind in der Armee geblieben und erreichten den Dienstgrad Oberst. Hauptmann Ustin Drosdow, der unsere Fernaufklärungsgruppe geleitet hatte, ist heute Generalmajor a. D.

»Nun, Genosse General, wie stark sind denn die ›Rahmabschöpfer‹ bei dir? Erinnerst du dich, daß wir die Fernaufklärer bei uns so genannt haben?« fragte ich einmal Drosdow.

»Und ob ich mich erinnere!« rief Ustin Feoktistowitsch lachend aus und fügte ernst hinzu: »Keine Sorge, in einer modernen Armee ist alles in völliger Ordnung. Sie hat auch ausgezeichnete Aufklärer, nur daß sie jetzt nicht mehr in Kavalleriesätteln, sondern an Funkmeßgeräten und Rechenmaschinen sitzen.«

Auch Michail Glasok wurde in die Reserve entlassen. Als jüngstes Mitglied der ruhmreichen Partisanenfamilie lebt er jetzt in Charkow.

Gleich nach dem Krieg übernahmen die ehemaligen Partisanenkommandeure Rwanow, Nikolenko, Sidortschenko, Denissow und viele andere staatliche und Parteifunktionen. Mitarbeiter im Partei- und Staatsapparat sind vor allem Organisatoren. Woher hatten unsere Stabsarbeiter, Bataillonskommandeure, Aufklärer und Minenleger diese organisatorischen Fähigkeiten? Der Partisanenkampf lehrte sie nicht nur zu kämpfen, sondern auch gute Organisatoren zu sein, mit dem Volk zusammenzuarbeiten und sich stets auf das Volk zu stützen.

Der Sommer 1983 erhielt in Wolynien ein besonders festliches Gepräge: Man beging den 40. Jahrestag der Schaffung des illegalen Gebietskomitees der Partei und des Beginns der Kampfhandlungen des Partisanenverbandes von Tschernigow-Wolynien. Es gab Festveranstaltungen, und Erinnerungen wurden wach. Denkwürdige Treffen an den Orten vergangener Kämpfe fanden statt. Die Bevölkerung Wolyniens begrüßte mit großer Freude die Abteilungskommandeure Alexander Balabai, Gennadi Mussijenko, an dessen Brust neben Kampforden der Goldene Stern eines Helden der sozialistischen Arbeit blinkte, Nikolai Nikolenko, Fjodor Kowaljow, Semjon Frolow, den Helden der Sowjetunion Boris Kalatsch, Führer einer Sprenggruppe, sowie die ehemaligen Partisanen Fjodor Bykow und Wassili Missjuk. Unmöglich, alle aufzuzählen!

Sich an die früheren Partisanen wendend, sagte der Erste Sekretär des Gebietskomitees von Wolynien, Leonid Palashtschenko: »Euer Verband war eine Schule des Mutes und des Heldentums, eine Schule der Selbstaufopferung im Namen der Liebe zur sozialistischen Heimat. Durch diese Schule gingen mehr als fünftausend Kämpfer sowie Hunderte von Illegalen und Verbindungsleuten. Die Partisanen waren die bevollmächtigten Vertreter unseres Staates im tiefen Hinterland des Gegners. Sie brachten dem Volk das Wort der Partei, stärkten den Glauben an den Sieg und an die vollständige Vernichtung des Faschismus, sie verkörperten die Sowjetmacht.«

Aus diesen Worten spricht sowohl Anerkennung als auch Wertschätzung unserer kämpferischen Tätigkeit – und die tiefe Achtung, die wir während der Fahrten durch das Gebiet und bei Begegnungen mit Arbeitern und Kolchosbauern auf Schritt und Tritt spürten.

Die Partisanen, die im Hinterland des Gegners gekämpft hatten, absolvierten in der Tat eine hohe Schule des Lebens. Diese Schule verlangte viel vom Menschen, aber sie gab ihm auch viel. Sie stellte den Menschen Bedingungen, die all ihre Fähigkeiten entwickelten, und trug dazu bei, ihre besten Eigenschaften zutage treten zu lassen. Wie ich später erfahren habe, war all das auch für die Partisanenbewegung in den anderen Ländern charakteristisch.

In den Nachkriegsjahren weilte ich mehrmals in der Tschechoslowakei und in Ungarn. Auch hier wurden die ehemaligen Partisanen hervorragende Organisatoren und bewährte Kämpfer an der friedlichen Front schöpferischer Arbeit. In

Budapest kam es zu herzlichen Begegnungen mit unseren »Praktikanten« Sándor Nógradi, Usta Gyula, Pal Kornys und anderen. Viele Erfahrungen der sowjetischen Partisanen nutzten sie bei sich in der letzten Phase des Krieges. Nunmehr arbeiten meine ungarischen Kampfgefährten auf den verschiedensten friedlichen Posten.

Als Leiter einer sowjetischen Delegation weilte ich anläßlich des 10. Jahrestages des Beginns der nationalen Befreiung des kubanischen Volkes auf der Insel der Freiheit, in Havanna.

Auf dem weiten, von der Tropensonne überfluteten José-Martí-Platz hatten sich nicht weniger als eine Million Kubaner versammelt. Fidel Castro wandte sich mit einer Rede an das ganze Volk. Sie war sogar für uns, die wir die Sprache nicht beherrschten, bewegend, mitreißend durch ihr Pathos und ihr Temperament. Der kubanische Premier war von seinen Mitstreitern umringt. Fast alle sind sie in der Vergangenheit Partisanen gewesen. Mit dem Partisanenkrieg hatte auf Kuba der Kampf gegen die blutige Batista-Diktatur begonnen. Aus den Partisanenabteilungen begann sich die revolutionäre kubanische Armee zu formieren. Nunmehr liegt die Regierungstätigkeit in den bewährten Händen vieler ehemaliger Partisanen, die noch ihre Bärte aus der Zeit in den Bergen und im Dschungel tragen.

Über die Partisanen einiger lateinamerikanischer und afrikanischer Länder hört man häufig im Radio und liest in den Zeitungen. Eine Partisanenbewegung entsteht überall dort, wo der Befreiungskampf geführt wird und das Volk sich gegen die Unterdrücker erhebt. Auch dort werden die Völker siegen! Gleichsam als nie verlöschende Wegmarkierung leuchtet für sie das Beispiel der sozialistischen Gemeinschaft.

Wie viel diese leuchtenden Wegzeichen für die Kubaner bedeuteten, erzählte uns Fidel Castro, als wir in Havanna zu Gast waren. Er war noch voller Eindrücke von seiner ersten Reise durch die Sowjetunion. »Und auch das werden wir machen! Das auch!« sagte er über vieles, was er bei uns gesehen hatte.

Einmal saßen die sowjetischen Delegationsmitglieder mit Fidel Castro auf der geräumigen Terrasse. Beim Rauschen des

Meeres und dem Rascheln der Palmen erinnerte er sich plötzlich an Leningrad, die Newa und den Kreuzer »Aurora«, auf dem er gewesen war. Und da dachte ich dort, auf Kuba, sogleich an den wolynischen Partisanen Georgi Golowi.

Als junger Matrose hatte er auf der »Aurora« gedient und den Weg zu den Bolschewiki gefunden. Später hörte er auch Lenin selbst. Für sein ganzes Leben prägten sich dem wolynischen Bauern die Leninschen Ideen des Kampfes für Gerechtigkeit und eine bessere Zukunft ein. Nichts konnte den Matrosen von der »Aurora« zerbrechen – weder die polnischen Gendarmen noch die deutschen Okkupanten oder die Untaten der Bandera-Leute. Bereits im vorgerückten Alter wurde Georgi Iwanowitsch Partisan, um in einer Reihe mit denen zu marschieren, die die Kommunistische Partei zum Sieg geführt hatte.

Daran dachte ich beim Meeresrauschen und beim Rascheln der Palmen. Und vor meinem inneren Auge erstand wieder unser Partisanenwald, mächtig und unerschütterlich, mit den heranwachsenden Eichen und Birken zwischen den alten Stämmen ...

# Inhalt

*Bildnachweis*

ADN, Zentralbild (25), ADN, Zentralbild/Michail Trachmann (35), Jakow Dawidson (1 2 3 6 7 8 10 11 12 13 14 23 24 26 27 29), Dietz Verlag/Bildarchiv (18 30 31), Institut für Marxismus-Leninismus beim ZK der SED, Zentrales Parteiarchiv (19 36), Militärhistorisches Institut des Ministeriums für Verteidigung der UdSSR (20), Museum für Deutsche Geschichte (17), Sowjetskoje Foto Moskau/Iwan Schagin (37), Zentrales Haus der Deutsch-Sowjetischen Freundschaft/Bildstelle (34), Zentrales Staatliches Archiv der UdSSR für Kino-Foto-Phono-Dokumente (4 5 9 15 16 21 22 28 32 33);
Reproduktionsaufnahmen: Dietz Verlag Berlin/Renate und Horst Ewald
Karte: Manfred Gneckow

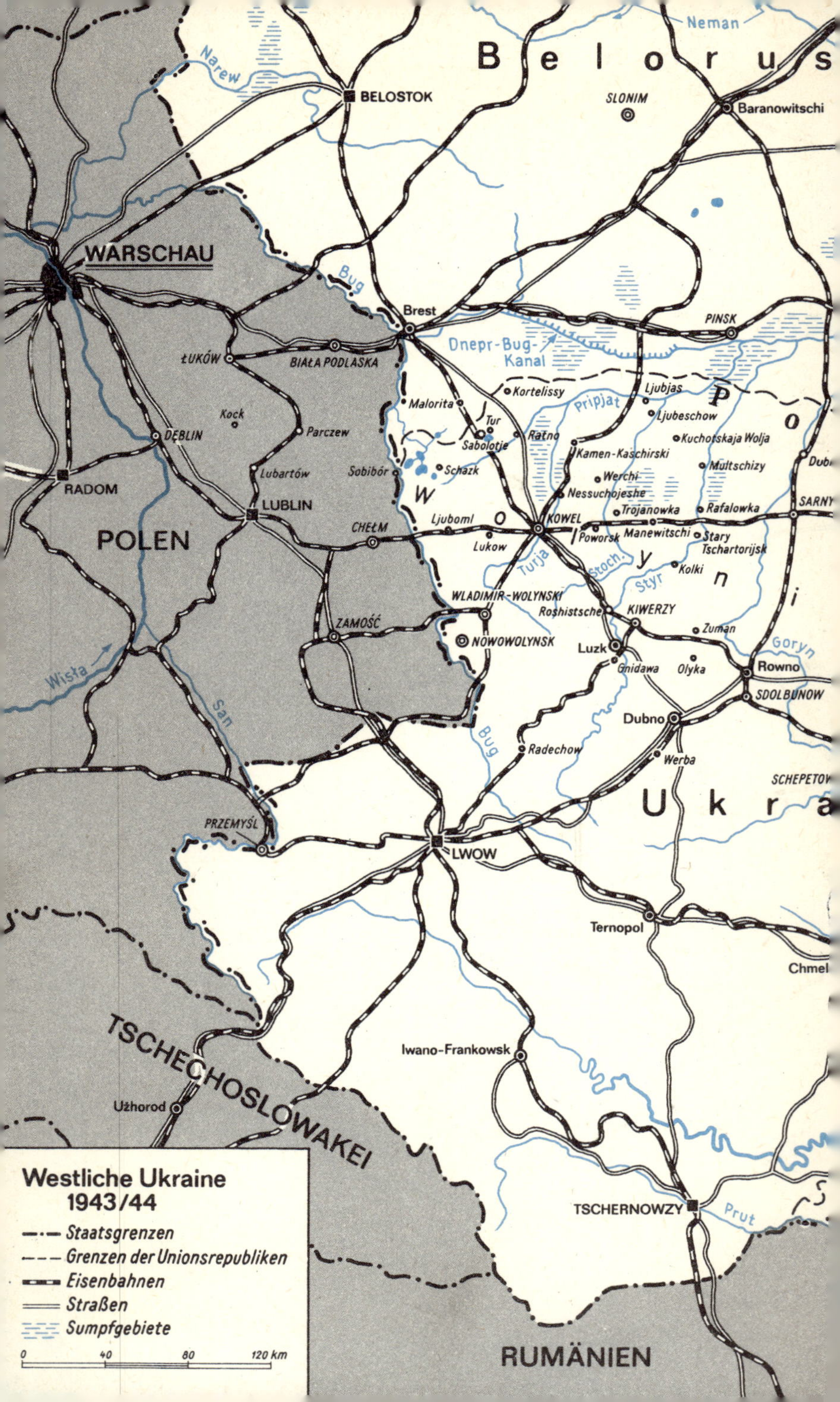
Westliche Ukraine
1943/44
Staatsgrenzen
Grenzen der Unionsrepubliken
Eisenbahnen
Straßen
Sumpfgebiete
0
40
80
120 km
Belorus
Neman
Narew
BELOSTOK
SLONIM
Baranowitschi
WARSCHAU
Bug
Brest
PINSK
Dnepr-Bug-Kanal
ŁUKÓW
BIAŁA PODLASKA
Kortelissy
Ljubjas
Malorita
Tur
Pripjat
Ljubeschow
Kock
Sabolotje
Ratno
Kuchotskaja Wolja
Parczew
DEBLIN
Kamen-Kaschirski
Schazk
Multschizy
Lubartów
Sobibór
Werchi
RADOM
Nessuchojeshe
LUBLIN
Trojanowka
Rafalowka
SARNY
POLEN
CHEŁM
Ljuboml
KOWEL
Poworsk
Manewitschi
Stary Tschartorijsk
Lukow
Turja
Stoch.
Kolki
Styr
WLADIMIR-WOLYNSKI
Roshistsche
KIWERZY
ZAMOŚĆ
Zuman
NOWOWOLYNSK
Luzk
Goryn
Gnidawa
Olyka
Rowno
SDOLBUNOW
Wisła
San
Dubno
Bug
Radechow
Werba
SCHEPETOW
Ukra
PRZEMYŚL
LWOW
Ternopol
Chmel
TSCHECHOSLOWAKEI
Iwano-Frankowsk
Užhorod
TSCHERNOWZY
Prut
RUMÄNIEN